INTRODUCTION TO THE LAW

〈제 9 판〉

신법학입문

변해철 · 김동훈 · 이훈동 · 이동훈

삼우사

제9판 발간에 즈음하여

이 번 개정판 또한 기존의 기본방향에서 크게 벗어나지 아니한다. 우선 법이란 것이 특정 집단의 전유물이 아니라 모두가 늘 생활 가까이에서 함께 하고 있는 것이라는 생각을 그대로 유지하고 있다. 이를 위해서 모든 독자가 보다 쉽게 흥미를 가지고 법을 이해하고 법에 다가갈 수 있도록 기존의 내용을 더욱 가다듬고자 하였다.

이와 함께 가능한 한 많은 내용을 담고자 하였다. 왜냐하면, 이 책의 제목이 그러하듯이 법학에 대한 입문서로서 이 책을 통해 보다 넓고 깊은 법학의 세계로 들어갈 수 있도록 하기 위해서이다.

이 번 개정판은 기본적으로 관련 법규의 제·개정된 내용을 정비하고 관련 최신 판례를 보완하였다. 이와 함께 각 영역별 주요 쟁점의 이해를 돕기 위해 제시된 사례 또한 부분적으로 수정·보완하였다.

민법 분야의 경우, 특히 가족법에서 친양자제도, 제한능력자제도 등이 도입되었으며, 민사소송법상의 경우 사물관할의 범위가 변경되었다.

상법 분야에서는 회사법과 보험법 영역에서 많은 개정이 있었는데, 회사법은 기업의 인수·합병시장의 확대 및 경제 활성화를 도모하기 위하여 기업의 원활한 구조조정 및 투자활동이 가능하도록 다양한 형태의 기업 인수·합병 방식을 도입하는 측면에서 개정되었다. 또한 보험법은 선량한 보험계약자를 두텁게 보호하는 한편 보험대리상의 권한 및 신종보험계약에 관한 규정을 새롭게 신설하는 등 23년만에 개정된 바 있다. 또한 2011년 5월 23일자로 항공운송편이 신설되어 상법의 법규범적 외연이 확대되었다.

형법 분야에서는 최근 강간죄에 대한 구성요건이 부녀에서 사람으로 개정되었으며, 간통죄에 대한 위헌결정에 따라 비범죄화되기도 하였다. 또한 형벌에서 500만원 이하 벌금형에 대하여 집행유예제도를 도입하였고, 자격정지 규정을 정비하였으며 특수상해죄, 특수강요죄, 특수공갈죄 등을 신설하였다.

행정법 분야에서는 행정쟁송법, 정부조직법 및 국가・지방공무원법상의 주요 개정 내용을 반영하였다.

사회법 분야에서는 '노동조합 및 노동관계조합법'상의 복수노조 인정, 노조전임자 임금 지급 금지 등을 비롯하여 근로기준법상의 '정리해고제 및 파견근로자 보호 등에 관한 법률'의 개정에서 최근 노동개혁의 쟁점이 되는 부분을 반영하였다. 경제관련 법률도 변화가 있는 부분을 위주로 수정을 하였다.

특히 지적재산법 분야는 체제를 전반적으로 재정비하였다.

이 번 개정작업에서 특히 강조할 수 있는 부분은 다양한 법 영역에 대한 연구자간의 담론의 과정을 거쳐 이루어졌다는 점이다. 이 번 개정작업에 적극 참여해준 한국비교법학회의 회원님들, 특히 김준영 박사, 김진현 박사, 김현수 박사 및 심우영 박사께 깊은 감사의 말씀을 전하며, 이러한 공동작업의 산물인 이 책이 독자들의 법학에의 입문에 기여할 수 있기를 빌어 본다.

2016년 5월

공저자 씀

신판에 부쳐

『법학입문』이 세상에 나온 지 어언 10년여가 되었다. 그 동안 법학을 처음 대하는 초학자들이 보다 더 법학의 입구까지 손쉽게 찾아갈 수 있는 길잡이 역할을 해줄 수 있는, 말 그대로 '입문서'를 만들어 보고자 여러 차례 개정작업이 있어 왔다. 이번에도 이러한 기치 아래 최근 우리 사회의 변화에 따른 민법 등 주요 법령개정과 법이론 및 판례의 발전에 의해 신판을 내게 되었다.

특히 최근 21세기 지식정보화시대에 접어들면서 인터넷의 대중화와 디지털기술의 발달에 따라 법학분야에서 그 중요성을 더하고 있는 지식재산권 분야에 대하여 특허법·실용신안법·의장법·상표법·저작권법 등 방대한 분량의 내용을 초학자들이 쉽게 이해할 수 있도록 새로이 정리하여 추가시킨 것은 이번 신판의 두드러진 보완내용이라고 할 수 있다.

또한 필자들이 그간 강의를 해오면서 이 책을 꼼꼼히 읽고 살펴본 결과 노후화된 이론들이 몇몇 눈에 띄어 이번에 전면적인 수정을 가하게 되었다. 아울러 초학자들이 쉽게 법학이라는 학문에 한 걸음 더 다가설 수 있도록 하기 위하여 법률문장의 한글화와 어려운 법률용어의 정비에도 노력을 기울였다.

매번 보다 내용이 충실하고 이해하기 쉬운 책을 만들어 보려고 노력을 기울이나 저자들이 아직 학문적으로 미숙한 탓에 이번에도 아쉬움이 남는다. 앞으로 더욱 더 정진하여 좋은 책을 낼 것을 독자들에게 약속드린다.

아울러 혼란스러운 요즘의 법현실과 열악한 연구환경 속에서도 이 책을 위해 수고를 아끼지 않은 강현철·김진현·류창호 박사와 세명대학교의 이주일 교수, 동양대학교의 이상윤 교수 그리고 박사학위를 곧 받을 것으로 기대되는 허동원·이혜영 선생과 석사과정의 김남길 군에게 뜨거운 감사의 마음을 전한다.

2006년 2월 저 자 씀

第三改訂版에 부쳐

세기의 전환점에서 아직도 사회 전반에 걸쳐 IMF의 영향이 남아 있고 급변하는 국제사회의 일원으로서 국가경쟁력 강화 차원에서 많은 변화가 시도되었다. 이에 따라 관련 각 법의 개정이 이루어졌고 결과적으로 본서의 개정이 불가피하게 되었다.

이번 개정작업에서 중점을 둔 부분은 1999년 5월 24일 개정된 정부조직법과 동년 12월 31일 개정된 상법이다. 정부조직법에서는 예산기능의 효율적인 운영을 위하여 종래 이원화된 예산기능을 개선하여 기획예산위원회와 예산청을 국무총리 소속의 기획예산처로 통합하였으며, 금융기관 허가 등 금융감독기능을 종래의 재정경제부에서 금융감독위원회로 이관하였고, 국민건강과 관련하여 안전관리기능의 일부를 보건복지부에서 식품의약품안전청으로 이관하는 등의 다양한 개편이 이루어졌다. 또한 상법에서는 작금의 급변하는 경제현상에 대항하여 효율적으로 대처하기 위하여 회사법부분에 상당히 큰 폭의 개정이 있었다. 이들을 중심으로 한 각 법률의 개정내용을 반영한 수정과 함께 전체적으로 설명이 미흡한 부분에 대하여 충실한 보완이 되도록 노력하였다.

지금까지 여러 번 본서의 개정이 있었고 그 때마다 늘 미흡하다는 아쉬움이 남았는데 이번의 경우도 크게 다르지 않다. 특히 민법분야에서는 친족·상속법 개정안이 국회에서 통과되지 않아 금번 개정작업에서는 누락될 수밖에 없었으며, 입문서라는 성격 때문에 내용기술의 한계를 느끼지 않을 수 없었다. 이 점 독자들의 넓은 양해를 앙망하는 바이다.

마지막으로 본서의 개정작업에 수고를 아끼지 않은 김진현·이상윤 박사, 그리고 박사과정에 있는 류창호·허동원·김천수·이재일 군에게 감사의 인사를 전한다.

2000년 2월 저 자 씀

第二改訂版에 부쳐

1997년말 우리 경제에 불어닥친 IMF 한파는 정치, 경제, 사회, 문화 등 우리 사회 전반에 걸쳐 너무나 많은 변화를 초래한 결과, 법제 또한 변화되지 않을 수 없었다. 이러한 현실 속에서 1998년 본서의 개정판을 출간하였지만, 지난 1년 동안 사회 각 분야에서 이루어진 IMF에 대처하기 위한 구조조정, 특히 기업의 구조조정 등에 따른 법제의 변화로 다시 이번에 제2개정판을 내놓지 않을 수 없게 되었다.

이번 개정에서 가장 중점을 둔 내용은 기업의 구조조정 등으로 인하여 큰 변화를 가져온 상법의 개정 부분으로, 강화된 소수주주들의 권리와 주주의 제안권 및 회사의 이사의 수가 종래 3인이던 것을 소규모 회사의 경우 3인 미만을 둘 수 있도록 한 점 등이다. 또한, 형법의 경우에는 일반적으로 이해하기가 어렵다고 이야기되고 있는 착오부분의 내용을 보충하였다. 나아가, 그동안 읽기가 어렵다고 생각되는 부분, 특히 법학의 기초부분을 보다 읽기 쉽게 하려고 노력하였다.

지난 해 사회 전체에 걸친 급격한 변화의 조류에 부응하기 위하여 국회에 많은 법률안이 상정되었음에도 불구하고 국회의 비정상적인 운영으로 지금까지도 처리되지 못함으로써 이번 개정에 반영하지 못하였다. 아쉽지만, 이에 대하여는 다음 개정에서 이를 보충하기로 하였다.

끝으로 이번 개정작업에서 각종 자료의 수정·정리 등을 도맡아 준 한국외대의 고재종 박사에게 각별한 감사의 말씀을 드린다.

1999년 2월 저 자 씀

改訂版에 부쳐

지난해 말 우리 사회는 두 가지 커다란 변화의 계기를 맞았다. 제15대 대통령 선거에서의 여야간의 정권교체와 IMF사태로 불리는 경제위기가 바로 그것이다. 이 양자는 일정한 관계를 맺고 있다. IMF사태가 그간 누적되어 온 우리 사회 전반의 문제점들이 일시에 표출된 것이라고 한다면, 정권교체는 이에 대한 국민적 심판과 변화의 모색이라 할 수 있다.

이번 이 책의 개정은 이러한 우리 사회의 변화의 과정을 최대한 수용하는 차원에서 이루어졌다. 즉 정치·경제 등을 비롯한 우리 사회의 모든 면에 있어서의 구조조정을 위한 법제도상의 변화를 담고 있다. 올해 초 국가적 위기극복을 위한 차원에서 체결된 노·사·정간의 대타협에 대한 법적 구체화 문제가 2월 임시국회에서 다루어졌다. 그리하여 우선 2월 15일에는 투명하고 경쟁력 있는 기업경영이 이루어지도록 하기 위하여 계열회사간 상호지급보증의 제한 등을 정한 독점규제 및 공정거래에 관한 법 개정, 소액주주 보호를 위한 차원에서의 증권거래법 개정, 신축적이고 안정적인 노동시장 등을 확보하기 위한 근로기준법 및 고용정책기본법과 고용보험법 등의 개정이 있었으며, 이어 2월 16일에는 대통령에의 권력집중을 방지하고 작으나 효율적인 정부가 되기 위한 차원에서의 정부조직법 개정이 있었다. 앞으로도 경제·사회를 비롯하여 특히 정치분야에서의 계속적인 법개정이 예상된다.또한, 동성동본금혼규정(민법 제809조 제1항)에 대한 헌법재판소의 헌법불합치 결정 등 새로이 형성된 판례를 사례연구 등을 통하여 보충하였다.

끝으로 이번 개정작업의 실무를 맡아 애쓴 고재종 박사 및 박사과정의 이주일 군과 이상윤 군에게 감사의 말씀을 드린다.

1998년 2월 저 자 씀

머 리 말

지난해에 이어 다시 1년 만에 본서를 수정하게 되었다. 그동안 다수의 주요 법령들이 개정되었기 때문인데, 특히 행정법과 사회법 분야에서의 변화가 두드러졌다. 새로운 세기를 목전에 두고 사회 각 분야의 변화가 크고 빠른 만큼 법분야도 새로운 변화를 모색하지 않을 수 없음은 당연한 이치이다. 이러한 맥락에서 행정의 투명성의 확보 및 사전예방적인 국민의 권익보호를 위하여 1996년에 새로 제정된 행정절차법과 공공기관의 정보공개에 관한 법률은 시대적 요구에 적절히 부응한 것으로 보인다. 그러나 산업의 국가경쟁력 강화를 표방하여 이루어진 노동관계법의 1996년 개정은 그 절차면에서나 내용면에서 상당한 문제점을 안고 있었다. 우여곡절 끝에 결국 동 법률들을 재심의하기로 되어 있는 지금, 개정법의 내용을 수정판에 반영할 것인가의 문제는 저자들에게 큰 고충을 안겨주었다. 그러나 어찌되었든 소정의 개정절차를 거쳐 공포까지 되었다는 점을 도외시할 수 없고, 그 적부를 따져보기 위해서는 내용을 소개할 필요가 있다는 결론에 따라 이를 간단히 언급하기로 하였다.

본서의 수정작업에 필요한 각종 법령의 제·개정에 관한 자료를 제공해 주신 한국법제연구원의 박영도 박사와 한국외국어대학교의 김용철 박사에게 심심한 감사의 말씀을 드린다.

1997년 1월 저 자 씀

머 리 말

『法學入門』이 나온 지 일년 만에 내용에 크게 손질을 가한『新法學入門』을 내게 되었다. 이는 당초 이 책을 더욱 알차게 만들기 위해 지속적인 작업을 하기로 한『法學入門』발행 당시의 저자들의 다짐을 이행하려는 것이다. 아울러 그동안 많은 독자들로부터 전해진 적극적인 관심과 의견제시도 이 작업을 재촉한 또 하나의 요인이었다. 이번 판에서는 그간의 강의성과를 토대로 한 자체토의 결과 외에 독자들의 의견도 폭넓게 반영하려고 노력하였다. 또한, 작년 말에는 중요 기본법들에 대한 개정이 있었다. 주로 商事法과 刑事法을 대상으로 한 것이지만, 큰 폭의 개정이었기 때문에 이를 새로이 담아야 할 필요가 있다고 생각되었다.

한편, 법적 관점에서 최근 우리 사회에 나타나고 있는 커다란 변화의 조짐에 대하여 언급하지 않을 수 없다. 우선 과거 집권자들의 非行에 대한 단죄는 권력에 눈먼 일부 집단이 찍어 놓은 우리나라 역사상 엄청난 오점의 하나를 바로잡는 것으로 불리고 있지만, 또한 종래 폭력적으로 때로는 우아하게 유린되어 온 法의 존엄과 가치를 되살리는 것이라고도 할 수 있을 것이다. 이 사건은 우리로 하여금 법의 존재이유, 법의 타당근거, 법집행의 정당성 등 법적인 여러 근본문제들에 대한 생각을 다시 가다듬게 만들었다. 그리고 각 개인과 단체들이 각종의 권리주장 내지 분쟁해결에 있어서 종전과는 달리 소송제기 등의 정당한 법적 절차에 의하려고 하는 의식적 노력이 두드러지게 늘어나고 있다. 이는 성숙한 市民意識의 발로이며 진정한 민주질서를 향한 法意識의 진전이라고 할 만한데, 이러한 격변의 와중일수록 법과 정의의 참된 의미를 찾아내고 지켜나가는 것이 무엇보다 중요할 것이다.

이상의 점을 고려하여, 초학자들의 이해가 수월하도록 제 I 편의 서술순서를 재편성하는 한편, 法의 理念에 대한 기술을 보강하였다. 또 내용이해를 위한 동기유발에 유익하다는 평가를 받은 〈관련사례〉를 전 부분에 걸쳐 늘리고, 그에 대한 해설도 자습이 가능할 정도로 가급적 보완하였다. 다음으로 제II편

중 商法部分에서는 개정법에 따라 상업장부의 보존기간 등(상행위)에 관한 기술을 수정하였고, 회사편에서는 설립등기사항 · 발기인수 등 많은 변경이 이루어졌다. 어음 · 수표에 관해서는 행위의 성립요건으로서 기명날인 외에 서명도 인정하게 된 것이 변화이다. 刑法에서도 개정법에 관하여 소개하고 있는데, 중심이 되고 있는 컴퓨터관련 범죄에 대해 자세히 기술하고 있다. 刑事訴訟法에서는 특히 피고인 · 피의자의 인권보장과 관련한 개정법 내용을 주로 다루고 있다. 그밖에 다른 法分野에서도 변화가 있었던 사항은 빠짐없이 반영하도록 하였다.

끝으로, 개정으로 인한 번거로운 여러 작업들이 순조롭게 진행되도록 배려해 주신 삼우사 曺秉哲 사장님께 감사를 드린다.

1996년 1월 저 자 씀

머 리 말

이 책은 憲法 · 商法 · 刑法 등 법학의 다양한 분야를 전공하고 있던 선후배 · 동료간의 연구모임에서부터 출발하고 있다. 즉, 법학이라는 학문의 세계에 들어선 지 얼마 되지 않은 입장에서 학문과 사회에 대한 경험부족을 서로 이해하고 보충하려는 마음으로부터 시작되었다. 물론 각자의 전공분야를 법학이라는 전체적 틀 속에서 같이 논의해 본다는 것이 결코 쉬운 일은 아니었다. 하물며 전공분야에 대한 연구마저 일천한 입장에서야 더 말할 나위가 있겠는가. 이러한 점에서 이 책의 출간은 소중한 의미를 갖고 있다. 즉 공동연구의 촉진제로서, 공동연구의 조그만 산물로서, 앞으로의 공동연구의 디딤돌로서의 의미가 바로 그것이다.

이는 또한 이십여 년 전 대학에 입학하여 법학이라는 학문을 처음 대하였을 때 느꼈던 낯설음 그리고 대학 강단에서 학생들과 법학을 논의하기 시작하면서 느껴왔던 어려움 등을 反芻해 볼 수 있는 계기를 제공하였다는 점과 함께, 법학이라는 학문의 세계에 들어선 지 얼마 되지도 않아 법학 전반에 관한 책을 내는 것이 과연 올바른 것인가라는 의문에 대하여 나름대로의 답을 주었다.

이 책은 法學을 처음 대하는 사람들에게 법학이 안고 있는 문제에 대한 기본적 인식과 함께 문제의 답에 대하여 스스로 다양하게 그리고 쉽게 접근할 수 있도록 하는 방향에서 쓰여졌다. 제 I 편 「法學의 基礎」에서는 주로 '法이란 무엇인가'라는 주제를 폭넓게 생각할 수 있도록 하는 '열린' 공간을 마련하고자 하였으며, 제II편 「法學의 諸分野」에서는 사례들을 통해 法이 우리의 다양한 社會生活 속에 어떠한 형태로 스며들어 있는가 하는 점을 보다 쉽게 이해할 수 있도록 하는 '구체적 접근'의 場을 마련하고자 하였다.

더욱이 최근의 국내외적 법현실의 변화와 이에 관한 법규범의 변화를 적극 수용하고자 하였다. 물론 이러한 시도는 연구모임의 제한된 능력범위 내에서 이루어질 수밖에 없어 여러 부분에서 그 한계를 드러내고 있음을 스스로 인정하지 않을 수 없다. 이는 앞으로 저자의 보다 넓고 깊은 연구와 보다 성숙된 공동연구를 바탕으로, 또한 이 책을 읽는 이들의 관심과 사랑을 통하여 극복하고자 한다.

끝으로 이 책이 결실을 맺기까지 2년 가까운 기간 동안 묵묵히 지원을 아끼지 않은 연구모임의 회원 여러분들께 깊은 감사의 말씀을 전하며, 이 책을 간행토록 해 주신 博英社 安鍾萬 社長님, 편집・제작에 애써주신 曺秉哲 次長님, 李寶榮 氏께도 거듭 謝意를 표하고자 한다.

1994년 12월 저 자 씀

차 례

제 I 편 법학의 기초

제1장 법과 법학 • 3

제2장 법과 다른 사회규범 • 23

제3장 법의 목적(이념) • 32

제4장 법원(法源) • 39

제5장 법의 분류 • 55

제6장 법의 효력 • 77

제7장 법의 적용과 해석 • 95

제8장 권리와 의무 • 111

제II편 법학의 제분야

제1장 헌 법 • 139

제2장 행정법 • 195

제3장 민 법 · 221

제4장 상 법 • 325

제5장 형 법 • 407

제 I 편

법학의 기초

Chapter 01 법과 법학

설 문

「… 그 뒤에도 계속 그는 생명이 있는 한 나를 섬길 생각이라는 것을 나에게 전하려고 복종·봉사·순종 등 온갖 몸짓과 거동을 해보이는 것이었습니다. 그가 말하려는 의도를 대략 파악하였으므로 내가 그를 얼마나 좋아하는가를 알려 주었습니다. 얼마 후 나는 그에게 말을 할 수 있을 정도가 되었고, 그도 나에게 말을 할 수 있도록 말을 가르쳐 주었습니다. 먼저 그의 이름을 프라이데이(금요일)로 한다는 것을 가르쳐 주었습니다. 그의 목숨을 살려 준 것이 '금요일'이었기에 그 요일을 기념하여 그렇게 부르기로 한 것입니다. 또 같은 방법으로 마스터(주인)라는 말도 발음할 수 있도록 가르치고, 그것이 나의 이름이라는 것도 기억하게 했습니다. 또 그와 같은 방법으로 "예"와 "아니오"라고 말할 수 있도록 가르치고 그 뜻도 외우게 했습니다.」

「프라이데이는 그 때까지 인간의 고기를 먹고 싶어하는 식인종의 본성을 버리지 않았다는 것을 나도 알고 있었지만 그것을 생각하기만 해도 혹은 조금이라도 그런 기색을 보이기만 해도 나는 극도의 혐오를 얼굴에 나타내었더니, 마침내 프라이데이도 그의 본성을 감히 나타내려고 하지 않았습니다. 만약 그런 짓을 하는 날에는 내가 그를 죽여버릴지도 모른다는 것을 깨닫게 된 것 같았습니다.」

「그런데 그와 함께 우리 집에 돌아온 다음날, 나는 그를 어디에 숙식케 할 것인지에 대해서 머리를 썩혔습니다. 결국 그에게도 좋고 나도 안심할 수 있도록 나의 성채의 이중으로 된 울타리 사이, 즉 나중에 만들었던 울타리의 안쪽, 처음에 만들었던 울타리의 바깥쪽에 자그마한 텐트를 쳐주었습니다.」

– 다니엘 디포, 『로빈슨 크루소』 중에서

논 점

1. 프라이데이의 출현이 로빈슨 크루소의 섬생활에 미친 영향을 법적 관점에서 본다면?
2. 프라이데이의 식인종으로서의 본성과 그 표출에 대한 억제가 의미하는 바는?

제1절 법의 의의

Ⅰ. 인간사회와 법

우리 인간은 오늘날 이 세상에 태어나면서부터 자기의 의지와 관계없이 일정한 규범에 의하여 지배되고 있는 사회인이 된다. 특히 우리의 사고방식, 삶의 방식, 존재방식은 개인의 의지와 관계없이 사회로부터 많은 영향을 받게 되며 사회 안에 스스로 동화하게 된다. 그러므로 우리 인간은 태어나면서부터 자유로운 존재가 아니라 자신이 태어나면서부터 이 사회에서 몸으로 체득한 경험을 바탕으로 한 가치·행동양식을 가지고 자신의 존재를 의식하는 사회적인 존재가 된다.

인간은 사회와 대립하는 것이 아니고, 사회 안에서 하나의 개체로서 존재한다. 이와 같이 우리 인간은 관념·관습·도덕 그리고 넓은 의미에서의 법 등 사회규범 속에서 생활하는 사회적 연대성을 발견하게 된다.

우리 인간은 상호간에 완벽하게 조화를 이루는 질서를 갖추고 사회생활을 영위하는 것은 아니다. 사람이 이 세상에 태어나면 저절로 이상적 질서가 생기게 되며, 따라서 구태여 작위적인 규제(제도)를 만들 필요가 없다. 그러나 현실에서의 인간은 욕망의 주체로서 어떠한 사람도 크든 작든 모두 욕망[1]을

1) 물질적이거나 정신적인 욕망, 비속한 육체적인 욕망으로부터 승화된 고귀한 정신적인 욕망에 이르기까지 여러 종류의 욕망.

충족시키기 위해 여러 가지의 목적을 가지고 행동하게 된다. 이와 같이 자신의 욕망에 기초한 행동은 필연코 타인의 욕망을 충족시키는 행동과 충돌하게 된다. 이런 경우 상호호혜의 정신을 가지고 양보하거나 또는 충돌을 회피할 수 있다면 문제는 없다. 그러나 인간은 반드시 이성적이라고는 할 수 없으므로 다수의 개개인의 집단생활에서 사람과 사람, 사람과 사회의 모든 이해관계에서 충돌이 발생하게 되고, 개개인 및 사회 자체를 수호하기 위하여 일정한 조정이 필요하게 된다. 상호간에 분쟁이 발생할 때 이해의 조정은 중재·교섭·거래 등 당사자의 대화를 통하여 종종 평화적으로 해결되기도 하고, 양 당사자를 설득·만족시키게 되는 경우도 있다. 그러나 이것은 편의주의적이고 자의적이다. 따라서 이해의 조정 및 분쟁을 중재하기 위한 사회생활상의 규칙(rule)을 상정할 필요가 있게 되고, 어떤 행위가 정당한가의 여부는 이러한 규칙을 기준으로 판단하게 된다.

규칙은 자연발생적으로 생기거나 또는 의도적으로 만들어진다. 이와 같이 자연적으로 발생하거나 혹은 의도적으로 만들어진 사회생활의 규칙을 사회규범 또는 규범(Norm)이라고 부른다. 규범은 '무엇이다'(Sein)라고 하는 존재명제의 형태를 가지지 않고 '무엇을 하여야 한다'(Sollen)라든가 '무엇을 하지 않으면 안된다'라고 하는 당위명제의 형태로 이야기된다. 규범은 사회생활의 법칙으로서, 자연과학의 법칙이나 경제학의 법칙과는 전혀 그 성질을 달리한다. 예컨대, 물을 100℃로 가열하면 증발한다라고 하는 것은 자연법칙으로 예외가 있을 수 없다. 자연법칙은 100% 실현되는 것이다. 또한 경제학의 법칙에서도, 예컨대 수요가 공급에 비하여 많다면 물가는 오르고, 공급이 수요보다도 많다면 물가는 하락한다라고 하는 법칙은 정부의 물가통제나 카르텔, 트러스트 등의 가격유지정책 등 인위적인 조작을 개입시키지 않으면 반드시 그와 같은 현상이 초래되는 것이다.

반면에 개개인 사이의 관계, 개인과 사회의 관계에 적용되는 사회생활의 법칙은 그 내용이 반드시 실현되는 것은 아니다. 그리고 이러한 사회생활의 규칙에 따라 의무와 권리가 성립되고, 그 조정원리로서의 규칙을 만들고 준수하고 해결하는 것이 사회생활의 기초가 된다고 볼 때 그 연장선상에 법이 존재하는 것이다.

II. 법의 개념

법은 우리의 생활 내에 존재하고 현실에서 중요한 역할을 하는데도 그 개념을 명확하게 정의한다는 것은 쉬운 일이 아니다. 여기에서는 먼저 법의 특성을 살펴보고 법이란 어떠한 것인가를 검토해 보기로 한다.

1. 법의 이상성

법의 제정은 인간과 사회의 현실을 고려한다. 법의 주요한 임무 중의 하나는 질서유지에 있고 질서유지에 따라 평화와 안정이 기대되는 것이다. 그러나 인간과 사회는 시간·공간과 함께 발전하는 것이며 잠시도 같은 모습으로 머물지는 않는다. 설령, 표면적으로는 불변이라고 생각되더라도 시간이 갈수록 양적·질적인 변화가 나타나게 되고 언젠가는 완전하게 다른 양상을 나타낸다. 즉, 인간과 사회가 이상을 향하여 진보하는 것이라고 볼 때 법은 바로 이러한 방향을 목표로 하여 법 스스로의 이상성(理想性)을 갖는 것이다. 물론 인간과 사회는 단일적·통일적으로 하나의 방향을 목표로 하여 변화하는 것은 아니다. 그러나 법은 이러한 각각의 방향성을 하나의 이상으로 종합수렴함으로써 그 이상을 목표로 하여 때로는 사회적 변화를 지연시키기도 하고, 때로는 앞서서 변화시키기도 하고, 그 변화된 질서를 유지함으로써 평화와 안정을 도모하기도 한다.

2. 법의 규범성

법이 질서를 유지하고자 할 때에는 일정한 규범을 제시한다. 인간의 행위는 생리적·심리적 영향을 받기 마련이고, 그 사회에서 체득한 사회가치와 행동양식에 무의식적으로 구속되는 반면에, 인간 자체는 자유의지를 가지고 행동하는 존재로서 모든 규제에 구속되지 않기를 바라는 존재이다. 법은 하나의 사회규범으로서 그 준수를 인간의 의사에 호소하는 일반적인 원리가 작용한다. 이 원리는 인간은 언젠가 반드시 죽는다고 하는 것과 같은 필연적인 자연법칙과는 달리 인간의 이성이 작용하는 대로 빈번히 변화(파괴)될 수 있는 규범(당위규범)인 것이다.

규범은 인간의 사회생활에서 공동의 행위지침으로서 개개인의 구체적인 행위 전부에 대한 것은 아니다. 따라서 사회유지의 필요에 부응하기 위하여 규제가 필요하다고 판단되는 추상적·유형적으로 받아들일 수 있는 일종의 행위에 대하여 규정하는 것이다. 또한 규범은 그 대상이 되는 개개인에게는 동일하게 작용하는 평등성을 갖는다. 그렇기 때문에 인간의 모든 행동이 일관성을 갖기 위해서 여러 규범들은 서로 모순이 없을 것이 요청된다.

3. 법의 강제성

법은 하나의 사회규범으로서 사람의 행위와 관계없이 존속한다. 법규범의 위반이 반복되더라도 법규범으로서의 성질이 동요되거나 변화되는 것은 아니다. 법의 존재는 어떤 의미에서는 개개인에게 주는 심리적 강제라고 말할 수 있지만, 심리적 강제는 법 이외의 다른 규범에도 있다. 따라서 법규범만의 특징이라고 할 수 있는 것은 그 물리적 강제성에 있다. 법규범의 위반에 대한 재판은 보통 외적 강제를 가지고 나타나며, 형벌이나 강제집행 등 실력작용에 따라 강제되는 것이다. 이러한 의미에서 예링(Jhering)은 "강제 없는 법은 타지 않는 불꽃과 같다"고 하였으며, 켈젠(Kelsen)은 "강제는 법의 본질적 속성"이라고 하였다.

특히, 근대국가에서는 법원·경찰·행형기관(行刑機關) 등의 실력조직으로서의 제재장치가 작용한다. 그러므로 법의 강제성은 이러한 실력조직에 기초하여 비로소 부여되는 것이며, 바로 법 그 자체가 종국적인 강제성을 갖는 것은 아니다. 물론 법규범 중에는 그 위반에 대한 강제를 수반하지 않는 것도 있다. 정부의 형태나 국회의 조직을 정하는 헌법의 여러 규정에 있어서는 위반에 대한 제재를 정하지 않은 것이 많고, 또한 민법에서 자연채무와 같이 법원에 소(訴)를 제기하여도 강제집행을 할 수 없는 채무에 대한 규정도 있다. 따라서 법규범의 특색을 강제성에서 구한다고 하면 이러한 것들은 법에 없는 것이 된다.

4. 법의 단체규범성

법은 사회생활의 규범이다. 물론 사회생활은 반드시 국가생활에 한정되는 것은 아니다. 또한 '사회가 있는 곳에 법이 있다'(*ubi societas ibi ius*)라고 하여 모든 사회집단의 규범을 법이라고 인정할 수는 없다.

법은 인간과 사회 모든 집단의 개성의 차이, 이해대립, 의견의 분열, 계급의 단절 등을 극복하고 사회적 결합을 도모하기 위하여 상위단체가 제시하는 규범이다. 사회 모든 집단이 갖는 모든 규범을 내포하면서도 그 각각의 규범을 초월하여 종합적이고 통일적인 사회규범을 제시하여 통일적으로 운용할 수 있다면 이러한 단체의 경우 법규범을 갖는다고 할 수 있다. 현실적으로 이와 같은 단체는 주로 국가형태로서 나타나며, 법은 국가가 질서의 유지 및 국가의 공동목적의 달성을 그 구성원에게 준수시키기 위하여 강제하는 단체규칙이라고 하는 것이다. 이처럼 법을 하나의 단체규칙이라고 하는 점에서 주권을 가지고 있는 국가뿐만 아니라, 국가를 초월한 집단사회로서의 단체인 국제사회도 국제법이라고 칭하는 법을 갖게 되는 것이다. 오늘날 각국간의 분쟁은 실력으로써가 아니라 이 단체규칙을 존중함으로써 분쟁의 해결을 도모하려는 경향이 있다. 국제연합을 배경으로 하는 국제법규범의 위반에 대하여 집단적 강제력의 행사가 인정되는 점 등은 바로 그것이 법적 성격을 갖기 때문이다.

5. 법과 국가

사회질서 안에서 국가가 승인하는 부분이 국가질서가 되며, 이는 법률이나 명령의 총체로서 나타난다. 그러나 법은 국가에 있어서만 나타날 수 있는 것은 아니고 모든 영역에서 볼 수 있다. 국가를 초월하는 법으로서 교회법이나 세계적 상관습법(商慣習法)이 역사적으로 성립하여 있고 국제법도 차츰 발전하고 있다. 그러나 국가에서 발생하는 법(국가법)이 가장 중요한 것이며, 따라서 국가와 법의 관계를 규명하지 않으면 안된다.

국가라고 하는 정치적 조직체는 통치자와 피통치자로 나누어 생각할 수 있다. 통치자는 피통치자의 저항을 극복하기에 충분한 만큼의 권력을 가지면서 피통치자를 지배하는 모습에서 국가는 성립된다. 국가의 중핵은 통치자의 피통치자에 대한 권력관계이다. 물론 '국민에 의한, 국민을 위한, 국민의 정치'를 이념으로 하는 민주주의 국가에서 이 대립은 원리적으로는 현실적이지 못하다. 통치자의 권력은 단순한 무력이나 실력으로 인정되는 것이 아니라, 피통치자를 명령할 수 있는 관계는 법이 인정하는 범위 내에서만 인정되는 것이다. 또한 통치자집단 내부의 질서도 법에 따라 성립된다. 이와 같이 국가권력은 법에 따라 통일적으로 조직되고, 법의 승인을 바탕으로 국가는 성립된다고 말할 수 있다. 이와 같은 법의 승인에는 다음 두 가지 의의가 있다.

첫째, 법은 소속을 같이하는 사회구성원으로부터 승인된 것이라고 할 수 있다. 구성원의 승인이 없는 법은 무의미하다. 그러나 사회구성원 전원의 승인이 반드시 있어야 할 필요가 없으며 일반적인 승인만 있으면 된다.

둘째, 법은 입법하는 힘에 기초하여 승인된다고 할 수 있다. 법은 원칙적으로 정당한 것이어야 하지만, 사회생활의 안정이라는 목적달성을 위한 수단으로서의 성격 또한 간과할 수 없다. 따라서 그 내용이 반드시 그 당시의 사회구성원의 정의관이나 도덕에 일치하지 않는 경우도 있다. 정치적 권력이 이를 승인하는 한, 법으로 인정받게 된다. 즉, 악법도 법이 되는 것이다. 법은 사회구성원의 사회생활에 있어서 각인들 스스로의 판단에 따라 통합·정리되어 승인된 것이 아니라, 국가 등의 정치적 권력집단의 존립목적에 따른 법이 존재하게 된다. 법과 현실 사이에 괴리가 생기는 이유도 바로 여기에 있다.

이상에서와 같이 법은 인간의 사회생활상 필요에 의하여 발생하고 인간과 사회의 이상을 자기의 이상으로서 받아들이면서 질서유지를 위한 규범으로서 인간의 의사에 대하여 그 준수를 호소한다. 이를 위해서 법은 일반인의 승인을 받아야 하며, 또한 사회집단의 규칙을 위배한 자에 대해서는 규칙준수를 강제한다. 또 강제장치의 존재와 강제를 위한 권력집단을 예정하고 있다.

Ⅲ. 법의 구조

법의 구조와 관련하여 법은 일반적으로 행위규범·강제규범·조직규범의 세 가지 형태로 이루어진 복합체로서 이해되고 있다.

(1) 행위규범

행위규범이란 법에서 일정한 행위를 금지 또는 명령함으로써 일반국민에게 행위의 준칙으로 삼도록 하는 규범을 말한다. 예컨대, 살인죄는 살인을 금지하는 금지규범을, 퇴거불응죄는 퇴거를 요구하는 명령규범이라는 행위규범을 전제로 하고 있다. 행위규범으로서 법은 도덕규범이나 윤리규범이 '타인을 살해하지 말라', '남의 물건을 탐하지 말라'는 명령적·단정적 형식을 취하는

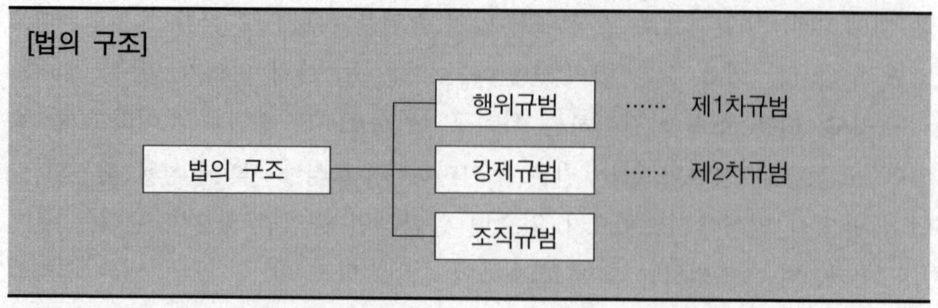

것과는 달리 '사람을 살해한 자는 …에 처한다', '타인의 재물을 절취한 자는 …에 처한다'는 가설적 판단의 형식을 취하고 있다는 점에서 구별된다.

(2) 강제규범

강제규범이란 행위의 준칙으로서의 행위규범을 위반하는 경우에 일정한 제재를 가함으로써 이를 통해 사회질서를 유지하도록 하는 규범을 말한다. 예컨대, 「사람을 살해한 자는 사형・무기 또는 5년 이상의 징역에 처한다」(형법 제250조 제1항)고 하는 것은 '타인을 살해하지 말라'는 행위규범을 전제로 하여 이에 대한 위반이 있는 경우에는 형벌을 가한다는 강제규범을 의미한다. 따라서 행위규범이 제1차규범이고, 이를 전제로 한 강제규범은 제2차규범이라고 할 수 있다.

(3) 조직규범

조직규범이란 국가・지방자치단체 등의 조직 등에 관한 사항을 규정함으로써 조직과 그 조직을 구성하는 기관에 일정한 권한을 부여하는 규범을 말한다. 가장 기본적인 조직규범으로서는 권력분립에 의하여 국가의 근본조직을 규정하고 있는 헌법이 있으며, 이 외에도 국회법・법원조직법・정부조직법 등이 있다.

IV. 현대사회와 법의 기능

현대 미국 사회학의 시조라고 할 수 있는 쿨리(Cooley)는 구성원 상호간의 직접적인 상호작용(face-to-face interaction)이 존재할 수 있는 집단을 '제1차

집단'(primary groups)이라고 명명하였는데, 그는 주로 가족 기타 혈연집단이나 작은 촌락과 같은 지역사회를 그 예로 들고 있다. 이러한 유형의 집단에서는 전통・습속・예의・사회적 비난 등과 같은 비정형적・비제도적인 통제수단이 매우 유효하고, 법의 역할과 기능은 경미한 것이 보통이다. 그러나 오늘날 대부분의 국가에 있어서 산업화 및 도시화의 결과 쿨리의 제1차집단이 사회전체에서 점하는 위치가 상대적으로 낮아지고, 비정형적・비제도적 제재의 효력도 현저하게 감소함으로써 제도화된 통제기술로서 법의 역할과 기능은 첫째로, 오늘날 법은 전통적인 비정형화된 통제수단의 쇠퇴에 의하여 발생한 공백을 메우는 역할이 요구되고 있다.

둘째로, 법은 근대・현대 산업사회에서 분업체제의 거대화・복잡화에 응하여 법 자체가 대규모적이고 복잡・정밀한 통제기술의 체계로 발전되기를 요청받고 있다. 즉, 공법 특히 행정법, 민법, 상법, 민사소송법, 형사소송법이라는 전통적 부문이 사회생활의 요청에 응하여 더욱 더 세밀하게 나뉘어 입법화됨은 물론, 산업화의 진전은 노동법, 경제법, 주택관련법, 공업소유권법, 사회복지법, 환경법, 자원보호법이라는 새로운 부문의 발생과 발전을 요구하고 있다.

끝으로 법의 역할이 증대됨으로써 국가통제기능의 과잉과 이로 인한 부작용에 대한 대책으로서 법의 기능과 관련하여 제도적인 장치가 요구된다. 물론 법은 발생사적으로 보면, 무엇보다도 사회의 조직화된 권력에 의한 사회통제의 기술이다. 그러나 사회의 발전은 법에 있어 또 다른 중요한 임무, 즉 권력 그 자체를 통제하는 기술로서의 임무를 부과하고 있다. 법이 갖는 이러한 두 가지 면을 각각 제1차 통제기능과 제2차 통제기능이라고 하며, 특히 근대 이후에는 후자의 기능이 강조되고 있다.

제2절 법의 연혁

법은 오늘날과 같은 형태를 취하기까지 역사적 변천을 두루 거쳐왔다. 그것은 인간이 사회생활을 영위하기 위해서 법의 존재를 필요로 한 이래로 법은 그 시대, 그 장소에서 지배적인 세계관이나 사상의 유입과 함께 생동하는 것이기 때문이다. 우리나라는 한일합병과 함께 우리의 고유한 법제도를 잃어버리고 일제가 강요하는 서구법의 적용을 받게 되었다. 해방 이후에도 서구법의 계수는 계속되는 반면, 우리 고유법의 모색에는 소홀히 하였다. 오늘날의 우리나라 법제도를 이해하기 위하여 현행법에 영향을 미친 법의 연혁 및 계보를 살펴보기로 한다.

I. 유럽법의 연혁

1. 고대 로마법

로마법은 기원전 5세기 중엽에 관습법을 성문화한 12표법에서부터 기원후 6세기 중엽에 편찬된 유스티니아누스법전에 이르기까지 약 1,000년에 걸쳐서 발전된 것이다. 12표법은 로마의 초기인 농업중심의 도시국가 시대에 제정된 것이고, 로마시민에게만 적용된 속인법(屬人法)으로서의 시민법이었다. 이는 형식을 중하게 여긴 엄격한 법이었지만, 로마가 영토를 확장하면서부터 상업중심의 영역국가로 발전하여 외국인과의 거래가 이루어지면서, 외국인에게도 적용됨으로써 형식에 있어서 자유로운 법이 필요하게 되었다. 이에 부응하여 로마는 외인계법무관(外人係法務官)을 두었다. 법무관은 그저 시민법을 소송에 적용하는 것만이 아니라 시대의 요구에 대응하기 위해서 자기 직무상의 책임하에서 고시(告示)를 통하여 시민법에 수정을 가하고 실질적으로 법창조를 하였다. 특히, 외인계법무관은 시민법의 형식에 구속되는 것이 아니고, 신의성실이나 형평의 관념에 따라 자유롭게 재판하고 외국인에게도 적용되는 새로운 법을 판례법으로 창조하였다.

이와 같은 만민법(萬民法)이 시민법에도 영향을 미침으로써 시민법을 세계법으로 발전시켰다. 법무관제도에서 발전한 로마법도 로마가 공화정에서 제정으로 이행함과 함께 법학자들의 판단에 위임되었다. 법학자들은 공화정 말기부터 사인(私人) 외에 법무관·심판인으로부터 법률상담을 받고 판단을 하는 역할을 담당하였을 뿐만 아니라, 그것에 기초하여 법창조 활동을 하고, 법학자들의 견해가 일치하는 때에는 이것은 법률로서의 효력을 갖게 되었다. 이와 같이 발전한 로마법은 6세기 중엽에 유스티니아누스법전으로 집대성되었던 것이다. 이것은 학설휘찬, 법학제요, 칙법휘찬, 신칙법의 4부로 구성되고, 1,000년후 교회법대전으로 되었고, 로마법대전이라고 총칭하게 되었다.

2. 중세 전기 관습법

11세기경까지의 중세 전기인 봉건사회에서는 법은 오래된 법이 좋은 법이라는 관념이 있었다. 따라서 그 당시 입법의 관념은 우선 오래된 것이어야 하고 혹은 전통적인 것이어야 하므로, 반드시 새롭게 만들어져야 하는 것은 아니었으므로 법은 불문(不文)의 관습법이라는 형식을 갖게 된 것이다.

그러나 법은 올바르고 좋은 것으로 인정되어야 하였고 나쁜 관행은 비록 100년간 지속되더라도 법으로 인정받을 수 없었다. 이러한 의미에서 실정법과 자연법이 구별된다고 할 수 있다. 따라서 중세 전기에는 바른 법이 최고의 법이라고 생각하였고, 이것이 그리스도교와 결합하여 신이 낙원에서 최초의 인간들에게 부여한 법이라고 생각하게 되었다. 즉, 법은 궁극적으로는 신에게서 유래되고 그 결과 재판은 신판(神判)의 모습을 갖게 되었다.

그 외에 좋은 관습과 악습을 구별하는 것이 기본적으로는 사회의 각 구성원에게 있었다. 예컨대, 불법으로 자기의 권리가 침해되었다고 생각하는 자는 가해자에게 자기권리를 자력구제(自力救濟)하는 복수가 법적으로 인정되었고, 자기의 권리가 불법하게 침해되었는가의 여부를 판단하는 것은 복수의 실행자 자신에게 있었으며, 자력구제를 행하는 자나 받는 자나 누구든 자기행위의 정당성을 주장할 수 있었다. 이러한 의미에서 법은 민중의 마음 가운데서 생기고 머문다는 것이다.

3. 중세 교회자연법

11세기 후반에 세계지배를 둘러싼 황제와 교황과의 성직자서임권(聖職者

敍任權) 투쟁을 통하여 기독교 교회는 종래의 관습법에 대하여 신의 진리의 우월성을 주장하고 중세 전기의 법관념에 동요를 주었다. 12세기 중엽에 편찬된 『그라티아누스(Gratianus) 교회법령집』에서는 주(主)가 "나는 관습이며 진리"라 하여, 「그 외에 어떠한 관습도 아무리 광범위하게 행하여지고 있다고 하더라도 진리와 비교하여 그 가치가 아주 열악한 것이며 진리에 반한 관습은 폐지되어야 한다」고 규정하고 있다. 이러한 의미에서 실정법이 자연법에 반할 때에는 무효가 된다.

4. 중세 로마법

11세기 말경에 이탈리아의 볼로냐대학을 중심으로 하는 주석학파에 의해 로마법 연구가 부활되기 시작하였다. 중세 로마제국은 고대 로마제국의 후계자라고 하는 로마제국 이념의 처지에서, 고대 로마법이 유일의 법이라는 관념에 따라 로마법은 중세사회에 부활되었다. 로마 법학자들은 로마법을 '쓰여진 이성'이라고 생각하여, 여기에 절대적 권위를 부여하고 스콜라학의 방법을 따라 각 법문에 개별적인 해석(주석이나 주해)을 하여, 고대 로마법을 중세사회에 타당한 법으로 전환시켰다. 법학자들은 11세기 후반까지 교회가 교황 입법을 주장하는 것에 대항하여「일찍이 국민이 보유하는 모든 지배권을 황제에게 양도하였기 때문에 황제가 의욕하는 곳에 법률의 효력을 갖는다」라고 하는 로마법의 법문을 근거로 중세의 법관념과는 달리 새롭게 황제의 입법권을 주장하였다. 그 외에 법학자들은 제국 로마법과 제국 내에서 사실상 발생하는 지방적 조례와의 관계를 보통법(공통법)과 특유법, 즉 일반법과 특별법의 통일적인 조화관계에서 파악하였다.

법학자들의 노력으로 이룩된 학설법(學說法)인 로마 보통법은 이탈리아에서 유럽 각지에 전파되었고, 특히 독일에서 현저하였다. 일반법과 특별법의 관계에 따라 조례가 보통법에 우선하여 적용한다고 하는 조례우선주의 이론이 도입되어, 독일에서는 로마법이 전면적으로 계수되었다. 특히 1495년의 황실법원령(皇室法院令)은 재판관의 반을 로마법을 배운 자로 하고, 재판관은 로마 보통법에 따라 재판할 것을 정하였기 때문에 이것이 독일에서 로마법 계수의 결정적 계기가 되었다.

독일과는 대조적으로 영국에서는 로마법의 영향이 그다지 강하지 않았다. 영국에서는 황실법원의 권위가 강대하였고, 일찍부터 중앙집권화가 진행되었기 때문에 판례법에 따른 법의 통일이 전체적으로 행하여지고 있었다.

5. 근세 자연법론

17세기의 계몽사상을 중심으로 유럽에서는 인간의 본성 내지 이성을 그 출발점으로 하는 근세 자연법론 내지 이성법론이 출현하였다. 세속 실정법에 대치되는 자연법의 맹아는 이미 교회 자연법 가운데서 나타났지만, 세속화의 경향은 종교개혁을 통하여 더욱 더 강화되었다. 이러한 종파를 초월한 기독교적 인문주의를 전제로 인간의 본성에서 도출한 자연법의 체계를 세운 사람이 네덜란드의 그로티우스(Grotius)이다.

그리고 계몽법률가들은 "인간의 사회공동생활에 필연적으로 합치되도록 행동하라. 이것에 반하는 행동은 하지 말라"고 하는 자연법의 원리를 전제로 시간과 공간을 초월하여 통용되는 체계적인 법전의 편찬을 주장하였다. 그리하여 유럽 각지, 특히 독일에서 보통법으로서 통용된 '쓰여진 이성'으로서 권위를 갖는 로마법은 개개의 법문을 해석한 중세의 로마법학과는 다른 법학이 되었고, 원리를 전개시키고 그 원리에서 개개의 규칙을 연역하여 가는 체계적인 법학이 그 기초가 되었다. 그 성과로서 드러난 것이 1794년의 프로이센 일반란트법, 1804년의 프랑스 민법전, 1811년의 오스트리아 일반민법전이다.

6. 근대법학

1814년 나폴레옹의 지배를 벗어나 통일국가 건설에 몰두하던 독일에서는 사비니(Savigny)에 의하여 역사법학이 확립되었다. 이는 자연법 이념을 기초로 하여 전독일의 통일법전을 편찬하자는 데이포 등의 주장에 반대되는 것이었다. 사비니는 법은 자연법론자가 말하는 것과 같이 입법자에 따라 자의적으로 작용하는 것이 아니고, 언어의 생성·발전과 마찬가지로 민족의 법적 확신에 따라 자연적 혹은 유기적으로 생성·발전하는 것이며, 문화가 어느 정도 진전하는가는 민족의 법문화를 담당하는 법률가의 노력에 의하는 것이라고 주장하였다. 즉, 법은 각 민족의 법적 확신의 발로이며, 자연법론자가 말하는 것처럼 추상적인 인간의 본성에 유래하는 것도 아니다. 또한 민족의 법 감정은 직접적으로 표현되는 것이 아니라 법률가를 통하여 표현되는 것이며, 민중이야말로 법 발전의 모체라 하였다.

역사법학은 법의 역사성과 민족성을 강조하면서 외국법인 로마법의 연구를 반대하고 독일민족의 법인 게르만법만이 연구의 대상이 된다고 주장하여 로마니스트(Romanist)와 게르마니스트(Germanist)의 대립이 발생하게 되었다. 로마니스트에 따르면, 독일에 있어서 로마법사는 오히려 독일법사로서의 흔적이 있으며, 더욱이 이 독일법은 근대화에 적응하여 새로운 시대의 보통법으로서 발전할 수 있다는 것이다. 이렇게 해서 독일의 보통법학은, 일면 국가 제정법만이 법이라고 보는 실증주의(實證主義) 법학으로서 실증철학의 영향을 받았고, 다른 한편에서는 자연과학의 영향에서 법학의 임무를 정치한 법 개념의 체계를 구성하는 논리적 작업에 관련된다고 생각하는 개념법학을 전개하였다. 1900년에 발효한 독일민법은 독일 보통법학의 결정이라고도 말할 수 있다.

II. 법의 계통

법이란 생성한 지역과 민족에 따라 서로 공통되는 점도 있고, 상이한 점도 있다. 어떠한 국가나 민족의 문화는 다른 국가나 민족에 영향을 주기도 하고, 또 서로 융화하는 현상을 나타내기도 한다. 이와 같이 법문화(法文化)도 상호간에 영향을 미침으로써 수개의 국가·민족에 공통된 특색을 갖는 하나의 법문화권이 형성된다. 이처럼 여러 국가 또는 여러 개의 민족의 법이 동일한 법문화인 법계보에 속하는 경우 이것을 하나의 법계(法系)라 한다. 여기서는 현대의 주요한 법계만을 간단히 설명한다.

1. 대륙법계

이것은 유럽대륙에서 발달한 것으로, 일반적·추상적 규범으로서 제정된 성문법을 주요한 법원(法源)으로 한다. 즉 법질서를 조직적인 일체로 파악하여 성문법을 주요 법원으로 하고, 판례를 보충적 법원으로 한다. 이미 앞에서 서술한 것처럼 11세기 말경에 로마법이 부활되고 이탈리아의 대학을 중심으로 로마법이나 고유법(固有法)의 연구가 행하여지는 동안 대륙 제국에서는 자연히 법의 공통된 사상이 싹터갔다. 이러한 대륙법계는 로마법의 영향을 거의 받지 않은 영국법과는 다른 특색을 가지고 있다. 대륙법계는 크게는 독일법계와 프랑스법계로 나눌 수 있지만, 우리나라는 기본적으로는 독일법계, 프랑스법계의 쌍방을 계수한 대륙법계에 속한다고 말할 수 있다.

2. 영미법계

이것은 노르만 왕조를 수립한 윌리엄 1세에 의한 1066년 영국의 통일로부터 시작된다. 영국에서는 민족대이동시 대륙에서 건너온 게르만인들의 관습법이 행하여졌지만, 윌리엄 1세와 그 후계자는 지방적 관습법을 존중하면서도 법의 통일을 기도하여 국왕법원을 설치하고, 이 법원의 재판관을 다른 지방에 파견하여 순회재판을 행하였다. 각지를 순회하여 지방의 관습법에 따라서 재판한 재판관은 서로 각 지방의 관습으로서 예외적인 것은 제한하여 상호 다른 것을 조화시키고 전국에 공통되는 즉 '왕국의 일반관습'인 보통법의 체계를 만들어간 것이다. 이것은 곧 영국의 해외진출과 병행하여 그 식민지로 확대되어 갔고, 오늘날 하나의 커다란 법계를 이루게 된 것이다.

〈대륙법계와 영미법계의 비교〉

	대륙법계	영미법계
근원 및 계수국가	로마법을 기초로 독일, 프랑스 등 유럽대륙, 한국·일본 등	영국·미국과 그 식민지
형 성	• 로마법과 게르만법의 융합 (로마법적 요소 우세) • 근대 통일국가 성립시기에 발전	• 게르만법적 요소의 우세 • 영국 Common Law에서 발전
법 원	성문법주의	불문법주의(판례법주의)
공법·사법의 구별	구별하고 있으며 사법 중심의 발전	구별이 불명확하며 공법적 성질의 Common Law에서 발전
특 징	• 법의 개념과 체계의 중시로 이론적 논리성 우수 • 배심제도 미약	• 법을 분쟁해결 수단으로 이해하여 살아 있는 법과 현실성 중시 • 배심제도 발전

이 법계는 법의 조직화 내지 일원화를 배척하고 구체적인 사실을 중시하여, 개개의 사건에 관한 판례를 중심으로 하여 법이 발전되었으며, 조직적인 법전 없이 관습법과 판례법이 중심이 되고 성문법은 특수한 영역에만 한정되었다. 이러한 영미법계에는 영국, 아일랜드 그리고 약간의 차이는 있으나 스코틀랜드, 미국 등이 이에 속한다.

3. 사회주의법계

이것은 러시아의 10월혁명에서 기원한다고 말할 수 있다. 혁명 이전의 러시아법은 대륙법계에 속하고 있었지만, 러시아혁명의 목적의 하나는 기본적으로 자본주의적・부르주아적・제국주의적・착취적 사상을 반영하고 있다고 생각되는 대륙법의 체계를 부정하는 것이었다. 또한, 영미법 체계는 대륙법의 체계와 동일한 성격이 어느 정도 가미되어 있고 비체계적이라는 이유를 들어 영미법 및 대륙법의 체계와는 달리 법을 경제 및 사회정책의 도구로 보아 그들 나름의 독특한 사회주의법계를 만들었다. 그러나 그 체계와 형식은 대륙법의 전통에 따른 것이라 할 수 있다.

4. 그 외의 법계

앞에서 언급한 3대법계 외에 유럽에서는 스칸디나비아법계가 있지만 이것은 기본적으로는 대륙법의 전통을 계수한 것이다. 그 외에 북아메리카법계, 중동을 중심으로 하는 이슬람법계, 인도의 힌두법계 및 중국법계가 있다. 인도의 종래의 힌두법은 영국의 식민지화 결과 영국의 보통법과 유사하여 보통법의 성문화라고 하는 독특한 형태를 탄생시켰다. 또한, 중국에서도 고래의 율(律)・영(令)・격(格)・식(式)이 거의 20세기 초까지 행하여졌으나, 1912년에 중화민국이 성립하고부터는 유럽・아메리카의 법이 계수되어 오던 중 1949년에 중화인민공화국이 성립하고부터는 사회주의법이 계수되었다. 현재 중화인민공화국에서는 유럽 및 아메리카법의 연구가 성행하고 있다.

제3절 법학의 영역

법학은 넓은 의미로는 사회현상을 법이라는 측면에서 바라본 학문을 말하고, 좁은 의미로는 법을 규범적 의미의 복합체로서 파악하는 규범학, 즉 해석학이라고 할 수 있다. 법학은 역사적으로는 법해석학(실천법학)으로 발달하여 곧 기초법학(이론법학)으로 발달하였다. 기초법학에는 법철학, 법사학, 법사회학, 비교법학 등이 포함되며, 이것들은 법해석학의 보조학이라고 할 수 있지만 결코 이에 한정되는 것은 아니다.

Ⅰ. 법해석학

실정법 규범의 의미를 체계적·합리적으로 명확하게 하는 것이며, 법의 실천이라는 기능을 하는 것이다. 법해석학에서는 사회에서 생성·존립하는 법은 통일적이고 완결적인 법체계를 구성하고 있다는 것을 전제로 한다. 즉, 법률의 어떠한 조문도 각각 고립되어 존재하는 것이 아니라, 다른 조문과 유기적 일체가 되어 법제도를 만들고 있다는 전제하에 법을 다수의 조문이나 제도가 통일적인 체계를 형성하고 있는 모습으로 파악하는 것이다. 법규범은 실제로 구체적 사건의 판단기준으로서 기능하므로 법률이 어떠한 의미·내용을 갖고 있는가를 명확하게 해야 할 필요성이 있다. 왜냐하면 의미·내용이 명확하지 않으면 재판관이 사건처리를 위한 일반적·추상적 지침으로서의 법률을 구체적으로 적용시킬 수 없기 때문이다.

개개인 사이에 법이 실제로 기능하는 것은 현행법하에서 법이 실현되는 시점이고, 따라서 종래에 법학을 으레 법해석학으로 보는 것은 그 역사적 의미에서는 타당하다. 법해석학에서 법학자들은 개개의 조문이나 제도에 대하여 보다 포괄적인 입장에서 체계적이고 논리일관적인 법이론을 구성하여야 하는데, 이를 위해서는 법제도뿐만이 아니라 가치 및 사상을 포함하여 그 본질적인 의의, 역사·사회적 배경 등도 배려하지 않으면 안된다. 그렇기 때문에 기초법학의 필요성이 생겨나는 것이다.

II. 법철학

법의 근본원리를 연구하기 위해서는 문자를 통해 법에 대하여 철학적 고찰을 함으로써 법 전체의 모양을 부여하는 학문이 법철학이다. 즉 법을 가장 일반적인 의미에서 세계나 인생의 가치와 관련하여 고찰하는 것이며, 다루는 내용은 법이 사회 및 인간과 어떠한 관계에 있는가 또한 어떠한 관계여야 하는가를 해명하는 것이다.

구체적으로, ① 법이란 무엇인가, 그 목적인 정의란 무엇인가, 법과 도덕과는 어떠한 관련이 있는가를 면밀히 검토하는 법가치론, ② 법의 연구에서 종래의 사상가들은 법을 어떻게 생각하였는가를 연구하는 법사상사, ③ 법학의 연구는 어떠한 방법을 선택하여야 하는가를 담당하는 법학방법론, ④ 법의 생성과 소멸은 어떻게 이루어져야 하는가를 연구하는 법변동론(法變動論)이 법철학의 주된 연구대상이 된다. 그리고 법해석이 하나의 가치판단이라고 볼 때 법철학은 법해석학에서 극히 중요한 지침을 주는 것이다.

III. 법사학

법제사학(法制史學)이라고도 하며 법률 또는 법제도의 역사학이다. 이것은 ① 역사상 존재하는 법의 문헌적 연구나 그 성과를 취급하는 것이고, ② 어느 시대 어느 민족이나 국가의 법을 전체적으로 연구하는 것, ③ 법제도를 민족의 정신활동의 작용으로 파악하여 연구하는 것이다.

법사학은 역사학의 방법론 등에서 그 영향을 받은 것이지만, 법이 실증적인 역사과학이라고 한다면 우선 각 시대, 각 민족의 법을 실증적으로 확인하고 이것을 문헌학적으로 해석하여 가는 연구가 그 주요 내용이라고 말할 수 있다. 법사학 연구의 의의는 법과 사회의 대응관계 또는 역사와 인간의 관계를 법을 통하여 배움으로써 사실(史實)을 축으로 한 각 시대와 사회의 법상태를 알고 이에 따라 현행법의 이해를 탐구하는 학문이다.

Ⅳ. 법사회학

'법이 사회에서 어떠한 작용을 하는가' 및 '어떠한 작용을 하여야 하는가'를 연구의 대상으로 하는 사회학의 일부이다. 그 발생의 동기가 된 것은 19세기 말에서 20세기 초에 걸친 독일에서의 자유법운동이 효시였다. 제정된 법률과 유동하는 사회실제와의 차이가 현저하게 됨으로써 사회실제의 요청에 응하기 위한 객관적 조건을 구한다는 차원에서 법사회학이 발생하게 되었다. 그러므로 그 대상이 되는 것은 당연히 법현상 중에서도 법과 법이 규율하고자 하는 사회실제와의 어긋남이 그 중요한 분야가 되는 것이다.

그러나 현재에는 종래의 개념법학의 시대와는 다르게 사회의 움직임을 고려하지 않는 법해석이라는 것은 생각할 수 없으므로 그 의미에서는 법사회학의 사명도 초기와는 다르게 되었다. 그러므로 여러 가지 논의가 있을 수 있으나, 법사회학이 법해석에 있어 갖는 의미는 현재 법 일반법칙의 객관성을 높이는 데 있다.

Ⅴ. 비교법학

법의 본질파악 및 발전형태, 실정법의 해석, 입법 등에 있어서 두 개 이상의 국가·사회·민족의 법제도나 법계를 비교하는 학문이 비교법학이다. 비교법제사, 비교법철학, 비교입법학 등 법의 연구가 행해지는 여러 분야에 따라서 여러 가지 목적에서 법제도의 비교가 이루어지기 때문에 하나의 방법론으로서의 성격을 띠고 있지만, 각국의 법 또는 법제도를 비교연구하기 때문에 여러 가지 법체계의 공통성을 찾아 법의 일반원칙을 세워보고자 하는 경우에는 하나의 독립된 학문이 된다고 할 수 있다.

법철학을 제외하고 다른 세 개의 분야는 이른바 사실로서의 법의 존재를 경험과학적으로 인식하는 사실학(事實學)이다. 이러한 의미에서 사회에서의 법현상을 법사학은 과거를 회고하며 현재를 응시하고, 비교법학은 양자의 관점을 기본으로 하여 공간적으로 시야를 넓혀가는 것이라고 할 수 있다.

VI. 법경제학

법경제학(Law and Economics)이라 함은 종래의 전통법학이나 전통경제학의 독립적 연구만을 가지고는 오늘날의 사회적 문제를 해결할 수 없다는 인식을 가지고, 경제질서와 법질서를 하나의 법경제질서라는 통합된 단일질서체계로 파악하여 분석대상으로 함으로써, 현대사회의 구성원리와 질서원리 그리고 발전원리를 총체적으로 연구하고자 하는 학문영역이다.

법경제학의 연구분야를 협의로 보면, 여러 제도 가운데 정치적 제도나 사회적 제도를 제외한 법적 제도, 특히 재산권·계약법·불법행위법 등을 중심으로 한 사법적 제도와 경제질서의 관계를 연구하는 것으로 되지만, 광의로 보면 사회에서의 다양한 제도, 조직, 법, 도덕(윤리), 역사 등과 시장의 관계에 대한 종합적 연구를 주요 대상으로 한다. 1990년대 들어 미국에서 발전하고 있는 신제도학파(Neo-institutionalism)의 최근 연구방향은 광의의 법경제학, 즉 신경제사학(New Economic History), 재산권학(Property Right), 법적 경제분석(Economic Analysis of Law), 법과 공공선택(Law and Public Choice), 거래비용경제학(Transaction Cost Economics), 헌법적 정치경제학(Constitutional Political Economics) 등을 그 연구분야로 하고 있다.

오늘날 해결하여야 할 사회적 실천과제들, 예컨대 실업·인플레이션·환경오염·범죄증가·노인문제·관료부패·민주주의의 제도적 위기 등의 문제가 개별적인 학문의 이론이나 방법론만으로는 이론적 규명과 실천적 대안의 제시가 불가능하게 되었다. 그리하여 법경제학은 법질서와 경제질서를 통일적이고 총체적으로 연구함으로써 한 국가에서 어떠한 법·제도·조직이 문제해결을 위해 보다 더 효율적이고, 공정하고, 우수한 것이 되는지를 실증적으로 밝혀 주려고 노력한다. 특히, 해석론 위주의 우리의 전통법학에 대하여 해석을 위한 해석이 아니라, 법·제도·시장 사이의 상호관계를 통일적으로 파악하여 법을 어떻게 해석하는 것이, 그리고 어떠한 법을 만드는 것이 국민들에게 인간다운 삶을 안겨 주고 보다 나은 사회·경제적 발전을 가져올 수 있는가라는 실천적 문제를 연구하는 학문적 가치가 큰 분야이다.

Chapter 02 법과 다른 사회규범

설 문

「조선왕조에서는 유교의 금욕주의를 국민정신의 토대로 삼아 문란한 성적 유희를 엄단했다. 조선왕조는 곧 윤리국가였다. 그러므로 음탕한 여자는 버릴 수 있었다. 칠거지악(七去之惡)의 하나에 속했다. 사실 음탕하다 해서 쫓겨난 왕자의 아내도 있었다. 정치 및 사회의식이 성장함에 따라 성적 유희도 발전하고 보급되어 갔으며 동시에 전제정치에 대한 저항의 수단으로 삼았던 것이다.

조선왕조는 독재를 유지하기 위해 백성들에게 모든 것을 알리지 않고 그저 복종만 강요했다. 착취와 탄압으로 백성들은 금방 질식해 죽어버릴 지경이었다. 그 질식을 모면하고 생명을 이어나갈 숨구멍의 하나가 바로 성적 유희였다. 춘향전이 남녀의 성적 유희를 대담하게 묘사한 것은 당시 점잔을 빼는 지배층의 가면을 벗겨버리고 그들의 허위를 폭로시키면서 표면으로는 성인군자인 양 들먹거리는 유교의 교설(敎說)과 거기에 기반을 둔 윤리질서에 대하여 반항을 표하기 위한 것이기도 했다.」

— 장경학, 『법률춘향전』 중에서

논 점

1. '조선왕조는 곧 윤리국가였다'가 의미하는 바는?
2. 성(性)의 자유와 윤리질서의 관계는?

제1절 법과 도덕

Ⅰ. 법과 도덕의 차이

법은 정의를 이념으로 하고 행위의 합법·위법을 평가하는 것임에 반하여, 도덕은 선을 이념으로 하고 선의·악의의 판단 또는 성실·인자·절도 등의 다원적인 가치판단을 하는 것이다. 그러나 모두 바른 것을 목표로 한다는 점에서 같다. 서양 중세에서는 법과 도덕을 동일하게 취급하였으며, 양자는 행위규범으로서 공통된 내용을 가지는 것이 많았다. 법과 도덕은 18세기부터 계몽주의 사상가 토마지우스(Thomasius) 등에 의하여 명확하게 분리된 후에도 인륜질서 또는 사회규범으로서 많은 경우 중복적인 내용을 갖고 있었다. 근대법 이후에는 법이 그 밖의 사회규범보다도 전면에 나타나 법규범화가 현저하게 되었다. 그러나 법이 도덕규범으로부터 완전하게 분리된 것은 아니었고, 오늘날에 와서도 법규범 특히 신분질서 또는 일상의 민사생활관계의 많은 부분이 도덕규범 위에 서 있는 것을 볼 수 있다. 옐리네크(Jellinek)가 말하는 것과 같이 법은 '최소한의 도덕'이라고 볼 수 있다.

이와 같이 법과 도덕은 사회규범으로서 밀접한 관계를 가지고 내용적으로 중복되는 경우가 많지만 여러 가지 점에서 차이가 있다. 예컨대, 법은 강제규범으로서 강제성을 가지고 또한 외면적 사회규범으로서 외면성을 가지는 데 반하여, 도덕은 사람의 내심의 의사를 문제로 다루기 때문에 강제력을 가지지 않고 오로지 내면성을 가지는 점에서 현저한 차이가 있게 된다.

법이 강제규범이라고 하는 이유는 법은 수범자의 의사를 규정하고 일정한 작위(作爲) 또는 부작위(不作爲)의 행위로 법내용을 실현하게 하고, 만약에 법을 위반한 행위가 있다면 여러 가지의 제재를 통해 그 강제력을 발동한다. 부과되는 제재는 재판에 근거하여 행하여지는 것이 일반적이기 때문에 법의 강행성은 재판과 결합한다. 그렇지만 법의 강행성은 모든 법에 필연적으로 인정되는 것은 아니다. 강행법규에서와는 달리 임의법규에서는 강행성이 존재하지 않기 때문에 법의 강행성도 절대적인 것은 아니다.[2] 법에서는 의무와 권리가 대응되는 것이 보통이지만 도덕에서는 의무에 대응하는 권리는 존재하지 않는다.

법의 외면성은 법이 인간의 외부적 행위를 규율하는 타율적 규범이라고 하는 의미로 이해되지만, 법 이외에도 습속·풍습에도 동일한 외면성이 있다. 따라서 법의 외면성은 절대적인 것이 아니고 때로는 법이 내심의 문제에 들어갈 수 있다는 것도 부정할 수 없다. 예컨대, 고의·과실, 선의·악의[知·不知]의 문제 등이 그것이다.

고의·과실은 민법상의 불법행위(제750조 이하)에서는 반드시 차이가 나는 것은 아니지만, 형법(제13조 참조)에서는 큰 의미를 가지며, 선의·악의는 민법상 시효취득이나 선의취득 또는 점유취득시효(제245조 이하) 등에서 차이를 나타낸다. 다만, 인간의 행위가 외부에 드러나지 않는다면 문제가 되지 않고, 내심의 문제도 외부적 행위에 관련되어야 논할 수 있다는 점에서 법의 내면성도 외면성과 완전하게 나누어져 있다고는 할 수 없다.

II. 법과 도덕의 중복과 충돌

실정법 가운데서도 도덕적·윤리적 내용을 규정하고 있는 것이 있다. 특히 친족법에서는 이것이 현저하다. 중혼(重婚, 민법 제810조) 등의 혼인금지 규정이 그것이다. 민법 제974조는 직계혈족 및 그 배우자간 기타 친족간의 부양의 의무를 규정하고 있으며, 제975조에서는 그 이행책임을 정하고 있다. 이는 법규범이기보다는 도덕규범으로 이해되어야 한다. 그러나 도덕을 명문으로 정하고 있는 경우에는 강한 준수의무를 가지게 된다. 인륜질서의 법규범화가 특히 필요한 경우에는 도덕적 규범을 법규범으로 규정하는 것을 반대할 필요가 없다. 도덕으로 지탱되는 법의 가치는 증대하기 때문이다.

형법에서 반도덕적 범죄는 자연범(自然犯)이라고 하는데, 예컨대 살인죄(제250조 이하), 상해죄(제329조 이하), 절도죄(제329조 이하), 강도죄(제333조 이하) 등이 그것이다. 그와 같이 규정된 죄는 도덕적으로도 비난받는 동시에 법

2) 다만, 임의법규에서도 일단 당사자가 이것에 따른다는 의사를 표시한다면(민법 제105조 참조) 강행법규성이 부여된다.

적인 제재를 부과할 수 있기 때문에 여기에서는 법과 도덕이 중복된다. 법과 도덕 간의 관계에 있어서 특히 형법 제250조 제2항의 존속살해죄가 문제된다. 즉, 존속살해죄의 형을 일반살인죄보다 가중시킨 것은 직계존속이라는 신분을 이유로 차별대우하는 것이기 때문에, 헌법 제11조 제1항의 평등의 원칙에 반하는 위헌규정이 아닌가라는 문제가 제기되고 있다.

보통살인죄 이외에 존속살해라고 하는 특별한 죄를 규정하고 그 형을 가중하는 것 자체는 비록 위헌이 아니라 하더라도, 형벌가중의 정도 여하에 따라서는 부과된 차별의 합리성이 문제될 수 있다. 즉, 가중의 정도가 극단적이라면 입법목적 달성의 수단으로서 균형을 잃는 것이 되고, 이것을 정당화시킬 수 있는 합리적인 논거를 찾을 수 없다면, 그 차별은 현저하게 불합리한 것으로 볼 수 있다. 그리하여 현행형법은 존속살해죄의 법정형을 종전의 사형 또는 무기형으로 엄격하게 한정하던 것을 사형, 무기 또는 7년 이상의 징역으로 완화하여 규정하고 있다.

실정법의 규정이 도덕적으로 반드시 적합하다고 할 수 없으며, 그 중에는 반도덕적 내용을 갖는 규정도 존재한다. 예컨대, 시효제도(민법 제162조 이하, 제245조 이하)나 친족간의 일정한 범죄에 대한 면책제도(형법 제328조, 제344조, 제354조, 제361조, 제365조) 등을 들 수 있다. 시효제도는 일정의 시간의 경과에 따라 무권리자에게 권리를 취득시키고(예: 취득시효) 혹은 채권자의 권리를 소멸시키는(예: 소멸시효) 것으로, 이는 어느 경우에도 도덕적으로는 용인되지 않는 것이다.

제2절 법과 종교

I. 법과 종교의 분화

원시종교에서는 자연이나 동식물의 영혼숭배가 행하여졌고, 터부(taboo) 등은 신(神)의 의사에 따른 금기라고 보았다. 신이 만물의 창조자·지배자가 된다고 생각하는 제정일치의 사회에서는 법은 신의 의사에 따라 정하여진 것이라고 한다. 즉, 법에 따르는 것은 신의 의사에 복종하는 것이다.

원시법이나 고대법에서는 법규범과 종교규범이 혼재되어 있었다. 고대 바빌로니아의 함무라비법전(Code of Hammurabi)은 상사(商事)에 관한 법규정도 광범위하게 포함하고, 종교적 내용까지도 포함되어 있다. 또한, 인도의 마누법전(Code of Manu)은 힌두교의 성전이라고 이해되고 있으며, 민법·형법 또는 해법(海法) 등의 규정을 포함하는 외에 종교적 규범을 많이 가지고 있다. 모세(Moses)가 여호와로부터 받은 10계명[3]에는 법과 종교만이 아니라 도덕적 내용도 포함하고 있다.

종교규범은 준엄한 것이지만 중세 교회법에서는 교회가 혼인이나 이혼 등에 대해서까지 규율하기도 하여 교회법에 근거한 민사생활에의 간섭이 행하여지면서 법규범으로 분화되었다. 근대국가의 탄생에 따라 교회가 장악한 민사상의 법규범은 국가로 이전되었고 법과 종교는 명확하게 분리되었다.

II. 종교의 자유와 그 제한

근대국가들은 헌법상 종교의 자유를 보장하고 종교적 차별을 철폐하였다(예컨대, 독일연방공화국기본법 제3조 제3항, 제4조 제1항·제2항 등). 종교의 자유의 보장은 1948년 12월 10일의 국제연합총회에서 채택된 「세계인권선언」 또는 1966년 12월 16일의 제21회 국제연합에서 채택된 국제연합인권규약 중 「시민적 및 정치적 권리에 관한 국제규약」(B규약) 등에서 찾아볼 수 있다.

우리나라에서도 헌법 제20조에서 「모든 국민은 종교의 자유를 갖는다」고 국민의 기본권으로 정하고 있고, 「국교는 인정되지 아니하며, 종교와 정치는 분리된다」고 하여 종교의 자유와 정교의 분리를 선언하고 있다. 이러한 종교의 자유 때문에 사기업체에 의한 종교적 행사의 방해 등은 금지될 뿐만 아니라, 신앙을 이유로 하는 해고 등도 원칙적으로 금지된다. 종교의 자유는 신앙의

---

3) ① 나 이외의 신을 섬기지 말 것, ② 우상을 만들지 말 것, ③ 망령되게 여호와의 이름을 부르지 말 것, ④ 안식일을 지킬 것, ⑤ 부모를 공경할 것, ⑥ 살인하지 말 것, ⑦ 간음하지 말 것, ⑧ 도둑질하지 말 것, ⑨ 위증하지 말 것, ⑩ 이웃의 소유를 탐내지 말 것을 정하고 있다.

자유, 종교적 행위의 자유 및 종교적 집회・결사의 자유를 그 내용으로 한다. 그러나 이러한 자유는 대외적 행위의 자유이므로 질서유지를 위한 한도 내에서는 제한될 수 있다. 예컨대, 집총거부 신앙자에게도 집총을 강제할 수 있으며, 미신적 치료효과를 주장하는 종교행위의 선전과 종교결사는 금지할 수 있다. 다만, 이와 같이 제한되는 경우에도 그 제한은 종교의 자유의 본질적인 내용을 침해하여서는 안된다. 종교의 자유는 다른 자유권과 달리 인간의 정신세계에 기초를 둔 것이므로 지나친 제한은 정신적 존재로서의 인간의 존엄과 가치・행복추구권을 침해하는 것이 된다.

헌법이 보장하는 종교의 자유와 관련하여 교육기본법 제6조 제2항은 국・공립학교에서는 특정한 종교교육을 할 수 없도록 정하고 있으며, 형법 제158조에서도 종교생활을 보장하기 위하여 장식(葬式) 등의 방해에 관한 형벌규정을 정하고 있다. 또한, 사회단체신고에 관한 법률 제2조와 집회 및 시위에 관한 법률 제13조 등에서는 그 적용을 배제하여 보다 더 광범위한 종교의 자유를 보충적으로 보장하고 있다.

Ⅲ. 법과 종교의 차이

법은 국가권력에 의해 강제되고, 각인(各人)의 의사에 반하더라도 법내용의 실현이 강행된다고 하는 강행성을 갖는다. 하지만 종교는 신자 이외의 자에게는 준수시킬 수 없는 규범일 뿐만 아니라, 신자에 대해서도 강제력을 가지고 있지 않고 그 준수 여부가 각자의 신앙심에 맡겨져 있기 때문에 외부적 강제로 비난할 수 없다. 종교에 대한 신자의 위반이 있어도 과거에는 가혹한 제재를 할 수 있었지만 현재에는 신(神) 또는 불(佛)의 가르침에 따라 판단되고, 또 각자가 속하는 교단 등 종교단체에 의해 파문 등이 행하여지는 데 지나지 않는다.

Ⅳ. 종교의 법에 대한 영향

법과 종교가 분화되어도 종교의 법에 대한 영향을 무시할 수 없다. 예컨대, 로마교회의 이자금지가 이자제한법을 성립시키기도 하였고, 가톨릭교 국가의 이혼의 금지[4] 또는 낙태금지, 자살금지는 기독교의 교의에 따른 것이며 또한 일부일처제(monogamy)나 간통의 금지 등도 적지 않게 기독교의 영향에 따른 것이라고 할 수 있다.

제3절 법과 관습

관습이란 특정 사회에 있어서 개개인의 행동이 답습·반복됨에 따라 그 사회의 규범으로 인정된 것이다. 규범으로 인정된다는 것은 사회구성원들이 이 기준에 따라서 행동해야 하며, 이를 위반한 자는 사회로부터 반발을 받게 됨을 의미한다. 관습은 특정 사회에서 발생하는 것이지만 그 사회에는 크고 작은 여러 종류의 관습이 있다. 즉 동업자간의 관습, 일정한 촌락 내의 관습으로부터 상당히 광범위한 지방 내의 관습, 한 나라에 공통하는 관습, 그 외에 국제적 관습까지 다양하다.

관습도 규범의 일종이지만 자연발생적으로 생겨나는 것이다. 이 점이 바로 성문법주의에서 기본법의 주요한 부분을 구성하는 성문법(헌법, 법률 등)이 인위적으로 만들어진다는 점과 대비되는 중요한 특징이다.

인간의 사회생활 가운데 상당부분은 관습에 따라서 규율되고 있다. 개개인은 사회생활상 많은 경우에 관습에 따라서 행동한다. 또한, 그렇게 함으로써 개개인은 타인 또는 사회와의 관계에서 마찰을 일으키지 않고 원만하게 사회생활을 유지할 수 있다. 그 범위 내에서만 본다면 사회생활을 규율하기 위하여 반드시 법이 필요한 것은 아니다.

이와 같은 관습은 성문법을 근거로 하는 형식적 법과는 별개의 사회규범이지만, 법은 일정한 요건을 구비하는 경우에는 관습을 관습법으로 인정함으로써 스스로 법규범으로 편입한다. 그 이유는 성문법만으로써 사회에서 발생하는 모든 문제에 대처하는 것은 불가능하며, 적절하지 않기 때문이다.

---

4) 이탈리아에서는 1970년에 이혼법 성립까지는 이혼을 금지하고 있었고, 필리핀 등에서는 아직도 이혼을 인정하지 않고 있다.

제4절 법과 습속

Ⅰ. 습속의 의의 및 선량한 풍속

습속(習俗)이란 사회의 풍속으로서 습속 그 자체는 본래 윤리・도덕과는 관계없는 것이지만, 사회윤리적인 평가가 가하여진 경우에 이를 '선량한 풍속'이라고 한다. 법은 여러 경우에 선량한 풍속을 기반으로 하고 있다. 예컨대, ① 민법 제103조는 「선량한 풍속 기타 사회질서에 위반한 사항을 내용으로 하는 법률행위는 무효로 한다」고 규정하고 있고, ② 국제사법상 우리나라 법원이 외국법을 적용하여 재판하여야 하는 경우에 국제사법 제10조에서 「… 그 규정의 적용이 대한민국의 선량한 풍속 기타 사회질서에 위반되는 때」에는 이것을 적용할 수 없다고 정하고 있으며, ③ 민사소송법 제203조 제3호는 외국법원의 확정판결은 「대한민국의 선량한 풍속 기타 사회질서에 위반하지 않을 것」을 그 요건으로 하고 있는 것을 들 수 있다.

이 중 특히 중요한 것은 민법 제103조이다. 이에 따르면, 법률행위(예컨대 계약)는 사회질서 또는 선량한 풍속(약하여 '공서양속(公序良俗)'이라고 한다)에 반하는 때에는 무효로 된다. 예컨대, 매춘은 공서양속에 반하는 것이다(윤락행위방지법). 따라서 부녀자에게 매춘을 하는 것을 목적으로 본인 또는 그 부모에게 금전을 가불하여 주는 것(전대금계약(前貸金契約))은 무효이다. 더구나 이와 같은 전대금계약이 체결된 경우 대자(貸者)는 모든 부녀자 또는 그 부모에게 양도한 금품의 반환을 법원에 청구하는 것도 인정되지 않는다고 본다. 왜냐하면 만약 법원이 관련된 청구를 인정한다면 국가가 공공질서 위반을 부추기는 것이 되기 때문이다. 이와 같이 불법한 원인에 기초한 급여는 '불법원인급여'라고 말할 수 있다. 급부(給付)의 전제가 되는 법률행위가 무효가 되면 본래 급부물은 부당이득으로서 반환되어야 할 것이나, 불법원인급여의 경우에는 그 반환청구가 인정되지 않는다(민법 제741조, 제746조).

II. 법과 습속의 역할분담

습속은 선량한 풍속의 일반적인 형태로서, 법 가운데 존재하는 것이 아니고 개별적인 여러 가지 형태의 의미를 갖는다. 부부의 일방은 상대방 배우자가 부정한 행위(간통)를 하였을 때 이혼의 소(訴)를 제기할 수 있고, 우리 형법 제241조에서 간통죄[5)]를 인정하고 있다. 이처럼 우리나라에서는 민사상의 문제(이혼원인)로 습속의 형태를 법 가운데 남겨 두었을 뿐 아니라, 형벌로써 유지시키고자 한다. 또, 같은 성질서(性秩序)에 관한 동성애는 외국에서는 형벌의 대상으로 하기도 하나 우리나라에서는 사회도덕에 규제를 맡기고 있다.

이상에서와 같이 사회도덕상의 문제를 법으로 규율할 것인가 또 규율한다면 어떠한 형태를 취할 것인가. 예컨대, 간통의 문제를 민사상의 문제(이혼원인)로 할 것인가 혹은 형벌의 대상으로 할 것인가는 법정책적으로 많은 문제가 있으며, 각 시대와 사회를 지배하는 사조의 영향에 따라 결정되는 것이다.

5) 대부분의 국가에서는 이를 폐지하고 있다.

Chapter 03 법의 목적(이념)

설 문

「사람의 본성은 악하다. 그래서 옛 성왕께서는 임금의 권세를 세워 이들 위에 군림케 하고 예의로써 교화하고 올바른 법도를 만들어 이들을 다스렸으며, 형벌을 중하게 하여 이들의 악한 행동을 금지시켰던 것이다. 만약 시험삼아 바른 법도의 다스림을 없애고 형벌에 의한 금지를 폐지한다면 천하의 사람들이 어떻게 살 것인가를 생각해 보자. 아마 강자가 약자를 해치고 다수의 무리는 소수의 무리들에게 폭력을 가하여 그들을 굴복시키려 할 것이다. 천하가 어지럽게 되어 망하는 꼴을 보는 것은 그리 오래 기다릴 필요가 없을 것이다.」

– 『순자』, 성악편 중에서

「법은 정의에의 의사이다. 정의란 사람을 차별하지 않고 재판하는 것이며 모두를 동일한 척도로 재는 것을 뜻한다. 정치적 반대자의 살해가 찬양되며 다른 종족에 대한 살해는 명령되지만 반면에 자기 동족에 대한 같은 행위는 가장 잔인하고 수치스러운 형벌에 의해서 징벌을 가하는 경우에 이는 정의도 아니요, 법도 아닌 것이다. 법률이 정의에의 의사를 의식적으로 부정하고, 예컨대 인간의 권리를 자의적으로 특정인에게 부여하거나 혹은 거부하거나 하는 경우에는 이러한 법률은 효력이 없어서 국민은 그에 대해 아무런 복종의무가 없는 것이며, 법률가들도 이러한 법률에 대하여 법적 성격을 부정할 용기를 가져야만 한다.」

– 라드브루흐, 『법에 있어서의 인간』 중에서

논 점

1. 순자의 말을 통해서 볼 때 동양에서의 법의 목적은 어디에 있었다고 생각하는가?
2. 라드브루흐는 법의 목적에서 정의와 법적 안정성이 충돌할 경우에 어떠한 기준에 의하여 정의를 우선시키고 있는가?

제1절 법의 목적과 의의

법의 목적이란 법은 왜 존재하는가, 법은 무엇을 실현하고자 하는가에 관한 물음으로서, 법의 정・부정(正・不正)을 판단하는 궁극적 규준이 되고 법의 형성 및 실현을 위한 지도원리가 되는 법철학적 과제이다. 여기에서 법의 목적은 근로기준법이나 도로교통법 등 개개의 법령 또는 법규의 목적을 그 연구대상으로 하는 것이 아니라, 법 전체가 공통적으로 가지는 일반적・보편적 이념을 규명하는 것이다.

법의 목적에는 두 가지 측면이 있다. 우선 현실적으로 실정법이 성립함에 있어 그것에 관여한 사람들이 법을 통하여 달성하고자 하는 실제상의 목적, 이를테면 현실적 목적이고, 다른 하나는 법에 의하여 실현되어야 할 궁극적인 가치, 즉 법이념 내지 법의 가치이념적 측면이 있다. 여기에서 우리가 문제로 하고 있는 법의 목적은 후자의 의미, 즉 법에 있어서 궁극적인 가치를 말한다.

과거 우리나라, 중국 등 동양에서나 서구 봉건국가에서는 법은 질서유지나 통제의 수단으로서 존재하였으나, 오늘날의 법치국가에서는 특히 인권보장의 실현수단으로서 그 가치가 인정되고 있다. 일반적으로 법의 목적으로서는 라드브루흐(G. Radbruch)의 법이념 3요소설, 즉 정의, 합목적성, 법적 안정성이 논의되고 있다.

제2절 정 의

I. 정의의 의의

정의(正義)가 법의 근본목적의 하나라는 점에 대하여는 이론이 없다. 정의는 개개인이 이성의 올바른 사용에 의하여 지켜야 할 덕목(주관적 정의)이며, 사회질서 전체가 이상적 형태로 지향해 나갈 하나의 보편적·일반적 가치기준(객관적 정의)이라고 할 수 있다.

법은 특히 정의가 요청되고 정의와 밀접한 관계를 맺는 질서영역에 속한다. 우선 언어학적으로 볼 때 그리스에서의 법(*Dike*)과 정의(*Dikaion*)나 로마에서의 법(*Ius*)과 정의(*Iustitia*)가 각각 어원적으로 서로 불가분의 관계가 있다는 데에서도 알 수 있다. 정의가 법의 이념이라는 점도 독일어 Recht와 Gesetz, 불어의 droit와 loi가 구별되어 사용된다는 데에서도 찾을 수 있다. 또한, 가치관련적으로 보아도 정의는 법 그 자체를 인간생활에 있어 바르고 가치 있는 것으로 만들며, 법의 정당성을 보증하고, 이러한 법의 정당성을 통하여 사람으로 하여금 궁극적으로 법에 따르게 한다. 정의는 법을 정당화하는 권위와 아울러 사람을 법에 구속하게 하는 힘을 가지고 있는 것이다.

II. 정의의 내용

정의란 역사적으로 볼 때 시대와 장소에 따라 다양하게 해석되고 있으나, 오늘날 보편적으로 인용되고 있는 것은 아리스토텔레스의 정의이다. 아리스토텔레스는 정의를 일단 일반적 정의(광의의 정의)와 특수적 정의(협의의 정의)로 나누었다. 일반적 정의는 개인이 공동체의 일반원칙에 따르는 것, 즉 합법성 그 자체를 의미하고, 특수적 정의는 평등을 그 본질로 하며 과다와 과소의 중간을 이루는 정당한 배분을 의미하고 있다.

특수적 정의는 다시 평균적 정의와 배분적 정의로 나누어진다. 평균적 정의는 급부(給付)와 반대급부(反對給付) 사이의 절대적 평등(형식적 평등)을 의미하며, 사인간(私人間)의 법률관계를 규율한다. 이 원칙은 예컨대 상품과 가격, 노동과 임금, 손해와 배상에서의 등가(等價)의 원칙으로 나타난다. 배분적 정의는 단체에서 개인이 갖는 가치에 상응한 비례적 평등(상대적 평등)을 의미하며 공법(公法)의 법률관계를 규율하는데, 예컨대 부담능력에 따른 차별적 과세, 임금에서의 성과급 지불 등으로 나타난다.

아리스토텔레스에 의하면 정의는 평등을 의미하지만 이는 모든 인간과 사례를 평등하게 취급하는 것이 아니다. 단지 취급하는 척도의 평등, 즉 인간과 사례가 상이하다는 척도에 따라 취급을 상이하게 하는 것 자체를 의미하며, '각자에게 그의 몫을 주라'(같은 것은 같게, 다른 것은 다르게 취급하라)는 취급의 비례적 평등을 의미한다. 즉 배분적 정의가 본질적 정의이며, 평균적 정의는 배분적 정의의 적용의 한 예에 불과하다고 보게 된다. 이러한 정의론은 현대의 정의론에 대하여도 많은 영향을 끼치고 있다.

다만 배분적 정의가 근원적인 것이라도, 예컨대 '각자에게 그의 몫을 주라'는 자연법적인 정의원칙에 의해 일정한 재화를 평등하게 배분하고자 하는 경우에 우선 '그의 몫'을 어떻게 결정할 것인가에 대한 구체적인 규준이 명확히 있어야 하는데, 이에 대하여 배분적 정의도 내용적으로 답을 주지 못하고 있다. 이와 같이 정의는 라드브루흐도 말한 것과 같이 실질적인 판단기준이나 구체적 내용을 결여하는 형식적 원리에 불과하므로 법에 있어서 다시 합목적성이라는 이념이 요구된다고 하겠다.

정의를 가지고 형벌론을 다루어 볼 때 평균적 정의를 형벌의 목적으로 해석하게 되면 형벌의 본질은 동해보복(同害報復)이라는 절대적 응보로 나타난다. 그러나 배분적 정의를 형벌의 목적으로 해석하게 되면 형벌의 본질을 상대적 응보 내지 범죄인의 개선·사회복귀로 이해하게 된다.

제3절 합목적성

합목적성이란 법의 목적적합성, 즉 법이 그 기능에 알맞게 그리고 그 목적에 적합하게 설정되고 적용되는 것을 말한다. 정의가 법의 내용을 일반화하는 데 반해, 합목적성은 법을 구체화하고 개별화하는 기능이 있다. 라드브루흐는 합목적성에서 목적의 개념을 최후의 목적(letzter Zweck)이라는 궁극적·선험적 가치로 이해하고, 궁극적 가치의 내용에는 진·선·미가 있다고 한다. 이 중에서 법이 직접적으로 기여할 가치란 선에 있다고 보아, 합목적성은 결국 법에 의해 추구되어야 할 선(善), 즉 공공복지에 있다고 보았다. 궁극적으로 법은 공통선(공공복지)을 실현하기 위한 수단 내지는 제도로 이해되었던 것이다.

그런데 여기서 공통선이란 무엇인가? 이에 대하여는 상대적으로밖에 결정할 수 없다. 라드브루흐는 가치관의 차이에 따라 개인주의, 단체주의(초개인주의) 그리고 문화주의(초인격주의)로 분류하고, 궁극의 목표를 개인주의는 개인의 자유에, 단체주의는 개인보다는 전체사회 내지 단체에, 그리고 문화주의는 개인도 단체도 아닌 인간이 만든 문화 또는 작품에 두었다.

생각건대, 오늘날과 같이 가치관이 다양한 민주주의 국가에서는 상대주의적 세계관이 지배한다고 할 수 있으므로 어떤 특정한 가치관에 의하여 공통선을 추구할 수는 없다. 이는 특히 법률과 윤리와의 관계에서 볼 때 잘 나타나고 있다. 윤리는 개개인의 내면의 세계에 의거하므로 법률에 있어서 윤리적 색채가 강할수록 상대성의 폭은 크게 된다. 그러나 법률은 공동생활의 질서유지와 통제를 위해 가치관의 대립을 넘어 통일성을 유지하여야 하므로 되도록 윤리와 일정한 거리를 둘 필요가 있다. 이는 국가형벌권의 발동이라는 효과를 수반하는 형법상 보충성의 원칙과 관련하여 중요한 의의를 갖는다.

〈법의 목적〉

	정의	합목적성	법적 안정성
과제	어떻게 규제되어야 할 것인가	무엇이 규제되어야 할 것인가	무엇에 의해 규제되어야 할 것인가
법목적 실현방법	평등을 통한 실현	공동선의 추구를 통한 실현	법 안정을 통한 실현
충돌시 우선순위 원칙	2	3	1

제4절 법적 안정성

법적 안정성이란 법에 따라 국민이 안심하고 생활할 수 있는 상태를 말한다. 사회질서를 유지하고 안정시키는 것이 법의 기능이라고 볼 때 법적 안정성도 법의 중요한 목적의 하나가 된다. 법적 안정성이 유지되기 위해서는 다음과 같은 몇 가지 사항이 요청된다.

첫째, 법의 내용이 명확해야 한다. 법의 내용이 명확하지 않으면 국민은 내용이 추상적이고 불명확한 법규에 의하여 처벌되거나 단속받게 되므로 안심하고 생활할 수 없게 된다.

둘째, 법이 쉽게 변경되어서는 아니된다. 개정으로 법의 안정성이 결여되는 경우에는 개개인이 이미 획득한 권리관계의 변동에 대한 우려, 법의 변경된 사실을 몰라서 사회혼란 등을 야기할 수 있다.

셋째, 법은 실제로 실행되는 것이어야 한다. 법적용에서 평등의 원칙이 지켜지지 아니하면 법의 실효성이 상실되어 법준수 의식의 결여로 법질서의 혼란이 초래된다.

넷째, 법은 국민의 의식에 합치할 것이 요청된다. 국민의식과 괴리된 법규는 결국 사회로부터 소외당하고 법외적인 힘에 의해 파괴될 수밖에 없게 되므로, 오히려 사회질서의 혼란을 초래할 수 있게 된다.

제5절 법목적의 상호관계

라드브루흐는 법에 있어서 정의·합목적성·법적 안정성은 서로 연관되면서 다른 한편 서로 긴장관계를 유지하고 있다. 즉, 정의는 일반화하는 경향이 있는 데 대하여 합목적성은 개별화하는 경향이 있고, 정의와 합목적성이 이념적이고 법의 실체에 관한 것인데 대하여 법적 안정성은 실정적이며 법의 형식에 중점을 두고 있는 것이다. 따라서 법에 의하여 형성된 기존 질서를 유지하기 위하여 법적 안정성은 법의 내용이 정의나 합목적성에 어긋나더라도 강제성을 띠어 그 실효성을 지키고자 하므로 법적 안정성과 정의·합목적성은 모순관계가 생기게 된다. 정의와 합목적성의 관계에서도 다같이 법의 내용에 관한 것이라고는 하나 합목적성이 공공복지에 이바지한다는 공리성의 경향이 있는 데 대해, 정의는 윤리성의 경향이 있으므로 둘 사이에 모순관계가 생길 수 있다.

라드브루흐는 본래 법목적 가운데 사회질서의 유지가 중요하다는 이유로 법적 안정성이 정의나 합목적성보다 중요한 목적이라고 승인한다. 그리하여 상호모순될 때에는 법적 안정성, 정의, 합목적성의 서열을 정해 갈등을 해결하려 하였다. 그러나 나치시대의 '법률은 법률이다'라는 극단적인 법실증주의(法實證主義)를 배경으로 한 '법률적 불법'(gesetzliches Unrecht)의 고통을 겪고 난 뒤 제2차 세계대전 후에는 정의를 법적 안정성과 합목적성보다 우위에 두고자 하였다.

결론적으로 법목적의 세 이념인 정의와 합목적성, 법적 안정성은 상호 협력·보완해 나가는 것이 이상적이라 할 수 있다. 그러나 상호 모순하는 경우에는 원칙적으로 법적 안정성, 정의, 합목적성의 서열순위로 해결하되 예외적으로 국민의 지배적인 정의관념에 '소스라칠 정도'로 모순되는 '법률적 불법'에 대해서는 정의를 법적 안정성보다 우위에 두는 것이 타당하다고 생각한다.

Chapter 04 법원(法源)

설 문

「근대 독일인들이 15년 동안 전력을 기울였던 사업을 나폴레옹은 단 4개월만에 완성하였다. 혹자는 그의 무모성을 비난하기도 한다. 그러나 나폴레옹법전이 비록 불완전하다 할지라도 그것은 법전이 전혀 없는 것보다는 나은 것이다. 만일 이 사업이 사실상 그때 행해지지 않았다면 프랑스는 오늘날까지 법전 없는 나라가 되었을지도 모른다. 단일법은 200개의 관습법보다 나은 것이며 평등은 특권보다 나은 것이다. 이 나라의 모든 남녀들이 읽고 이해할 수 있는 이 조그만 부피의 책자 속에서 나폴레옹법전은 개화된 민주사회의 윤곽을 묘사해 주고 있으며, 혁명적 법률체계와 인류의 뿌리깊은 오랜 전통을 조정해 주고 있는 것이다. 법전의 심의와 기초작업에 있어서 나폴레옹은 주도적 역할을 담당하였다.」

— 피셔(H.A.L. Fisher), 『나폴레옹』 중에서

논 점

1. 나폴레옹이 편찬위원회에 4개월 동안 35회를 참여하여 위원들과 논쟁을 벌이면서 추진한 법전화의 의미는 무엇인가?
2. 법전 제정 직후 나폴레옹이 "내 법전은 실패했다"고 한 말의 의미는 무엇인가?

법원(法源) 또는 법의 연원(淵源)이라고 하는 것은 대개 다음의 네 가지 의미로 사용된다. 첫째, 법의 타당성의 의미이다. 둘째, 법의 지식을 얻기 위한 재료를 법원이라 한다. 예컨대 법전, 판례집, 법에 관한 저서・논문 등이다. 셋째, 법을 제정하는 힘을 의미한다. 이 의미에서는 습속・도덕・종교・학설 등이 법원으로 된다. 넷째, 법이 어떠한 형식을 갖고 존재하는가라는 결국 법의 존재형식을 법원이라고 부르는 것이다.

이 가운데 주로 많이 사용되는 의미는 네 번째의 존재형식으로서의 법원이다. 이러한 존재형식으로서 법원은 성문법과 불문법으로 나눌 수 있다.

제1절 성문법

성문법이란 문장에 의해서 그 내용이 표현되고 문서로써 작성된 법을 말한다. 이는 일정한 절차・형식에 따라서 성립・공포되기 때문에 제정법(制定法)이라고도 부른다. 우리나라의 성문법으로는 헌법, 법률, 명령, 규칙, 자치법규, 조약 등이 있다.

Ⅰ. 헌 법

1. 의 의

헌법은 국가의 기본법으로서 국정운영의 구조와 국민의 권리보장을 정하고 있다. 헌법에는 형식적 및 실질적인 두 가지의 의미가 있다. 형식적 의미의 헌법이란 '헌법'이라고 칭하는 성문법 형식(법전)을 말한다. 각국에서는 18~19세기에 헌법의 법전화를 이루었고, 현재는 영국을 제외한 거의 모든 국가가 이러한 형식적 의미의 헌법전을 가지고 있다. '대한민국헌법'이라 할 때의 의미도 이러한 형식적 의미에 있어서의 헌법을 의미한다.

실질적 의미의 헌법이란 성문법전의 형식을 구비하고 있는가 아닌가를 묻지 않고 실질적으로 국가의 기본법을 구성하고 있는 법의 총체를 말한다.

현재 우리나라에서 실질적 의미의 헌법에 포함되는 것으로는 대한민국헌법 외에 국회법, 정당법, 헌법재판소법, 감사원법, 청원법 등이 있다.

2. 제정 및 개폐

(1) 제정절차

우리나라를 포함하여 일반적으로 헌법전은 그 제정절차를 규정하고 있지 않다. 헌법의 제정은 소속 구성원들의 합의와 높은 의식을 필요로 하며, 제정을 이끌어 갈 세력이 존재해야 한다.

(2) 개정절차

헌법은 개정의 난이에 따라 경성헌법 및 연성헌법의 두 가지로 나누어진다. 연성헌법이란 헌법의 개정에 있어서 통상의 법률의 개정절차에 따르는 것으로 충분한 헌법을 말한다. 이에 반해 경성헌법이란 통상의 법률의 경우와는 다르며, 개정에서 특히 신중 또는 엄중한 절차를 필요로 하는 헌법을 말한다. 이처럼 경성헌법이 그 개정을 곤란하게 하는 이유는 헌법의 계속성과 안정성을 보장하기 위한 것이다. 경성헌법이 일반적이며 우리나라 헌법도 여기에 속한다.

우리 헌법은 제128조 이하에서 헌법의 개정은 국회의원 과반수 또는 대통령이 발의하며, 국회재적의원 3분의 2 이상의 찬성을 얻은 후 국민투표에 붙여 국회의원 선거권자 과반수의 투표와 투표자 과반수의 찬성을 얻어야 하도록 되어 있다.

3. 헌법의 효력

헌법이란 다른 모든 법령에 대하여 최상위의 효력을 갖는다(헌법의 최고법규성). 우리 헌법이 대통령의 헌법준수의무, 위헌법령심사제를 비롯하여 헌법개정을 일반 법률의 개정에 비하여 보다 까다롭게 하고 있음은 이를 간접적으로나마 인정하고 있다.

II. 법 률

법률에도 실질적 의의의 법률과 형식적 의의의 법률의 두 가지가 있다. 실질적 의미의 법률이란 내용에 착안한 것이며, 광의에서는 성문법·불문법을 포함한 법 일반을 말하고, 협의에서는 입법기관인 국회에서 제정된 성문법만을 말한다. 즉, 형식적 의미의 법률이란 우리나라 헌법이 정하고 있는 방식에 따라서 국회의 의결을 거쳐서 만들어진 성문법을 말한다.

헌법도 역시 넓은 의미의 법률이지만 나라의 근본법이다. 그러나 일반적으로 법률이라 함은 헌법의 하위법을 말하며, 여기서 말하는 법률도 이 하위법을 가리킨다.

1. 제정권자

입법권은 국회에 전속된다. 즉, 국회는 국가의 유일한 입법기관이다. 이것은 국회가 입법권의 독점 및 단독으로 입법을 할 수 있다는 두 가지 의의를 갖는다.

첫째, 원칙적으로 국회 이외에는 입법권을 갖는 기관은 없다. 이는 국회 이외의 기타 국가기관은 절대로 법률을 제정할 수 없을 뿐만 아니라, 국회의 입법권에 간섭해서도 안된다는 것을 의미한다. 그러므로 행정부에 의한 입법은 인정되지 않고 다만 대통령의 조약체결권, 긴급명령권, 긴급재정·경제명령권, 위임명령·집행명령이 인정될 뿐이다. 그러나 예외적으로 대법원과 헌법재판소 및 중앙선거관리위원회에는 각각 규칙제정권이, 또 지방자치단체에는 조례제정권이 인정되고 있다.

둘째, 입법절차의 전 과정이 국회에서 개시되고 완료된다. 원칙적으로는 입법절차에 국회 이외의 기관은 참가할 수 없다.

이하에서 형식적 의의의 법률제정절차에 대해서 서술한다.

2. 제정절차

헌법 제52조는 국회의원과 정부는 법률안을 제출할 수 있다고 정하고 있는데, 법률안 제출에는 국회의원의 발의, 국회의 각종 위원회의 제출, 정부의 제출 등 세 가지 경우가 있다.

(1) 법률안제출권

㈎ **국회의원의 발의** 의원이 법률안을 발의하는 것은 국회의원 10인 이상의 찬성을 필요로 한다. 다만, 예산상의 조치가 수반되는 법률안 기타 의안의 경우에는 예산명세서를 아울러 제출하여야 한다.

㈏ **위원회의 제출** 국회의 각종 위원회는 소관사항에 관하여 법률안을 제출할 수 있는데, 위원회에서 제출한 의안은 그 위원회에 회부하지 아니한다. 다만, 의장은 국회운영위원회의 의결에 따라 이를 다른 위원회에 회부할 수 있다.

㈐ **정부의 제출** 대통령은 정부의 수반으로서 법률안을 제출할 수 있는 권한을 가진다. 대통령제하에서는 대통령이 법률안을 제출할 수 없는 것이 원칙이며, 미국에서는 대통령이 여당의원을 통하여 정부의 법률안을 국회에 제출하고 있다. 그러나 우리 헌법은 대통령제를 취하면서도 국회와 행정부의 긴밀한 유대관계를 도모하기 위하여 정부의 법률안제출권을 인정하고 있다.

(2) 심의와 의결

법률안이 제출되면 국회의장은 국회에 보고하고 소관상임위원회에 회부하며, 특히 필요하다고 의장이 인정하는 안건은 특별위원회에 회부한다. 위원회의 심사가 끝나면 본회의에서 의결에 들어간다. 위원회에서 본회의에 회부할 필요가 없다고 인정할 때에는 본회의에 회부하지 않으며 법안은 폐기된다. 그러나 국회의원 30인 이상의 요구가 있을 때에는 본회의에 회부된다. 이 법률안의 의결은 재적의원 과반수의 출석과 출석의원 과반수의 찬성으로 한다.

(3) 공 포

㈎ **정부로 법률안의 이송** 의안이 법률로서 확정되면 정부에 이송된다. 이때 정부는 공포할 것인가 거부할 것인가를 결정한다.

㈏ **공포** 국회에서 의결된 법안에 정부가 이의를 제기하지 않을 때는 이송된 날로부터 15일 이내에 대통령이 공포한다. 법률안에 이의가 있을 때에는 대통령은 15일 이내에 이의서를 붙여 국회로 환부(還付)하여, 그 재의(再議)를 요구할 수 있다. 재의의 요구가 있을 때에는 국회는 재의에 붙이고, 재적의원 과반수의 출석과 출석의원 3분의 2 이상의 찬성으로 전과 같은 의결을 하면 그 법률은 법률로서 확정된다. 이 경우 확정된 법률은 지체없이 공포하여야

하나, 5일 이내에 대통령이 공포하지 아니할 때에는 국회의장이 이를 공포한다. 법률은 일반적으로 공포후 20일이 경과하면 효력을 발생한다.

3. 효 력

법률은 국민의 대의기관인 국회에서 제정한 법형식으로서 헌법보다는 하위의 지위를 가지며, 명령 · 규칙 · 자치법규에 대하여는 우월한 지위를 가진다. 법률과 조약의 관계에 있어서 헌법에 의하여 체결 · 공포된 조약과 일반적으로 승인된 국제법규는 국내법과 같은 효력을 가진다(헌법 제6조 제1항). 양자는 대등하다. 다만 조약이 국가간의 합의에 의하는 것, 그 체결은 국회의 승인을 필요로 한다는 것, 헌법이 조약준수를 강조하고 있는 것 등 때문에 조약이 우위에 있다는 견해가 있다(소수설).

Ⅲ. 명 령

명령이란 넓은 의미로는 입법기관 이외의 국가기관에 의한 입법의 형식을 말하고, 협의로는 행정기관에 의한 입법형식을 말한다. 명령은 국가법으로서의 효력을 가진다는 점에서 법률과 같으나, 법률의 하위법으로서의 지위를 가지므로 명령에 의하여 법률을 개폐하지 못한다. 다만, 법률적 효력을 갖는 긴급명령의 경우에는 예외이다.

명령은 그 주체를 기준으로 대통령이 발하는 대통령령, 국무총리가 발하는 총리령, 행정각부의 장이 발하는 부령 등으로 구별하며, 목적 또는 내용에 따라 집행명령 · 위임명령 · 긴급명령의 세 가지로 나누어진다.

집행명령은 헌법 및 법률의 규정을 실시하기 위하여 필요한 세부적 혹은 절차적인 사항을 정하고 있는 명령을 말한다. 위임명령은 법률에 따라 위임된 사항을 정하고 있는 명령으로 보충명령이라고도 한다. 위임명령은 법률에서 위임받은 범위를 넘어서 발하지 못하며, 또한 명령에의 위임은 구체적으로 범위를 정하여 위임하여야 하며, 포괄적 혹은 일반적 위임은 할 수 없다. 위임명령은 법률에 대한 종속성을 가진다는 점에서 집행명령과 동일하나, 법률의 위임범위 안에서 입법사항에 관하여 새로운 규정을 할 수 있다는 점에서 차이가 있다. 긴급명령은 국가의 안위에 관하여, 또는 국가의 재정・경제상의 위기에 처하여 긴급한 조치를 필요로 하는 경우에 발하는 명령으로서, 법률과 동등한 형식적 효력을 가지는 예외적인 명령을 말한다.

Ⅳ. 규 칙

국회 또는 국가기관이 제정하는 성문법 가운데는 규칙이라는 것이 있다. 규칙은 그 사무에 종사하는 자뿐만 아니라 관계되는 국민을 구속할 수 있다는 점에서 하나의 법규이다. 규칙은 명령과 동등한 효력을 가지므로 법률의 하위에 있게 된다. 그러나 규칙은 법령의 범위 내에서 정해지므로 다른 행정명령보다 하위에 선다.

제2절 불문법

불문법이란 성문법에 대립하는 개념이며 그 내용이 입법기구인 국회에서 정한 것이 아니면서 존재하는 법이다. 이것에는 관습법, 판례법 등이 있다.

Ⅰ. 관습법

1. 관습법 및 사실인 관습

관습법이란 관습이 일정한 요건을 충족한 경우 이를 법으로 인정한 것이다. 문제는 어떠한 경우 관습을 법으로서 인정하는가, 다시 말해 관습법의 성립요건은 무엇인가 하는 점이다. 만약, 불문법주의, 즉 성문법보다도 불문법에 우월한 지위를 인정하는 입장이라면 관습법의 성립요건을 정하는 성문규정 자체가 불문법인 관습법보다 열등하기 때문에, 성문규정이 정한 규정 이외에도 관습법의 성립을 인정할 여지가 있게 된다. 우리나라와 같이 전통적으로 성문법주의를 채택하고 있는 국가에서도 성문법규로 모든 문제를 해결할 수는 없는 것이므로 이를 보충할 관습법이 필요하게 된다.

관습법이 성립하기 위하여는 ① 관습이 공공질서·선량한 풍속(공서양속)에 반하는 것이 아니어야 하며, ② 법령의 규정에 의하여 관습법의 성립을 인정하고, ③ 관습이 법적 생활관계에 관한 것이어야 한다. 여기에서 법적 생활관계라고 하는 것은 일정한 이익이 법적인 수단에 따라서 실현되는 적합한 관계를 말한다. 그러므로 의식, 제사, 제의, 유행 등의 관습은 관습법이 아니다.

첫째의 요건에서 '공공의 질서' 또는 '선량한 풍속'이란 어떠한 내용의 것인가가 문제로 된다. 통상 공공질서란 국가사회의 일반적 이익이며, 선량한 풍속이란 사회의 일반적인 도덕관념이라고 말할 수 있다. 만약 관습이 공공의 질서, 선량한 풍속에 반한다면 이러한 관습은 법으로서 인정될 수 없다.

둘째의 요건에서 '법령의 규정에 의하여 인정되는 관습'의 예로는 민법 제224·229조 제3항·제237조 제3항·제242조, 상법 제94조 단서 및 제105조 단서 등을 들 수 있다. 이들 규정의 배경에는 당해 사항과 관련하여 지역·신분 등에 기초한 특정한 사회의 특수성 등으로 관습이 있다면 이의 규제에 맡기는 방법이 타당하다는 입법자의 생각이 깔려 있다.

다음으로 '법령에 규정된 사항에 관련된' 관습이 관습법으로서 인정되는 것은 성문법 규정의 결여를 보충하기 위한 것이다. 입법자가 장래 발생할 수 있는 모든 사태를 예측하고 성문법을 제정한다는 것은 불가능하므로 성문법만을 가지고 현실의 사회에서 발생하는 모든 문제를 해결할 수는 없다. 따라서 관습법의 성립을 인정할 필요성이 있다.

문제는 어떤 사항과 관련하여 성문법상의 규정은 있으나 관습법의 성립을 인정하는 규정(민법 제224조와 같은 규정)이 없음에도 불구하고, 현실의 사회에서는 개개인이 성문규정과 다른 관습에 좇아서 행동하고 있는 경우이다. 물론 이러한 성문규정은 사문화되어 있어도 개폐되기까지는 법으로서의 효력을 갖는다. 그러나 이 경우에 사문화된 성문규정보다는 실효성 있는 관습법에 따라 처리되는 것이 타당하다는 이유에서 관습법의 성립을 인정하고 성문법(규정)에 대신하는 것으로 보는 입장도 있다.

다만, 성문법상의 규정이 공공의 질서에 관련되지 않는 규정(임의법이라고 한다)인 때에는 관습에 따르겠다는 의사가 당사자의 법률행위(예컨대 계약)에 표시되어 있다면, 이에 따라서 해석하기 때문에 관습에 따라서 당사자의 권리

・의무가 생긴다. 그러한 예로 「법령 중의 선량한 풍속 기타 사회질서에 관계없는 규정과 다른 관습이 있는 경우에 당사자의 의사가 명확하지 아니한 때에는 그 관습에 의한다」고 규정하고 있는 민법 제106조를 들 수 있다. 이 규정은 공공질서에 관계되지 않은 사항은 본래 당사자의 자유로운 의사에 따라야 한다는 생각에서 비롯된 것이다. 이러한 관습 중에는 법으로 인정되는 관습과 인정되지 않는 관습이 있다. 전자를 관습법이라 하고 후자를 사실인 관습이라고 한다. 양자는 다음의 두 가지 점에서 차이가 있다.

첫째, 소송에 있어서 법원이 직권으로 인정하고 또한 적용할 수 있는가 없는가의 점이다. 법의 적용은 법원의 직권에 맡겨진 것이기 때문에 법원은 당사자의 주장이 없어도 어느 특정의 법을 적용하여 재판할 수 있다. 따라서 법원이 주장하고 동시에 증명되는 사실만이 재판의 기초로서 이용된다는 것이 현재의 민사소송법의 기본원칙이다. 그러므로 관습법은 법이기 때문에 당사자의 주장이 없어도 법원이 이것을 적용한다. 그러나 사실인 관습의 존부의 문제나 당사자가 이것에 따른다는 의사를 가지느냐의 문제는 사실의 문제이기 때문에, 당사자가 이것을 주장・입증하지 않는 한 법원은 사실인 관습에 따라서 재판할 수 없다.

둘째, 그 인정 내지 적용의 착오가 상고이유가 되는가 아닌가의 점이다. 우리나라의 소송제도는 3심제를 채택하고 있어 제1심의 판결에 불복이 있는 당사자는 항소할 수 있고, 항소심의 판결에 불복하는 자는 상고할 수 있다. 다만, 민사사건에서의 상고는 원판결이 헌법 그 외의 다른 법령에 위배된 경우에만 인정된다(민사소송법 제393・394조). 그러므로 관습법의 존부나 내용에 관한 법원의 판단의 착오는 상고이유가 되지만, 사실인 관습의 존부나 당사자가 이것에 따른 의사를 가지고 있는가 없는가에 관한 판단의 착오는 상고이유가 된다고 할 수 없다.

2. 각종 법분야에 있어서 관습법의 역할

상거래 분야에서는 관습법, 즉 상관습법(商慣習法)이 특히 중요한 역할을 하고 있다. 이것은 다음과 같은 사정에 따른다.

상거래의 특징의 하나는 동종의 행위가 계속적・반복적으로 행하여진다는 점이다. 또한, 상인은 항상 합리적인 거래제도를 창출하기 위해 노력하고 있다는 점이다. 그 결과 새롭게 창출된 상거래상의 제도가 계속적 · 반복적으로 행하여짐으로써 관습이 된다. 이와 같이 발생된 관습에 따라서 상인은 거래를 행하지만, 거래의 안전을 확보하기 위해서 관습이 법으로서 인정될 것을 요망한다. 따라서 상법에 있어서 상관습을 성문법에 도입하기 위한 개정이 빈번하게 행하여지고 있다.

그러나 법의 개정은 일정한 절차를 밟아야 하는 것이기 때문에 용이한 것이 아니다. 그래서 상거래계에서는 성문법 중에 도입되지 않은 상관습법도 성문법과 동등한 효력이 인정되도록 요망하고 있다. 이에 따라 상법 제1조는 「상사에 관하여 본법에 규정이 없으면 상관습법에 의하고 상관습법이 없으면 민법의 규정에 의한다」라고 규정하여, 상관습(법)에 성문법인 민법보다도 우월한 지위를 부여하고 있다.

상거래 분야와 더불어 관습(법)이 중요한 역할을 하는 또 하나의 분야는 국제법 분야이다. 그 동안 국제연합의 노력에 따라서 공해조약(公海條約), 대륙붕조약 등 종래의 국제관습법의 성문화가 어느 정도 이루어졌지만, 모든 국제관습법을 성문화한다는 것은 거의 불가능하다. 따라서 국제관습법도 하나의 중요한 법원으로 인정되고 있는 것이다. 예컨대, 국제사법재판소규정 제38조 제1항에서는 「법으로서 인정되는 일반관행으로서의 국제관습」이 동 재판소의 재판규범인 '국제법'이라는 것을 명언하고 있다.

이와는 달리, 공법이나 형법분야에서는 국가의 통치권 및 형벌권의 남용을 방지하기 위하여 대부분의 경우에 관습법의 기능을 부정하고 있다. 특히 형법분야에서는 죄형법정주의에 따라 형벌을 부과하기 위해서는 성문의 형벌규정이 존재하여야 하기 때문에 관습법에 의해 형벌을 부과하는 것은 인정되지 않는다.

II. 판례법

1. 의 의

판례법이란 법원에서 행하여진 재판이 집적되어 법으로 된 것이다. 재판은 개개의 사건에 관한 것이며, 그 사건에 한하여 효력이 인정될 뿐이며 당해 사건을 초월하여 구속력을 갖는 것은 아니다.

그러나 불문법주의의 국가, 특히 영국에서는 판례가 중요한 법으로 인정되고 개개의 사건을 초월하여 이후 동종의 사건을 다루는 법원을 구속한다. 이것을 선례구속주의라고 한다. 영국에서는 19세기 말부터 이 선례구속주의가 법적 원리로서 확정되어 왔다고 한다. 이때부터 판례집이 편찬되고 판례법의 체계인 보통법(Common Law)으로 형성·발전되었다. 다만, 법원의 판결이 모든 점에서 구속력을 인정받게 되자 판례법이 고정적으로 되어 현실적으로 타당한 해결을 이루어 내지 못한다는 단점이 도출되었다. 그래서 영국에서는 법원의 판단 중 구속력을 가지는 것은 판결의 결론을 도출하기 위한 결정적 이유가 되는 법판단(주요 사실에 있어서의 법원의 견해), 법리에 한하는 것으로 하고 그 밖의 것은 구속력을 갖지 못한다.

이에 반해 우리나라나 유럽대륙과 같이 성문법주의를 취하고 있는 국가에서는 선례구속주의의 원리는 인정되지 않는다. 그러나 다음과 같은 이유에서 판례의 법원성(法源性)을 긍정하는 견해도 유력하게 주장되고 있다.

첫째로, 사건과 관련하여 재판해야 하는 하급법원은 현실에서 동종사건에 관한 모든 판례, 특히 최고상급심인 대법원의 판례가 있다면 이것을 좇아 재판하는 경향이 있기 때문에 판례에 구속력이 있다고 말할 수 있다.

둘째로, 이 같은 구속력을 인정한다면 법적 안정성의 견지에서도 바람직하다고 한다. 대법원이 전국에 하나만 설치되어 있는 것도 동 법원의 판례에 따라서 법의 해석을 통일시키고 하급법원도 그 해석에 좇아 재판함으로써 법적 안정성을 제고할 수 있다는 의미를 갖는다. 실제로 우리나라에서도 법의 해석이 판례에 따라 정립된 것이 많다.

셋째로, 성문규정이 흠결된 경우에는 판례법에 근거하여 보충하는 것이 필요하고, 실제 이와 같은 보충이 행하여지고 있다.

그러나 대부분의 성문법주의 국가에서는 판례의 법원성을 부정하고 있다. 하급법원의 법관은 재판하여야 하는 사건의 문제에 있어서 판례, 특히 대법원의 판례가 있는 경우 이의 법적 견해가 납득되지 않더라도 통상은 소송경제의 관점에서 위의 판례에 따라 재판하게 된다. 그러나 하급법원의 법관이 자기의 법적 견해를 고집하여 대법원 판례와 달리 판결을 할 경우, 이에 불복하는 당사자가 상고를 하더라도 상고심은 이 판결을 취소하거나 혹은 파기할 가능성이 대단히 많다는 점을 근거로 판례의 법원성을 부정한다.

생각건대, 판례는 어디까지나 사실상의 문제이며 법적 구속력을 가지는 것은 아니다. 그 이유는 우선 현행법상 그 구속력을 인정하는 법적 근거를 찾는 것이 어려울 뿐만 아니라, 오히려 헌법 제103조에 의하여 법관의 독립성이 보장되고 있기 때문이다. 그러므로 하급법원의 법관은 대법원의 판례라 하더라도 법적 견해가 다른 때에는 자신의 법적 견해에 따라 재판할 수 있으며 또한 그렇게 하여야 한다. 대법원도 또한 동 법원 자체의 과거의 판례에 당연히 구속되는 것은 아니다.

다만, 판례의 변경은 법적 안정성을 해칠 우려가 있기 때문에 판례의 변경에 있어서 대법원은 신중하지 않으면 안된다. 법적으로는 대법원이나 하급법원 모두 판례에 구속되지 않고 자신의 법적 견해에 따라서 재판하여야 하나, 실제로는 하급심이 대법원의 판례와 다르거나 혹은 대법원이 종래의 동 법원의 판례를 변경하는 판결을 내리더라도 결코 무효가 되는 것은 아니다.

또한, 판례의 법원성(法源性)을 인정하는 것은 실질적으로 사법기관인 법원에 입법권을 부여하는 것이 되기 때문에 현행 헌법의 기본원리인 삼권분립의 원리에도 저촉된다. 우리나라에서 법의 해석이 판례에 따라 정립된 경우가 많지만 삼권분립의 원칙까지 가지 않더라도 법원의 법해석은 입법된 법의 인식작업을 초월하는 것도 아니며, 법원의 법해석 자체가 입법에 근거한 것도 아니다. 법원이 종전의 판례와 같은 판단을 하는 것도 판결의 전제가 되는 법에 구속되기 때문이라고 설명할 수 있다. 또 성문규범의 흠결을 판례법에서 보충하여야 한다고 하는 견해도 있지만, 성문법규 흠결의 경우 법원은 관습법 또는 다음에서 설명하는 조리(條理)에 기초하여 재판하여야 하는 것이다. 그러므로 후의 판례도 선례(先例)에 의한 것이라고 하는 관습법 또는 조리에 구속되는 것이며, 선례로 된 재판 자체에 구속되는 것이 아니다.

2. 상급심의 하급심 구속력

법원조직법 제8조는 「상급법원의 재판에 있어서의 판단은 당해 사건에 관하여 하급심을 기속한다」고 규정하고 있다. 민사소송법 제406조 제2항 단서에서는 「상고법원의 파기이유로 한 사실상과 법률상의 판단에 기속을 받는다」고 규정하고 있다.

이것은 상고에 기초하여 상급심이 하급심의 부당한 재판을 취소 또는 파기시킬 수 있음을 의미하고, 사건을 하급심에 환송하는 경우 하급심에 대한 상급심의 재판의 구속력을 인정하는 것이다. 사건을 환송당한 하급심이 상급심의 인정판단에 따르지 않고 여전히 과거의 법적 견해를 고집하는 것이 허락된다면, 사건이 상급심과 하급심 간에 계속적으로 왕복하게 되므로 언제까지 해결할 수 없는 사태가 발생할지도 모르게 된다. 따라서 상급심의 재판에 구속력이 부여되고 있는 것이다. 그러나 이 구속력은 해당 사건에 있어서만 인정되는 것으로서 판례법의 구속력일 뿐 일반적인 구속력은 아니다.

Ⅲ. 조 리

조리(條理)라고 하는 것은 사물의 도리나 사리라고 하는 것이다. 조리는 우리의 이성에 기초하여 법적인 규범의식이나 가치판단을 형성하는 기준이 되며, 우리는 가능한 한 우리의 생활관계를 조리에 맞게 하고자 한다. 또한, 현행법의 질서유지를 위하여 사회생활을 현실적으로 규율하는 법적 규범으로서 국가가 승인하고 지지하는 원리가 조리라고도 생각할 수 있다. 이때의 조리는 성문법이나 관습법의 근저에 존재하는 법이념이며, 정의나 형평의 기본적인 요청이라고 말할 수 있다.

조리의 내용은 시대와 장소에 따라 변화되며 조리의 내용을 정확하게 파악하는 것은 용이하지 않다. 왜냐하면 조리는 법질서 전체를 통하는 정신이나 사물의 도리이지만 객관적인 모습으로서 존재하는 것은 아니기 때문이다. 예컨대, 민법 제103조가 말하는 선량한 풍속은 민법 제2조 제1항의 '신의성실'이라는 말로써 표현될 수 있다. 또한 사회통념, 정의의 관념, 형평의 이념 혹은 사리 등의 용어로 조리가 가지는 의미를 파악할 수 있다.

그런데 법원이 재판을 행할 때에 재판의 근거로 하는 객관적 기준이 법이지만 때로는 성문법도 관습법도 존재하지 않고 재판의 선례도 존재하지 않는 사례에 부닥치는 경우도 있다. 사회에서 발생하는 모든 법률문제에 빠짐없이 대응할 수 있을 정도로 완전무결한 입법은 기대할 수 없기 때문이다. 또한, 사회정세의 고도·복잡한 발전이나 변용에 따라서 입법 당시에 예측할 수 없었던 새로운 사건도 발생하게 된다. 여기에서 조리를 법원으로 인정할 것이냐 아니냐가 문제된다.

이 경우 관련된 사건이 형법상 관련되는 것이라면 죄형법정주의의 원칙이 적용되기 때문에 재판을 할 수 없게 된다. 법규가 없다고 하는 것은 그 행위가 범죄로 되는 것이 아니고, 따라서 어떠한 형벌을 과할 수도 없다는 것을 뜻한다. 형사사건에서는 조리에 따른 재판은 인정되지 않는다.

그러나 민사법상의 문제에 대해서는 형사사건과는 달리 법원이 법규의 흠결을 이유로 적법하게 제기된 소를 거절할 수는 없다. 법의 불비・흠결을 이유로 재판을 거절할 수 없는 이상 일정한 기준에 따라서 재판하여야 한다. 이러한 경우 사건의 구체적 사정을 참작하여 타당한 해결을 도모할 필요가 있게 된다. 이와 같은 경우에 법원은 조리에 의하여 재판을 할 수밖에 없으며, 법의 완전성이라는 요청을 만족시키기 위해서도 조리에 따른 재판을 인정할 수밖에 없다. 조리에 의한 재판을 인정하는 근거는 민사사건을 판단함에 있어서 최후의 근거가 될 수 있는 것이 조리 이외에는 없기 때문이다. 민법 제1조가 「민사에 관하여 법률에 규정이 없으면 관습법에 의하고 관습법이 없으면 조리에 의한다」고 규정하고 있는 것은 바로 조리에 의한 재판을 인정하는 근거가 된다.

한편, 위에서 설명한 바와 같이 조리에 의한 재판이 인정된다고 하더라도 과연 조리가 법원(法源)인가가 문제로 된다. 조리의 법원성을 부정하는 견해는 조리는 어떠한 사람에게도 객관적으로 인식될 수 있는 형태로 존재하는 것이 아니므로 법규범은 아니라고 주장한다. 또한, 조리에 의한 재판은 오로지 법규의 흠결을 보충하기 위해 인정하는 것에 지나지 않기 때문에 조리의 법원성을 부정하고 있다. 다만, 조리에 따른 재판의 판단기준이 계속적으로 집적되고 중첩됨에 따라 그것이 판례법을 형성하게 되고 그렇게 됨으로써 법규범화된다고 한다.

조리의 법원성을 긍정하는 견해는 적용해야 할 법규가 없을 때에 조리를 기준으로 하여 재판이 이루어지고 있다는 사실을 중시한다. 적용해야 할 법규가 없는 구체적 사건의 해결을 위한 판단의 근거가 조리이기 때문에 조리는 법원이 된다고 본다. 즉, 조리는 단순하게 법관의 주관적인 판단이 아니고 실정법체계의 기초로서 사회일반에 존재하는 객관적인 가치체계라는 점이 강조된다. 다만, 실제상 조리에 따른 재판이 직접 조리에 기초하여 판단된다는 것을 명언하는 것이 아니고, 제정법(制定法) 해석의 결과로서 표현되기 때문에 법원성이 간과될 수 있다는 점을 유의해야 한다.

Ⅳ. 학 설

학설은 학리적(學理的) 사고의 결과인 저서・논문・판례연구의 형태로서 표현되는 것이다. 학설의 주요한 것은 법해석론과 입법론이다.

법해석론은 현행법의 해석이 중심이 된다. 판례연구도 법해석론의 일종이다. 법의 해석은 법의 의미・내용을 명확하게 하고, 객관적으로 존재하는 법규를 그대로 인식하는 것이다. 그러나 인식의 주체인 인간의 개성적인 요소가 개재되는 경우가 많으므로, 올바른 법해석을 위해 법질서 전체의 정신을 고려하고 법의 본질이나 목적 등을 이해하지 않으면 안된다. 법률초안, 입법이유서, 제정과정의 의사록을 참조함과 함께 법문을 구성하는 문리(文理)나 자의(字意)를 정확하게 이해하고 사회적으로 타당한 해석을 할 것이 요구된다.

판례연구는 개개의 판결에 있어서 구체적인 판단기준을 명확하게 하고 동종유사의 판결을 비교・검토함으로써 추상적인 법칙을 발견하여 평가를 하는 방법을 취하는 것이다. 일정한 판례의 결론에 대한 학설상의 비판이 후일의 판결에 적지 않게 영향을 미치게 된다.

입법론은 현행의 성문법이 불비(不備)・불명(不明)한 경우에 대한 비판론이나 수정론에 기초하여 장래의 입법을 구하는 것이다. 법의 흠결을 보충하는 가장 좋은 방법이 입법이기 때문에 학설이 이를 명확하게 하는 것은 중요한 의미가 있다.

학설로서 전개되는 법해석론, 입법론 및 판례연구 등이 법관에게 많은 영향을 주게 된다. 왜냐하면 재판의 기준이 되어야 하는 법규의 불비・불명을 명확하게 하기 위하여 주로 학설이 참고자료로 되기 때문이다. 또한, 법규의 흠결의 경우 민사사건에 있어서는 분쟁의 해결을 위해 조리에 따른 재판이 인정되는데, 무엇이 조리인가를 고찰하는 경우에도 학설이 참고가 된다.

학설은 재판이 근거해야 할 기준인 법의 해석을 통하여 판례법을 형성하고 법규범화된다. 판례 중에는 학설이 직접 인용되는 경우도 있다. 역사적으로도 고대 로마시대에 법학자의 학설에 법전과 동일한 효력을 인정하였던 사실이 있지만, 현재는 학설이 법원으로서 법관을 구속하지는 않는다. 즉 비록 학설이 직접·간접으로 판례법에 영향을 미친다고 하여 법원성(法源性)이 긍정되는 것은 아니다.

V. 외국법

해방 이래로 우리나라는 적극적으로 서구 각국의 법제도나 법사상을 수용하여 근대법을 형성할 수 있었다. 우리나라 법이 계수한 여러 외국의 법과 우리나라의 현대법과의 비교법적인 연구는 중요한 의의를 갖는다. 그러나 여러 외국의 법이 우리나라 법에 계수되어 있다는 것과 외국법이 우리나라의 법원(法源)으로 될 수 있는 것인가라는 문제는 전혀 별개의 것으로 외국법이 직접 우리나라 법의 법원이 되지는 않는다.

다만, 자국인과 외국인 사이에 발생하는 섭외사법적인 생활관계를 규율할 때 관계국의 사법 사이에 저촉이 생기는 경우가 있게 되는데, 이러한 경우 어떤 국가의 법을 준거법(準據法)으로 적용해야 하는가를 선택하지 않으면 안된다. 이러한 문제를 규율하는 국제사법에 따라서 일정한 섭외적인 생활관계를 적용하여야 하는 법(준거법)으로서 외국법이 선택된 경우 그 외국법이 법원으로 될 수 있다.

Chapter 05 법의 분류

설 문

「형법 개정안 제132조에서는 사고차량 등 운전자도주죄를 신설하여, 업무과실 또는 중대한 과실로 교통사고를 낸 자동차, 원동기장치자전차, 중기(重機), 기차 또는 전차의 운전자가 사상자에 대한 보호조치를 취하지 아니하고 도주한 때에는 다음의 구분에 의하여 처벌한다.

"① 피해자를 상해에 이르게 한 때에는 10년 이하의 징역에 처한다. ② 피해자를 사망에 이르게 한 때에는 2년 이상의 유기징역에 처한다"고 규정하고 있다. 이는 도주차량 운전자의 가중처벌을 규정하고 있던 특정범죄가중처벌 등에 관한 법률 제5조의3의 규정을 형법에 도입한 것이다.」

– 1994년 「형법개정에 관한 논의」 중에서

「해방후 국토분단과 6.25전란으로 인하여 수많은 이산가족이 생겨남에 따라 미수복지구에 남아 있는 자의 재산권행사라든지 월남한 가족의 상속・재혼 등 가족관계에 여러 가지 불편과 혼란이 야기되는 등 민사법률관계에 많은 문제점이 발생되었다. 이러한 문제점들을 해결하기 위하여 민법상의 실종선고(失踪宣告)와 유사한 제도로서 부재선고제도(不在宣告制度)를 도입하였다.」

– 법제연구원, 『특례법의 현황과 정비방향』(연구보고서 925) 중에서

논 점

1. 소위 뺑소니 운전자에 대한 처벌에 있어 형법 제268조와 특정범죄가중처벌 등에 관한 법률 제5조의3이 갖는 의미는?
2. 형법 개정안에서 위의 규정을 형법에 도입하고자 하는 이유는?
3. 실종선고제도와 부재선고제도의 관계는?

제1절 성문법과 불문법

Ⅰ. 의 의

성문법이란 문서로써 표현된 것으로, 국가의 입법기관이 일정한 절차·형식에 따라 그 내용을 정하여 공포한 법이다. 예로는 헌법, 법률, 명령, 규칙, 자치법규, 조약 등을 들 수 있다.

불문법이란 그 내용이 국가기관에 의해 정하여진 것이 아니고 또 문서로써 표현된 것이 아니면서 법으로 존재하는 것이다. 예로는 관습법, 판례법, 조리, 외국법 등을 들 수 있다. 다만, 재판은 국가의 기관인 법원이 하는 것이며 또 문서로써 표현되고 있기 때문에, 판례법을 불문법으로 분류하는 것에 대하여는 의문의 여지가 있다. 그러나 전술한 바와 같이 재판은 본래 개개의 사건에 있어서만 효력을 갖는 것이며, 판례법에서의 구속력은 법원의 판단이 개개의 사건을 초월하여 부여되는 것이다. 그러므로 이것을 성문법으로 분류할 수는 없으며 불문법으로 분류하여야 한다. 또한 외국법 가운데는 외국의 성문법도 있지만 이것은 자국에서 제정된 것이 아니기 때문에 자국법으로서 성문법이 아니라 불문법의 하나에 지나지 않는다.

II. 성문법주의 · 불문법주의와 그 장 · 단점

일반적으로 우리나라나 유럽 제국(독일, 프랑스 등)은 전통적으로 성문법주의의 국가들이며, 영국 · 미국은 전통적으로 불문법주의의 국가이다. 그러나 성문법주의 또는 불문법주의라 하여도 해당 국가의 법 모두가 성문법 또는 불문법이라는 것을 의미하는 것이 아니다. 어떠한 법이 그 국가의 법 가운데서 큰 부분을 점하고 있으며 또는 우월적인 지위를 가지고 있는가에 따라서 성문법주의 국가 또는 불문법주의 국가로 구별된다.

성문법주의 국가라고 불리는 우리나라나 유럽대륙 제국에서도 불문법에 따라서 규율되는 사항이 있다. 한편 불문법주의 국가라고 불리는 영국에서도, 예컨대 마그나 카르타(Magna Charta)는 현재에도 영국헌법의 일부를 구성하고 있으며, 또한 사법에 있어서는 부부의 재산관계, 동산의 매매, 임대차관계 등의 특수한 사항에는 성문의 단행법이 있다. 성문법주의 국가의 헌법이나 민법 등과 같은 법전이 존재하지 않는다.

성문법은 인간의 의사에 따라 만들어지기 때문에 입법자의 의지 또는 이상을 여기에 포함시킬 수 있으며, 이 이상을 법문에 따라 단적으로 표현하는 것이 비교적 용이하다. 또한, 성문법은 문자로 표현되기 때문에 그 내용이 명확하며 그 때문에 국민이 비교적 용이하게 그 내용을 인지하고 규제의 결과를 예측할 수 있다.[6] 내용이 명확하다고 하는 이유에서 성문법하에서는 운용자의 자의가 개입할 여지가 비교적 적다. 성문법의 단점은, 즉 성문법은 일단 제정되면 설령 사회정세가 입법자가 예측하지 못한 방향으로 바뀌더라도 개폐의 절차에 따라 효력을 상실할 때까지는 여전히 법으로서 효력을 갖기 때문에 사회현상에 탄력적으로 대응할 수 없게 된다. 또한, 성문법은 입법자에 따라 인위적으로 만들어지기 때문에 자칫하면 현실의 사회로부터 유리될 수 있다. 이와 같이 입법 당시로부터 혹은 입법 후의 사회정세의 변화로부터 성문법이 사회의 현실에서 유리되면 법의 실효성이 상실된다.

불문법은 그 내용이 반드시 이상적이라고 할 수 없고 명확함을 결하고

---

6) 다만, 이 점은 불문법과의 비교에 있어서 그러한 것이며, 성문법에서도 조문의 해석이 필요한 경우나 그 외에 해석에 관련된 견해가 나누어지는 경우가 있을 수 있다.

있다는 점이 그 단점인 반면에, 현실사회에 정착되어 있고 그 때문에 실효성이 있다는 점이 그 장점으로 된다. 성문법, 불문법 각각의 장・단점을 비교하여 어느 것이 우수한가를 판단하는 것은 극히 어려운 일이다.

사비니(Savigny, 1779~1861)로 대표되는 19세기 독일의 역사법학파와 같이 불문법, 특히 관습법을 중시하고 있다고 볼 수 있는 학파도 있으며, 또한 영국과 같이 불문법(판례법)주의를 전통적으로 채택하고 있는 국가도 있다. 법의 실효성이라는 점을 중시한다면 불문법주의에는 상당한 합리성이 있다고 할 수 있다. 그러나 현대와 같이 복잡화된 사회를 관습법 등의 불문법으로만 규율하는 것은 각종의 비상사태에 대한 적응을 어렵게 한다. 그러므로 성문법을 법의 중심에 두고 불문법에 대한 성문법의 우월적 지위를 부여하는 한편, 그 단점을 불문법으로 보충하면 성문법주의의 입장에서도 충분히 합리성이 있는 것이다.

더욱이 불문법 특히 관습법이나 조리에 부여된 역할의 중요성은 법의 분야에 따라서 차이가 있다. 사법(私法), 특히 상거래 분야 및 성문법화에 뒤지고 있는 국제법분야에 있어서는 관습법의 중요성이 높다. 한편, 국가의 통치권 또는 형벌권의 남용을 통제하는 역할이 부여되어 있는 공법(公法) 및 형법분야에 있어서는 성문법에 비하여 불문법에 부여된 역할은 크지 않다. 특히 형법분야에서는 죄형법정주의 때문에 불문법에 따라 형벌을 부과하는 것이 인정되지 않으며, 형벌을 부과하기 위해서는 성문의 형벌규정이 필요하다.

〈성문법주의와 불문법주의의 비교〉

	성문법주의	불문법주의
채용국가	대륙법 국가	영미법 국가
법의 통일적 정비	용 이	곤 란
법 내용 및 적용의 명확성	명 확	불명확
사회변화에 대한 적응성	경직성을 띤다	적응성을 갖는다
법질서의 유동성	저해 가능성이 많다	저해 가능성이 적다

제2절 고유법과 계수법

법은 그 성립의 자료를 표준으로 하여 고유법과 계수법으로 분류할 수 있다. 고유법이란 자국에 고유한 소재를 기초로 하여 형성된 법을 말하고, 계수법이란 다른 나라의 법을 소재로 하여 형성된 법을 말한다. 법의 계수에 있어서 계수법의 기초가 되는 타국의 법을 모법(母法, mother Law)이라고 부르고, 계수법 자체를 자법(子法, filial Law)이라고 부른다.

계수법은 그 계수된 방식에 따라서 직접계수법, 간접계수법, 관습적 계수법, 입법적 계수법으로도 구별할 수 있다. 직접계수법이란 타국의 법을 그대로 자국법으로 수용한 경우의 법을 말한다. 그 예로는 스위스 민법을 그대로 자국법으로 한 1972년의 터키 민법이 유명하다. 이에 대하여 간접계수법이란 자국법이 타국의 법을 자료로 하여 제정된 경우로서 독일 민법 제1초안을 자료로 한 우리나라의 현행법이 그 예이다.

다음으로 관습적 계수법이란 타국에서 발달된 법이 자국에 이전하여 관습법으로 되는 경우를 말한다. 그 전형적인 예로 독일의 보통법을 들 수 있다. 즉, 이것은 로마법이 독일에 들어온 13~14세기 이후 관습법으로서 행해져 오고 있는 것이다. 그리고 입법적 계수법이란 입법자가 타국의 법을 모법으로 하여 법을 제정한 경우를 말한다. 이 예로서는 1804년의 프랑스의 나폴레옹 민법전을 모법으로 한 벨기에, 이탈리아 등의 민법전을 들 수 있다.

이와 같이 법의 계수가 이루어지면 타국의 법과 계수한 자국법 간에 '법계'(法系)라고 하는 관계가 발생한다. 예컨대, 유럽대륙의 국가들은 로마법계에 속하고 영연방 국가들은 대개 영미법계에 속한다. 우리나라는 유럽대륙법계에 속하지만 오늘날에는 미국법의 영향을 많이 받고 있다. 즉, 우리나라의 법형성은 고유법과는 거의 단절되어 있어서 법과 현실의 괴리감을 느끼는 경우가 많다.

제3절 일반법과 특별법

I. 의의 및 구별기준

법의 효력이 미치는 범위가 보편적인 법을 일반법(보통법)이라 하고, 특수한 법을 특별법이라고 한다. 예컨대, 형법 및 형사소송법은 일반법이며, 소년(20세에 달하지 아니한 자)에 대한 형벌 및 형벌을 부과하는 절차를 규정하는 소년법은 형법・형사소송법에 대하여 특별법이다. 또한, 일반의 일상생활을 규율하는 민법과 특히 상거래를 규율하는 상법과의 관계에서는 민법이 일반법이며 상법이 특별법이다.

일반적으로 일반법과 특별법의 구별은 법의 적용을 받는 사람을 기준으로 하는 경우와 법의 규정사항을 기준으로 하는 경우 및 법이 적용되는 장소를 기준으로 하는 경우를 들 수 있다. 그러나 이들 세 가지의 기준도 최종적으로는 규정사항이라고 하는 하나의 기준으로 수렴된다. 즉, 사람을 기준하여 구분할 수 있다는 것은 어느 '사항'이－예컨대, 사람의 행위인 경우－어떠한 범위의 사람의 행위인가라고 하는 '인간의 면'에 주목하고 그 특수성을 필요로 하고 있다고 이해할 수 있다. 또한 장소를 기준으로 하여 구분한다는 것도 어느 '사항'이 어느 '장소'에 관련하여 발생하기 때문에 특수한 취급을 하지 않으면 안된다는 것에 기초하고 있다고 이해할 수 있다. 더욱이 법의 효력이 미치는 범위의 보편성・특수성이 있다고 하여도 절대적인 것은 아니고 상대적인 것이라는 것이며, 이는 우선 열거된 구체적 예에서도 분명히 드러나는 것이다.

II. 구별의 실익

이 구별의 실익은 '특별법은 일반법에 우선한다'(*Lex specialis derogat legi generali*)라고 하는 원칙 가운데에 존재한다. 즉, 보다 특수한 사항에서는 특별법이 일반법에 우선하여 적용된다. 예컨대, 임대차관계에는 주택임대차보호법이 민법에 우선하여 적용되고, 또 상거래에서는 상법이 민법에 우선하여 적용되는 것이다. 다만, 특수한 사항에 있어서도 특별법에 규정이 없으면 일반법이 보충적으로 적용된다.

'특별법은 일반법에 우선한다'고 하는 것은 반드시 명시적으로 정해져 있는 것이 아니다. 그러나 특수한 사항 때문에 특별법을 제정한 이상 특수한 사항에 대하여 특별법을 일반법보다 우선하여 적용하여야 하는 것은 당연한 것이다. 더욱이 상법 제1조는 상사(商事)에 관하여는 특별법인 상법의 규정이 일반법인 민법의 규정에 우선하여 적용되어야 한다는 취지를 명시적으로 정하고 있다.

특별법우선의 원칙에 관해서는 특별법과 일반법은 법으로서 동격일 것을 요한다는 점에 주의할 필요가 있다. 형법・형사소송법과 소년법 등 앞서 일반법과 특별법의 예로서 열거한 것은 모두 법률이기 때문에 동격의 법이다. 예컨대, 명령이나 조례는 법률보다도 하위법이기 때문에 법률보다 특수한 사항을 규정한다 하여도 법률에 대하여 특별법이라고 할 수는 없다.

Ⅲ. 기타 개념과의 구별

일반법・특별법의 구별과 혼동하기 쉬운 구별은 원칙법과 예외법의 구별 및 기본법과 부속법의 구별이다. 원칙법이란 어느 일정한 사항에 관하여 원칙적으로 적용되는 법이며, 예외법이란 원칙에 대한 예외를 정하고 있는 것이다. 원칙법과 예외법은 동일한 조문 가운데에 본문과 단서의 형태로 된 것이 많으나 별개의 조문에 따라 정립된 것도 있다.[7)]

이와 같이 원칙법과 예외법은 개개의 규정처럼 볼 수 있는 관계이기 때문에 일반법이 특수한 사항에도 보충적으로 적용되는 것과는 다르며 원칙법이 예외적인 사항에 적용되는 것은 아니다. 또한, 예외법은 예외적 규정이기 때문에 원칙적으로 엄격하게 해석하여야 하는 것이지만, 예외법에 있어서도 확장해석이나 유추의 가능성이 긍정되고 있다.

다음으로 부속법이란 특정한 법의 시행에 필요한 사항이나 세칙, 용어의 의미 등을 정하는 법이다. 이때의 특정한 법을 기본법이라고 한다. 예컨대, 민

7) 예컨대, 민법 제750조와 실화책임에 관한 법률.

법이라고 하는 기본법에 대하여 민법시행법은 그 부속법이다. 다만 기본법이라고 하는 경우 독일기본법을 지칭하는 경우도 있다. 이것은 1949년 5월 8일에 서독의 본의 제정의회에서 제정되었기 때문이며 실질적으로는 독일의 헌법이다.

제 4 절 실체법과 절차법

실체법과 절차법이란 법규의 규율대상을 기준으로 하는 구별이다. 실체법이란 법률관계에 있어서 권리 · 의무의 발생 · 변경 · 소멸의 내용 및 귀속주체 등을 규율하는 법이며, 절차법이란 권리 · 의무의 실현 및 운용의 절차에 관한 법을 말한다. 결국 권리 · 의무나 법률관계의 내용에 관한 법의 총칭이 실체법이며, 그 권리 · 의무를 구체적인 경우에 현실적으로 실현하는 수단이나 절차에 관한 법이 절차법이다. 그러므로 재판에 있어서 내용상 기준으로 기능하는 것이 실체법이며, 재판의 절차규칙을 담당하는 법이 절차법이라고 할 수 있다. 예를 들면, 민사실체법으로서 민법 · 상법 및 그 부속법규, 민사절차법으로서의 민사소송법 · 비송사건절차법 · 민사조정법 · 가사소송법 등을 들 수 있으며, 형사실체법으로서 형법 및 그 부속법규, 형사절차법으로서 형사소송법 · 소년법 등을 들 수 있다.

일반적으로 절차법을 소송법이라고 부르는 경우가 많지만 정확한 것은 아니다. 왜냐하면 소송법은 절차법 가운데 민사소송법 · 형사소송법 · 행정소송법과 같이 소송을 규율하는 법을 총칭하는 것이지만, 절차법은 이것들을 포함하는 보다 넓은 개념으로 대개 절차 일반에 관한 법을 모두 포함하기 때문이다. 예컨대 행정심판법 · 국세징수법 중의 행정적 절차규정, 부동산등기법 · 호적법 중의 절차규정도 절차법의 일부를 구성하고 있다.

실체법과 절차법은 체계적으로 분리되는 것이 보통이며, 독일이나 일본에서처럼 실체법과 절차법으로 나누는 것이 일반적이다. 그러나 법전에 따른 구별은 입법 및 적용상의 편의에 따른 것이기 때문에 반드시 양자의 이론상의 구별을 철저하게 하여야 하는 것은 아니다. 민법전, 상법전, 형법전의 대부분은 실체법규이지만 강제집행의 수단·방법에 관한 규정(민법 제389조) 등의 절차법규가 포함되고 있다. 또한, 절차법인 민사소송법에서도 소송능력이나 소송상의 대리권에 관한 규정, 소송비용의 부담에 관한 규정이나 가집행(假執行)에 기초한 배상책임의 규정과 같이 실체법에 속하는 규정이 포함되고 있다.

그러므로 실체법과 절차법의 구별은 그 법규의 규율대상에 따라 이론적·실질적으로 되는 것은 아니다. 양자의 관계에 있어서 실체법을 주법(主法)으로 하고 절차법은 주법을 보조하는 조법(助法) 또는 형용법(形容法)으로 할 수 있다고 생각하는 방법이 있다. 확실히 실체법은 사회생활 자체를 규율하고 절차법은 그 실체법률관계를 재판에 의해 구체적으로 실현하는 절차를 정하고 있는 점에서 실체법에 종속되고 있는 것으로 볼 수 있다. 이것은 특히 실체법과 소송법의 관계에서 생각하기 쉽다. 생각건대, 실체법의 성격은 소송법에서 강하게 반영되기 때문이다. 즉, 실체법인 민법과 형법의 차이는 소송법인 민사소송법과 형사소송법의 차이로 나타나고, 본래 공법인 민사소송법은 사법영역에 속한 민사실체법인 민법의 성격을 받아 사법원리의 지배를 받는 면도 상당히 많은 것이다. 그러나 역으로 소송법의 규정방식에 따라서는 실체법이 실현되는 방식도 변할 수 있으며, 실체법은 그 내용을 구현하는 소송법과 분리된 채로 존재하는 것이 아니라고 할 수 있다. 이러한 의미에서는 사법절차가 실체법의 모태를 발생시키는 것이라고도 생각할 수 있다. 그러므로 실체법과 절차법의 사이에는 종속관계를 인정할 수 없다.

이와 같은 양자의 종속관계의 승인은 절차법을 경시하는 경향을 발생시키기 쉽고 그 결과 절차법이 가지는 중요성을 인식하지 못할 수 있다. 실체법과 절차법의 사이에 주종관계를 생각하는 것보다도 오히려 종합적으로 고찰하는 것이야말로 이 양자의 관계에 대한 이해에 있어 필요한 것이다. 근래 환경소송, 소비자보호소송, 제조물책임소송이나 의료과오소송 등의 발생은 실체법과 소송법을 교착시키는 계기가 되었다. 이런 일련의 사실은 실체법과 절차법을 명확하게 구별하고, 각각 독자의 실체법학(實體法學)·소송법학(訴訟法學)을 발전시킬 수 있다는 종래의 경향에서 이탈하여 양자의 총체적 고찰의 중요성을 시사하고 있다.

실체법과 절차법을 구별하는 실익은 법률이 개정된 경우와 외국법의 적용이 문제로 된 경우에 있어서 그 취급이 양자에 있어서 다르다는 점이다. 법률이 개정된 경우에 실체법에서는 법률불소급의 원칙 및 기득권불가침의 원칙이 운용되므로, 개정 전의 행위에서는 원칙적으로 구법이 적용되고 특히 예외적으로 신법이 구법시로 소급하여 적용되는 경우가 있는 것은 특별한 경우에 지나지 않는다(형법 제1조). 절차법이 개정된 경우에는 재판시에 있어서 신법의 적용이 기대된다. 이러한 차이는 실체법에서는 법적 안정성의 요청이 강하게 작용함에 대하여 절차법에서는 그 개정이 일반적으로 구법을 보다 합리화하는 목적에서 이루어지는 것이기 때문에 발생하는 것이다. 더욱이 개정에 있어서는 그 시행법의 경과규정에서 어느 법을 적용하는가를 명기하는 것이 통례이다. 또한, 외국법의 적용에 있어서는 실체법의 경우에는 외국법이 준거법으로 되는 경우가 있지만, 절차법에서는 원칙적으로 사건을 관할하는 법원 소재지에서 행하여지고 있는 법(법정지법)이 이용되어야 하는 것이다.

제5절 강행법과 임의법

Ⅰ. 강행법과 임의법의 개념

강행법과 임의법의 구별은 법규의 적용이 절대적인가 임의적인가의 차이에 기초한다. 당사자의 의사와 관계없이 반드시 적용되는 것이 강행법이며, 내용이 공공의 질서에 관련되거나 국가・사회관계의 규율을 직접적인 목적으로 하는 규정으로서, 국가가 그 내용을 강행적으로 실현시키고자 하는 것이다. 헌법・행정법・형법・소송법의 대부분은 강행법에 속한다.

강행법과 달리 임의법은 당사자의 의사에 따라 그 적용을 배제시키고자 하는 법이다. 그 내용이 개인적인 생활관계의 규율을 목적으로 하는 법규는 본래 당사자의 자유로운 의사를 존중하고 국가는 이에 개입하지 않는 것을 원칙으로 하고 있다. 공공의 질서, 선량한 풍속에 반하지 않는 한 개인의사자치의 원칙이 적용되는 것이다. 개인의 의사에 기초한 별단의 것을 정하지 않은 경우에는 개인의사의 자치가 보충되고 임의법의 존재의의가 인정된다.

물권(物權)이나 가족에 관한 규정은 원칙적으로 강행법이 된다. 물권의 배타성・공시성・강행성이라고 하는 특질에서 제3자에의 영향을 배려하지 않으면 안되고, 당사자 합의에 따른 변경은 허락되지 않는다. 또한, 물권의 소재를 명확하게 하기 위해서는 강행법적 성격이 요구된다. 가족관계는 그 기본적 윤리관념과 가족의 안정성이 중시되고 사회질서와 밀접한 관련을 가지며 정형적인 구성이나 일정한 가치의 정립이 요청되기 때문에 그 규정은 강행법적인 색채가 강한 것이다.

채권(債權)에 관한 규정은 당사자간의 문제이며, 당사자의 자유로운 의사를 존중하기 때문에 대부분이 임의법이다. 민법이나 상법의 규정에서도 임의법규를 많이 볼 수 있다. 다만, 법은 원래 강행성을 가지는 것이 원칙이며, 임의법도 법인 이상 당사자의 별단의 의사에 따라 임의법의 적용을 배제할 수 없다. 임의법이 적용되도록 하는 것을 정하더라도 그 효력이 강행법으로 변하는 것은 아니며, 그 적용의 유무가 당사자의 의사에 위임되는 것에 지나지 않는다.

강행법이 규정하는 대상은 국가・사회관계에 관련하는 것이며, 임의법은 개인적 관계를 규율의 대상으로 하는 것이므로 양자를 구별하는 것이 가능하다. 그러나 강행법・임의법의 구별은 공법・사법의 구별과 반드시 일치하지 않는다. 예컨대, 사법의 규정 중에는 공익적 견지에서 강행법적 규제를 가할 수 있는 것도 있기 때문이다.

강행법 위반행위의 효력은 두 가지로 나눌 수 있다. 그 내용이 공서양속에 관한 규정이거나 국가가 그 내용을 강행적으로 실현시키고자 하는 경우, 그 규정에 반한 행위는 무효 혹은 불완전한 것으로서 부정된다. 본래 강행법은 이와 같은 효력규정을 지칭한다. 그런데 규정에 위반하여도 일정한 제재를 받게 되지만 행위 그 자체의 효력은 부정되지 않는 경우가 있다. 이와 같은 규정을 단속규정이라고 부른다.

임의법도 보충규정과 해석규정으로 나누어진다. 당사자가 별단의 것을 정하지 않은 경우 당사자의 의사를 보충하기 위해서 적용하는 것이 보충규정이다. 그리고 당사자가 특별한 합의를 하였다 하더라도 그 의미・내용이 불분명한 때 그것을 명확히 하기 위해 적용되는 것이 해석규정이다.

Ⅱ. 강행법과 임의법의 구별

당사자가 법규가 정하고 있는 것과 다른 의사표시, 그 외에 다른 행위를 한 경우 강행법과 임의법에 따라 그 효력에 차이가 있게 된다. 강행법에 위반하면 무효나 취소가 가능하다. 임의법에 위반하는 행위에서는 하자(瑕疵)가 생기게 되고 따라서 행위자에게 불이익을 부담시키는 것에 불과하다.

강행법과 임의법의 구별은 법문상 명백한 경우도 있지만 용이하게 판단되지 않는 경우도 있다. 이와 같은 경우에는 규정의 내용·종류·성질·입법취지 등을 검토하여 판단하여야 한다. 양자의 구별이 법문상 명확한 경우도 있다. 예컨대, '… 하는 것을 요한다'와 같은 표현이 사용되고 있는 것이 강행법규이다. 임의법규에서는 법문상 당사자의 의사를 존중하고 그 의사에 따라 법규의 적용을 배제한다는 취지를 명시하고 있다. '별단의 의사표시가 없는 때…'라든가 '다른 약정이 없는 한 …' 혹은 '당사자가 반대의 의사표시를 하지 않은 경우에는 …'이라는 표현을 사용한다.

그러나 민법 제565조 제1항과 같이 「매매의 당사자 일방이 계약 당시에 금전 기타 물건을 계약금, 보증금 등의 명목으로 상대방에게 교부한 때에는 당사자간에 다른 약정이 없는 한, 당사자의 일방이 이행에 착수할 때까지 교부자는 이를 포기하고 수령자는 그 배액을 상환하여 매매계약을 해제할 수 있다」고 한 규정은 그것이 임의법이라는 것이 법문상 명백하다. 일반적인 사인간의 계약상의 계약금의 교부나 계약의 해제에 관한 문제는 사적자치에 위임된 임의법에 속하는 것이라 생각할 수 있다. 그러므로 '… 것을 할 수 있다'고 표현되어 있지만 당사자간의 특단의 의사표시에 따른 해약계약금과는 다른 성질의 계약금, 예컨대 위약계약금을 정하는 경우는 그 적용을 배제할 수 있다고 본다. 결국, 당사자간에서 해약계약금으로서의 기능을 배제하는 특약은 소비자보호의 견지에서 특약에 따라 해약계약금의 기능이나 계약금반환의무를 배척할 수 없는 것으로 된다.

위와 같은 경향으로 현대에 있어서는 임의법의 영역이 점점 협소해지고 있다고 볼 수 있다. 개인의사자치의 원칙이 확립된 근대 시민사회의 성립 때에는 사법의 영역에 임의법적 관점이 광범하게 존재하는 것에 큰 의의가 있었다. 그러나 사회생활이 복잡해지고 자본주의 경제가 고도로 발달함으로써 종래의 무제한적인 사적자치에 따라 초래된 각종의 모순・폐해가 종종 사회문제를 발생시켰다. 근대 사법의 근본은 국가의 직접적 개입을 배제하고 당사자의 자유로운 의사를 최대한 존중하는 것이 원칙이지만, 현대는 국가가 관여하지 않고 방치할 수 없는 상황이 되었다. 그래서 여러 가지 사회입법이 출현하고 임의법규의 강행법규화가 나타나게 되었다. 사회법적 성격을 가지는 특별법이 일반사법에 우월하게 적용되는 결과로 점차 임의법의 영역이 강행법에 잠식되는 법현상이 나타나게 된 것이다.

제6절 공법・사법・사회법

Ⅰ. 공법과 사법

공법과 사법을 구별하려는 태도는 오래 전부터 존재하였고, 그 기원은 로마법 시대까지 거슬러 올라간다. 양자의 구별은 국가와 시민의 관계가 명확하게 구별될 것을 전제로 한다. 로마법에서는 어느 정도 국가와 시민의 구분이 존재하고 있었다. 공법과 사법을 구별하는 로마법 시대의 태도는 법이 보호하는 법익(法益)이 공익인가 사익인가를 기준으로 하였다.

법이 보호하는 이익이 공익(국가적 이익)이라면 공법, 사익(개인적 이익)의 보호를 목적으로 하는 것이라면 사법이라고 구분하는 태도를 일반적으로 이익설이라고 칭한다. 그러나 오늘날 이와 같은 견해를 주장하는 사람은 거의 없다. 본래 법은 그 본질상 사회생활에 있어서 개개인의 규범이기 때문에 공익도 사익도 동시에 보호하는 것이기 때문이다. 또한, 공익・사익의 분류 자체가 별로 명백한 것이 아니기 때문이기도 하다.

그 후 법이 규율하는 법률관계의 주체에 착안하여 구분하는 주체설이 나타나게 되었다. 국가・공공단체 상호의 관계 및 국가・공공단체와 개인의 관계를 규율하는 것이 공법이며, 개인간의 관계를 규율하는 것이 사법이라고 하는 태도이다. 그런데 이 설도 모순이 있다. 예컨대, 국가・공공단체가 개인과 동일한 자격에서 매매나 임대차계약을 한다든가 불법행위책임을 부담하는 것과 같이 이 경우는 사법에 따라서 규율되고 있다.

공법과 사법의 구분이 명확하게 되는 것은 전술한 바와 같이 국가에 대한 시민사회의 자유가 확보되는 과정에서이다. 중세나 근세의 봉건적 절대왕권이 지배하는 사회에서는 국가권력에 대한 개인의 권리는 보장되지 않고 공법·사법은 미분화의 상태에 있었다. 근대사회로 이행되어 감에 따라 개인의 자유독립이 존중되고, 이른바 시민의 사적자치를 원칙으로 하는 근대법에 와서 비로소 공법·사법의 구별이 명확하게 된 것이다.

현재는 공법·사법을 구별하는 기준을 법이 규율하는 법률관계의 성질에서 구하는 견해가 우세하다. 즉, 국가통치권의 발동에 직접적으로 많은 관계를 가지는 사항을 규율하는 것이 공법이며, 그렇지 않은 개인의 사적인 생활관계를 규율하는 것이 사법이라고 하는 것이다. 요컨대, 개인이 국가·공공단체의 일원으로서 생활하는 현장에 있는 법이 공법이며, 사인(私人)으로서의 생활관계를 규율하는 것이 사법이라고 할 수 있다.

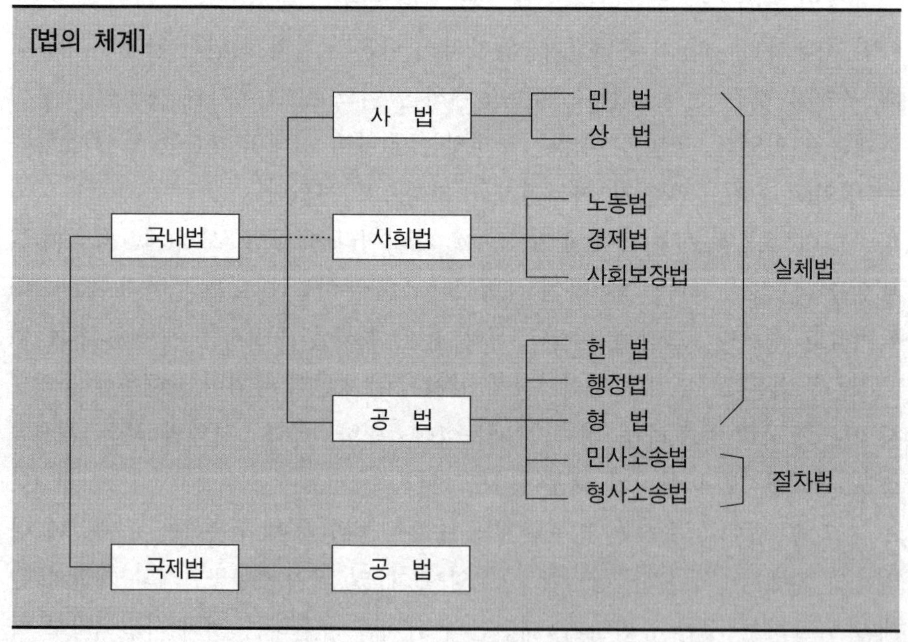

II. 공법 · 사법의 분화와 구별의 실익

공법과 사법의 구별은 근대 시민사회에 있어서 국가의 권력작용과 분리된 사회관계의 존재를 배경으로 한 것이다. 봉건적 제약에서 해방된 개인의 자유 · 평등을 이념으로 한 근대 시민사회의 성립기에는 사법의 영역에서 국가권력의 직접적인 관여를 배척하는 것이 중요한 것이었다. 개인의 사적자치에 위임된 자유로운 법영역이 차츰 공법에서 분화된 것은 큰 의의를 갖는다.

사법에 있어서 권리 · 의무관계는 본래 당사자의 자유로운 합의에 따라 형성된다. 이러한 관계가 당사자의 합의에 따라 이행이 되지 않음으로써 개인에 대한 제재나 구제가 필요한 경우에만 법이 보장하는 분쟁해결의 기능으로서 국가권력이 개입하게 된다. 여기에서 사법은 재판규범으로서의 성격을 갖는다. 또한, 개인의 사회생활상 분쟁을 방지하고 위법 · 불법한 행위를 회피하기 위하여 사인의 행위를 규율한다는 의미에서의 사법은 행위규범이 된다.

이에 대하여 공법은 명령 · 복종을 그 지도원리로 하여 국가권력이 직접 개입하는 영역이다. 국가권력에 관한 사항, 국가기관 또는 사인에 대한 규제를 정하는 것이 공법이다. 국가에 대한 개인의 권리 · 의무를 공법법규에서 직접 정하고 있는 점에서 공법은 제1차적으로는 행위규범으로서의 성격을 갖는 것이며, 국가가 개인에 대하여 규범에 따라 행위할 것을 명령하는 것이다. 다만, 공법도 재판에 처하여서는 객관적 기준으로서 재판규범인 성격을 갖는다. 실정법 안에서는 그 규정의 대부분이 공법적 요소를 갖는 것이 공법이며, 헌법 · 행정법 일반 · 형법 · 민사소송법 · 형사소송법 등이 그것이다. 반면에 규정의 대부분이 사법적 요소를 갖는 법이 사법이다. 민법 · 상법 · 국제사법이 그 전형이다.

공법 · 사법의 구별의 실익은 소송에서 명확하게 나타난다. 사법상의 법률관계에 있어서 당사자는 민사소송법의 적용을 받는다. 공법상의 법률관계를 둘러싼 분쟁에서는 행정소송법의 적용을 받는다. 양자간에는 증거조사나 절차면에서 차이가 존재한다. 과거 민사소송에서와는 달리 행정소송에서는 행정심판을 거친 후에야 2심인 고등법원에 소장(訴狀)을 낼 수 있었다. 따라서 행정소송은 1심부터 시작하지 않고 2심부터 시작하기 때문에 권리구제의 면에서 철저하지 못하는 경우가 생길 수 있었다. 그러나 사법제도개혁(1994년)에 따라 1심법원으로서의 행정법원의 신설과 행정심판의 필요적 전치주의(前置主義)를 폐지하고 임의적 전치주의를 채택함으로써 많이 개선되었다.

사회법과 같이 공법과 사법의 중간에 존재하는 제3의 법영역 혹은 공법화된 사법의 출현에 따라서 공법·사법의 분류의 중요성이 약해지고 있다는 것도 간과해서는 안된다. 그러나 현재 공법의 영역에서 구별된 사법의 원칙적인 존재와 고유의 영역이 인정되는 이상 공법·사법의 구별의 실익은 여전히 존재한다고 생각된다. 비교법적으로 볼 때 영미법에서는 독일·프랑스 등의 대륙법계와는 달리 전통적으로 양자의 구별이 특별히 인정되지 않고 있다.

Ⅲ. 사회법의 의의 및 그 출현배경

사회법은 공법·사법의 어느 것에도 속하지 않는 제3의 법영역이라고도 할 수 있고, 사법관계에 공법적 규제를 가미한 법이기도 하다. 개인간의 실질적인 평등의 실현을 도모하기 위하여 경제적 약자 보호의 입장에서 사법에 수정을 가한 것이 사회법이다.

자본주의 경제구조를 갖는 근대 시민사회에 있어서는 개인은 일체의 신분적인 차별이나 권력적인 지배에서 해방되어 자유·평등·독립의 존재로서 존중되어야 한다는 것이 근대 시민사회에 있어서의 사법의 원리이다. 개인은 상품교환관계를 자유롭게 형성하고, 소유권절대·계약자유·과실책임의 제원칙에 따라서 자유로운 경제생활을 향유하는 것이다.

사법이 전제로 하는 것을 등질적(等質的)인 개인이 그 자유의사를 기본으로 하여 여러 종류의 생활관계를 자주적으로 규율하는 사회이다. 여기서는 상품교환의 경제원칙 이외에 일체의 강제를 배제하고자 한다. 근대국가는 그 권력을 행사하여 시민사회의 내부질서에 직접적으로 개입하는 것은 인정되지 않으며, 단지 시민사회의 외부에서 간접적으로 시민사회의 질서를 유지하는 데 그친다고 하는 소위 야경국가의 역할이 부여된 것에 지나지 않는다. 국가의 권력작용의 간섭을 직접 받지 않는 사법의 독자적인 영역이 점점 광대해지자 자본주의 경제사회는 더욱 더 고도의 발전을 이루게 되었다.

그러나 현실의 사회에서는 여러 가지 모순이나 문제가 존재하고 있으며, 근대사법이 전제로 하는 것처럼 자유·대등한 개인의 존재는 단순한 의제에 지나지 않는다. 개개의 인간은 여러 가지 면에서 다른 지위·능력을 갖는다. 그러나 이와는 무관하게 경제생활관계의 규율을 개인의 사적자치에 위임한 근대 시민사회의 법은 평등자간의 자유경쟁의 원리에 바탕을 두고, 인간을 추상적으로 완전히 자유·평등·독립의 인격체로만 봄으로써 모순이 발생하였다. 본래 불평등한 인간의 관계를 평등한 사이로 규율하는 사법으로 규율함으로써 점점 더 불평등한 결과를 초래하게 된다. 이 모순을 무제한 사적자치에 위임하고 자유롭게 방치하는 것은 곧 여러 폐해를 초래하게 된다. 이 현상을 노동자의 고용문제를 예로 들어 설명하고자 한다.

근대사법인 시민법의 견지에서 본다면 자본가도 노동자도 임금과 노동력을 자유롭게 대등한 입장에서 교환하는 상품소유자이며 계약당사자이지만, 현실은 이것과는 완전히 다르다. 자본가는 부의 축적을 위하여 이윤을 추구하고, 노동자에 대해서는 가능한 한 열악한 조건에서 낮은 임금의 장시간 노동을 요구하고자 한다. 그렇지만 노동자의 입장에서는 노동력의 대가로서 임금을 얻는 이외에는 생활수단이 없는 처지에 있게 된다. 결국 노동자에게 불리한 내용이라도 노동자는 고용계약을 체결하지 않을 수 없는 것이다. 또한, 취업을 희망하는 자가 많다면 수요와 공급의 경제원칙에 의해서도 노동자는 불리한 노동조건을 거부할 수 있는 자유가 없다. 이와 같이 노동자와 자본가를 비교하여도 노동자는 근대사법이 예정하고 있는 것처럼 자유·대등한 입장에 있지 아니한 것이 현실이다.

자본주의경제의 복잡·고도한 발전에 수반하여 경제활동의 자유방임이나 무제한적 사적자치가 부의 편재, 빈곤의 격차를 확대시켜 왔다. 경제적으로 강자와 약자의 대립은 점점 격화되고, 자본주의 경제가 기계화생산·대량생산의 단계에 진입하게 되자 이 현상은 점점 현저하게 되었다. 그 결과 여러 종류의 사회문제를 야기하는 폐해가 증대되었다. 이러한 모순·폐해를 시정하고자 하는 데에 사회법 출현의 기반이 존재한다.

종래 개인간의 자유로운 경제거래활동을 규율하는 사법의 영역에 대하여 불간섭의 원칙을 취하여 온 국가도 이미 사태를 방치할 수 없는 상황에 이르렀음을 인식하게 된다. 그리하여 사법의 영역에 대하여 국가가 직접 강제력을 갖고 개입하고 통제를 가할 필요가 생겨났다. 그것은 사법의 영역에 있어서 경제적 강자에게는 일정한 제한을 가하고 경제적 약자에 대해서는 그 생존을 보장해 주기 위한 것이다.

이와 같이 사인간의 실질적인 평등을 실현하기 위해 사회본위의 입장에서 근대사법에 수정을 가한 성격을 갖는 법이 사회법이다. 사회법은 공법과 사법이 상호 교차하는 법이며, 공법에도 사법에도 속하지 않는 새로운 제3의 법영역이라고 볼 수 있다. 이와 같은 사회법에 대하여 종래의 근대사법을 시민법이라고 부르는 것이다.

Ⅳ. 사회법의 영역에 속하는 법

사회법은 경제적 약자의 보호·구제를 목적으로 하여 그 생존권 확보를 위해 국가권력이 사적자치에 개입하고 규제를 가한 것이다. 즉, 자유와 평등의 이름으로 사실상 경제적 강자가 경제적 약자를 지배하는 관계에 대하여 국가가 적극적으로 관여하여 자본의 자유에 제한을 가함으로써 개인간의 실질적인 평등의 실현을 목표로 한다.

이와 같은 사회법적 성격을 가장 전형적으로 표현하고 있는 것이 노동관계의 입법이다. 그 외에 사회법의 영역에 속하는 법으로서는 주택임대차보호에 관한 입법, 사회보험이나 공적부조에 관한 사회보장관계의 입법, 경제거래에 있어서 약자보호의 입법, 국민경제의 건전한 발전을 위하여 국가가 행하는 경제통제 입법 등이 그것이다. 또한, 생활환경보호와 관련된 법도 사회법의 영역에 포함되는 것이라고 볼 수 있다.

이러한 여러 종류의 관계법에서 사적자치를 지도이념으로 하는 근대사법의 원리가 수정되었다. 소유권절대의 원칙에 대한 제한, 권리남용의 금지, 자본의 자유에 대한 규제 등이 그것이다. 또한, 계약자유에 대한 제한으로서는 계약체결이나 계약내용에 대한 국가의 직접적 규제나 집단적 거래에 따른 규제 등을 정할 수 있게 되었다. 그 외에 과실책임의 원칙에 대하여 수정이 가하여졌다. 약자인 피해자를 구제하기 위해서는 무과실책임의 원칙을 취하지 않을 수 없는 경우가 있다. 경제활동의 자유를 보장하는 과실책임의 원칙은 경제적 강자에 의한 지배로 확대되고, 그 결과 경제적 약자의 생존을 위협하는 결과를 가져오기도 한다고 보기 때문이다.

노동관계의 입법은 계약의 자유에 대한 제약과 집단적 거래에서 파생하는 규제라고 하는 두 가지의 요소를 가진다. 사용자와의 관계에서 형식적으로는 자유·평등·독립의 상품소유자이며 계약당사자라는 것에 관계없이 노동력이라고 하는 상품의 특수성 때문에 실질적으로는 사용자에게 종속될 수밖에 없는 노동자의 보호를 목적으로 하여 국가가 계약내용에 개입하는 것이다. 예컨대, 취업의 기회를 보장하기 위한 직업안정법 및 고용촉진에 관한 법 등이다. 노동계약체결에 있어서 사적자치를 제한하는 내용을 가지는 것이 근로기준법, 최저임금법이다. 근로조건의 명시를 의무로 하고 근로시간, 휴식, 휴일, 연차유급휴가, 안전, 위생, 여성·소년근로자에 대한 보호 등 최저근로조건을 법으로 정하고 있다. 그 외에 근로자의 재해보상을 목적으로 한 것으로 산업재해보상보험법, 고용보험법 등의 입법이 있다.

근로자의 단결을 인정하여 사용자와의 대등한 입장에서 노사간의 실질적 평등의 실현을 도모하는 것을 목적으로 근로자의 단결권·단체교섭권 외에 단체행동권을 보장하거나, 노사간의 분쟁의 조정을 목적으로 하는 입법으로 노동조합 및 노동관계조정법 등을 들 수 있다. 근로자의 근로3권을 보장하고 사용자의 부당노동행위를 금지하는 한편, 근로자의 태업·직장이탈·파업 등의 형태에 의한 쟁의행위에 있어서 형사상·민사상의 면책을 규정하고 있다. 다만 공공기업체 등의 직원, 공무원 등에 관해서는 단결권이나 쟁의권 등의 노동기본권이 제한된다. 공무원은 전국민의 봉사자이며 직무의 공공성과 함께 특별권력관계에 복종한다고 하는 외에 공공의 복지 때문이라고 하는 것이 제한의 근거라고 생각할 수 있다. 한편, 공무원 등의 생존권 옹호를 위하여 근무조건의 법정, 신분보장, 인사제도 등의 대상조치(代償措置)를 강구하는 배려가 되어 있다.

임대차관계의 입법은 주택임대차보호법, 농지임대차보호법, 농지임대차관리법 등이 있다. 타인의 토지, 건물을 빌려서 거주하는 약자의 입장에 있는 임차인을 위해 계약자유의 원칙에 제한을 가하고 부동산소유권의 기능의 한정을 도모하는 성격을 가진다. 예컨대, 민법상으로는 건물소유를 목적으로 한 임차권에 있어서 '매매는 임대차를 깨뜨린다'라는 말이 표시하는 바와 같이, 임차권의 등기나 확정일자가 없으면 제3자에게 임차권으로 대항할 수 없기 때문에 임차인이 극히 불리한 상황에 놓이는 것이다. 또한, 주택임대차보호법 제정에 따라 부동산임차권이 강화되고 물권화(物權化)하는 현상을 볼 수 있다. 이러한 입법은 임차인의 생존권인 주거권의 보장을 목적으로 한 사회법적 성격을 갖는다.

사회보장관계의 입법도 다수 존재하지만 생활보호법, 영육아보육법, 장애인복지법 등이 그 대표적인 것이다. 경제거래관계에 있어서 약자보호나 경제통제를 도모하고자 하는 입법에는 소비자보호법, 할부거래에 관한 법률, 방문판매등에 관한 법률, 독점규제 및 공정거래에 관한 법률, 부정경쟁방지법 등이 있다.

제 7 절 국내법과 국제법

국내법(국가법이라고도 함)은 국가라고 하는 단일의 주체에 의해서 정립되어 국가의 단독의사에 따라 강제되어진 법이다. 이는 주로 한 나라의 내부관계를 규율의 대상으로 하는 것이며, 국가와 그 외의 단체 또는 개인의 관계 및 단체나 개인 상호간의 관계를 규율한다. 국제법은 다수의 국가 간의 복잡한 관계를 규율하는 법이며, 다른 나라와의 외부관계를 규율의 대상으로 하는 것이다. 국제법에는 국가 사이에 일치한 관행을 승인하는 것에 기초하여 정립된 국제관습법과 조약과 같은 성문의 국제법이 있다. 국내법과 국제법의 차이를 비교한다면 국제법에서는 아직 정리되지 않은 면이 많다. 국제사회는 한 국가사회와 같이 고유한 역사적 성격을 가지고 있지 않으며 국제사회 자체의 역사가 짧기 때문이다.

국제법에는 국내법에 있어서의 국가와 같은 상위의 권위가 존재하지 않는 점에 주목하여야 한다. 국내법은 국가권력을 배경으로 하는 강제규범이므로 국제사회에서는 그 자체로 강제력을 갖지는 못한다. 이것은 국제사회를 구성하고 국제법상의 주체가 되는 국가가 각각 고유한 영토 · 영해 · 영공에 미치는 주권을 가지며 서로 평등하다고 하는 사고방식에 근거하기 때문이다.

국제사회에는 입법기관이 없다. 다만, 유럽통합과 관련하여 유럽각료이사회는 유럽이라는 국제사회 일부의 입법기관이라 할 수 있다. 국제법의 대부분은 관습법이며 각 국가의 묵시적인 합의에 기초한다. 성문법인 조약은 각국의 적극적·자발적인 합의에 의한다. 조약의 체결은 외교능력을 가진 국가만이 할 수 있는 것이지만, 현대에는 국제법상 국가를 대표하는 자에 의해서 행하여진다. 현행 국제법에서는 원칙적으로 한 나라의 원수, 외무장관, 외교사절이 국가를 대표하는 자로 이해되고 있다.

국제법은 명시 혹은 묵시의 합의를 한 국가만을 구속한다는 점이 문제가 된다. 조약의 비가맹국에 대하여는 국제법의 효력이 미치지 않는다는 점에서 국내법과 차이가 있다. 즉, 국제사회는 구성원인 각 국가의 실력작용과는 다른 국제사회 독자의 공권력에 따른 최종적 판단을 결여하고 있다. 국제법에서는 강제를 위한 조직이나 재판제도가 충분히 발달하여 있지 않기 때문이다. 국제법 위반이나 국제분쟁이 야기된 경우 분쟁당사자간의 합의에 따른 평화적인 해결을 목표로 하는 것에 다름이 아닌 것이다.

분쟁해결 방법으로서 당사국간의 직접교섭, 외부로부터의 주시, 제3국이 개입하여 행하는 중재사실심사위원회에 따른 사실심사 외에 국제조정위원회가 분쟁당사국 사이의 주장의 조화를 도모하기 위하여 하는 권고 등의 방법이 있다. 그런데 국내법에서는 인정되지 않는 자력집행의 여지가 상당히 존재하고, 종국적으로는 구성국가 가운데 우세한 국가가 지배하게 되는 위험이 있다.

국제사회에서도 국제법을 적용하고 국제분쟁을 해결하기 위한 국제사법재판소가 존재한다. 그러나 재판 자체를 분쟁당사국이 승인하지 않으면 결국 중재나 조정이 없는 것으로 되고 만다. 판결을 집행하기 위한 기관도 존재하지 않는다. 단지 국제연합의 안전보장이사회가 판결집행을 위해 권고를 하는 것에 지나지 않기 때문에 국내법에 비교하여 국제법의 강제력은 약한 것이다.

그러나 국제법은 법으로서의 성질을 갖지 않는다고 하는 견해는 정확한 것은 아니다. 국제법이 실효성이나 강제력의 면에서는 불충분하다고 하더라도 규범내용이나 그 논리구조에 있어서는 국내법과 유사한 것이다. 국제법이라고 하여도 일단 어느 정도 정립되면 각 당사국을 구속한다. 국제법에 위반한 행위를 한 국가가 있을 경우 경제적 · 외교적인 제재조치가 강구된다는 점에서라도 국제법은 사실상의 구속력을 가지게 된다. 한편, 국제사법은 자국의 법률과 외국법과의 적용범위를 정하는 법규이며 본질상 국내법에 속하는 것이다.

Chapter 06 법의 효력

설 문

「따라서 북한을 반국가단체로 규정함으로써 북한정부를 참칭하거나 국가를 변란할 것을 목적으로 하는 범죄단체임을 전제로 하는 국가보안법의 여러 규정은 헌법의 평화통일조항과 상충된다.」

「국가보안법이 그대로 존속하는 한 북한을 대등한 당사자로 전제하고서 추진되고 있는 정부의 통일정책 내지 대북한정책은 명백히 국가보안법에 위반한 범죄행위이다. 그럼에도 불구하고 최근 정부 또는 정부의 승인을 받은 일부 국민이 북한을 비롯한 공산계열 국가와의 일련의 접촉행위를 통치행위라는 이론으로 합리화시키려는 견해가 있으나 …」

— 국가보안법 제7조에 대한 위헌심판(헌재 1990. 4. 2. 89헌가113)에 있어 변정수 재판관의 반대의견 중에서

논 점

1. 국가보안법은 한반도 이북지역에서도 효력이 있는가?
2. 우리 헌법상 영토조항과 통일조항의 관계는?

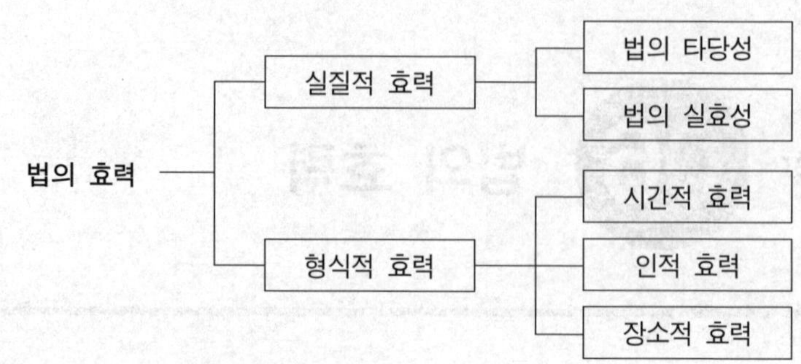

제1절 법의 실질적 효력(법효력의 기초)

법은 사회구성원들이 지켜야 할 행위의 규칙・규범으로서 각자의 행위를 제어한다. 이러한 법은 어떠한 모습으로 존재하고 어떻게 작용하는가?

법이 정립되면 개개인은 법이 지시하는 바에 따라 사회생활을 영위하도록 요구된다. 이와 같이 법이 현실에서 정립되고, 규범으로서 기능하는 것(규범으로서 지켜질 것을 요구하는 것)을 법의 타당성(Geltung des Rechts)이라고 한다. 또한 사람이 사실상 그런 요구에 따른 방식대로 사회생활을 영위하는, 즉 법이 사람에 의하여 현실에서 준수되는 것(현실에서 지켜지고 실행되는 것)을 법의 실효성(Wirksamkeit des Rechts)이라고 한다. 법이 존재하기 위해서는 이 두 가지의 요소가 필요하다. 이 두 가지 요소를 구비하여 현실의 사회생활에 대하여 작용하고, 사실로서 행하여질 때 법은 효력을 갖고 타당하다고 한다.[8)]

그런데 법이 실정법으로서 우리의 생활을 규율하고 규제하는 근거는 어디에 있는가. 이것은 법의 효력의 기초에 관한 문제이다. 이에 관하여는 여러 가지 설이 제시되고 있지만, 주로 법의 구체적 내용에 따른 것과 법을 제정하는 자(혹은 법을 수호하는 자)의 의사에 귀일하는 것으로 나눌 수 있다.

8) 이때 법은 실정성(Positivitt)을 갖는 것이고, 이 법을 실정법이라고 한다.

1. 법의 효력의 기초에 관한 학설

(1) 신의설

법은 신의 의사를 나타내는 것이며, 이 때문에 절대적이고 보편적인 효력을 갖는 것이라고 한다. 그러나 이것은 신 및 신에 대한 신앙의 절대적 용인에서 출발하고, 신의 권위를 법률의 객관적 타당근거의 기초로 하기 때문에 한계가 있다.

(2) 자연법설

자연의 이성에 비추어 영구법(신의 법)을 지향하는 스콜라적 자연법설과 바른 이성의 명령으로서의 합리적 자연법설로 대별할 수 있다. 이에 의하면 입법자에 따라 정하여지는 실정법(positives Recht)은 모두 그 타당성을 높은 질서로서의 자연법(Naturrecht)에서 구한다고 한다. 그러나 자연법론은 올바른 이상적인 법의 연원을 '자연'에서 구한다고 하지만, 실제로는 자연에서 이상법의 규범, 곧 자연법의 규범을 이끌어 내는 것이 아니고, 이상적인 것으로 전제된 법, 곧 자연법에서 그 이상적 자연을 이끌어 내고 있다. 그 까닭에 자연법의 이념은 관념적이고 이상적인 것이라고 하는 한계를 부인할 수 없다.

(3) 실력설

앞의 두 학설((1), (2))에서와 같이 법이 그 내용에 의하여 효력을 갖는다고 하는 생각에서 벗어나, 법을 만드는 힘에 중점을 둔 최초의 견해로서, 법의 효력의 기초를 실력에서 찾는 것이다. 법은 강제력을 의미하는 실력에 기초하여 작용하는 것이라는 사실에 비추어보면 타당하지만, 법이 준수된다고 하는 사실상태가 발생하더라도 법을 왜 지켜야 하는가라는 물음에 답하지는 못한다는 점에서 문제가 있다.

(4) 명령설(주권자의 명령설)

이 설에서는 법의 효력의 기초를 법적 권위로서의 주권의 발동에서 구하고, 법률을 주권자의 명령이라고 한다. 주로 국가라고 하는 정치・사회단체의 규칙으로서의 법률은 국가의 최고의사를 결정하는 주권으로부터 발동되는 한, 국가의 구성원들이 국가사회생활에서 지켜야 할 규칙이며, 주권이 국민에게 있는 때에는 원리상 자율의 규칙이 된다는 것이다. 이 설은 법이 보통 의식적으로 형성되었다고 하는 목적론적·실리주의적 처지에 따른 것이다.

(5) 역사법설

법효력의 기초를 법제정권자의 의사에서 구하는 앞의 두 가지 설((3), (4))에 대하여, 법을 준수하는 개개인의 의사에 중점을 두어 법의 기초를 민족의 확신에서 찾고 있는 견해이다. 이 설에서는 법은 언어·풍습·관습 등과 같이 각 민족이나 사회 가운데 자연발생적·경험적·역사적으로 생성되는 것이고, 그렇게 생성된 사회규범이 성문화하여 법률이 된다고 생각한다. 그러나 이 설에 의하면 사회의 그 당시 사실상태를 인정하는 것이 그렇게 있어야 한다고 하는 규범으로 바뀌는지가 불분명하다.

(6) 승인설

역사법설과 같이 법효력의 기초를 법준수라는 의사에서 찾는 견해로서, 국민의 승인에서 법규제의 합리성을 구하고, 법률은 국민이 사회생활의 규범으로서 승인하는 것이라고 한다. 사회투쟁을 피하고자 하는 개개인이 그 자유를 포기하고 스스로 자기를 구속하려는 곳에 법이 발생한다. 스스로의 의사에 기초하여 법을 준수하여야 한다고 하는 견해를 의사설이라고 하며, 이것이 계약으로서 나타난다는 점에 중점을 두는 견해를 계약설이라고 할 수 있다. 그러나 이와 같이 법의 효력의 근거를 개개인에 의한 승인에서 구할 경우 승인은 어떻게 이루어져야 하는가, 승인하지 않은 자에게도 법의 효력이 미치는가 등의 문제가 생긴다.

(7) 사회의식설

기본적으로는 승인설의 범주에 속하지만, 법의 효력이 인정되는 것은 개인의 의사에 의해서가 아니고 사회의 의사라고 함으로써 승인설의 난점을 극복하려는 견해이다. 이에 의하면 법이 시행된다는 것은 사회구성원이 함께 지지하고 있는 사회의식의 내용이다. 즉, 사회구성원의 일치된 의사·감정·사상이 형식적인 일정한 방법·절차를 경유하여 형성된 것이 법률이며, 개인의식보다 높은 사회의식을 나타내는 것으로서 개인의식을 제약하고 지배하는 것이라고 생각할 수 있다.

요컨대, 사회구성원의 의식에 따른 승인을 경유하여 스스로의 질서유지를 위해서 자치·자율의 규범으로서 만든 것이기에 법은 그 실효성을 획득하고 효력을 보유하는 것이 된다는 것이다.

2. 결 론

법은 규범으로서의 성격상 그 규정대로 내용이 실현될 것이 요구된다. 이것은 규범론적(규범논리적) 구속성으로서 어떠한 규범에도 요구되는 것이다.

그러나 법은 도덕규범, 종교규범 등과 달리 그 규범에 대한 위반을 적극적으로 부정한다. 즉, 법은 개개인의 행동이 반드시 그 규정・내용에 따를 것과 법이 실제로 행하여질 것을 요구한다. 그리고 그 위반에 대한 제재를 함으로써 힘에 의하여 사람의 행동이 제어된다고 할 수 있다. 이 측면을 강조하면, 법은 어떠한 힘에 기초하여 그 내용의 실현이 보장되어야 한다고 하는 점을 중시하게 된다. 그러나 힘에 따른 위협은 사람의 의사결정에 작용하는 요소의 하나라고 할 수 있지만, 의사를 반드시 자발적으로 그 방향으로 이끌어가게 하는 것은 아니다. 사람의 의사는 외부로부터 영향을 받지만 의사의 제약은 어디까지나 의사의 주체가 하는 것이다. 따라서 의사를 제약하고, 법의 규정에 따른 행동이 행하여질 가능성을 주체의 자율성에서 구하는 방법이 요청된다.

법이 규정하는 규범을 자발적인 규범으로서, 국가 혹은 사회의 의욕을 자발적인 당위로서, 법의사(法意思)를 법적 당위로서 인간이 인정하는 것을 기초로 하면, 법은 강제에 의하지 않고도 그 준수를 기대할 수 있으며 효력을 가질 수 있다는 설명이 가능하다. 그런데 문제는 이 메커니즘(구조)이 어떻게 발생하는가이며, 이를 위해서는 인간의 근원적인 존재방식까지 고찰해 보아야 한다.

모든 동물은 본능적으로 자기의 동족과 무의식의 이면에서 만나고 있다. 유전은 형태만이 아니라 동물의 모든 동작과 행위를 지배한다. 인간도 동물과 같이 상호관계 의식을 사회적 의식으로 가지고 있는데, 그것은 스스로 자신의 동족을 필요로 하는 직접적 감정이다. 사회적 의식은 자신과 다른 모든 개인은 동일하다고 하는 본능적 의식이며, 자기의 존재는 인간의 과거에 근거하고 있다는 감정의 반영이다. 인간사회는 감정에 기초하고 있으며, 사회의 근저에는 관계의 감정 혹은 사회적 의식이 있다. 만약 그 감정을 상실한다면, 어떠한 강제를 가한다고 하여도 인간에게 의무를 준수시키는 것이 불가능하다.

사회는 사회적 의식으로 성립한다. 그러나 사회적 의식만으로 성립된 공동사회는 역사의 진전과 함께 해체되고 보다 큰 사회가 만들어졌으며, 여러 가지 관습은 정비된 성문법을 필요로 하게 되었다. 공동사회는 개개인의 요람이지만 개개인은 사회를 자기에게 대립하는 것으로 본다. 개개인은 여기에 아무렇게나 던져져 있는 것이다. 사회는 수단화되고 대상화되었지만, 그 변동에도 불구하고 합리성의 감정 혹은 사회적 의식은 남아 있다. 이 사회적 의식에 의하여 성립하는 사회에서 작용하는 법제도는 그 작용·기능을 합리적으로 분석할 수 없는 것도 포함하고 있다. 그럼에도 사회에서 위법은 본래 추방으로 해결되고, 추방은 비인간화를 의미하고 있다. 따라서 법을 준수하는 것은 인간이 되기 위한 요건이며, 사회 가운데서 생긴 것이기 때문에 필수적인 것이다.

이렇듯 인간은 사회 안에 매몰되고, 사회에서의 행위양식이 법에 규정되어 있지만 이것이 전부는 아니다. 즉, 법이 인간과 인간사회의 기본적 요구를 포함하고 있기 때문에, 다소의 개인적 의사의 편차는 있지만 각 개인이 이를 준수해야 할 자발적인 규범으로서 받아들이고 이에 따라 행동함으로써 법을 효력 있게 만드는 것이다.

결국 법이 효력을 갖는다는 것, 즉 법이 규범으로서 개개인에 의해 준수되어야 한다는 것은, 사회 전체를 통하여 그 내용 때문에 존중이 기대되는 규칙이라는 점과 사회적 연대의 기초로서 인정된다. 또, 도덕·관습 등을 규칙으로서 따르는 심적 상태가 형성되어 있음을 전제로 하고, 이와 함께 물리적인 힘(또는 위협)의 사용에 기초하여 법은 효력을 갖는다고 생각할 수 있다.

제2절 법의 형식적 효력

Ⅰ. 시기(때)에 관한 효력

1. 법의 공포 및 시행

성문법은 그 시행기간 중, 즉 시행일로부터 폐지일까지 효력을 가지며, 이 시행기간 중에 발생하는 사항에 관하여 적용되고, 시행기간 전 혹은 시행기간 후의 사항에 관해서는 적용되지 않는 것이 원칙이다.

예를 들면, 법률은 국회의 의결에 따라서 성립하고, 대통령이 공포하며, 시행일이 되어야 비로소 효력을 발생한다. 이와 같이 성문법은 성립후 공포를 거치게 되는데, 공포는 성립된 법률의 존재를 인지하지 못함으로써 받게 되는 불이익으로부터 국민을 보호하기 위하여, 법률의 존재를 국민에게 주지시키는 절차이다. 이 때문에 공포는 법령의 효력발생요건은 아니지만 필요조건이라고 이해할 수 있다. 그러므로 공포의 절차에 따라 공포되지 않았다는 이유로 그 법령이 무효로 되는 것은 아니다. 공포의 방법은 관보에 게재하여 이를 한다. 또한 공포의 시기에 관해서는 헌법 개정의 경우에는 '즉시', 법률의 경우에는 '의결된 날로부터 15일 이내'에 공포하여야 한다.[9] 공포는 법령의 효력발생요건이 아니므로 개인의 형편에 따라 그 시기에 차이를 둔다는 것은 법의 적용의 면에서 타당하지 않다. 공포가 되면 그 시간 이후에는 현실적으로 공포의 사실을 알지 못하더라도 알 수 있는 가능성이 있다면 충분하다.

공포후 시행되기까지에는 국민에게 법률의 존재를 확실히 인지시키기 위하여 일정기간 동안 공시를 하는데, 이 기간을 주지기간이라고 한다. 주지기간은 법률의 종류·성질에 따라 차이가 있다. 민법은 1958년 2월 22일 공포되어 1960년 1월 1일부터 시행되었으므로 거의 2년간의 주지기간을 두었다. 이는 재산 및 가족생활에 걸친 중요하고 방대한 법률이므로 일반에게 충분한 주지기간을 줄 필요가 있었기 때문이다. 이에 반하여 공포한 날로부터 시행한다고 규정하는 법도 있다.[10]

이상과 같이 특별히 시행기일을 정하고 있지 않은 경우에는 일반적으로 다음과 같이 정하여진다.

(1) 헌 법

시행기일에 관한 일반적 규정은 없고 헌법부칙에 규정하고 있다(제1조).

---

9) 공포의 실질적 시기에 관한 판례는 "관보에 의해서 법령을 공포하는 경우에는 그 법령을 게재한 관보가 인쇄된 날짜로 한다. 일반의 희망자가 이것을 열람하고 또는 구입하고자 한다면 인쇄국 관보과 또는 어디든지 관보판매소에서 이것을 얻을 수 있는 최초의 시점까지에는 지연되어도 공포되었다고 해석하여야 한다"(대판 1968.12.6.)고 하고 있다.

10) 예컨대, 1976년 12월 22일 개정된 국적법은 그 부칙에서 공포일로부터 시행한다고 규정하였다.

현행 헌법은 1987년 10월 29일 개정하여 1988년 2월 25일부터 시행하였다. 따라서 시행일은 1988년 2월 25일이다.

(2) 법 률

공포한 날로부터 계산하여 특별한 규정이 없는 한 20일을 경과함으로써 효력을 발생한다.

(3) 명 령

시행기일에 관한 일반적 규정은 없지만, 특별한 규정이 없는 한 공포한 날로부터 20일을 경과함으로써 효력을 발생한다.

(4) 조례 · 규칙

공포한 날로부터 계산하여 특별한 규정이 없는 한 20일을 경과함으로써 효력을 발생한다(지방자치법 제26조 제8항).

2. 법의 폐지

법의 시행에 따라 효력을 발생한 법령은 폐지 · 변경에 의해서 그 구속력을 상실한다. 법률의 효력을 절대적으로 소멸시키는 것을 법의 폐지라고 하고, 신법에 의해서 구법의 일부 또는 전부가 소멸되는 경우를 법의 변경이라고 한다. 폐지원인은 크게 나누어 내재적 폐지원인과 외부적 폐지원인이 있다. 전자는 법률에 규정하고 있는 경우이며, 후자는 법의 외부에 폐지원인이 있는 경우이다.

(1) 내재적 폐지원인

여기에는 법령의 시행기간이 만료된 경우와 법의 규율대상 혹은 법의 목적이 소멸한 경우의 두 가지가 있다.

(가) **시행기간의 만료** 법률 중에 그 시행기간이 예정되어 있는 경우에는 그 시행기간의 만료에 따라 당연히 법령의 효력은 소멸한다. 이를 한시법이라 한다.

(나) **규율대상의 소멸** 법령이 규율대상으로 하고 있는 사항이 소멸된 경우에는 그 존재의의가 상실되는 결과, 그 효력이 소멸된다.

(2) 외부적 폐지원인

외부의 법률에 따라 명시적 또는 묵시적으로 폐지되는 방법이다.

(가) **명시적 폐지** 신법에서 특히 일정한 법률의 폐지를 명시하고 있는 경우에는 그 법령의 효력은 소멸된다. 일반적으로 법령의 개폐를 위해서는 명시적 폐지의 형식을 취하는 것이 원칙이다. 다만, 명시적 폐지의 경우에는 법령의 형식적 효력에 따라 제한이 있다는 것에 주의해야 한다. 예컨대, 명령에서 법률을 폐지하는 취지를 명시하더라도 그 효력은 없다.

(나) **묵시적 폐지** 동일사건에 관하여 다른 내용을 규정한 신·구법 두 개의 법규가 존재하고, 신규정의 내용의 일부 또는 전부가 구규정과 모순·저촉하는 경우에는, 특히 특별한 내용을 정하고 있지 않아도 원칙적으로 구규정은 신규정에 의해서 폐지되는 것이라고 생각할 수 있다. 이것을 신법우선의 원칙 또는 신법은 구법을 개폐하는 원칙이라고 부른다. 그러나 이 원칙의 적용에는 다음 두 가지 제한이 있다는 점에 주의하여야 한다.

첫째는 법률의 형식적 효력에 따른 제한이다. 법령은 그 효력에 있어서 차이가 있으며, 국내법체계는 헌법을 최상위 규범으로 하여 법률, 명령, 조례, 규칙의 순으로 질서가 부여되어 있다. 이것을 법의 형식적 효력이라고 부르며, 이와 같은 국내법체계를 법의 형식적 효력에 있어서의 단계적 구조라고 한다. 헌법과 법률의 관계를 예로 든다면, 헌법의 하위규범인 법률은 상위규범인 헌법이 위임한 범위 내의 사항에 관해서만 규정할 수 있다. 그리고 그 관계는 법률-명령, 명령-규칙의 관계에 있어서도 동일한 것이다. 이 때문에 하위규범은 상위규범의 내용과 모순·저촉하는 내용을 규정할 수 없고, 그 결과 하위규범이 상위규범을 개폐할 수 없다. 그러므로 '신법은 구법을 개폐한다'는 원칙은 신법이 구법과 동위의 규범인 경우 혹은 신법이 구법보다 상위규범인 경우에 적용된다. 결국 법률은 명령·조례·규칙 등을 개폐할 수 있어도 명령으로 법률을 개폐할 수 없다.

두 번째 제한은 신법과 구법이 동위의 규범이어도 양자가 일반법과 특별법의 관계에 있는 경우에는 신법우선의 원칙이 적용되지 않는다고 하는 점이다. 즉, 일반법과 특별법 간에는 그 효력에 있어서 '특별법은 일반법에 우선한다'라고 하는 원칙이 적용된다. 이 원리는 동일한 사항에 관한 복잡한 규정이 상호 모순·저촉하는 경우에, 우선 특별법을 적용하고 다음에 일반법을 적용함으로써 그 모순·저촉을 방지하고자 하는 것이다. 이 원칙이 적용되는 결과, 종래부터 존재하는 특별법의 내용과 다른 일반법이 새롭게 제정되어도 그 일반법은 이 특별법을 개폐하지 않고, 반대로 일반법과 내용상 차이가 있는 특별법이 새롭게 제정되면 이 특별법이 일반법을 개폐한다.

3. 법률불소급의 원칙

성문법은 시행일로부터 그 폐지일까지 효력을 가지며, 시행일 전의 사항에 대해서는 원칙적으로 적용되지 않는다. 이것을 법률불소급의 원칙이라고 한다. 행위시에는 적법한 행위가 행위 후의 신법의 소급효에 따라 부적법한 것이 된다면, 사회불안이나 혼란 또는 분쟁이 생기게 되어 안정된 사회생활을 바랄 수 없다. 이러한 불안이나 혼란의 발생을 피하기 위하여는 구법에 따라 발생한 법률관계를 보호하여(기존 상태의 보호) 법적 안정성을 유지할 필요가 있다. 법률불소급의 원칙은 바로 이와 같은 필요 때문에 인정되는 것이다. 법률불소급의 원칙이 인정되는 결과, 당연하게 도출되는 원칙은 '기득권존중의 원칙'이다. 이는 구법시대에 보장된 권리는 신법에 따라 정당한 이유 없이 변경 또는 소멸시킬 수 없다고 하는 것이다.

형사법 분야에 있어서는 법률불소급의 원칙은 특히 중요성을 갖는다. 국민의 기본적 인권과 직접 관련되는 형사법에서는 기본적 인권의 보호를 위해 죄형법정주의가 채택되고 있는 결과, 그 파생적 효과로서 소급처벌이 금지되고(형법 제1조 제1항), 헌법도 제13조에서 명문으로 이 취지를 규정하고 있다.

법률불소급의 원칙 및 기득권존중의 원칙은 모두 사회생활에 있어서 법적 안정성의 유지를 도모하기 위한 것이다. 그러므로 이 원칙들은 절대불가침의 것은 아니고, 정의의 관념에 비추어 사회적·국가적으로 강하게 필요성이 인정되는 경우나, 불필요한 혼란 등이 발생하지 않고 이해관계인에게 유리하게 적용되는 경우에는 법에 소급효를 인정할 수 있다. 왜냐하면 위의 두 원칙은 법령적용상의 원칙이며, 입법상의 원칙이 아니기 때문이다.

그러나 법의 효력을 소급시키는 경우에는 특히 신중을 기해야 한다. 법률의 소급효를 인정한 예로서는 민법부칙 제2조의 「신법은 특별한 규정이 있는 경우를 제외하고는 시행일 전에 발생한 사항에도 이를 적용한다」라는 규정 등이 있다(그 밖에 상법 시행령 제2조; 형법 제1조 제2항).

4. 죄형법정주의 및 사후법의 금지

죄형법정주의란 일정한 행위를 범죄로 하고 그 행위에 형벌을 과한다는 성문의 형법규정이 존재하지 않으면 행위자를 처벌할 수 없다는 것이다. 이것은 통상 '법률 없으면 범죄 없고, 법률 없으면 형벌 없다'라고 하는 법언(法諺)에 의해서 표현되는 것으로서, 근대적 자유주의사상의 소산이며 근대형법의 대원칙이다. 예전에 형벌은 죄형전단주의(罪刑專斷主義)에 따라 행하여졌는데, 이는 무엇을 범죄로 하고 이것에 어떠한 형벌을 과하는지에 관해 법에 사전적인 명문의 규정이 없고, 필요할 때마다 국가가 이를 결정하는 것이었다. 그러므로 죄형전단주의 아래에서는 국민이 행위시에 자기의 행위가 범죄가 되는지를 분명히 알 수 없었으므로 인권이 침해되는 것이 다반사였다. 이처럼 부당한 인권침해로부터 국민을 보호하기 위하여 생겨난 것이 죄형법정주의이다.

죄형법정주의는 영미법에서 두 가지 방향으로 그 내용이 형성되었다고 할 수 있다. 즉, 첫째는 법률의 적정한 절차의 보장으로서, 적정한 절차를 거치지 않으면 국민의 생명·자유·재산을 박탈할 수 없다고 하는 것이다. 둘째는 사후법의 금지이다. 즉, 행위시에 적법한 행위는 사후에 성립된 법률에 따라 처벌되지 않는다는 것이다. 우리 헌법은 제13조에서 죄형법정주의를 선언하고 있다. 그리고 현행형법은 제1조 제1항에서 「범죄의 성립과 처벌은 행위시의 법률에 의한다」라고 규정하여 죄형법정주의 및 행위시법주의를 원칙으로 하고 있다.

죄형법정주의는 사후법과 소급처벌을 금지하고 있다. 그 결과 형벌법규는 그 시행 이후의 범죄에 대해서 적용되고 시행 전의 범죄에 대해서는 적용되지 않는다. 그러나 소급처벌금지의 원칙은 형벌법규에 한하여 인정되는 것이며 형사소송법이나 행정법의 영역에까지 미치는 것이 아니다. 왜냐하면 절차법은 통상 현재의 절차에 대하여 적용되는 것이기 때문이다.

소급처벌의 금지에 대해 형법 제1조 제2항은 「범죄 후의 법률의 변경에 의하여 그 행위가 범죄를 구성하지 아니하거나 형이 구법보다 경한 때에는 신법에 의한다」라고 하는 예외를 인정하고 있다. 범죄시의 법과 처벌시의 법에 차이가 있고 재판시의 법에 의한 형이 경미한 경우에 재판시의 법을 소급하여 적용하는 것은 그 적용을 받는 자의 이익을 도모하는 것이기 때문에 이 규정은 소급처벌금지의 취지에 반하는 것이 아니다.

5. 경과법

법이 개정되는 경우에 어느 행위가 신·구의 양 법에 걸치게 되는 경우에는 신·구 어느 법령을 적용하는가가 문제가 된다. 때로는 구법시대에 발생한 사항에 대하여 신법을 소급하여 적용하는 것이 적당한 경우도 있다. 그러나 일반적으로는 법령이 개정되는 때에 신·구 어느 법령을 적용하는가에 대해서 특별한 규정을 설정하는 것이 통례이다. 이 법률을 경과법(경과규정)이라고 하는데, 일반적으로 시행법 또는 부칙의 형식으로 규정되어 있다. 민법부칙, 상법부칙 등이 그 예이다.

II. 인(사람)에 관한 효력

법률의 효력이 어떠한 범위의 사람에게까지 미치는가라는 문제를 결정하는 기준으로 속인주의와 속지주의의 두 가지가 있다.

속인주의(屬人主義)는 사람을 표준으로 하여, 사람이 어디에 있는가를 불문하고 모두 자기가 소속한 국가의 법의 적용을 받는다고 하는 것이며, 이에 기초한 법을 속인법이라고 한다. 속인법에 있어서도 내국인인가 외국인인가의 결정기준으로서 본국법주의와 주소지법주의가 대립하고 있는데, 예전에는 주소지법주의가 유력하였지만 현재는 본국법주의가 대세를 점하고 있다. 우리나라도 속인법의 적용영역에 있어서는 본국법주의를 채택하고 있다.

이 속인주의에 대하여 법의 효력을 토지를 표준으로 정하는 것이 속지주의(屬地主義)로서, 법의 효력범위가 그 법이 제정된 영역 내에서만 인정되는 동시에 그 영역 내에 있는 모든 사람에게 적용되는 것이다. 속지주의는 영토의 관념과 더불어 발달하여 봉건시대에는 절대적이었지만 시대의 진전과 함께 점차로 완화되어 갔다. 현재는 속인주의와 속지주의 중 어느 일방에 편재됨에 따라 생기는 각종 장애를 피하기 위하여 두 가지 주의를 병용하는 국가가 다수이다. 이 경우에도 속지주의를 원칙으로 하고 예외적으로 속인주의를 채용하는 것이 세계적인 경향으로 되고 있다.

1. 원 칙

한 국가의 법은 그 영토 내에 있는 내・외국인은 물론 국외에 있는 자국민에 대해서도 적용되는 것이 원칙이다. 이때 내국인인가 외국인인가는 국적의 유무에 따라서 결정되는데, 국적의 취득・상실은 그 국가의 국법 또는 조약에 의해서 정하여진다. 우리 헌법 제2조는 「대한민국 국민이 되는 요건은 법률로 정한다」라고 규정하고 있고, 국적법에 상세한 규정을 두고 있다. 이와 같은 원칙에 대하여는 다음의 예외가 있다.

2. 예 외

(1) 내국인에게 자국법이 적용되지 않는 경우

일정한 사람만을 적용대상으로 하여 규정된 법은 그 대상 외의 사람에게는 효력을 미치지 않는다. 예컨대, 국가공무원법은 국가공무원만을 적용대상으로 하기 때문에 국민 모두에게 적용되는 것이 아니며, 변호사법・의료법 등도 마찬가지이다. 또, 이와 반대의 방식으로 특정인에 대한 국법의 적용배제를 규정하는 경우도 있다. 대통령과 국회의원의 형사상 면책에 관한 헌법의 규정이 그 예이다.

(2) 외국인에게 그 재류국(在留國)의 법이 적용되지 않는 경우

㈎ 공법상의 권리・의무 중에는 그 성격상 내국인에게만 부여되는 것이 있다. 예컨대, 국민인 지위에 기초하여 권리가 되는 참정권・청원권, 국가방위의 필요성에 기초한 병역의무 등이 그것으로서, 이들 권리・의무에 관한 법령은 재류외국인에게는 적용되지 않는다.

㈏ 국제사법상 재류외국인에게는 그 본국법을 적용하는 것이 적절한 경우가 있다. 사람의 신분이나 능력, 성년연령, 친자관계나 상속관계, 유언 등에 관해서는 각국 특유의 풍속・습관・문화 등에 따라서 결정되는 것이 타당하므로, 이런 문제에 있어서는 일반적으로 재류외국인의 본국법을 적용한다.

㈐ 국제법상의 예외로서 치외법권(특권과 면제)과 영사재판권을 예로 들 수 있다. 치외법권은 국제예양 혹은 국제관례상 인정되고 있는 특권이며, 국제법상의 특별한 신분을 가지는 자는 재류국법의 지배를 받지 않고 그 본국법의 적용을 받는다고 하는 것이다. 다만, 재류국법의 적용이 배제되는 범위는

재류국에 있어서 직무의 원활한 수행에 필요한 신체 · 명예 · 공관 · 문서에 대한 불가침 및 재판권 · 경찰권 · 과세권에 복종하지 않는 점에 한정된다. 치외법권이 인정되는 사람의 예로서는 국가원수, 외교사절 및 그 가족과 수행원, 일정한 책임 있는 지휘관의 통솔 아래 있는 군대, 국제연합 기타 국제기관의 직원 등이 있다.

영사재판권은 재류국의 문화 정도가 낮아 그 국가의 법의 적용이 자국민의 권익보호에 장애가 되는 경우에, 재류외국인은 재류국의 재판에 복종하지 않고 자국의 재류영사(在留領事)에 의한 본국법의 재판에 복종한다고 하는 내용의 불평등조약의 체결에 의해서 인정되는 것이다.

(3) 내 · 외국인을 불문하고 일정한 국외범죄에 자국법이 적용되는 경우

형법상의 내란죄, 외환죄, 국기 · 통화에 관한 죄 등 우리나라의 중요한 국익에 대한 침해행위에 대하여는 그런 범죄가 국외에서 행하여졌고 또한 범인이 외국인이더라도 형법을 적용한다(제5조). 이것은 보호주의의 정신에서 규정된 것이지만 현재는 통화위조죄의 경우에서 보는 바와 같이 세계주의로 이행하는 경향이 있다. 또한 이런 범죄의 처벌에 관해서, 영미법계에서는 외국인의 국외범죄에 대해서 피해국가에 처벌권도 재판관할권도 인정되지 않기 때문에 피해국은 그 외국인이 피해국 내로 온다고 하여도 처벌을 할 수 없다. 이에 반하여 대륙법계에서는 피해국에 처벌권과 소추권이 인정되고 있다. 이와 같이 주의가 다른 국가간에 있어서 범인처벌의 문제는 국제사법공조에 기초하여 범죄자를 인도하는 조약을 체결함으로써 해결을 도모하게 된다. 그러나 이 조약에 가입하지 않은 국가와의 사이에서의 문제해결은 외교교섭에 의할 뿐이다.

Ⅲ. 장소에 관한 효력

1. 원 칙

국가는 일정한 영역을 기초로 하여 존재하고, 그 공간을 다른 권력으로부터 제약을 받지 않고 자유롭게 또는 배타적으로 지배한다. 국가영역에 대한 배타적 지배권을 주권(主權)이라고 하는데, 이것을 영역과의 관계에서는 영토

고권(領土高權)이라고 부른다. 그리고 이것은 자국인 · 외국인을 불문하고 영역 내에 있는 모든 개인에 대한 통치권과 영역 내의 것을 사용 · 점유 · 처분하는 권능을 포괄하는 것이라고 할 수 있다. 그러므로 통치권의 작용의 하나로서 제정된 법도 주권이 미치는 영역 전체에 대해서 당연하게 효력을 갖는 것이다. 즉 법은 자국인인가 외국인인가를 묻지 않고 그 영역 내에 있는 모든 개인에 대하여 효력을 가지는 것이 원칙이다.

위와 같이 법이 효력을 미치는 지역적 범위로서의 국가영역은 일정한 육지와 이것이 바다에 맞닿아 있는 때에는 연안의 일정범위의 해역 및 육지와 해역의 상공에 의해서 구성되며, 각각을 영토 · 영해 · 영공이라고 부른다.

(1) 영 토

영역 가운데서도 가장 기본적인 것이 영토이다. 역사적으로 영토의 범위는 일정불변의 것이 아니고, 그때 그때의 변동에 따라서 법의 장소적 효력이 확대되기도 하고 축소되기도 하였다. 우리나라의 영토는 한반도와 그 부속도서이며(헌법 제3조), 따라서 북한도 당연히 우리의 영토이다.

(2) 영 해

영해란 만이나 내해 · 하천 · 호수 등의 내수와 영토로부터 일정거리에 속한 바다를 말한다. 내수란 영해의 기선(基線)의 내측에 있는 수역(水域)이며, 여기에서는 외국선박의 무해통항을 인정할 필요가 없다는 점에서 영토에서와 같이 연안국가의 주권이 미치고 국내법도 당연히 적용된다. 영해의 범위에 관하여는 1974년의 카라카스해양법회의 이래 영해를 3해리에서 12해리로 연장하는 국가가 증가하고, 아프리카나 라틴아메리카 제국 중에는 200해리를 주장하는 국가도 있지만, 12해리로 정하고 있는 국가가 대부분이다. 우리나라도 영해법에 의해서 영해를 12해리로 한다.

(3) 영 공

영공이란 영토와 영해의 상공부분이다. 1919년의 국제항공조약 제1조가 「체약국은 각국이 그 영역상의 공간에 있어서 완전 또는 배타적인 주권을 가지는 것을 승인한다」라고 규정한 이래, 현재 영공에 있어서는 아무런 제한 없이 각국의 '완전 또는 배타적'인 지배권이 미치는 것으로 이해되고 있다. 영공에 대해서는 영해에 있어서의 무해통항권과 같은 권리는 일반적으로 인정되지 않는다. 영공의 비행통과나 영역에서의 이착륙 등에 관해서는 일반적으로 그 때마다 허가를 받거나 합의 또는 개별적인 조약에 의한다. 그러므로 영역국의 동의 없이 영공에 들어가면 국제법상의 불법행위를 구성한다.

2. 예 외

국내법은 그 영토·영해·영공 모든 곳에 걸쳐서 적용되는 것이 원칙이다. 그러나 여기에도 예외가 있으며, 어떤 경우에는 국가영역 내에서도 국내법이 전면적으로 적용되지 않는 때가 있고, 또 어떤 경우에는 국가영역 이외의 지역에서도 국내법이 적용되는 때도 있다.

(1) 영 토

영토는 국가간의 합의에 따른 할양(割讓)이나 병합(倂合), 국가의 일방적 행위에 따른 선점(先占)이나 정복, 자연현상에 의하여 취득 혹은 상실된다. 그 가운데 토사의 충적이나 해저의 융기와 같은 자연현상에 의하여 영토를 취득하는 경우 여기에 자국법이 적용되는 것은 지극히 자연스러운 것이다. 그러나 할양·병합·선점·정복에 의하여 영토를 취득한 경우에는 과거에 속하였던 국가에 대신하여 새로이 속하게 된 국가의 헌법이 적용되는 것은 당연한 것이겠으나 그 밖의 법률도 당연하게 적용되는 것은 아니다. 왜냐하면 이러한 지역이 정치적·경제적·사회적·지리적인 사정이 다른 경우에 주민감정 등을 고려한다면 일률적으로 자국법률을 시행하는 것이 실제적·정책적으로 반드시 바람직하지는 않기 때문이다. 따라서 이 경우에는 동일국가의 영토 내에 다른 법역이 존재하게 된다.

미국과 같은 연방국가의 경우 어느 주(州)의 법은 다른 주에서는 당연하게 적용되는 것이 아니기 때문에 일국 가운데에 다른 법역이 존재하게 된다. 그러나 연방국가가 아닌 경우에도 특별한 목적 혹은 특정의 지역특색에 따라서 한정된 지역에 효력을 가지는 법이 제정되는 때에는 법의 효력은 영토 전체에는 미치지 않는다. 지방자치단체는 법률의 범위 내에서 독자의 조례를 제정하는 기능을 가지고 있으며, 그 효력은 당해 지역 내에서만 미치는 것이다. 그 결과 동일사항에 있어서도 지방에 따라 다른 내용의 조례가 제정될 가능성이 있으며, 이 때문에 일국의 영토 내에 다른 법역이 발생할 수 있는 것이다.

또한, 어느 국가의 영토 내에 존재하는 대사관·공사관 등은 국제법상 불가침이다. 즉, 외교사절의 동의가 없는 한 주재국의 관헌은 직무집행을 위해서도 그 건물·부지에 들어갈 수 없으며, 그곳에 재판권과 과세권도 미치지 않는다. 그러므로 이 경우에도 또한 영토 중에 자국법의 효력이 미치지 않는 부분이 생기게 되며, 이는 군대의 주둔지에 있어서도 마찬가지이다.

이와는 반대로 본래 자국의 영토가 아님에도 불구하고 어느 일정한 지역에 자국법의 효력이 미치는 경우가 있다. 예컨대, 조차지(租借地)가 있는데, 이것은 통상 2개국 간의 조약에 의해서 기한부로 대여되는 것이다. 국제법상 조차지에 있어서는 조대국(租貸國)의 영유권이 남아 있는 것이나, 이 지역에 대한 통치작용은 일반적으로 배척되어 이것은 조차국에게 부여되므로 여기에서는 조차국의 법이 적용된다. 또한, 신탁통치는 어느 국가나 국가군 또는 국제연합 자체가 헌장(憲章)에 정하여진 원칙에 따라 일정지역을 통치하는 것이다. 그러므로 국제연합이 수탁자가 된 경우를 제외한다면, 수탁국은 국제연합의 감독 아래 신탁통치지역에 대하여 입법·사법·행정의 전권을 행사하는 것이 되어 그 지역에서도 수탁국의 법이 적용되는 것이다.

(2) 영 해

영해의 전역에도 연안국의 법이 미친다는 것이 원칙이지만 이것에도 예외가 있다. 우선 영해 내이면서도 그 국가의 법이 효력을 미치지 않는 경우가 있다. 군함은 국제법상 공해에서는 물론 외국영해에서도 불가침이며 치외법권을 가지고 있다. 연안국 공무원은 함장의 동의 없이 군함에 승선할 수 없으며, 승무원이 군함 내에서 폭력행위를 저지르고 상륙하였다고 하여도 그에 대하여 자국법을 적용할 수 없고 군함 소속국의 재판권에 따른다. 또한, 국가관리하에 그 임무에 종사하는 공선(公船)은 국제법상 불가침은 아니지만 많은 국가의 관행에 따라 군함과 같이 치외법권을 가지고 있다. 따라서 연안국의 법도 일부만이 적용되는데, 다만 군함과는 달리 공선의 승무원이 상륙한 경우 공무(公務)의 유무를 묻지 않고 상륙국의 법의 적용을 받게 되는 것이다.

이와 반대로 영해를 초월하여 자국법이 적용되는 경우가 있다. 예컨대, 공해에 있어서도 사선(私船)은 영토의 연장으로서 그 국가의 법이 적용되고, 영해에 접속한 공해에 일정 범위의 수역을 설정하고 경찰·관세·위생 등에 관한 일정한 권한을 행사하는 것이 인정되고 있다. 또한, 접속수역(接續水域)과는 달리 영해도 아니고 공해도 아닌 일정한 범위에서 연안국의 법의 효력이 미친다고 하는 배타적 경제수역(EEZ)이 주장되고 있다. 이것은 200해리에 미치는 경제수역의 해저·지하·상부수역에 있는 생물·비생물자원의 탐사·개발·보존·관리 및 동수역(同水域) 안에서의 다른 경제적 활동에 있어서 주권적 권리를 가진다고 하는 것이다.

(3) 영 공

영공에 있어서도 종래부터 제한 없이 배타적 지배권이 미치는 것으로 되어 있다. 그러나 1957년 인류 최초의 인공위성이 발사된 이래 미국을 중심으로 하여 우주개발 경쟁이 격화되어 왔다. 이와 같은 과학기술의 비상한 발달을 배경으로 하여, 새로운 우주공간에 대하여 국가의 배타적 지배권이 따르지 않는 특별한 질서를 확립하는 방법이 모색되고 있다. 그리하여 1966년에 성립된 '달 기타의 천체를 포함한 우주공간의 탐사 및 이용에 있어서 국가활동을 규율하는 원칙의 조약'에 따라서 우주활동의 자유·평등, 영유권의 부정, 우주·천체의 평화이용 등의 일반원칙이 규정되고, 이후에도 그 보완·상세화를 위한 조약이 체결되었다.

또한, 군용항공기는 국제법상 불가침특권, 치외법권을 가지고 있다는 점에서 그 지위는 군함과 같지만, 외국영공의 무해통항권은 인정되지 않는다. 국가관리하에 오로지 그 임무에 종사하는 공공의 항공기가 허가를 얻어 외국영역 내에 있는 경우의 지위는 공선에 준한다.

Chapter 07

법의 적용과 해석

설 문

「영국의 정치학자 해롤드 라스키는 '명백하고 현존하는 위험'의 원칙을 지지하면서 그 구체적인 적용에 관한 흥미 있는 예를 제시하고 있다. 즉, 인쇄물에 의한 표현의 자유와 관련하여 적어도 평시에 있어서는 그 어떤 제한도 가해져서는 안된다. 왜냐하면 저술자는 결국 개인적인 설득을 통하여, 즉 합리적인 주장에 의하여 독자의 마음을 움직이려고 노력하는 것이기 때문이다. 그러나 대중집회에서 연설할 때는 이와 다른 문제가 일어난다. 트라팔가 광장에 운집해 있는 격노한 실업자 군중 앞에서 어떤 연설가가 다우닝가로 진격하자고 연설할 경우, 그 연설이 '즉각적인 혼란을 자극할 직접적인 경향'을 갖고 있다는 것이 증명될 수 있었기 때문에 그에 대한 정부의 고발은 정당화된다. 그러나 그 연설자가 에든버러의 칼톤 힐에서 같은 내용의 연설을 했다면 정부는 그를 고발할 수가 없다. 왜냐하면 "에든버러 사람들이 그 연설에 자극되어 런던으로 행진을 시작한다 할지라도 그들은 더비에서 되돌아가는 습관을 가진 것을 우리가 알고 있기 때문이다."」

「'집회 및 시위에 관한 법률' 중 경찰서장의 자의적 판단에 의해 어떤 옥외집회를 사전에 일방적으로 금지할 수 있도록 규정한 대목에 이르러서는 '표현의 자유의 우월적 지위'는 그 편린(片鱗)조차도 남아 있지 않다. 요컨대 이 같은 규제입법들에서는 '사회질서' 방위의 일방적 요청만이 강조되고, '표현의 자유'는 헌법이념상 용인되기 어려울 정도로 부당하게 경시당하고 있다.」

– 조영래 변호사, 『표현의 자유와 사회질서』 중에서

논 점

1. 어떤 근거에서 "다우닝가로 진격하자"는 표현이 그 방법과 장소에 따라 다르게 이해될 수 있는가?
2. 경찰서장의 자의적 판단 가능성이 갖는 의미와 이에 대한 법원의 제한 가능성은?

제1절 법적용의 의의

Ⅰ. 법의 적용

법은 인간의 생활관계에서 바른 질서를 실현함을 목적으로 하는 사회규범이다. 예컨대, 형법 제250조는 「사람을 살해한 자는 사형, 무기 또는 5년 이상의 징역에 처한다」라고 규정하고 있다. 이 규정이 있기 때문에 일반사람들은 살인을 해서는 안된다는 것을 구체적으로 판단하게 된다. 법의 적용도 넓은 의미에서는 법의 실현에 참여하는 것이라고 이해한다면, 사람들이 법을 준수하면서 생활하는 것 그 자체가 이미 법이 적용되고 있는 것이다. 그러나 법이 적용되는 전형적인 곳은 직접 법의 유지를 목적으로 존재하는 사법기관인 법원이라고 할 수 있다.

법의 적용이란 사회의 구체적 사실에 대하여 일반적·추상적인 법규를 가지고 법의 내용을 실현하는 것을 말한다. 도식적으로 예시한다면, '사람을 살해한 자는 사형에 처한다'고 하는 법규가 있는 경우 '甲은 사람을 살해하였다'라고 하는 사실이 인정되는 때에는 논리필연적으로 '甲은 사형에 처한다'라고 하는 결론을 얻을 수 있다. 이것이 법의 적용이다.

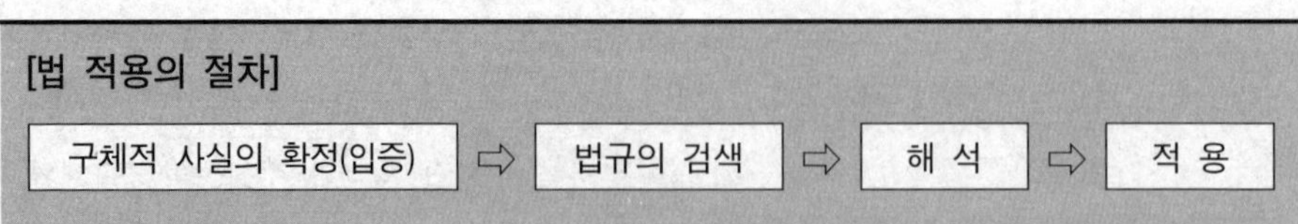

II. 법적용의 메커니즘

법의 적용은 추상적인 법규를 대전제로 하고 구체적인 사실을 소전제로 한 이 두 가지의 전제로부터 판결이라고 하는 결론을 이끌어 낸다. 이것은 논리학에서 말하는 삼단론법의 형식을 취하는 것이다.

삼단논법에 따른 추리는 법의 적용에만 고유한 것이 아니고, 실제는 누구나 일상생활 가운데서 행하고 있는 추리방법이다. 예컨대, '사탕은 달다 → 이 물질은 설탕이다 → 이 물질은 달다'라고 판단할 수 있는 것이다. 그렇지만 누구나 간단히 삼단논법에 따라 법을 적용할 수 있는 것은 아니다. 왜냐하면 이것은 다음과 같은 문제가 관련되어 있기 때문이다.

대전제인 법규와 소전제인 사실이 모두 명확한 것이라면 논리필연적으로 어떤 결론을 얻을 수 있다. 그러나 법의 적용이 실제로 문제되는 것은 구체적 사실이 발생하는 경우로, 이 경우 사실은 확정되어 있지만 대전제가 되는 법규가 명확하지 않기 때문에 삼단논법이 유용하지 않은 것이다. 예컨대, 甲회사가 '우리 회사의 제품을 구매하는 구매자 중에서 추첨으로 10명을 뽑아 세계일주여행에 초대합니다'라는 판매방법을 취한 경우, 甲회사의 행위에 대해서는 어떠한 결론을 생각할 수 있는가? 사실이 확정되어 있어도 대전제가 되는 법규가 명확하지 않다면 삼단논법에 따른 결론을 이끌어 내는 것이 불가능한 것이다.

또한, 대전제가 되는 법규의 의미·내용이 명확하더라도 소전제가 되는 사실의 인정이 명확하지 않으면 안된다. 예컨대, 「고의 또는 과실로 인하여 타인의 권리를 침해한 자는 그로 인하여 발생한 손해를 배상하여야 할 책임이 있다」(민법 제750조)는 법규를 대전제로 하고, 버스에 승차하여 손해를 입은 사람이 손해배상을 청구할 수 있는가를 생각할 경우, 사실로서 중요한 것은 운전자에게 적어도 '과실'이 있는가라고 하는 것이다. 운전자가 어떤 복장을 하고 있었다는 사실은 이 경우에는 전혀 중요하지 않은 사실이다. 법의 적용에서 소전제가 되는 사실은 법적으로 의미 있는 사실이어야 하기 때문에, 적용되어야 할 법규를 염두에 두면서 사실을 확정하여야 하는 것이다.

요컨대, 삼단논법은 누구나 사용하고 있는 추리방법이지만, 법의 적용에 있어서는 우선 대전제가 되는 법규의 의미·내용을 명확하게 하는 법의 해석과 다음으로 소전제가 되는 구체적인 사실의 인정이 중요하다.

대전제 : 법규(B)
소전제 : 사실(S)

결 론 : S=B 또는 S≠B

Ⅲ. 법적용의 공정

권리를 침해당한 자는 종국적으로 법원에 의한 법의 보호를 청구할 수 있다(헌법 제27조). 이 경우 법원이 법의 해석을 엄격하게 하지 않거나 사실의 인정이나 법의 해석을 왜곡하는 일이 있다면 법의 이념인 정의는 실현되지 않는다. 그러므로 법의 적용은 엄격하게 행하여져야 하며 또한 이에 대한 제도적 보장이 필요하다. 이 요청에 부응한 것이 사법권의 독립이다. 법의 적용은 재판을 통하여 행하여지지만, 재판을 행하고 있는 법관은 각각「헌법과 법률에 의하여 그 양심에 따라 독립하여 심판」(헌법 제103조)하여야 하며 다른 어떠한 권위에도 구속되어서는 안된다.

제2절 사실의 확정

Ⅰ. 사실확정의 의의

실제의 재판과정은 그렇게 단순한 것은 아니지만, 발생한 사실을 법률로 판단한다고 하는 판결형성의 과정은 삼단논법의 과정에 의한다. 이 과정은 적용하여야 할 법률이 대전제, 개개의 구체적인 사실이 소전제, 그리고 실현되는 법의 내용, 즉 판결이 결론이 되는 것이다. 말하자면, 법의 적용에 있어서 먼저 성립하여야 하는 것은 구체적인 사실의 확정이며, 그 확정된 사실에 적용할 법규를 명확하게 하는 작업이 이루어지는 것이다. 따라서 사실의 확정이 법의 적용의 기초인 것이며, 법의 적용의 유무는 이 사실의 확정에 따라서 결정된다.

그러나 모든 사실이 법적인 판단의 대상이 되지는 않는다. 확정된 사실은 법적으로 가치 있는 사실이며, 이것은 당사자에 의해서 또한 법관에 의해서 선택된 사실이다. 예컨대, 우리나라 법제에서 사실의 확정은 반드시 증거에 기초하여야 하는 것이고(민소법 제261조; 형소법 제307조), 원고가 주장하는 사실(형사사건에서는 공소범죄사실)을 둘러싼 당사자의 공격·방어에 의해서 쌍방이 제출하는 증거(증인, 증거물 증서 등)를 조사함으로써 명확하게 된다. 제출된 증거에서 법관은 자유롭게 심증을 형성하여 가는데, 심증이란 재판의 기초가 되는 사실관계의 존부에 대한 법관의 주관적인 의식의 상태를 말하며, 결국 법관은 이 증거에서 일정한 사실이 존재한다고 판단하는 것이다.

법정에 제출되어 판결의 기초로 될 수 있는 증거에는 일정한 제한이 있다. 그러나 적법하게 법정에 제출된 증거자료가 증거로 인정되면, 법관은 이것을 기초로 하여 심증을 형성하지만, 어떠한 심증을 형성하는가 하는 것은 모두 법관의 자유의지에 따른다(자유심증주의). 사실을 확정하는 데 필요한 법관의 심증 정도는 민사와 형사에 있어서 차이가 있다. 민사에서는 어떠한 증거에 중점을 두어야 하는가는 증명력의 강약을 비교하여 결정하지만, 형사에서는 유죄의 판결을 하기 위해서는 공소사실의 존재에 대해 논리에 적합하여 의심의 여지가 없을 정도의 확신이 필요한 것이다. 법관이 이 정도의 심증을 얻은 상태를 증명이라고 하고, 이때 비로소 사실이 확정된다.

만약 법관이 일정한 사실의 존부에 대해서 이 정도의 심증이 형성되지 않는 때에는 어떻게 되는가? 민사에서는 원고·피고 중 어느 쪽에 유리하게 해결을 하여야 하는가를 일률적으로 말할 수 없다. 일정한 사실을 증명하여야 할 책임(이것을 입증책임이라고 한다)은 증명을 요하는 사실의 성질에 따라 원고와 피고에게 배분되는 것이다. 이에 대하여 형사에서는 '의심스러울 때에는 피고인의 이익으로'라고 하는 대원칙이 있고, 이것을 '무죄의 추정'이라고 한다. 이 경우 거증책임은 원고인 검찰측이 부담하게 된다.

증명을 요하는 사실의 범위나 이를 위하여 이용되는 증거에 있어서도 민사와 형사는 차이가 있다. 민사에서는 변론주의에 의해 당사자간에 쟁점이 있는 사실만이 증명의 대상이 되며, 또한 증거는 당사자가 제출하는 것으로 족한 것이다. 변론주의란 민사소송법상 소송의 해결・심리를 위한 자료의 수집은 모두 당사자의 권능 또는 책임이라고 하는 주의를 말한다. 형사에서는 국가형벌권의 행사를 목적으로 하지만 인권보호의 필요가 특히 강하게 요청되는 분야이기도 하기 때문에, 당사자간에 있어서 쟁점의 유무를 묻지 않고 모든 사실이 증명의 대상이 된다. 그리고 민사에서는 당사자가 자백한 사실에 대해서는 증명의 필요가 없음에 비하여(민소법 제261조・제263조), 형사에서는 임의성이 없는 자백이나 전문증거(傳聞證據)에는 증거능력이 없는 것이 된다(형소법 제309조 및 제310조 이하; 헌법 제12조).

II. 추정과 의제

증거에 쓰이는 기초사실의 증명은 매우 곤란할 뿐만 아니라 때로는 불가능한 경우도 있다. 이런 경우에는 법은 입증에 따르는 번잡을 피하기 위하여 또는 공익상의 필요 등을 이유로 일정한 사실의 존재 또는 부존재를 추정하거나 의제하기도 한다. 추정이라고 하는 것은 법이 여러 가지의 사정을 고려하여 사실의 존재 또는 부존재에 대하여 일단 추론을 하는 것을 말한다. 이것은 잠정적인 편의상의 취급방법이기 때문에, 추정에 의해 불이익을 받는 자가 반대사실을 입증하여 번복할 수 있는 것이다. 법문 중에 '…추정한다'라고 하는 것이 이것이다.

의제(擬制)란 법이 공익상의 필요 등 때문에 사실의 존재・부존재를 법정책적으로 확정하는 것을 말하며, 실제로는 진실이 아니라고 하더라도 사회생활의 필요에서 확정하는 것이기 때문에 반증(反證)만에 의해서 번복되지 않는 것이다. 법문 중에 '… 간주한다'라고 하는 것이 그것이다.

III. 삼단논법의 과정과 사실의 확정

앞서 판결형성의 과정은 단순한 삼단논법의 전개과정은 아니라고 하였는데 이 점에 대해서 기술하고자 한다.

국가의 권력을 입법·행정·사법의 세 부분으로 나누어서 각각을 독립한 기관에 분담시키고, 상호 견제시켜 국민의 자유와 권리를 보장하고자 하는 삼권분립주의하에서 법률은 입법기관에 의해서만 창조되는 것은 아니다. 입법자(민주주의체제하에서는 국민의 대표자로서 구성된 국회)가 사회 공동의 이익을 위하여 사회의 변화와 그 방향을 발견하고 사회를 진단하여 구체적인 모든 사건의 해결에 타당하게 하기 위하여 일정한 추상적인 형태로 만든 것이 법률이다. 이렇게 하여 만들어진 법률은 '만약 a라고 하는 형태의 사실이 입증된다면 b라고 하는 법률효과가 발생한다'라는 형식으로 개개의 내용을 규정하고 있다.

재판상의 삼단논법이란 우선 법률을 대전제로 하고 확정된 사실을 소전제로 하여, 판결이라고 하는 결론을 이끌어 내는 과정이다. 이 경우 법관이 판결 중에 서술하여야 하는 것은 '여기서 A라고 하는 형식의 특징을 나타내는 사건이 구체적으로 입증되었다. 그러므로 B라고 하는 법률효과가 발생한다고 판단된다'라고 하는 것이며, 법관의 임무는 구체적인 사건과 법률에 있어서 추상적으로 가정된 사건과의 사이에 그 일치를 발견하는 것이다. 따라서 판결은 단순한 논리의 산물이라고 할 수 있다.

제3절 법의 해석

Ⅰ. 법해석의 의의

법의 해석이란 개개의 구체적 사실에 적용하기 위하여 추상적·일반적으로 규정된 법규의 의미내용을 명확하게 하는 것이다. 그 의미에서 법의 해석은 법의 적용과 불가분의 관계에 있지만, 법해석의 필요성은 다음과 같은 점에 있다.

법규는 다수의 개개인에게 적용되어야 하기 때문에 입법기술상 추상적인 언어가 사용되는 경우가 많다. 예를 들면, 살인죄는 '사람을 살해한 자…'에 대하여 적용되지만, 甲이라는 사람이 乙이라는 사람을 살해한 경우에 처벌하는 것과 같이 특정한 구체적인 상황이 정하여져 있지 않다. 또한 '사람'에는 자기 자신 혹은 태아도 포함되는가 등이 명확하지 않고, 자살미수자에게 살인미수의 규정이 적용되는가 또한 낙태를 행한 자에게 살인죄의 규정이 적용되는가도 명확하지 않다. 그 외에 법규에는 공공복리,[11] 신의성실,[12] 공서양속[13] 등과 같이 법이념의 일반적·추상적 내용을 표현한 일반조항이 많지만 그 의미의 확정은 역시 해석을 통해야 한다.

또한, 입법자는 전지전능하지 않기 때문에 완전무결한 법을 만들 수는 없다. 즉, 입법자는 사회에서 복잡다기하게 일어나는 생활관계 전부를 예견할 수 없는 것이고, 설사 제정 당시에 예견할 수 있었다 하더라도 사회의 진전과 함께 예기치 못한 새로운 사실관계가 발생하는 것을 피할 수 없다. 마차가 유일한 교통수단이었던 과거의 입법이 현재 고속열차나 비행기의 사회에 적합할 수 없는 것은 당연하다. 그러므로 법의 해석을 부정한다면 법은 작용할 수 없는 것이 된다.

'법은 입법자보다도 총명한 것이다'라고 하는 법언(法諺)이 있지만, 결국 법의 해석에 의해서 과거의 법이 현재를 초월하여 미래로 향하고 또한 그 생명을 유지할 수 있는 것이다.

II. 법해석의 방법

법의 해석에는 여러 가지 방법이 있는데, 이를 대별하면 유권해석과 학리해석의 두 가지로 나눌 수 있다.

1. 유권해석

유권해석이란 법규의 의미가 국가기관에 의해서 확립되는 법해석방법이다. 여기에는 입법해석, 사법해석, 행정해석의 세 가지 모습이 있는데, 이 중 사법해석과 행정해석을 제외하는 견해도 있다.

---

11) 헌법 제37조 제2항.
12) 민법 제2조 제1항.
13) 민법 제103조(반사회질서의 법률행위).

(1) 입법해석

입법해석이란 입법에 의해서 법규의 의미를 확정하는 것이며 법규해석이라고도 부른다. 법규에 의해서 법령에 사용되는 법규의 의미를 정하는 것이기 때문에 이것을 정의규정이라고 한다. 예컨대, 민법에서는 여러 가지 경우에 '물건'이라고 하는 용어가 사용된다. 이 물건에 관하여 민법 제98조는 「본법에서 물건이라 함은 유체물 및 전기 기타 관리할 수 있는 자연력을 말한다」라고 정의하고 있기 때문에 이에 좇아 해석할 필요가 있다.

입법해석에 관해서는 정의규정이 가장 많이 있지만, 그 외에 목적규정[14]이나 해석기준규정[15]의 형식을 취하는 경우도 있다. 목적규정은 입법에 의하여 규정된 목적에 따라 해석할 것을 지시하는 것이고, 해석기준규정은 해석에 대한 기준을 입법으로서 지시하는 것이다. 정의규정에 비하여 직접적인 것은 아니지만, 각종 규정의 해석에 대한 지침을 주는 것이다.

(2) 사법해석

사법해석이란 법원이 판결의 형식을 통하여 행하는 해석이다. 대륙법계에 속하는 일본, 우리나라 등에서는 영미에서와는 달리 판례가 법원에 대하여 완전한 구속력을 가지지 못하므로, 판결의 형식을 취하는 사법적 해석이 절대적인 권위를 갖는다고 볼 수 없다. 따라서 사법적 해석을 유권해석에서 제외하여야 한다는 견해도 있다. 그러나 대륙법계의 국가에 있어서도 상급법원에 의하여 내려진 법의 해석이 일정한 범위에서 하급법원을 구속하는 것은 사실이며, 법원조직법 제18조도 「대법원의 심판에서 판정한 법령의 해석은 당해 사건에 관하여 하급심을 기속한다」라고 규정하고 있다. 그러므로 사법해석도 역시 유권해석으로 보는 것이 옳을 것이다.

(3) 행정해석

행정해석이란 행정관청이 지시한 해석을 말한다. 특히 상급관청이 하급관청에 대하여 내리는 지시・훈령・회답과 같은 형식의 것이다. 행정해석도 물론 절대적인 법규적 권위를 갖는 것은 아니지만, 동일계통의 상급관청의 회답・훈령・지시 등은 실제에 있어서 하급관청을 구속하게 되므로 일종의 유권

14) 독점규제 및 공정거래에 관한 법률 제1조, 노동조합 및 노동관계조정법 제1조.
15) 민법 제3조(권리능력의 존속기간) 사람은 생존한 동안 권리와 의무의 주체가 된다.

해석으로 보는 것이 타당할 것이다.

2. 학리해석

학리해석이란 학리에 의해서 법규의 의미·내용을 명확하게 하는 것이며, 보통 '법의 해석'이라고 할 경우에는 주로 이를 가리킨다. 이 학리해석은 학자에 따라 분류방법이 다른데, 여기서는 문리해석과 논리해석으로 나누어 설명한다.

(1) 문리해석

문리해석이라고 하는 것은 법규의 언어(말)와 문장에 충실한 해석방법이다. 법문 중에 '남'이라고 한다면 '여'를 포함하지 않고, 역으로 '여'라고 한다면 '남'을 제외하는 것처럼 해석하는 것이 문리해석이다. 성문법은 문장의 형식을 취하고 있으므로 법문의 의미를 조사하는 것이 법해석의 기본적인 태도이며, 그 의미에서는 국어의 해석과 본질적인 차이가 없는 것이다.

또한, 법해석에 의해서 법적 안정성이 확보되는 것이기도 하다. 그러나 법률용어에는 특유의 표현방법이 있기 때문에 국어의 해석과는 구별되는 법률용어로 통용되는 것도 필요하다. 다음은 그 예이다.

○ **이상·이하, 초과·미만** : 이상 및 이하는 그 기준액을 포함하여 그것보다 많든가 적든가 하는 경우이다. 초과 및 미만은 그 기준을 포함하지 않고 그보다 많든가 적든가 하는 경우이다.

○ **간주·추정** : 간주(민법 제28조)는 '그러하지 않다'라고 하는 반증을 인정하지 않는 것이고, 추정(민법 제30조)은 반증이 인정되는 경우이다.

○ **선의·악의** : 민법상의 선의(제110조 제3항), 악의(제110조 제2항)는 윤리적인 선악의 의미가 아니다. 선의라는 것은 일정한 사항을 모르는 것이며, 악의라는 것은 일정한 사항을 인지하고 있는 것이다.

이 밖에도 요컨대 일상용어와 구별하여야 하는 법령용어가 적지 않기 때문에 세심한 주의가 필요하다.

법이 자구(字句)·문장(文章)을 가지고 표현되는 이상 법의 해석은 우선 문리해석으로부터 시작하여야 한다. 그러나 법문만으로써 해석하고자 하면 형식적인 해석이 되기 쉽다. 예컨대, 전철이나 버스에 '창으로부터 손이나 얼굴을 내밀지 마시오'라는 규정이 있는 경우에는 '발'이라면 내밀어도 된다고 해석하는 것도 분명히 이 규정의 취지에 반하는 것이다. 그러므로 법규의 취지·목적을 올바르게 실현하기 위해서는 문리해석만을 고집할 수 없다. 또한 일반조항의 해석에서는 문리해석은 거의 소용이 없다. 그 때문에 문리해석 외에 다음에 서술하는 논리해석이 필요하게 되는 것이다.

(2) 논리해석

성문법은 헌법을 정점으로 하여 단계적이며 논리적인 체계를 구성하고 있으므로, 특정한 법문에 대하여 문리해석만으로써 결론을 이끌어 내면 법의 체계에 모순되는 경우가 생길 수 있다. 그 때문에 법의 해석은 해당 법문만이 아니라 다른 법규와의 체계적 조화, 입법의 취지·목적 등도 고려하여 해석할 필요가 있다. 이것을 논리해석이라고 하며, 그와 거의 같은 의미에서 행하는 체계적 해석을 목적론적 해석이라고도 한다.

논리해석이라고 하여도 법의 해석인 이상 본래의 법문을 떠나서 자유롭게 논리적 전개를 하는 것은 아니며, 문리해석을 기초로 하여 다른 법규와의 조화를 도모할 필요가 있다. 그 때문에 여러 가지의 해석기술이 이용되고 있는데, 법의 해석이 타당하기 위해서는 이들을 하나의 법해석의 지표로 통합하여야 하는 것이다. 논리해석을 위해서 사용되는 해석기술로서 대표적인 것은 다음과 같다.

㈎ **확장해석** 문리해석에 의하면 결과가 협소하여 법이 의도하는 목적을 법규가 충분히 표현하지 못하고 있다고 생각되는 경우 문리를 확대하여 해석하는 것이다. 예를 들면, 헌법 제107조 제2항은 「법률·명령·규칙 또는 처분」이라고 규정하고 있는데, 이에는 조례가 열거되어 있지 않지만, 조례는 위의 법률·명령이라고 하는 문구에 포함된다고 해석하는 것도 확장해석이다.

㈏ **축소해석** 이것은 문리해석에 의해서 결과가 확대되어 법이 진정으로 의도하는 바 이상의 것을 법규가 표현하고 있다고 생각되는 경우 문리를 축소하여 해석하는 것이다. 차량통행금지의 '차'에 대해서, '유모차'도 차이지만 여기에서 말하는 차에는 유모차는 포함되지 않는다고 하는 것이 그것이다. 또한, 존속살인을 규정하고 있는 형법 제250조 제2항의 '배우자의 직계존속'에는 생존 중인 배우자의 직계존속만이고 사망한 배우자의 직계존속은 포함되지 않

는다고 해석하는 것도 그 예이다.

㈐ **반대해석** 이것은 법규가 어떤 사항에 관하여 규정하고 있는 경우 규정되지 않은 다른 사항에 대해서는 그 규정과 반대의 의미로 해석하는 것이다. 차량통행금지의 예에서 야간통행금지의 경우에 '주간은 가능하다'고 해석하는 것이다. 민법 제1000조 제3항은 「태아는 상속순위에 관하여는 이미 출생한 것으로 본다」라고 규정하고 있는데, 이와 같은 특별한 경우를 제외하고 태아는 사권(私權)을 향유하지 않는 것이라고 해석하는 것이다.

㈑ **유추해석** 어느 유사한 두 가지의 사항 중에 한쪽에 대하여 규정이 있으면 다른 쪽에 대하여 직접 명문의 규정이 없는 경우에도 이 규정과 동일한 취지의 규정이 다른 쪽에도 있는 것으로 해석하는 방법이다. '차량통행금지'라고 하는 경우에 표지의 취지를 차와 같이 중량이 무거운 운반수단의 통과를 금지시키는 취지로 이해하고, 마찬가지로 짐을 가득 실은 오토바이도 통행을 금지시킨다고 해석하는 것이 유추해석이다.

이론상 유추해석은 법의 창조이기 때문에 죄형법정주의(헌법 제12조)를 기본원리로 하는 형벌법규에 관해서는 확장해석까지는 인정되지만 유추해석은 인정될 수 없는 것이라고 할 수 있다. 그러나 최근에 형법에도 논리적으로 당연한 범위 내라면 유추해석도 인정할 수 있다고 하는 견해도 주장되고 있다. 또한 실제문제로서 유추해석과 확장해석을 명확하게 구별하는 것이 어려운 경우도 적지 않다. 이 유추해석은 확장해석과 마찬가지로 입법후 새롭게 발생하는 이익을 보호하기 위하여 민법의 분야에서 자주 활용되고 있는 해석방법이다.

유추해석과 유사한 것으로 '준용(準用)'이 있다. 준용은 유사한 사항에 있어서 법규를 제정하여야 하는 경우에, 별개의 규정을 중복적으로 제정하는 번잡을 피하고 법률을 간결하게 하기 위하여 다른 유사한 법규를 유추적용하도록 하는 것을 규정하는 것이다. 예컨대, '…에 준용한다'라는 규정에서 준용은 이와 같이 일정사항에 관한 것과 동일하게 다른 사항에 관하여 입법을 하려는 경우, 중복하여 규정하는 것을 피해 간단하게 입법하는 '입법기술상의 방법'이라는 점에서도 법해석의 방법인 유추와 다르다.

㈒ **물론해석** 유추해석의 일종이라고 생각할 수 있는 것이 물론해석이다. 이는 어느 사항에 관해서는 규정이 있고 다른 사항에 관해서는 규정이 없는

경우에, 후자에 대해서도 당연히 그러한 규정이 설정되어 있는 것이라고 볼 필요가 있을 때, 전자의 규정의 취지를 보다 강한 이유로 후자의 사항에도 적용된다고 하는 해석이다. 예를 들면, 마차통행금지의 경우 '말'은 통행할 수 없다고 하기 때문에 '코끼리도 물론 안된다'라고 해석하는 것이다.

Ⅲ. 법해석의 근거

법규나 제도의 성립자료도 법해석의 근거의 하나가 된다. 이 해석방법을 역사적 해석 혹은 입법자의사해석이라고 한다. 다만 무엇이 입법자의 의사인가에 대하여는 입법자의사설과 법률의사설의 대립이 있다. 성립된 법은 입법자의 의사의 표현으로서 존재하는 것이기 때문에 법의 의미·내용은 입법자의 의사에 따라서 해석하여야 한다는 것이 입법자의사설이다. 그 때문에 법안의 이유서, 입법자의 의견, 의사록 및 정부위원의 설명 등을 자료로 하여 그 진의를 추출하고자 하는 해석이다. 즉, 어떤 목적을 가지고 또한 어떠한 여건에서 제정되었는가 하는 것을 법의 해석을 통하여 그 의미를 명확히 해주기 때문에 특히 유익한 것이다. 그러나 그 방법만으로 충분하지 않은 경우도 적지 않다. 사회의 변화를 무시하고, 입법 당시의 사정만에 구속된 해석은 오히려 그 법규를 사문화시킬 수도 있기 때문이다.

다수의 사람이 관여하는 입법에 있어서 당시의 의사는 상대적인 경우가 적지 않다. 그러므로 법의 해석은 입법자의 의사를 탐구하는 것이 아니고 입법자의 의사를 분리하여 객관적으로 존재하는 법 그 자체의 의사를 탐구하는 것을 법해석의 임무로 하여야 한다는 것이 법률의사설의 처지이다. 법은 입법자의 사고에서 벗어나 객관적으로 존재하기 때문에, 간단히 입법자의사설을 지지할 수는 없지만, 적어도 입법자료 등은 법의 해석에 있어서 유익한 참고자료가 되는 것은 부정할 수 없다.

외국법과의 비교연구에 의해서 법규의 의미·내용을 명확하게 하는 것이 비교법적 해석이다. 이것도 법의 해석을 위해서 매우 유익한 것이며 실제 각 법분야에서 활발하게 이루어지고 있는 해석방법이다.

IV. 법해석과 가치판단

1. 해석방법의 선택

법의 해석에는 여러 가지의 기술이 있으며, 어느 것을 선택하는가에 따라 정반대의 결론이 발생하는 경우도 있다. 예컨대, 다리의 입구에 '마차통행금지'라는 표지가 있는 경우에 무거운 물건이 통과하면 다리가 붕괴될 위험이 있기 때문이라고 본다면, '소[牛]'의 경우에도 그 위험이 있을 수 있기 때문에 통행을 금지하여야 한다고 볼 수 있다. 이와 같이 법의 해석에서는 유추해석이라고 하는 법기술로서 소도 통과시켜서는 안된다고 하는 결론에 이를 수 있다. 그런데 구체적 사실에 대하여 어떠한 해석방법에 의거하여야 하는가는 해석 또는 적용하는 사람의 그 당시의 우연한 기호나 생각에 따라서 결정되는 것이 아니다. 이것을 결정하는 것은 종국적으로는 법률의 취지이며 법의 목적이다.

2. 법 개념의 상대성

법의 해석에는 정확한 결론을 이끌어 내기 위하여 여러 가지의 기술적 방법이 채용되고 있다. 법의 개념은 법분야에 따라서 다르게 된다고 할 수 있다. 이것을 법 개념의 상대성이라고 부른다. 예컨대, 태아는 출생에 의해서 비로소 법률상 '사람'이 되어 권리・의무의 주체가 되는 능력을 취득(민법 제3조)하고, 또 살인죄의 객체가 되지만(형법 제250조), '출생'에 대하여는 민법과 형법에서 그 해석이 달라진다. 출생에 대하여 민법상으로는 태아가 모체에서 전부 노출된 때이며, 형법상으로는 진통이 개시된 때라고 해석되고 있다.

이 차이는 어디에서 발생하는가? 민법의 경우에는 권리귀속관계의 명료성을 존중하는 원칙이 있으며, 형법의 경우에는 사람의 생명을 보호한다고 하는 원칙이 있기 때문이다. 즉, 법 개념의 상대성은 문리해석 때문이 아니라 논리해석에 따른 결과이다.

3. 가치의 객관적 기준

법의 해석에 있어서는 단지 법규의 형식논리적 해석을 행하여서는 안되고 법의 취지・목적을 생각하여 '옳은 해석'을 하는 것이 필요하다. 그러나 바른 해석의 객관적 기준을 무엇이라고 말할 수 있는가? 법해석에는 해석자의 가치판단이 개입하지 않을 수 없고, 따라서 하나의 법규에 복수의 해석 가능성이 존재한다. 이 경우 복수의 해석 가능성 가운데 어느 것이 바른가를 결정하는 것이 가능한가, 만약 가능하다면 가치판단의 객관적 기준은 무엇인가가 문제된다.

가치의 객관적 기준에 대하여 이것을 긍정하는 견해로서 자연법론과 역사주의의 입장이 있다. 자연법론은 실정법질서의 위에 절대적인 '당위의 법=자연법'을 놓고, 자연법을 기준으로 하여 실정법을 비판하고 법의 해석을 하여야 한다는 것이다. 역사주의에 의하면 인간의 역사에는 진보 혹은 발전의 방향이 있으므로, 법의 해석은 역사의 발전방향에 따라서 하여야 한다고 한다.

그러나 '당위의 법'으로서의 자연법이라 할 때 그 구체적인 내용이 무엇인가가 명료하다고는 할 수 없다. 또, 비록 예전에는 명료하였다고 하더라도 현대의 복잡한 사회를 자연법이 충분히 규율한다고도 할 수 없는 것이다. 무엇보다 의문인 것은 자연법은 누구에 의해서 정하여졌고 그 옳다고 하는 것은 누구에 의해서 보장되는 것인가? 자연법도 결국 인간의 사고에서 나온 이상에 지나지 않는다는 견해를 도외시할 수 없다면, 자연법의 내용에 대해서는 견해 차이가 있을 수밖에 없음을 인정하지 않을 수 없다. 예컨대, 잔학한 형벌을 정한 형법은 자연법에 반하는 것이라고 말할 수는 있지만, 교수형이 잔학한 형벌에 포함되는가의 여부는 결코 한 가지로만 대답할 수 있는 것은 아니다. 역사주의에 대해서도 거의 같이 말할 수 있다. 역사의 진보 혹은 발전의 방향이 존재한다고 하더라도 이것은 일의적으로 확인될 수 있는 것이 아니고, 이를 둘러싼 견해의 대립이 존재하는 것이다.

절대적 가치의 존재는 과학적으로 검증되지 않고 이것은 개인의 세계관이나 신앙의 문제라고 하는 것이 가치상대주의의 입장이다. 예컨대, 주관적으로는 어느 특정의 A를 절대적인 것이라고 생각하더라도 A가 B, C보다도 절대적인 것이라는 것을 학문의 장에서는 주관적인 것 이상으로 논할 수 없는 것이다. 그렇다면 A, B, C는 각각 동등하고 그 우열은 상대적이라고 할 수밖에 없다. 그러나 상대주의가 절대적 가치의 우열에 대하여 판단을 자제하는 것은, 학문적 고찰의 범위 내에서 각자가 주관적 혹은 실천적으로 A이면 A를 스스로 절대적 가치로 보는 것은 물론 가능하다는 점에서이다. 그 때문에 실천적으로도 무의식적으로 말하는 가치 니힐리즘과는 다르다.

이와 같이 절대적 가치의 상대성을 인정하는 이상, 법해석의 방향은 바른 법을 발견하는 것일 수밖에 없다. 그리고 이를 위하여 법철학, 법사회학, 비교법학 등의 성과를 법의 해석에 반영시키는 것이 불가결한 것이다.

Chapter 08 권리와 의무

설 문

「방안에는 마침 주인 권참의가 책을 보고 앉았다가 별안간 창구멍이 뚫어지며 조그만 주먹이 쑥 들어오는 것을 보고,

"그 누구니 ……"

하고 점잖은 소리로 물어보는데 채 말이 끝나기도 전에,

"이 손이 뉘 손이요."

하는 말을 듣고 유리창으로 흘깃 내다보아 늘 길에서 보던 옆집 아이인 것을 알고서,

"어― 그게 네 손이지 뉘손이야 ……"

"어째서 내 손이예요. 그 방안에 있는데요."

"그래도 네 몸에 달린 것이니 네 손이지 ……"

"그래요. 그러면 저 살구나무는 뉘것이요.」

―『오성과 한음』 중에서

논 점

1. 이 아이는 과연 담 너머 열린 열매의 소유를 주장할 수 있는가?
2. 담을 넘어온 가지와 뿌리 등에 대하여 권참의가 가질 수 있는 권리는 무엇인가?

제1절 권 리

Ⅰ. 법률관계

법은 사람들의 생활관계를 규율한다. 사회에 있어서 사람의 생활은 사람과 사람, 사람과 물건의 관계인데, 종교적・도덕적・경제적 생활관계와 병행하여 법에 의하여 규정・보호되고, 법적 지배 아래에 있는 생활관계를 법적 생활관계 또는 법률관계라고 한다. 사람이 생활관계에서 보호되는 이익을 가질 때 생활이익을 갖는다고 하는데, 특히 법률관계에서 보호되는 이익을 법익(法益)이라고 한다. 이 법익이 법에 따라서 실시되는 상태를 권리가 있다고 하며, 권리에 대하여는 대응하는 의무가 있는 것이 보통이다.

법률관계는 근대 법질서 아래에서는 권리와 의무의 발생・변경・소멸이라고 하는 형태로 나타나는 경향이 있다. 그러나 권리와 법률관계는 논리상 필연적인 것으로 결합되어 있는 것은 아니다. 봉건법의 신분중심의 사회에서는, 예컨대 고용관계에 있어서 고용주와 피고용자는 권리자 대 복종자의 주종적인 관계에 있다. 즉, 주인은 권력에 의해서 복종자를 지배하고, 복종자는 주인에게 요구가 아닌 탄원・청원을 할 수 있을 뿐이므로, 거기에서는 권리가 인정될 수 없는 것이다. 또한 권력이 개인에게 무한의 명령을 내리게 하는 제도에서는 법률관계의 중심은 의무가 된다. 그래서 법질서는 '도둑질하지 말라', '살인하지 말라'고 하는 것과 같이 오로지 구속을 받는 자를 그 의무와 관련하여 표현하고 있는 것이 일반적이다.

근대에 있어서는 개인을 존중하고 그 주체성의 확립을 무엇보다도 중요한 것으로 간주하여, 인간의 내면생활을 규율하는 종교・습속 등과 미분리된 법의 구속으로부터 인간을 해방하고, 하나의 인격자로서 독립하여 자유롭고 평등한 존재로 보고 있다. 이와 같은 사회의 법질서 아래에서 비로소 법률관계는 권리와 그에 대응한 의무의 복합된 형식으로서 나타나게 된다.

II. 권리의 개념

권리의 관념은 연혁상 사법영역에서는 비교적 명료하게 인식되지만('권리의 본질' 참조) 모든 법역에서까지 그런 것은 아니다. 예컨대, 공법상의 권리 중 국가적 공권은 권리라기보다는 권한이나 권력을 의미하는 경우가 많으며, 국민적 공권들도 그 내용을 통일적으로 규정하기 어려운 점을 들 수 있다.

권리라고 하는 말은 확실한 의미상의 대응물을 결여하고 있다. 그러나 그렇다고 하여 권리라는 말이 의미를 갖지 않는다고 할 수는 없다. 권리・의무라고 하는 개념은 현재 존재하는 법질서 가운데 기본적인 요소이며, 법의 해석・적용에서 중요한 기능을 하는 것이다. 즉, 권리・의무의 개념을 사용하지 않고는 어떤 간단한 법률상의 문제도 논할 수 없다. 비록 권리가 관념상의 것이며 객관적인 사실에 대응하는 것이 아니라고 하여도, 법기술상으로는 이것을 실재하는 것으로 보아 그 개념을 사용하고 그 득실・변경에 대해서 논하고 있다. 또한 권리의 개념은 그것이 법에서 정하고 있는 일정한 방식으로 취득・실현된다고 하는 사고와 법적으로 바르다고 하는 행위의 표상을 거기에서 인정하는 사고를 가져오는 사회적으로 중요한 기능을 하고 있는 것이다.

그러므로 권리의 개념을 찾고자 할 때는 법의 개념을 구할 때와 같은 모습으로 나타난다. 법학의 과학성을 대상의 경험적・현실적 사상에서 구하는 리얼리즘 법학에서는, 법의 현실성을 재판과정에 의해서 현실로 구체적으로 결정되는 판결, 즉 법관이 법이라고 하는 것 혹은 그 예측에서 구하거나 법의 현실성을 부정하기도 하였다. 그러나 법의 개념을 올바르게 파악하기 위해서는 그와 같은 외적 관점만으로는 불충분하고, 법이 사람들의 자발적인 협력에 의하여 기능한다는 점을 고려할 필요가 있다. 권리 개념을 구함에 있어서도 이러한 내적 관점에 유의하는 것이 필요하다.

확실히 권리의 본질을 관찰 가능한 사실과 대응하는 것에서 구한다면 그 실체는 없어진다. 권리는 현실의 힘도 아니고 이익도 아니다. 그러나 권리의 관념은 현실적으로 존재하고 사람들의 내면에 실재하며 개개인은 그 언어를 사용하면서 생각하고 행동하고 있다. 그러므로 권리라는 것은 법에 의해서 인정되고 일정 행동을 보증하는 기준을 표시하는 관념이라고 할 수 있다.

법의 관념과 권리의 관념은 서로 긴밀하게 연결되어 있으며 이를 나누어 생각하기는 곤란하다. 언어로서도 ius(라틴어), droit(프랑스어), diritto(이탈리아어), Recht(독일어)는 모두 법도 의미하고 권리도 의미한다.

그러면 권리는 법에 의해서 창출되는 것인가, 혹은 법 이전에 권리가 존재하고 법은 권리를 지키는 수단으로서 의미를 갖는 것인가, 또는 권리와 법은 동일한 표현을 다른 시각에서 포착한 것인가? 이에 대한 답은 권리의 본질을 어떻게 파악하는가에 따라서 다르게 된다.

권리가 객관적인 존재라고 생각한다면 권리는 법적 권리 및 자연권으로 구분할 수 있다. 법적 권리는 실정법에 의해서 수여되는 권리이지만, 자연권은 자연법에 의해서 혹은 인간의 인격으로 인정되는 절대적 가치로부터 직접 생기는 것이다. 다만, 자연권도 그 실현에 있어서는 실정법에 의해서 어떠한 모습으로든 용인을 필요로 하는 것이다. 그러므로 권리는 어느 경우에도 법, 특히 실정법에 의해서 인정되는 것이며, 법 이전에는 존재하지 않는 것이라고 생각할 수 있다.

Ⅲ. 권리의 본질

권리의 본질이 무엇인가에 대해서는 의견이 나뉜다. 권리의 본질은 초기에는 인간의 본원적인 자유의사의 사상에서 비롯되었다. 모든 사람은 자유로우며 누구도 타인으로부터 지배받지 않는다. 권리는 타인에 대하여 지배하는 도덕적인 힘은 아니다. 그러나 사회계약과 시민국가의 제도에 의해서 각자는 자연적 자유를 포기하고, 주권자의 명령에 복종하는 것이 도덕적으로 필요하게 되었다. 마찬가지로 개인간의 의사행위에서, 예컨대 채무자가 일정금액의 지급을 약속한다면 그는 자기의 자유의 일부 혹은 자신의 행동을 결정하는 권리를 양도하고, 채권자는 이것을 받아들임으로써 채무자에 대하여 지급을 요구하는 힘을 도덕적 힘으로서 갖게 되는 것이다. 권리는 이 도덕적인 힘이라고 생각할 수 있다. 이렇게 생각한다면 권리의 존재는 실정법에 의존하지 않는 것이며, 실정법보다도 권리가 우선하는 것이다.

(1) 의사설

권리를 법에 의하여 보장된 의사력이라고 보는 이 견해는 자연법이라는 관념을 부인하고 법학의 대상을 실정법으로 한정하는 법실증주의의 처지에 따른 것으로, 권리는 법질서의 힘으로서 오로지 현실의 법, 즉 입법기관에서 나오는 명령으로부터 나오는 것이어야 한다는 것을 전제로 한다. 따라서 국가로 하여금 명령을 내리는 힘을 개인에게 위임시킨다고 하는 사고에서 권리를 법질서 가운데 편입시킨다. 권리는 다른 자의 이의 없이 그 사람의 의사가 지배하고 있는 영역이며(Savigny), 또한 어떤 사람의 의사에 따라 다른 사람의 의사에 가해지는 힘으로서 개인의 의사에서 나오는 명령이 다른 사람의 의사를 지배하고 의무를 갖게 한다는 것이다.

그러나 이 설에 의하면 물건을 권리의 대상으로 보지 않고, 또한 권리주체와 의사주체는 항상 일치하게 되므로 의사력이 결여된 자(유아, 정신병자)라 할지라도 권리자로 볼 수밖에 없다는 난점이 있다.

(2) 이익설

권리는 법에 의하여 보호되는 이익이라고 보는 견해이다. 이익설은 권리주체와 의사주체가 반드시 일치할 필요는 없다고 하여 의사설의 단점을 극복하고 있으나, 권리주체와 수익주체가 일치하여야 한다는 점을 전제로 함으로써 반사적 이익도 권리라고 보게 되는 모순이 생긴다. 결국, 이 견해는 이익이 권리의 목적이기는 하지만 권리 그 자체는 아니라는 점을 간과하고 있다고 할 수 있다.

(3) 법력설

법력설은 의사설 및 이익설을 종합한 것으로, 권리의 실질적 요소인 이익에 형식적 요소, 특히 권리행사의 전제인 법률상의 힘 혹은 지위를 분배하며, 권리는 법익(法益)을 향수하기 위하여 법에 의해서 인정되는 힘이라고 한다.

이것은 의사와 이익을 단순히 결합하여 앞의 두 가지 설의 난점을 극복하고자 하는 절충설[16]과는 다르며, 권리를 직접적으로 의사 혹은 이익이라고 정의하는 것을 피하고, 이익을 실현하는 수단으로서 법이 개개인에게 부여하는 힘으로 본다.

---

16) 권리는 의사력을 인정하여 보호되는 이익이라거나 이익보호를 위하여 인정되는 의사력이 권리라고 하는 견해이다.

(4) 권리부인설

권리·의무는 객관적 현실이 아니기 때문에 '권리·의무는 상상의 산물이다'라고 하는 견해로, 권리·의무는 사고의 형식으로서 존재할 뿐이라고 한다. 즉, 사실 a, b, c 등이 존재하고 그에 대해 규범 X·Y·Z 등이 적용되는 것을 A는 권리를 갖고 B는 대응하는 의무를 갖는다고 표시하는 것이며, 권리는 법률관계를 간결하게 설명하기 위하여 필요한 개념이라고 한다(표상설).

법률학은 문제된 사실만을 대상으로 한다는 미국의 실증주의자들은, 전통적인 권리의 개념이 검증 불능의 괴물이고 편리 혹은 간결한 기호로서 사용할 수 있는 것이기 때문에, 권리·의무에 관계된 기술(記述)을 법원의 행동에 관계된 기술로 환치시키고, 현실적 견지에서 재검토하고자 한다. 이 밖에 스콜리즘·리얼리즘에 속하는 헤겔주의자들은, 권리는 경험적인 사실을 표현하는 것이 아니고 사물과 사람에 대한 힘의 관념이며, 권리를 가진다고 하는 확신에서 발생하는 강한 힘의 감정에 불과하다고 한다. 또한, 권리나 의무가 예컨대 계약과 같은 법적으로 중요한 사실(요건사실)과 그 위반에 대한 손해배상의 지급의 강제도 필요하기 때문에 요건사실에 따르는 법적 결과와의 사이에 삽입되는 상상의 것이라고 주장한다.

Ⅳ. 권리의 한계

봉건시대에는 권리의 관념이 발달하지 않았고, 법은 다수의 피치자의 의무를 정하는 것이었다. 근대에 접어들어 자유권의 사상이 확대되고, 개인을 권력으로부터 해방시키고자 하는 근대법 아래에서 비로소 법률관계의 중심에 권리가 놓이게 되었다. 국가는 그 권력의 행사를 자제하여 권리로서의 강제력의 행사를 규제하고 국민의 기본적 인권을 법정(法定)하며 개인은 자기의 이익을 권리로 보고 의사의 주장을 권리로써 관철한다.

그러나 권리의 주장은 때로는 타인의 권리주장과 충돌하는 등 사회에서 폐해를 가져오는 경우도 있다. 이에 대하여 '자기의 권리를 주장하는 자는 어느 누구에 대해서도 불법을 행하는 것이 아니다'(*qui itre suo utitur, nemini facit iuriam*)라고 하는 로마법 이래의 법언이 나타내는 사상으로서, 권리행사의 절대성이 19세기까지 주장되었다. 그러나 실제의 사회생활은 사람과 사람 간의 인격적 존중의 기반 위에서 발달하는 것이기 때문에, 권리행사의 절대성을 주장하고 다른 사람의 권리를 침해하는 것은 인정되지 않는다. 그리하여 20세기 이래 권리행사의 한계로서 권리행사의 공공복리적합성과 신의성실의 원칙이 인정되고 있다.

우리 헌법 제37조는 「국민의 모든 자유와 권리는 국가안전보장·질서유지 또는 공공복리를 위하여 필요한 경우에 한하여 법률로써 제한할 수 있으며, 제한하는 경우에도 자유와 권리의 본질적인 내용을 침해할 수 없다」라고 규정하고, 민법 제2조는 「① 권리의 행사와 의무의 이행은 신의에 좇아 성실히 하여야 한다. ② 권리는 남용하지 못한다」라고 규정하고 있다.

V. 권리와 유사한 개념

(1) 권 한

일정한 단체의 기관이 법적으로 단체의 행위로서 유효한 행위를 할 수 있는 범위를 나타내며, 국가나 지방자치단체 등의 기관의 권한을 직권이라고 부른다. 사법상(私法上)으로는 대리인이나 법인의 기관이 본인이나 법인의 권리를 행사하는 경우를 말한다.

(2) 권 원

어느 법률적 혹은 사실적 행위를 법적으로 정당화하는 근거를 말한다. 예컨대, 토지의 소유자는 토지에 부합(符合)한 물건의 소유권을 갖는데, 임차권처럼 그 토지를 이용할 권원을 가진 자가 수목 등을 심은 경우에는, 이것들은 토지에 부합된 것이지만 토지소유자는 수목의 소유권을 갖지 않고 임차인이 이를 갖는 것이다.

(3) 권 능

기관의 권능이라고 하는 경우처럼 권한과 동일한 의미로 사용되거나 권리와 같은 의미로 사용되기도 하고, 권리의 내용을 이루는 개개의 기능의 의미로서 사용되기도 한다.[17)]

(4) 반사적 이익

반사적 이익이란 법규가 공익상의 견지에서 행정주체 또는 제3자에 대하여 일정한 의무를 부과한 결과로 간접적으로 받는 개인의 이익을 말한다. 예컨대, 보호관세법이 존재한다면 그 법률의 작용에 따라 반사적으로 국내의 기업가는 이익을 얻게 되지만, 어떤 자가 그 법률을 준수하지 않음으로써 그 이익을 방해하더라도 해당 기업가는 기존의 이익을 권리로서 주장할 수 없다.

제2절 의 무

Ⅰ. 의무의 개념과 본질

의무의 본질에 관해서도 법에 의해서 정해진 의사의 구속이라는 견해, 법률상의 책임이라는 견해, 법원의 판결에 의해서 고통을 받을 것이라는 예측으로 보는 견해, 이를 실체가 없는 관념으로 보는 견해 등이 대립한다. 이 중에서 지배적인 견해는 의무란 일정한 행위를 할 것(작위의무), 또는 해서는 안될 것(부작위의무)이 법에 의해 명령된 상태라고 보는 것이다. 여기서 의무는 법에 의해서 인정되는 일정한 행동과 사람을 구속하는 기준을 나타내는 관념으로 보기로 한다.

일반적으로 권리와 의무는 상호 대응하고 있다고 볼 수 있다. 예컨대, 어떤 사람이 소유권을 가지고 있는 경우 그 권리에 대한 침해라고 볼 수 있는 행위를 삼가는 것이 의무의 내용이며, 채권자에 대하여 채무자는 채무의 내용에 따라 행동을 할 것이 요구된다. 따라서 법이 어떤 자에게 권리를 부여할 때 다른 자에게는 그 권리에 대응하는 의무가 발생하는 것이라고 볼 수 있다. 다만, 소유권처럼 그 효력이 모든 사람을 의무자로 하는 권리(이른바 대세권(對

---

17) 예컨대, 소유권에 있어서는 소유물을 사용할 수 있는 사용권능, 임대하는 수익권능, 양도하는 처분권능이 된다.

世權))에서의 의무는 이 권리를 침해하지 않는다고 하는 일반적 부작위이지만, 보통 표면에 나타나지 않는다. 이에 대하여 채권처럼 그 효력이 특정한 사람, 곧 채무자를 의무자로 하는 권리(이른바 대인권(對人權))에서의 의무는 이 권리에 대응하는 구체적인 것으로 명백히 인식된다.

위와 같이 의무는 보통 권리의 반면이지만 언제나 그런 것은 아니다. 즉, 권리와 의무는 서로 독립한 것이며, 그 한쪽은 반드시 다른 한쪽의 반영에 지나지 않는 것은 아니다.

의무 중에는 대응하는 권리가 없는 것이 있다. 상법 제6조에는 미성년자가 영업을 하는 때에는 등기를 하도록 하여 등기의무를 과하고 있지만 이에 대응하는 권리는 없다. 이 밖에 공법상의 의무 중에는 대응하는 권리가 없는 것이 많다.

II. 의무의 이행

의무의 이행이란 의무의 내용을 실현하는 것이며, 의무의 불이행에 대하여 법은 일정한 제재, 즉 형벌, 강제집행, 손해배상 등을 부과함으로써 그 실현을 확보하고 있다. 형벌이란 의무의 불이행자에 대하여 징역이나 벌금 등의 제재를 가하는 것을 말한다.

강제집행은 공권력에 의해서 강제적으로 의무를 이행시키거나 의무의 이행이 있는 것과 동일한 상태를 만들어 내는 것이다. 구체적으로는 의무자의 심신(心身) 또는 재산에 직접적으로 공권력을 행사하여 의무를 이행한 것과 동일한 상태를 만들거나, 의무자를 대신하여 의무의 내용을 실현시키고 그 비용을 의무자에게 징수하기도 한다. 경우에 따라서는 불이행시에 가해질 불이익을 예고하여 의무자에게 심리적 압력을 가하여 이행을 하게 한다.

손해배상이란 의무불이행으로 인하여 불이익을 입은 자가 있는 경우 불이행자로 하여금 그 불이익을 전보하게 하는 것이다. 사법상(私法上) 채무불이행이나 불법행위가 있는 때에는 손해의 배상을 명령할 수 있다.

Ⅲ. 의무와 유사한 개념

(1) 책 임

책임이란 말은 때로 의무와 동의어로 사용되기도 하지만, 양자는 엄격히 구별해야 한다는 것이 일반적 견해이다. 즉, 법률적 의미에서의 책임은 법률상의 불이익 또는 제재를 부담하는 것을 의미하며, 좁은 의미로는 의무위반으로 인하여 발생하는 법률적 제재를 받는 근거를 말한다. 이 책임을 수반한 의무는 그 구속력이 강하게 된다.

의무에는 책임이 수반되는 것이 보통이지만, 의무 중에는 그렇지 않은 것도 있다. 이를 '책임 없는 의무'라고 하며, 불법한 원인에 의한 채무(이른바 자연채무)가 그 예이다.

(2) 부 담

일정기간에 걸쳐서 행사하지 않는 권리는 소멸한다는 것(시효, 제척기간 등) 혹은 권리행사가 일정한 조건 아래에서 인정되고(상소의 신청은 서면에 의한다 등) 있을 때, 이들 요건은 다만 그 불충족시에 법적으로 불이익을 입는다는 것을 정하고 있을 뿐이며, 권리행사나 조건을 충족하는 것이 의무로서 과해지고 있는 것은 아니다. 이런 것들은 행위자와의 관계에 있어서는 의무가 아니라 부담이 과해지고 있는 예이다.

제3절 권리·의무의 주체와 객체

Ⅰ. 권리·의무의 주체

권리·의무는 독립하여 존재하는 것이 아니고 누군가가 이것을 보유하고 있는 것인데, 권리를 가지고 있는 자를 권리의 주체라고 부른다. 권리의 주체는 사람이며, 법률상 사람이라고 하는 경우에는 자연인과 법인의 두 가지 종류를 말한다.

법률관계는 모두 권리·의무관계로서 규율되고 있는데, 권리의 주체로서의 지위를 권리능력이라고 한다. 현대법에서는 권리를 가지는 자는 의무도 가지는 경우가 많으므로 권리능력은 대부분 의무능력으로 되지만, 현행법에서는 권리를 중심으로 하여 규정하고 있기 때문에 권리능력이라고 한다.

1. 자연인

(1) 사법상의 자연인

법률상으로는 실제로 살아 있는 사람을 자연인이라고 부르고 있지만, 이 말은 법률용어로서 사용·규정되고 있는 것은 아니다. 현대의 문명국에서는 모든 자연인은 인격자(권리·의무의 주체로서의 지위)로서 인정되고, 인종·신앙·성별·연령·계급에 관계없이 법 앞에서 평등하다고 인식되고 있다(헌법 제11조 제1항). 이에 따라 우리 민법 제3조는「사람은 생존한 동안 권리와 의무의 주체가 된다」라고 규정하여 모든 자연인은 출생하면서 권리능력을 갖는다고 하고 있다. 그러므로 유아나 정신장애자도 사람인 이상 권리·의무를 가질 수 있는 지위에 있는 것이다.

위에서 말하는 출생이란 태아가 모체로부터 전부노출(학설의 대립이 있으나 다수설의 견해)되는 것이며, 그 후에 바로 사망한 경우라도 출생한 것과 다르지 않으나, 사산(死産)인 경우에는 출생한 것으로 보지 않는다. 또한 민법은 아직 출생하지 않은 태아에 관하여도 그 권리보호를 위해 일정한 경우(민법 제562·762·856·1000조 제3항, 제1064조)에 권리능력을 인정하고 있다.

(2) 형법상의 자연인

형법상으로도 자연인의 개념은 사법상의 그것과 기본적으로 같지만, 생명의 존중이라는 견지에서 태아가 모체에서 노출되기 전이라도 진통이 시작되면 사람(진통설 내지 분만개시설)이라고 하여 민법의 경우보다 확대하여 이해하고 있다. 따라서 산모의 진통개시후 태아를 살해한 경우에는 살인죄에 해당되어 낙태의 경우보다 훨씬 중한 처벌을 받게 된다.

(3) 실종선고

권리능력은 사람의 사망이라고 하는 사실에 의해서 소멸된다. 어느 사람이 위난에 처하여 사망하였다는 것이 확실하지 않다면 관청의 책임 있는 증명에 의해서 호적부에 사망이라고 기재할 수 있는 제도가 인정사망이다.

인정사망도 받지 못하고 또 그 행방도 알 수 없는 경우, 생사도 불명한 사람을 생존자로서 그대로 놓아두면 그 사람의 재산 및 신분관계가 항상 불안정하고 남아 있는 자에게도 불이익하게 된다. 왜냐하면 행방불명자의 재산은 언제까지나 상속되지 않고 그 배우자는 재혼도 할 수 없게 되기 때문이다. 그리하여 민법은 일정한 조건하에 실종선고를 함으로써 행방불명자의 종래의 법률관계를 종료시키는 제도를 만들어 놓았다. 요컨대, 일정기간 계속하여 생사불명의 상태가 계속된 자에 관해서는 이해관계인이나 검사의 청구에 의하여 가정법원은 실종선고를 할 수 있다. 그리고 실종선고를 받은 행방불명자는 법률상 사망한 것으로 되어, 그 자의 권리능력은 종래의 것에 관해 소멸하고 재산은 생존자에게 상속되며 생존 배우자와의 혼인관계는 종료된다.

실종선고는 실종자의 종래의 주소를 중심으로 하여 실종기간 종료시까지의 법률관계를 종료시키는 것이다. 이것은 실종자의 권리능력을 박탈하는 제도는 아니므로 그가 어딘가에 생존하고 있다면 그곳에서는 권리능력자가 된다. 그리고 귀환한 경우에는, 원래의 주소지에서 실종선고를 받았고 또한 선고의 취소가 되어 있지 않더라도 새로운 법률관계에 대해서는 권리능력자로 취급된다.

2. 법 인

인간은 그 필요에 따라 각종의 단체를 조직하여 생활하고 있으며, 큰 단체는 국가로부터 작은 단체로는 학과까지 그 종류는 다양하다. 그러나 법률은 인간이 조직한 모든 단체에게 법적 보호를 주지는 않는다. 예컨대, 주식회사는 그 명의로 행위하고 소유 토지가 있다면 그 명의로써 등기할 수 있음에 반하여 학과와 같은 단체는 그렇게 할 수 없다. 이와 같이 단체에는 그 성질에 따라 권리를 취득할 수 있는(권리능력을 가진) 단체와 권리를 취득할 수 없는(권리능력이 없는) 단체가 있다. 전자의 단체를 특히 법인이라고 한다. 법인은 구별의 기준에 따라서 아래와 같이 분류할 수 있다.

(1) 공법인과 사법인

㈎ 공법인 공법인이란 국가 및 지방자치단체 외에 공공조합, 공공기업

체 등과 같이 국가의 공권력이 그 설립·운영에 간섭하는 것을 말한다. 성격상 그 목적은 일정하게 되어 있고 사법인과 같이 정관 혹은 기타 행위에 의해 임의로 변경할 수 없으며, 또 임의로 해산할 수 없고, 그 불법행위에 대해서는 국가배상법이 적용된다. 또 법인의 임원에 대하여 배임죄가 적용되고, 법인의 관계문서에 관해서는 공문서위조죄 등이 성립한다.

(나) **사법인** 공법인 이외의 모든 법인을 말하며, 사법인은 그 조직의 성격에 따라 사단법인과 재단법인으로 분류할 수 있다. 주로 국가의 자금과 책임으로 영위되는 것이지만 그 운영에 관하여 민간의 창의와 능률을 도입할 목적으로 설립된 공기업(LH공사, 등), 종래 국영사업체이던 것을 경영에서 독립채산성을 꾀하여 법인으로 된 공사(담배인삼공사 등), 국민일반 및 소기업자에 대한 금융을 목적으로 설립된 은행(중소기업은행, 국민은행 등) 등의 공공성이 강한 법인도 모두 사법인이다.

(2) 사단법인·재단법인·신탁

(가) **사단법인** 일정한 목적을 가지고 결합된 자연인의 결합체로 권리능력이 부여된 단체를 말하며, 그 존립목적에 따라 공익법인, 영리법인, 중간법인으로 구분된다. 예컨대 학회, 스포츠단체, 자선단체, 종교단체가 있으며, 학회가 사단법인으로 되었다면 그 학회의 이름으로 재산을 소유하고 학회의 이름으로 예금할 수 있다. 민법은 「학술, 종교, 자선, 기예, 사교 기타 영리아닌 사업을 목적으로 하는 사단 또는 재단으로서 주무관청의 허가를 얻어 이를 법인으로 할 수 있다」(제32조)라고 규정하고 있다.

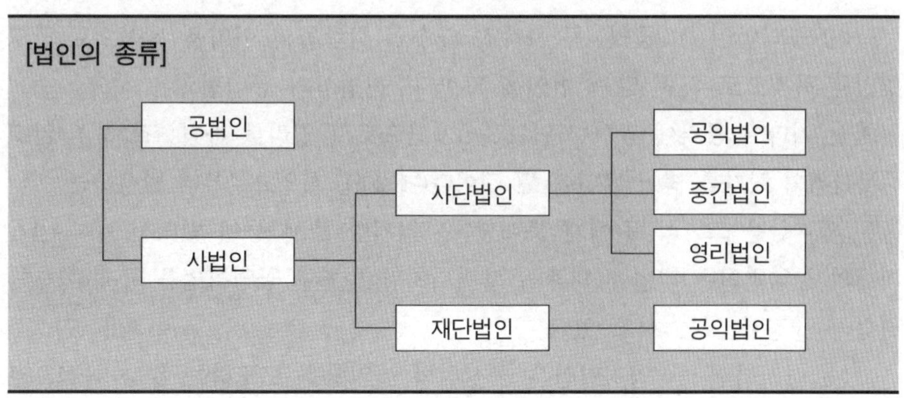

사단법인의 조직을 정한 기본규정을 정관이라고 부른다. 사단법인에는 최고의사결정기관으로서 사원총회가 있으며, 정관에 의해서 이사 기타의 임원에게 위임된 사항 이외에는 모두 총회에서 의결을 거쳐 행하여야 한다.

㈏ **재단법인** 이는 공익의 목적을 위하여 출연된 재산에 권리능력이 부여된 것을 말한다. 예컨대, 1억원으로 자선사업을 하는 경우에 그 자금의 운영조직이 정하여지고 그 운영조직에 권리능력이 부여된다. 이렇게 재산이 기초가 되고 재산의 운영을 위한 사람의 조직이 갖추어지면 운영담당자가 교체되어도 재산이 있는 한 그 존재가 계속되는데, 이 재산이 단체이다. 오늘날 사회에는 각종의 재단법인이 설립되어 많은 공헌을 하고 있다.

재단법인은 사단법인과 달리 사원총회가 없고, 이사가 유일한 필요상설기관이며 정관의 구속을 받아 운영된다. 또한, 감사를 위한 임의기관으로서 감사가 설치되고, 심의기관으로서 총회가 설치되어 있기도 하다. 이에는 민법 이외의 특별법에 의한 학교법인, 사회복지법인, 의료법인 등이 있다.

㈐ **신탁** 재단법인과 같은 목적을 달성하기 위한 제도로서 영미법에서는 신탁제도가 특히 발달되어 있다. 예컨대, A가 1억원을 가지고 자선사업을 하려는 경우에는 이것으로 재단법인을 설립하고 그 활동을 통해서 목적을 달성할 수도 있지만, 그 자금을 B(수탁자)에게 주고 B가 이를 수익자 C를 위해서 정해진 목적에 따라 관리하고 사용하도록 하는 방법도 있는데, 이 제도가 신탁이다. 형평법상 발달된 제도이며 공익을 위하여도 사용될 수 있다고 인정되어 최근 우리나라에서도 그 목적을 위하여 이용되고 있다.

(3) 공익법인 · 영리법인 · 중간법인

㈎ **공익법인** 공익, 즉 불특정 다수의 사람들의 이익을 목적으로 하고 영리를 목적으로 하지 않는 법인을 말한다. 민법상의 공익법인은 사교 · 종교 · 자선 기타의 공익에 관한 사단 또는 재단으로서 영리를 목적으로 하지 않고 주무관청의 허가를 얻어 법인이 된 것이다(제32조). 사업으로부터 발생하는 이익 혹은 잉여금을 그 구성원에게 분배할 수 없지만 조세 등에 있어서 우대된다. 대개의 공익법인은 민법에 의해서 설립되지만 특별한 공익사업을 규제하는 특별법의 규정이 있는 것도 있다.

㈏ **영리법인** 영리법인은 구성원의 이익만을 도모하는 것을 목적으로

하고, 단체가 취득한 이익은 종국적으로 어떠한 형태로든 구성원에게 분배한다. 영리법인은 사단법인에 한하고 재단법인은 영리를 추구할 수 없다.[18] 영리법인, 즉 회사는 영리사업이라는 공동목적을 위하여 결합된 사단이며 상법에 의해서 법인격이 부여되고 있다. 영리법인에는 상행위(상법 제46조)를 영위하는 것을 업으로 하는 것(상사회사),[19] 상행위 이외의 영리행위(농업, 어업 등)를 영위하는 것을 업으로 하는 것(민사회사)의 두 종류가 있으나, 모두 상법상의 회사로서 상법의 규제를 받는다.

(다) **중간법인** 공익도 영리도 목적으로 하지 않고, 예컨대 동업자간의 이익의 증진을 도모하는 것을 목적으로 하는 법인이다. 민법상 이러한 종류의 법인의 설립은 인정되지 않기 때문에, 이러한 목적을 가진 단체의 설립에 관해서는 민법 이외의 특별법에 따르지 않으면 법인격을 취득할 수 없는 것이다. 또한 노동조합도 노동조합 및 노동관계조정법에 의해서 그 요건에 적합하다면 법인으로 될 수 있다(제9조). 특별법에 의하여 보호되지 않는 중간목적의 단체는 법인격을 취득할 수 없기 때문에 이른바 '권리능력 없는 사단'이 된다.

II. 권리・의무의 객체

권리・의무의 객체란 권리・의무가 미치는 모든 대상을 말하며, 그 대표적인 것은 물건이지만 그것에만 국한하지 않는다. 그 밖에 채권에 있어서는 채무자, 친족권에 있어서는 일정한 가족관계에 있는 사람, 인격권에 있어서는 권리주체가 되는 사람이 객체로 된다. 물건에 대한 권리는 그 객체를 절대적으로 지배할 수 있지만 사람에 대한 권리는 그 객체를 절대적으로 지배할 수 없는 점에서 구별된다.

물건이라 함은 유체물 및 전기 기타 관리할 수 있는 자연력이다(민법 제98조). 그러나 권리・의무의 객체여야 하기 때문에 사람이 지배할 수 없는 것은

18) 재단법인의 경우에 이익을 분배받은 사원이 없어 그 성질상 영리법인이 될 수 없다.
19) 참조: 민법 제39조(영리법인) ① 영리를 목적으로 하는 사단은 상사회사 설립의 조건에 좇아 이를 법인으로 할 수 있다. ② 전항의 사단법인에는 모두 상사회사에 관한 규정을 준용한다.

물건이 아니다. 물건의 분류로서는 여러 가지가 있지만, 주요한 것은 동산・부동산, 주물・종물, 원물・과실의 구별이다.

제4절 권리의 분류

법이 공법・사법・사회법으로 나뉘는 것에 대응하여 권리는 공권・사권・사회권으로 분류할 수 있다.

Ⅰ. 공 권

공권(公權)이란 공법상의 권리로서, 항상 공법상의 행위에 의해서 발생하는 권리이지만 사권 중에도 그런 것이 있다. 예컨대, 전매특허는 공법상의 행위이지만 이에 의해서 생기는 전매특허권은 사권이 된다.

1. 국내법상의 공권

(1) 국가적 공권

국가・자치단체가 그 존속을 위하여 혹은 국민을 통치하기 위하여 국민에 대해 가지는 권리이다. 권리의 목적에 따라 조직권・통제권・형벌권・경찰권・재정권 등으로 분류되고, 통치작용의 면에서는 입법권・행정권・사법권의 세 가지로 나눌 수 있다.

(2) 국민적 공권

국가・자치단체에 대해 공익의 입장에서 국민이 가지는 권리이다. 그 중 가장 중요한 것은 국민의 기본권이며, 그 내용으로서는 자유권・참정권・청구권・사회권 등이 있다.

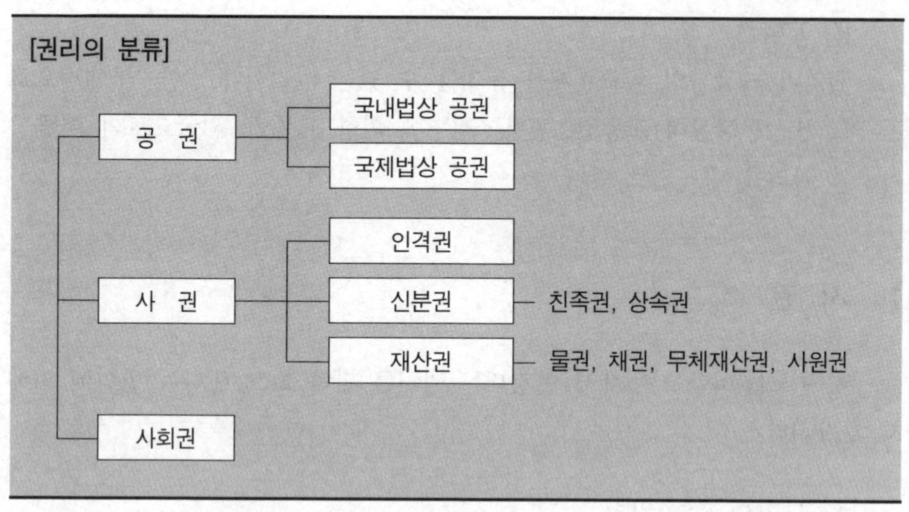

2. 국제법상의 공권

국제법상의 주체로서의 국가가 그 존립을 위하여 타국에 대하여 가지는 권리이며, 그 내용으로서 다음과 같은 것이 있다.

(1) 독립권

국가가 국제법상 외국에 대하여 독립하여 자국의 의사에 따라 자유롭게 행동할 수 있는 권리이다. 이 권리에 대한 침해는 국제법상 불법행위가 된다.

(2) 평등권

국가가 국제법상 상호간에 평등한 취급을 주장할 수 있는 권리이며, 이로 인해 외교교섭 및 국제회의에 있어서도 평등한 참가・결의권을 가지는 것으로 취급되는 것이다. 이 평등권에 대하여는 국제연합의 안전보장이사회 상임이사국의 거부권이라고 하는 예외도 있다.

(3) 자위권

국제법상 보호되고 있는 자국의 이익이 타국의 급박하고 부정한 공격에 의해서 침해되는 경우에, 자위수단으로써 그 침해를 배제하고 자국의 법익을 수호하는 권리이다. 이 권리의 행사는 오로지 침해의 배제를 위한 정당한 것이어야 하지만, 정당한 행사인가 아닌가의 판정이 곤란하다.

(4) 교통권

국가가 타국과의 외교관계를 유지할 수 있는 권리이다. 이는 구체적으로는 외교상·통상상의 교통권, 우편·철도에 의한 교통권, 외국으로의 여행·거주의 권리를 내용으로 한다.

II. 사 권

사권(私權)이란 사법에서 인정되는 권리를 말하고 그 행사는 법원에 의해서 보장된다.

1. 사권의 규제원리

대표적인 사권인 소유권은 프랑스 인권선언(1789년)에서 '불가침 또는 불가양'이라고 하고 있듯이 그 절대성이 근대 시민법의 기본원칙의 하나였다. 그러나 자본주의 사회의 모순이 발생하기 시작하면서 그 내용이 수정되고 있다. 사법상 권리자의 자의적인 권리행사를 제약하기 위하여 민법은 신의성실의 원칙 및 권리남용의 법리를 정하고 있고, 이 규정에 의해서 실제 문제의 해결이 이루어지는 경우가 적지 않다.

(1) 신의성실의 원칙

민법 제2조 제1항은 「권리의 행사 및 의무의 이행은 신의를 좇아 성실히 하여야 한다」라고 규정하고 있다. 이것을 신의성실의 원칙 또는 신의칙이라고 부른다. 사회의 거래관계는 상호간의 신뢰에 맞추어 형성되고 성립되는 것이므로 상대방의 신뢰를 저버린 태도는 엄격하게 삼가야 하며, 상호간에 성실하게 행동하여야 한다는 원칙을 말한다.

신의칙은 다음의 권리남용의 법리와 함께 일반조항으로서 그 적용범위가 매우 넓다. 예컨대, ① 신의칙의 적용에 따라 임차권의 무단양도·전대(轉貸)가 있는 경우에는 민법은 임대인에게 해제권을 인정하고 있다(제629조). ② 추상적인 규정이 신의칙에 의해서 구체화되는 경우가 있다. 토지의 매매예약의 성립후 당사자 쌍방 모두 예상하지 못하고 그들의 책임으로 돌릴 수 없는 사정에 의해서 토지가액이 급등한 후에 하는 예약완결권의 행사는 특단의 사정이 없는 한 이에 반하지 않는다. ③ 현행법의 보충을 신의칙이 하는 경우가 있다. 사정변경의 원칙[20]은 그 자체가 독립한 일반원칙이지만, 이 원칙 또한 신의칙을 근거로 하여 발전한 원칙이라고 할 수 있다(대판 1944.12.6 민집 23, 613).

(2) 권리남용의 법리

민법 제2조 제2항은 「권리는 남용하지 못한다」라고 규정하고 있다. 외형적으로 권리의 행사로 보였다고 하여도 구체적·개별적으로 보면 권리의 사회성에 반하고, 이것을 시인할 수 없는 경우에는 권리의 행사를 인정하지 않는다는 취지이다.

① 권리행사를 규제하기 위하여 권리남용의 법리가 사용되고 있다.[21]

② 권리행사가 타인의 이익을 해하는 경우에는 불법행위책임을 그 행사자에게 부담시키는 근거로서 권리남용의 법리가 사용되고 있다.

(3) 신의칙과 권리남용의 관계

신의성실과 권리남용의 원칙이 별개의 권리로 작용하는가 상호 조화되는가에 대해서는 신의칙이 권리남용을 포괄하는 원칙으로 설명되고 있다. 판례에서 나타나는 실제의 경우를 보아도 이 두 가지의 원리가 명백하게 나누어져서 적용되는 것이 아니라, 동종의 사건에서도 한편으로는 신의칙에 따르고 다른 한편에서는 권리남용으로 해결하는 경우가 종종 있다. 더욱이 신의칙은 일정한 거래관계로 결합되어 있는 당사자간에 적용되어야 하는 원리이며, 권리

---

20) 판례는 사정변경의 원칙에 대하여 부정적인 입장을 취하고 있지만, 계속적 보증관계에서 사정변경으로 인한 특별해지권을 인정한 예도 있다(대판 1992.11.12., 92다2332).

21) 판례는 권리의 행사가 권리남용에 해당하기 위해서는 권리의 행사가 주관적으로 오직 상대방에게 고통을 주고 손해를 입히려는 데 있을 뿐 이를 행사하는 사람에게는 아무런 이익이 없고, 객관적으로 사회질서에 위반된다고 볼 수 있으면, 그 권리의 행사는 권리남용으로서 허용되지 아니하고, 그 권리의 행사가 상대방에게 고통이나 손해를 주기 위한 것이라는 주관적 요건은 권리자의 정당한 이익을 결여한 권리행사로 보여지는 객관적인 사정에 의하여 추인할 수 있으며, 어느 권리행사가 권리남용이 되는가의 여부는 개별적이고 구체적인 사안에 따라 판단되어야 한다고 하면서 농로 위로 지나가는 송전선의 철거를 구하는 청구에 대하여 송전선을 철거하여 이설하기 위하여는 막대한 비용과 손실이 예상되는 반면 송전선이 철거되지 않더라도 토지를 이용함에 별다른 지장이 없고, 문제가 되는 토지가 면적이 51㎡에 불과한 점 등을 들어 농로 위로 지나가는 송전선의 철거를 구하는 청구가 권리남용에 해당한다고 보았다(대법원 2003.11.27. 선고 2003다40422 판결).

남용법리는 그와 같은 관계가 없는 자 사이에 적용되어야 하는 것으로 생각할 수 있지만, 실제의 경우에서는 두 가지 법리가 병행하여 적용되는 경우를 가끔 볼 수 있다.

2. 사권의 분류

(1) 효력범위에 의한 분류

㈎ **절대권(대세권)** 모든 사람에 대하여 대항할 수 있는 권리이며, 물권・무체재산권・인격권이 그것이다. 예컨대, 소유권은 그 물건을 직접 지배하는 것을 내용으로 하는 것이기 때문에, 모든 사람은 물건의 소유권자에 대하여 그 행사를 방해하여서는 안되는 의무를 부담한다.

㈏ **상대권(대인권)** 특정한 사람에게만 주장할 수 있는 권리이며, 채권이 이에 해당한다. 그러나 채권이 상대권이라고 하여 채무자 이외의 제3자는 그 채권을 침해하여도 되는가의 문제(제3자의 채권침해)가 발생한다. 예컨대, 홍행주 A가 가수 B와의 출연계약을 체결했는데 다른 홍행주 C가 같은 목적으로 B와 다른 장소에서의 출연계약을 체결한 경우, A는 B에 대한 채권이 C에 의해서 침해된 것으로서 C에 대하여 손해배상을 청구할 수 있는가? A의 채권은 B에 대한 대인권에 지나지 않으므로, C가 그 계약사실을 모른 경우 A는 C에 대하여 어떠한 청구도 할 수 없는 것이다.

(2) 목적에 의한 분류

㈎ **인격권** 권리자 자신의 인격적 이익의 향수를 목적으로 하는 권리이며, 권리의 성질에서 보면 일신전속권이며 절대권이다. 예컨대, 사람의 생명・신체・자유・명예・정조・신용・성명・초상 등에 관한 권리를 들 수 있다.

㈏ **신분권** 친족, 부부 등과 같이 가족 혹은 혈족간의 공동체의 일원으로서 신분에 기초하여 발생하는 권리이며, 상호의 협력에 의해서 공동생활을 유지하기 위하여 인정되는 권리이다. 이는 친족권과 상속권의 두 가지로 나눌 수 있다.

1) **친족권** : 혈족관계 및 배우자관계를 기본으로 한 인적 관계에서 인정되는 권리이며, 이 친족관계에 일정한 한계를 부여한 것이 법률상의 친족의

범위이다. 혈족에는 자연혈족과 법정혈족 두 가지가 있으며, 후자의 예로는 양친과 양자의 관계를 들 수 있다. 배우자란 혼인한 남녀를 말하고, 인척이란 배우자의 일방과 그 타방의 혈족 간에 인정되는 관계이다. 친자관계에 있는 부모는 미성년자에 대하여 친권을 가진다(민법 제909조 제1항).

2) **상속권** : 사망에 의해서 사자(死者, 피상속인)의 재산상의 권리·의무를 사자의 친족(상속인)이 포괄적으로 승계할 수 있는 권리를 말한다. 상속인은 피상속인의 배우자 등으로 한정되는데, 그 이유는 직접·간접으로 피상속인의 재산형성에 협력했다고 생각할 수 있기 때문이다. 상속인의 상속순위는 민법의 규정에 의해서 정하여진다. 상속인 각자가 상속재산에 가지는 상속권의 몫을 상속분(민법 제1009조)이라고 하고, 유언자가 유언으로 법정상속과 다르게 상속분을 정하고 있다면 그것에 따른다. 그러나 유언이 민법이 정하고 있는 유류분에 저촉된다면 그 부족분에 대한 반환청구가 가능하다(민법 제1115조 제1항).

(다) **재산권** 재산적 가치가 있는 권리를 지칭하고 신분권과 달리 거래의 대상이 되는 권리이며, 물권·채권·무체재산권으로 나눌 수 있다.

1) 물권 : 물권은 직접 어떤 물건(혹은 권리)을 지배할 수 있는 권리이다. 민법이 인정하고 있는 물권으로서는 소유권 이외에 용익물권으로서 지상권·지역권·전세권이 있고, 담보물권으로서 유치권·질권·저당권이 있다. 또한 용익물권·담보물권과는 성질이 다른 점유권이 있다. 민법 이외에서 인정되고 있는 물권으로서는 광업권·어업권이 있으며, 판례상 인정된 양도담보가 있다.

물권이 물건에 대한 직접 지배를 내용으로 한다는 것은 물건에 대한 타인의 침해를 다른 사람의 도움 없이 배제할 수 있다는 것을 의미한다. 예컨대, 소유권자의 물건을 타인이 훔쳤다면 그 소유자는 소유권에 기초하여 그 반환을 청구할 수 있다(추급효라고 한다). 이 물권에서 발생하는 청구권을 물권적 청구권 또는 물상청구권이라고 하는데, 이는 채권과 다르며 누구에 대해서도 소구할 수 있다. 이와 같이 물권은 매우 강한 효력을 가지기 때문에 법률은 물권의 공시[22]를 요구하고 있다.

---

22) 공시방법은 부동산에 관해서는 등기(등기부에 기재하는 것)이며, 동산에 관해서는 점유(물

2) **채권** : 채권이란 특정한 사람에 대하여 어떤 행위(작위·부작위)를 청구하여 그 이행한 것을 수령하여 보유할 수 있는 권리이다. 예컨대, 매수인이 매도인에 대하여 물건의 인도를 청구할 수 있는 권리, 반대로 매도인이 매수인에게 대금지급을 청구할 수 있는 권리가 그것이다. 채권은 특정한 사람에 대하여서만 청구할 수 있는 데에 지나지 않는다는 점에서 물권의 효력과 다르다. 채권의 발생원인의 대부분은 계약에 의한 것이지만 그 밖에 불법행위에 의한 경우(민법 제750조 이하), 사무관리(민법 제734조 이하), 부당이득(민법 제741조 이하), 유언에 의한 경우도 있다. 물권과 달리 채권은 그 종류가 법정되어 있지 않고 당사자간에 무수하게 만들어질 수 있는 것이다.

3) **무체재산권** : 인간의 정신작용에 의해서 창작된 무형의 재산적 가치에 대한 지배를 내용으로 하는 권리를 말하고, 발명·고안·저작과 같이 무체의 재산에 대하여 성립하는 권리이다. 저작권·특허권·실용신안권·디자인권[23]·상표권이 그것에 포함된다.

(3) 작용에 의한 분류

(개) **지배권** 지배권이란 권리의 대상을 직접 지배하는 권리를 말하고, 소유권 기타의 물권, 무체재산권 등이 이에 포함된다. 권리내용의 향수에 있어서는 타인의 행위를 필요로 하지 않는다는 점에서 청구권과 다르다. 타인에 의한 지배권에 대한 방해는 방해배제청구권에 의하여 이를 배제할 수 있다.

(나) **청구권** 채권의 작용 중 하나로서 특정한 사람에 대하여 특정의 작위·부작위를 청구할 수 있는 권리이다. 자기의 물건을 타인이 훼손한 경우 그 자에 대하여 갖는 손해배상청구권 또는 소유권자가 가지는 물권적 청구권이 여기에 해당한다. 청구권은 지배권과 달리 그 행사에 타인의 행위가 필요한 점에 특징이 있다.

(다) **형성권** 권리자의 일방적 의사표시에 의해서 법률관계를 변동(발생·변경·소멸)시키는 권리이다. 예컨대, 민법상 취소권(민법 제140조 이하), 추인

건을 사실상 지배하고 있는 것)이다. 부동산의 소유권을 취득하여도 이를 등기하지 않으면, 자기가 소유권자라는 것을 다시 동일물에 대하여 소유권을 취득한 자, 즉 제3자에 대하여 주장할 수 없다(민법 제186조).

23) 의장권으로 불리던 것을 '디자인보호법'으로 개정하여 의장권을 디자인권으로 부르고 있다 (일부개정 2005. 5. 31(법률 제7556호)).

권(제143조 이하), 상계권(제492조), 약혼해제권(제805조), 인지권(제855조 이하) 등이 포함된다. 형성권은 권리행사에 상대방의 협력이 필요치 않다는 점에서 청구권과 다르며, 권리의 객체인 청구내용을 직접적으로 지배하는 것이 아닌 점에서 지배권과 다르다.

(라) **항변권** 타인으로부터의 청구에 대하여 그 청구내용을 일시적으로 거절할 수 있는 권리를 말한다. 예컨대, 쌍무계약(매매 등의 계약)에 있어서 동시이행의 항변권(민법 제536조), 보증계약에 있어서 최고·검색의 항변권(민법 제437조) 등이 해당된다. 항변권은 권리자의 일방적인 의사표시에 의하여 법률관계의 변경을 발생시키는 형성권과는 달리 권리자의 권리는 승인하면서 그 권리의 작용에 변경을 가한다는 점에 특징이 있다.

(4) 권리의 양도성에 따른 분류

(가) **일신전속권** 권리자의 일신에 전속되어 양도·상속의 대상으로 되지 않는 권리를 말한다. 인격권·신분권이 여기에 속하며, 재산권 중에서도 불법행위에 기한 손해배상청구권, 사원권 등도 여기에 속한다.

(나) **비일신전속권** 이는 권리자에게만 귀속되는 것이 아니고 양도·상속할 수 있는 권리이다. 물권·채권·무체재산권 등 대부분의 재산권은 여기에 포함된다. 그러나 재산권 중에는 권리자에 의해서 자유양도되지만 권리자·의무자의 특별관계에 의해서 혹은 권리자·의무자 간의 특별한 약속에 기하여 제한되는 재산권이 있다. 전자의 예로는 의무자의 동의가 없는 한 권리양도가 제한되는 임차권(민법 제629조) 등이 있으며, 후자의 예로는 양도금지의 특약이 붙은 채권(민법 제449조 제2항) 등이 있다. 이러한 권리는 일신전속권처럼 권리자 자신과 밀접한 것은 아니지만, 한편 비일신전속권처럼 자유롭게 양도될 수 있는 것도 아닌 중간적인 권리라고 할 수 있다.

(5) 권리의 독립성에 의한 분류

(가) **주된 권리** 다른 권리에 종속되지 않고 완전히 독립하여 발생·변경·소멸하는 권리이며, 대부분의 사권이 여기에 속한다.

(나) **종된 권리** 주된 권리에 종속되고 주된 권리의 존재를 전제로 하여 발생·변경·소멸하는 권리를 말한다. 저당권, 질권 등의 담보물권이나 이자채권이 여기에 속한다.

Ⅲ. 사회권

자본주의 체제의 발전과 함께, 노동자와 자본가가 법적으로는 평등하다고 하지만 생산수단의 유무라고 하는 관점에서는 노동자의 지위가 약하므로 국가가 그 지위를 보장하여야 한다고 하는 사상이 나타나게 되었다. 이것은 종래의 사법질서를 인정하면서, 그것을 수정하여 국민의 실질적 평등을 도모하고자 하는 것이다. 예컨대 전통적인 사법원리에 의하면, 노동자가 동맹파업을 하는 것은 고용계약상 채무불이행에 해당하므로 그에게 손해배상을 부담시켜야 하며, 계약해제의 가능성도 발생하지만, 이러한 원리에 수정을 가하여 노동자를 보호하고자 하는 것이 바로 사회법(=노동법)이다. 노동법은 노동조합의 결성과 단체행동을 인정하고 있다. 그리하여 단결권이나 파업권 등을 사회권이라고 부른다.

제5절 권리 · 의무의 득실 · 변경

법률관계는 권리 · 의무의 득실 · 변경의 모습으로 나타나는데, 권리 · 의무의 득실 · 변경이란 권리 · 의무의 발생 · 변경 · 소멸을 말한다. 그 원인은 여러 가지인데, 출생 · 사망 · 화재 · 기간의 경과 등의 자연적 사실이 있고, 계약 · 불법행위 · 사무관리와 같이 사람의 행위인 경우도 있으며, 재판 · 행정처분처럼 국가의 행위인 경우도 있다.

Ⅰ. 권리 · 의무의 발생

권리의 발생은 권리자측에서 본 권리의 취득이며 다음과 같이 구분된다.

(1) 원시취득과 승계취득

원시취득이란 타인의 권리에 의하지 않고 독립하여 권리를 취득하는 것이다. 예컨대 조수(鳥獸)의 포획, 해산물 · 천연과실의 취득과 같은 무주물선점

(민법 제252조), 유실물습득(민법 제253조), 시효취득(민법 제245조 및 제246조)과 같은 경우다. 이러한 권리의 취득은 목적물에 질권, 저당권 등의 담보권이 설정되어 있어도 취득자가 부담하지 않고 완전히 새로운 권리를 취득하게 된다.

승계취득은 타인의 권리에 기초하고 있는 권리를 취득하는 것이며, 단일 원인에 의해 전주(前主)의 모든 권리・의무를 일괄하여 승계취득하는 경우(상속, 회사의 합병 등)와 개별적 원인에 의해 개개의 권리・의무를 승계하는 경우(매매에 따른 권리양도 등)가 있는데, 전자를 포괄승계, 후자를 특정승계라고 한다. 이 권리취득 방법은 원시취득의 경우와 달리 권리에 부착하는 부담 등은 모두 취득자가 승계하는 것이 원칙이며, 타인의 부동산을 승계취득하는 경우에는 이것에 부착된 저당권・지상권 등의 부담도 승계되는 것이다.

(2) 이전적 취득과 창설적 취득

이전적 취득이란 전주(前主)의 권리를 그 동일성을 유지하면서 그대로 승계취득하는 것이며, 예컨대 매매 등에 의해서 소유권, 채권 등을 그대로 양수하는 경우에 볼 수 있다. 이 경우에는 권리주체가 바뀌게 된다.

창설적 취득은 전주(前主)의 권리에 기초하여 다른 성질의 권리・의무를 취득하는 것을 말하고, 타인이 소유하는 물건에 지상권・질권・저당권 등을 취득하는 경우가 그것이다. 이 경우 전주(前主)는 종래의 권리를 그대로 보유하며, 다만 신주(新主)가 취득한 권리에 의해 제한을 받게 된다.

II. 권리・의무의 변경

권리・의무의 변경에는 주체의 변경과 내용의 변경 두 가지가 있다. 전자는 권리의 승계취득을 지칭하는 것이기 때문에, 여기에서의 변경이란 권리・의무가 동일성을 유지하면서 그 내용을 변경하는 것을 말하며, 결국 권리・의무의 객체・내용・작용의 변경을 말한다. 예컨대, 임차권의 기간을 연장・단축하거나 채권액을 증감하고, 채무불이행에 따른 손해배상청구권이 채권자에게 발생하는 것이 그 예이다. 권리・의무의 변경인가 아닌가를 논하는 실익은, 권리・의무의 변경으로 보는 경우에는 변경 후의 권리는 변경 전의 권리와 동일한 성질 및 효력을 가진다고 인정되지만, 권리의 변경으로 보지 않는 경우에는 새로운 권리를 취득하는 것이며, 따라서 독립된 권리의 성질·효력을 정하지 않으면 안되는 점에 있다.

Ⅲ. 권리·의무의 소멸

권리·의무의 소멸이란 권리·의무가 그 주체로부터 이탈하는 것을 말하고, 이것에는 절대적 소멸과 상대적 소멸의 두 종류가 있다.

(1) 절대적 소멸

절대적 소멸이란 권리 그 자체가 소멸하여 누구에게도 존재하지 않는 것을 말한다. 물건이 멸실함에 따라 소유권이 소멸하는 경우 혹은 채무자의 변제에 의해서 채권·채무가 존재하지 않게 되는 경우가 여기에 해당된다.

(2) 상대적 소멸

상대적 소멸이란 권리·의무가 타인에게 양도됨으로써 양도인의 권리·의무는 소멸하지만, 양수인이 그 권리를 취득하여 그대로 존속하는 경우를 말한다. 물건과 권리의 양도가 여기에 해당한다.[24] 이 상대적인 권리·의무의 소멸은 권리·의무 그 자체가 소멸하지 않고 양수인에게 승계취득되는 것이기 때문에, 양도인의 처지에서는 권리의 소멸이지만 양수인의 처지에서 본다면 권리·의무의 상대적 취득이라고 말할 수 있는 것이다.

---

24) 예컨대, 매매에 의해 매주(賣主)의 목적물에 대한 소유권은 매주(買主)에게 이전함에 따라 소멸한다.

제 II 편

법학의 제분야

Chapter 01 헌 법

제1절 헌법의 개념과 종류

설 문

「아 대한인민은 아국이 독립국임과 아민족(我民族)이 자유민임을 선언하도다. 차(此)로써 세계만방에 고하야 인유평등의 대의를 극명하였으며 차로써 자손만대에 고하야 민족자존의 정권을 영유케 하였도다. 반만년 역사의 권위를 대하야 2천만 민족의 성충을 승하야 민족의 항구여일한 자유발전을 위하야 조직된 대한민국의 인민을 대표한 임시의정원은 민의를 체하야 원년(1919) 4月 11日에 발포한 10개조의 임시헌장을 기본삼아 본임시헌법을 제정하야써 공리를 창명하며 공익을 증진하며 국방급 내치를 주비하며 정부의 기초를 공고하는 보장이 되게 하노라.」

– 대한민국 임시헌법(1919. 9. 11) 전문

논 점

1. 임시정부에 있어 임시헌법이 갖는 의미는?
2. 임시헌법의 제정방향은?

I. 헌법의 개념

1. 고유한 의미의 헌법

국가의 기본법으로서의 헌법은 국가권력의 소재와 행사에 관한 법규범의 일체, 즉 국가의 형태, 국가기관의 조직·권한 및 상호관계, 국민의 권리에 관한 근본규범의 일체(l'ensemble des règles principales)를 말한다.

모든 국가는 고유의 통치체제와 정치운용의 원칙에 따라 통치를 하는데, 이와 같이 국가의 근본조직이나 작용을 규율하는 기본법을 고유한 의미의 헌법이라고 하며, 이는 국가의 존립기초에 관한 근본법이다. 즉, 그 형식이 성문법(成文法)이거나 불문법(不文法)이거나를 불문하고 국가로서 존립하고 있는 이상 어느 국가를 막론하고 반드시 가지고 있는 것이다.

2. 근대 입헌주의적 의미의 헌법

근대 입헌주의적 의미의 헌법이라 함은 근대의 입헌주의를 기본원리로 하는 헌법을 말한다. 즉, 국민주권론에 바탕을 두고서 국민의 자유와 권리를 최대한으로 보장(자유주의)하기 위하여 의회주의·법치주의·권력분립 원칙에 입각한 통치권의 행사를 그 내용으로 하고 이를 성문화(성문헌법주의)한 헌법[1]을 말한다. 1789년 프랑스의 '인간과 시민의 권리선언' 제6조는「권리의 보장이 확보되지 아니하고 권력의 분립이 규정되지 아니한 사회는 헌법을 가진 것이라 할 수 없다」고 함으로써 근대 입헌주의 헌법을 잘 정의하고 있다. 한편, 시민혁명을 겪지 않았거나 미완성에 그친 국가의 경우와 같이 군주주권, 자유와 권리의 제한적 인정, 명목적인 권력분립을 규정하고 있는 헌법을 명목적(사이비) 입헌주의 헌법[2]이라고 한다.

3. 현대 복지국가적 의미의 헌법

1·2차 세계대전을 겪으면서 근대 입헌주의 헌법은 그 내용에 있어서 커다란 변화를 가져왔다. 그것은 민주주의가 확대·강화됨을 의미하는 것으로

1) 예: 1787년의 미연방헌법, 1791년의 프랑스 헌법.

2) 예: 1871년 독일헌법, 1889년 일본제국헌법.

세계 각국에 있어서 민주화와 더불어 사회화의 경향이 촉진되었음을 말한다. 민주화는 신생독립국가의 경우에는 대체로 국민주권의 선언으로, 선진민주국가의 경우에는 선거권의 확대와 국민투표·국민발안 등 직접민주제의 확대와 강화로 나타났다. 한편, 사회화 경향은 두 가지 유형으로 대별할 수 있다. 하나는 시민국가의 헌법에 있어서 복지국가화의 경향이고, 다른 하나는 러시아에서와 같이 사회주의혁명을 통한 사회주의국가의 출현이다.

여기서 현대 복지국가적 의미의 헌법이라 함은 복지국가의 실현을 위하여 근대 입헌주의 헌법의 기본원리가 수정·보충되거나 새로운 기본원리가 채택된 헌법을 말하며, 사회적 법치국가 헌법이라고도 한다. 즉, 복지국가의 실현과 관련하여 재산권의 상대화와 함께 근로기본권을 비롯한 사회적 기본권의 보장, 사기업의 사회화 등이 규정되었을 뿐만 아니라, 의회주의의 위기를 극복하기 위한 직접민주제의 부분적 도입, 행정국가화와 정당제도의 도입을 통한 권력분립제에의 변화 및 실질적 법치주의에 입각한 통치 등을 그 주요 내용으로 한다. 또한, 헌법의 규범력 제고를 위한 헌법재판제도의 강화 및 세계평화 속에서 개인의 자유와 권리를 보장하고자 하는 세계평화주의의 추구를 공통된 특징으로 한다.

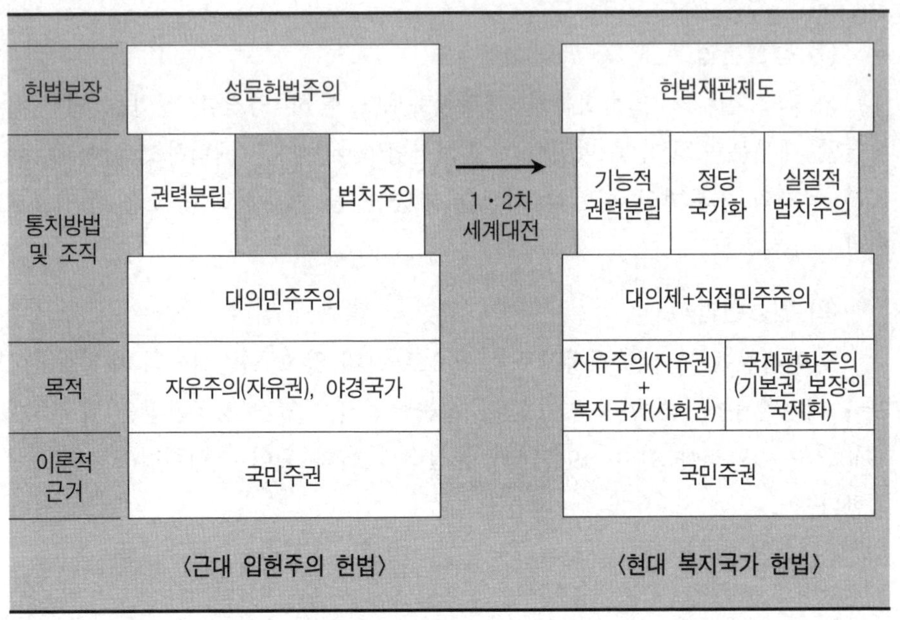

II. 헌법의 종류

1. 존재형식에 의한 분류

(1) 성문헌법

한 나라의 헌법이 헌법전이라는 성문법의 형식을 취하고 있을 때에 이것을 성문헌법이라고 한다. 오늘날 대부분의 국가가 성문헌법을 가지고 있지만, 성문헌법을 가진 국가에도 관습헌법(慣習憲法)이 부분적으로 존재한다. 우리나라의 경우, 서울이 대한민국의 수도라는 사실이 관습헌법으로 인정된 바 있다〈헌재 2004.10.21. 2004헌마554 등, 신행정수도의 건설을 위한 특별조치법 위헌확인(위헌)〉.

(2) 불문헌법

성문화된 헌법전을 가지고 있지 않은 국가의 헌법을 말하는데, 영국의 경우가 그 전형적인 예이다. 물론, 불문헌법의 나라에도 성문형식의 관습적 헌법에 해당하는 법이 없는 것은 아니지만, 통일적인 헌법전이라는 형식을 갖추지 않고 대부분이 관습법의 형식으로 존재하고 있을 따름이다.

2. 개정방식에 의한 분류

(1) 경성헌법

개정의 절차가 일반법률의 개정절차보다 특히 엄격한 헌법을 말한다. 오늘날 대부분의 국가에 있어서는 경성헌법(硬性憲法)을 채택하고 있는데, 이것은 국가의 기본법인 헌법의 개정을 가능한 한 제한하려는 것을 목적으로 한다.

(2) 연성헌법

헌법개정에 특별한 개정절차를 필요로 하지 않고 일반법률의 개정절차에 따라 개정할 수 있는 헌법을 말한다. 성문헌법전이 없는 영국헌법을 비롯하여 1948년의 이탈리아 헌법, 1947년의 뉴질랜드 헌법 등이 연성헌법(軟性憲法)에 속한다.

3. 제정주체에 의한 분류

(1) 흠정헌법

흠정헌법(欽定憲法)은 군주주권주의의 원리에 입각하여 군주에 의해 제정된 헌법을 말한다. 시민혁명 이후 반동기에 나타난 루이 18세의 프랑스 헌법(1814년), 19세기 전반의 독일 각 지방의 헌법, 일본의 明治憲法(1889년) 등이 이에 속한다.

(2) 민정헌법

민정헌법(民定憲法)은 국민주권주의의 원리에 입각하여 국민투표에 의하거나 또는 국민의 대표기관인 의회에 의하여 제정되는 헌법이다. 미국 각 주의 헌법, 1946년과 1958년의 프랑스 헌법 등을 비롯하여 오늘날의 거의 모든 공화국헌법이 이에 속한다.

(3) 협약헌법

협약헌법(協約憲法)은 군주와 국민 대표의 합의에 의하여 제정하는 헌법이다. 1215년의 영국의 대헌장(Magna Charta), 1830년의 프랑스 헌법 등은 국왕과 국민의회의 합의에 의하여 제정된 헌법으로서 이에 속한다.

(4) 국약헌법

국약헌법(國約憲法)은 둘 이상의 국가가 연합국가를 구성할 경우에 합의에 의하여 제정하는 헌법을 말한다. 그 전형적인 예로는 1579년의 네덜란드 연합헌법, 1871년의 독일제국헌법 등을 들 수 있다.

4. 존재론적 분류

(1) 규범적 헌법

규범적 헌법은 개인의 자유와 권리의 보장을 그 최고이념으로 할 뿐 아니라, 현실적으로도 규범으로서의 실효성을 발휘하고 있는 헌법이다.

(2) 명목적 헌법

명목적 헌법은 헌법이라는 것이 있기는 하지만, 그 헌법의 내용을 구현하는 데 필요한 전제조건의 결여로 말미암아 그 헌법이 현실적으로는 규범으로서의 기능을 발휘하지 못하고, 다만 명목적인 것에 불과한 헌법이다.

(3) 장식적 헌법

장식적 또는 의미론적 헌법은 개인의 자유와 권리의 보장이 아니라, 현재 권력을 장악하고 있는 자(집단)의 지배를 안정시키고 영구화하는 데에 이용되는 수단 또는 도구에 지나지 아니하는 헌법이다.

제2절 헌법의 제정과 개정

설 문

「노동계와 재계가 개정헌법의 노사관계조항을 둘러싸고 날카롭게 대립하고 있다. 한국노총이 '근로자 경영참가권' 및 '이윤균점권' 등 재계로서는 충격적인 내용을 담은 '헌법-노동법개정에 관한 청원'을 내놓음으로써 시작된 논쟁은 곧이어 한국경총이 지난 9일 '노사제도 합리화에 관한 경영계 의견'을 내놓은데 이어 22일에는 전경련 등 경제5단체가 공동으로 '헌법개정에 관한 경제계 의견'을 발표하는 등 강력히 반발하고 나섬으로써 본격화하고 있다.

여기에다 민주당 개헌안에 이 두 제도가 포함되고 민정당에서도 경영참가권 문제가 논의되고 있어 찬반논쟁은 더욱 가열될 것으로 보인다.」

— 1987년의 제9차 개헌과 관련하여(조선일보 1987. 7. 24)

논 점

1. 노사간의 대립과 논의가 헌법개정에 있어 갖는 의미는?
2. 우리 헌법상 이익균점권(利益均霑權)에 대한 논의는 처음 있는 일인가?

I. 헌법의 제정

1. 헌법제정의 의의

헌법의 제정이라 함은 헌법제정권력자가 정치권력의 소재와 행사에 관한 근본규범을 정립함을 말한다. 신생독립국가가 헌법을 만들 때, 또는 기존헌법을 혁명에 의하여 파괴·폐지하고 새 헌법을 만드는 것을 헌법의 제정이라고 한다.

2. 헌법제정권력

헌법제정권력(pouvoir constituant originaire)은 정치권력의 소재와 행사에 관한 근본규범을 정립하는 힘이며, 정치와 법이 교차하는 점에 위치한 개념이다. 따라서 헌법제정권력은 헌법을 제정하는 단순한 사실상의 힘으로서만이 아니라 법적으로 평가되어야 할 권력이다.

헌법제정권력의 개념을 처음으로 체계화한 시에예스(E.J. Siéyès)는 『제3신분이란 무엇인가』라는 소책자를 통하여 헌법제정권력은 국민만이 가진다고 함으로써 국민주권의 헌법적 기초를 제공하고 당시 프랑스 시민혁명의 정당성을 이론적으로 뒷받침하였다. 한편, 칼 슈미트(C. Schmitt)는 헌법제정권력을 "정치적 통일체의 종류와 형태에 관하여 근본적인 결단을 내리는 실력 또는 권위를 가진 정치적 의사"라 하여 이러한 근본적 결단의 소산을 헌법(Verfassung)이라 하였다. 칼 슈미트는 헌법제정권력이론을 통하여 20세기초 독일의 정치적 변혁, 즉 입헌군주국으로서의 독일제국이 민주공화국으로서의 바이마르공화국으로 전환되는 현상을 설명하였다.

헌법제정권력은 시원적인 힘이기는 하나 인간의 존엄과 가치와 같은 자연법상의 원리에는 제약을 받는다.

II. 헌법의 개정

1. 헌법개정의 의의

헌법의 개정이라 함은 헌법에 규정된 개정절차에 따라(형식적 요건) 헌법의 기본적 동일성을 유지하면서(실질적 요건) 헌법전 중의 개개의 조항을 의식적으로 수정 또는 삭제하거나 새로운 조항을 추가함으로써 헌법의 형식이나 내용에 변경을 가하는 행위를 말한다.

2. 헌법개정의 인정(불가피성)

변화하는 헌법 현실 속에서 헌법이 규범으로서의 효력을 유지토록 하기 위하여는 그 개정을 피할 수 없다.

3. 헌법개정의 한계

헌법에 규정된 개정절차에 따르면 어떤 조항의 개정이나 또는 어떠한 내용의 개정도 할 수 있는가. 즉, 헌법개정은 헌법 전체에 대한 것이 아니고, 일부 조항에 관한 문제이며, 헌법의 동일성을 유지하면서 그 어느 조항을 변경·추가·보정 혹은 삭제하는 것이지, 헌법을 폐지하거나 제정하는 것이 아니다. 그러므로 제2차대전 후의 신헌법들은 헌법의 근본변혁을 명문으로 금지하는 예가 생기게 되었다. 독일기본법 제79조는 「연방이 지분국으로서 구성되고 있는 것과 입법에 대한 지분국의 원칙적 협력의 규정, 그리고 기본법 제1조(인간의 존엄성·불가침의 규정) 및 제50조(민주적·사회적 공화국, 국민주권, 권력분립 원칙)에 규정된 원칙은 개정할 수 없다」고 규정하였다.

우리 헌법도 제128조 제2항에 「대통령의 임기연장 또는 중임변경을 위한 헌법개정은 헌법개정 당시의 대통령에 대하여는 효력이 없다」라고 하여 조건부이지만 헌법개정이 불가능한 부분을 규정하고 있다. 물론 헌법이 개정의 한계를 특히 명문으로 규정하고 있지 않더라도 자연법상의 원리, 국제법상의 일반원칙, 헌법제정권력 등에 의한 제약이 인정된다.

III. 우리 헌법의 제정과 개정

1. 대한민국 헌법제정 이전의 우리 헌법

(1) 대한제국 국제(國制)

개화기에 박영효·유길준·서재필을 중심으로 하여 천부인권사상·국민주권사상·권력분립사상 등 근대헌법사상이 소개되고 주장되었으나, 1899년의 대한제국 국제는 군주주권론에 근거하여 제정되었으며, 국민의 권리에 대해서는 언급이 없고 의무만을 규정하고 있다.

(2) 대한민국 임시헌법

3.1독립선언을 계승하기 위하여 수립된 상해임시정부의 대한민국 임시헌법은 1919년 9월 6일 제정되고 전문과 8장[3]으로 구성되었으며, 이후 5차에 걸쳐 주로 통치구조(정부형태)를 중심으로 한 개정이 이루어졌다. 대한민국 임시헌법은 장래 형성될 국가를 목적으로 한 임시헌법으로서 조직적 저항운동단체의 기본법이다.

2. 대한민국 헌법의 제정

1945년 8월 15일에 일본은 포츠담선언을 수락하고 무조건 항복하였다. 이 선언에서는 1943년 11월 27일의 카이로선언에서 약속되었던 한국의 독립이 재확인되었다. 그 후 수차에 걸쳐 한국의 통일정부 수립을 위한 미・소공동위원회의 회합이 있었으나 결국 실패로 끝나고 말았다. 마침내 UN에서 한국문제가 상정되어 UN 감시하에 남북한 총선거에 의한 한국의 독립안이 결의되었으나, 소련의 반대로 좌절되어 부득이 UN 소총회의 지시에 의해 1948년 5월 10일 남한에서만 제헌국회의원의 총선거가 실시되었다.

이와 같이 구성된 제헌국회는 1948년 7월 12일에 헌법안을 통과시키고 7월 17일 국회의장이 서명・공포하였다. 전문 및 본문 제103개조로 구성된 이 헌법의 주된 골자는 국회단원제, 대통령중심제, 기본권존중주의, 국제평화주의로 되어 있다.

3. 대한민국 헌법개정의 경과

(1) 제1차 개헌

제1차 개헌은 1952년 7월 4일, 이른바 정치파동이라고 불리는 정치적 충돌의 결과로 국회측과 정부측이 제안한 2개 안을 절충하여 '발췌개헌'이란 형식으로 통과된 것이다. 개정의 주요 내용으로서 ① 정부측 제안인 대통령의 국민직선제와 국회의 양원제 채택, ② 국회측 제안인 국회의 국무원불신임권과 국무총리의 국무위원임명제청권 등이 채택되었다.

3) 총칙, 인민의 권리・의무, 임시대통령, 임시의정원, 국무원, 법원, 재정, 보칙.

(2) 제2차 개헌

제2차 개헌은 1954년 11월 27일에 통과한 이른바 '사사오입 개헌'이다. 개정의 주요 내용으로서 ① 주권제한・영토변경 등 중대사안에 관한 국민투표제의 채택, ② 국무총리제 및 국무위원 연대책임의 폐지와 국무위원의 개별적 불신임제의 채택, ③ 초대 대통령 중임제한의 철폐, ④ 군법회의에 관한 헌법적 근거의 설정 등이다.

(3) 제3차 개헌

제3차 개헌은 1960년 6월 15일의 헌법 전반에 걸친 광범위한 개정이었다. 개정의 주요 내용으로서 ① 정부형태를 의원내각제로 한다. ② 국민의 기본적 인권의 보장을 강화한다. ③ 대법원장과 대법관을 선거제로 한다. ④ 헌법재판소를 둔다. ⑤ 복수정당제의 보장 및 ⑥ 중앙선거관리위원회의 헌법기관화 등이다.

(4) 제4차 개헌

제4차 개헌은 3.15부정선거 관련자들에 대한 특별법 제정을 위한 개헌으로 1960년 11월 29일에 있었다. 개정의 주요 내용으로서 ① 부정선거 관련자와 반민주행위자의 공민권 제한 및 부정축재자의 처벌에 관한 소급입법권의 부여, ② 이에 관한 형사사건을 처리하기 위한 특별재판부와 특별검찰부의 설치근거 조항의 마련 등이다.

(5) 제5차 개헌

제5차 개헌은 5.16군사쿠데타 이후 1962년 12월 17일 국민투표에 의해 확정된 개헌으로 ① 정부형태를 대통령제로 바꾸고 국회를 단원제로 하며, ② 법률의 위헌여부심사권을 법원이 담당하고, ③ 극단적인 정당국가화 지향(선거입후보시 정당추천 요구 등)과 ④ 헌법개정에 있어서 국민발안제와 국민투표제를 채택한 것 등이 주요 내용이다.

(6) 제6차 개헌

제6차 개헌은 1969년 10월 17일 국민투표에 의해 확정된 개헌으로 ① 국회의원의 국무총리 및 국무위원의 겸직 허용, ② 대통령에 대한 탄핵소추의 요건 강화, ③ 대통령의 3기 계속 재임의 허용 등으로 되어 있다.

(7) 제7차 개헌

당시 헌법이 규정하고 있지 않았던 대통령의 국회해산 등과 같은 초헌법적인 국가긴급권이 행사(10.17비상조치)된 상황하에서 1972년 11월 21일 국민투표에 의해 확정되었다.

그 주요 내용은 ① 평화통일에의 지향과 한국적 민주주의의 토착화를 그 특징으로 하고, ② 국민의 권리의 축소·제한(구속적부심사제 폐지, 근로3권의 제한 등), ③ 대통령의 권한강화(긴급조치권, 국회의원 1/3 추천권), ④ 국회권한 축소(국정감사권 폐지), ⑤ 정당국가적 경향의 완화, ⑥ 법원의 위헌법률심사권의 헌법위원회에의 이관, ⑦ 헌법개정절차의 이원화 등을 주요 골자로 한 이른바 유신헌법이 그 산물이다.

(8) 제8차 개헌

1979년 10월 26일에 발생한 박 대통령의 시해사건으로 국무총리가 대통령의 권한을 대행하는 과도정부가 출현하였고, 이후 정부가 제안한 개헌안을 1980년 10월 22일 국민투표에 의하여 확정한 것이 제8차 개헌이다. 그 주요 내용은 제5공화국의 기본권조항이 제3공화국의 기본권조항으로 복귀한 외에 새로운 기본권이 추가되었다. 기본권을 실정권이 아닌 자연권으로 인정하였으며, 개별적 유보조항을 없애고 기본권의 본질적 내용의 침해금지규정을 두었다.

새로운 기본권에 관한 조항으로는 ① 행복추구권, ② 사생활의 비밀과 자유, ③ 연좌제의 폐지, ④ 형사피고인의 무죄추정, ⑤ 평생교육의 권리, ⑥ 환경권, ⑦ 구속적부심사제의 제한적 부활, ⑧ 적정임금제 도입 등을 들 수 있다. 권력구조와 관련하여서는 ① 통일주체국민회의의 폐지, ② 선거인단에 의한 대통령선출(간선제), ③ 임기 7년의 대통령 단임제, ④ 국회의 국정조사권 신설 등을 정하였다.

(9) 제9차 개헌

제9차 개헌은 대통령직선제를 통한 국민의 정부선택권과 기본권 보장의 확대·강화 등을 포함한 국민의 민주화 요구(1987년 6월의 시민들의 평화대행진 등)가 수용된 국민적 합의에 의한 개헌으로서, 1987년 10월 27일 실시된 국민투표에서 총유권자의 78.2% 투표에 투표자 93.1%의 찬성으로 확정되었다.

그 주요 내용으로는 전문에 ① 대한민국임시정부의 법통을 계승함을 명시하고, ② 저항권을 간접적으로나마 인정한 것을 비롯하여, 국민의 기본권과 관련하여서는 구속적부심사제의 완전부활, 구속이유고지제도 신설, 형사피의자에 대한 형사보상제 확대 적용, 최저임금제를 도입하였다. 통치구조에 있어서는 ① 대통령 직선제(임기 5년), ② 대통령의 국가긴급권의 축소, ③ 국회의 국정감사권의 부활, ④ 헌법재판소의 신설 등이다.

제 3 절 국민의 권리와 의무

설 문

「국민의회를 구성하고 있는 프랑스인민의 대표자들은 인권에 관한 무지·망각 또는 멸시가 오로지 공공의 불행과 정부의 부패의 제 원인이라는 것에 유의하면서, 하나의 엄숙한 선언을 통하여 인간에게 자연적이고 불가양이며 신성한 제 권리를 밝히려 결의하거니와, 이는 사회단체의 모든 구성원이 항시 이 선언에 준하여 부단히 그들의 권리와 의무를 상기할 수 있도록 하며, 입법권과 행정권의 제 행위가 수시로 모든 정치제도의 목적에 바탕을 두도록 함으로써 보다 존중되게 하기 위한 것이며, 차후 단순하고 명확한 제 원리에 기초를 둔 시민의 요구가 언제나 헌법의 유지와 모두의 행복에 이바지할 수 있도록 하는 것이다.

… 따라서 국민의회는 지고의 존재 앞에 그 비호 아래 다음과 같은 인간과 시민의 제 권리를 승인하고 선언한다.」

– 1789년 프랑스「인간과 시민의 권리선언」 중에서

논 점

1. 시민혁명에 있어 인권선언이 강조된 이유는?
2. 프랑스 인권선언에 예시된 '제1세대' 인권에 비하여 '제2세대', '제3세대' 등의 인권은 어떠한가?

Ⅰ. 기본권의 일반이론

1. 기본권의 의의와 법적 성격

(1) 기본권의 의의

기본권이란 국민이 향유할 수 있는 기본적 권리로서, 이는 국가가 부여함으로써 인정된다는 실정권설(實定權說)과, 국가이전의 권리로서 국가는 기본권보장을 위한 수단에 불과하다는 천부인권설(天賦人權說)(자연권설)의 대립이 있다.

역사적으로 보면 영국과 같은 나라에서는 명예혁명이 이루어짐으로써 국왕이 귀족과 시민의 권리를 인정하여 주는 방향으로 나아갔다. 이에 대하여 미국이나 프랑스의 경우는 모든 국민이 천부의 인권을 가지고 있음을 선언하고 시민혁명을 통하여 이를 확보하였다. 제2차 세계대전 이후의 기본권은 일반적으로 기본권이 전국가적인 자연권임을 헌법에서 강조하고 있다. 우리 헌법은 전문에서 「우리들과 우리들의 자손의 안전과 자유와 행복을 영원히 확보하기 위하여 이 헌법을 제정하였다」고 선언하고 있으며, 제10조에서 「모든 국민은 인간으로서의 존엄과 가치를 가지며 행복을 추구할 권리를 가진다. 국가는 개인이 가지는 불가침의 기본적 인권을 확인하고 이를 보장할 의무를 진다」라고 규정하고 있다. 또한, 제34조는 「모든 국민은 인간다운 생활을 할 권리를 가진다」고 규정하고, 제37조 제1항은 「헌법에 열거되지 아니한 자유와 권리」가 있을 수 있음을 인정하고 있기 때문에 기본권을 전국가적인 자연권으로 규정한 것이라고 보아야 한다.

(2) 기본권보장의 법적 성격

우리 헌법에 있어서 가장 핵심적인 기본권보장 규정은 '인간의 존엄과 가치·행복추구권'을 규정하고 있는 제10조로서, 제1조의 「대한민국은 민주공화국이다」라는 규정과 함께 우리 헌법의 가장 중요한 근본규범을 이루고 있다. 따라서 제10조는 헌법개정의 대상이 되지 않는다.

또한, 헌법 제10조는 인간의 존엄과 가치·행복추구권이 기본권보장의 전제가 된다는 것을 의미하며, 이 규정은 제37조 제1항과 함께 기본권이 포괄적임을 선언하고 있다. 여기에서의 인간의 존엄과 가치·행복추구권이라고 하는 것은 일반적으로 기본권 전반의 전제가 되는 이념 및 포괄적인 인권을 의미한다고 할 수 있다.

인간은 인권을 가지기 때문에 명예를 침해받는다든가 사생활의 비밀을 침해받아서는 아니되며, 또한 자기가 원하는 바를 행할 수 있는 일반적 행동자유권이 보장되고 있다. 이러한 인간의 권리는 국가이전의 권리로서 인격권을 보장한 것이다. 우리 헌법은 인격주의에 입각하여 전체주의나 개인지상주의를 배격하고 있다. 또한, 헌법 제37조 제2항에서 「국민의 모든 자유와 권리는 국가안전보장·질서유지 또는 공공복리를 위하여 필요한 경우에 한하여 법률로써 제한할 수 있으며, 제한하는 경우에도 자유와 권리의 본질적 내용을 침해할 수 없다」고 규정하고 있는 것도 개인의 기본권이 절대적인 것은 아니며, 전체의 이익과 상호 조화되어야 한다는 것을 의미하고 있다.

2. 기본권의 분류

(1) 내용에 의한 구분

헌법 제10조에서는 인간의 존엄과 가치·행복추구권을 보장하고 있지만, 이것을 보장하기 위해서는 차별대우가 금지되어야 하며 또한 자유롭고 인간다운 생활이 보장되어야 할 것이다. 인간의 존엄과 가치에 바탕을 둔 기본권은 내용에 따라서 ① 행복추구권, ② 평등권, ③ 자유권, ④ 참정권, ⑤ 청구권, ⑥ 사회권으로 나누어진다.

(2) 성질에 의한 구분

기본권은 그 성질에 따라 초국가적인 기본권과 국가내적인 기본권으로 나눌 수 있다. 초국가적인 기본권은 천부인권으로서 인간의 권리이다. 예를 들면 행복추구권, 평등권, 자유권이 이에 속한다. 반면에, 국가내적인 기본권은 국가의 입법에 의하여 그 내용이 확정되고 또 제한될 수 있는 권리를 말한다. 예를 들면 참정권이나 청구권적 기본권, 사회권적 기본권은 국민의 권리로서 국가를 전제로 하지 않고서는 생각할 수 없는 권리이다.

(3) 효력에 의한 구분

기본권은 그 효력에 따라 현실적(구체적)인 기본권과 입법방침(program) 규정으로 나눌 수 있다. 현실적인 기본권이란 모든 국가권력을 직접적으로 구속하는 기본권을 말한다. 반면에 입법방침규정은 직접 행정권과 사법권을 구속하지 아니하고 입법의 의무만을 부과하는 것을 말한다.[4)]

3. 기본권의 제한

국민의 기본권이라 하더라도 절대적인 것은 아니다. 첫째, 헌법이 직접 기본권을 제한하는 것으로서 사회공동생활에 따른 기본권에 내재하는 한계(타인의 권리, 도덕률, 헌법질서 등)나 특별한 규정에 의하여 기본권은 제한될 수 있다. 우리 헌법 제8조 제4항이 「정당의 목적이나 활동이 민주적 기본질서에 위배될 때에는 … 해산된다」라고 하고, 또한 제21조 제4항이 「언론・출판은 타인의 명예나 권리 또는 공중도덕이나 사회윤리를 침해하여서는 아니된다」라고 하고 있는데, 이는 기본권의 내재적 한계에 대한 개별적 표현인 것이다.

둘째, 법률에 의한 기본권제한이 있는데, 우리 헌법은 제37조 제2항에서 일반적 법률유보원칙을 규정하고 있다. 즉, 「국민의 모든 자유와 권리는 국가안전보장・질서유지 또는 공공복리를 위하여 필요한 경우에 한하여 법률로써 제한할 수 있으며, 제한하는 경우에도 자유와 권리의 본질적인 내용을 침해할 수 없다」고 하고 있다.

셋째, 기본권의 예외적 제한이 있는데, 국가비상사태에 있어서 기본권의 제한이 여기에 해당한다. 우리 헌법상 긴급명령과 긴급재정・경제처분 및 명령 또는 비상계엄선포에 의하여 기본권이 제한될 수 있다.

4. 기본권침해에 대한 구제

누가 어떠한 방식으로 기본권을 침해하였는가에 따라 다양한 형태의 기본권침해가 있을 수 있으며, 이에 따라 그 구제수단도 다양할 수밖에 없다. 예를 들어, 국회에서 법률을 제정하여야 함에도 불구하고 이를 제정하지 않는 경우에는 국회에 대하여 법률을 제정하라고 청원할 수 있을 뿐만 아니라, 일정한 경우 입법부작위(立法不作爲)에 대한 헌법소원심판을 청구할 수 있다. 또한, 법률이 구체적으로 기본권을 침해한 경우에는 위헌법률심판을 청구할 수

---

4) 사회적 기본권이 입법방침규정이라는 것이 과거의 다수설이었으나, 오늘날은 추상적 권리 혹은 구체적 권리로 본다.

있다.

법률의 적용과정에서 기본권이 침해된 경우에도 그 구제수단으로 행정소송제도(제107조, 제27조), 국가배상청구권(제29조), 형사보상청구권(제28조), 헌법소원(제111조) 등에 의한 사후구제의 길이 마련되어 있다.

II. 개별적 기본권

1. 인간으로서의 존엄·가치와 행복추구권

헌법 제10조는 「모든 국민은 인간으로서의 존엄과 가치를 가지며, 행복을 추구할 권리를 가진다. 국가는 개인이 가지는 불가침의 기본적 인권을 확인하고 이를 보장할 의무를 진다」라고 규정하고 있다. 인간의 존엄과 가치란 인간의 본질로 간주되는 인간에 고유한 인격성 내지 인격주체성을 말하며, 이에 대한 존중은 우리 헌법의 최고의 구성원리로서 모든 기본권의 이념적 전제이자 통치권행사의 궁극적 목표라고 할 수 있다. 또한, 행복을 추구할 권리에서 행복추구권이란 무엇인가가 문제로 된다. 즉, 고통이 없는 상태 내지는 만족감을 느낄 수 있는 상태를 실현할 수 있는 권리라고 정의내릴 수는 있으나 '만족' 등의 개념이 너무 주관적이라는 데 문제가 있다.

(1) 내 용

인간의 존엄과 가치는 모든 인간에게 인정되는 것으로, 외국인·태아·기형아 등을 불문한다. 인간의 존엄과 가치의 존중은 행복추구권을 비롯하여 헌법 제11조에서 제36조까지 언급된 기본권 및 그 밖에 열거되지 아니한 기본권(생명권, 휴식권 등)의 행사를 통하여 실현되며, 또한 이를 위하여 인간의 인격을 무시하는 비인간적 행위인 노예제도라든가 인신매매제도, 정신이상자의 안락사 등이 금지되고 있다.

또한, 행복추구권은 일반적 행복추구권과 인격의 자유발현권 및 생존권 등을 포괄하는 권리로서, 자기가 추구하는 행복 개념에 따라 생활할 수 있는 권리를 말한다. 쾌적한 환경이라든가, 인간다운 주거공간에서 살 권리, 자기 신체와 생각을 자기의 마음대로 형성할 권리 등이 이에 포함될 것이다.

(2) 제 한

현행 헌법 제37조 제2항이 「국민의 모든 자유와 권리는 국가안전보장·질서유지 또는 공공복리를 위하여 필요한 경우에 한하여 법률로써 제한할 수 있으며 …」라고 규정하고 있지만, 여기서 '인간으로서의 존엄·가치'는 모든 기본권의 이념적 전제 또는 모든 기본권의 핵으로서 '자유와 권리의 본질적인 내용'의 중심부분에 해당되어 법률로써도 제한할 수 없는 것이다. 한편, 국민의 행복추구권은 그 본질적 내용이 침해되지 않는 한 헌법 제37조 제2항이 정한 바에 따라 제한될 수 있다.

2. 평등권

국민의 평등은 입헌주의의 주요한 사상의 하나로 초기의 정치적 평등, 법 적용에서의 평등으로부터 실질적 평등, 즉 사회적·경제적·문화적 평등, 법 내용의 평등까지 포함하는 참다운 의미의 평등을 지향하고 있는 것이다. 헌법 전문에서 「정치·경제·사회·문화의 모든 영역에 있어서 각인의 기회를 균등히 하고, 국민생활의 균등한 향상을 기할」 것을 선언한 데 이어 제11조 제1항에서는 「모든 국민은 법 앞에 평등하며, 누구든지 성별·종교 또는 사회적 신분에 의하여 정치적·경제적·사회적·문화적 생활의 모든 영역에 있어서 차별을 받지 아니한다」고 규정하고 있다. 또한, 제2항과 제3항에서 「사회적 특수계급의 제도는 인정되지 아니하며 어떠한 형태로도 이를 창설할 수 없다」, 「훈장 등의 영전은 이를 받은 자에게만 효력이 있고, 어떠한 특권도 이에 따르지 아니한다」라고 명시하고 있다.

이상의 평등권은 단순한 법질서의 반사적 이익에 불과한 것이 아니고, 국민 개인의 권리인 것이다.

(1) 내 용

우리 헌법은 차별을 할 수 없는 사유로서 성별, 종교, 사회적 신분 등을 들고 있다. 이것은 열거규정(列擧規定)이 아니고 예시규정(例示規定)으로서, 성별·종교·사회적 신분이 아닌 다른 근거에 의한 차별도 그것이 자의적이거나 불합리한 경우에는 금지된다. 남녀라는 성별에 의한 차별대우는 금지되고 있지만 우리 민법상의 많은 조항이 불평등하다고 하여 논란이 되어오던 중

1990년 민법 개정으로 많은 부분이 해결되었으며,5) 호주제도도 헌법불합치결정을 받은 상태에 있다.6)

또한, 종교의 유무 또는 어느 종교를 믿는가에 따라 차별대우를 해서는 안되며 사회적 신분에 따른 차별대우도 금지된다. 사회적 신분이라 함은 선천적인 신분과 후천적인 신분을 아울러 말한다. 이러한 차별은 정치적·경제적·사회적·문화적인 모든 영역에서 금지되고 있다. 다만 누진과세라든가, 시험성적에 따른 입학 등은 허용된다. 사회적 신분에 의한 차별과 관련하여 존속살인이나 존속상해의 경우에 형벌을 가중하는 것이 위헌인가가 문제된다.7)

(2) **제 한**

평등권은 민주국가에 있어서 총칙적인 기본권리이기는 하나 절대적인 것은 아니다. 평등권은 헌법이나 법률에 의하여 합리적인 이유로 제한될 수 있다. 또한 긴급명령에 의해서도 제한될 수 있다. 헌법은 군인·군무원에 대한 군사법원의 재판관할, 군인·경찰 등의 국가배상청구권의 제한, 공무원과 방산근로자의 노동3권 제한 등에 관한 개별적 제한규정을 두고 있다.

---

5) 예를 들면, 민법 제1009조의 법정재산상속에 있어 남녀균분상속에 있어 출가녀도 포함토록 하였으며, 동법 제777조의 상속의 범위를 정함에 있어 부계·모계의 차별을 없애기도 하였다.

6) 오늘날 가족관계는 한 사람의 가장(호주)과 그에 복속하는 가속(家屬)으로 분리되는 권위주의적인 관계가 아니라, 가족원 모두가 인격을 가진 개인으로서 성별을 떠나 평등하게 존중되는 민주적인 관계로 변화하고 있고, 사회의 분화에 따라 가족의 형태도 모와 자녀로 구성되는 가족, 재혼부부와 그들의 전혼소생자녀로 구성되는 가족 등으로 매우 다변화되었으며, 여성의 경제력 향상, 이혼율 증가 등으로 여성이 가구주로서 가장의 역할을 맡는 비율이 점증하고 있다. 호주제가 설사 부계혈통주의에 입각한 전래의 가족제도와 일정한 연관성을 지닌다고 가정하더라도, 이와 같이 그 존립의 기반이 붕괴되어 더 이상 변화된 사회환경 및 가족관계와 조화되기 어렵고 오히려 현실적 가족공동체를 질곡하기도 하는 호주제를 존치할 이유를 찾아보기 어렵다. 호주제의 골격을 이루는 조항들은 위헌이고, 그 결과 호주를 기준으로 가별로 편제토록 되어 있는 현행 호적법이 그대로 시행되기 어려워 신분관계를 공시·증명하는 공적 기록에 중대한 공백이 발생하게 되므로, 호주제를 전제하지 않는 새로운 호적체계로 호적법을 개정할 때까지 심판대상 조항들을 잠정적으로 계속 적용케 하기 위하여 헌법불합치결정을 선고하였다(헌법재판소 2005.2.3. 선고 2001헌가9, 10, 11, 12, 13, 14, 15, 2004헌가5(병합) 전원재판부).

7) 우리나라에서는 아직까지 위헌판결이 나오지 않고 있지만, 일본에서는 그 가중의 정도가 지나치다는 이유로 위헌판결이 내려진 바 있다.

3. 자유권적 기본권

자유권적 기본권이라 함은 모든 국민이 그의 자유영역에 대해서 국가권력으로부터 자유로이 활동하고 생활할 수 있는 권리를 말한다. 따라서 이 자유권은 국가권력이 국민의 자유의 영역에 대해서는 침해하지 말 것을 요청할 수 있는 국가에 대한 일종의 부작위청구권으로, 이를 침해한 경우에는 이의 배제를 요구할 수 있는 침해배제청구권이라고도 할 수 있다.

(1) 법적 성격

자유권적 기본권은 이를 자연적인 국가이전의 권리로 보는 견해와, 국가에 의하여 비로소 부여되는 실정권(實定權)으로 보는 견해가 대립되고 있다. 먼저 자유권을 자연권으로 보는 견해는, 이는 천부인권이기 때문에 입법권으로서도 함부로 제한할 수 없는, 국가이전에 선존(先存)하는 권리라고 한다. 반면에 자유권을 실정권으로 보는 견해는 헌법에 열거된 자유권을 개별적인 것으로 본다. 헌법 제37조 제1항에서 「국민의 자유와 권리는 헌법에 열거되지 아니한 이유로 경시되지 아니한다」라고 규정하고 있는 것으로 보아 자유권은 포괄적이며 전(前)국가적인 권리라고 하는 것이 타당하다.

(2) 구 조

자유권적 기본권은 주기본권인 일반적 행동자유권과 파생적인 개별적 기본권으로 구성되어 있다. 일반적 행동자유권은 ① 사법작용(司法作用)에서의 신체의 자유, ② 사회적·경제적 자유, ③ 정신적 자유, ④ 정치적 자유 등으로 구분된다. 우리 헌법에는 일반적인 행동자유권이 규정되어 있지 않지만, 이에 대신하여 신체의 자유가 헌법 제12조를 구성하고 있다.

신체의 자유는 신체의 불가침과 사법작용에서의 자유를 말하는 것이다. 사회적·경제적 자유로는 ① 거주·이전의 자유, ② 직업선택의 자유, ③ 주거의 자유, ④ 통신의 자유, ⑤ 재산권행사의 자유 등을 들 수 있다. 정신적 자유로는 ① 종교의 자유, ② 양심의 자유, ③ 학문과 예술의 자유, ④ 표현의 자유가 있다. 정치적 자유로는 ① 정당가입과 활동의 자유, ② 선거와 투표의 자유, ③ 정치적 표현의 자유가 있다.

(3) 내 용

(개) **신체의 자유**(제12·13·27·28조) 신체의 자유는 신체안전의 자유, 신체활동의 자유 등을 포함한다. 특히, 제6공화국 헌법에서는 적법절차를 규정하였을 뿐만 아니라 구속적부심사제의 완전한 부활, 구속이유 등의 고지제도 채택, 형사보상청구권의 확대 등을 통하여 신체의 자유를 신장하고 있다. 그 내용은 ① 죄형법정주의, ② 고문금지와 묵비권, ③ 변호인의 조력을 받을 권리, ④ 영장제도, ⑤ 구속적부심사제, ⑥ 구속이유 등 고지제도, ⑦ 자백의 증거능력 제한, ⑧ 소급입법의 금지와 일사부재리의 원칙, ⑨ 연좌제 금지 등이다.

(내) **거주·이전의 자유**(제14조) 거주·이전의 자유는 국내에서의 거주·이전의 자유뿐만 아니라 국외로 거주·이전할 자유도 내포한다. 해석상 국적이탈의 자유도 포함된다. 거주·이전의 자유는 국가보안법, 출입국관리법, 해외이주법 등에 의해 제한되는 경우가 있다.

(대) **직업선택의 자유**(제15조) 직업선택의 자유는 단지 직업을 선택할 수 있는 자유뿐만 아니라, 선택한 직업을 자유로이 영위할 수 있는 영업의 자유도 포함된다. 또한 무직업의 자유도 포함된다.

(래) **주거의 자유**(제16조) 주거의 불가침이란 사생활이 영위되는 지역인 주거에 대한 국가권력의 부당한 침입을 배제하는 권리를 말한다. 따라서 주거에 대한 압수나 수색에는 검사의 신청에 의하여 법관이 발부한 영장을 제시하여야 한다. 주거의 자유는 국세징수법, 경찰관직무집행법, 소방법, 전염병예방법 등에 의하여 제한되는 경우가 있다.

(매) **사생활의 비밀과 자유**(제17조) 사생활의 자유란 개인의 사적 생활 영위의 자유를 말하는 것이고, 사생활의 비밀은 사생활의 부당한 공개로부터의 자유를 말한다. 즉 이른바 프라이버시(privacy)의 권리로서 신설된 조항이다.

(배) **통신의 자유**(제18조) 통신의 불가침이란 서신뿐만 아니라 전신·전화 등의 검열이나 도청을 금지하는 것을 말한다. 통신의 자유는 우편법 등에 의하여 제한되는 경우가 있다.

(새) **재산권의 보장**(제23조) 「모든 국민의 재산권은 보장된다」라고 규정하여 사유재산제도를 보장하고 있다. 재산권의 내용과 한계는 법률로써 정

할 수 있다. 법률이 정한 재산권으로는 물권·채권뿐만 아니라 광업권·어업권·특허권·저작권 등의 특별법상의 재산이 있으며, 수이권·하천점유권 등 공법적인 재산권도 있다. 또한 제2항에서는 「재산권의 행사는 공공복리에 적합하도록 하여야 한다」라고 규정하고 있으며, 제3항은 「공공필요에 의한 재산권의 수용·사용 또는 제한 및 그에 대한 보상은 법률로써 하되 정당한 보상을 지급하여야 한다」라고 규정하고 있다. 여기에서 정당한 보상은 공공필요에 의하여 특별히 희생된 재산의 재산적 가치를 충분하고 완전히 보상하는 완전보상을 의미한다. 보상의 기준과 방법은 법률로써 정하되 무보상 수용 등의 제한은 행할 수 없다.

㈀ **양심의 자유**(제19조) 「모든 국민은 양심의 자유를 가진다」라고 규정하여 양심의 자유는 내심의 자유 중에서 신앙·학문·예술 등을 제외한 윤리적·정치적·사회적 양심의 자유를 말한다. 이 자유는 내심의 형성과정과 유지의 자유이며, 이의 표현은 언론·출판·집회·결사의 자유로서 인정된다. 양심의 자유는 내심의 자유로서 절대적인 것이기 때문에 법률에 의하여서도 제한할 수 없다.

㈈ **종교의 자유**(제20조) 「모든 국민은 종교의 자유를 가진다. 국교는 인정되지 아니하며, 정치와 종교는 분리된다」라고 규정하여 종교의 자유를 보장하고 있다. 종교의 자유는 ① 신앙의 자유, ② 종교행위의 자유, ③ 종교결사의 자유, ④ 포교 및 종교교육의 자유를 그 내용으로 한다. 신앙의 자유는 어떠한 종교를 믿을 자유, 믿지 아니할 자유, 종교를 변경할 자유, 무종교의 자유 등을 내포하고 있다. 종교행위의 자유는 종교적 행사·축전·예배의 자유를 의미하며, 종교적 결사의 자유는 종교단체 결성의 자유를 말한다. 포교 및 종교교육의 자유와 관련하여 국·공립학교가 정교분리의 원칙의 적용을 받는 것과 달리, 사립학교에서의 종교교육은 포교활동의 일환으로 인정되고 있다. 종교의 자유도 신앙의 자유를 제외하고는 외부적 표현의 자유이기 때문에 법률에 의하여 제한할 수 있다.

㈉ **학문과 예술의 자유**(제22조) 학문의 자유는 좁은 의미에서 학문연구의 자유, 연구발표 및 교수의 자유를 내포하는 것이라고 보아야 하며, 넓은 의미에서는 대학의 자치까지를 포함하는 것이다. 학문연구는 절대적이나 그 외의 자유는 어느 정도의 제한이 인정되고 있다.

예술의 자유는 미의 추구의 자유이며 예술창작의 자유, 예술전시・표현의 자유, 예술결사의 자유 등을 내포한다. 예술의 자유도 예술창작의 자유를 제외하고는 외부적 표현의 자유이기 때문에 법률에 의하여 제한할 수 있다. 헌법은 또한 저작자・발명가와 예술가의 권리를 법률(저작권법, 발명보호법, 특허법 등)에 의하여 보호하고 있다.

㈎ **언론・출판・집회・결사의 자유**(제21조) 언론・출판・집회・결사의 자유는 사상・의견의 외부적 표현의 자유로서 정신적 자유임과 동시에, 현대 대중민주정치에 있어서 필수불가결의 자유이기 때문에 정치적 자유의 성격을 띠고 있다. 언론・출판의 자유에는 구두・인쇄물에 의한 표현의 자유와 함께 알권리(공공기관의 정보공개에 관한 법률, 1996.12.31. 제정), 보도의 자유, 신문의 자유, 액세스(access)권 등이 포함되어 있다. 집회・결사의 자유는 일정한 목적을 가진 다수인의 집합 또는 단체의 자유이다.

언론・출판・집회・결사의 자유는 민주정치의 전제조건이므로 이의 제한은 신중을 기해야 한다. 물론 언론・출판・집회・결사의 자유라고 하더라도 절대적인 자유는 아니므로 타인의 명예나 권리 또는 공중도덕이나 사회윤리를 침해하여서는 아니되며, 헌법 제37조 제2항의 일반적 법률유보조항인 공공복리・질서유지・국가안전보장을 위하여는 법률에 의하여 제한될 수 있다. 이에 관한 제한 법률로는 정기간행물의 등록에 관한 법률, 집회 및 시위에 관한 법률, 사회단체등록에 관한 법률 등이 있다.

(4) 자유권의 제한

자유권에 있어서 그 제한은 일부 개별적 법률유보조항에 의해서나 제37조 제2항의 일반적 법률유보조항인 공공복리・질서유지・국가안전보장을 위하여 필요한 경우에는 법률로써 제한할 수 있다. 물론 제한하는 경우에도 그 본질적인 내용은 침해할 수 없다. 그러나 내심의 자유, 특히 양심의 자유, 신앙의 자유, 학문연구와 예술창작의 자유 등은 절대적 자유로 보아 법률로도 제한할 수 없다. 즉 내심의 자유는 기본권의 본질적인 내용에 해당되므로 어떠한 경우에도 제한할 수 없다.

4. 사회적 기본권

사회적 기본권은 학자에 따라 생활권적 기본권 또는 생존권적 기본권이라고도 한다. 이는 국민의 인간다운 생활에 필요한 여러 조건을 국가권력이 적극적으로 확보해 줄 것을 요청할 수 있는 권리로서 국가권력의 불간섭을 요청할 수 있는 자유권과는 구별된다. 사회적 기본권은 1793년 프랑스 헌법에서의 원시적 형태를 거쳐 1919년 바이마르(Weimar)헌법에서 최초로 명문화된 이래 오늘날 거의 모든 나라의 헌법에 명시되고 있다. 우리 헌법도 1948년 헌법이래로 사회적 기본권에 관한 규정을 두고 있다.

(1) 법적 성격

사회적 기본권의 법적 성격에 대해서는 학설의 대립이 많다. 자유권이 국가권력으로부터의 침해를 배제하는 소극적 권리인데 대하여, 사회권은 생활에 필요한 모든 조건을 확보하기 위하여 국가에 대해 개입을 요청하는 적극적 권리이다. 또한, 자유권은 천부인권인데 대하여 사회권은 국가내적인 기본권이라 할 수 있다. 사회적 기본권은 헌법의 규정에서 직접적으로 효력이 나오는 것이 아니고, 이에 근거하여 법률이 제정되어야만 비로소 효력을 발생하는 추상적 권리라고 한다. 따라서 헌법에 권리가 규정되어 있다고 하여 직접 법원에 청구할 수 있는 권리가 아니고, 헌법규정에 따른 구체적 입법이 있어야만 법원에 청구할 수 있는 권리인 것이다. 그러나 최근 구체적 권리로서의 성격이 강하게 주장되고 있다.

(2) 구 조

사회적 기본권은 주된 사회권인 인간다운 생활을 할 권리와 그 파생적 권리로 구성되어 있다. 따라서 헌법에 규정되어 있는 교육을 받을 권리, 근로의 권리, 노동3권, 환경권, 보건의 권리 등은 이 '인간다운 생활을 할 권리'의 파생적 권리이며, 목적 실현을 위한 수단으로 되어 있다고 할 것이다.

(3) 내 용

㈎ **인간다운 생활을 할 권리**(제34조)　모든 국민의 인간다운 생활을 할 권리와 국가의 사회보장의무를 규정하고 있다. 이 권리는 사회적 기본권 중에서도 가장 핵심적인 권리로서 최저한도의 문화적인 생활을 할 수 있는 권리를

말한다. 그러나 이러한 권리는 구체적인 내용의 청구권이라고는 할 수 없다. 또한, 모든 국민의 인간다운 생활을 확보하기 위하여 국가는 사회보장・사회복지의 증진에 노력할 의무를 진다. 따라서 생활능력이 없는 국민은 법률이 정하는 바에 의하여 국가의 보호를 받을 권리를 가진다. 이를 위하여 국가는 생활보호법을 제정하여 이들 생활무능력자에게 생활보호를 해 주도록 규정하고 있는 외에 노인복지법, 장애인복지법 등을 통한 사회복지 증진을 꾀하고 있다.

㈏ **교육을 받을 권리**(제31조)　교육을 받을 권리는 모든 국민이 능력과 재질에 따라 균등하게 교육받을 권리를 말하며, 성별・종교・사회적 신분에 따라 차별을 받지 않을 권리를 말한다. 또한 교육의 권리는 교육의 의무를 수반하고 있다. 일정한 연령에 달한 자녀를 가진 보호자는 그 보호하는 자녀에게 초등교육과 법률이 정하는 교육을 받게 할 의무를 진다. 의무교육의 연한은 현행 교육법상 6년의 초등교육과 3년의 중등교육으로 되어 있다. 의무교육은 무상으로 한다. 이것은 수업료만의 면제를 뜻하는 것이 아니고, 국가의 재정이 허용하는 경우에는 학용품을 비롯한 급식의 무상까지도 포함하는 것을 의미한다. 다만, 공립학교 입학이 가능함에도 불구하고 사립학교를 선택하는 경우에는 무상교육을 포기한 것으로 본다.

교육의 자주성・전문성・정치적 중립성 및 대학의 자율성은 법률의 규정에 의해 보장된다. 대학의 자치는 학문연구와 교육이라는 대학의 임무달성에 필수적인 것으로 현행 헌법이 헌정사상 처음으로 명문화하였다. 또한, 제31조 제5항에서 「국가는 평생교육을 진흥하여야 한다」라고 규정하고 있는데, 학교교육뿐만 아니라 가정교육, 사회교육 등을 포함한 넓은 의미의 교육으로 연령에 의한 제한을 두지 않는 평생교육을 의미한다. 평생교육을 포함한 교육제도와 그 운영에 관한 기본적 사항은 법률로 정하게 하고 있다.

㈐ **근로의 권리**(제32조)　근로의 권리는 모든 국민의 완전고용에 대한 권리라고 할 수 있으며, 국민은 국가에 대하여 직업의 보장을 요청할 수 있을 뿐만 아니라, 이것이 불가능한 경우에는 실업수당의 지급을 요구할 수 있는 권리이다. 따라서 국가는 완전고용의 의무를 수반하고 있기 때문에, 이를 위하여 사회・경제적 모든 시책을 강구하여야 한다. 즉 국가는 완전고용을 위하여 직업훈련을 하여야 하며 직업알선, 실업보험제도 등을 마련하여야 한다.

이를 위하여 우리나라는 직업안정 및 고용촉진에 관한 법률, 직업훈련기본법 및 근로기준법 등을 제정하여 근로자들을 보호하고 있다.

특히, 여자와 소년의 근로는 이를 특별히 보호하고 있으며 근로관계에서의 양성의 평등을 강조하고 있다. 이를 위하여 남녀고용평등법이 제정되어 있다. 그리고 국가유공자, 상이군경 및 전몰군경의 유가족은 법률이 정하는 바에 의하여 우선적으로 근로의 기회를 부여받도록 규정하고 있다. 한편 현행 헌법은 1980년 헌법의 적정임금의 보장에서 한걸음 더 나아가 최저임금제를 새로 도입하였다.

㈑ **근로자의 노동3권**(제33조) 경제적 약자인 근로자를 보호하기 위하여 노동3권에 관한 규정을 두고 있다. 여기에서 노동3권이란 근로자의 근로조건의 향상을 위하여 인정된 자주적인 단결권, 단체교섭권 및 단체행동권을 의미한다. 이를 위하여 노동조합 및 노동관계조정법 등을 제정하여 근로자의 권익을 보호하고 있다.

㈒ **환경권**(제35조) 「모든 국민은 건강하고 쾌적한 환경에서 생활할 권리를 가지며, 국가와 국민은 환경보전을 위하여 노력하여야 한다」라고 규정하여 인간다운 쾌적한 환경 속에서 생활할 수 있는 권리를 보장하고 있다. 이는 제10조의 '행복을 추구할 권리' 및 제34조의 '인간다운 생활을 할 권리'와도 그 정신을 같이 한다고 할 수 있으며, 국민은 국가에 대하여 환경을 침해하지 말 것과 환경을 개선・보호하여 줄 것을 청구할 수 있다. 또한 국가와 국민은 환경보전을 위하여 노력하여야 한다.

㈓ **혼인・가족・보건에 관한 권리**(제36조) 혼인과 가족제도의 보장 및 보건에 관한 권리를 규정하여 모든 국민의 혼인・가족・보건에 관한 권리를 보장한다. 따라서 국가는 일부일처제를 보장하여야 하며, 건강보험제도・무료진료・주택개선 등을 실시하여야 하고, 이를 위하여 보호입법・사회입법의 제정 의무를 진다. 현행 헌법은 특히 국가의 모성보호조항을 신설하였으며, 이에 관한 법률로 모자보건법, 모자복지법 등이 있다.

(4) 제 한

사회적 기본권은 '법률이 정하는 바'에 의하여 보장을 하기 때문에 그 실현에 대한 책임은 입법자에게 있다. 사회적 기본권의 제한도 헌법이나 법률로써 가능한데, 가장 중요한 것은 국가의 재정도나 예산의 부족에 따른 제한이라 할 것이다. 또한 일단 확보된 사회적 기본권도 긴급명령, 긴급재정·경제명령 등에 의하여 정지 또는 제약될 수 있다.

특히, 근로자의 노동3권에 대하여는 헌법과 법률에 의하여 많은 제한이 가해지고 있다. 헌법은 공무원에게는 법률로 인정된 자를 제외하고는 단결권·단체교섭권 및 단체행동권을 부인하고 있고, 공무원과 법률이 정하는 주요 방위산업체에 종사하는 근로자의 단체행동권은 법률로써 제한하거나 인정하지 아니할 수 있다. 또한, 노동조합 및 노동관계조정법상 공익사업에 종사하는 근로자는 일반 사업체 근로자에 비해 단체행동권 행사에 있어 상대적으로 많은 제한을 받고 있다.

5. 청구권적 기본권

자유권적 기본권, 사회적 기본권 등은 국민이 직접 그것을 향유할 수 있는 실체적 기본권이다. 그러나 청구권적 기본권은 국민의 권리 중에서 헌법이 규정하는 각종의 실체적인 기본권을 현실적으로 확보하기 위한 청구권적 성질을 가지는 기본권을 말한다. 이는 학자에 따라 수익권, 권리보호청구권, 구제권적 기본권, 기본권을 확보하기 위한 기본권 등으로 불리고 있다.

(1) 법적 성격

청구권적 기본권은 국가가 있어야만 비로소 인정되는 국가내적 권리라고 하겠다. 이것을 국가제도를 이용하는 이용권으로 보아 반사적 이익으로 보는 견해도 있으나, 국민이 국가에 대하여 특정한 행위를 요구할 수 있는 적극적 공권이라 하겠다. 이 점에 있어서 '국가로부터의 자유'를 의미하는 소극적 자유권과는 구별된다. 또한, 사회적 기본권은 추상적 권리인데 대하여 청구권적 기본권은 관련 헌법규정에 의하여 직접 효력이 발생하는 현실적 권리라는 점에서 구별된다.

(2) 구 조

청구권적 기본권은 국가의 기본권보장 의무가 강조되면서부터 그 종류가 늘어나게 되었다. 우리 헌법은 청구권적 기본권에 관하여 ① 청원권, ② 재판을 받을 권리, ③ 형사보상청구권, ④ 국가에 대한 손해배상청구권, ⑤ 범죄피해자구조청구권을 규정하고 있다.

(3) 내 용

㈎ **청원권**(제26조) 「모든 국민은 법률이 정하는 바에 의하여 국가기관에 문서로 청원할 권리를 가진다」라고 규정하고 있다. 여기에서 청원이란 국민이 국가나 지방자치단체 등 국가기관에 대하여 문서로써 진술하는 것을 말한다. 청원을 할 수 있는 사항은 재판에 간섭하거나 국가원수를 모독하거나 타인을 모해할 목적으로 허위의 사실을 적시하는 것이 아닌 한, 피해의 구제, 공무원의 비위의 시정 또는 공무원에 대한 징계나 처벌의 요구, 법률·명령·규칙의 제정·개정 또는 폐지, 공공의 제도 또는 시설의 운영 기타 공공기관의 권한에 속하는 사항이면 제한이 없다. 그리고 국민이 청원을 하면 국가는 청원에 대하여 심사할 의무를 지며, 청원법은 그것을 처리하여 그 결과를 청원인에게 통지하도록 하고 있다.

㈏ **재판청구권**(제27조) 「모든 국민은 재판을 받을 권리를 가진다」라고 규정하고 있다. 여기에서 말하는 재판을 받을 권리는 ① 정당한 재판을 받을 권리와 ② 신속한 공개재판을 받을 권리를 의미한다. 정당한 재판을 받을 권리는 법 앞에 평등과 사법권의 독립을 전제로, 법이 정하는 정규의 조직과 권한·절차를 가지는 법원에서 누구나 평등하게 재판을 받을 권리를 가진다는 것이다. 정당한 재판을 받을 권리는 소극적으로는 군인 또는 군무원이 아닌 국민은 대한민국의 영역 안에서는 중대한 군사상의 기밀·초병·초소·유해음식물공급·포로·군용물에 관한 죄 중 법률이 정한 경우와 비상계엄이 선포된 경우를 제외하고는 군사법원의 재판을 받지 아니할 권리를 가진다.

그리고 모든 국민은 신속한 재판을 받을 권리를 가지며, 형사피고인은 상당한 이유가 없는 한 지체없이 공개재판을 받을 권리를 가진다. 여기에서 '상당한 이유'란 국가의 안전보장 또는 안녕질서를 방해하거나 선량한 풍속을 해할 염려가 있는 경우를 말하며, 이때에는 법원의 결정으로 공개하지 아니 할 수 있다. 또한 형사피고인은 유죄의 판결이 확정될 때까지는 무죄로 추정되며, 형사피해자는 법률이 정하는 바에 의하여 당해 사건의 재판절차에서 진술할 수 있다.

㈐ **형사보상청구권**(제28조) 「형사피의자 또는 형사피고인으로서 구금

되었던 자가 법률이 정하는 불기소처분을 받거나 무죄판결을 받은 때에는 법률이 정하는 바에 의하여 국가에 정당한 보상을 청구할 수 있다」라고 규정하여 형사피고인뿐만 아니라 형사피의자에까지 확대하여 형사보상청구권을 인정하고 있다. 물론 구금되었다가 기소유예·기소중지처분을 받은 피의자와, 구금되지 않고 불구속으로 기소되어 무죄판결을 받은 자는 여기에 포함되지 아니한다.

㈑ **국가배상청구권**(제29조) 공무원의 직무상 불법행위로 인하여 손해를 받은 국민은 국가 또는 공공단체에 대하여 정당한 손해배상을 청구할 수 있다는 것을 의미한다. 국가배상청구권은 공무원이 직무상 고의 또는 과실로 국민에게 손해를 입힌 경우에만 청구할 수 있는 것이다. 이 점에서 관계공무원의 고의·과실을 불문하고 결과에 대해서만 손실을 보상하는 형사보상과는 다르다. 국가배상은 국가가 사용자로서 자기의 기관인 공무원의 행위에 대하여 자신이 책임을 지는 것을 의미하며, 이 경우 국가는 고의 또는 중과실이 있는 가해공무원에게 구상권을 행사할 수 있다.

군인·군무원·경찰공무원, 기타 법률로 정하는 자가 전투·훈련 등 직무집행과 관련하여 받은 손해에 대하여는, 법률이 정하는 보상 외 국가 또는 공공단체에 공무원의 직무상 불법행위로 인한 손해를 배상청구할 수 없도록 하고 있다. 이것은 이중배상을 금지한 것으로, 국가배상법 제2조 제1항 단서는 그 외에 향토예비군대원도 이중배상을 받을 수 없도록 규정하고 있다.

㈒ **범죄피해자 구조청구권**(제30조) 「타인의 범죄행위로 인하여 생명·신체에 대한 피해를 받은 국민은 법률이 정하는 바에 의하여 국가로부터 구조를 받을 수 있다」고 규정하여, 범죄피해자의 국가에 대한 구조청구권을 신설하였다. 이는 타인의 범죄행위로 인하여 생명·신체에 대한 피해를 받은 국민이 가해자의 불명 또는 무자력(無資力)으로 인하여 피해의 전부 또는 일부를 배상받지 못하고, 그 생계유지가 곤란한 경우 등에 인정되는 것으로 사회보장적 기능을 갖는 청구권인 것이다. 이를 위하여 범죄피해자구조법이 제정되어 있다.

(4) 제 한

청구권적 기본권은 국가내적인 권리이기 때문에 헌법과 법률에 의하여 제한할 수 있다. 따라서 헌법은 제27조에서 국민의 군사법원의 재판을 받지 아니할 권리를 제한하고 있으며, 제29조에서 군인・군무원 등에 대하여는 이중배상을 청구할 수 없도록 제한하고 있다. 또한, 청구권적 기본권에는 법률유보조항이 있기 때문에 헌법 제37조 제2항의 일반적 법률유보에 따라 국가안전보장・질서유지와 공공복리를 위하여 필요한 경우에는 법률로써 제한할 수 있으며 대통령의 긴급명령 등에 의하여도 제한될 수 있다. 예를 들면, 국가배상청구권의 경우 철도법, 우편법, 우편물운송법, 공중전기통신사업법 등에 의하여 그 배상책임의 범위가 제한되고 있다.

6. 참정권

참정권이란 국민이 국가의 의사결정에 참여할 수 있는 권리이다. 이는 국민이 국가의사의 형성과정에 참여하거나 국가기관을 구성하며, 국가권력행사를 통제 내지 견제할 수 있는 등 국민주권의 실현을 위한 필수적인 제도적 장치로서의 민주적・정치적 권리이며, 또한 개별적인 국민의 능동적 공권이다.

(1) 법적 성격

참정권은 정치적 기본권이며 개별적인 국민의 능동적 권리이다. 이 기본권은 국민 개개인의 불가양・불가침의 권리로서 대리행사시킬 수 없는 극히 일신전속적인 권리이다.

㈎ 법적 성격 참정권은 개인의 주관적 공권임과 동시에 객관적 법질서의 구성요소로서 이중적 성격을 띠고 있다.

㈏ 의무성 국민주권의 실현 내지는 국민으로부터 나오는 국가권력에 대한 정당성 부여를 위하여는 민주시민의 적극적인 참정권의 행사가 요구된다. 그러나 참정권은 국가내적 권리이며 실정법에 의한 권리인 만큼 의무를 수반시킬 것이냐의 여부는 입법정책의 문제로서 나라마다 다르며 참정권의 본질적인 문제는 아니라고 하겠다. 우리나라에서는 투표의 자유, 기권의 자유를 인정하고 있으므로 실정법적인 의무를 수반하는 것으로 보기는 힘들 것이다.

(2) 구 조

참정권에는 선거권과 공무담임권 및 국민표결권이 있다. 이 중에서 국민이 대표자를 선출함으로써 국가기관의 구성에 참여할 수 있는 권리인 선거권과, 그 자신이 국가기관의 구성원으로 선임될 수 있는 권리인 공무담임권을 간접참정권이라 하고, 국민표결권은 국민이 국가의사형성에 직접 참여할 수 있는 권리로서 직접참정권이라 하겠다.

(3) 내 용

㈎ **선거권**(제24조) 건국헌법 이래 1980년 헌법까지는 선거권자의 연령을 만20세로 헌법에서 직접 규정하여 왔으나, 현행 헌법은 이를 입법사항으로 하고 있다. 국민의 선거권에는 대통령선거권, 국회의원선거권, 지방자치단체의 장 및 지방의회의원선거권 등이 있다.

공직선거법(이른바 통합선거법)에 따라 대통령 및 국회의원 선거권은 만19세에 달한 국민이면 금치산자, 수형자, 일정한 범위의 전과자가 아닌 한 누구나 이를 가지게 된다. 대통령선거는 보통·평등·직접·비밀선거에 의하여 5년마다 선거하게 된다.

국회의원에 대한 선거권 또한 보통·평등하게 부여되어야 한다. 따라서 제한선거는 인정되지 아니하며 불평등선거도 인정되지 않는다. 따라서 여성도 선거권을 가지게 되며 주거기간에 따른 선거권의 제한은 인정되지 않는다. 지방자치단체의 주민은 지방자치단체의 의회의원과 지방자치단체의 장을 선출할 권한을 가진다. 지방자치단체에서는 일정한 거주요건을 법률로 정할 수 있다.

㈏ **공무담임권**(제25조) 공무담임권은 행정부뿐만 아니라 입법부, 사법부, 지방자치단체와 기타 일체의 공공단체의 직무를 담임하는 권리를 말한다. 이는 피선거권보다는 넓게 해석하여야 한다. 공무담임을 위해서는 공무원시험 등에 합격하여 임용되거나 선거직공무원인 경우 피선되어야 한다. 공무담임권은 불합리한 제한을 받음이 없이 능력에 따라 균등하게 공무원이 될 수 있는 권리를 말한다. 공무원으로서의 피선거권으로는 국회의원 피선거권, 대통령 피선거권, 지방자치단체의 장 및 지방의회의원 피선거권 등이 있다.

㈐ **국민표결권** 헌법 제72조는 외교·국방·통일 기타 국가안위에 관한 중요한 국가정책에 관한 국민표결권을, 제130조는 헌법개정에 대한 국민표결권을 규정하고 있다. 현행 국민투표법은 국회의원선거권자이면 누구나 국민표결권을 가진다고 규정하고 있다.

(4) 제 한

참정권은 헌법 제37조 제2항의 유보조항에 따라 법률에 의한 제한을 받는다. 또한 선거권이나 피선거권 등 참정권은 외국인에게는 인정되지 않는다. 통합선거법은 제18조에서 선거권 결격자에 관한 규정을 두고 있다.

Ⅲ. 국민의 기본의무

1. 의 의

국민의 의무라 함은 국민이 통치대상으로서의 지위에서 부담하는 기본적 의무를 말한다. 국민의 의무에 관한 규정은 각국의 헌법에서 규정하고 있는데, 구체적 내용은 각국의 헌법의 이념과 역사적 발전단계에 따라 일치하지 않는다. 우리 헌법도 전문에서 「… 능력을 최고도로 발휘하게 하며 자유와 권리에 따르는 책임과 의무를 완수하게 하여 …」라고 규정하여 국민의 의무에 관하여 규정하고 있으며, 본문도 이에 관하여 규정하고 있다.

2. 내 용

(1) 납세의 의무

납세의 의무(제38조)라 함은 국가의 통치활동에 필요한 경비를 충당하기 위하여 국민이 조세를 납부하는 의무를 말한다. 납세의 의무의 부과는 모든 국민에게 능력에 따라 공평하게 부과하여야 하며, 반드시 법률에 의해서만 부과할 수 있다. 이를 조세법률주의라고 한다.

(2) 국방의 의무

국방의 의무(제39조)란 좁은 의미로 병역의 의무를 말하나 넓은 의미에서는 방공·방첩의 의무 등을 포함한다. 그 핵심적인 부분은 병역의 의무로서 이에 관한 법률로서 병역법이 있다. 병역의 의무의 주체는 국민이고 외국인은 좁은 의미의 국방의 의무를 지지 않는다.

(3) 교육을 받게 할 의무

교육을 받게 할 의무(제31조 제2항)의 성질에 관해서는 이를 윤리적인 의무로 보는 견해도 있으나, 법적 의무라고 보아야 할 것이다. 따라서 이에 위반하는 경우에는 법률이 정하는 바에 따라 벌금 등의 부과와 처벌도 가능할 것이나, 다만 이 경우에는 의무교육의 무상이 선행되어야 할 것이다.

(4) 근로의 의무

여기에서 근로의 의무(제32조 제2항)는 사회권보장의 법률상 전제로서의 의무로서, 헌법은 근로의 의무의 내용과 조건을 민주주의원칙에 따라 규정할 수 있도록 하고 있기 때문에 직업선택의 자유나 강제노역의 금지라는 헌법원칙에 위배되지 아니하는 범위 내에서 그 내용과 조건을 법률로써 정할 수 있다. 근로의 의무에 관한 법률로는 전시근로동원법 등이 있다.

(5) 재산권행사의 공공복리 적합의무

헌법 제23조 제2항은 「재산권의 행사는 공공복리에 적합하도록 하여야 한다」라고 규정하고 있다. 이것은 1919년 바이마르헌법 이후의 재산권의 사회적 의무성을 헌법에 도입한 것이다. 우리 헌법 제119조 제2항의 독과점규제, 제121조의 농지소작제도의 원칙적 금지, 제122조의 국토의 효율적 이용을 위한 의무 등도 이를 명시하는 것이라고 하겠다.

(6) 환경보전의 의무

헌법 제35조 제1항 후단은 「국가와 국민은 환경보전을 위하여 노력하여야 한다」라고 규정하고 있다. 이는 공해에 의하여 환경이 파괴되고 있는 현실을 감안하여 국가뿐만 아니라 국민에게도 일정한 환경보전의무를 부과하기 위한 것이다. 환경보전의무로는 환경을 오염시키지 않을 의무, 공해방지시설을 할 의무 등이 있으며, 이러한 의무에 관하여 환경정책기본법이 이를 규정하고 있다.

제4절 통치구조

설 문

「식사의 내용은 초밥과 맥주라는 간단한 것이었지만 점심을 마치기까지 아무래도 한 시간은 걸렸다. 거기다가 국회에서 음식점까지 왕복하는 시간과 음식점에서 주문을 받고 음식을 준비하는 시간도 있으니 우리들이 식사를 마치고 황급하게 국회의사당으로 돌아왔을 때에는 오후회의 개회예정인 오후 2시를 약간 넘어 있었다. 15분 정도 늦었던 것으로 생각된다. 그러나 그 정도 늦은 것 가지고는 나는 크게 걱정하지 않았다. 그 짧은 동안에 국회가 실질적인 토의를 마치고 어떤 결론을 내리게까지는 되지 못했으리라는 것이 나의 예측이었다.

그러나 이게 어찌된 일인가! 그 짧은 동안에 국회는 벌써 문제의 제68조에 관한 의결을 끝내버린 것이었다. 헌법기초위원회에서 본회의로 넘어온 헌법초안은 기초의원들이 이승만씨의 압력에 지나치게 영합하여 국무위원 임명에 대한 국무총리의 제청을 모두 깎아버리고 국무총리와 여타의 국무위원을 모두 대통령이 마음대로 임명하도록 하는 것이었기 때문에, 나는 노불 박사를 만나고 그것을 '빽' 삼아 이승만 의장을 설득하였으며, 그러한 나의 막후활동에 호응하여 수많을 의원들이 그러한 취지의 수정안을 제출하여 오전중 회의에서 크게 논란되거나 결론을 못 보았던 것인데, 그것이 그렇게 간단하게 결말이 지어질 줄은 나는 예측하지 못하였던 것이다.」

– 유진오, 『憲法起草回顧錄』 중에서

논 점

왜 유진오 박사는 국무총리 임명에 대한 국회의 승인과 국무위원 임명에 대한 국무총리의 제청이 중요하다고 생각하였는가?

Ⅰ. 통치구조의 조직원리

우리 헌법은 제1조 제2항에서 「대한민국의 주권은 국민에게 있고, 모든 권력은 국민으로부터 나온다」라고 함으로써 대한민국이 국민주권원리에 기초하고 있음을 천명하고 있다. 즉, 대한민국에 있어서는 국민이 국가의사를 전반적이고 최종적으로 결정할 수 있는 권력을 갖는다는 것이다. 여기서 국민주권의 원리를 어떻게 실현할 것인가와 관련하여 직접민주제 및 간접민주제에 대한 논의가 있으며, 이를 위한 통치기구 구성의 원리로서 권력분립의 원리가 강조된다. 그리고 그 구체적인 실현양태에 따라 정부형태가 특정된다.

1. 권력분립주의

권력분립의 원리는 근대 법치국가에 있어서의 통치기구의 조직원리로서 가장 중요한 근대시민적 민주정치의 기본원리라고 하겠다. 권력분립론으로는 2권분립론, 3권분립론 등이 있지만 근대헌법의 기반을 이룬 것은 3권분립론이다. 3권분립론은 국가권력을 행정·입법·사법의 3권으로 나누어 이를 각기 독립한 기관에게 담당하게 하여, 기관 상호간의 견제와 균형을 유지하게 함으로써 국가권력의 집중과 남용을 방지하기 위한 제도를 의미한다. 이 제도는 로크(J. Locke)에서 비롯하여 몽테스키외(Montesquieu)에 이르러 그 이론적 완성을 본 제도로서, 근대의 시민적 자유주의 및 국민참정의 요청에 부응하였으므로 각국의 정치조직에 널리 채용되었다.

이러한 권력분립론의 본질로는 ① 국민의 자유를 어떻게 보장하느냐에 중점을 두고 있기 때문에 자유주의적인 정치원리이다. ② 권력분립론은 원래 적극적으로 능률을 증진시키기 위한 원리가 아니고, 소극적으로 권력의 남용 내지 권력의 자의적 행사를 방지하기 위한 원리이므로 자유주의와 관련을 갖는 소극적 목적을 가지고 있다. ③ 권력분립론은 국가권력 및 그것을 행사하는 인간에 대한 불신에서 출발하고 있다. ④ 권력분립론은 그 정치적 중립성 또는 중화성을 지닌다는 점 등을 들 수 있다.

위와 같은 고전적 권력분립이론은 현대국가에 있어서의 비상사태의 상존, 정당정치의 발전, 복지국가 실현 등을 이유로 많은 변화를 겪게 되었으며, 오늘날 국가기능을 합리적으로 분할·관리하는 방향에서 권력분립이론의 재구성이 시도되고 있다.

우리 헌법은 건국헌법 이래로 3권분립제도에 바탕을 두어왔다. 물론 1972년의 헌법(유신헌법)에서와 같이 권력간의 심각한 불균형을 이룬 경우도 있었으나, 현행 헌법하에서는 비교적 균형적인 권력분립제도를 채택하고 있다.

2. 정부형태

(1) 대통령제

대통령제는 1787년 미합중국헌법에서 창출된 것으로서, 입법·사법·행정 3권의 엄격한 분립과 상호간의 견제·균형을 기본원리로 삼고 있기 때문에 의원내각제와는 대조적이다.

㈎ 대통령제에서는 행정부가 일원적 구조를 갖는다. 즉 행정권이 대통령 1인에게 집중되고 대통령은 내각의 의견에 구속되지 않는다. 이러한 대통령의 대권에 국민적 정당성을 부여하기 위해 대통령은 보통·직접선거로 선출된다.

㈏ 대통령제에서는 행정부와 입법부가 상호 독립되어 있는 결과 양 기관은 각자의 임기동안 안정적으로 행정권과 입법권을 행사할 수 있다. 즉 내각불신임이나 의회해산이 없고, 의원과 장관의 겸직이 금지되고, 행정부 구성원의 의회 출석·발언권과 행정부의 법률안 제출권이 인정되지 않는다. 다만 상호간의 견제와 균형을 위하여 대통령은 법률안 거부권, 법률안 공포권을 통해 입법에 관여하며, 의회, 특히 상원은 조약비준과 고급공무원 임명에 대한 동의권을 통하여 행정에 관여한다. 또한 대통령은 교서를 통하여, 의회는 행정부 구성원을 의회의 각 위원회에 환문하는 형태로 서로간의 의견을 교환한다.

㈐ 대통령제가 갖는 장점은 대통령이 그 임기동안은 행정부가 안정되어 강력한 행정과 지속적인 국정처리를 할 수 있다는 점이다. 반면에 의회에 대하여 책임을 지지 않으므로 자칫하면 대통령의 독재화를 초래하기 쉽다. 또한, 대통령과 의회 다수의 정치적 경향이 불일치하여 충돌할 경우 이의 해결방안이 마련되어 있지 않아 체제 자체가 마비될 가능성도 있다.

(2) 의원내각제

의원내각제는 영국에서 오랜 역사를 통하여 확립된 제도로서, 입법·행정의 양 기관이 평등과 균형을 유지하면서 서로 밀접한 관계를 가지는 정치적 구조의 한 형태라고 말할 수 있다.

㈎ 의원내각제 정부형태에서는 국가원수인 대통령 및 국왕은 의례적·형식적 권한을 갖는 한편, 합의체로서의 내각은 행정권을 갖는 등 정부의 이원적 구조를 그 특색으로 한다.

㈏ 의원내각제는 내각과 의회의 성립과 존립이 상호의존적이며, 긴밀한

관계 속에서 행정권과 입법권의 행사가 이루어진다. 즉, 내각과 수상은 의회의 다수파에 의해 선출되고, 의원과 각료의 겸직이 가능하며, 각료의 의회 출석·발언권과 법률안 제출권이 인정된다. 또한, 의회의 내각불신임권과 내각의 의회해산권이 그 바탕을 이루고 있다.

㈐ 의원내각제 정부형태는 입법부와 행정부의 협조에 의해 신속한 국정처리를 할 수 있고, 입법부와 행정부가 일체적이기 때문에 불필요한 마찰을 피하고 국정수행에 있어서 능률을 기할 수 있다는 점이 장점이다. 반면에, 한 정당에서 의회의 다수당을 점할 때에는 내각이 한 정당의 당간부회로 변하여 지나치게 정당정치화할 우려가 있고, 총선거라는 방법 외에는 이에 대한 견제방법이 없다. 또한, 소수정당이 난립하는 경우에는 정국의 불안정을 초래하게 되는 단점이 있다.

(3) 반대통령제

핀란드나 프랑스와 같은 국가에서 의원내각제의 단점, 특히 군소정당의 난립으로 인한 정국불안을 해소한다는 관점에서 형성된 정부형태이다. 즉 국민의 직선에 의해 선출되는 대통령은 의회에 대하여 책임을 지지 않으며 고유한 권한을 행사한다. 반면에, 의회 다수파에 바탕을 둔 내각은 의회에 대하여 책임을 지게 함으로써 정국의 안정과 책임정치를 실현하고자 하는 정부형태이다.

(4) 우리 헌법상 정부형태

우리나라의 정부형태는 제헌 이래로 많은 변화를 가져왔다. 제1공화국에서는 대통령제를 채택하고 있으면서도 의원내각제의 요소를 가미한 형태를 취하였으나 사사오입개헌으로 인하여 국무총리제를 폐지하고, 국회는 국무위원에 대한 개별적인 책임만을 물을 수 있도록 함으로써 약간의 의원내각제적 요소가 남아 있었다 하더라도 결과적으로는 뢰벤슈타인(K. Loewenstein)이 말하는 신대통령제로 운영되었다.

제2공화국에서는 대통령은 간접선거로 선출되어 의례적·형식적 권한만 가지고 있었고, 행정권은 국무총리를 수반으로 하는 국무원에 귀속되었으며 (국무총리는 민의원의 동의를 얻어 대통령이 임명), 국무원은 민의원에 대하여 연대책임을 졌고 민의원 해산권을 가졌다. 그러므로 진정한 의원내각제 정부형태를 가졌다고 볼 수 있다.

제3공화국에서는 또다시 대통령제를 중심으로 하고 의원내각제적 요소가 약간 가미된 형태를 취하였다. 유신헌법이라 불리는 제4공화국 헌법은 소위 영도적(領導的) 대통령제로서 대통령의 권한을 매우 강화시킨 형태를 취하였다. 제5공화국 헌법의 정부형태는 제4공화국 헌법의 정부형태에 비하여 상대적으로 민주화·권력분립화가 이루어졌으나, 여전히 책임을 지지 않는 대통령에 권한이 집중된 형태로 뢰벤슈타인의 신대통령제에 해당된다고 하겠다.

현행 헌법의 정부형태는 대체로 대통령제를 중심으로 의원내각제적 요소를 가미한 형태로 볼 수 있으며, 과거에 비해 대통령의 대권적 권한(국회해산권, 비상조치권 등)이 삭제되고 국회의 권한 강화, 사법권의 독립성 제고, 헌법재판제도의 활성화, 지방자치제도의 본격화 등을 통하여 분산된 국가권력간에 견제와 균형이 합리적으로 이루어지도록 하였다.

II. 입법부의 조직과 권한

1. 국회의 헌법상 지위

(1) 국민대표기관으로서의 지위

오늘날의 국민주권주의하에서는 국민이 주권을 가지고 있으며 헌법제정권자인 국민이 헌법제정시에 국민대표기관을 지정하고 이 기관에 입법권을 부여하고 있다. 법률은 국민의 일반의사의 표현이기에 입법권을 가진 국회는 국민의 대표기관으로 헌법에 의하여 규정되고 있다. 우리 헌법도 제1조 제2항에서 「모든 권력은 국민으로부터 나온다」라고 규정하고 있으므로 이 국민으로부터 나오는 입법권을 가진 국회는 국민의 헌법적 대표기관이라 할 수 있다.

(2) 입법기관으로서의 지위

국회는 권력분립제의 통치기구에 있어서 입법권을 담당하는 국가기관이다. 그러므로 국회를 보통 입법부라고 부른다. 그러나 국회가 입법부라고 하여 국회만이 입법에 관한 모든 권한을 독점하는 것은 아니다. 즉, 정부도 법률안 제출권을 가지고 있고, 대통령은 법률안에 대한 거부권과 법률을 공포하는 권한이 있으며, 다음으로 헌법 스스로가 이에 대한 예외를 인정하고 있다. ① 행정권에 의한 입법, ② 자치입법, ③ 대법원·헌법재판소 및 중앙선거관리위원회의 규칙제정 등이 그것이다. 그러므로 국회만이 유일한 입법기관이라고 할 수 없으나 하나의 입법기관이라고는 할 수 있다.

(3) 국정통제 · 비판기관으로서의 지위

국회는 주권자인 국민의 대표기관이라는 지위에서 국정을 감독 · 비판하는 권한이 부여되고 있다. 헌법상 중요한 것으로는 국무총리 · 국무위원의 출석 · 답변요구권, 해임건의권, 탄핵소추권, 국정감사 · 조사권 등을 통한 행정부 통제와, 대법원장 · 대법관과 헌법재판소장 · 재판관의 임명동의권, 법관과 헌법재판소에 대한 탄핵소추권, 예산심의 · 확정권, 국정감사 및 조사권 등을 통한 법원과 헌법재판소에 대한 통제를 들 수 있다.

2. 국회의 구성

국회의 형태에는 단원제와 양원제의 두 가지가 있다. 단원제는 국회가 일원만으로 구성되는 형태이고, 양원제는 이원으로 구성되는 형태이다. 우리나라에서는 건국헌법에서 국정처리의 신속을 위하여 단원제를 채택하였다. 그것이 제1차 개헌으로 양원제로 되었으나, 1962년 제5차 개헌 이후 현재까지 단원제를 채택하고 있다. 국회는 국민의 보통 · 평등 · 직접 · 비밀선거에 의하여 선출된 의원으로 구성되며, 이에는 지역구출신 의원과 비례대표에 의한 전국구 의원이 있다.

3. 국회의원의 지위와 특권

(1) 국회의원의 헌법상 지위

국회의원은 비록 지역구에서 당선되었다고 하더라도 지역구민의 대표자가 아니고 국민 전체의 대표자로 간주되고 있다. 또한, 국회의원도 넓은 의미의 공무원이기 때문에 국민 전체에 대한 봉사자로서의 지위를 가진다. 따라서 헌법과 국회법은 국회의원에게 다른 공무원에 볼 수 없는 특전과 권리 및 의무를 부여하고 있는 것이다.

(2) 국회의원의 특권

국회의원은 그 맡은 바 임무의 중대성에 비추어 다른 공무원에게는 볼 수 없는 특권을 가지고 있다. 즉, 국회의원은 면책특권과 불체포특권을 가지고 있는데, 면책특권은 국회에서 직무상 행한 발언과 표결에 관하여 국회 외에서 법적인 책임을 지지 않는 권리이며, 불체포특권은 현행범인 경우를 제외하고는 회기 중 국회의 동의 없이 체포 또는 구금되지 아니하는 권리를 말한다. 국회의원이 회기 전에 체포 또는 구금된 때에는 현행범이 아닌 한 국회의 요구가 있으면 회기 중 석방된다.

이 외에 국회의원은 국회법상 상당한 보수와 여비를 받으며 국유의 철도·선박 및 항공기를 무료로 이용할 수 있는데, 다만 폐회 중에는 공무의 경우에 한한다.

4. 국회의 내부조직과 운영

(1) 국회의 위원회

국회 본회의에서 다양한 전문영역을 모두 다룰 수는 없다. 때문에 이를 전문적 지식을 가진 소수의 의원들로 구성되는 각종 위원회에서 심의하여 본회의 상정 여부를 결정하게 하며, 본회의에서의 통과를 위한 예비적인 심의를 하도록 하는 것이 필요하게 된다. 위원회의 종류로는 상임위원회와 특별위원회[8]가 국회법(제35조)에 규정되어 있다.

(2) 원내교섭단체

교섭단체는 원칙적으로는 정당을 같이 하는 국회의원으로 구성되는 원내정당을 말한다. 교섭단체는 원내발언의 순서나 상임위원회 위원의 배정 등의 권한을 가진다. 정당의 소속의원이 20인 이상인 경우에 교섭단체를 구성한다. 그러나 정당단위가 아니라도 다른 교섭단체에 속하지 아니하는 20인 이상의 의원으로 하나의 교섭단체를 구성할 수 있다.

(3) 국회의 개회와 폐회

국회는 다른 기관과는 달리 상시 활동하는 것이 아니고 일정 기간을 정하여 개회된다. 국회가 활동하는 기간을 회기라고 하는데, 이에는 정기회와 임시회[9]가 있다. 국회법[10]에 의하면 정기회는 매년 9월 1일에 집회[11]하고 회

---

8) 특별위원회의 종류에는 일반특별위원회와 상설특별위원회(예산결산특별위원회, 윤리특별위원회 등이 있고, 여성특별위원회는 2003. 3. 7일 공포된 개정국회법에 의하여 폐지된다)가 있다. 인사청문특별위원회도 있다(제46조의3).

기는 100일을 초과할 수 없다. 임시회는 임시적인 필요에 따라 대통령 또는 국회의 재적위원 4분의 1 이상의 요구로 집회하고 회기는 30일을 초과할 수 없다. 대통령이 임시회의 집회를 요구한 때에는 기간과 집회요구의 이유를 명시하여야 한다.

(4) 정족수

헌법 또는 법률에 특별한 규정이 없는 한, 그 재적의원의 과반수의 출석과 출석의원 과반수의 찬성으로 의결한다. 그러나 헌법개정의 의결, 탄핵소추, 국무총리・국무위원의 해임의결 등에는 특별정족수가 규정되어 있다. 일반정족수의 경우에 가부동수인 때에는 부결된 것으로 본다.

(5) 회의의 원칙

국회의 회의는 공개를 원칙으로 하나 출석의원 과반수의 찬성이 있거나 의장이 국가의 안전보장을 위하여 필요하다고 인정할 때에는 공개하지 아니할 수 있으며, 회기계속의 원칙을 채택하고 있다. 또한 1회기 중에 부결된 의안은 그 회기 중에는 다시 제출하지 못한다는 일사부재의(一事不再議)의 원칙을 채택하고 있다.

5. 국회의 권한

(1) 입법에 관한 권한

국회는 입법권을 가진다. 이는 국민의 대표기관인 국회가 원칙적으로 법규범을 정립할 수 있는 권한을 갖고 있음을 말한다. 이는 절대적인 권한이 아니고 상대적인 권한이며 헌법에 위배되어서는 아니된다. 국회는 법률제정에 있어 법률안의 제안・심의・의결 등의 절차를 밟아야 한다. 법률안은 국회의원과 정부가 제안할 수 있으며, 국회의원이 법률안을 제안하는 경우에는 의원 10인[12] 이상의 찬성을 얻어 할 수 있다. 정부가 법률안을 제출하는 경우에는

---

9) 임시회의 집회 요구가 있을 때에는 의장은 집회기일 3일 전에 공고한다(국회법 제5조).

10) 국회법은 상시활동하는 생산적이고 능률적인 국회상을 구현하고, 국정심의의 중심기관으로서 그 역할을 다하며, 정부에 대한 국정감사 및 통제기능의 실효성을 확보하고, 국민에 대한 책임성을 제고하기 위하여 국회의 연중 상시개원체제를 도입하였다.

11) 국회법 제4조: 정기회는 매년 9월 1일에 집회한다. 그러나 그 날이 공휴일인 때에는 다음날에 집회한다.

국무회의의 심의를 거쳐야 한다.

법률안이 제출되면 의장은 이를 본회의에 보고하고 소관상임위원회에 회부한다. 소관위원회에서 심사한 결과 본회의에 부의할 필요가 없다고 결정한 법률안은 본회의에 회부하지 아니하나 의원 30인 이상의 요구가 있을 때에는 본회의에 부의하여야 한다. 본회의에 회부된 법률안은 본회의에서 토론·심의하여 의결한다. 국회에서 의결된 법률안은 정부로 이송되어 15일 이내에 대통령이 서명·공포하여야 하며, 만약 이의가 있을 때에는 대통령은 이의서를 첨부하여 국회로 환부하고 그 재의를 요구할 수 있다. 이에 대하여 국회가 재적의원 과반수 출석과 출석의원 3분의 2 이상의 찬성으로 전과 같이 의결하면 그 법률안은 법률로서 확정된다. 또한, 국회는 헌법개정에 관하여 발의권과 의결권을 가지며, 일정한 조약의 체결이나 비준에 대하여는 동의권을 갖는다.

(2) 재정에 관한 권한

재정에 관한 중요 원칙은 헌법에 규정하고 있으며, 조세의 종목과 세율은 법률로 정하도록 하여 조세법률주의를 선언하고 있다. 우리나라는 조세에 있어 특별한 규정이 없는 한 일단 제정된 법률에 의거하여 몇 년이든 계속적으로 조세를 부과·징수할 수 있다는 영구세주의[13]를 채택하고 있다.

국회는 예산을 심의·확정하는 권한을 가지고 있다. 정부가 제출한 예산안은 회계연도 개시 30일 전까지 국회의 의결로 확정되는데, 예산안의 증액수정이나 새로운 비목의 설치는 정부의 동의 없이는 할 수 없다. 국회는 또 계속비를 의결할 수 있으며 기채동의권을 가지고 예산 이외의 국가부담이 될 계약체결에 대한 동의권을 가진다. 또한, 예비비의 설치에 대한 의결권과 그 지출에 대한 승인권 및 결산심의권을 가질 뿐만 아니라, 대통령의 긴급재정·경제처분 및 명령에 대한 승인권을 갖는다.

(3) 일반국정에 관한 권한

국회는 정부의 권력남용을 방지하기 위하여 일반국정에 관한 권한을 가

---

12) 그 외에도 회의의 비공개 발의 정족수도 10인이다(제75조 제1항).

13) 영구세주의란 의회가 일단 조세에 관한 법률을 제정하면 그 법률에 따라 국가나 지방자치단체가 몇 년이든 계속하여 조세를 부과·징수할 수 있는 방식을 말한다. 우리 헌법 제59조는 영구세주의를 규정한 것이라고 할 수 있다.

진다. 국무총리임명에 대한 동의권, 국무총리와 국무위원에 대한 해임건의권, 국정감사 및 조사권, 조약체결・선전포고・국군의 해외파견・외국군 주둔에 대한 동의권, 일반사면에 대한 동의권 및 계엄해제요구권, 긴급명령 등에 대한 승인권 등이다.

(4) 국회의 자율적 권한

헌법과 법률에 위배되지 않는 범위 내에서 의사와 내부규율에 관한 규칙을 제정할 수 있다. 또한, 의사진행에 관한 자율권을 가지고 있으며 내부경찰권과 내부조직권 등을 가지고 국회의원의 신분에 관한 사항을 심의할 수 있는 권한을 가진다.

III. 대통령의 지위와 권한

1. 대통령의 헌법상 지위

(1) 국가원수로서의 지위

대통령은 국가의 원수이며 외국에 대하여는 국가를 대표한다(제66조 제1항). 즉 대통령은 대외적으로 국가를 대표하여 조약의 체결・비준, 선전포고, 강화조약 체결, 외교사절 등을 신임・수수하고, 대내적으로는 국가의 대표자로서 대법원장, 헌법재판소의 장 등을 임명할 수 있으며 일반사면권 등을 행사한다.

(2) 행정부 수반으로서의 지위

대통령은 행정권의 수반으로서의 지위를 가진다(제66조 제4항). 즉, 대통령은 국가의 최고집행기관으로서 행정에 관한 권한을 관장한다. 이러한 권한을 행사할 때에는 헌법과 법률에 정한 절차에 의하여 행하여야 한다. 즉 국무회의의 심의와 문서로써 하여야 하고 국무총리와 관계 국무위원의 부서(副署)가 있어야 한다.

(3) 국가의 한 주권행사기관으로서의 지위

대통령은 국민의 대표기관으로서 주권을 행사한다. 대통령은 이 지위에서 헌법개정제안권, 국민투표회부권, 위헌정당해산제소권 등을 가진다.

(4) 국가수호자로서의 지위

대통령은 국가의 수호자로서 국가의 독립, 영토의 보전, 국가의 계속성과 헌법을 수호할 책무를 진다(제66조 제2항). 대통령은 이 지위에서 긴급명령권, 긴급재정·경제처분 명령권과 계엄선포권을 가진다.

2. 대통령의 신분상 지위

(1) 대통령의 선거와 임기

대통령은 국민의 보통·평등·직접·비밀선거에 의하여 선출한다(제67조 제1항). 대통령으로 선출될 수 있는 자는 국회의원의 피선거권이 있고 선거일 현재 40세에 달하여야 한다(제67조 제4항). 대통령의 임기는 5년이며 중임할 수 없다(제70조). 대통령이 궐위된 때에는 60일 이내에 후임자를 선거한다(제68조 제2항).

(2) 대통령의 특권과 의무

대통령은 취임선서에서 헌법을 준수하고 국가를 보위하며 조국의 평화적 통일과 국민의 자유와 복리의 증진 및 민족문화의 창달에 노력하며 대통령으로서의 직책을 성실히 수행할 것을 선서하도록 하고 있다(제69조). 이는 대통령의 헌법상 의무이다. 이 밖에도 국무총리·국무위원·행정각부의 장 또는 그 밖의 공사(公私)의 직을 겸할 수 없다(제83조). 또한, 내란 또는 외환의 죄를 범한 경우를 제외하고는 재직 중 형사상의 소추를 받지 아니한다(제84조).

(3) 대통령의 권한대행

대통령이 궐위되거나 사고로 인하여 직무를 수행할 수 없을 때에는 1차적으로 국무총리가 그 권한을 대행하고, 2차적으로 법률이 정한 국무위원의 순위로 그 권한을 대행한다(제71조).

(4) 전직대통령에 대한 예우

전직대통령에 대한 신분과 예우에 관하여는 법률로 정하는 바(제85조), 이에 관한 법률로는 전직대통령예우에 관한 법률이 있다. 직전대통령은 국가원로자문회의의 의장이 된다(제90조 제2항).

3. 대통령의 권한

(1) 헌법개정과 국민투표에 관한 권한

대통령은 헌법개정에 관한 제안권(제128조 제1항) 및 공고권(제129조)을 가지며, 또한 확정된 헌법개정안에 대한 공포권(제130조 제3항)을 가지고, 필요하다고 인정할 때에는 외교·국방·통일 기타 국가안위에 관한 중요 정책을 국민투표에 회부할 수 있다(제72조).

(2) 헌법기관구성에 관한 권한

대통령은 헌법재판소의 장 및 재판관, 대법원장과 대법관을 임명하는 권한을 가진다. 또한, 대통령은 국무총리를 임명하며 국무총리의 제청으로 국무위원을 임명할 수 있는 권한뿐만 아니라, 감사원장을 임명하고 감사위원을 임명할 수 있는 권한을 가지며, 중앙선거관리위원회의 위원 3인을 임명하는 권한도 가진다.

(3) 국회에 관한 권한

대통령은 국회에 대하여 임시회의 소집을 요구할 수 있는 권한(제47조 제1항)과 국회에 출석하여 발언하거나 서한으로 의견을 표시할 수 있는 권한(제81조)을 갖는다.

(4) 입법에 관한 권한

대통령은 법률안제출권(제52조), 법률안공포권(제53조 제1항) 그리고 법률안거부권(제53조 제2항)을 가지며 위임명령과 집행명령을 발할 권한(제75조)을 가진다.

(5) 사법에 관한 권한

대통령은 법률이 정하는 바에 의하여 사면·감형·복권을 명할 수 있다. 일반사면을 하려면 국무회의의 심의를 거쳐서 국회의 동의를 얻어야 한다(제79조).

(6) 행정에 관한 권한

대통령은 행정권의 수반으로서 국가의 행정정책에 대한 최고결정권을 가진다. 또한, 법률의 집행권을 가지며 정책집행에 필요한 집행명령과 위임명령을 발할 권한을 갖는다. 이 밖에도 외교에 관한 권한(제73조), 국군통수권(제74조), 공무원임면권(제78조), 영전수여권(제80조), 위헌정당해산제소권(제8조 제4항), 기타 예산안제출권, 추가경정예산안제출권, 예비비지출권 등을 가진다.

(7) 국가긴급권에 관한 권한

대통령은 국가긴급시에 긴급명령 등을 발할 수 있는 권한(제76조)과 계엄을 선포할 수 있는 권한(제77조)을 갖는다.

4. 대통령의 권한행사의 방법과 통제

(1) 대통령의 국법상 문서행위와 부서

대통령의 국법상 행위는 문서로 해야 하며 이 문서에는 국무총리와 관계 국무위원의 부서(副署)가 있어야 한다. 군사에 관한 것도 이와 같다(제82조). 대통령제하에 있어서 부서의 의의는 정치적 책임을 지지 않는 대통령의 전제를 방지하고 동의를 한 국무총리와 국무위원의 책임소재를 명백히 하는 데 있다.

(2) 각종 회의의 자문과 국무회의의 심의

대통령의 자문기관으로는 국가원로자문회의, 민주평화통일자문회의를 둘 수 있다. 또한, 국가안전보장에 관련되는 대외정책・군사정책과 국내정책의 수립에 관하여는 국가안전보장회의의 자문을 거친 다음에 국무회의의 심의를 거쳐 이를 결정・집행하여야 한다. 헌법 제89조에 열거한 사항에 대하여 대통령은 반드시 국무회의의 심의를 거쳐야 한다. 물론 국무회의의 의결이 대통령을 구속하지는 않지만 이의 심의를 거쳐야 함은 필수적이다.

(3) 국회의 동의 또는 승인

대통령은 권한행사에 있어서 국회의 동의나 승인을 얻어야 하는 것으로 외교에 관한 권한 중에서 상호원조 또는 안전보장에 관한 조약, 중요한 국제조직에 관한 조약, 우호통상항해조약, 주권의 제약에 관한 조약, 강화조약, 국가나 국민에게 중대한 재정적 부담을 지우는 조약 또는 입법사항에 관한 조약의 체결・비준에 대해서는 국회의 동의를 얻어야 한다(제60조 제1항). 또한 선전포고, 국군의 해외파병, 외국군대의 대한민국 영역 안에서의 주류(駐留)(제60

조 제2항), 일반사면 및 국무총리, 감사원장과 대법원장의 임명 등은 국회의 동의를 얻어야 하며, 예비비의 지출과 긴급명령 등에 대해서는 국회의 사후승인을 얻어야 한다.

(4) 독립기관의 장의 임명제청

대통령이 공무원을 임명함에는 제청권자의 제청이 필요한 경우가 있다. 예를 들면, 대법관의 임명은 대법원장의 제청이 있어야 하며, 국무위원의 임명은 국무총리의 제청이 있어야 하고, 감사위원의 임명은 감사원장의 제청이 있어야 한다. 또한, 헌법재판소 재판관 중 일부는 국회가 선출하거나 법원이 지명한 자를 당연히 임명하여야 한다.

(5) 국회의 의결에 의한 통제

국회는 대통령에게 계엄의 해제를 요구할 수 있으며 국무총리와 국무위원의 해임건의를 의결할 수 있다.

IV. 행정부의 조직과 권한

정부는 대통령을 수반으로 하고 국무총리와 국무위원으로 구성된다. 대통령은 행정권의 수반으로서 행정정책결정권과 행정감독권 및 국무회의주재권을 가진다. 행정각부의 장은 국무위원 중에서 국무총리의 제청으로 대통령이 임명한다. 국무위원은 심의기관인 국무회의의 구성원인데 대하여 행정각부의 장관은 행정권을 집행하는 행정집행기관으로서의 행정각부의 장이다.

(1) 국무회의

국무회의는 정부의 권한에 속하는 중요한 정책을 심의하는 최고행정정책심의기관으로 대통령·국무총리와 15인 이상 30인 이하의 국무위원으로 구성되며, 대통령은 국무회의 의장이 되고 국무총리는 대통령을 보좌하고 국무회의 부의장이 된다. 국무회의는 헌법이 직접 규정하고 있으며, 행정부 최고의 정책심의기관으로서 대통령으로부터 독립된 합의제기관이다. 국무회의는 헌법 제89조에 규정된 사항을 심의하는데, 이러한 심의는 필수적이기는 하지만 대통령은 이 심의에 구속되지는 않는다.

(2) 국무총리

국무총리는 대통령을 보좌하고 국무회의 부의장이 되며 행정에 관하여 대통령의 명을 받아 행정각부를 통할하며, 법률이나 대통령령의 위임 또는 직권으로 총리령을 발할 수 있다. 또한, 대통령의 국법상 행위에 대해서는 그 보좌의 책임을 명백히 하기 위해서 부서(副署)의 의무가 있으며 부서에 대한 책임을 져야 한다. 또한, 국무위원의 임명에 대한 제청권과 국무위원 해임건의권을 가진다.

국무총리는 대통령이 국회의 동의를 얻어 임명한다. 군인은 현역을 면한 후가 아니면 국무총리로 임명될 수 없다. 국회는 국무총리의 해임을 건의할 수 있다.

(3) 국무위원

국무위원은 국무회의의 구성원이며 국무총리의 제청에 의하여 대통령이 임명한다. 그 수는 15인 이상 30인 이하이다. 군인은 현역을 면한 후가 아니면 임명될 수 없다. 국무위원은 국무회의의 구성원으로서 국무회의에 안건을 제출할 수 있으며, 출석하여 발언하고 심의에 참가하는 권한을 가진다. 또한, 대통령이 문서로써 하는 국법상 행위에 대하여는 부서할 권한과 책임이 있다. 국무회의는 합의제기관이기 때문에 국무위원은 대통령이나 국무총리와도 동등한 지위를 가지며, 그 직무에도 한계가 없다.

(4) 국가원로자문회의

국가원로자문회의는 국정의 중요한 사항에 관하여 대통령의 자문에 응하기 위하여 국가원로로 구성된 기관이다. 국가원로자문회의의 조직에 관한 사항은 법률로 정하는 바, 국가원로자문회의 의장은 직전 대통령이 되며 직전 대통령이 없을 때에는 대통령이 지명한다.

(5) 국가안전보장회의

국가안전보장회의는 국가안전에 관련되는 대외정책·군사정책과 국내정책의 수립에 관하여 국무회의의 심의에 앞서 대통령에게 자문하는 기관이다. 이 기관은 국무회의의 전의기관(前議機關)으로서 단순한 자문기관인 점이 국무회의와 다르다.

(6) 민주평화통일자문회의

민주평화통일자문회의는 평화통일정책의 수립에 관하여 대통령의 자문에 응하기 위하여 설치된 기관이다.

(7) 국민경제자문회의

국민경제자문회의는 국민경제의 발전을 위한 중요정책의 수립에 관하여 대통령에게 자문하는 기관이다.

(8) 행정각부

행정각부는 대통령을 수반으로 하는 정부의 구성단위로서, 대통령 또는 국무총리의 지휘·통할하에 법률이 정하는 소관사무를 담당하는 중앙행정기관이며, 그 조직과 직무범위는 법률로 정한다. 행정각부의 장(長)은 법률이 정하는 바에 따라서 소관사무를 결정·집행할 수 있는 권한을 가지며, 또한 부령(部令)도 제정·공포하는 권한을 가진다. 행정각부의 장은 국무위원으로서 국무총리의 제청에 의하여 대통령이 임명하며, 국무위원이 아닌 자는 행정각부의 장이 될 수 없다.

(9) 감사원

감사원은 원장을 포함한 5인 이상 11인 이하의 감사위원(임기 4년, 1차에 한하여 중임 가능)으로 구성되는 합의제기관으로 국가의 세입·세출의 결산, 국가 및 법률이 정한 단체의 회계검사와 행정기관 및 직무에 관한 감찰을 하기 위하여 대통령의 소속하에 설치된 기관이다. 감사원의 조직, 직무범위, 감사위원의 자격, 감사대상 공무원의 범위 기타 필요한 사항은 감사원법에 규정되어 있다.

V. 사법부의 조직과 권한

1. 법원의 헌법상 지위

(1) 사법기관으로서의 지위

헌법 제101조 제1항은 「사법권은 법관으로 구성된 법원에 속한다」고 규정하여 사법에 관한 권한은 원칙적으로 법원이 행사함을 의미하고 있다.

(2) 중립적 권력으로서의 지위

행정권에 의한 자의적 침해와 의회의 다수파에 의한 부당한 입법으로부터 국민의 자유와 권리를 보장하기 위하여는 사법권의 독립이 강력히 확보되어야 한다. 의회와 행정부가 정치적 권력을 행사하는 국가기관인 반면에 법원은 중립적 권력 내지는 제3의 권력(dritte Gewalt)의 행사를 위한 국가기관이다.

(3) 기본권과 헌법보장기관으로서의 지위

사법부는 국민의 기본권이 침해된 경우에 그 사법적 보장을 위한 기관이다. 또한, 행정재판과 헌법재판을 통하여 원내 다수파의 횡포와 그 자의적인 입법으로부터 헌법을 수호하는 기능을 담당한다. 특히, 헌법재판과 관련하여 법원은 위헌·위법한 명령·규칙의 심사, 헌법재판소에 위헌법률심판의 제청, 선거소송을 통하여 헌법보장기능의 일부를 담당한다.

2. 사법권의 독립

사법권이 공정하게 행사되기 위하여는 사법권이 독립되어야 한다. 헌법 제103조에서 「법관은 헌법과 법률에 의하여 그 양심에 따라 독립하여 심판한다」라고 규정하여 재판상의 독립을 보장하고 있고, 제106조에서 「법관은 탄핵 또는 금고 이상의 형의 선고에 의하지 아니하고는 파면되지 아니하며, 징계처분에 의하지 아니하고는 정직·감봉 기타 불리한 처분을 받지 아니한다」라고 하여 법관의 물적 독립과 인적 독립을 특히 규정하고 있다. 여기에서 물적 독립이란 판결의 자유를 의미하며, 인적 독립은 법관의 해직·정직·감봉·휴직의 원칙적인 금지를 의미한다. 이 밖에도 법관의 임명과 진급도 인적 독립과 밀접한 관련이 있다. 왜냐하면 법관을 임명하는 자는 재판에 영향을 줄 수 있으며, 또한 진급하려는 사람에게는 임명권자 내지는 보직권자에 대한 심리적 종속성이 강해지기 때문이다.

3. 법원의 조직

(1) 대법원

대법원은 대법원장과 대법관으로 구성되며, 법률이 정하는 바에 의하여 대법관이 아닌 법관을 둘 수 있다(제102조 제2항). 대법원장은 국회의 동의를 얻어 대통령이 임명하며(제104조 제1항) 임기는 6년으로 중임할 수 없다(제105조 제1항). 대법관은 대법원장의 제청에 의하여 대통령이 임명하며(제104조 제2항), 임기는 6년으로 연임할 수 있다(제105조 제2항).

대법원장은 대법원의 일반사무를 관장하며 관할법원의 법원행정사무를 지휘·감독한다. 대법원의 심판은 대법관 전원의 3분의 2 이상의 합의체에서 이를 행사한다. 다만, 대법관 3인 이상으로 구성된 부(部)에서 먼저 사건을 심리하여 의견이 일치한 때에 한하여 그 부에서 재판할 수 있다. 대법원과 각부 법원의 조직은 법률로 정한다.

(2) 고등법원

고등법원은 고등법원장과 법률로 정한 인원수의 판사로 구성한다. 고등법원장은 그 법원의 사법행정사무를 관장하며, 소속 공무원을 지휘·감독한다. 고등법원에는 민사부·형사부 및 특별부를 둔다. 고등법원의 심판은 판사 3인으로 구성된 합의부에서 행한다.

(3) 특허법원

특허법원은 특허법, 실용신안법, 디자인보호법 및 상표법이 정하는 제1심 사건과 다른 법률이 그 관할로 정하는 사건을 담당하기 위하여 설치된 것이다. 이는 특허소송을 3심제로 운영하고 전문성을 확보하여 국민의 권리구제를 강화하기 위한 것이다.

(4) 지방법원

지방법원에는 합의부와 단독부를 둔다. 지방법원의 사무의 일부를 처리하기 위하여 그 관할구역 내에 지원과 소년부지원, 시법원 또는 군법원 및 등기소를 둘 수 있다.

(5) 가정법원

가정법원은 가사에 관한 소송과 비송사건(非訟事件) 및 조정사건을 담당하기 위하여 설치된 것이다. 가정법원에는 부를 두며 부장은 가정법원장의 지휘에 따라 그 부의 사무를 감독한다.

(6) 행정법원

행정법원은 행정소송사건을 담당하기 위하여 설치된 것이다. 이는 행정소송의 제1심 관할법원을 고등법원에서 지방법원급으로 함으로써 행정소송을 3심제로 운영하고 전문성을 확보하여 국민의 권리구제를 강화하기 위한 것이다.

(7) 군사법원

군사재판을 관할하기 위한 특별법원으로서 군사법원을 둘 수 있다. 군사법원에 관한 상고심은 대법원에서 관할한다. 비상계엄하의 군사재판은 일정한 경우에 단심(單審)으로 하는 특례가 인정된다.[14)]

4. 사법제도의 운영

(1) 재판의 심급제

재판은 원칙적으로 3심제도를 채택하고 있다. 3심제도는 헌법상 절대적인 요청이 아니며 예외가 인정된다. 행정소송은 임의적으로 선택할 수 있도록 하고 있으며, 선거소송은 단심제도를 채택하고 있다. 군사법원은 원칙적으로 3심제이나 비상계엄하의 군사재판은 군인·군무원의 범죄나 군사에 관한 간첩죄의 경우와 초병·초소·유해음식물 공급·포로 등에 관한 죄 중 법률에 정한 경우에 한하여 단심으로 할 수 있다(제110조 제4항).

(2) 재판의 공개제

재판은 국민의 심판을 받기 위하여 이를 공개하고 있다. 다만, 심리는 국가의 안전보장 또는 안녕질서를 방해하거나 선량한 풍속을 해할 염려가 있을 때에는 법원의 결정으로 공개하지 아니할 수 있다. 이 경우에도 판결의 선고는 공개하여야 한다. 재판의 공개는 일반공개, 즉 누구나 자유롭게 방청할 수 있는 방청의 자유를 말하며 이에는 보도의 자유도 포함된다.

VI. 그 밖의 통치기구

1. 헌법재판소

(1) 헌법재판소의 헌법상 지위

현행 헌법상 헌법재판소의 지위는 위헌법률심판권을 비롯하여 탄핵심판

---

14) 현재 개정이 논의되고 있다.

권, 위헌정당해산심판권, 권한쟁의심판권 및 헌법소원심판권을 갖는 ① 정치적 사법기관으로서, ② 사법적 방법에 의하여 헌법을 보장하는 기관이다. 또한, ③ 헌법재판을 통하여 권력을 통제하여 조화를 이룰 뿐만 아니라, ④ 직접 또는 간접적인 방법으로 특히 헌법소원심판이나 위헌법률심판을 통하여 기본권을 보장하는 기관이다.

(2) 헌법재판소의 구성

헌법재판소는 법관의 자격을 가진 9인의 재판관으로 구성하며, 국회에서 선출하는 3인과 대법원장이 지명하는 3인을 포함하여 9인의 재판관은 대통령이 임명한다. 헌법재판소의 장은 국회의 동의를 얻어 재판관 중에서 대통령이 임명하며, 재판관의 임기는 6년으로 연임할 수 있다.

한편, 정치적 사법작용으로서의 헌법재판의 공정·타당성을 확보토록 하기 위하여 재판관의 정치적 중립성·겸직금지(의원과 기타 공무원직, 법인·단체 등의 임직원, 영리목적사업 등)와 함께 신분보장이 규정되어 있다.

(3) 헌법재판소의 권한

㈎ **위헌법률심판권** 법률이 헌법에 위반되는 여부가 재판의 전제가 되는 경우 법원의 제청으로 이를 심판하며, 재판관 6인 이상의 찬성에 의하여 위헌결정이 난 법률 또는 법률의 일부조항은 원칙적으로 결정시부터 효력을 상실한다. 다만, 형벌에 관한 법률 또는 법률의 조항은 소급하여 그 효력을 상실한다.

㈏ **탄핵심판권** 헌법재판소는 국회의 의결에 의하여 소추된 탄핵을 심판한다. 사법절차나 징계절차에 따라 소추되거나 징계하기가 곤란한 행정부의 고위직공무원(대통령, 국무총리, 국무위원 등) 또는 법관과 같이 신분이 보장된 공무원이 그 직무집행에 있어서 헌법이나 법률을 위배한 때에 국회가 이를 소추하고 헌법재판소가 심판함을 말한다.

㈐ **위헌정당해산심판권** 정부에 의하여 제소된 특정 정당의 목적과 활동이 민주적 기본질서에 위배되는지 여부에 대하여 심판한다.

㈑ **권한쟁의심판권** 헌법재판소는 국가기관 상호간, 국가기관과 지방자치단체 간 및 지방자치단체 상호간에 권한의 존부(存否) 또는 범위에 관하여 발생한 적극적 또는 소극적인 분쟁에 대하여 심판한다.

(마) **헌법소원심판권** 공권력의 행사 또는 불행사로 인하여 자신의 헌법상 보장된 기본권이 직접적·현실적으로 침해당했다고 주장하는 국민의 기본권침해구제청구에 대하여 심판한다. 이 경우 법원의 재판에 대해서는 헌법소원이 인정되지 않으며, 국회의 입법권의 불행사(입법부작위)를 이유로 한 헌법소원은 예외적으로만 인정된다.

(바) **헌법재판소규칙제정권** 법률에 저촉되지 아니하는 범위 안에서 심판에 관한 절차, 내부규율과 사무처리에 관한 규칙을 제정할 수 있다.

(4) 헌법재판소의 심판절차

헌법재판소의 심판은 원칙적으로 재판관 전원으로 구성되는 재판부에서 관장하며 재판장은 헌법재판소장이 된다. 그 외에 헌법소원에 있어 사전심사를 위하여 재판관 3인으로 구성된 지정재판부를 두고 있다.

재판부는 재판관 7인 이상의 출석으로 사건을 심리한다. 한편, 헌법재판소가 법률의 위헌결정, 탄핵의 결정, 정당해산의 결정 또는 헌법소원에 관한 인용결정을 하는 경우와 종전에 헌법재판소가 판시(判示)한 헌법 또는 법률의 해석적용에 관한 의견을 변경하는 경우에는 재판관 6인 이상의 찬성이 있어야 한다. 그러나 그 이외의 결정은 종국심리에 관여한 재판관의 과반수의 찬성으로써 한다.

그 밖에 헌법재판소에 대한 심판청구는 정해진 청구서에 의하여야 하며, 심판절차에 있어 변호사강제주의가 채택되고 있다.

2. 선거관리위원회

헌법 제114조 제1항은 「선거와 국민투표의 공정한 관리 및 정당에 관한 사무를 처리하기 위하여 선거관리위원회를 둔다」라고 규정하여 선거관리위원회에 대한 명문규정을 두고 있다. 중앙선거관리위원회는 대통령이 임명하는 3인, 국회에서 선출하는 3인, 대법원장이 지명하는 3인의 위원으로 구성하며 위원장은 위원 중에서 호선(互選)한다. 위원의 임기는 6년이며, 정당에 가입하거나 정치에 관여할 수 없다. 그리고 위원은 탄핵 또는 형벌에 의하지 아니하고는 파면되지 아니한다.

중앙선거관리위원회는 법령의 범위 내에서 선거관리·국민투표관리 또는 정당사무에 관한 규칙을 제정할 수 있으며, 선거 사무와 국민투표 사무에 관하여 관계 행정기관에 필요한 지시를 할 수 있다.

3. 지방자치단체

(1) 지방자치단체의 의의와 종류

지방자치단체는 국가로부터 그 기능이 부여되고 독자적 목적을 가진 지방적 행정을 담당하는 일정한 지역을 토대로 하는 법인을 말한다. 지방자치법에 의하면 지방자치단체에는 ① 특별시, 광역시, 특별자치시, 도, 특별자치도, ② 시, 군 및 구의 두 종류가 있다. 특별시·광역시·특별자치시·도·특별자치도는 정부의 직할하에 두고, 시는 도, 군은 광역시·특별자치시나 도, 자치구는 특별시·광역시·특별자치시의 관할구역 안에 둔다.

지방자치단체는 주민의 복리에 관한 사무를 처리하고 재산을 관리하며 법령의 범위 안에서 자치에 관한 규정을 제정할 수 있다. 그리고 지방자치단체의 종류는 법률로 정한다.

(2) 자치행정권

헌법 제117조 제1항의 규정에 의하여, 지방자치단체는 주민의 복리에 관한 사무를 처리하고 재산을 관리한다. 주민의 복리에 관한 사무, 즉 고유의 사무처리권과 재산관리권을 가지는 것이다. 여기에서 재산관리권은 단순한 재산의 관리뿐만 아니라 그 취득까지를 포함하는 것이다. 예컨대, 자치상 필요한 경비를 주민에게 조세로써 부과할 수 있고, 또한 공공시설의 사용에 관하여 사용료를 징수할 수 있는 동시에 개인을 위한 사무에 관하여 수수료를 징수할 수 있는 것이다.

(3) 자치입법권

지방자치단체는 헌법 제117조 제1항에 따라 자치입법권을 갖는다. 구체적으로는 지방자치법 제15조의 규정에 의하여 법령의 범위 안에서 그 사무에 관하여 조례를 제정할 수 있으며, 동법 제23조의 규정에 의하여 법령 또는 조례가 위임한 범위 안에서 그 권한에 속하는 사무에 관하여 규칙을 제정할 수 있다.

(4) 지방의회

헌법 제118조의 규정에 의하여 지방자치단체에는 의회를 두며(제1항), 지방의회의 조직·권한·의원선거와 지방자치단체의 장의 선임방법 기타에 관한 사항은 법률로 정하게 되어 있다(제2항). 지방자치법 제5장에서는 지방의회의 조직·권한 기타에 관한 사항을 규정하고 있다.

Chapter 02 행정법

제1절 행정법의 의의

Ⅰ. 행정법의 개념

행정법은 일반적으로 행정의 조직·작용 및 구제에 관한 국내공법이라고 정의하고 있다. 다시 말하면, 행정법이란 행정주체의 조직·권한 및 기관 상호관계에 관한 규율 및 행정주체 상호간 또는 행정주체와 사인(私人) 간의 공법상의 법률관계에 관한 규율을 총칭한다. 따라서 행정법은 국내법이라는 점에서 국제법과 구별되며 공법이라는 점에서 사법과 구별된다. 같은 공법이면서도 헌법은 국가의 조직 및 작용의 기본원칙을 정함에 반하여, 행정법은 행정권의 조직 및 작용을 규율하는 법이다.

Ⅱ. 행정법의 법원

행정법의 법원(法源)은 일반적으로 행정법의 존재형식으로 이해된다. 행정법의 법원은 크게 성문법원(成文法源)과 불문법원(不文法源)으로 나눌 수 있다. 행정법의 성문법원으로서는 헌법, 법률, 조약 및 국제법규, 명령, 자치법규를 들 수 있다. 행정법의 불문법원으로서는 관습법(민중관습법, 행정선례법), 판례법, 조리(법)가 있다. 조리는 법의 일반원칙이라고도 하며, 이에는 비례의 원칙, 신뢰보호의 원칙, 부당결부금지의 원칙 등이 있다.

III. 법치주의원칙과 행정법

본래 행정이라는 관념은 권력분립의 원칙과 이를 조직원리로 삼는 법치주의의 원칙이 세워진 후에 생긴 것으로, 법치주의는 행정법이 성립되고 또 발달하는 데 있어서 전제가 되어 온 것이다. 법치주의원칙이라 함은 국가작용, 그 중에서도 행정이 헌법과 법률에 의해 행하여지며 행정을 통해 불이익을 입은 사람의 구제제도가 정비되어 있어야 함을 의미한다. 법치주의원칙의 구체적인 내용을 살펴보면 다음과 같다.

첫째로, 행정작용은 법률에 적합하도록 행하여져야 하는 바, 그 내용은 다시 법률의 법규창조력, 법률우위의 원칙 및 법률유보의 원칙 등으로 나누어 볼 수 있다. 법률의 법규창조력이라 함은 국민의 권리・의무관계에 구속력을 가지는 법규범(법규)을 창조하는 것은 국민의 대표기관인 의회의 전속적 권한에 속하며, 따라서 의회에서 제정한 '법률'만이 법규로서의 구속력을 갖는다는 것을 의미한다. 법률우위라고 함은 헌법과 법률이 행정 및 행정에 관한 그 밖의 규율(명령 등)에 우선함을 의미한다. 다시 말하면 행정은 헌법과 법률에 위반해서는 안된다는 것을 의미한다. 법률유보(法律留保)의 원칙이란 행정이 법률에 근거하여 또는 법률의 수권(授權)에 의하여 행하여져야 함을 의미한다.

둘째로, 법치주의의 원칙은 행정이 법에 의해 행해질 것을 요구하지만, 현실적으로는 행정이 법에 위반하여 혹은 법에 의거하여 국민에게 불이익을 주는 경우가 많이 있다. 이러한 경우에 국민에 대한 권리구제의 길이 마련되어 있어야만 법치주의가 실질적으로 구현될 수 있다고 할 것인 바, 이와 같은 국민에 대한 권리구제수단을 총칭하여 행정구제라고 한다. 이에는 행정상 손해전보(損害塡補)와 행정상 쟁송제도 등이 있다.

Ⅳ. 행정법의 특성

1. 행정법에 있어서의 행정주체의 우월성

행정법은 행정권의 발동을 엄격히 기속하여 그의 자의적 행사를 금지하는 한편, 법률 스스로 행정권의 발동에 우월한 효력을 인정함으로써 사인 상호간의 행위와는 다른 법적 취급을 하고 있다. 다만 그 행정주체의 우월성은 행정주체에 고유한 본래의 성질이라 할 수 없으며, 행정의 실효성을 위하여 법률이 행정에 대하여 부여하고 있는 것에 지나지 않는다. 이와 같은 특색은 구체적으로 다음과 같다.

(1) 구속력

행정행위가 일정한 법정요건을 갖춘 경우 그 내용에 따라 당사자(행정청과 상대편)에 대해 법적 효력을 발생하는 힘을 말한다.

(2) 공정력(예선적 효력)

행정주체의 지배권의 발동이 법률에 근거를 두고 법률이 정한 바에 따라야 함은 말할 것도 없다. 그러나 그것이 법률에 위반할 경우에도 그 위반이 중대하고 명백하지 않은 한, 권한 있는 기관에 의해 취소될 때까지는 구속력을 가진다. 이러한 효력을 행정행위의 공정력 또는 예선적 효력(豫先的 效力)이라 부른다.

(3) 확정력(존속력)

일정한 행정행위에 따라 형성된 법률관계의 안정성 확보를 위한 것으로, 모든 행정행위에 있어서 불복기간의 경과나 판결의 확정 등의 이유로 관계인이 더 이상 행위의 효력을 다툴 수 없게 하는 효력, 즉 불가쟁력이 발생하거나, 또는 행위의 성질상 행정청도 원시적 하자 또는 후발적 사정을 이유로 직권으로 취소·변경·철회하지 못하는 효력, 즉 불가변력이 발생한다.

(4) 강제력

행정권이 스스로의 힘에 의해 상대방의 의무의 이행을 강제하며(행정상의 강제집행), 또한 행정상 필요한 상태를 실현(행정상의 즉시강제)할 수 있는 권능을 부여하고 있다. 사법관계에 있어서는 그의 의무의 이행을 사법권의 작용으로써 하도록 하는 것과 비교해 볼 때 행정법상 행정주체의 우월성이 발견된다.

2. 권리 · 의무의 상대성

사법관계에 있어서는 개인과 개인은 서로 이해를 달리하며, 일방의 권리는 타방의 의무인 것이 원칙이다. 공법관계에 있어서의 권리와 의무는 국가가 갖는 것이든 개인이 갖는 것이든 공공복리를 향상하거나 사회질서를 유지하기 위한다는 점에서 대립이 아닌 공통성을 가지고 있다. 따라서 공권은 동시에 의무라는 상대성을 가지며, 일반적으로 포기할 수 없는 것이 원칙이다.

3. 행정쟁송

사법관계의 분쟁에 대하여는 그 당사자가 누구이든 간에 민사소송절차에 의하여 일반법원에서 소송을 심리하는데 반하여, 행정법에 관한 쟁송절차는 그와 다르다. 즉 행정기관에 심판 또는 이의신청을 하거나(행정심판), 법원에 제소할 수 있다. 현행 행정소송법에서는 행정심판 전치주의[1]를 폐지하고 행정심판의 임의적 선택과 행정법원에의 제소를 규정하고 있다.

관련 사례

"헌법은 사라져도 행정법은 남는다"(오토 마이어)라는 말과 "구체화된 헌법으로서의 행정법"(프란츠 베르너)이라는 말의 의미는?

▶ 국내공법으로서의 헌법과 행정법 간의 관계에 대한 문제

---

1) 행정심판전치주의란 법령에 의하여 위법 · 부당한 행정행위에 대한 행정심판이 인정되고 있는 경우에는 그 행정심판의 재결을 거칠 것을 행정소송의 제기요건(提起要件)으로 하는 제도를 말한다. 이는 1998년 3월 1일 이전의 구 행정소송법에서 규정한 제도이다.

제2절 행정조직

행정조직이란 국가 또는 공공단체와 같은 행정주체의 조직을 말한다. 행정권을 담당하는 기관인 행정권의 주체는 꼭 국가만인 것은 아니다. 국가는 자신의 조직을 통하여 직접 행정을 하는 외에 지방의 행정에 관하여는 일정한 범위를 정하여 지방자치단체나 기타 다른 공공단체에 일임한다. 국가가 직접 행하는 행정을 국가행정이라 하고, 지방자치단체 등의 공공단체가 자신의 사무로서 행하는 행정을 자치행정이라고 한다. 따라서 행정조직법의 체계는 국가행정조직과 자치행정조직의 두 가지로 분류할 수 있다.

Ⅰ. 국가행정조직

국가의 행정사무를 담당하게 하기 위하여 국가에 의하여 설치된 국가 자신의 행정기관이 국가행정기관이다.

1. 국가행정기관의 분류

(1) 행정관청

행정관청이라 함은 국가를 위하여 그의 의사를 결정하고 그것을 외부에 표시할 수 있는 권한을 가진 기관을 말하는데, 국가의 행정기관 중에서 가장 중요한 것이다. 이 행정관청이 표시한 의사는 국가의 의사이고, 행정관청의 행위는 국가의 행위로서의 효과를 갖는다. 따라서 행정관청이란 사람인 국가공무원을 의미하는 것이다. 행정관청은 독임제기관(獨任制機關)인 것이 보통이나 합의제기관인 경우(감사원, 소청심사위원회, 토지수용위원회 등)도 있다.

(2) 보조기관 · 보좌기관

행정관청에 소속되어 행정에 관한 국가의사를 결정 · 표시하는 행정청의 권한행사를 보조함을 임무로 하는 기관을 보조기관이라 하는데, 차관 · 차장 · 실장 · 국장 · 부장 · 과장 등이 그에 해당한다(정부조직법 제2조 제3항). 이러한 보조기관 중 특히 정책의 기획 · 계획의 입안, 연구 · 조사 · 심사 · 평가 및 홍보 등을 통하여 그를 직접 보좌하는 담당기관(차관보·담당관)을 보좌기관이라 부르기도 한다(동법 제2조 제5항). 그러나 보조기관에 관청의 사무를 위임하거나 또는 보조기관이 법률상 당연히 관청을 대리하는 경우에는 그 범위 내에서 보조기관도 행정관청의 지위를 가진다.

(3) 자문기관

행정(관)청의 자문에 따라 혹은 스스로 행정청의 권한행사에 대해 의견을 제시함을 주된 임무로 하는 기관을 말한다. 그의 의견·권고는 법률상으로는 행정(관)청을 구속하는 것은 아니다. 합의제기관으로서의 각종 위원회·심의회, 단독기관으로서의 고문(顧問) 등이 이에 해당한다. 자문기관의 구성방법에 따라 전문기술적 심의회와 이익대표적 심의회로 나눌 수 있는데, 우리나라의 자문기관은 거의 전부가 전문기술적 심의회의 성격을 띠고 있다.

(4) 의결기관

단독으로 국가 등의 의사를 결정·표시할 수 있는 권한을 가지는 것도 아니며, 그렇다고 단순히 행정청을 보조하고 그의 자문에 응하는 것도 아니며, 행정청이 의사결정을 하기 위한 전제요건으로서 의결을 하며, 이것에 기해 국가 등의 의사가 결정·표시되는 의미에서 국가의 의사결정에 참여하는 기관을 말한다. 그 의결이 없으면 유효한 국가의 의사결정은 행해질 수 없다. 징계위원회, 행정심판위원회, 공정거래위원회 등이 그 예이다.

(5) 집행기관

행정청의 명을 받아 실력으로써 이를 집행함을 임무로 하는 기관, 즉 강제집행기관을 말한다. 경찰공무원, 세무공무원, 무허가건물철거반원 등이 이에 해당한다.

(6) 감사기관

행정기관의 사무·회계의 처리를 검사하여 그 적부(適否)를 감사하는 기관이다. 감사원을 비롯하여 상·하급행정기관 상호간의 관계에서 일반감사권을 가진 상급기관을 들 수 있다.

2. 중앙행정기관과 지방행정기관

국가행정기관은 그 권한이 전국에 미치는 중앙행정기관과 그 권한이 일부 지역에만 미치는 지방행정기관으로 나눌 수 있다.

(1) 중앙행정기관

㈎ **대통령** 우리 헌법이 대통령제를 취하고 있음으로 인하여, 대통령은 국가원수인 동시에 정부(행정부)의 수반으로서의 지위를 가지고 있다. 정부수반으로서의 대통령의 지위는 정부조직권자로서의 지위, 최고행정청으로서의 지위, 국무회의 의장으로서의 지위 등으로 나눌 수 있다.

㈏ **국무회의** 국무회의는 정부의 권한에 속하는 중요한 정책을 심의하는 국가의 최고정책심의기관이다(헌법 제88조 제1항). 국가정책의 필수적 심의기관인 점에서 단순한 자문기관과 구별되며, 대통령이 심의내용에 구속되지 않는 점에서 의결기관과도 구별된다.

㈐ **국무총리** 우리 헌법은 대통령제를 취하면서도 이례적으로 국무총리를 두고 있다. 국무총리는 행정에 관하여 대통령의 명을 받아 행정각부를 통괄하는 면에서 보면 행정각부 장관보다 우월한 지위에 있는 상급행정관청이다.

또한, 행정각부에 분속시키는 것이 부적당한 사무를 국무총리 소관사무로 하고 있는 면에서 보면 각부 장관과 동렬의 중앙행정관청으로서의 지위를 가진다. 정부조직법에서는 국무총리실을 설치하는 등 국무총리의 권한을 강화하고 있다.

㈑ **대통령직속기관** 대통령직속기관으로서의 감사원과 국가정보원을 들 수 있다. 감사원은 국가의 세입·세출의 결산, 국가 및 법률이 정한 단체의 회계감사와 행정기관 및 공무원의 직무에 관한 감찰을 하기 위하여 대통령 소속하에 설치된 국가기관이다(헌법 제97조).

감사원이 대통령직속기관이기는 하나, 직무에 관하여는 독립의 지위를 가진다(감사원법 제2조 제1항). 감사원은 감사원장을 포함한 5인 이상 11인 이하의 감사위원으로 구성된 감사위원회의와 사무처로 조직되어 있다. 국가정보원은 대통령 소속하에 국가안전보장 업무를 관장하는 국가의 중앙행정기관이다.

㈒ **행정각부** 행정각부는 정부(행정부)의 업무를 분할하고 있는 국가의 중앙행정기관이다. 이들 행정각부의 설치·조직과 직무범위는 법률로 정하도

록 되어 있는 바(헌법 제96조), 그에 관한 기본법이 정부조직법이다.

행정각부에는 장관 1인을 두며, 그 밑에 차관·국장·과장 등의 보조기관을 둔다. 행정각부에는 장관 소속하에 상당수의 외청(外廳)·외국(外局)이 설치되어 있다. 기획재정부장관 소속하의 국세청·관세청·조달청·통계청, 행정자치부장관 소속하의 경찰청, 농림축산식품부장관 소속하의 농촌진흥청과 산림청, 산업통상자원부장관 소속하의 중소기업청과 특허청, 국토교통부장관 소속하의 행정중심복합도시건설청과 새만금개발청, 환경부장관 소속하의 기상청 등이 그에 해당한다. 이들 외청과 외국의 특색은 청장과 국장이 자신의 이름으로 대외적으로 법적 효과가 발생하는 의사표시를 할 수 있는 행정청의 지위를 가지는 점에 있다.

[정부조직기구도] – 17부 5처 16청, 2원 5실 6위원회

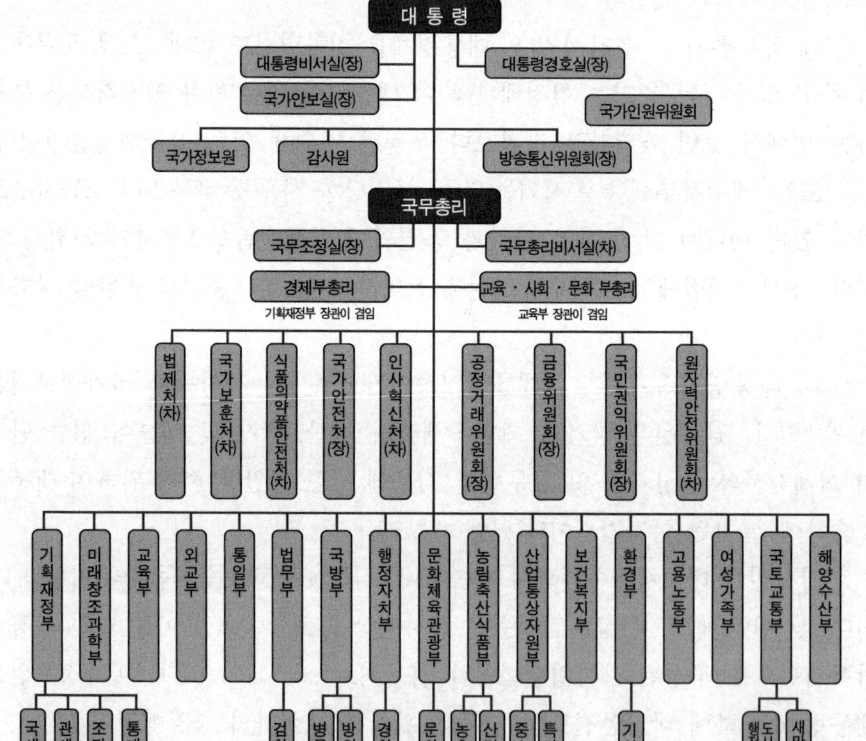

(2) 지방행정기관

우리 헌법은 지방자치제를 택하고 있다(제117조). 따라서 지방행정은 자치행정을 통해서 행해짐이 헌법의 취지에 맞는다. 그러나 현실적으로는 국가의 지방행정조직 또는 기관이 전국에 걸쳐 산재하고 있다. 국가의 지방행정조직은 관장사무의 일반성 여부에 따라 보통지방행정기관과 특별지방행정기관으로 구분된다.

㈎ **보통지방행정기관** 헌법상의 지방자치제의 취지에 따라 국가의 지방행정을 관장하는 보통지방행정기관은 따로 설치되지 아니하며, 시·도와 시·군 및 자치구에서 시행하는 국가사무는 법령에 다른 규정이 없는 한, 지방자치단체의 장인 시장(서울특별시장 및 광역시장 포함)·도지사나 시장·군수 및 자치구의 구청장에게 위임하여 행하는 형식을 취하고 있다(지방자치법 제102조).

㈏ **특별지방행정기관** 특정한 중앙행정기관의 소관사무만을 관장하는 지방행정기관이 특별지방행정기관이다. 정부조직법은 「중앙행정기관에는 소관사무를 수행하기 위하여 필요한 때에는 특히 법률로 정한 경우를 제외하고는 대통령령이 정하는 바에 의하여 지방행정기관을 둘 수 있다」(제3조 제1항)라고 규정함으로써 국가의 지방행정기관을 설치할 수 있는 근거를 마련하고 있다. 현재 특별지방행정기관은 전국에 산재하고 있는 바, 기획재정부 산하의 지방국세청, 국방부 산하의 지방병무청, 국토교통부 산하의 지방국토관리청 등이 대표적인 예이다.

관련 사례

1. 국가의 행정사무로서 다른 중앙행정기관의 소관에 속하지 아니하는 사무는 어느 기관이 처리하는가?
   ▶ 행정각부의 설치·조직과 직무범위에 관한 문제, 업무분할상의 공백 처리에 관한 문제
2. 노동위원회는 하나의 행정기관인가?
   ▶ 위원회형의 행정기관의 독립성, 합의성(合議性) 여부 등에 관한 문제

II. 자치행정조직

자치행정은 국가 이외의 공공단체가 자신의 사무로서 행하는 행정을 말하는데, 일정한 지역을 나누어서 지방단위로 행한다는 뜻에서 지방자치라고도 한다.

1. 공공단체의 의의

공공단체는 자치행정의 주체로서 국가 밑에서 행정목적을 수행하는 공법상의 법인을 말한다. 우리나라에서는 이러한 공공단체에 해당하는 것으로서 지방자치단체·공공조합(공법상의 사단법인)·영조물법인(營造物法人) 및 공법상의 재단법인을 열거함이 보통이다.

2. 공공단체의 종류

(1) 지방자치단체

지방자치단체는 일정한 구역과 그 주민을 구성요소로 하는 공공단체이다. 지방자치단체는 일정한 토지를 불가결의 요소로 하는 지역단체인 점에서 다른 공공단체와 구별된다. 지방자치단체는 구성 및 권한의 일반성 여부에 따라 이론상 보통지방자치단체와 특별지방자치단체로 구분되는바, 특별시·광역시·도·시·군 및 자치구가 전자에 해당하며, 시·군·자치구조합과 같은 지방자치단체조합이 후자에 해당한다(지방자치법 제2조, 제152조). 지방자치단체는 주민의 복리에 관한 사무를 처리하고 재산을 관리하며 자치에 관한 규정을 제정하는 등의 그 지방의 공공사무의 전반에 관한 권한을 가진다(동법 제9조).

지방자치단체의 기관으로서는 의결기관과 집행기관이 있다. 지방의회는 그 자치단체의 의사를 결정하는 의결기관이고, 서울특별시장·광역시장·도지사·시장·군수 등은 그 자치단체의 일반사무를 집행하는 집행기관이다. 지방자치단체의 권한으로서는 자치입법권, 자치조직권, 자치행정권, 자치재정권 등을 들 수 있다.

(2) 공공조합

공공조합이란 특정한 목적을 위하여 결합된 인적 단체로서 자치권이 인정된 공공단체를 말하며, 공사단(公社團)이라고도 한다. 공공조합의 구성원은 일정한 지역 내에서 일정한 자격을 가진 것이 보통이다. 이 경우의 지역은 조합의 구성원이 될 자격요건이 되며 사업의 실시구역을 의미하는데 지나지 아니하는 점에서 지방자치단체의 구역과는 구별된다. 상공회의소, 토지구역정리조합, 변호사회 등이 이에 속한다.

(3) 영조물법인

영조물법인(營造物法人)은 영조물이 법인격을 취득한 공공단체이다. 영조물은 공행정주체에 의하여 특정한 공적 목적에 계속적으로 봉사하도록 정해진 인적·물적 수단의 종합체이다. 영조물의 특징적 징표로 다음 세 가지를 들 수 있다. 첫째로, 영조물은 행정요원과 물적 수단의 조직적 조합체이다. 물적 수단이란 건물·시설·기계 등을 말한다.

둘째로, 영조물은 그의 목적에 따르는 일정한 행정임무를 수행하지 않으면 안된다. 여기에서 행정임무란 주로 급부적·공급적 과업을 의미한다.

셋째로, 영조물은 일반적으로 이용자를 가진다.

영조물법인에 해당하는 것으로서는 한국방송공사, 서울대학교병원, 적십자병원, 과학기술원 등이 있다.

(4) 공법상의 재단

공법상의 재단 또는 공재단이란 재단설립자에 의하여 출연된 재산을 관리하기 위해 설립된 공공단체이다. 재단의 중심적 요소로 일정한 목적을 위해 바쳐진 재산의 집합이다. 현행법상 공재단에 해당하는 것으로는 한국연구재단, 한국학중앙연구원 등이 있다.

Ⅲ. 공무원

1. 공무원의 개념

공무원이라는 개념은 매우 다의적으로 사용되고 있다. 공무원은 광의로는 국가 또는 공공단체의 공무를 담당하는 일체의 자를 의미한다. 이와 같은 의미의 공무원에는 대통령, 국회의원 등과 같이 선거에 의하여 취임하거나 임명에 있어서 국회의 동의를 요하는 공무원(정무직 공무원)은 물론, 계약에 의해 공무를 담당하는 자, 고용직 및 임시직 등 모든 공무담당자가 포함된다. 협의의 공무원은 국가 또는 지방자치단체와 공법상의 근무관계에 있는 모든 자로서, 국가공무원법 및 지방공무원법 기타 공무원의 지위 및 신분에 관해 규율하고 있는 각종 공무원법상의 공무원이 이에 해당한다.

2. 공무원의 종류

(1) 국가공무원과 지방공무원

국가공무원은 국가에 의하여 임용되어 국가기관에 근무하며 국가로부터 보수를 받는 공무원을 의미하고, 지방공무원은 지방자치단체에 의해 임용되어 지방자치단체에 근무하며 지방자치단체로부터 보수를 받는 공무원이라고 말할 수 있다. 국가공무원은 일반적으로 국가공무원법의 적용을 받으며, 지방공무원은 일반적으로 지방공무원법의 적용을 받는다.

(2) 경력직공무원과 특수경력직공무원

국가공무원법 및 지방공무원법이 채택하고 있는 분류방법으로서, 공무원은 그 임용자격 및 신분보장의 유무와 직무내용의 정치성 및 전문성 유무를 기준으로 경력직공무원과 특수경력직공무원으로 대별된다. 경력직은 다시 일반직·특정직으로, 특수경력직은 정무직·별정직으로 나누어진다(국가공무원법 제2조 제2항·제3항; 지방공무원법 제2조 제2항·제3항 참조).

이 중 경력직공무원이 직업공무원의 부류에 속하는 바, 일반직공무원은 기술·연구 또는 행정일반에 대한 업무를 담당하며, 직군(職群)·직렬(職列)별로 구분된다. 특정직공무원은 특수분야의 업무를 담당하는 공무원으로서 법관·검사·외무공무원·경찰공무원·교육공무원·군인 등이 이에 속한다.

특수경력직공무원은 경력직공무원 이외의 공무원으로서 그 중 정무직공무원은 선거에 의하여 취임하거나 임명에 있어서 국회의 동의를 요하는 공무원 및 국무위원·차관 등과 같이 업무의 성질과 임면 등에 정치성이 강하게 나타나는 공무원이며, 별정직공무원은 비서관·비서 등 보좌업무 등을 수행하거나 특정한 업무 수행을 위하여 법령에서 별정직으로 지정하는 공무원으로 국회수석전문위원·비서관 등을 말한다.

(3) 정규공무원과 준공무원

국가공무원법, 지방공무원법 등 공무원법이 정하고 있는 신분을 가지고 있는 공무원을 정규공무원이라 하고, 개별법에 의해 신분에 관하여 공무원에 준하는 취급을 받는 자를 준공무원이라 한다. 준공무원의 예로서는 한국은행의 임직원, 한국조폐공사의 임직원, 대한석탄공사·한국토지주택공사·한국무역진흥공사 등 각종 공사 및 국책은행의 임원 및 별정우체국장 등이 있다.

3. 공무원의 임명

공무원관계의 발생원인에는 임명·선거·법률에 의한 강제 선정 등이 있다. 그 중에서 임명이 가장 보편적인 형태이다.

(1) 임명의 의의 및 성질

임명은 특정인에게 공무원으로서의 신분을 부여하여 공법상의 근무관계를 설정하는 행위이다. 임명의 성질에 관하여는 쌍방적 행정행위 또는 동의에 의한 행정행위로 본다.

(2) 임명의 요건

공무원이 되기 위해서는 법정의 결격사유가 없어야 한다. 즉 ① 피성년후견인 또는 피한정후견인, ② 파산선고를 받고 복권되지 않은 자, ③ 금고 이상의 실형을 선고받고 그 집행이 종료되거나 집행을 받지 아니하기로 확정된 후 5년이 지나지 아니한 자, ④ 금고 이상의 형을 선고받고 그 집행유예 기간이 끝난 날부터 2년이 지나지 아니한 자, ⑤ 금고 이상의 형의 선고유예를 받은 경우에 그 선고유예 기간 중에 있는 자, ⑥ 법원의 판결 또는 다른 법률에 따라 자격이 상실되거나 정지된 자, ⑥의2 공무원으로 재직기간 중 직무와 관련하여「형법」제355조 및 제356조에 규정된 죄를 범한 자로서 300만원 이상의 벌금형을 선고받고 그 형이 확정된 후 2년이 지나지 아니한 자, ⑦ 징계로 파면처분을 받은 때부터 5년이 지나지 아니한 자, ⑧ 징계로 해임의 처분을 받은 때로부터 3년이 지나지 아니한 자는 공무원에 임용될 수 없다(국가공무원법 제33조; 지방공무원법 제31조).

공무원이 되기 위해서는 위의 결격사유가 없을 뿐 아니라 일정한 자격을 갖추어야 한다. 공무원의 임명은 공개경쟁시험, 특별채용시험 등 시험 또는 검정을 통한 능력의 실증을 통하여 하도록 되어 있으며, 공개시험합격자를 우선적으로 임용하도록 되어 있다.

4. 공무원의 권리 · 의무 · 책임

(1) 공무원의 권리

공무원의 권리는 다시 신분상의 권리와 재산상의 권리로 나눌 수 있다. 공무원의 신분상의 권리는 공무원의 신분과 직접 관계되는 권리를 말하며, 공무원은 형의 선고, 징계처분 또는 이 법에서 정하는 사유가 아니면 본인의 의사에 반하여 휴직 · 강임 또는 면직을 당하지 아니한다. 다만, 1급공무원과 제23조에 따라 배정된 직무등급이 가장 높은 등급의 직위에 임용된 고위공무원단에 속하는 공무원은 그러하지 아니하다(국가공무원법 제68조; 지방공무원법 제60조). 공무원은 법에 정한 사유(직무수행능력 부족 등)가 있는 경우가 아니고서는 직위를 해제당하지 아니한다(국가공무원법 제73조의3; 지방공무원법 제65조의3).

공무원은 자기가 담당하는 직무를 방해당하지 아니하고 수행할 권리를 가진다. 따라서 공무원의 공무집행을 방해하게 되면 공무집행방해죄를 구성한다(형법 제136조, 제137조). 공무원은 위법 · 부당하게 신분상의 불이익을 입은 경우에 소청(訴請) · 행정소송 등을 통해 그 시정을 구할 수 있는 권리를 가진다. 공무원은 또한 재산상의 권리로서 보수를 받을 권리를 가진다(국가공무원법 제46조, 제47조).

(2) 공무원의 의무(국가공무원법 제56조 내지 제66조)

직무상의 의무로는 성실의 의무, 복종의 의무, 친절 · 공정의 의무, 비밀엄수의 의무, 집단행위의 금지 의무 등이 있다. 직무의 내외를 막론하고 지켜야 할 의무로서는 청렴의 의무, 방탕 · 주벽 · 경솔 · 축첩 등이 있어서는 안된다는 품위유지의 의무가 있다.

(3) 공무원의 책임

㈎ 민사상의 책임 공무원이 직무상 불법행위로 타인에게 손해를 가한 경우에 가해공무원은 국가 또는 지방자치단체의 구상(求償)을 통해 국가나 지방자치단체에 대하여 배상책임을 지는 경우가 있으나, 피해자인 사인(私人)에

대해서는 직접 책임을 지지 않는다.

(나) **형사상의 책임** 형사책임은 공무원이 형법상의 공무원의 직무에 관한 죄를 범한 경우에 지게 되는 책임을 말한다. 내용적으로 직무범(職務犯)과 준직무범(準職務犯)으로 나눌 수 있다. 직무범은 공무원이 직권을 남용하는 등 직무행위와 직결되는 범죄를 말하는 것으로 직무유기죄, 타인의 권리행사방해죄, 불법체포·감금죄, 폭행·가혹행위죄, 피의사실공표죄, 공법상 비밀누설죄, 선거방해죄 등이 그에 해당한다. 준직무범은 직무행위 그 자체가 범죄를 구성하는 것이 아니라 행위자가 공무원의 신분을 가졌기 때문에, 또는 공무원의 직무와 관련이 있기 때문에 일정한 행위가 형사상의 범죄를 구성하는 경우를 말한다. 수뢰죄, 제3자 뇌물제공죄, 사후수뢰죄, 알선수뢰죄, 증뢰물전달죄(贈賂物傳達罪) 등이 그에 해당한다.

(다) **공무원법상의 책임** 공무원법상 공무원이 받는 제재를 징계벌(懲戒罰)이라 하는데, 징계의 사유에는 ① 공무원법 및 공무원법에 의한 명령에 위반하였을 때, ② 직무상의 의무를 위반하거나 직무를 태만히 한 때, ③ 직무의 내외를 불문하고 그 체면 또는 위신을 손상하는 행위를 한 때 등 세 가지가 있다(국가공무원법 제78조 제1항; 지방공무원법 제69조).

이와 같은 징계사유가 있는 때에는 징계권자는 반드시 징계의 결의요구를 하여야 하고, 그 결의에 따라 징계처분을 하여야 한다.

제3절 행정작용

오늘날 사회가 복잡화·산업화되고, 그에 따른 행정기능이 확대됨으로써 행정작용 역시 다양해지고 있다. 그 다양한 행정작용을 일정한 기준에 따라 분류하여 행정의 모습을 법적인 관점에서 체계 있게 파악하려는 것이 행정작용법의 내용이다.

행정이 질서유지라고 하는 소극적인 임무만을 띠고 있던 때에는 행정작용 역시 단순하고 파악하기 용이했으며, 명령(행정입법)·행정행위·행정강제가 행정작용의 근간을 이루었다고 볼 수 있다. 이들 세 종류의 행정작용은 각각

규범·개별적 조치·권력적 사실행위 등의 법적 특색을 지니고 있으며, 이들 행정작용에 대응하는 개인의 쟁송수단 역시 비교적 명확히 구분될 수 있다. 명령에 대한 구체적 규범심사제(規範審査制), 행정행위에 대한 취소쟁송(取消爭訟), 행정강제에 대한 집행정지제도 등이 그것이다.

그러나 현대국가에서는 행정기관이 일정한 행정목적을 달성하기 위하여 특정인에게 일정한 행위를 하거나 아니하도록 하는 지도·권고·조언 등 다양한 행정작용이 등장하였다. 또한, 국민의 권익보호에 있어서도 사후구제적인 측면과 함께 사전예방적인 측면이 강조되고 있다. 이러한 점에서, 행정 및 국정에 대한 국민의 참여와 투명성 등을 확보하고 국민의 권익을 보호하기 위하여 제정된 행정절차법과 공공기관의 정보공개에 관한 법률은 중요한 의미를 갖는다.

Ⅰ. 행정입법

1. 행정입법의 의의

행정입법은 행정권(행정기관)이 일반적·추상적인 규율을 제정하는 작용 또는 그에 의해 제정된 규범으로서의 명령을 말한다. 여기서 '일반적'이란 불특정 다수인에게 적용된다는 의미이며, '추상적'이란 불특정 다수의 사례에 적용된다는 의미이다. 또한 '규율'은 법적 효과를 발생함을 뜻한다.

2. 행정입법의 기능과 종류

입법권은 국회에 속한다는 헌법규정(제40조)이 보여주는 바와 같이, 권력분립을 기초로 하는 법치국가에서는 법규범을 제정하는 작용인 입법권은 원칙적으로 국민의 대표기관인 의회에 속한다. 행정입법, 즉 행정권에 의한 입법은 위의 헌법규정 및 권력분립의 원칙에 위배되는 것으로 볼 수 있기 때문에 19세기에 있어서는 많은 나라에서 행정입법은 금기로 생각되었다. 그러나 금세기에 들어와서의 행정기능의 확대, 전문화·기술화 등으로 행정입법을 불가결한 것으로 만들었으며, 헌법이 명문으로 행정입법을 인정하는 나라도 늘기 시작했는데, 우리 헌법도 그 중의 하나이다.

행정입법은 다시 법규성을 가지는지의 여부에 따라 법규명령과 행정규칙으로 나눌 수 있다. 즉, 행정기관이 정립한 법규범 중에서 법규의 성질을 가지는 것을 법규명령이라 하고, 법규의 성질을 가지지 않는 것을 행정규칙이라 한다.

II. 행정행위

행정행위는 실정법상의 개념이 아니라 학문상의 개념이며, 통설에 의하면 행정청이 구체적 사실에 관한 법집행으로 행하는 권력적·단독적 공법행위를 말한다. 따라서 행정행위의 개념요소는 ① 행정청이 행하는 행위, ② 법적 행위, ③ 공법행위, ④ 구체적 법집행행위, ⑤ 권력적 단독행위이다.

1. 행정행위의 종류

(1) 법률행위적 행정행위와 준법률행위적 행정행위

행정행위는 그 내용, 즉 법률적 효과에 따라 법률행위적 행정행위와 준법률행위적 행정행위로 구분하는 것이 통례이다. 전자는 행정청의 의사표시를 구성요소로 하고 그 표시된 의사의 내용에 따라 법적 효과가 발생한다. 이에 대하여, 후자는 의사표시 이외의 정신작용(판단·인식·관념 등)의 표시를 요소로 하고, 그 법적 효과는 행위자의 의사 여하를 불문하고 전적으로 법이 정한 바에 따라 발생하는 데에 양자의 차이가 있다.

(2) 기속행위와 재량행위

기속행위(羈束行爲)란 행정청에게 어떤 행정행위를 할 수도 안 할 수도 있는 자유가 인정되어 있는 것이 아니라, 법이 정한 일정한 요건이 충족되어 있을 때 법이 정한 효과로서의 일정한 행정행위를 반드시 행하도록 되어 있는 경우를 말한다. 재량행위(裁量行爲)란 복수행위간에 선택의 자유가 인정되어 있는 경우를 말하며, 이에는 어떤 행정행위를 할 수도 안 할 수도 있는 자유가 인정되어 있는 경우인 결정재량(決定裁量)과 다수의 행정행위 중 어느 것을 해도 괜찮은 자유가 인정되어 있는 경우인 선택재량(選擇裁量)이 포함된다.

2. 행정행위의 내용

(1) 법률행위적 행정행위

법률효과의 내용에 따라 다시 명령적 행위와 형성적 행위로 나뉜다.

㈎ **명령적 행위** 국민에 대하여 일정한 작위・부작위・급부・수인 등의 의무를 명하거나, 혹은 이들 의무를 면제하는 행정행위를 말한다.

1) **하명** : 국가의 일반통치권에 기하여 국민에 대하여 작위・부작위・급부・수인 등의 의무를 명하는 행위를 말한다. 이 중에서 부작위의무를 명하는 것을 특히 금지라 한다.

2) **허가** : 법률에 의한 일반적 금지(부작위의무)를 특정한 경우에 해제하여 적법하게 일정한 행위를 할 수 있게 하는 행위를 말한다. 영업허가, 건축허가 등이 그 예이다.

3) **면제** : 법령에 의해 정해진 작위・급부 등의 의무를 특정한 경우에 해제하는 행위이다. 해제되는 의무의 종류만 다를 뿐 의무를 해제하는 면에서 허가와 같으므로, 허가에 대한 설명은 면제에도 그대로 적용된다.

㈏ **형성적 행위** 형성적 행위는 국민에 대하여 특정한 권리・능력・행위능력 또는 포괄적인 법률관계 기타 법률상의 힘을 설정・변경・소멸시키는 행정행위를 말한다.

1) **특허** : 특정인을 위해 새로운 법률상의 힘을 부여하는 것으로 권리, 능력, 포괄적 법률관계를 설정하는 행위가 그것이다. 이러한 점에서 특허를 설권행위(設權行爲)라고도 한다.

2) **인가** : 제3자의 법률적 행위를 보충(동의)하여 그의 법률상의 효과를 완성시키는 행위를 말하며, 이를 보충행위라고도 한다. 사립학교의 설립인가나 법인설립의 인가 등이 그 예이다.

3) **공법상 대리** : 제3자가 해야 할 일을 행정주체가 대신하여 행함으로써 제3자가 행한 것과 같은 법적 효과를 일으키는 행정행위를 말한다. 감독청에 의하여 공익적・감독적 견지에서 행해지는 공공조합 등에 관한 정관작성이 그 예이다.

(2) 준법률행위적 행정행위

1) **확인** : 특정한 사실 또는 법률관계의 존부(存否) 또는 정부(正否)에 관

해 의문이나 다툼이 있는 경우에 행정청이 이를 공적으로 확정하는 행위를 말한다. 도로·하천 등의 구역결정, 발명의 특허, 당선인의 결정, 교과서의 검정, 이의신청의 결정, 행정심판의 재결(裁決), 소득금액의 결정 등이 그 예이다.

2) 공증 : 특정한 사실 또는 법률관계의 존재를 공적으로 증명하는 행위를 말하며, 각종의 등기·등록·증명서의 발급 등이 그 예이다.

3) 통지 : 특정인 또는 불특정 다수인에 대해 특정한 사항을 알리는 행위를 말한다. 토지수용에 있어서의 사업인정의 고시가 그 예이다.

4) 수리 : 타인의 행정청에 대한 행위를 유효한 행위로서 수령하는 행위를 말한다. 사직원서의 수리가 그 예이다.

Ⅲ. 행정벌과 행정강제

1. 행정벌

행정벌이란 행정법상의 의무위반에 대하여 일반통치권에 근거하여 일반사인(私人)에 과하는 제재로서의 벌을 말하며, 이러한 행정벌이 과해지는 비행을 행정범(行政犯)이라 한다. 행정벌은 과거의 의무위반에 대하여 제재를 가함으로써 행정법규의 실효성을 확보함을 목적으로 한다.

징계벌은 특별신분관계의 질서를 유지하기 위하여 그 내부질서 위반자에 대하여 특별권력의 발동으로서 과하는 제재인데 대해, 행정벌은 일반권력관계에 있어서 일반 사인에 대해 통치권의 발동으로서 과하는 제재이다. 행정벌을 집행벌과 비교할 때, 집행벌은 행정법상의 의무불이행이 있는 경우에 장래의 의무이행을 확보하기 위한 강제집행의 수단으로서 과하여지는 것이다. 이에 대해, 행정벌은 과거의 행정법상의 의무위반행위에 대한 제재로서 과하여지는 데에 차이가 있다. 양자의 구별에 대하여는, 형사범은 그 행위가 법규를 기다리지 않고도 그 자체가 반도덕성·반사회성을 가지고 있어 이것을 국민일반이 인식할 수 있다. 이에 반하여 행정범은 법규가 정한 명령·금지에 위반함으로써 비로소 반도덕성·반사회성을 띠게 된다는 것이다.

행정벌은 처벌내용에 따라 행정형벌과 행정질서벌로 나누어진다. 행정벌로서 형법에 의한 형인 사형·징역·금고·자격상실·자격정지·벌금·구류

·과료 및 몰수를 과하는 것을 행정형벌이라고 한다. 행정벌로서 과태료를 과하는 경우를 행정질서벌이라고 한다. 이 경우 형법총칙은 적용되지 않으며, 과벌절차(科罰節次)는 특별한 규정이 없는 한 비송사건절차법에 의한다.

2. 행정강제

행정강제는 행정목적을 실현하기 위하여 사람의 신체 또는 재산에 실력을 가함으로써 행정상 필요한 상태를 실현하는 행정권의 사실상의 작용이다. 이것은 다시 행정상의 강제집행과 즉시강제로 나눌 수 있다.

(1) 행정상의 강제집행

행정상의 강제집행이란 행정법상의 의무(원칙적으로 행정행위에 의하여 부과된 의무를 말한다)의 불이행에 대하여 행정주체가 의무자의 신체 또는 재산에 실력을 가함으로써 장래에 향하여 의무를 이행시키거나, 혹은 이행이 있었던 것과 동일한 상태를 실현하는 행정작용을 말한다. 행정상 강제집행의 수단으로서 대집행(代執行), 집행벌(執行罰), 직접강제 및 행정상의 강제징수 등이 있다.

㈎ **대집행** 대집행이라 함은 대체적 작위의무에 대한 강제수단으로서, 의무자가 대체적 작위의무를 이행하지 않은 경우에 당해 행정청이 그 작위를 스스로 행하거나 또는 제3자로 하여금 이를 행하게 함으로써 의무의 이행이 있었던 것과 동일한 상태를 실현시킨 후 그 비용을 의무자로부터 징수하는 것을 말한다(행정대집행법 제2조). 의무를 과한 당해 행정청이 대집행의 주체이다(동법 제2조). 대집행의 절차는 계고(戒告), 대집행영장에 의한 통지, 실행, 비용징수의 4단계로 나누어진다.

㈏ **집행벌** 집행벌이란 비대체적 작위의무 또는 부작위의무의 불이행이 있는 경우에 그 의무이행을 간접적으로 강제하기 위하여 과하는 수단을 말한다. 이는 일정한 기한까지 의무를 이행하지 않으면 과태료 등을 과한다는 뜻을 미리 계고하여 그 의무자에게 심리적 압박을 가함으로써, 그 의무이행을 간접적으로 강제하게 된다. 집행벌은 개별법상에 규정된 경우에만 허용되고 있다.

㈐ **직접강제** 직접강제란 행정상의 의무의 불이행이 있는 경우에 행정

상의 최후의 수단으로서, 직접 의무자의 신체나 재산 또는 이 양자에 실력을 가하여 의무의 실행이 있었던 것과 같은 상태를 실현하는 작용을 말한다. 예컨대, 식품의약품안전처장 또는 특별자치도지사·시장·군수·구청장은 무허가·무신고영업 등의 경우에 있어서 영업소의 폐쇄조치를 행하는 것(식품위생법 제75조)이 그에 해당한다.

(라) **행정상 강제징수** 행정상의 강제징수란 행정법상의 금전급부의무의 불이행이 있는 경우 의무자의 재산에 실력을 가하여 의무의 이행이 있었던 것과 동일한 상태를 실현하는 작용을 말한다. 작위·부작위 또는 수인의무(受忍義務)를 강제하기 위한 수단인 대집행, 직접강제, 집행벌과는 달리 강제징수는 금전급부의 불이행에 대한 강제수단이다.

강제징수절차는 독촉 및 체납처분으로 나누어지며, 체납처분은 다시 재산의 압류, 압류재산의 매각, 청산의 3단계로 나누어진다.

(2) 행정상의 즉시강제

행정상 즉시강제란 일반적으로 행정법상의 의무의 존재를 전제함이 없이 목전의 급박한 장해를 제거하기 위하여, 또는 그의 성질상 의무를 명함에 의해서는 목적을 달성할 수 없는 경우에 직접 사인(私人)의 신체 또는 재산에 실력을 가함으로써 행정상 필요한 상태를 실현하는 작용이다.

관련 사례

1. 위법 또는 부당한 과세처분에 대하여 심판청구를 한 경우에도 납기 내에 납세를 하여야 하는가?

   ▶ 행정행위의 공정력(예선적 효력)에 관한 문제

2. 국유재산에 대하여도 시효취득이 인정되는가?

   ▶ 일반 국민의 재산에 비해 국유재산에 대하여 특별한 지위를 인정할 것인가의 문제(헌재 1991.5.13, 89헌마97 참조)

제4절 행정상 국민의 권익보호

법치국가에 있어서 행정은 적법·타당하고, 개인의 기본권을 존중하여 행해져야 한다. 행정이 위법·부당하게 행해짐으로써, 혹은 부득이한 사정으로 개인의 권리·이익을 침해하는 경우에 행정청을 상대로 하여 구제를 청구할 수 있는 일체의 제도를 행정구제라 한다. 행정구제를 통하여 국민에 대한 권리구제의 길이 마련되어 있어야 법치주의가 실질적으로 구현될 수 있다. 그러나 최근에는 사후구제적인 국민의 권익보호와 함께 행정절차를 통한 사전예방적인 국민의 권익보호가 강조되고 있다.

I. 행정절차상의 권익보호

최근에 제정된 행정절차법은 행정의 공정성·투명성 및 신뢰성을 확보하고, 국민의 권익보호를 목적으로 처분·신고·행정상 입법예고·행정예고 및 행정지도의 절차에 있어 국민의 행정참여를 도모하고 있다.

1. 처분절차상의 권익보호

㈎ 행정절차법에 있어 처분이라 함은 행정청이 행하는 구체적 사실에 관한 법집행으로서의 공권력의 행사 또는 그 거부와 기타 이에 준하는 행정작용을 말한다(행정절차법 제2조 제2호).

㈏ 국민은 행정청에 대하여 일정한 처분을 문서로 신청하여야 한다. 행정청은 그 접수를 보류 또는 거부하거나 부당하게 되돌려 보내서는 아니되며, 신청에 필요한 사항을 게시하거나 이에 대한 편람을 비치할 의무를 지고, 그 처리기간 및 기준을 사전에 설정·공표하여야 한다(동법 제17조 이하).

㈐ 행정청은 당사자에게 의무를 과하거나 권익을 제한하는 처분을 할 때에는 처분의 내용 및 법적 근거, 의견제출에 관한 사항 등을 당사자에게 사전에 통지하여야 한다(동법 제21조).

㈑ 행정청은 처분을 함에 있어 원칙적으로 당사자에게 그 근거와 이유를 제시하여야 하며(동법 제23조), 일정한 경우에 청문을 실시하거나 공청회를 개

최한다(동법 제22조).

(마) 행정청이 처분을 하는 때에는 당사자에게 그 처분에 관하여 행정심판 및 행정소송을 제기할 수 있는지 여부, 기타 불복을 할 수 있는지 여부, 청구절차 및 청구기간 기타 필요한 사항을 알려야 한다(동법 제26조).

2. 행정입법절차상의 권익보호

(가) 행정청은 국민의 권리・의무 또는 일상생활과 밀접한 관련이 있는 법령 등을 제정・개정 또는 폐지하고자 할 때에는 이를 예고하여야 하며(동법 제41조), 그 예고기간은 예고할 때 정하되, 특별한 사정이 없는 한 40일(자치법규는 20일) 이상으로 한다(동법 제43조).

(나) 행정청은 입법안의 취지, 주요 내용 또는 전문을 널리 공고하여야 하며, 국민의 입법안에 대한 열람 또는 복사 요청에 응하여야 한다(동법 제42조).

(다) 국민은 입법안에 대한 의견을 제시할 수 있고, 행정청은 그 의견을 존중하며 그 처리결과를 통지하여야 한다(동법 제44조).

(라) 행정청은 입법안에 관하여 공청회를 개최할 수 있다(동법 제45조).

3. 기 타

(가) 행정청은 국민생활에 매우 큰 영향을 주는 사항, 많은 국민적 이해가 상충되는 사항, 많은 국민에게 불편이나 부담을 주는 사항, 기타 널리 국민의 의견수렴이 필요한 사항에 대한 정책・제도 및 계획을 수립・시행하거나 변경하고자 하는 때에는 이를 예고하여야 한다(동법 제46조).

(나) 그 밖에 특정인에게 일정한 행위를 하거나 하지 아니하도록 지도・권고・조언하는 것을 내용으로 하는 행정지도에 있어서의 기본원칙, 방식, 상대방의 의견제출기회 보장 등이 정해져 있다(동법 제48조 이하).

II. 행정구제

행정구제법의 내용은 크게 행정기관의 행위의 효력 내지 법률관계의 당부(當否)를 다투는 행정쟁송과 행정작용에 의하여 개인이 입은 또는 입게 되는 재산상의 손해의 전보(塡補) 등으로 나누어져 있다. 전자는 다시 심판의 주체 및 절차에 따라 행정소송과 행정심판으로 나누어지고, 후자는 행정에 의한 재산권침해의 적법 여부에 따라 행정상의 손해배상과 손실보상으로 나눌 수 있다.

1. 행정상의 손해전보

(1) 행정상의 손해배상

국가(공공단체 포함)의 위법한 활동으로 인하여 개인에게 발생한 손해를 국가가 보전하는 제도를 말하며, 헌법 제29조는「① 공무원의 직무상 불법행위로 손해를 받은 국민은 법률이 정한 바에 의하여 국가 또는 공공단체에 정당한 배상을 청구할 수 있다. 이 경우 공무원 자신의 책임은 면제되지 아니한다. ② 군인·군무원·경찰공무원 기타 법률이 정하는 자가 전투·훈련 등 직무집행과 관련하여 받은 손해에 대하여는 법률이 정하는 보상 외에 국가 또는 공공단체에 공무원의 직무상 불법행위로 인한 배상은 청구할 수 없다」라고 규정하여, 이를 국민의 청구권적 기본권의 하나로서 보장하고 있다.

헌법상의 국가배상제도는 국가배상법에 의해 그 구체적 내용이 정해져 있다. 헌법은 공무원의 불법행위로 인한 배상책임만 규정하고 있는 데 대하여, 국가배상법은 공무원의 직무책임(제2조 등) 외에 공공시설 등의 하자책임(瑕疵責任)(제5조 등)에 관해서도 아울러 규정하고 있다. 그 밖에 배상기준 및 배상절차 등 세부적인 사항에 관해서도 상세한 규정을 두고 있다(제3조 이하).

(2) 행정상의 손실보상

적법한 공권력의 행사에 의해 가해진 재산상의 특별한 희생에 대하여 사유재산권의 보장과 공평부담이라는 견지에서 행정주체가 행하는 조절적인 재산적 보전을 말한다. 행정상의 손실보상은 ① 적법행위로 인한 것인 점에서 위법행위로 인한 손해배상과 구별된다. ② 공권력의 행사에 의한 것인 점에서 비권력작용에 수반한 보상과 구별된다. ③ 재산상의 손실을 보전하는 것인 점에서 사람의 생명 또는 신체에 대한 침해의 보상을 포함하지 않는다. ④ 특별한 희생에 대한 조절적인 보상인 점에서 일반적인 부담 또는 재산권 자체에 내재하는 사회적 제약과 구별된다. 헌법 제23조 제3항은「공공필요에 의한 재산권의 수용·사용 또는 제한 및 그에 대한 보상은 법률로써 하되, 정당한 보상을 지급하여야 한다」라고 규정하고 있다.

2. 행정쟁송

행정상의 법률관계에 관한 분쟁이나 의문이 있는 경우에 이해관계자의 쟁송의 제기에 의해 일정한 재정기관(裁定機關)이 그것을 재정하는 절차를 통칭한다.

(1) 행정심판

실질적 의미의 행정심판은 넓게는 행정청이 일정한 공법적 결정을 함에 있어서 거치는 준사법적(準司法的) 절차 모두를 의미하지만, 좁게는 행정기관이 재결청(裁決廳)이 되는 행정쟁송절차를 말하며, 형식적·제도적 의미에서는 행정심판법의 적용을 받는 행정심판을 말한다. 즉, 위법 또는 부당한 처분 기타 공권력의 행사·불행사 등으로 인한 국민의 권리 또는 이익의 침해에 대한 구제를 도모하기 위한 행정기관에 의한 심판절차를 가리킨다(제1조, 제3조).

행정심판법은 행정심판을 취소심판, 무효 등 확인심판, 의무이행심판의 세 가지로 구분하고 있다(제5조). 취소심판이란 행정청의 위법 또는 부당한 처분의 취소 또는 변경을 하는 심판을 말하고, 무효 등 확인심판이란 행정청의 처분의 효력유무 또는 존재 여부에 대한 확인을 하는 심판을 말하며, 의무이행심판이란 행정청의 위법 또는 부당한 거부처분이나 부작위에 대하여 일정한 처분을 하도록 하는 행정심판을 말한다.

(2) 행정소송

행정소송은 행정상 법률관계에 관한 다툼이 있을 때, 그 해결을 법원이 재판절차에 의하여 행하는 쟁송절차이다. 1998년 법 개정 이전에는 심판전치주의(審判前置主義)를 채택하여 행정심판을 제기할 수 있는 경우에는 우선 그 절차를 밟은 후, 그 결정이나 재결(裁決)에 대하여서도 불복인 때에 비로소 제기할 수 있었다. 그러나 개정 행정소송법은 행정심판과 행정소송을 임의적으로 선택할 수 있도록 하고 있다. 행정소송은 내용에 따라 항고소송, 당사자소송, 민중소송, 기관소송으로 구분된다(행정소송법 제3조).

항고소송이란 행정청의 처분 등이나 부작위에 대하여 제기하는 소송을 말한다. 현행법은 항고소송을 취소소송, 무효 등 확인소송, 부작위위법확인소송으로 세분하고 있다(제4조). 취소소송은 행정청의 위법한 처분 등을 취소 또는 변경하는 소송이며, 무효 등 확인소송은 행정청의 처분 등의 효력유무 또는 존재 여부를 확인하는 소송이며, 부작위위법확인소송은 행정청의 부작위가 위법하다는 것을 확인하는 소송이다. 당사자소송이란 행정청의 처분 등을 원인으로 하는 법률관계에 관한 소송, 그 밖에 공법상의 법률관계에 대한 소송으로서 그 법률관계의 한쪽 당사자를 피고로 하는 소송을 말한다. 민중소송이란 국가 또는 공공단체의 기관이 법률에 위반되는 행위를 한 때에 직접 자기의 법률상 이익과 관계없이 그 시정을 구하기 위하여 제기하는 소송을 말한다. 기관소송이란 국가 또는 공공단체의 기관 상호간에 있어서의 권한의 존부(存否) 또는 그 행사에 관한 다툼이 있는 경우에 이에 대하여 제기하는 소송을 말한다.

관련 사례

항만건설로 인해 어획고가 줄어든 어민은 국가나 지방자치단체에 보상을 청구할 수 있는가? 만일 양자가 서로 권한 없음을 주장할 경우는?

▶ 공권력 행사의 적법성 여부 및 국민의 재산의 침해 여부에 대한 문제인 동시에 국가와 지방자치단체 간의 권한의 존부(소극적 권한쟁의)에 관한 문제

Chapter 03 민 법

제1절 서 설

Ⅰ. 민법의 의의

국가, 사회조직, 인간관계 등을 규율하는 법의 작용 중에서 인간 상호간의 생활관계를 규율하는 법을 사법(私法)이라고 한다. 보통 사법에는 상법과 민법이 있다. 상법은 영리를 목적으로 하는 상행위와 상인 등을 규율하며, 민법은 일반적으로 법률행위의 주체로서 사인(私人)과 사인(私人) 간의 권리・의무를 규율한다.

1. 민법의 대상과 목적

민법은 인간과 인간관계에 관한 법이다. 그러므로 민법의 대상은 사람과 그 상호관계이다. 보통 인(人)은 자연인과 법인으로 나뉘는데, 사람 그 자체를 자연인이라고 하며 자연인 이외에 법률에 의해 권리능력이 인정된 단체가 법인이다. 또한, 사람들 사이의 관계에서는 여러 가지 권리・의무・지위 등이 발생・변경・소멸하는데, 이러한 것들도 민법의 규율대상이 된다.

인간 개개인의 이익을 추구하기 위하여 자유롭게 경쟁함으로써, 개인간 사회생활이 극대로 발전되리라는 인간관계하에서 형성된 제 원칙과 제도를 민법은 선언・확인하고 있다. 민법은 일반적으로 법률이라는 형식으로 표출되는데, 이러한 제 원칙들이 법률로 제정되지 않더라도 널리 이용되어 사회적으로 인정받을 만한 것들도 민법이라고 말한다. 이는 민법이 개인의 자유로운 결정과 행위를 최대한 보장하려는 목적이 있기 때문이다.

2. 민법의 성격

법은 보통 공법(公法)과 사법(私法)으로 구별되는데, 사람이 국가와의 관계에서 국가의 조직・유지에 필요한 구성원이 되거나 그 관계를 규율하는 법이 공법(헌법, 행정법, 형법)이며, 인간 상호간의 생활을 규율하는 법이 사법(민법, 상법)이다.

사법은 다시 일반사법과 특별사법으로 분류되는데, 그 기준은 순수한 개인 대 개인의 관계인가, 개인 대 상인(기업) 또는 상인 대 상인의 관계를 규율하는 것인가이다. 전자를 일반사법, 후자를 특별사법이라 한다. 민법은 인간관계에서 발생되는 문제를 규율하는 법이므로 일반사법이라고 말한다.

민법은 인간관계에서 발생되는 권리・의무를 실현하기 위한 절차・방법 등을 규정한 절차법이 아니라, 권리・의무의 실체를 내용으로 하는 법이므로 실체법이다.

3. 민법의 모습

민법은 인간관계에서 개인의 권리와 의무의 발생・변경・소멸을 내용으로 하는 법이다. '민법'이라는 이름으로 국회를 통과하여 1958년 2월 22일에 공포되어, 1960년 1월 1일부터 시행된 민법전과 그 이외의 법률(특별법), 관습법, 조리 등이 있다. 전자를 형식적 의미의 민법이라고 하며, 전자와 후자를 합하여 실질적 의미의 민법이라고 한다.

4. 민법전의 구성

민법전은 총칙, 물권, 채권, 친족, 상속, 부칙 등으로 구성되어 있으며, 다음 세 가지 부분으로 나눌 수 있다. ① 민법전 전반에 공통으로 적용되는 총칙, ② 재화를 중심으로 하는 인간생활관계에 적용되는 물권법・채권법, 즉 재산법, ③ 남녀 간의 결합관계와 성(性)을 중심으로 하는 인간생활관계에 적용되는 친족법·상속법, 즉 가족법이 있다.

총칙(제1편)은 민법의 근거인 법원(法源)과 원리, 권리의 주체와 객체, 그리고 권리의 발생·변동원인 중 가장 중요한 법률행위, 기간 및 권리소멸의 사유 중 가장 중요한 소멸시효를 규정하고 있다. 재산법은 물권(제2편)과 채권(제3편)으로 구성된다. 물권법은 재화의 소유 및 기타 배타적인 지배를 대상으로 하고, 채권법은 재화의 교환, 즉 거래를 내용으로 한다. 구별기준은 생활관계의 차이가 아닌 법률효과의 차이이다. 가족법은 친족(제4편) 및 상속(제5편)으로 구성된다. 친족법은 혼인·이혼 및 친족과 그의 부양·후견·감독 등에 관하여, 상속법은 사람의 사망으로 인한 재산의 귀속에 관하여 규정하고 있다.

II. 민법의 기본원칙

1. 사적자치의 원칙

민법은 자유주의, 개인주의에 입각한 사적자치의 원칙을 기초이념으로 삼고 있다. 사적자치의 원칙이란 개인간의 생활관계에서 권리·의무의 취득과 소멸을 자유로이 결정하여 자기책임으로 귀속시키는 것을 의미한다. 이에 따라 파생되는 원칙은 다음과 같다.

㈎ **계약자유의 원칙** 개인의 권리·의무의 자유로운 취득·상실은 보통 계약이라는 법률행위에 의하므로 법률행위자유의 원칙이라고도 한다. 계약자유의 원칙은 계약체결의 자유, 상대방선택의 자유, 내용결정의 자유, 방식의 자유를 내용으로 한다.

㈏ **소유권절대의 원칙** 소유자는 자기의 소유물을 자유롭게 사용·수익·처분할 수 있음을 원칙으로 한다. 이는 개인의 사적 소유를 인정하는 재산제도를 바탕으로 한다. 따라서 국가는 개인의 소유권에 대해 간섭하거나 침해할 수 없는데, 특히 이를 소유권자유의 원칙이라 한다.

㈐ **과실책임의 원칙** 개인은 자기의 행위에 대해서만 책임을 질 뿐이며, 타인의 행위에 대해서는 책임을 지지 않는다는 것이다. 즉, 자기의 행위 중 고의·과실이 있는 경우에 한하여 책임을 진다는 원칙이다.

2. 근대법 원칙의 수정

민법은 자유·개인주의적인 사적자치를 기본원칙으로 하고 사회주의적 이념을 가미하고 있다. 즉, 개인간의 지위·지식·부의 차이로 불공평한 법률행위(계약)를 한 경우, 민법은 일정한 경우 그러한 법률행위(계약)를 무효로 함으로써 사회적 형평을 이룬다. 이에 따라 파생되는 원칙은 다음과 같다.

(가) **계약공정의 원칙**　계약의 자유는 공서양속(公序良俗), 공정한 법률행위, 신의에 따른 성실한 모습 속에서만 유지되는 것이다. 이러한 사회적 기준에 이르지 못하는 계약은 성립하지 못한다.

(나) **소유권공공의 원칙**　소유권의 자유는 법률의 테두리 안에서 유효한 모습을 갖는다. 권리의 남용금지 및 재산권행사의 공공성을 예로 들 수 있다.

(다) **무과실책임의 원칙**　사회의 복잡성, 수많은 계약, 과학의 발달로 인하여 어떤 행위를 개인에게 귀속시키기 어려운 경우와 또한 행위가 개인에게 귀속될 수 없는 경우도 생기게 되었다. 따라서 일정한 위험에 대하여 무과실책임을 인정하는 분야가 발생하는데, 대표적인 분야로는 제조물책임, 환경오염책임 등이 있다.

III. 민법의 해석

1. 민법의 적용·해석

개인간의 생활관계에서 다툼이 있는 경우, 그것이 당사자간에 해결되지 않을 때에는 법원에서 해결될 수밖에 없다. 이 경우 법원은 민법을 분쟁해결을 위한 재판규범(裁判規範)으로 삼게 된다.

민법의 해석이라 함은 민법의 내용을 구체적으로 확정하는 것을 말한다. 즉 민법의 조문들은 추상적이고 서로 모순되는 경우가 있는데, 이때 민법의 내용을 현실적으로 유효하게 밝히는 것이다. 민법의 해석에는 다음의 방법이 있다.

(가) **문리해석(文理解釋)**　민법 조문의 문언(文言)을 통상의 의미에 따라 해석하는 방법이다. 입법자가 사용하는 언어·용어의 해석이기도 하다.

(나) **논리해석(論理解釋)**　민법을 하나의 전체로서 그 체계 안에서 조문

상호관계를 논리적으로 해석하는 방법이다.

㈐ **반대해석(反對解釋)과 유추해석(類推解釋)** 반대해석은 유사한 두 사실이 있는 경우 한 사실에 대해서만 규정이 있고 다른 사실에는 규정이 없는 경우, 다른 사실에 대하여는 규정이 있는 사실과 반대의 결과를 인정하는 해석방법이다. 유추해석은 유사한 두 사실이 있는 경우 규정이 있는 사실의 결과를 규정이 없는 사실에 대하여도 유사한 결과를 인정하는 해석방법이다.

2. 헌법부합의 해석

민법도 다른 법과 마찬가지로 헌법의 하위법으로서 헌법의 규정에 적합하게 해석하여야 한다. 즉 헌법의 규정 속에 개인과 그 생활관계를 보호하려는 이념과 가치가 들어 있다면 민법의 해석도 그 정신 안에서 해석되어야 한다. 이러한 것을 헌법부합의 해석이라 한다.

Ⅳ. 민법의 효력(적용범위)

(1) 시간에 관한 효력

법률은 제정되어 시행된 때부터 효력이 발생한다. 그러므로 그 효력이 발생한 이후의 사실에 관하여만 적용된다. 이것이 법률불소급(法律不遡及)의 원칙이다. 그러나 민법에서는 이 원칙에 예외를 인정하고 있다. 그것은 전에 발생한 사실에 대하여 권리의 보호를 꾀하려 하기 때문이다.

(2) 사람에 관한 효력

민법은 우리나라 국민에게 적용되며 외국에 있는 국민에게도 적용된다. 이러한 경우 외국에 있는 국민은 그 국가의 민법도 적용받게 되므로 양국의 법이 충돌한다. 이러한 경우에는 국제사법이 그 충돌을 해결한다.

(3) 장소에 관한 효력

우리 민법은 우리나라의 전 영역 내에 그 효력이 있다.

제2절 민법총칙

I. 민법의 법원(法源)

법원이란 법의 연원(淵源)을 의미하는 것으로 법의 존재형식 또는 헌법 제103조에 의한 재판의 규범이 되는 법을 말한다. 민법은 제1조에서 「민사에 관하여 법률의 규정이 없으면 관습법에 의하고, 관습법이 없으면 조리에 의한다」고 하여 민법의 법원으로 법률, 관습법, 조리가 있음을 명시하고 있다.

(1) 법 률

법률 중에서 가장 중요한 법원은 민법전이고 민사에 관한 특별법(민사특별법)도 민법의 법원이다.

(2) 관습법

관습법이란 자연적으로 발생한 관행이 법원에 의해 인정된 법적 확신에 의하여 법규범으로 승격된 것이다. 즉 어떤 사항에 관하여 상당 기간 반복된 행위가 법률로 존재하지는 않지만 법적인 효력을 갖는 것이다.

(3) 조 리

조리란 사물의 본성, 사람의 이성에 의하여 판단되는 규범을 말한다. 즉 법률이나 관습법은 아니지만 누구나 정당하다고 판단할 수 있는 원칙을 말한다.

II. 신의성실과 권리남용금지의 원칙(제2조)

민법은 개인의 생활관계를 최대한 보장하려 하며 동시에 일정한 경우에 당사자의 법률행위를 무효로 한다. 그 이유는 일반적으로 사회가 용납하지 못하는 행위들을 국가가 방관하여 개인에게 맡겨버리면 개인의 이기심에 의해 사회의 공공성이 파괴되기 때문이다.

(1) 신의성실의 원칙

민법의 일반적 취지는 개인의 법률행위에 대하여 재량권을 인정하고 있다. 그러나 재량권도 일정한 원칙에 의하여 규율된다. 이러한 원칙을 신의성실의 원칙이라고 한다. 신의성실이란 사인(私人)간의 법률행위는 상대방의 신뢰를 배신하지 않도록 성실하게 행동해야 함을 말한다.

(2) 권리남용금지의 원칙

권리남용금지의 원칙은 권리의 행사인 것과 같은 외양을 가졌더라도 그 권리행사 자체가 신의성실에 어긋나거나 권리행사의 결과 신의성실에 어긋나는 상태로 되는 경우에는 허용되지 않는 것을 말한다. 이러한 권리의 남용이 행해지면 그 권리에 대한 법률효과는 발생하지 않는다.

Ⅲ. 권리의 주체

1. 권리의 주체

권리란 생활관계 중 개인이 하고자 하려는 바를 타인에게 주장할 수 있는 것으로 법이 인정하는 사회생활 속의 이익이다. 보통 권리는 의무를 수반한다.

인간의 생활관계 중 법의 규율을 받는 부분이 존재하는데 이것을 법률관계라 한다. 이러한 법률관계 속에서 사람[人]은 권리와 의무를 부담하게 된다. 권리와 의무를 행사하기 위하여는 당사자가 필요하며, 이러한 권리와 의무에 귀속되는 당사자를 권리의 주체라 한다. 권리와 의무는 동전의 양면과 같아서 보통 권리의 주체는 당연히 의무의 주체가 된다. 권리의 주체는 권리를 향유하고 의무를 부담하는 자로 자연인과 법인이 있다.

(1) 권리능력

권리의 주체가 될 수 있는 지위 또는 자격을 권리능력(법인격)이라고 한다. 모든 인간(자연인)은 출생에 의해 차별 없이 평등하게 권리능력을 갖고, 사망 등에 의해 권리능력을 상실한다.

(2) 행위능력

인간은 법률행위를 통해 권리를 행사하여 스스로 원하는 법적 효과를 얻으려 한다. 이러한 결과를 얻기 위하여는 일정한 능력이 필요하다. 이러한 단독으로 유효한 법률행위를 할 수 있는 능력을 행위능력이라고 한다.

관련 사례

'쥬쥬'라 불리는 강아지와 살고 있는 할머니 A는 그의 재산을 이 강아지에게 상속하려 한다. 불가능하다면 그 근거는 무엇인가?

▶ 권리능력의 귀속자에 관한 문제

2. 자연인

보통 우리들이 말하는 사람, 즉 생체로 구성된 사람을 자연인이라고 한다. 사람은 생존하는 동안 권리와 의무의 주체가 된다(제3조)는 규정은 권리능력은 출생에 의하여 취득한다는 것과 사망에 의하여 소멸한다는 내용이다.

(1) 권리능력의 발생

민법에서 사람에 대한 권리능력의 발생시기는 태아가 모체로부터 완전히 노출한 때이다(전부노출설). 또한 태아는 살아서 출생함을 필요로 한다. 이때부터 사람은 권리의 주체로서 권리능력을 취득한다.

(2) 제한능력자제도

권리능력은 사람이기만 하면 취득된다. 그러나 권리능력이 있다고 해서 모든 법률행위를 할 수 있는 것은 아니다. 일정한 연령에 도달하지 않았거나, 정신능력이 부족하여 유효한 법률행위를 할 수 없는 자도 있다. 특히 후자의 경우에 종전에는 한정치산자와 금치산자로 구분하였으나, 거래의 안전과 법적 이상을 고려하여 개정민법은 성년후견, 한정후견, 특정후견으로 구분하고 있다. 따라서 종전의 미성년자와 성년후견, 한정후견, 특정후견의 심판을 받은 자를 민법은 제한능력자로 규정하여 보호하고 있으며, 이들을 보호하기 위한 제도를 제한능력자제도라고 한다.

㈎ 종 류

1) **미성년자** : 미성년자는 19세에 도달하지 않은 자이다(제4조). 미성년자가 유효한 법률행위를 하려면 법정대리인의 동의를 얻어야 한다(제5조 제1항). 법정대리인은 부 또는 모(친권자)이거나 이들이 없는 경우에는 후견인을 말한다. 법정대리인의 동의 없이 한 행위는 취소할 수 있다. 예외적인 경우로 미성년자도 단독으로 유효한 법률행위를 할 수 있다. 그것은 권리만을 얻거나 의무만을 면하는 행위, 처분을 허락한 재산의 처분행위, 영업허락을 받은 경우의 그 영업에 관한 행위 등이다.

미성년자가 혼인을 한 경우 성년에 달한 것으로 보아(제826조의2) 민사상 행위능력이 인정된다(성년의제제도).

2) **피성년후견인** : 피성년후견인은 질병, 장애, 노령, 그 밖의 사유로 인한 정신적 제약으로 사무를 처리할 능력이 지속적으로 결여되어 성년후견 개시의 심판을 받은 사람을 말한다. 본인, 배우자, 4촌 이내의 친족, 미성년후견인, 미성년후견감독인, 한정후견인, 한정후견감독인, 특정후견인, 특정후견감독인, 검사 또는 지방자치단체장의 청구에 의하여 가정법원에서 본인의 의사를 고려하여, 성년후견개시의 심판을 한다.

피성년후견인의 법률행위는 본인이나 성년후견인의 의사로 취소할 수 있다. 다만 일용품의 구입 등 일상생활에 필요하고 그 대가가 과도하지 아니한 법률행위는 취소할 수 없으며, 법원이 피성년후견인의 법률행위 범위를 정하는 것도 가능하다.

3) **피한정후견인** : 피한정후견인은 질병, 장애, 노령, 그 밖의 사유로 인한 정신적 제약으로 사무를 처리할 능력이 부족한 사람에 대하여 한정후견개시의 심판을 받은 사람을 말한다. 본인, 배우자, 4촌 이내의 친족, 미성년후견인, 미성년후견감독인, 성년후견인, 성년후견감독인, 특정후견인, 특정후견감독인, 검사 또는 지방자치단체장의 청구에 의하여 가정법원이 본인의 의사를 고려하여, 한정후견개시의 심판을 한다.

가정법원은 피한정후견인이 한정후견인의 동의를 받아야 하는 행위의 범위를 정할 수 있으며, 한정후견인의 동의 없이 행한 피한정후견인의 법률행위는 취소할 수 있다. 즉 원칙적으로 피한정후견인은 유효하게 정해진 범위 내에서 법률행위를 할 수 있다. 물론 피성년후견인과 동일하게 일상생활에 필요하고 그 대가가 과도하지 아니한 법률행위는 취소할 수 없다.

4) **피특정후견인** : 피특정후견인은 질병, 장애, 노령, 그 밖의 사유로 인한 정신적 제약으로 일시적 후원 또는 특정한 사무에 관한 후원이 필요한 사람에 대하여 특정후견개시의 심판을 받은 사람을 말한다. 본인, 배우자, 4촌 이내의 친족, 미성년후견인, 미성년후견감독인, 검사 또는 지방자치단체장의 청구에 의하여 가정법원이 특정후견의 기간 또는 사무의 범위를 정하여 특정후견개시의 심판을 한다. 다만 본인의 의사에 반하는 가정법원의 특정후견 심판은 불가능하다.

(나) **제한능력자의 상대방 보호** 제한능력제도는 다음과 같은 거래안전을 해하는 역기능을 가진다. ① 제한능력자의 법률행위는 취소할 수 있으므로 취소권의 행사기간 동안 상대방은 불안정한 지위에 놓인다. ② 제한능력을 이유로 한 취소에는 선의의 3자를 보호하는 규정이 없다. 따라서 이러한 제한능력자와 거래한 상대방을 보호하기 위해 ① 상대방은 제한능력자측에 1개월 이상의 기간을 정하여 취소할 수 있는 행위에 대한 추인 여부에 관한 답변을 요구할 수 있다(확답을 촉구할 권리, 최고권). ② 상대방은 제한능력자측에게 거래한 행위에 관한 효력을 부인하는 권리를 갖는다(철회권과 거절권). ③ 제한능력자가 사기수단(사술)을 동원하여 능력자로 믿게 한 경우나 법정대리인의 동의가 있는 것으로 한 경우 그 행위를 취소하지 못하게 한다(취소권의 배제).

(3) 태아의 권리능력

자연인은 출생에 의하여 권리능력을 취득하게 되므로 출생 이전의 태아는 권리능력을 취득하지 못하게 된다. 그러나 사람은 누구나 태아의 시기를 거치게 되어, 무조건 태아에게 권리능력을 인정하지 않게 되면 곧 사람으로 태어날 태아에게 불이익을 줄 경우가 생긴다. 민법은 다음의 일정한 경우에 태아를 사람으로 취급하여 권리능력을 인정한다.

(가) **불법행위에 기한 손해배상청구** 태아가 불법행위로 인하여 피해자가 되는 경우 출생한 것으로 본다(제762조). 태아에 대한 물리적 공격, 약물로 인한 기형아로 태어나 입게 되는 손해의 배상청구가 가능하다.

(나) **상속** 태아는 재산상속에 있어 출생한 것으로 본다(제1000조 제3항).

(다) **유증** 유언으로 재산을 태아에게 무상으로 증여하는 유증은 유효하

다(제1064조).

㈑ **인지** 부가 혼인 외의 자를 법률상 친자관계를 인정하는 인지는 태아에게도 가능하다(제858조).

(4) 권리능력의 종기

㈎ **사망** 자연인은 사망으로 권리능력을 상실한다. 사망은 호흡과 심장의 고동이 영구적으로 정지한 때이다.

㈏ **인정사망** 시체는 발견되지 않았지만 사망한 것이 거의 확실시되는 경우(수난, 화재 기타 사변)에는 그것을 조사한 관공서는 지체없이 사망지의 시·읍·면의 장에게 사망의 보고를 하여야 한다. 인정사망은 이 보고에 의하여 인정되는 사망을 말한다.

㈐ **동시사망** 2인 이상이 동일한 위난으로 사망한 경우에 그들이 동시에 사망한 것으로 추정하는 제도이다(제30조). 동시사망추정제도는 사망의 선후에 의해 상속 등의 법률문제가 발생하는 경우에 그 사망자들의 사망시각을 동일하게 추정함으로써 법률관계를 간단하게 처리한다.

㈑ **실종선고** 부재자가 생사불명의 상태가 5년 동안 계속된 경우와 전쟁, 선박의 침몰, 항공기의 추락 등으로 1년 동안 계속된 경우 가정법원의 선고에 의하여 사망으로 간주되는 제도이다.

관련 사례

1. K의 출생 전에 X의 잘못으로 인한 교통사고로 그의 아버지가 죽었다면 K는 X에 대하여 어떠한 권리를 행사할 수 있는가?

▶ 태아의 권리능력이 인정되는 경우

2. 10살 된 K는 V에게 축구공을 샀다. 이 공으로 놀던 중 이웃집 유리창을 깼다. 이 경우 K의 축구공을 사는 매매계약은 유효한가, 그리고 그는 이웃집 유리창에 대한 손해를 배상하여야 하는가?

▶ ① 미성년자가 단독으로 유효한 법률행위를 할 수 있는 경우와 미성년자의 법적 개념이 우선 명확히 되어야 함.

② 미성년자의 책임능력(민법 제753조)

3. 법 인

법인이란 자연인이 아니면서 법에 의해서 권리능력이 부여된 법적 주체를 말한다. 자연인은 생명이 유한하고 일정한 목적을 두고 영속적으로 활동하기 어렵기 때문에 일정한 목적을 계속적으로 유지·발전시키기 위해 그 집단에 대하여 권리와 의무를 부여하게 되었다. 민법은 영리를 목적으로 하지 않는 법인만을 대상으로 한다.

민법상 법인에는 사단법인과 재단법인이 있다. 사단법인은 2인 이상의 자연인의 결합을 요소로 성립하는 것으로 설립자가 의도하는 사업을 운영하기 위해 계속적으로 활동하는 법인이다. 재단법인은 일정한 목적을 위하여 기부된 재산을 요소로 성립하며, 학교·병원·고아원같이 자체의 목적을 위하여 사업을 운영하는 법인이다.

(1) 법인의 본질

법인의 본질이란 자연인 이외의 존재에 왜 권리능력을 주어야 하는가의 문제이다. 법인의제설은 권리·의무의 주체는 자연인만이라는 전제하에 법률이 법인에게 자연인처럼 권리능력을 인정한 것이라는 설이다. 법인부인설에 의하면 법인의 활동과 운영은 실제로 그 안에 있는 개인(자연인)이나 재산이므로 법인이라는 존재는 결국 없다는 것이다. 법인실재설은 현재의 통설로서 법인은 자연인과 동일하게 존재하는 법인격체라는 것으로 법인의 존재를 인정하는 설이다.

(2) 법인의 설립(권리능력의 발생)

법인이 권리능력을 갖게 되는 시기는 설립에 의해서이다. 법인은 자연인과 달리 법률에 의해서만 성립한다(제31조). 민법은 주무관청의 허가를 요건으로 하는 허가주의를 취하고 있다(제32조).

사단법인(비영리)을 설립할 때는 설립행위, 정관작성, 주무관청의 허가, 설립등기라는 네 가지 요건을 갖추어야 한다. 재단법인(비영리)을 설립하려 할 때는 목적의 비영리성, 재산의 출연, 정관작성, 주무관청의 허가, 설립등기의 다섯 가지 요건을 갖추어야 한다.

(3) 법인의 능력

㈎ **권리능력**(제34조) 위 요건을 갖춘 법인은 법률의 규정에 좇아 정관으로 정한 목적의 범위 내에서 권리와 의무의 주체가 된다. 즉, 법인은 법률과 목적의 규정에 따라 그 권리능력이 인정된다.

㈏ **행위능력** 법인은 권리능력의 범위에서 행위능력을 갖는다. 법인의 행위는 법인의 대표기관(이사)을 통해 행사된다.

㈐ **불법행위능력**(제35조) 법인은 이사 기타 대표자가 그 직무에 관하여 타인에게 가한 손해를 배상할 책임이 있다. 민법은 법인의 대표기관이 그 직무행위로 말미암아 제3자에게 가한 불법행위에 대하여 법인은 스스로 그 배상책임을 지는 것으로 하여 법인의 불법행위능력을 인정한다. 또한 법인의 대표기관 이외에 그 개인(자연인)에게도 배상책임을 인정한다.

(4) 법인의 기관

법인의 활동은 결국 자연인이 하게 된다. 그 자연인의 활동이 법인의 행위로 귀속될 수 있을 때 그 자연인을 법인의 기관이라고 한다. 법인의 필수기관으로서 사단법인에는 이사와 사원총회, 재단법인에는 이사가 있다. 재단법인에 사원총회가 없는 이유는 재단은 일정한 재산을 목적으로 이루어진 집단이기에 사원이 존재하지 않기 때문이다. 또한 법인은 임의로 감사를 둘 수 있다.

㈎ **이사** 대내적으로 법인의 직무를 행하며 대외적으로 법인을 대표한다. 법인을 대표한다는 것은 이사의 행위가 법인의 행위로 취급받는다는 의미이다.

㈏ **사원총회**(제75조) 사단법인의 최고의사결정기관으로서 사단법인의 사원으로 조직된다. 사원총회의 의사결정방법은 정관에 규정되어 있고, 정관에도 규정이 없고 사원총회에서도 특별한 결의를 한 바 없으면 사원 과반수의 출석과 그 과반수의 찬성으로 결의한다.

㈐ **감사**(제67조) 법인의 재산상황과 이사의 업무집행상황을 감사한다.

(5) 법인의 소멸(권리능력의 소멸)

법인의 소멸은 일정한 절차를 거쳐 단계적으로 행하여진다.

㈎ **해산** 법인이 그 본래의 활동을 정지하고 청산절차에 들어가는 것을 말한다. 법인이 해산하는 이유는 존립기간의 만료와 기타 정관에 정한 해산사

유의 발생, 법인의 목적의 달성 또는 달성불능, 파산, 설립허가의 취소가 있다. 사단법인에만 있는 특유한 해산사유는 사원이 1명도 없게 된 때와 총회의 결의에 의한 때이다.

(나) **청산** 해산한 법인의 잔무를 처리하고 재산을 정리하여 완전히 소멸할 때까지의 절차를 청산이라고 한다. 청산절차에는 두 가지가 있다. 하나는 파산에 의해 해산한 경우로 파산법에 따르고, 다른 하나는 파산 이외의 원인에 의해 해산한 경우로 민법이 정하는 절차에 의한다. 법인이 해산한 때에는 보통 이사가 청산인이 되며 청산인은 그 법인의 청산의 행위(사무의 종결 채권추심, 채무변제, 잔여재산 인도)를 하게 된다. 청산인이 주무관청에 신고하고 청산등기를 함으로써 법인의 권리능력이 소멸한다.

주의할 점은 법인의 소멸시기는 청산사무의 종결이지 청산의 등기를 한 때는 아니다. 자연인의 사망시기가 실제로 사망한 때이지 호적에 기재된 때가 아닌 것과 같다.

IV. 권리의 객체(물건)

권리의 객체란 권리가 미치는 대상을 의미한다. 권리의 대상으로서 중요한 것은 물건이다.

1. 물 건

물건이라 함은 유체물 및 전기 기타 관리할 수 있는 자연력을 말한다(제98조). 물건에는 유체물과 무체물이 있다. 민법은 이 중 모든 유체물을 물건이라고 하며, 무체물 중 관리할 수 있는 자연력만을 물건으로 한다.

'관리할 수 있다'는 의미는 지배 가능하다는 말이다. 지배 가능한 물건이어야만 사용·수익·처분할 수 있기 때문이다. 사람과 사람의 몸의 일부분이 물건이 될 수 있는가의 문제가 있다. 사람은 물건이 아니므로 권리의 객체가 될 수 없고, 다만 사람의 몸에서 분리된 모발·치아 등은 물건이 될 수 있다.

민법의 규정은 물건을 동산과 부동산, 주물과 종물, 원물과 과실로 분류하고 있다. 학설상으로는 다음과 같이 분류한다.

㈎ 사법상 거래의 객체가 될 수 있는지 여부에 따라 융통물, 불융통물
㈏ 물건의 형태에 의하여 단일물, 합성물, 집합물
㈐ 성질 또는 가치를 손상시키지 않고 분리할 수 있느냐에 의하여 가분물, 불가분물
㈑ 동일한 용도로 계속 사용할 수 있느냐에 의하여 소비물, 비소비물
㈒ 거래에 있어서 개성을 중시하느냐에 의하여 대체물, 불대체물
㈓ 당사자의 주관적 판단에 의한 특정물, 불특정물

2. 동산과 부동산

(1) 부동산

부동산은 토지와 그 정착물을 말한다(제99조 제1항). 토지는 일정한 지면과 그 지면의 상·하(공중과 지하)를 말한다. 지면의 상·하는 물건의 개념과 마찬가지로 관리 가능한 부분까지를 의미한다. 정착물은 토지에 고정되어 사용되는 물건으로, 예컨대 건물·수목 등으로 토지에 계속적으로 부착된 물건이다.

(2) 동 산

부동산 이외의 물건은 동산이다(제99조 제2항). 다만 선박·자동차·항공기 등은 동산이면서 등기·등록의 방법을 통하여 부동산으로 취급된다. 금전(화폐)은 동산이지만 일정액수의 가치이므로 동산과 다른 규정이 적용된다.

3. 주물과 종물

물건의 소유자는 그 물건 이외의 자기의 물건을 부속시켜 물건의 효용, 경제적 가치를 높이는 경우가 있다. 그 부속시킨 물건을 종물이라고 하고 원래의 물건을 주물이라고 한다. 예를 들면 시계와 시계줄, 자동차와 스포일러와 같은 것이다.

주물과 종물의 관계에 있어서 종물은 주물의 처분에 따른다(제100조 제2항). 주물과 종물을 하나의 물건으로 취급하는 것이 경제적 효용을 높여주기 때문이다. 그러나 당사자가 이를 원하지 않는 경우에는 따로 독립적으로 처분할 수 있다.

4. 원물과 과실

어떠한 물건에서 생기는 이익을 과실이라고 하고, 과실을 생기게 하는 물건을 원물이라고 한다. 물건에서 생기는 과실을 천연과실, 권리사용의 대가나 권리에서 발생하는 과실을 법정과실이라 한다.

㈎ **천연과실** 원물의 자연적 성질에 따라 생산되는 과실이다. 예를 들면, 달걀·우유·열매·가축의 새끼 등이 있다.

㈏ **법정과실** 원물을 타인에게 사용하게 하고 그 대가로 받는 금전 기타의 물건을 말한다. 예를 들면, 임차료·지료·사용료·이자 등이다.

Ⅴ. 법률행위

인간의 생활관계가 형성되기 위해서는 본인은 먼저 일정한 의사를 갖고 그 의사를 상대방에게 표시하고, 그 상대방은 그것을 기초로 의사를 교환하며 그로 인하여 상호간에 권리와 의무가 발생하게 된다. 그 속에서 법이 관여하게 되는 부분을 법률관계라고 하며, 이러한 법률관계를 발생시키는 전반적인 행위를 법률행위라고 한다.

민법에서는 법률행위를 정의한 규정이 없고, 학설상 의사표시를 요소로 하는 법률요건이라고 정의하고 있다. 법률관계는 변동하게 되며 법률관계의 변동은 권리·의무의 변동이며, 권리·의무의 변동은 권리·의무의 발생·변경·소멸이다. 권리는 일정한 원인이 있어야 발생·변동하게 된다. 이러한 원인을 법률요건이라고 한다. 이 법률요건이 존재하게 되면 권리가 변동하게 되는데 이것을 법률효과라고 한다. 권리변동을 일으키게 하는 법률요건 중 가장 중요한 것이 법률행위이다.

1. 종 류

(1) 의사표시의 수 및 그 형태에 따른 분류

㈎ **단독행위** 하나의 의사표시로 성립하는 법률행위이다. 단독행위는 다른 사람의 권리·의무에 부당한 영향을 주지 않는 경우에 허용된다. 예를 들면, 유언·취소·추인·철회·해제·해지·권리의 포기 등이다.

(나) **계약** 대립하는 2개의 의사표시가 합치되어 성립하는 법률행위로 채권계약, 물권계약, 가족법상의 계약 등이 있다.

(다) **합동행위** 대립하지 않는 2개 이상의 의사표시가 평행적으로 합치하여 성립하는 법률행위이다. 예를 들면 사단법인의 설립행위가 있다.

(2) 효력에 의한 구별

(가) **채권행위**(부담행위) 채권적 법률관계를 발생하게 하는 법률행위이다. 이에 의하여서는 권리가 직접적으로 변경되는 것이 아니라, 권리를 장차 변경할 것을 부담하는 법률행위로 매매·증여·임대차 등이 있다.

(나) **물권행위, 준물권행위**(처분행위) 권리의 이전·변경·소멸 등을 가져오는 법률행위이다. 물권행위는 물권을 처분하는 법률행위이고, 물권 이외의 권리, 즉 채권 또는 무체재산권 등을 처분하는 행위를 준물권행위라고 한다.

(3) 방식의 요구에 의한 구별

(가) **요식행위** 일정한 방식(서면, 공증, 신고)에 따라 행하여져야 그 효력이 인정되는 법률행위로서 법인의 설립행위, 혼인, 유언 등이다.

(나) **불요식행위** 일정한 방식이 요구되지 않는 법률행위이다. 민법의 법률행위는 원칙적으로 불요식행위이다.

2. 법률행위의 목적(내용)

법률행위가 효과를 발생하기 위해서는 그 법률행위의 내용이 확정되어야 하고(확정성), 실현 가능하여야 하며(실현가능성), 적법하여야 하며(적법성), 사회적으로 용납할 수 있어야 한다(사회적 타당성).

(1) 확정성

법률행위의 내용이 무엇인지 확정되어 있거나 또는 확정할 수 있어야 한다. 그 내용을 알지 못하거나 불확실하다면 효과가 발생하지 않는다. 이런 경우의 법률행위는 무효이다(예: '나는 상당한 재산을 네게 주겠다'고 한 경우에 상당한 재산).

(2) 실현가능성

법률행위의 내용은 그 실현이 가능한 것이어야 한다. 확정된 내용의 실현이 불가능한 경우에는 그 법률행위는 무효이다(예: '나는 네게 별을 따다 주겠다'에서 별을 따는 행위).

(3) 적법성

법률행위의 내용이 강행법규에 반하지 않아야 한다. 강행법규에 어긋나는 법률행위는 무효이다(예: '나는 대마초를 네게 팔겠다'에서 대마초의 거래).

(4) 사회적 타당성

선량한 풍속 기타 사회질서에 위반한 사항을 내용으로 하는 법률행위는 무효로 한다(제103조). 법률행위의 내용이 강행법규에 위반하면 그 법률행위는 무효이다. 그런데 강행법규가 존재하지 않더라도 그 법률행위가 반사회적 질서에 해당되면 그것은 무효가 된다(예: '네가 돈을 갚지 않으면 너의 살 1파운드를 베겠다'는 계약). 또한 당사자의 궁박, 경솔 또는 무경험으로 인하여 현저하게 공정을 잃은 법률행위는 무효로 한다(제104조). 즉 자기의 급부에 비해 현저하게 균형을 잃은 반대급부를 하게 하는 법률행위는 무효로 한다는 것이다(예: 너에게 10만원을 빌려줄 테니 1개월후 이자로 10만원을 지급하라는 계약).

3. 의사표시

법률행위는 의사표시로 구성된다. 법률행위에서 의사표시는 일정한 무엇인가를 하려는 개인의 의사를 기초로 그 의사를 외부에 나타내는 표시를 하고, 표시를 통해 상대방의 의사가 무엇인지를 판단하게 되는 것이다. 그러므로 의사표시는 일정한 법률효과의 발생을 목적으로 의사를 표시하는 행위이다.

(1) 의사표시의 본질론

의사표시가 정상적으로 행해졌을 때에는 의사와 표시의 관계는 문제가 생기지 않는다. 그러나 본인이 하고자 하려는 바(의사)와 이를 나타내는 바(표시)가 다른 경우, 이 표시에 대하여 어떠한 효력을 부여할 것인가에 관한 것을 의사표시의 본질이라 한다.

㈎ **표시주의** 하고자 하려는 바(의사)를 묻지 않고, 하고자 한 바를 나타낸 것(표시)을 기준으로 표시된 행위를 근거로 법률효과를 발생하게 하려는 이론이다. 즉 의사는 내심이므로 상대방이 알 수 없고, 단지 외부로 나타난 표시만을 알 수 있기 때문에 상대방의 신뢰보호를 위한 것이다.

㈏ **의사주의** 표시행위는 의사를 전제로 하기 때문에 내심의 의사가 없으면 표시행위를 하더라도 그 표시행위는 아무런 효력이 없으므로 무효가 된다는 이론이다. 표시는 하나의 수단으로 생각하며, 모든 의사표시를 의사를 중심으로 이해하여 의사의 표시자를 보호하는 이론이다.

㈐ **절충주의(민법의 태도)** 민법은 표시주의를 기본으로 거래한 상대방의 안전을 해하지 않는 한도에서 의사주의를 취하여 본인과 사회적 이익을 조화시키고 있다. 그러나 이러한 표시주의적·절충적 모습은 재산법 분야에서 취하고 있고, 당사자의 진의(의사)가 절대적으로 존중되는 가족법에서는 의사주의를 원칙으로 한다.

(2) 의사와 표시의 불일치

내심의 의사와 표시된 행위가 일치하지 않는 것을 말한다.

(3) 하자 있는 의사표시

의사와 표시가 일치하지만 의사결정 과정에 있어서, 타인의 사기나 강박이 개입하여, 자유로운 의사결정을 하지 못한 상태에서 의사표시 한 경우를 하자 있는 의사표시라고 한다.

〈의사와 표시의 불일치〉

	진의 아닌 의사표시	허위표시	착 오
의의	표의자가 진의 아님을 알면서 진의와 다른 표시를 한 때, 상대방이 이를 모르는 경우(친구에게 자전거를 빌려 주면서 주겠다고 했으나 그럴 생각은 없는 경우)	표의자가 진의 아님을 알면서 진의와 다른 표시를 한 때 상대방과 합의한 경우(친구에게 자전거를 빌려주면서 주겠다고 했으나 그럴 생각은 없고 친구도 그 사실을 알고 있는 경우)	표시된 내용과 의사의 내용이 일치하지 않음을 본인이 모르는 경우(친구에게 자전거를 빌려 줄 생각이었으나 주겠다고 말했고 본인은 그렇게 말한 사실을 모르는 경우)
요건	① 의사표시가 있어야 한다. ② 의사와 표시가 일치하지 않는다. ③ 표의자가 그 불일치를 알고 있어야 한다. ④ 상대방은 그 불일치를 모르고 있어야 한다. ⑤ 표의자가 그렇게 한 이유는 묻지 않는다.	① 의사표시가 있어야 한다. ② 의사와 표시가 일치하지 않는다. ③ 표의자가 그 불일치를 알고 있어야 한다. ④ 상대방은 그 불일치를 알고 있어야 한다. ⑤ 표의자가 그렇게 한 이유는 묻지 않는다.	① 의사표시가 있어야 한다. ② 의사와 표시가 일치하지 않는다. ③ 표의자가 그 불일치를 모르고 있어야 한다.

	진의 아닌 의사표시	허위표시	착 오
효과	① 원칙적으로 표시한 대로 효과가 발생한다. ② 예외적으로 상대방이 진의 아닌 의사표시임을 알았거나 알 수 있을 경우에는 그 의사표시는 무효이다. ③ 이렇게 무효가 된 경우이더라도 선의의 제3자에게는 그 무효를 주장하지 못한다.	① 당사자 사이에서 그 의사표시는 무효이다(제108조 제1항). ② 선의의 제3자에게는 그 무효를 주장하지 못한다.	① 법률행위의 내용에 중요한 부분이 착오로 인할 때(착오가 없었더라면 보통 일반사람은 그러한 의사표시를 하지 않았을 것이라고 생각할 때)에는 그 의사표시를 취소할 수 있다. ② 그 착오가 표의자의 중대한 과실인 때에는 취소하지 못한다. ③ 취소가 가능한 경우에도 선의의 제3자에게는 취소를 주장하지 못한다.

〈하자 있는 의사표시〉

	사기에 의한 의사표시	강박에 의한 의사표시
의의	표의자가 기망하여 착오에 빠뜨리게 한 상태에서 의사표시를 한 것을 말한다. 기망한다는 것은 적극적으로 허위사실을 진실이라고 하거나 또는 진실을 은폐, 침묵하여 허위사실을 믿게 하는 행위를 말한다.	표의자에게 공포심을 일으키게 한 상태에서 의사표시를 한 것을 말한다. 공포심은 물리적·무형적 힘에 의하여 심적 압박을 받는 경우를 말한다.
요건	① 사기자의 고의가 필요하다. ② 위법한 기망행위가 존재해야 한다. ③ 사기로 인한 의사표시를 할 것	① 사기자의 고의가 필요하다. ② 위법한 강박행위가 존재해야 한다. ③ 강박으로 인한 의사표시를 할 것
제3자에 의한 사기·강박	표의자는 그 의사표시의 상대방이 제3자에 의한 사기의 사실을 알았거나 알 수 있었을 경우에 그 의사표시를 취소할 수 있다.	표의자는 그 의사표시의 상대방이 제3자에 의한 강박의 사실을 알았거나 알 수 있었을 경우에 그 의사표시를 취소할 수 있다.
효과	상대방이 사기를 한 경우 그 의사표시를 취소할 수 있다. 사기를 이유로 의사표시를 취소한 경우 선의의 제3자에게는 대항하지 못한다.	상대방이 강박을 한 경우 그 의사표시를 취소할 수 있다. 강박을 이유로 의사표시를 취소한 경우 선의의 제3자에게는 대항하지 못한다.

(4) 의사표시의 효력발생 시기

의사표시를 전화나 대화로 하는 경우 상대방은 바로 그 내용을 알아듣는다. 그러나 편지나 FAX 등으로 의사표시를 하는 경우 언제 그 의사표시가 도달하여 그 효력이 발생하는가가 문제된다. 의사를 표시한 경우 표시된 의사가 상대방에게 전달되지 않으면 공허한 메아리나 헛소리에 불과하다. 그러므로 그 의사표시가 상대방에게 어떤 수단을 통하여 전달되어야 그 의사표시가 법률행위로 효력을 발생하게 된다. 물론 그 의사표시가 상대방이 필요 없는 법률행위, 즉 상대방 없는 단독행위일 경우에는 도달의 문제가 생기지 않는다. 의사표시도달의 문제는 상대방이 있는 법률행위인 상대방 있는 단독행위, 계약, 합동행위에서 발생한다.

㈎ **도달주의** 상대방이 있는 의사표시는 그 통지가 상대방에게 도달한 때로부터 그 효력이 생긴다(제111조)고 하여 도달주의를 원칙으로 삼는다. 도달이란 의사표시가 상대방의 지배권내에 들어가 일반적으로 그 의사표시를 받았으리라고 판단되는 상태에 이르는 것을 말한다. 편지가 우편함에 들어가 있거나, FAX를 통해 문서화되어 있는 경우 의사표시가 도달되었다고 본다.

㈏ **도달의 효과**

1) 의사표시가 도달한 때에 그 의사표시의 효력이 발생하므로 도달하지 못하거나(불착), 늦게 도달한 경우(연착)에는 표의자의 불이익이 된다.

2) 의사표시를 보낸 후 도달 전에는 의사표시를 철회할 수 있다.

3) 의사표시를 보낸 후 도달 전에 표의자가 사망하거나 제한능력자가 되더라도 그 의사표시는 효력이 있다.

㈐ **의사표시의 수령능력**

1) 표의자는 의사표시를 상대방에게 한다. 그 상대방이 그 의사표시의 내용을 이해할 수 있는 능력을 수령능력이라고 한다. 제한능력자는 수령능력이 없다(제112조).

2) **수령제한능력자에 대한 효력**

① 표의자는 의사표시의 효력을 수령제한능력자에게 주장할 수 없다.

② 수령제한능력자의 법정대리인이 의사표시의 도달을 안 후에는 표의자가 그 의사표시의 효력을 주장할 수 있다.

③ 제한능력자에게 인정되는 권리능력 범위 내의 법률행위에 대하여 수령능력이 인정된다.

㈑ **의사표시의 공시송달** 표의자가 과실 없이 상대방을 알지 못하거나 상대방의 소재를 알지 못하는 경우에는 민사소송법 제180조의 공시송달의 방법으로 의사표시를 도달하게 할 수 있다. 공시송달은 법원사무관 등이 송달한

서류를 보관하고, 그 사유를 법원 게시장에 게시한 후 2주일이 경과한 때에 상대방에게 의사표시가 도달한 것으로 간주된다.

관련 사례

1. 조그마한 Cafe W를 들린 법대생 A는 포도주 한 잔을 주문하고, 민법총칙 교과서에 몰두하면서 이것을 마셨다. 잔이 빈 것을 발견한 종업원 B는 두 번째 잔을 아무 말 없이 A 앞에 밀어 놓았다. 책에 심취해 있던 A는 이를 눈치채지 못했다. A는 이를 처음에 자기가 주문한 것인 줄 알고 이 두 번째 포도주도 마셔버렸다. 목표한 '법률행위' 부분을 다 읽은 A는 자리에서 일어나 계산하려고 했을 때 B는 두 잔 값인 5,000원을 요구하였다. 하지만 A는 자기는 포도주 한 잔만을 주문했을 뿐이니 법률상 2,500원만 지불하면 된다고 항변하였다. 누가 옳은가?

   ▶ 계약의 경우에 법률행위의 효력발생 여부 및 시기에 관한 문제

2. 고시공부에 지친 A는 고시를 중단코자 법서를 창 너머로 던져버렸고, 이를 우연히 지나가던 B가 가지고 갔다. 다음날 A는 그가 아끼는 칸트의 철학서도 같이 던져버린 것을 알게 되었다. A는 B에게 이 책의 반환을 청구할 수 있을까?

   ▶ 단독행위의 경우(권리의 포기) 법률행위의 효력발생

Ⅵ. 법률행위의 대리

본인이 한 법률행위는 본인에게 그 법률행위의 효력이 발생한다. 그러나 사회생활이 다양하고, 복잡해짐으로써 본인이 모든 법률행위를 다할 수 없는 경우도 생기게 된다. 이럴 때 본인 이외의 자로 하여금 법률행위를 하게 하고, 그 효력을 본인에게 발생시키는 방법이 필요하게 된다. 이러한 행위를 대리라고 한다.

1. 대리의 종류

(1) 임의대리와 법정대리

임의대리는 본인이 타인에게 대리를 하게 하는 수권행위를 통하여 행해지는 대리를 말한다. 법정대리는 본인의 의사와는 관계없이 법률이 일정한 자

에게 대리권을 부여하여 행하는 대리이다.

(2) 유권대리와 무권대리

유권대리는 대리를 하는 자가 그에게 부여된 정당한 대리권을 가지고 하는 대리이다. 무권대리는 이러한 대리권을 갖지 않고 하는 대리이다.

(3) 능동대리와 수동대리

대리인은 상대방(제3자)에 대하여 의사표시를 하는 경우와 상대방이 하는 의사표시를 수령하는 경우가 있다. 전자를 능동대리(적극대리), 후자를 수동대리(소극대리)라고 부른다.

2. 대리권

본인의 이름으로 법률행위를 하여 그 법률효과가 본인의 것으로 되게 하는 법률상의 지위를 대리권이라고 한다. 대리권이 있어야 대리를 한 자의 법률행위가 본인의 것으로 될 수 있다.

(1) 대리권의 범위

대리인의 대리권은 일정한 범위 내에서 행해져야 한다. 그 일정한 범위가 법률에 의해 정해지는 것을 법정대리권이라고 하고, 당사자의 의사에 따라 일정한 범위를 정하여 주는 수권행위에 의한 것을 임의대리권이라고 한다.

㈎ **법정대리권의 범위** 제한능력자의 일반재산에 관한 법률행위에 대하여 친권자 또는 성년후견인은 법률의 규정에 의해 대리권을 가지며, 유언집행자는 유증으로 인한 재산의 관리 및 유언으로 인한 필요한 행위를 할 대리권을 갖는다.

㈏ **임의대리권의 범위** 임의대리권은 본인이 하고자 하는 법률행위의 범위를 정하여, 대리인이 그 범위 내에서 법률행위를 하도록 본인이 대리권을 대리인에게 수여하는 경우이다. 임의대리권에서 대리권의 존재는 분명하나 그 범위가 불분명한 경우에는 대리인은 관리행위만을 할 수 있고, 처분행위는 하지 못한다.

(2) 대리권의 제한

일정한 경우에 대리인이 대리권을 행사함으로써 대리권을 수여한 본인의 이익을 해할 염려가 있을 때 대리권의 행사에 제한을 받는다. 이러한 경우는 자기계약 및 쌍방대리, 공동대리가 있다.

甲은 乙의 대리인인 동시에 계약상대방(甲)으로 乙과 법률행위를 하는 것을 자기계약(자기대리)이라고 한다. 또한 甲은 乙과 丙의 대리인으로, 乙과 丙 간의 법률행위를 甲이 동시에 乙과 丙을 대리하여 하는 것을 쌍방대리라고 한다. 이런 경우 민법은 원칙적으로 이를 금지하고, 다만 본인의 허락이 있거나 본인의 채무를 이행하는 경우에 예외적으로 허용한다.

본인을 대리하는 대리인이 여러 명 있을 때, 대리인 각자는 본인을 대리한다. 그러나 법률 또는 수권행위(본인의 의사)에 여러 명이 공동으로 하여서만 대리권을 행사할 수 있는 것을 공동대리라 한다.

(3) 대리권의 소멸

㈎ **법정대리, 임의대리에 공통된 소멸원인** 본인 또는 대리인의 사망, 행위능력이 있는 대리인이 성년후견의 선고 및 파산선고를 받은 때

㈏ **법정대리의 특수한 소멸원인** 법원에 의한 대리인의 개임, 대리권 상실선고, 법정대리인의 사퇴, 대리권 발생원인의 소멸(미성년자의 성년, 성년후견 선고의 취소)

㈐ **임의대리의 특수한 소멸원인** 대리권의 원인이 된 법률관계의 종료, 즉 본인의 파산, 본인의 수권행위의 철회 등이 있다.

3. 대리행위

대리권을 수여받은 대리인이 하는 법률행위를 대리행위라고 한다.

(1) 현명주의

대리인은 대리행위를 함에 있어서 그 행위가 본인을 위한 것임을 표시하여야 한다(제114조). 즉 대리인의 행위가 본인에게 귀속하려면 본인을 위하여 한다는 의사표시가 있어야 함을 현명주의라고 한다. 예외적으로 대리인이 본인을 위한 것임을 표시하지 아니한 때에는 그 의사표시는 대리인 자신을 위하여 한 것으로 본다(제115조 본문). 즉, 대리인이 본인을 위한 것이라는 의사표시를 하지 않는 한 법률효과는 본인에게 발생하지 않고, 대리인에게 귀속된다. 그러나 상대방이 대리인으로서 한 것임을 알았거나 알 수 있었을 때에는

본인에 대하여 법률행위의 효력이 생긴다(제115조 단서).

(2) 대리인의 행위능력

대리인은 행위능력자임을 요하지 않는다(제117조). 그러므로 미성년자나 피성년후견인이라도 대리인이 될 수 있다. 이것은 대리인이 제한능력자라는 이유로 제한능력자의 행위(대리행위)를 취소할 수 없다는 뜻이다. 따라서 본인이 제한무능력자를 대리인으로 내세움으로써 생기는 불이익은 본인이 부담해야 한다.

(3) 본인의 능력

본인이 의사능력자・행위능력자임을 요하지 않는다. 대리제도의 존재이유 중 하나가 경제적・사회적으로 경험이 부족한 본인을 위하여 대리인을 두어 좀 더 유용한 경제적・사회적 법률행위를 하기 위함이다. 그러므로 본인은 의사능력과 행위능력을 갖춘 자일 필요는 없다. 단지 본인에게 권리능력은 필요하다.

(4) 대리행위의 하자

법률행위를 실질적으로 하는 자는 대리인이다. 대리인이 의사와 표시의 불일치, 하자 있는 의사표시, 기타의 경우로 한 대리행위에 하자가 발생한 경우 대리인을 표준으로 결정하며, 그 취소권은 본인이 갖는다. 다만 어떤 사실의 선의・악의가 법률행위의 효력에 영향을 줄 경우 본인이 악의이면 대리인이 선의이더라도 악의로 취급된다(제116조 제2항).

4. 복대리

본인을 대리하는 대리인이 그 권한 내에서 대리인을 다시 선임한 경우의 대리인을 복대리인이라 한다. 이 경우 복대리인도 본인의 대리인이다. 대리인이 복대리인을 선임할 수 있는 권한을 복임권이라 하고, 그 선임행위를 복임행위라고 한다.

(1) 복대리의 법적 성질

복대리인은 대리인의 대리인이 아니며, 본인의 대리인이다(제123조 제1항). 대리인은 복대리인을 선임한 후에도 대리권을 갖는다.

(2) 대리인의 복임권

㈎ **임의대리인의 복임권** 본인의 승낙이 있거나 부득이한 사유가 있을 때 한하여 임의대리인은 복임권을 가질 뿐이다. 즉 원칙적으로 임의대리인은 복임권이 없다. 임의대리인이 복대리인을 예외적으로 선임한 경우 임의대리인은 복대리인의 선임·감독에 관하여 책임을 진다. 그런데 임의대리인이 본인의 지명에 의하여 선임한 경우에는 그 책임이 경감된다.

㈏ **법정대리인의 복임권** 법정대리인은 언제든지 복임권을 갖는다. 다만 복대리인에 대해 법정대리인은 무거운 책임을 진다. 즉 복대리인의 행위에 의하여 본인이 입은 손해 전부에 대해 책임을 진다(제122조 본문). 다만, 부득이한 사유로 복대리인을 선임한 경우에는 그 선임·감독상의 과실에 대해서만 책임을 진다(제122조 단서).

(3) 복대리인의 지위

㈎ **본인과 복대리인의 관계** 복대리인은 본인에 대하여 대리인과 동일한 권리·의무가 있다(제123조 제2항).

㈏ **복대리인과 상대방의 관계** 복대리인은 본인의 대리인으로 상대방과의 관계에서 대리인과 같은 원칙이 적용된다.

㈐ **복대리인과 대리인의 관계** 복대리인은 대리인의 지휘·감독을 받는다. 복대리인은 대리인의 대리권을 근거로 선임한 자이기 때문에 대리인의 대리권이 소멸하면 복대리인의 대리권도 소멸한다.

(4) 복대리권의 소멸

본인의 사망 또는 복대리인의 사망, 성년후견선고에 의해 복대리권은 소멸하며, 대리인과 복대리인 간의 수권행위가 소멸하거나 대리인의 대리권이 소멸한 경우 복대리권이 소멸한다.

5. 무권대리

무권대리란 대리권 없는 자가 대리행위를 하는 것을 말한다. 이 경우 법률행위의 효과를 본인과 대리권 없는 대리인에게 귀속시킬 수 없다. 이러한 결과는 상대방에게 일방적으로 부담을 주기 때문에 민법은 본인과 상대방의 이익을 조화시키는 방향에서 규정한다.

(1) 표현대리(또는 표견대리)

대리권 없는 자가 한 대리행위 중 상대방(제3자)이 대리권의 존재가 있는 것과 같은 외관이 있고, 그 외관이 본인에게도 어느 정도 책임이 있다고 인정되는 경우, 대리인이 아니면서 정당한 대리인의 행위나 마찬가지로 취급하여 그 효과를 본인에게 귀속시키는 제도를 말한다.

㈎ **대리권수여의 표시에 의한 대리**(제125조)

1) **성립요건** : ① 현실적으로 본인이 대리인에게 수권행위를 하지 않았지만 본인이 상대방에게 스스로 대리권을 수여함을 표시하였어야 한다. ② 표시한 상대방은 특정인이든 불특정인이든 상관이 없으며, 그 방법도 제한이 없다. ③ 표시를 받은 상대방은 대리권이 없음을 알지 못하는데 대하여 선의, 무과실이어야 한다. ④ 표현대리는 임의대리에만 적용된다.

2) **효과** : ① 본인이 표시한 대리권의 범위 내에서 책임을 부담한다. ② 상대방은 대리권이 없음을 이유로 법률행위를 철회할 수 있다. ③ 본인은 대리권 없이 행사한 자의 행위를 인정함(추인)으로써 상대방의 철회권을 소멸시킬 수 있다. ④ 본인이 표현대리로 인하여 입은 손해는 불법행위, 부당이득 등으로 청구할 수 있다. 그러나 상대방(제3자)이 대리권이 없음을 알았거나 알 수 있었을 때에는 본인은 책임이 없다.

㈏ **권한을 넘은 표현대리**(제126조)　대리권 있는 대리인이 대리권의 범위를 넘은 대리행위를 할 경우의 대리를 권한을 넘은 표현대리라고 한다.

1) **성립요건** : ① 정상적인 대리인이 그 대리권 범위 외의 행위를 하는 것이 필요하다. ② 상대방은 대리인이 범위 외의 행위를 범위 내의 행위라고 믿는데 선의, 무과실이어야 한다. ③ 법정대리와 임의대리에도 적용된다.

2) **효과** : 표현대리와 같은 책임을 진다.

㈐ **대리권소멸 후의 표현대리**(제129조)　대리인이 대리권 소멸후 대리권이 없는 상태에서 대리권이 있다고 믿는 상대방과 대리행위를 한 경우이다.

1) **성립요건** : ① 대리권의 소멸후 대리행위를 하여야 한다. ② 상대방이 대리권이 소멸한 것을 모르는 데 선의, 무과실을 요한다. ③ 법정대리와 임의대리에도 적용된다.

2) **효과** : 표현대리와 같은 책임을 진다.

(2) 협의의 무권대리

무권대리 중 표현대리에 해당되지 않는 것을 협의의 무권대리라고 한다. 즉 본인과 무권대리인 사이에 표현대리처럼 보일 만한 관계가 전혀 없는 경우로, 거래상의 편의와 대리제도의 유지를 위해 인정하는 제도이다. 민법은 계약, 단독행위의 무권대리로 나누어 규정한다.

㈎ 계약의 무권대리

1) **본인에 대한 효과 :** 본인에게는 아무런 효력이 없다. 다만 본인은 추인으로 그 행위를 유효로 할 수 있고, 본인이 추인을 거절하면 무효로 확정된다.

2) **상대방에 대한 효과 :** 상대방은 철회권과 최고권을 갖는다.

3) **무권대리인에 대한 효과 :** 본인이 추인하지 않고 무권대리인이 대리인임을 입증하지 못하면 이행 또는 손해배상의 책임을 진다.

4) **본인과 무권대리인의 관계 :** 본인이 추인한 경우에는 본인을 위한 무권대리인의 사무관리가 성립하며, 고의·과실로 본인에게 손해를 끼친 경우에는 무권대리인의 불법행위가 성립한다.

㈏ 단독행위의 무권대리

1) 단독행위의 무권대리는 원칙적으로 무효이다(제136조).

2) 상대방 있는 단독행위의 무권대리는 예외적으로 인정된다. 즉 능동대리에 있어서 무권대리 행위에 동의하거나, 그 대리권의 존부에 대하여 다투지 않으면 계약의 경우와 동일한 효력이 생긴다. 수동대리에 있어서 무권대리인의 동의를 얻어서 의사표시를 한 때에는 계약의 무권대리와 같은 효력이 생긴다.

관련 사례

병원에 입원하고 있는 V는 친구인 H에게 평소에 잘 알고 있는 B서점에서 몇 권의 책을 사올 것을 부탁하면서 B 앞으로 다음과 같은 서신을 작성해 주었다. "나 V를 위하여 H가 와서 책을 선택할 것이고, 이 대금은 후에 V가 지불할 것임." H가 떠나기 전에 V는 절대로 법학서적을 사와서는 안된다고 하였다. H가 몇 권의 책을 사왔으나, 그 중 2권의 법학서적이 있었다. 이 법학서적에 대한 대금도 V는 지불하여야 하는가?

▶ 권한을 넘은 표현대리의 효과(민법 제126조 참조)

Ⅶ. 법률행위의 무효와 취소

법률행위 중에는 무효가 되는 경우와 취소할 수 있는 경우가 있는데, 무효가 되는 경우는 의사능력이 없는 자의 법률행위, 원시적 불능의 법률행위, 강행법규에 위반하는 법률행위, 반사회질서의 법률행위, 불공정한 법률행위, 상대방이 알고 있는 비진의표시, 허위표시 등이 있다. 취소할 수 있는 경우는 제한능력자의 법률행위, 착오에 의한 의사표시, 사기·강박에 의한 의사표시 등이 있다. 무효와 취소의 차이점과 그 개념을 정립함으로써 법률행위의 모습을 살펴볼 수 있다.

1. 무효와 취소의 존재이유

법이 어떤 경우에 무효로 하고 어떤 경우에 취소할 수 있는가는 법정책의 문제이다. 보통 무효가 되는 경우는 사회 전반의 법질서 유지를 위한 때이며, 취소할 수 있는 경우는 법률행위 당사자 중 일방의 이익을 보호하기 위해서이다.

2. 무효와 취소의 차이

(1) 무효는 특정인의 주장이 필요 없이 처음부터 무효이다. 취소는 특정인의 주장(취소권)에 의하여 무효가 되고, 이런 주장을 하지 않으면 유효한 상태로 있게 된다.

(2) 무효는 추인이라는 방법으로 유효가 될 수 없지만, 취소는 추인이라는 방법으로 유효가 될 수 있다.

(3) 무효는 시간이 경과하더라도 유효한 상태가 될 수 없고, 취소는 시간이 경과하면 취소할 수 없는 상태가 되어 유효하게 된다.

3. 무 효

무효는 법률행위가 성립한 때부터 법률상 당연히 법률행위의 효력이 발생하지 않는 것이다. 그러나 법률행위가 존재하지 않은 것은 아니므로, 법률행위를 했지만 그 요건을 갖추지 못해 효력이 발생하지 않을 뿐이다.

(1) 무효행위의 원인

㈎ **일반적 무효원인** 의사능력이 없는 자의 행위, 사회질서에 반하는 경우, 또는 현저하게 공정을 잃은 경우, 진의 아닌 의사표시로서 상대방이 표의자의 진의를 알았거나 알 수 있었을 경우, 허위표시의 경우, 법률행위에 불법한 조건을 붙인 경우 등이 있다.

㈏ **특별한 무효원인** 개별적인 규정이 있는 경우이다.

(2) 무효의 종류

㈎ **절대적 무효・상대적 무효** 법률행위가 무효가 된 경우에 그 무효를 상대방에게 주장할 수 있고, 선의의 제3자에게는 주장할 수 없는 경우(비진의표시, 허위표시)의 무효를 상대적 무효라 한다. 이에 관계없이 모든 이에게 주장할 수 있는 무효를 절대적 무효라고 한다.

㈏ **당연무효・재판상 무효** 재판으로만 무효를 주장할 수 있는 경우(회사설립의 무효, 회사합병의 무효)를 재판상 무효라 하고, 소의 절차를 필요로 하지 않는 무효를 당연무효라 한다.

㈐ **확정적 무효・미확정무효** 무효인 법률행위는 어떠한 방법으로도 유효한 법률행위가 될 수 없다. 이것을 확정적 무효라 한다. 그러나 무권대리행위와 같이 추인에 의하여 처음부터 유효한 법률행위로 할 수 있는 경우가 있다. 이런 경우를 미확정무효라고 한다.

㈑ **전부무효・일부무효**(제137조) 일부무효란 법률행위의 일부분이 무효인 것을 말한다. 일부무효는 원칙적으로 전부무효이다. 당사자가 그 무효부분이 없더라도 법률행위를 하였을 것이라고 인정될 때에는 나머지 부분은 유효로 한다.

(3) 무효행위의 효과

상대적 무효를 제외하고는 무효는 법률상 아무런 법률행위의 효과가 생기지 않는다.

(4) 무효행위의 추인(제139조)

추인이란 원래의 법률행위를 확정시키는 의사표시이다. 무효인 법률행위는 처음부터 무효이므로 추인이 있더라도 유효로 되지 않는다.

㈎ **소급적 추인** 판례는 당사자 또는 제3자의 권리를 해하지 않는 범

위에서는 추인을 인정하여 소급적으로 법률행위를 유효로 하게 한다.

(나) **비소급적 추인** 당사자가 무효인 것을 알고 추인하면 새로운 법률행위를 한 것으로 보아 그때부터 효력이 생긴다. 즉, 무효인 법률행위는 추인으로 처음부터 유효한 법률행위가 될 수 없으므로, 이때의 추인은 현재의 법률행위의 효과를 발생시키려는 새로운 의사표시로 보아야 한다는 것이다.

(5) 무효행위의 전환

무효가 된 법률행위는 그 법률행위 요건의 결여로 효과가 발생하지 않지만, 우연히 다른 법률행위의 요건을 갖춘 경우에 다른 법률행위의 효과가 인정되는 것을 무효행위의 전환이라고 한다. 그 요건으로는 무효인 법률행위가 다른 법률행위의 요건을 갖추어야 하며, 당사자가 그 무효를 알았더라면 다른 법률행위를 할 것을 의욕하리라고 인정되어야 한다.

4. 취 소

취소는 무효와 달리 유효하게 성립된 법률행위에 제한능력 또는 의사표시의 흠결(착오, 사기 또는 강박에 의한 의사표시)이 있는 경우, 취소권자가 그 법률행위를 취소할 수 있는 것으로 하고, 취소가 있게 되면 소급(처음 법률행위가 있었던 때부터)해서 무효로 되는 것을 말한다. 또한 취소는 취소할 수 있는 자(취소권자)만이 행사할 수 있는 권리이다.

(1) 취소권

(가) **취소권자** 취소권자는 제한능력자, 착오 또는 하자 있는 의사표시를 한 자와 그 대리인 및 승계인이다.

(나) **취소의 방법** 취소는 취소권자 단독의 의사표시에 의한다.

(다) **취소의 상대방**(제142조) 취소할 수 있는 상대방이 확정되어 있는 경우는 상대방에 대한 의사표시로 하여야 한다. 취소할 수 있는 상대방이 확정되어 있지 않은 경우는 객관적으로 취소의 의사표시라고 인정되는 행위가 있으면 된다.

(2) 취소의 효과

(가) **소급적 효력** 취소를 하면 법률행위가 처음부터 무효인 것으로 본다(제141조 본문).

㈏ **당사자 사이에서의 효력** 선의·악의를 묻지 않고 취소한 법률행위로 인하여 받은 이익은 현존하는 한도에서 상환하여야 한다.

㈐ **제3자에 대한 효력** 취소의 효과(무효)는 원칙적으로 모든 사람에게 주장할 수 있다. 다만 착오, 사기 또는 강박에 의한 의사표시의 취소는 선의의 제3자(취소의 이해관계인)에 대해서는 주장할 수 없다.

(3) 취소할 수 있는 행위의 추인

취소할 수 있는 행위를 취소하지 않음으로써 원래의 법률행위를 확정시키는 의사표시(단독행위)가 취소할 수 있는 행위의 추인이며, 추인이 되면 취소할 수 있는 행위는 확정적으로 유효한 행위가 된다(제143조). 그 요건으로 추인권자(취소권자)가 이를 하여야 하며, 취소원인이 종료(취소와 추인을 판단할 수 있는 정상적인 상황)되어야 한다.

㈎ **추인의 효과** 추인이 되면 취소할 수 있는 행위를 취소할 수 없게 되며, 법률행위는 유효한 것으로 확정된다(제143조 제1항).

㈏ **법정추인** 취소할 수 있는 행위 중 상대방이나 제3자가 보아서 추인이라고 인정될 일정한 행위가 있는 때에는 취소권자의 의사를 묻지 않고 추인한 것으로 보는 것이 법정추인이다(제145조). 추인이라고 인정될 만한 행위로는 전부나 일부의 이행, 이행의 청구, 경개, 담보의 제공, 취소할 수 있는 행위로 취득한 권리의 전부 또는 일부의 양도, 강제집행 등이 있다.

(4) 취소권의 소멸

추인권을 행사하면 취소권이 소멸한다. 추인이 있게 되면 취소권을 행사할 수 없게 되며 취소권이 소멸한다. 추인할 수 있는 날로부터 3년 내에, 법률행위를 한 날로부터 10년 내에 취소권을 행사해야 한다. 이들 기간 중 어느 한쪽의 기간이 지나면 취소권은 소멸한다.

관련 사례

돈이 궁한 우표수집가 A는 자신이 그동안 수집한 우표모음집을 F에게 팔았다. 당시 F는 마약 상시복용자로 성년후견선고를 받았고, A는 이 사실을 모르고 있었다. F는 당일 우표를 보고 가지고 가면서 다음날 대금을 지불할 것을 약속하였다. 다음날 이 사실을 안 F의 성년후견인 V는 이 거래를 인정하지 않았다. A는 매매대금을 F에게 청구할 수 있는가?

▶ 피성년후견인이 행한 법률행위는 취소할 수 있는가와, 있다면 그 방법과 행사 후의 효과에 관한 문제

Ⅷ. 조건과 기한

지금까지 법률행위는 그 효력이 법률행위의 성립과 동시에 발생했다. 그러나 사적자치의 원리에 따라 법률행위를 현재에 성립시키고 미래에 효과가 발생하도록 하는 약속을 할 수 있다. 이러한 약속에 관한 약정을 조건과 기한이라고 한다. 조건은 장래에 일정한 사실이 발생하는 것이 불확실한 것이고, 기한은 장래에 일정한 사실의 발생이 확실한 것이다.

조건과 기한은 법률행위의 효과를 제한하기 위하여 법률행위의 일부로서, 부가된 것이라는 의미에서 법률행위의 부관(附款)이라고 부르기도 한다.

1. 조 건

조건이란 법률행위의 효력발생과 소멸이 불확실한 장래의 사실에 의존케 하는 법률행위이다. 이러한 조건이 붙은 법률행위를 조건부법률행위라 한다. 예를 들면, "네가 시험에 합격하면 자동차를 사 주겠다"에서 '시험에 합격하면'이 조건이다.

(1) 종 류

㈎ **정지조건 · 해제조건**　　법률효과의 발생을 장래의 불확실한 사실에 의존케 하는 것이 정지조건이고, 법률효과의 소멸을 장래의 불확실한 사실에 의존케 하는 것을 해제조건이라고 한다. 예를 들면, '시험에 합격하면 자동차를 사 주겠다'는 것(정지조건)과 '시험에 떨어지면 학비지급을 중단하겠다'는 것(해제조건)이 있다.

㈏ **가장조건**　　형식적으로 조건이지만 실질적으로 조건으로서 효력이 없는 것을 가장조건이라고 한다. 예를 들면, '그를 죽이면'(불법조건), '별을 딴다면'(불능조건), 이미 시험에 붙었는데 '시험에 붙으면'(기성조건) 등이 있다.

(2) 조건을 붙일 수 없는 법률행위

㈎ **공익상 불허용** 조건을 붙이는 것이 강행법규 또는 사회질서에 반하는 결과가 되는 경우 조건을 붙이는 것은 허용되지 않는다. 가족법상의 행위, 어음・수표행위 등이다. 예를 들면, '100만원을 주면 혼인하겠다', '입양하겠다', '상속을 포기하겠다'는 경우이다.

㈏ **사익상의 불허용** 조건을 붙이는 것이 상대방의 지위를 현저하게 불안정 또는 불리하게 하는 경우에 조건을 붙일 수 없다(주로 단독행위). 다만, 상대방의 동의가 있거나 상대방에게 이익만을 주는 조건일 경우에는 허용된다.

(3) 조건부 법률행위의 효력

㈎ **조건성취 전의 법률효과**

1) 기대권 : 조건의 성취・불성취가 결정되지 않는 동안 법률행위의 효력은 불확정적이지만, 조건이 성취되면 권리를 취득할 기대를 갖는다. 이러한 기대는 법률에 의해 보호되어야 하는데 이것을 기대권이라고 하며 함부로 침해하지 못한다.

2) 조건부권리의 침해금지 : 조건부 법률행위의 당사자는 조건의 성취가 미정인 동안에 생길 상대방의 이익을 해하지 못한다(제148조). 조건이 성취되기 전 조건부권리를 침해하면 손해배상청구를 할 수 있다.

㈏ **조건성취 후의 법률효과** 조건의 성취・불성취에 의하여 그 법률행위의 효과가 나타난다. 정지조건부 법률행위라는 조건의 성취로 확정적으로 효력이 발생하고, 해제조건부 법률행위라는 조건의 불성취로 확정적으로 그 효력이 소멸한다. 조건의 성취로 법률효과는 소급하지 않는 것이 원칙이다.

2. 기 한

기한이란 법률행위의 효력을 발생・소멸이 확실한 장래의 사실에 의존케 하는 법률행위이다. 기한은 장래의 사실이라는 것이 조건과 같지만 법률행위의 효력발생・소멸이 장래에 확실히 예정되어 있다는 점에서 조건과 다르다.

(1) 종 류

㈎ **시기・종기**(제152조) 시기란 법률행위 효력의 발생을 장래의 확정적 사실의 발생에 의존시키는 기한이다(예를 들면, 1월 1일부터). 종기는 법률행

위 효력의 소멸을 의존시키는 기한이다(예를 들면, 12월 31일까지).

(나) **확정기한 · 불확정기한** 도래시기가 확정되어 있는 기한을 확정기한이라고 한다(예를 들면, 내년 1월 1일). 도래시기가 확정되어 있지 않은 기한을 불확정기한이라고 한다(즉, 내가 죽을 때).

(2) 기한을 붙일 수 없는 법률행위

조건을 붙일 수 없는 법률행위와 같다. 다만 어음행위는 기한을 붙일 수 있다.

(3) 기한부 법률행위의 효력

(가) **기한도래 전의 법률효과** 조건부 법률행위보다 더욱 확정적이기 때문에 기한부 법률행위도 보호를 받아야 한다. 조건에 관한 제148조, 제149조를 준용한다(제154조).

(나) **기한도래 후의 법률효과** 기한이 도래하면 법률행위의 효력이 발생한다. 즉 시기가 도래하면 효력이 발생하고, 종기가 도래하면 효력이 소멸한다. 기한의 효력에는 소급효가 없다.

(4) 기한의 이익

기한의 이익이란 기한이 도래하지 않음으로써 당사자가 받은 이익을 말한다. 민법은 기한의 이익을 채무자의 이익으로 추정하고 있다(제153조 제1항). 이 기한의 이익은 포기할 수 있으나, 그것으로 말미암아 상대방의 이익을 해하여서는 안 된다(제153조 제2항).

IX. 기 간

기간이란 어느 시점에서 어느 시점까지의 계속된 시간이다. 기간은 계속된 시간이므로 일정한 시점 또는 시기를 의미하는 기일과 다르다. 기간의 계산방법에는 자연적 계산방법과 역법적 계산방법이 있는데, 전자는 순간에서 순간까지 계산하는 방법으로 정확하지만 불편하다. 후자는 역(달력)에 따라 계산하는 방법으로 편하긴 하지만 부정확하다. 민법은 단기간에 대해서는 자연적 계산방법을, 장기간에 대해서는 역법적 계산방법을 사용한다.

(1) 자연적 계산방법

시, 분, 초까지 계산하는 방법으로 시, 분, 초가 종료한 때에 기간은 종료한다(제156조).

(2) 역법적 계산방법

달력에 의해 기간을 계산하는 방법으로 일, 주, 월, 년으로 계산한다.

㈎ **기산점**　기간을 일, 주, 월 또는 년으로 정한 때에는 기간이 오전 영시로부터 시작하는 경우 외에는 초일을 산입하지 않고 다음날 오전 영시부터 기산한다. 다만 연령계산과 호적의 신고기간에 관해서는 출생일인 초일을 산입한다.

㈏ **종료점**　기간을 일, 주, 월 또는 년으로 정한 때에는 기간 말일의 종료로 기간이 종료한다. 말일 하오 12시가 기간의 종료점이다.

㈐ 기간을 주, 월 또는 년으로 정한 때에는 역(曆)에 의하여 계산한다.

㈑ 기간의 말일이 공휴일에 해당한 때에는 그 익일(다음날)로 종료한다.

(3) 예

① 3월 1일 10:00부터 15시간은 3월 2일 01:00이다.

② 1980년 1월 1일 06:00시에 출생한 사람은 2000년 1월 1일 오전 0시(00:00)부터 성년이 된다.

③ 2월 28일 오후 2시부터 1개월은 3월 31일 하오 12시까지이다.

X. 시효제도(소멸시효를 중심으로)

시효는 권리자가 법률상 그의 권리를 행사할 수 있음에도 불구하고 일정한 기간 권리를 행사하지 않아 일정한 사실상태가 계속되는 경우, 그 사실상태의 진실 여부와 상관없이 그 사실상태에서 권리관계를 인정하여 권리의 득실이 생기게 하는 것이다. 즉 잠자는 권리는 보호받지 못하는 것과 같다.

1. 종 류

(1) 소멸시효

권리의 불행사가 계속된 상태일 때 권리가 소멸하는 것을 말한다.

(2) 취득시효

권리자는 아니지만 권리행사의 모습이 외형적으로 계속된 상태일 때 권리를 취득하는 것을 말한다.

2. 소멸시효의 요건

① 소멸시효의 목적이 되는 권리여야 한다(제162조). ② 권리자가 법률상 권리를 행사할 수 있었는데도 행사하지 아니하여야 한다. ③ 권리불행사가 일정기간 동안 계속되어야 한다.

3. 소멸시효의 기간

(가) 20년 채권 및 소유권 이외의 재산권(제162조 제2항)

(나) 10년 보통의 채권(제162조 제1항), 판결·파산절차 및 재판상 화해·조정 기타 판결과 동일한 효력이 있는 것에 의하여 확정된 채권(제165조 제1항·제2항)

(다) 5년 상법상의 채권

(라) 3년 민법 제163조, 근로기준법상의 임금채권

(마) 1년 민법 제164조

(바) 3년 또는 10년 불법행위로 인한 손해배상청구권

4. 소멸시효의 효력

(가) **일반적 효과** 취득시효에 의하여 권리를 취득하게 되며, 소멸시효에 의하여 권리가 소멸하게 된다.

(나) **소멸시효의 소급효** 소멸시효는 그 기산일에 소급하여 효력이 생긴다(제167조).

(다) **소멸시효의 이익의 포기** 소멸시효가 완성된 후 시효이익을 포기하는 것은 허용되나 시효완성 전에는 미리 포기할 수 없다(제184조).

5. 제척기간(소멸시효와 구별해야 할 개념)

제척기간은 일정한 권리에 관하여 법률이 예정하는 존속기간이다. 이 기간이 만료되면 그 권리는 당연히 절대적으로 소멸하게 된다.

(1) 소멸시효와의 차이

㈎ 소멸시효는 소급효과가 있는데 제척기간은 장래에 향하여 소멸할 뿐이다.

㈏ 소멸시효는 권리행사의 존재가 있었으면 그 이후로 다시 소멸시효가 계산되는 시효중단제도가 있는데, 제척기간은 한번 권리를 사용하면 그것으로 권리가 소멸하는 것이지 다시 그 권리를 행사할 수 있는 것은 아니다.

㈐ 소멸시효는 소멸시효의 진행을 잠시 유예하는 정지라는 것이 있는데 제척기간은 없다.

㈑ 소멸시효는 소멸시효 이익의 포기라는 제도가 있으나 제척기간은 그러한 제도가 없다.

(2) 소멸시효와 제척기간의 판별

소멸시효는 조문에 「시효로 인하여」라고 규정되어 있으나, 그렇지 않은 것은 제척기간으로 본다.

제3절 채권법

Ⅰ. 채 권

채권은 특정인이 다른 특정인에게 일정한 행위를 할 것을 요구할 수 있는 권리를 말한다. 즉, 채권자가 채무자에게 일정한 내용을 이행할 것을 청구할 수 있는 권리이다. 가령, 내가 상대방에게 10만원을 빌려 주었다면 나는 채권자로서 상대방 채무자에게 10만원을 갚으라고 청구할 수 있다.

1. 채권법의 특성

채권법은 채권에 관련된 법으로서 당사자의 자유로운 의사를 최대한 존중한다. 즉 사적자치와 계약자유가 최대한 인정되며 당사자간의 미비한 부분을 법률로써 보충해 준다(채권법의 임의법규성). 채권법은 당사자의 자유로운 의사를 중심으로 법률행위를 하기 때문에 신의성실의 원칙에 크게 지배된다.

2. 채권과 물권의 차이점

(1) 물권은 물건에 관한 지배권이지만, 채권은 채권자와 채무자 사이의 일정한 행위를 내용으로 하는 청구권이다.

(2) 물권은 모든 사람에 대해 주장할 수 있는 절대적 성질을 갖지만, 채권은 특정인인 채무자에게만 주장할 수 있는 상대적 성질을 갖는다.

(3) 물권은 물권법정주의에 의해 제한되어 있지만, 채권은 사적자치와 계약자유의 원칙에 따라 채권의 내용과 형식에 있어서 일반적인 법적 제한이 없다.

(4) 물권과 채권이 동일물 위에 동시에 성립하면 물권이 채권보다 우선한다.

(5) 물권은 그 국가에 고유하게 내재된 관습 및 국민정서를 기준으로 법률을 제정하기 때문에 특수성을 갖지만, 채권은 개인 상호간의 의사를 중심으로 체결된 법률행위를 존중하고 보충하려는 경향을 갖기 때문에 채권에 관련된 것은 세계적 보편성을 갖는다.

II. 채권의 발생원인

채권은 특정인이 타인에게 일정한 행위를 요구할 수 있는 권리를 말한다. 이러한 채권은 계약, 사무관리, 부당이득, 불법행위의 네 가지 원인에 의해 발생한다. 계약은 법률행위에 의한 채권발생 원인이고, 나머지는 당사자의 의사와는 관계없이 법률의 규정을 근거로 발생하는 것이다.

(1) 계 약

계약은 서로 대립하는 두 개 이상의 의사표시가 합치됨으로써 이루어지는 법률행위이다. 서로 대립하는 두 개 이상의 의사표시는 보통 청약과 승낙으로 이루어져 있다. 청약은 승낙과 결합하여 일정한 계약을 성립시킬 것을 목적으로 하는 의사표시이다. 청약은 어떠한 내용을 목적으로 계약을 성립하고자 하려는 의사표시이고, 승낙은 청약에 대하여 어떠한 내용을 목적으로 계약을 성립시키자는 것에 응하는 의사표시이다. 이러한 청약과 승낙의 의사표시의 합치로 계약은 성립한다.

계약의 모습으로는 증여, 매매, 교환, 소비대차, 사용대차, 고용, 도급, 현상광고, 위임, 임치, 조합, 종신정기금, 화해 등 14가지가 있다. 이것은 일반사회에서 널리 행하여지는 전형적인 계약에 관한 것으로 민법에 규정되어 있다. 이 밖에도 당사자의 의사를 중심으로 법률행위를 할 수 있다. 채권의 특성으로 채권은 사적자치의 원칙이 가장 잘 적용되는 것이라고 설명했듯이 계약은 법률이 규정한 부분 이외에서도 당사자의 합의만으로 성립이 가능하다.

(2) 사무관리

사무관리란 관리자가 법률상 또는 계약상 아무런 의무 없이 타인을 위하여 그의 사무를 처리해 줌으로써 생기는 채권·채무관계이다. 예를 들어, 이웃집이 휴가 중 우유보급소에서 우유배달료를 받으러 온 경우에 대신하여 요금을 지급했다면, 이웃집 주인에 대하여 일정한 비용을 청구하는 채권을 갖게 된다. 이것을 사무관리라고 한다.

(3) 부당이득

부당이득이란 법률상 원인 없이 타인의 재산이나 노무의 제공으로 이득을 얻고, 이로 인하여 그 타인에게 손해를 주는 것을 말한다. 이 부당이득으로 인해 타인에게 손해를 준 자는 그에게 그 이익의 반환의무를 진다. 예를 들어, 10만원의 채무가 있는 자가 착오로 20만원을 변제한 경우 나머지 10만원에 대하여 채권자는 부당이득을 취득하게 된 것이다.

(4) 불법행위

불법행위란 고의 또는 과실로 타인에게 손해를 주는 위법행위로서 가해자는 피해자에게 발생된 손해에 대하여 배상해야 한다. 예를 들어, 차를 운전하다가 고의 또는 과실로 지나가던 행인을 치어 상해를 입혔다면 자동차운전자는 행인에 대하여 불법행위로 인한 손해배상을 하여야 한다.

보통 불법행위는 손해배상을 하는 민사상 책임과 형사재판을 통한 형사상 책임을 지는 것이 보통이다. 불법행위의 성립에는 고의와 과실이 존재하여야 하나 최근의 특정 분야에서는 과실이 없는 경우까지도 책임을 져야 하는 무과실책임주의가 사회적으로 요청된다.

관련 사례

M은 자기의 딸과 함께 스위스로 10일간의 계획으로 여행을 가려 한다. 따라서 자기가 알고 있던 그곳에서 호텔을 경영하는 V에게 이에 관한 안내서를 부탁하였다. V는 다음과 같이 청약의 회신을 하였다. – 2인용 침대, 아침식사 제공, 발코니가 있는 조용한 방, 호텔이용 및 모든 서비스료 포함하여 200fr.

M은 이 가격이 방 전체에 해당되는 것으로 생각하고, 이러한 제안이 상당히 경제적으로 저렴하다고 여겼다. 그러나 호텔 관례상 하나의 침대, 즉 1인 기준의 가격이었다. M은 더 이상의 가격에 대한 언급 없이 승낙의 답신을 하였다. 마침내 장도에 올라 M과 그의 딸은 V의 호텔에 숙박을 하였다. 10일이 지나 계산을 할 때 V는 400fr을 청구하였다. 그러나 M은 200fr에 V의 청구를 받아들였다고 항변하면서 이를 거절하였다. 그 법률관계는?

▶ V의 청구가 인정되기 위하여는 계약이 성립되어야 하나, 사례에서는 (숨은) 불합의가 있다고 생각됨.

Ⅲ. 채권의 목적

채권의 목적이란 채권의 내용을 이루는 채무자의 행위, 즉 급부를 일컫는다. 채권은 채권자가 채무자에게 일정한 행위를 청구할 수 있는 것을 내용으로 하는 권리이므로, 궁극적으로는 채무자의 행위를 채권의 목적이라고 한다.

채권은 법률의 규정에 의한 사무관리, 부당이득, 불법행위와 법률행위에 의한 계약에 의해 발생한다. 법률행위에 의해 발생한 계약은 법률의 규정에 의해 발생한 것과 마찬가지로 일반적 유효요건이 필요하다.

채권의 목적은 법률행위의 목적에 관한 유효요건인 실현가능성, 적법성, 사회적 타당성을 갖추어야 한다. 채권의 목적인 급부는 당사자간의 계약에 의하여 어떠한 내용이든 정할 수 있다. 그러나 그 목적이 ① 확정될 수 없는 것일 경우든지, ② 불가능하다든지, ③ 불법적이든지, ④ 선량한 풍속 또는 사회질서에 반한 경우에는 채권은 성립할 수 없다.

IV. 채권의 종류(채권의 목적에 의한 분류)

(1) 특정물채권

특정물의 인도를 목적으로 하는 채권으로서, 특정물이란 당사자가 지정한 그 물건만이 목적물이 되며 다른 물건으로 대체할 수 없는 것을 말한다. 채무자는 그 물건의 인도시까지 선량한 관리자의 주의로써 보존하여야 한다.

(2) 종류채권

일정한 종류에 속하는 물건을 인도할 것을 목적으로 하는 채권을 말한다. 종류란 보통 거래관행상 대체할 수 있는 것을 말한다. 예를 들어, 맥주 1박스, 쌀 한 가마와 같은 것을 종류물이라고 한다.

(3) 금전채권

일정액의 금전의 인도를 목적으로 하는 채권을 말한다. 금전이란 그 사회에서 유통되는 통화를 의미한다. 예를 들어, 현금 10만원 등을 금전이라고 한다.

(4) 이자채권

이자의 지급을 목적으로 하는 채권을 이자채권이라고 한다. 이자란 금전이나 대체물의 이용대가로서, 원본을 기준으로 그 이율과 기간으로써 계산된 것을 말한다. 예를 들면, 현금 10만원에 대한 이자로 1만원이나 쌀 반 가마 등으로, 이자는 금전 기타 대체물도 가능하다.

(5) 선택채권

선택채권이란 채무의 내용이 수개의 급부 중에서 장래 선택자의 선택에 의해 확정될 채무를 가리킨다. 채무는 하나이나 채무를 만족할 여러 가지 방법 중에서 선택함으로써 채무를 만족하는 채권이다. 예를 들어, 현금 10만원에 대한 채권을 맥주 10박스나 쌀 한 가마로 계약을 한 경우를 선택채권이라고 한다.

V. 채권의 효력

채권자는 채무자에 대하여 채무의 내용에 따른 일정한 행위를 요구할 수 있다. 이때 채무자가 채무의 내용을 실현하는 행위를 가리켜 변제라고 한다. 이때 변제가 있으면 채권은 소멸하게 된다. 그러나 채무자가 항상 채무의 내용대로 변제한다고 할 수는 없다. 이렇듯 채권이 그 내용과 같이 실현되지 않을 때 채권자는 채무자에 대하여 채권의 내용을 강제할 수 있는 방법을 채권의 효력이라고 한다.

1. 채권의 기본적 효력

보통 채권은 다음과 같은 효력을 갖지만 그 중의 한두 가지 효력을 결여한 불완전한 채권이 존재할 수도 있다.

1) **청구력** : 채권은 채권자가 채무자에 대하여 채무의 이행을 청구할 권리를 부여한다.

2) **보유력** : 채권자는 채무자가 이행을 위하여 제공한 재화나 용역을 보유할 권리를 갖는다.

3) **소구력** : 채무자가 이행을 하지 않을 때에는 채권자는 법원에 민사소송을 제기하여 채무자에 대한 이행판결을 받을 수 있다. 이것을 소구력이라고 한다.

4) **집행력** : 채권자는 소송절차를 통해 법원으로부터 이행판결을 받아 강제이행의 절차에 들어갈 수 있다.

5) **채권자대위권** : 채권자는 자기의 채권을 보전하기 위해 그의 채무자에게 속하는 권리를 행사할 수 있는 권리가 있다.

6) **채권자취소권** : 채무자가 제3자와 법률행위를 한 경우에 제3자와의 법률행위가 채권자의 이해에 큰 영향을 끼칠 경우에 채권자는 본인의 이름으로 그 법률행위를 취소하여 원상대로 할 수 있는 권리가 있다.

2. 불완전채무

불완전채무란 일반적으로 채권이 갖는 효력 중에서 한두 가지의 것을 결여한 채권을 말한다.

(1) 자연채무

채무자가 임의로 변제하면 유효한 변제가 되나, 채무자가 변제하지 않을 때에는 채권자는 재판상 소구하지 못하는 채무를 말한다. 즉 채권의 효력 중 소구력이 없는 소구불능의 채권이다. 예를 들어, 술집의 여종업원의 환심을 사기 위하여 많은 돈을 자립자금으로 주겠다는 약속을 하고 이행하지 않을 경우, 그런 약속은 임의로 변제를 하면 유효하나 불이행시에는 소구할 수 없다.

(2) 집행불능의 채권

당사자 사이에 채무불이행이 있더라도 집행하지 않겠다는 합의를 하면 채권의 집행력은 상실된다. 이러한 채권을 집행불능의 채권이라 한다.

3. 채무불이행

채무자가 채무를 이행하여야 함에도 그 이행을 하지 않는 것을 채무불이행이라고 한다. 민법은 채무불이행의 유형으로서, 이행을 할 수 있음에도 그 이행을 하지 않는 이행지체와, 이행을 하는 것이 불가능하게 된 이행불능을 예정한다. 그 밖에도 학설은 이행을 하기는 하였지만 그 이행이 채무의 내용에 따르지 않은 불완전이행을 채무불이행의 한 유형으로 설정하고 있다. 또한, 채무자가 이행을 하였으나 채권자가 이를 수령하지 않아 채무불이행이 되는 채권자지체가 있다.

(1) 이행지체

이행지체란 채무자가 이행기에 이행을 할 수 있는데도 그의 책임 있는 사유로 그 이행을 하지 않는 경우를 말한다. 이행보조자의 고의·과실도 채무자의 이행지체와 같이 본다. 채권자는 채무자에게 본래의 이행을 청구하는 것 외에 지체로 인한 손해인 지연배상을 청구할 수 있다.

(2) 이행불능

채권이 성립한 후 채무자의 귀책사유로 그 이행이 불가능하게 된 경우를 말한다. 이행불능은 채권관계가 성립하였으나 그 후에 이행이 불가능하게 된 후발적 불능인 경우에 한한다. 예컨대, 도자기를 매매하기로 한 계약을 체결하였으나 인도 전에 그 도자기가 파손된 경우이다.

이행불능인 경우에 청구권은 소멸하고 손해배상을 청구할 수 있다. 이때의 손해배상을 전보배상이라고 하며 계약을 해제할 수 있다.

(3) 불완전이행

불완전이행이란 채무자가 이행을 하였으나, 그것이 채무의 내용에 좇은 것이 아닌, 즉 불완전한 것을 말한다. 예컨대, 닭 사료 100포대를 매매하였으나 그 중 10포대에 독극물이 들어 있어 닭이 그것을 먹고 죽은 경우, 또는 사과 100상자를 매매하였으나 90상자만 인도한 경우 등이 있다.

불완전이행이 발생한 경우 추가로 이행이 불가능한 경우에는 이행불능에 준하여 계약해제와 더불어 손해배상을 청구할 수 있고, 추가로 이행이 가능한 경우에는 이행지체에 준하여 완전한 이행의 청구와 지연배상을 청구할 수 있다. 물론 불완전한 급부로 채권자에게 적극적으로 손해를 확대시킨 때에는 특별한 사정으로 인한 손해로 보고, 채무자가 그 사정을 알았거나 알 수 있었을 때에 한하여 배상책임이 있다.

(4) 채권자지체

채무자가 채무의 내용에 좇은 이행을 할 때, 채권자의 일정한 협력행위가 있어야 채무이행이 가능한 경우가 있다. 이럴 때 채권자가 채무이행을 받을 수 없거나 받지 아니한 때에는 이행의 제공이 있은 때로부터 채권자는 지체책임이 있다.

4. 채무불이행에 대한 구제

(1) 강제이행

㈎ **직접강제** 채무불이행의 경우 채무자의 의사에 관계없이 법원의 판결에 의한 국가권력의 도움으로 채권의 내용을 실현하는 방법이다. 이러한 방법은 동산의 인도나 부동산의 명도를 내용으로 하는 '주는 채무'와 '금전채무'의 경우에 인정된다.

㈏ **대체집행** 채무의 내용이 채무자의 행위를 전제로 하는 경우, 예를 들어 채무자가 건물을 철거해야 하는 급부의무를 질 때 채무자가 그 채무를 이행하지 아니하는 경우에 채권자나 제3자가 그 채무를 이행하고, 그 비용을 채무자에게 부담시키는 방법을 말한다.

㈐ **간접강제** 채무의 내용이 채무자의 행위를 전제로 하나 그 행위를 다른 사람이 대신하는 것이 불가능한 경우, 예컨대 특정인이 콘서트 등을 해야

하는 급부의무를 질 때 채무자가 그 채무를 이행하지 아니하는 경우, 법원이 채무자에게 일정한 기간 내에 이행하지 않으면 구류·벌금·손해배상 등의 조치를 명할 수 있음을 예고하여 채무자의 이행을 촉구하려는 방법이다.

㈑ **의사표시를 해야 할 채무에 대한 강제이행** 의사표시를 목적으로 하는 채무에 관하여 그 의사표시를 하지 않을 때에는 재판을 통하여 직접 채무자의 의사표시에 갈음할 수 있다.

㈒ **부작위채무에 대한 강제이행** 일종의 대체집행으로, 채무자의 비용으로 부작위채무의 위반을 제거하고, 또 장래에 대한 적당한 처분을 법원에 청구하는 방법이다.

(2) 손해배상

채무불이행이 채무자의 귀책사유로 인하여 채권자에게 손해가 발생한 경우에는 채무자는 그 손해를 배상하여야 한다. 또한 불법행위로 인한 경우에는 채무불이행으로 인한 손해배상에 준한다.

㈎ **손해배상의 범위** 채무불이행으로 발생한 모든 손해 중 채무자가 배상해야 할 것을 확정하는 것이 손해배상의 범위이다. 민법은 채무불이행으로 발생한 모든 손해를 합리적으로 조정하려고 한다. 그것이 통상손해와 특별손해이다. 통상손해는 사회일반의 관념상 그와 같은 채무불이행이 있으면 발생하는 것이 보통이라고 인정되는 손해를 한도로 하는 손해배상이다. 특별손해는 당사자 사이의 개별적·구체적 사정으로 인한 손해로, 특별한 사정에 관하여는 채무자의 예견가능성이 필요하며, 그 결과인 손해에 관하여 알았거나 알 수 있었을 필요는 없다.

㈏ **손해액산정시 고려하여야 할 사항(손익상계, 과실상계)** 손익상계는 채무불이행으로 인하여 채권자에게 손해가 발생하는 것과 동시에 이익도 있는 경우에 손해액을 정함에 있어 그 손해액으로부터 그 이익을 공제하는 것을 말한다. 과실상계는 채무불이행에 관하여 채권자에게도 과실이 있는 때에는 법원은 직권으로 채무자의 배상액을 경감할 수 있을 뿐만 아니라 책임 그 자체를 부정할 수 있는 것을 말한다.

㈐ **손해배상의 방법** 민법은 손해배상의 방법으로 금전배상주의를 취하고 있다. 그러나 예외적으로 당사자가 다른 의사표시를 한 때 또는 법률에

다른 규정이 있는 때에는 그에 의한다.

㈑ **손해배상액의 예정** 손해배상액의 예정이란 장래의 채무불이행에 대비하여 그로 인한 손해배상액을 미리 약정하는 것을 말한다. 손해배상액의 예정은 채무불이행 이전에 미리 약정되어야 하며, 일단 손해배상청구권이 발생한 이후에 하는 약정은 배상액 합의라 하여 구별된다. 채무불이행의 사실이 증명되면 손해의 발생과 그 액수를 증명하지 아니하고 예정된 배상액을 청구할 수 있다.

㈒ **손해배상자의 대위** 채무자가 손해배상으로 채권의 목적인 물건 또는 권리의 가격의 전부를 지급한 때에는, 채무자는 그 물건 또는 권리에 관하여 당연히 채권자를 대위한다. 예를 들어, 남의 물건을 보관하고 있던 자가 그 물건을 분실하여 그 물건을 금전으로 배상하여 주면 그 물건에 대하여 소유권을 취득하는 것을 손해배상자의 대위라고 한다.

관련 사례

1. 서울의 K는 대구에서 청과상을 하는 V로부터 사과 10상자를 매수하였다. V는 이 사과를 K가 운송료를 부담하는 조건으로 서울 K에게 운반해 주기로 약정하였다. V는 정상적으로 열차로 발송하였으나, 도중에 V의 책임 없이 분실되었다. K는 다시금 사과 10상자의 인도를 요구할 수 있는가?

   ▶ 종류채무와 조달의무 : 특정 이후에는 조달의무를 면한다. 언제 특정되는가? – 채무자가 이행에 필요한 행위를 완료하였을 때(민법 제375조 참조) – 그러면 구체적으로 송부채무의 경우에는?

2. 부산에 살고 있는 A는 서울의 수입상 B로부터 외국산 포도주 'Kaisersthler tmenberg' 50병을 주문하였다. 포도주는 1990년 5월 11일 A의 집까지 B가 배달해 주기로 하고 그 인도시에 대금을 지불하기로 약정하였다. 자신이 포도주를 주문한 사실을 잊고 A는 동년 5월 1일 4주 예정의 해외여행을 떠났다. B가 자신의 운반용 봉고차로 부산 A의 집에 도착해 보니 A의 집은 닫혀 있었고, 이웃주민의 말에 의하면 A는 2주 후에나 돌아온다고 한다. 할 수 없이 돌아오는데 너무나 화가 나서 차를 급가속하였고, 그 순간에 술 취한 자가 중앙선을 침범하여 운전하던 트럭과 충돌을 피할 수 없었다. 그 사고로 싣고 있던 포도주 50병이 모두 파손되었다.

여행에서 돌아온 A는 주문한 포도주의 배달을 주장하였다. 이에 대하여 B는 또 다시 포도주를 배달할 수 없다고 하면서 사고로 인하여 파손된 포도주 대금의 지불을 요구하였다. 누구의 주장이 타당한가?

▶ 채권자지체의 효과 : ① 채권자의 주의의무 경감(민법 제401조 참조), ② 위험의 이전(민법 제538조 제1항 참조)

VI. 수인의 채권자 및 채무자

보통 채권·채무관계에 있어서의 당사자는 각 한 사람인 경우를 기준으로 설명하였다. 그러나 채권·채무관계는 항상 한 사람인 경우만 있는 것은 아니다. 채권자 혹은 채무자가 여럿 존재할 수 있다. 이를 다수당사자의 채권관계라고도 부른다. 이에는 다음과 같은 종류가 있다.

(1) 분할채권

채권의 목적물이 분할될 수 있는 경우, 채권자 또는 채무자가 다수 있는 경우에는 특별한 의사표시가 없으면 각 채권자 또는 각 채무자가 균등한 비율로 채권을 갖고 채무를 지는 것을 말한다. 채권자가 4명인 경우에 특별한 약정이 없으면 채무자에 대하여 1/4씩 채권을 가지며, 채무자가 4명인 경우에 특별한 약정이 없으면 채권자에 대하여 1/4씩 채무를 갖는다.

(2) 불가분채권

불가분채권이란 목적물의 성질상 불가분의 경우와, 분할이 가능하지만 당사자의 의사표시로 불가분한 경우가 있다. 예를 들어, 두 사람이 자동차를 매수한 경우와 두 사람이 토지를 매수할 때, 그 대금을 불가분하기로 약정한 경우가 있다. 이러한 경우 각 채무자에게 이행을 청구할 수 있으며, 한 채권자에게 한 이행은 전부에 대한 이행이 된다.

(3) 연대채무

연대채무란 채권자가 수인의 채무자 중 어느 채무자에 대하여 동시 혹은 순차적으로 모든 채무자에게 채무의 전부나 일부의 이행을 청구할 수 있는 채무를 말한다. 이 경우에 수인의 채무자는 채무 전부를 각자 이행할 의무를 지며, 그 가운데 한 사람이 채무의 전부를 이행하면 다른 채무자의 채무는 소멸하게 된다. 채무를 이행한 채무자는 다른 채무자에게 각자의 지분의 채무 부분에 대하여 청구할 수 있는 구상권을 갖는다.

(4) 보증채무

보증채무란 채권자와 채무자 이외의 자인 보증인 사이에 체결된 보증계약에 의하여 성립하는 것으로, 주채무자가 그 채무를 이행하지 않는 경우에 보증인이 이행하여야 하는 채무를 말한다. 보증채무는 일단 채무자의 이행이 없으면 보증인이 그 채무를 이행하여야 하며, 보증인이 그 채무를 이행하였으면(변제) 채무자에 대하여 구상권을 갖는다.

VII. 채권의 소멸

채권은 다음과 같은 원인으로 소멸한다.

(1) 변 제

변제란 채무의 내용인 급부가 실현됨으로써 채권의 만족을 얻게 되는 것을 말한다. 변제에 의하여 채권은 소멸된다. 민법은 채무의 내용을 실현하는 채무자의 행위를 이행이라고 하고, 채권은 소멸이라는 측면에서 변제라는 말을 사용한다. 채무자가 변제의 제공을 하면 채무자는 그때부터 채무불이행 책임을 지지 않는다. 변제는 사실행위 또는 준법률행위이며 제3자도 변제를 할 수 있다.

(2) 대물변제

대물변제란 채권자의 승낙을 얻어 본래 부담하였던 급부 대신 다른 급부를 함으로써 채무를 현실적으로 행하여 채권을 소멸시키는 것을 말한다. 이것은 변제와 동일한 효력을 가진다. 예를 들어, 1천만원의 채무가 있는 자가 채권자의 승낙을 얻어 금전으로 변제하지 않고 토지로 변제하는 것을 말한다. 대물변제는 단지 채권자의 승낙을 얻는 데 지나지 않고, 아직 현실적 급부가 없을 때에는 이것은 대물변제의 예약에 불과하다고 하고, 현실적으로 급부가 있어 채무의 소멸을 가져오는 것이 대물변제이다.

(3) 공 탁

채권자가 변제를 받지 아니하거나 받을 수 없는 때, 또는 변제자가 과실 없이 채권자를 알 수 없을 때에는 변제자는 채권자를 위하여 목적물을 공탁소에 임치하여 채무를 면하는 것을 말한다. 공탁을 하게 되면 채권은 소멸한다.

(4) 상 계

채무자가 채권자에 대하여 동종의 채권을 갖는 경우에 채무자는 상계의 의사표시를 하여 그 채권과 채무를 대등액에서 소멸시키는 것을 말한다. 예를 들어, 갑이 乙에게 10만원의 채권이 있고, 乙도 甲에게 5만원의 채권이 있다면 乙이 甲에게 상계의 의사표시를 하면, 甲은 乙에게 상계하고 남은 5만원의 채권만을 갖게 된다. 상계가 성립하기 위해서는 상계적상의 상태가 이루어져야 한다. 상계적상은 쌍방이 서로 같은 종류를 목적으로 한 채무를 부담한 경우에 그 쌍방의 이행기가 도달한 때를 말한다.

(5) 경 개

경개(更改)란 채권・채무관계가 있는 당사자가 채무의 중요 부분을 변경함으로써 신채무를 성립시키는 동시에 구채무를 소멸시키는 계약을 말한다. 예를 들어, 100만원의 채무 대신 자동차 1대로 채무를 바꾸는 경우이다. 대물변제와 경개를 구별한다면 대물변제와 경개가 새로운 채무로 내용이 바뀌는 것은 동일하나, 대물변제는 급부가 현실적으로 행해져야 하는 데 반하여, 경개는 현실적인 급부 없이 구채무가 소멸하고 다만 새로운 채무가 성립하는 점에서 다르다.

(6) 면 제

채권자가 채무자에 대하여 채무를 면제하는 의사표시로 채무를 소멸시키는 행위이다. 예를 들어, 100만원의 채권을 갖고 있는 채권자가 채무자에게 그 채무를 무상으로 소멸시키는 행위이다.

당사자 일방이 무상으로 재산을 상대방에게 수여하는 의사표시와 그 상대방이 이를 승낙함으로써 그 효력이 생기는 증여와 면제는 구별된다. 즉 면제는 채무의 존재가 있어야 하나, 증여는 그러한 채무의 존재 없이 상대방에게 재산을 무상으로 급여하는 행위이다.

(7) 혼 동

채권과 채무가 동일한 주체에게 귀속한 때에 채권은 소멸한다. 예를 들어, 채무자가 채권자의 재산을 상속받은 때에는 채권자의 재산이 채무자에게 귀속되기 때문에 굳이 채무를 존속시킬 필요가 없이 소멸한다.

관련 사례

A의 B에 대한 채권을 A의 채권자 C가 압류한 때에는 채무자 B는 자기의 채권자 A에 대하여 지급하는 것이 금지된다(민사소송법 제561조, 제709조 참조). 이와 같이 법원의 압류명령이 있을 때 B가 A에게 변제를 하면 어떻게 되는가?

▶ 일정한 경우 채권자이더라도 변제수령의 권한이 제한된다. 압류채권자(C)는 제3채무자(B)에게 청구할 수 있다(민사소송법 제563조 참조). B의 A에게 한 변제는 C에 대한 관계에서 무효

제 4 절 물권법

Ⅰ. 물 권

인간생활에서 가장 중요한 부분 중 하나는 물건에 대한 소유욕이다. 이로 인해 그 물건이 누구의 것이냐라는 지배의 문제와, 그 물건을 누가 사용할 수 있느냐의 이용의 문제도 생기게 되었다. 물건의 소유와 사용, 그리고 그 사용에 의한 이익에 관한 권리를 물권이라 하며, 이러한 물권에 관하여 규율한 민법상의 내용을 물권법이라고 한다.

1. 물권의 특성

(1) 직접성

물권은 특정한 물건을 직접 지배하는 권리이다. '직접 지배한다'는 의미는 물건을 소유·사용할 때 타인의 협력이나 동의를 필요로 하지 않는다는 것으

로, 스스로 그 권리를 행사할 수 있음을 의미한다.

(2) 절대성

물권의 절대성은 물권을 갖는 자는 어느 누구에게도 그 권리를 주장할 수 있다는 것이다. 그렇기에 어느 누구도 그 권리를 침해할 수 없고, 그 권리를 침해하는 자에 대하여는 고의·과실이 없더라도 물권자는 그 침해로 인한 손해배상과 원상회복청구를 할 수 있다.

(3) 특정성

물권의 절대성으로 인하여 모든 이에게 권리를 행사할 수 있다. 그러나 그 권리를 행사하기 위해서는 물권이 무엇이며, 누구의 권리인가가 확정되어 있어야 한다. 그렇지 않으면 제3자의 침해가 우려되어 물권의 절대성이 흔들리게 된다. 이런 물권의 확정을 물권의 특정성이라고 한다. 이 특정성은 누가 어떤 물건에 대하여 어떤 권리를 갖는가의 확정과 1개의 물건에 1개의 물권만이 성립한다는 일물일권주의의 의미를 포함한다.

2. 물권의 객체

물권의 객체는 원칙적으로 특정의 독립한 물건이다. 민법총칙상의 물건은 '유체물 및 전기 기타 관리할 수 있는 자연력'이다. 그러나 물권의 객체로서의 물건은 이보다 더 넓은 개념이다. 즉 채권, 기타의 권리와 발명, 저작권 등의 비유체적 이익도 물권의 대상이 되므로 민법총칙상의 물건보다 좀 더 포괄적인 개념이다.

(1) 특정한 물건

물권의 특성 중 특정성에 의해 물권은 확정되어야 하기 때문에 그 객체인 물건도 특정되어 있어야 한다. 물권이 특정되어 있어야 어느 물건에 대한 권리임을 알 수 있기에 물건은 특정되어야 한다.

(2) 독립한 물건

물건의 독립은 거래상 하나의 물건으로 다루어질 수 있어야 한다는 것이다. 이것을 일물일권주의라고도 한다. 즉 하나의 물건에 하나의 물권만이 성립하는 것은 물권의 특정과 관계가 있다. 물권이 특정되기 위해서는 독립한 물건이어야 한다.

II. 물권의 종류

1. 물권법정주의

물권법정주의는 물권은 법률 또는 관습법에 의하는 외에는 임의로 창설하지 못한다는 것으로(제185조), 법률에 규정이 있는 물권만이 허용된다는 원칙이다.

물권의 종류는 법에 의해서만 규정되어 있는데, 이것은 사적자치의 원칙과 부합되지 않는 것처럼 보인다. 즉 사적자치의 원칙에 의하면 물권은 개인간의 법률행위를 통하여 창출되어야 하지만 법은 일정한 제한을 가한다. 그 이유는 물권의 특성상 절대성을 갖기에 절대성을 유지하기 위해서는 그 물권이 누구에게 귀속되어 있는가를 제3자에게 알려 주어야 한다. 그러므로 제3자가 알 수 없는 물권은 그 존재이유를 상실하게 된다.

물권의 종류를 제한하는 물권법정주의는 물권의 특성상 인정되는 것이므로, 사적자치의 원칙상의 계약의 자유를 무시하는 것이 아니라, 오히려 법률행위를 원활히 하기 위하여 제도적인 뒷받침을 하려는 것이다.

㈎ **종류강제** 물권의 종류는 법률로 정한다는 원칙이다. 물권을 설정하려는 자는 법과 관습법에 의하여 인정되는 물권 중에서 선택하여야 한다는 것이다.

㈏ **내용강제** 물권의 종류는 법률에 의해 정해지며, 동시에 물권의 내용은 당사자가 임의로 그와 다른 내용을 부여하는 것을 허용하지 않는 것이다. 물권은 법률이 규정하는 대로 효력이 발생할 뿐, 그 물권의 내용을 마음대로 형성할 수 없다는 것이다.

㈐ **효과** 물권법정주의를 규정한 민법 제185조의 위반은 무효이다. 그러나 그 무효는 절대적 무효를 가리키는 것은 아니다. 물권의 종류를 위반한 법률행위는 전부무효이나 물권의 내용을 위반한 경우는 위반된 부분만 일부무효로 된다. 따라서 일부무효의 규정에 의해 규율된다.

2. 물권의 종류 및 분류

(1) 종 류

물권법정주의에 의해 물권은 민법의 규정에 따라 점유권, 소유권, 지상권,

지역권, 전세권, 유치권, 질권, 저당권 등 여덟 가지가 있다.

㈎ **점유권**　물건을 사실상 지배할 수 있는 권리이다. 보통 어떤 물건을 사실상 지배하고 있는 자는 대체로 그것을 지배할 권리를 갖고 있다. 그러나 그러한 권리를 갖고 있지 않고 사실상 지배만 하고 있는 자가 있다. 이러한 때 진정한 권리자만이 법의 보호를 받아야 하지만, 사실상 지배만 하고 있는 자, 즉 점유자에게 일정한 권리를 부여하는 제도가 점유권이다.

점유만 하고 있는 자에게 일정한 권리를 부여하는 이유는 진정한 권리자가 법적 절차를 밟지 않고 자력으로 타인의 점유를 침해할 수 있다고 한다면 물권의 사회적 질서를 파괴하기 때문이다. 즉 진정한 권리자를 확정하기 전까지의 점유의 상태를 보호하려고 한다. 또한 이러한 점유가 경제적·사회적으로 물건의 효율과 이익을 증진시키는 역할도 하고 있기 때문에, 점유의 상태를 보호하려는 목적이 점유권이다.

㈏ **소유권**　소유권은 물건을 사용·수익·처분하는 등 물건의 전반적인 것을 지배하는 권리로서 여러 종류의 물권은 소유권을 기초로 하여 발생하는 것이다. 이 소유권 위에 여러 가지 종류의 물권이 동시에 존재할 수 있다. 그 물권으로 인하여 소유권의 내용을 제한할 수 있으나 그것은 어디까지나 일시적일 뿐이다. 즉, 소유권은 항구적이므로 소멸시효의 대상이 되지 않는다. 소유권은 절대적 성질을 띠고 있으나, 현대국가에서 소유권의 행사는 공공복리에 적합하도록 행사되어야 하며 공공의 필요에 의하여 소유권은 제한을 받는다.

㈐ **지상권**　지상권은 타인의 토지에 건물 기타 공작물이나 수목을 소유하기 위하여 그 토지를 사용할 수 있는 용익물권이다. 건물을 짓기 위해서는 토지가 필요하게 된다. 그러나 토지의 소유자가 그 토지를 매매할 의사가 없거나, 그 가옥이 일시적으로만 필요할 경우에 굳이 토지를 소유할 필요 없이 잠시 빌리는 것이 유리한 경우가 있다. 이러한 경우에 토지 소유자에게 그 토지를 사용할 수 있도록 하는 계약을 체결할 수 있다. 이러한 계약을 체결하여 그 토지를 사용할 수 있는 권리를 지상권이라고 한다. 지상권은 일반지상권과 구분지상권으로 구분하는데, 구분지상권은 지하철·공중케이블 등의 설치를 위해 지하·공중의 사용만을 대상으로 하는 지상권이며, 일반지상권은 토지의 상하 모두에 그 효력이 미친다.

㈑ **지역권** 지역권은 일정한 목적을 위하여 타인의 토지를 자기 토지의 편익에 이용할 수 있는 용익물권이다. 예를 들면, 농지에서 A의 논에 물을 대기 위해서 B의 논을 거쳐 인수해야 하는 경우, A의 곳을 가기 위해서 B의 곳을 지나가야만 하는 경우에 B의 토지를 이용할 수 있는 권리를 말한다. 지역권에서 편익을 제공받는 토지를 요역지(A의 토지)라 하고, 편익을 제공하는 토지를 승역지(B의 토지)라고 한다.

㈒ **전세권** 전세권이란 전세금을 지급하고 타인의 부동산을 점유하여 그 부동산의 용도에 좇아 사용·수익할 수 있는 용익물권이다. 전세권은 그 부동산에 관하여 일정한 기간 동안 일정금액을 지급하여 그 부동산을 사용·수익하고, 그 기간이 종료하면 그 부동산을 반환하고 그 일정금액을 돌려받는 물권이다. 전세권은 전세권 소멸시 그 일정금액을 돌려주지 않으면 그 부동산에서 우선변제를 받을 수 있는 담보물권적인 성격도 갖는다.

㈓ **유치권** 타인의 물건 또는 유가증권을 점유하고 있는 자가 그 물건이나 유가증권에 관하여 발생한 채권이 변제기에 있을 때, 변제를 받을 때까지 그 물건 또는 유가증권을 유치하는 담보물권이다. 세탁소에 세탁물을 맡기고 세탁물을 찾을 때 그 세탁요금을 지불하지 않을 경우에 요금을 지불할 때까지 세탁물을 돌려주지 않는 것을 말한다.

이러한 물권은 당사자의 계약에 의하여 성립하는 것이 아니라 법률상 당연히 발생한다. 이것을 법정담보물권이라고도 한다.

㈔ **질권** 질권이란 채권자가 그의 채권의 담보로써 채무자 또는 제3자로부터 동산 또는 재산권을 채무의 변제가 있을 때까지 유치함으로써 채무의 변제를 간접적으로 강제하는 동시에 변제가 없을 때에는 그 동산 또는 재산권으로부터 우선적으로 변제를 받을 수 있는 담보물권이다. 예컨대, 반지를 담보로 돈을 빌려 준 채권자는 채무자의 변제가 없을 때에는 그 반지를 처분하여 자기 채권의 액수만큼 변제받을 수 있는 권리이다.

질권은 의사의 합치 없이 성립하는 법정담보물권인 유치권과 달리 상대방과 계약을 통하여 성립하는 약정담보물권이다.

㈕ **저당권** 저당권은 채무자 또는 제3자가 채무의 담보로 제공한 부동산 기타의 목적물을 유치권, 질권과 달리 그 점유를 채권자에게 이전하지 않고, 그 목적물을 관념상으로만 지배하여 채무의 변제가 없는 경우에 그 목적물로

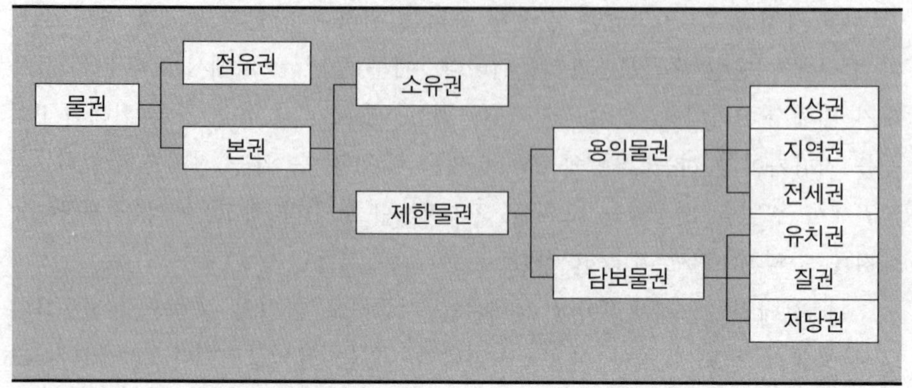

부터 우선적으로 변제를 받을 수 있는 담보물권이다.

저당권의 특징은 담보물의 점유를 이전하지 않은 상태에서 담보하는 것이다. 예를 들면, 가옥을 은행에 담보로 제공하고 금전을 빌린 경우, 그 가옥은 원래의 소유자가 소유하고 금전을 변제기에 제공하지 못한 때에 은행은 그 가옥을 경매하여 그 대금으로부터 변제받을 수 있는 권리이다.

저당권은 당사자와 계약을 통하여 성립하는 약정담보물권이지만, 목적물을 점유하지 않는 점에서 질권과 다르다.

(2) 분 류

이상의 여덟 가지 물권은 다음과 같은 표준에 의하여 분류된다.

㈎ **점유권과 이외의 물권**(진정한 권리의 유무)　점유권은 본권(진정한 권리라는 의미)의 유무에 관계없이 인정되는 물권이다. 점유권 이외의 일곱 가지 물권은 본권이 존재하여야만 인정되는 물권이다.

㈏ **소유권과 제한물권**(물권에 대한 지배 정도)　소유권은 물건을 전면적으로 지배할 수 있는 권리이다. 물건은 사용가치와 교환가치를 갖게 되는데, 소유권은 사용가치와 교환가치를 모두 지배할 수 있는 완전물권이다. 제한물권은 사용가치와 교환가치 중 일부만을 지배할 수 있는 불완전물권이다.

㈐ **용익물권과 담보물권**　제한물권은 용익물권과 담보물권으로 나뉘는데, 기준은 사용가치 및 교환가치의 지배에 있다. 용익물권은 사용가치의 지배를 목적으로 하는 물권으로 지상권, 지역권, 전세권이 있다. 담보물권은 교환가치의 지배를 목적으로 하는 물권으로 유치권, 질권, 저당권이 있다.

용익물권은 타인의 물건을 일정한 범위 내에서 일정한 기간 사용·수익할 수 있는 물권이다. 담보물권은 일정한 목적(채무불이행)을 조건으로 그 조건이 성취되면 그 물건을 처분할 수 있는 물권이다.

㈑ **동산, 부동산, 권리가 물권의 객체가 될 수 있는지 여부** 물권의 객체인 동산, 부동산, 권리를 각 물권은 모두 다 객체로 할 수 있지는 않다.

① 동산과 부동산을 객체로 할 수 있는 물권 : 점유권, 소유권, 유치권

② 부동산만 객체로 할 수 있는 물권 : 지상권, 지역권, 전세권

③ 동산과 권리를 객체로 할 수 있는 물권 : 질권

④ 부동산과 권리를 객체로 할 수 있는 물권 : 저당권

Ⅲ. 물권의 효력

물권은 여러 종류가 있으며 그 본래의 특유한 효력이 있다. 여기서는 모든 물권에 공통되는 일반적 효력을 고찰하고자 한다.

물권의 배타적 성질에서 물권의 효력을 도출할 수 있다. 그 일반적 효력은 우선적 효력과 물권적 청구권을 일컫는다. 이들 효력은 물권은 물건을 직접 지배하는 배타적 권리라는, 즉 물권의 배타성의 본질에서 나오는 것이다.

1. 우선적 효력

우선적 효력이란 동일물 위에 수개의 권리가 존재하는 경우 그 중 한 권리가 다른 권리에 우선하여 취급되는 권리가 존재하게 된다. 이러한 우선하는 효력을 우선적 효력이라고 한다. 물권의 우선적 효력은 물권 상호간의 효력과 물권과 채권 사이의 효력에서 문제가 된다.

(1) 물권 상호간의 효력

동일물 위에 수개의 물권이 존재하는 경우, 시간적으로 먼저 성립한 물권이 우선권을 갖는다. 주의할 것은 동일물 위에 성질·범위·순위가 같은 물권이 동시에 성립하지 못하며, 종류가 다른 물권은 동일물 위에 성립할 수 있다. 그러므로 물권 상호간의 우선적 효력은 서로 다른 성질의 물권이 성립할 경우 우선적 효력의 문제가 발생하는 것이다.

(2) 물권과 채권 사이의 우선적 효력

동일물 위에 물권과 채권이 존재하는 경우에 시간적으로 먼저 성립하는 권리가 우선하는 것이 아니라, 시간에 관계없이 물권은 채권보다 우선한다. 이러한 현상은 채권자는 채무자의 행위를 통하여 간접적으로 물건에 대하여 지배하는데, 물권은 물건을 직접 지배하기 때문에 나오는 차이이다.

2. 물권적 청구권

물권적 청구권이란 물권이 제3자에 의해 침해되거나 침해될 염려가 있는 경우, 물권의 권리자가 제3자에 대해 그 침해의 제거 또는 예방을 청구할 수 있는 권리이며, 물상청구권이라고도 한다. 물권의 절대성, 즉 어느 누구도 침해할 수 없는 성질에서 물권적 청구권이 발생한다.

물권에 대한 침해의 모습에 따라 물권적 청구권은 다음 세 가지 모습을 갖는다.

㈎ **물권적 반환청구권** 물건에 대한 점유가 침해당한 경우, 물권자가 침해한 당사자에게 물건의 반환을 청구할 수 있는 물권적 청구권이다. 원상으로 회복되어도 손해가 발생한 경우에는 그 손해에 대하여 배상을 청구할 수 있다.

㈏ **물권적 방해제거청구권** 물권에 대한 일정한 침해로 권리를 제한당하는 경우, 그 침해의 제거를 내용으로 하는 물권적 청구권이다. 물론 그 침해가 제거된 경우에도 손해가 발생한 경우에는 그 손해에 대한 배상을 청구할 수 있다. 물권적 방해제거청구권은 물권적 반환청구권과 달리 부동산에 주로 발생한다.

㈐ **물권적 방해예방청구권** 물권이 현재 침해·방해당하고 있지 않으나, 제3자의 행위를 내버려둘 경우 장차 물권을 침해·방해당할 염려가 있을 때 그 원인에 대하여 예방을 청구할 수 있는 권리이다. 본질적으로 방해예방청구권은 부동산에 관하여 발생하는 것이 보통이다.

Ⅳ. 물권의 변동

1. 물권변동의 원인

물권의 변동이란 물권의 발생·변경·소멸을 말한다. 이것은 물권의 변동을 그 내용에 따라 분류한 것이다. 물권의 변동을 물권의 주체에 따라서 정의해 보면 물권의 득실변경(제186조)을 의미한다. 득실변경은 물권주체의 취득·상실 및 변경을 말한다.

(1) 법률행위에 의한 물권변동

물권변동을 일어나게 하는 법률행위를 물권행위라고 한다. 물권행위는 물권의 변동을 목적으로 하는 법률행위이다. 법률행위에 의한 물권변동은 부동산은 등기(제186조), 동산은 인도(제188조~제190조)를 하여야 그 효력이 발생한다.

(2) 법률규정에 의한 물권변동

법률이 당사자의 의사와 관계없이 일정한 목적으로 일정한 요건이 갖추어지면 물권변동이 발생하도록 규정하고 있는 경우이다. 법률규정에 의한 물권변동은 부동산은 등기, 동산은 인도가 없어도 그 효력이 발생한다. 소멸시효, 혼동, 소유권의 취득시효, 무주물선점, 유실물 습득, 상속 등이 있다.

2. 물권변동과 공시

물권의 배타적 성질을 인정하기 위해서는 물권이 누구에게 귀속되어 있는가를 외부에 알려야 한다. 그러나 외부에 알리는 방법은 일정한 형식을 갖추어야 한다. 그 이유는 일정한 방법 이외의 방법으로는 제3자가 인식하기 어렵게 되어 그 물권의 배타적 성질을 유지하기가 어렵기 때문이다. 이렇게 일정한 방법으로 그 물권의 권리자를 표시하고 그 변동을 알리는 것을 공시라고 한다.

(1) 공시의 종류

물건의 종류에 의해 공시의 방법이 달라진다.

㈎ 부동산물권의 공시 부동산과 관련된 물권은 등기라는 제도로 공시된다. 등기란 등기소에 있는 등기부에 부동산과 관련된 권리를 표시한 것을

말한다. 부동산의 물권변동은 일정한 형식을 필요로 하며 등기라는 방법으로 공시한다.

㈏ **동산물권의 공시** 동산과 관련된 물권은 점유이전(인도)이라는 방법으로 공시된다. 점유이전이란 현재 동산의 현실적 지배가 다른 이에게 옮겨가는 것을 말한다. 동산을 현재 점유하는 자는 그 동산의 권리자로 추정된다. 그러나 동산 중에서 자동차·선박·항공기 등은 등기나 등록의 방법으로 현 권리자를 공시한다.

(2) 공시의 원칙과 공신의 원칙

㈎ **공시의 원칙** 물권의 변동은 공시를 통하여 외부에 알림으로써 제3자로부터 배타적 성질을 갖는 물권을 행사하게 된다. 동산은 점유이전의 방법으로(예외적으로 등기나 등록), 부동산은 등기의 방법으로 공시된다. 공시는 물권의 변동사항을 알려주는 의미도 갖고 있다. 이렇게 물권의 점유자와 소유자, 그리고 물권의 변동을 알려주는 것이 공시이며, 이러한 공시의 방법으로 물권의 현 상태와 물권변동을 알려야 하는 원칙을 공시의 원칙이라고 한다.

㈏ **공신의 원칙** 공시의 원칙에 의해 물권이 공시되면 이를 기초로 제3자와 거래하게 되며 제3자는 공시를 통하여 상대방을 진정한 권리자로 믿고 거래를 하게 된다. 그러나 공시된 물권의 현재의 지배자와 진정한 소유자가 일치하지 않을 경우도 있을 수 있다. 이러한 공시를 믿는 제3자의 보호를 위한 것이 공신의 원칙이다. 그러나 우리 민법은 동산에 관하여는 공신의 원칙을 인정하지만, 부동산에 관해서는 공신의 원칙이 적용되지 않아 많은 문제점을 지니고 있다.

3. 물권행위

물권행위는 물권의 변동을 목적으로 하는 의사표시를 요소로 하는 법률행위이다. 물권행위는 직접적으로 물권변동을 일으킨다. 이러한 물권변동은 물권의 득실변경을 의미하며 처분행위를 의미한다.

(1) 종 류

㈎ **물권적 합의** 물권법에서 물권적 합의란 물권변동을 목적으로 하는 서로 반대방향의 의사표시의 합치에 의해서 성립하는 물권행위이다.

㈏ **단독행위** 물권자 단독의 물권적 의사표시로 하는 물권행위가 물권적 단독행위이다. 이것은 다시 상대방 있는 단독행위와 상대방 없는 단독행위로 나뉜다. 물권의 포기가 물권적 단독행위의 전형적인 예이다.

(2) 물권행위의 공시방법

㈎ **의사주의** 물권행위, 즉 물권행위를 의도하려는 의사만으로 물권변동이 생긴다고 하는 것이다. 당사자간에는 물권행위, 즉 의사표시만으로 물권변동이 생기고 제3자에게 그 물권변동의 효력을 대항하기 위하여 공시방법을 요구하는 것이다.

㈏ **형식주의** 물권행위, 즉 의사표시뿐만 아니라 등기나 점유이전(인도)이 있어야만 물권변동이 생긴다는 것을 말한다. 우리 민법은 형식주의를 취하고 있다.

(3) 물권행위의 독자성

물권행위의 독자성이란 물권행위가 원인행위인 채권행위로부터 독립되어 있다는 것을 말한다. 즉 물권행위는 채권행위와 동시에 발생하든, 후에 발생하든, 독자적으로 행해지든 관계없이 언제나 존재하는 것이고, 그 효력으로 물권변동이 발생한다는 것이다.

(4) 물권행위의 무인성

물권행위가 성립되기 위해서는 먼저 의사가 합치되어야 한다. 계약이나 단독행위가 있은 후 등기의 변동이나 물건의 인도로 물권행위가 성립한다. 여기서 의사의 합치인 계약과 단독행위를 채권행위라고 한다. 이렇게 물권행위는 물권행위의 전단계인 채권행위가 존재하는데, 후에 채권행위의 유·무효에 상관없이 물권행위는 독자적으로 그 효력이 발생하여 물권변동이 일어난다는 것을 물권행위의 무인성이라고 한다.

관련 사례

피한정후견인 A가 2000년 4월 1일 그 소유토지에 관하여 B와 매매계약을 체결하였다. 5월 1일 A는 능력을 회복하였고, 등기서류는 6월 1일 B에게 교부되었다. 그 후 A는 제한능력을 이유로 B와의 매매계약을 취소하였다. 토지소유권이전등기를 B가

마친 경우 A의 구제책은?

▶ 물권행위의 무인성 인정 여부에 따라 ① 유인설의 경우, 물권이 복귀된 것으로 보아 물권적 청구권이 인정된다고 할 것이고, ② 무인설의 경우, 물권행위의 유효성은 유지된다고 보므로 법률상 원인이 없어 채권에 기한 청구를 할 수밖에 없다.

4. 취득시효

취득시효란 물건 또는 권리를 점유하는 사실상태가 일정기간 계속되는 경우, 그것이 진정한 사실관계와 일치하지 않아도 권리취득의 효과가 생기는 제도이다.

(1) 부동산소유권의 취득시효

첫째, 20년간 소유의 의사로 평온・공연하게 부동산을 점유하는 자는 등기함으로써 그 소유권을 취득하는 점유취득시효가 있다.

둘째, 부동산의 소유자로 등기한 자가 10년간 소유의 의사로 평온・공연하게, 선의이며 과실 없이 그 부동산을 점유한 때 그 소유권을 취득하는 등기부취득시효가 있다.

(2) 동산소유권의 취득시효

10년간 소유의 의사로 평온・공연하게 동산을 점유한 자는 그 소유권을 취득한다. 그 점유가 선의・무과실로 개시된 경우에는 5년을 경과함으로써 그 소유권을 취득한다.

5. 동산의 선의취득

평온・공연하게 동산을 양수한 자가 선의이며 과실 없이 그 동산을 점유한 경우에는, 양수인이 정당한 소유자가 아닌 때에도 즉시 그 동산의 소유권을 취득한다고 민법 제249조는 규정한다. 동산의 선의취득을 인정하는 이유는 거래의 안전을 보호하려는 공신의 원칙 때문이다. 이 공신의 원칙은 점유의 공신력을 인정한 것이다. 이것으로 거래한 선의의 양수인은 보호되나 진정한 권리자는 그 권리(소유권)를 상실하게 된다.

(1) 효 과

이러한 선의취득이 형성되면 즉시 그 동산의 소유권은 양수인이 취득하게 된다. 이것은 질권에도 준용된다. 따라서 선의취득에 의하여 취득할 수 있는 동산물권은 소유권과 질권이다. 선의취득은 양도인의 권리를 기초로 하여 권리를 취득하는 것이 아닌 원시취득이다.

(2) 도품, 유실물의 선의취득

점유를 이탈한 동산 중에서 거래의 안전보다는 원권리자의 권리를 더 보호하는 경우가 있다. 그것은 도품(盜品) 및 유실물인 경우이다. 이는 동산의 공신의 원칙에 반하는 것인데, 민법 제250조에서 피해자 또는 유실자는 도난 또는 유실한 날로부터 2년 내에는 그 물건의 반환을 청구할 수 있다고 규정한다. 다만, 거래의 안전을 고려하여 양수인이 도품, 유실물을 공신력이 강하게 인정되는 곳에서 매수한 때에는 피해자 또는 유실자는 양수인이 지급한 대가를 변상하도록 규정한다(제251조).

Ⅴ. 물권의 소멸

(1) 목적물의 소멸

물권의 목적물이 화재·지진·전쟁 등의 원인으로 소멸했을 때에는 목적물에 존재하였던 물권이 사라진다. 예를 들어, 화재로 가옥이 소실되었다면 가옥에 존재하는 소유권은 사라지고, 단지 토지에 대한 소유권만이 남게 된다.

(2) 소멸시효

물권 중 소멸시효에 걸리는 것은 지상권, 전세권, 지역권의 3개뿐이다. 소유권은 소멸시효로 소멸하지 않는다는 명문규정이 있으며(제162조 제2항), 점유권, 유치권, 담보물권(질권과 저당권)은 소멸시효에 걸리지 않는다.

(3) 포 기

포기는 물권을 소멸시킬 것을 목적으로 하는 물권적 단독행위이다. 모든 물권은 물권자가 자유로이 소멸시킬 수 있다. 그러나 포기로 인하여 다른 물권에 영향을 미치는 경우에는 그 물권자의 동의가 필요하다.

(4) 혼 동

혼동은 서로 대립하는 두 개의 법률상의 지위 또는 자격이 동일인에게 귀속하는 것을 말한다(제191조). 예를 들어, 동일한 물건에 소유권과 제한물권이 귀속하는 경우에는 그 제한물권은 소멸한다. 그러나 제한물권의 소멸이 제3자 또는 소유자의 이익을 해치는 경우에는 그 제한물권은 소멸하지 않는다.

(5) 공용징수

공용징수란 공익사업의 구체적 시행이나 기타 복리행정상 목적의 달성 내지 그 수요를 충족시키기 위하여, 개인의 특정한 재산권을 권리자의 의사에 관계없이 법률의 힘에 의하여 강제적으로 취득하거나 소멸시키는 것을 말한다. 공용징수로 인하여 그에 관한 물권은 소멸한다.

제5절 친족·상속법

I. 의 의

인간의 사적 공동생활을 크게 재산관계와 가족관계로 나누어 볼 수 있다. 전자를 규율하는 것이 재산법인 물권법과 채권법이고, 후자를 규율하는 것이 신분법 혹은 가족법인 친족법과 상속법이다. 친족법은 친족의 신분관계의 발생·소멸 및 효과와 이와 관련되는 모든 법규를 말하는 것이고, 상속법은 피상속인과 일정한 신분관계를 가지는 자가 일정한 사유에 의해서 피상속인에게 귀속되어 있던 재산과 지위를 승계하는 것에 관한 법규를 말한다. 즉 친족·상속법은 가족 또는 친족의 공동생활을 규율하는 법이다.

II. 친족·상속법의 특색

(1) 가족 또는 친족관계는 개인의 의사에 의해 형성되는 것이 아니고 선택의 여지가 없는 숙명적 관계이다.

(2) 애정을 바탕으로 이루어진 가족관계는 재산관계와는 달리 비합리적이고 초타산적이다.

(3) 가족법은 그 나라 고유의 윤리·습속·전통을 기반으로 하기 때문에 보수적이고 인습적이다.

(4) 가족생활은 사회질서와 국민의 도덕생활과 직결되므로 가족법상 인정되는 법률효과는 정형적이다. 당사자의 자의로써 그 효과를 배제할 수 없기 때문에 가족법은 원칙적으로 사적자치의 원칙이 배제되는 강행법규이다.

(5) 가족 또는 친족관계의 성립 여부는 제3자에게 미치는 영향이 크기 때문에 일반인에게 공시할 필요가 있고, 당사자의 진실한 의사의 존재를 확인하는 것이 필요하므로 가족법상 법률행위는 일정한 방식을 요하는 요식행위를 원칙으로 한다.

(6) 당사자의 진실한 의사를 중시하는 가족법에는 민법총칙의 규정이 적용되지 않는 것이 많다. 특히 행위능력이나 의사표시에 관한 규정은 재산상 거래를 위한 규정이므로 가족법에는 그대로 적용되지 않는다.

(7) 가족 또는 친족 사이에서 발생한 가정사건은 일반사건과는 다른 특수성을 가지므로, 법에 앞서 당사자의 합의에 의해 해결하거나 가정의 안정을 위하여 신속하게 해결하는 것이 바람직하다. 이러한 특수성을 고려하여 가정법원이라는 특수한 법원에서 취급하며, 절차에 관해서는 가사소송법에서 규정하고 있다. 그 특칙으로는 재판에 앞서서 비공개를 원칙으로 하는 조정을 먼저 하고, 만약 조정이 성립하지 못한 때 재판을 청구할 수 있다.

Ⅲ. 친 족

1. 개 념

친족이란 혼인과 혈연을 기초로 하여 발생하는데, 민법상 친족이라 함은 배우자, 혈족 및 인척을 말한다(제767조).

(1) 배우자란 혼인에 의하여 결합한 남녀를 말한다. 따라서 사실혼의 부부나 첩은 배우자가 아니다.

(2) 혈족에는 자연혈족과 법정혈족이 있다. 자연혈족이란 혈연의 연락이

서로 있는 자로서, 예컨대 부모와 자·형제자매·숙질 같은 자를 말한다. 자연혈족은 출생으로 발생하나 다만 혼인외의 출생자와 그 부 또는 모와의 관계는 인지를 요한다.

법정혈족이란 원래는 혈연관계가 없으나 입양이라는 사실에 의해 법률상 혈연관계로 의제되는 사람들의 관계를 말한다. 법정혈족에는 민법상 양친족관계가 인정된다. 또한, 자기의 직계존속과 직계비속을 직계혈족이라 하고, 자기의 형제자매와 형제자매의 직계비속, 직계존속의 형제자매 및 그 형제자매의 직계비속을 방계혈족이라 한다(제768조).

(3) 인척이란 배우자의 일방과 타방의 친족 사이의 관계로서, 즉 혈족의 배우자, 배우자의 혈족, 배우자의 혈족의 배우자를 말한다(제769조).

(가) **혈족의 배우자** 사위, 며느리, 형제의 처, 자매의 부, 백모, (외)숙모, 고모부, 이모부 등이다.

(나) **배우자의 혈족** 배우자의 부모·형제자매·형제자매의 자·백숙부·종형제·고모·이모 등이다.

(다) **배우자의 혈족의 배우자** 배우자의 형제자매의 처 또는 부, 배우자의 백숙부의 처 등이 이에 속한다.

2. 촌 수

직계혈족은 자기로부터 직계존속에 이르고, 자기로부터 직계비속에 이르러 그 세수를 정한다. 방계혈족은 자기로부터 동원의 직계존속에 이르는 세수와 그 동원의 직계존속으로부터 그 직계비속에 이르는 세수를 통산하여 그 촌수를 정한다(제770조). 인척의 촌수 계산은 배우자의 혈족에 대해서는 배우자의 그 혈족에 대한 촌수에 따르고, 혈족의 배우자에 대해서는 그 혈족에 대한 촌수에 따른다(제771조).

3. 친족의 범위

친족의 범위는 혼인과 혈연을 기초로 하여 무한히 확대될 수도 있으나, 법률상 의미 있는 친족의 범위는 법의 목적에 비추어 일정한 범위 내로 제한된다. 민법이 규정하는 친족의 범위는 외국의 경우보다 훨씬 넓으며 그 범위는 8촌 이내의 혈족, 4촌 이내의 인척, 배우자이다(제777조).

Ⅳ. 혼 인

1. 약 혼

약혼이란 장래에 혼인을 하려는 당사자 사이의 자유로운 합의를 말한다. 장래 혼인할 것을 합의하는 것이라는 점에서 실질적인 혼인생활을 하면서 혼인신고만 하지 않은 사실혼과 다르며, 당사자가 아닌 주혼자간의 합의인 정혼과도 다르다.

(1) 약혼의 성립

㈎ 약혼은 양 당사자의 합의로 성립한다. 합의에는 일정한 형식이 없다. 따라서 의식이나 예물교환이 없다고 해서 그 약혼이 무효가 되거나 없었던 것으로 추정되지는 않는다.

㈏ 성년에 도달한 사람은 약혼할 수 있다. 그러나 18세가 된 사람은 부모나 미성년후견인의 동의를 받아야 한다(제801조). 또한 피성년후견인은 부모나 성년후견인의 동의를 받아야 약혼할 수 있다(제802조).

㈐ 배우자 있는 자의 약혼이나 이중약혼은 원칙적으로 무효이다.

(2) 약혼의 효과

당사자는 장래에 부부공동관계를 성립시킬 의무를 진다. 그러나 이 의무를 이행하지 않아도 상대방은 손해배상을 청구할 수 있을 뿐 강제이행을 청구하지 못한다(제803조). 제3자가 약혼상의 권리를 침해한 경우 불법행위가 성립될 수 있다. 약혼자 사이에는 친족관계가 발생하지 않으며 약혼 중에 출생한 자는 혼인외의 출생자가 된다.

(3) 약혼의 해제

㈎ **약혼해제사유**(제804조) 당사자의 일방에게 약혼의 해제사유가 있는 때에는 상대방은 그 일방당사자에 대한 의사표시로 약혼을 해제할 수 있다(제805조 전단). 그리고 약혼해제의 경우 상대방에 대하여 의사표시를 할 수 없는 때에는 그 해제의 원인이 있음을 안 때에 해제된 것으로 본다(제805조 후단).

우리 민법은 약혼해제사유로서 ① 자격정지 이상의 형의 선고를 받은 때, ② 약혼 후 성년후견개시나 한정후견개시의 심판을 받은 때, ③ 성병, 불치의 정신병 기타 불치의 병질이 있는 때, ④ 약혼 후 타인과 간음한 때, ⑤ 약혼 후 타인과 약혼 또는 혼인한 때, ⑥ 약혼 후 1년 이상 그 생사가 불명한 때, ⑦ 정당한 이유 없이 혼인을 거절하거나 그 시기를 지연하는 때, ⑧ 기타 중대한 사유가 있는 때이다.

㈏ **약혼해제의 효과**(제806조) 약혼을 해제한 때 당사자 일방은 과실 있는 상대방에 대하여 손해배상을 청구할 수 있고, 손해배상의 범위에는 재산상의 손해는 물론 정신상의 고통에 대한 손해배상도 포함된다. 따라서 일방당사자의 과실로 약혼이 파기된 경우 무책자만 예물반환청구권을 갖는다.

관련 사례

A남과 B녀는 약혼한 사이로 A남의 강요에 못이겨 몇 차례 육체관계까지 가졌다. B녀는 혼인준비를 위하여 직장도 그만두었는데 최근 A남이 C녀와 사귀면서 일방적으로 파혼의 뜻을 전해왔다. 물론 A남과 B녀는 약혼예물을 주고받았다. 이때 B녀가 청구할 수 있는 손해배상의 범위는?

▶ 이 경우 손해배상의 범위는 재산적 손해(예: 혼인준비에 쓸 비용, 사직함으로써 입은 손해)와 부당파혼에 대한 정신적 손해도 포함된다. 정신적 손해에 정조상실에 대한 위자료가 포함될 것인가 하는 문제는 성관계가 자유로운 의사에 의해 이루어진 경우에는 보호받지 못하지만 강박에 의하여 이루어진 경우에는 보호받는다. 예물반환은 약혼을 부당하게 파탄시킨 유책자는 반환청구하지 못하고 무책자만이 반환청구 할 수 있다(제806조).

2. 혼인의 성립

혼인이란 부부로서 생활을 함께 할 것을 목적으로 하는 남녀의 결합관계로서 사회적으로 정당하다고 인정된 관계를 말한다. 혼인이 성립되기 위해서는 실질적 요건과 형식적 요건을 구비하여야 한다.

(1) 실질적 요건

㈎ 당사자간에 혼인의사의 합치가 있어야 한다(제815조 제1호).

㈏ 혼인적령, 즉 만18세에 달하여야 한다(제807조).

㈐ 미성년자와 피성년후견인은 부모 또는 성년후견인의 동의를 얻어야 한다(제808조 제1항·제2항). 이 동의권은 단순히 부모라는 자격으로서 인정되는 것이므로 동일한 가적 내에 있음을 요하지 않고 친권자임을 요하지 않는다.

㈑ 중혼이 아니어야 한다(제810조). 중혼은 법률상 혼인이 이중으로 성립하는 경우이다. 후혼은 취소할 수 있고(제816조 제1호, 제818조 전단), 전혼은 이혼할 수 있다.

(2) 형식적 요건

우리 민법은 사실혼주의를 취하지 않고 법률혼주의를 취하고 있으므로, 혼인은 '가족관계의 등록 등에 관한 법률'(이하 가족관계등록법)에 정한 바에 의하여 신고함으로써 그 효력이 생긴다(제812조 제1항). 이에 의해 혼인신고는 당사자 쌍방과 성년자인 증인 2인이 연서하여야 하나 가족관계등록법은 말로 하는 신고(구술신고)를 인정하고 있다(동법 제23조 제1항, 제31조). 혼인의 신고는 가족관계등록법 제71조에 의한 기재사항을 기재한 후 가족관계등록공무원의 수리로 완료된다.

3. 혼인의 무효와 취소

(1) 혼인의 무효

혼인의 무효는 처음부터 부부로서의 효과가 발생하지 않았음을 말한다. 혼인의 무효의 원인으로는 ① 당사자간에 혼인의 합의가 없는 때, ② 당사자간에 직계혈족, 8촌 이내의 방계혈족 및 그 배우자인 친족관계가 있거나 또는 있었던 때, ③ 당사자간에 직계인척, 부의 8촌 이내의 혈족인 인척관계가 있거나 또는 있었던 때 등이다(제815조). 혼인이 무효가 되면 그 당사자 사이의 출생자는 혼인외의 출생자가 되며(제855조 제1항 후단), 상속 기타의 권리변동은 무효가 된다.

(2) 혼인의 취소

혼인의 취소는 재판에 앞서 조정을 먼저 신청하여야 한다. 그 사유로는 ① 혼인적령에 달하지 않은 혼인, ② 동의권자의 동의를 얻지 않은 미성년자와 피성년후견인의 혼인, ③ 중혼, ④ 혼인 당시에 배우자 일방에게 부부생활을 계속할 수 없는 악질 기타 중대한 사유가 있음을 알지 못한 때(제816조 제2호),

⑤ 사기 또는 강박으로 인하여 혼인의 의사표시를 한 때(제816조 제3호)이다.

혼인의 취소의 효력은 소급하지 않는다(제824조). 따라서 이 혼인에 의해서 출산한 자는 혼인의 취소로 인하여 혼인중의 자의 신분을 상실하지 않는다.

4. 혼인의 효과

(1) 일반적 효과

㈎ **친족관계의 발생**(제777조)　부부는 서로 배우자인 신분을 가지고 친족이 된다. 또한 상대방의 4촌 이내의 혈족과 4촌 이내의 혈족의 배우자 사이에 서로 인척관계가 생긴다.

㈏ **동거・부양・협조의 의무**(제826조)　부부는 협의에 의하여 정한 장소에서 동거할 의무가 있다. 그러나 정당한 이유로 일시적으로 별거하는 경우에는 서로 인용하여야 한다. 부당한 동거의무의 위반은 악의의 유기로서 이혼원인이 되며(제840조 제2호), 다른 일방의 배우자가 부양・협조하지 않아도 책임이 되지 않는다. 또한 부부는 서로 부양하고 협조할 의무가 있다.

㈐ **정조의무**　부부는 서로 정조를 지킬 의무가 있다.

㈑ **성년의제**　미성년자가 혼인을 한 때에는 성년자로 본다(제826조의2). 혼인의 자주독립성과 부부평등의 원칙을 보호하기 위한 규정이다.

(2) 재산상 효과

부부 사이의 재산관계를 규율하는 제도를 부부재산제라고 하는데, 두 가지가 있다. 하나는 남자가 계약으로 재산관계를 자유롭게 정하는 부부재산계약이고, 다른 하나는 계약이 체결되지 않은 경우나 불완전한 경우에 적용되는 법정재산제이다.

㈎ **부부재산계약**　부부가 되려는 자는 혼인성립 전에 그 재산에 관하여 약정을 할 수 있고, 혼인성립까지 그 등기를 하지 않으면 부부의 승계인 또는 제3자에게 대항하지 못한다(제829조 제4항). 이 계약은 혼인 중에 임의로 변경할 수 없다.

㈏ **법정재산제**　부부재산계약은 우리나라에서는 거의 행해지지 않기 때문에 부부의 재산관계는 대부분 법정재산제에 의해 규율된다.

1) **부부별산제** : 부부의 일방이 혼인시부터 가진 고유재산과 혼인 중 자기명의로 취득한 재산은 그 특유재산으로 한다(제830조 제1항). 부부의 각자 특유재산은 부부가 각자 관리·사용·수익한다(제831조). 부부의 누구에게 속한 것인지 분명하지 아니한 재산은 부부의 공유재산으로 추정한다(제830조 제2항).

2) **일상가사대리권** : 부부는 일상가사에 관하여 서로 대리권이 있으며(제827조 제1항), 부부의 일방이 일상가사에 관하여 제3자와 법률행위를 한 때에는 다른 일방은 이로 인한 채무에 대하여 연대책임이 있다(제832조). 일상가사란 부부의 공동생활에 필요한 통상사무를 말한다.

3) **부부공동생활 비용부담**(제833조) : 부부공동생활에 필요한 비용은 당사자간에 특별한 약정이 없으면 부부가 공동으로 부담한다.

5. 혼인의 해소

혼인의 해소란 완전히 유효하게 성립한 혼인이 일정한 원인에 의하여 종료하는 것을 말한다.

(1) 사망에 의한 혼인의 해소

부부의 일방이 사망하면 혼인이 해소된다. 따라서 배우자라는 신분관계가 소멸되기 때문에 혼인을 토대로 하여 발생하였던 대부분의 권리·의무는 소멸된다. 그러나 소급효는 없으므로 이미 발생한 일상가사로 인한 연대책임에는 영향이 없고, 생존배우자는 사망자의 재산을 상속하게 된다.

부부의 일방이 사망하여도 혼인에 의하여 발생하였던 인척관계는 당연히 소멸하지 않고 생존배우자가 재혼했을 때 소멸된다(제775조).

(2) 실종선고에 의한 혼인의 해소

실종선고는 사망을 의제하는 제도이기 때문에(제28조) 부부의 일방이 실종선고를 받으면 그 실종기간이 만료된 때에 혼인이 해소된다. 그러나 실종선고가 취소되면 복잡한 문제가 발생한다(제29조 제1항).

실종선고 후 잔존배우자가 재혼을 하고 그 뒤에 실종선고가 취소된 경우에 통설에 의하면 재혼당사자의 일방 또는 쌍방이 악의인 경우에는 전혼(前婚)은 부활하고 후혼(後婚)은 중혼이 되어 전혼에는 이혼원인(제840조 제1호, 6호)이 생기고 후혼은 취소할 수 있다. 그러나 재혼당사자 쌍방이 선의이면 전혼은 부활하지 않고 후혼은 유효하다고 해석하고 있다.

관련 사례

A남이 실종선고를 받은 후 A남의 처인 B녀는 C남과 재혼하였다. B녀와 C남과 사이에서 자 D도 출생하였다. 그런데 A남이 살아서 귀가한 경우 A와 B, C의 관계와 자 D의 법률적 지위를 설명하라.

▶ 민법 제29조 제1항 단서에 의하면 쌍방(B, C) 모두가 선의인 경우 전혼(A-B)은 부활하지 않는다. 그러나 어느 일방이 악의이거나 쌍방이 악의인 경우 전혼은 부활되어 중혼상태 (A-B, B-C)가 된다. A-B의 혼인은 이혼이 가능하고, B-C의 혼인은 취소할 수 있다(다수설의 입장). B, C 모두가 선의인 경우 D는 당연히 B, C의 혼인 중의 자이고 B, C의 혼인이 취소되는 경우라고 하더라도 D의 혼인 중의 자의 신분은 상실되지 않는다.

(3) 이 혼

이혼은 부부가 생존 중에 혼인을 인위적으로 해소하는 것을 말한다. 민법은 협의상 이혼과 재판상 이혼의 두 가지를 인정하고 있다.

㈎ **협의상 이혼** 부부는 그 원인을 묻지 않고 협의에 의하여 이혼할 수 있다(제834조). 실질적 요건으로서는 당사자 사이에 자유로운 이혼의 합의가 있어야 하고, 피성년후견인은 의사능력이 없다면 후견인 또는 친족회의 동의를 얻어야 한다(제835조). 그러나 미성년자는 혼인으로 성년의제가 되므로 동의 없이 이혼할 수 있다. 형식적 요건으로서는 당사자 쌍방은 가정법원에 출석하여 본인 여부와 이혼의사의 진실 여부를 확인받아 가족관계등록법에 정한 바에 따라 신고를 하여야 한다. 이 신고는 당사자 쌍방과 성년자인 증인 2인이 연서한 서면으로 하여야 한다(제836조).

㈏ **재판상 이혼** 재판상 이혼은 법정이혼원인이 있을 때 부부의 일방이 상대방의 의사에 관계없이 가정법원에 청구할 수 있는 이혼이다. 재판상 이혼은 우선 조정이 선행되어야 한다.

재판상 이혼원인은 다음과 같다(제840조). ① 배우자의 부정행위, ② 배우자의 악의의 유기(정당한 사유 없이 동거·부양·협조의 의무를 이행하지 않는 것),

③ 배우자 또는 그 직계존속으로부터의 심히 부당한 대우, ④ 자기의 직계존속에 대한 배우자로부터의 심히 부당한 대우, ⑤ 3년 이상 배우자의 생사불분명, ⑥ 혼인을 계속하기 어려운 중대한 사유 등이다.

재판상 이혼원인을 규율하는 데는 크게 두 가지 입법주의가 있다. 그 하나는 당사자의 일방이 유책인 경우에 이혼을 청구할 수 있는 유책주의이고, 다른 하나는 당사자의 유책과 관계없이 혼인을 계속할 수 없을 정도로 파탄이 된 경우 이혼을 인정하는 파탄주의이다. 민법 제840조 제1호 내지 제5호는 유책주의에 입각한 개별적·구체적 이혼원인이고, 6호는 파탄주의에 입각한 상대적·추상적 이혼원인이다.

㈐ **이혼의 효과**

1) **일반적 효과**： 이혼하면 혼인으로 인하여 부부 사이에 생긴 모든 권리·의무는 소멸한다. 혼인을 근거로 하여 배우자의 혈족과의 사이에 생긴 인척관계도 소멸한다(제775조 제1항). 재혼도 가능하지만 인척이었던 배우자의 혈족과 재혼하지 못하는 제한이 있다(제809조 제2항).

2) **자(子)에 대한 효과**： 자의 양육에 관한 사항은 그 부모의 협의에 의하여 정한다(제837조 제1항). 협의를 할 수 없거나 협의가 이루어지지 않으면 가정법원이 직권으로 또는 당사자의 청구에 따라 친권자를 정한다(제837조 제4항). 다만 부모의 협의가 자의 복리에 반하는 경우에 가정법원은 보정을 명하거나 직권으로 그 자(子)의 의사(意思)·연령과 부모의 재산상황, 그 밖의 사정을 참작하여 양육에 필요한 사항을 정한다 친권자를 정할 수 있다(제837조 제3항). 또한 자의 복리를 위하여 필요하다고 인정되는 경우에는 자의 4촌 이내의 친족의 청구에 의하여 정하여진 친권자를 다른 일방으로 변경할 수 있다(제909조 제6항). 즉 친권의 행사는 자의 복리가 우선적으로 고려되는 것이다. 이 규정은 양육에 관한 사항 외에는 부모의 권리·의무에 변경을 가져오지 아니한다. 예컨대, 부모의 혼인동의권(제808조), 부양의무, 상속 등에는 영향을 미치지 않는다.

자를 직접 양육하지 아니하는 부모 중 일방은 그 자와 직접 면접, 서신교환, 방문할 수 있는 면접교섭권을 가진다(제837조의2 제1항). 이 권리는 자가 건전하게 육성될 수 있도록 자의 복리적 측면에서 인정되는 것이므로 가정법원은 자의 복리를 위하여 필요한 때에는 당사자의 청구에 의하여 면접교섭을 제한하거나 배제할 수 있다(제837조의2 제2항).

3) 자(子)의 신분관계 : 부모의 이혼에 의하여 자의 신분에는 아무런 영향이 없다. 즉, 부모의 자에 대한 친족관계는 소멸하지 않으며 혼인 중에 포태한 자는 이혼 후 출생하더라도 부모의 혼인중의 자가 된다.

4) 재산분할청구권 : 재산분할청구권이란 이혼을 한 당사자의 일방이 다른 일방에 대하여 재산분할을 청구하는 권리이다(제839조의2 제1항). 혼인 중 자기의 명의로 취득한 재산은 그 특유재산이라고 하더라도(제830조 제1항) 부부가 혼인생활 중 서로 협력하여 이룩한 재산은 명의자 일방의 특유재산이 아니라 부부의 공유재산이라고 보아야 한다. 이러한 실질적 공유재산을 이혼시에 공평하게 청산해야 한다. 그리고 이혼후 부부 중 생활능력이 있는 자가 생활능력이 없는 자를 부양하는 것이 타당하다는 이유에서 이 제도를 1989년 개정민법에서 신설하였다. 이와 같이 재산분할청구권은 부부재산관계의 청산과 이혼 후의 부양의 성질을 가지고 있고, 혼인파탄의 유책 여부와 관계없이 인정되는 권리이므로 무책배우자가 유책배우자에게 청구하는 손해배상청구권과는 구별되는 별개의 것이다.

재산분할의 방법과 액수에 관해서는 당사자간의 협의 또는 조정에 의해 정해진다(가사소송법 제2조 제1항 마류사건, 제4조). 협의되지 않거나 협의할 수 없는 때에는 당사자의 청구에 의하여 가정법원이 당사자 쌍방의 협력으로 이룩한 재산의 액수 기타 사정을 참작하여 분할의 액수와 방법을 정한다(제839조의2 제2항). 이 청구권은 이혼한 날로부터 2년이 경과하면 소멸한다(제839조의2 제3항). 재산분할청구권에 관한 규정은 재판상 이혼의 경우에 준용되고(제843조) 사실혼 해소의 경우에도 유추적용되어야 할 것이다.

(4) 사실혼

사실혼이란 사실상 혼인생활을 하고 있지만 혼인신고를 하지 않았기 때문에 법률상 혼인으로 인정되지 않는 부부관계를 말한다. 사실혼 부부도 동거·부양·협조·정조의 의무와 일상가사대리권이 인정된다.

공무원연금법, 근로기준법 등 민법 이외의 법률에서는 법률상 부부와 동일하게 보호되는 경우가 있다. 그러나 호적의 변동이 일어나지 않고 상속권도 발생하지 않으며, 사실혼에서 출생한 자는 혼인외의 자이다.

관련 사례

1. B(아내)는 특별한 이유 없이 A(남편)의 반대에도 불구하고 오랫동안 친정에 머물면서 A에게 생활비를 청구하였다. A가 이를 거절하자 B는 이혼을 청구하였는데 과연 B의 청구는 인정되겠는가?

▶ 동거・부양・협조의 의무는 혼인의 본질에서 나오는 일체적인 것이다. 이러한 동거의 의무를 위반하면서 부양의무의 이행을 청구할 수 없다. 오히려 부당하게 통거의무를 위반하는 것은 악의의 유기로 이혼원인이 된다.

2. 성격차이로 부부생활이 원만하지 못하였던 A(남편)와 B(아내)는 이혼하기로 합의하였다. 그런데 A와 B 사이에는 8세의 자 C와 5세의 자 D가 있다. 이혼 후 두 자녀의 양육 문제는?

▶ 자의 양육에 관한 사항은 당사자의 협의로 정하고, 협의가 되지 않는 경우에는 당사자의 청구에 의하여 가정법원에서 결정한다. 양육할 자가 여럿인 경우에는 각각 자의 양육자를 달리 정할 수 있다. 양육의 권리・의무와 양육비의 부담은 별개이므로 양육권에는 양육비용이 포함되지 않는다. 직접 양육하지 않는 부 또는 모도 양육비용을 부담한다.

3. 남편 A가 있는 B는 C남과 정을 통해 오다가 A에게 들켜 이혼하였다. 경제적 능력이 거의 없는 B는 A의 명의로 되어 있는 재산에 대하여 재산분할청구를 할 수 있는가?

▶ 재산분할청구권이란 혼인생활 중 부부 쌍방의 협력에 의해 이룩한 재산을 청산하기 위한 제도이므로 혼인을 파탄시킨 당사자의 유책에 관계없이 인정된다. 그러므로 남편 명의로 되어 있는 재산이라 하더라도 실질적으로 부부공유재산인 경우에는 재산분할청구권의 대상이 된다.

Ⅴ. 부모와 자

1. 친자관계

친자관계는 부부관계와 더불어 사람의 혈연적・친족적 공동생활 가운데 가장 기본적인 신분관계로서 인륜적 자연관계이다. 그러나 친자관계는 단순한 자연적 혈연관계만이 아니라 더 나아가 사회적 관계이다. 즉 혈연관계가 있으면서 부자관계가 인정되지 않는 혼인외의 자가 있는 반면, 혈연관계가 없으면서 친자관계가 법으로 의제되는 경우도 있다. 민법상 친자에는 자연의 혈연관계에 의거하는 친생자와 법으로 의제되는 법정친자인 양자가 있다. 친생자는 혼인중의 출생자와 혼인외의 출생자로 나누어진다.

자는 부의 성과 본을 따른다. 그러나 부를 알 수 없는 자는 모의 성과 본을 따른다(제781조 제1항・제2항). 입부혼인의 경우 자는 모의 성과 본을 따른다(제826조 제4항). 이성양자의 성에 관하여는 부자동성의 원칙에 따라 양자는 양부의 성과 본을 따라야 한다는 견해와 성불변의 원칙에 따라 양자의 성은 변하지 않는다는 견해가 있다.

2. 친생자

(1) 혼인중의 출생자

㈎ 혼인관계에 있는 남녀 사이에서 출생한 자를 혼인중의 출생자 또는 적출자라고 한다.

㈏ **친생자의 추정**(적출추정)　혼인중의 자를 입증한다는 것은 매우 어려운 문제이므로 민법은 친생자추정에 관한 규정을 두고 있다. 이에 따라 제844조 제1항에서 당사자의 혼인도덕을 신뢰하여 처가 혼인 중에 포태한 자는 부의 자로 추정한다고 하고, 의학적 통계에 의하여 제844조 제2항에서 혼인성립의 날로부터 200일후 또는 혼인관계 종료의 날로부터 300일 내에 출생한 자는 혼인 중에 포태한 것으로 추정한다고 규정하고 있다(다만 제2항은 헌법재판소의 헌법불합치판결에 따라 개정되기 전까지 한시적으로만 존재한다).

이 친생자추정 규정에 의하면 혼인이 성립한 날로부터 200일 내에 출생하였거나 혼인관계 종료의 날로부터 300일 후에 출생한 자는 친생자로 추정받지 못한다. 또한, 민법 제844조에 의해 부의 친생자로 추정받는 경우에도 부의 자가 아닌 것이 외관적으로 명백한 경우에는 친생자로서 추정이 되지 않는다고 해석하는 것이 타당하다. 즉 구체적으로 보면 포태기간 중에 부가 실종선고를 받아서 실종 중이었거나, 부가 외국에 장기체류 중이었거나, 사실상 이혼 중이었을 때에는 친생자추정이 되지 않는다고 해석하여야 한다.

(2) 친생부인의 소

제844조에 의하여 혼인중의 자로 추정받은 자가 그 부의 자가 아닌 경우에는 요건이 엄격한 친생부인의 소에 의해서만 친자관계를 부인해야 한다. 이 소를 제기하기 전에 우선 조정을 신청해야 하고, 예외가 인정되지만(제848조, 제850조, 제851조), 부 또는 처의 일방은 그 자가 친생자임을 부인하는 소를 제기할 수 있다(제846조).

이러한 친생부인의 소는 부 또는 처가 다른 일방 또는 자를 상대로 하여 그 사유가 있음을 안 날부터 2년 내에 이를 제기하여야 하며, 만약 상대방이 될 자가 모두 사망한 경우에는 그 사망을 안 날부터 2년 내에 검사를 상대로 하여 친생부인의 소를 제기하여야 한다(제847조).

(3) 친생자관계 존부확인의 소

친생자관계 존부확인의 소란 특정인 사이의 친생자 존부를 주장하는 소이다. 이 소를 제기할 수 있는 구체적 경우로서는 허위의 친생자 출생신고, 친생자추정을 받지 못하는 경우 등이다. 이 소는 부만 제기할 수 있는 것이 아니라 기타 이해관계인도 제기할 수 있다. 소의 이익이 있는 한 언제든지 소를 제기할 수 있다.

(4) 혼인외의 출생자

(가) 혼인관계가 없는 남녀 사이에서 출생한 자를 혼인외의 출생자 또는 혼인외의 자라고 한다. 예컨대 사통관계, 사실혼관계, 첩관계, 무효혼으로부터 출생한 자가 혼인외의 자이다. 부에 의해서 인지를 받지 못한 혼인외의 자는 모의 성과 본을 따르고 모의 가에 입적한다.

(나) **인지** 　혼인외의 자를 그 생부 또는 생모가 자기의 자라고 인정하는 행위를 말한다. 혼인외의 자와 그 모의 친자관계와는 달리 혼인외의 자와 그 부의 법률상 부자관계는 오로지 인지만에 의하여 생긴다.

1) 임의인지 : 부 또는 모가 임의로 하는 인지를 임의인지라고 한다. 인지는 부 또는 모만이 할 수 있다(제855조 제1항). 인지를 받는 자는 혼인외의 자이다. 그러나 다른 사람의 친생자의 추정을 받고 있는 경우에는 친생부인이 된 후에 인지할 수 있다. 인지는 가족관계등록법이 정한 바에 의하여 신고함으로써 그 효력이 생긴다(제859조 제1항).

2) **강제인지** : 부 또는 모가 임의로 인지하지 않는 경우 재판으로 인지를 청구할 수 있는 것을 강제인지라 한다. 이때는 반드시 조정이 선행되어야 한다. 소를 제기할 수 있는 자는 혼인외의 자와 그 직계비속 또는 그 법정대리인이다(제863조). 소의 상대방은 부 또는 모이고 사망한 경우는 검사이다(제864조). 인지의 재판이 확정되면 소를 제기한 자가 재판의 확정일로부터 1월 내에 재판의 등본과 확정증명서를 첨부하여 그 취지를 신고하여야 한다.

3) **인지의 효과**(제860조) : 인지신고에 의하여 부와 혼인외의 자 사이의 법률상 친자관계는 그 자의 출생시로 소급하여 발생한다. 그러므로 부는 자가 출생한 때부터 자에 대한 부양의무를 지고, 자는 상속권을 갖는다.

(5) 준 정

혼인외의 자가 그 부모의 혼인에 의하여 혼인중의 자의 신분을 취득하는 것을 준정(準正)이라고 한다. 즉 부모의 혼인이라는 사실에 의하여 뒷받침되는 인지이다. 인지와는 달리 준정의 효력은 출생시에 소급하여 발생하는 것이 아니라 부모가 혼인한 때로부터 발생한다(제855조 제2항).

(6) 인공수정자

남녀 간의 자연적 성행위에 의하지 않고 인공적인 특수한 방법에 의하여 수태하게 하여 출생한 자가 인공수정자이다. 인공수정자에는 부의 정액을 사용해서 행하는 AIH와 부 이외의 제3자의 정액을 제공받아서 행하는 AID가 있다.

AIH에 의한 인공수정자는 부와 자연적 혈족관계가 존재하므로 혼인중의 자와 동일하게 다루어야 한다. 부의 동의가 있는 AID에 의한 인공수정자는 부의 자로 추정받는 혼인중의 자로 보아야 한다. 따라서 인공수정자를 보호하기 위하여 부는 친생부인권을 행사할 수 없다고 해석해야 한다. 그러나 부의 동의 없이 AID를 한 경우에는 부는 친생부인권을 행사할 수 있다. 또한 이 경우 혼인을 계속하기 어려운 중대한 사유로서 이혼원인이 된다고 해석된다.

관련 사례

1. A(남편)가 해외에 장기근무 중 B(아내)는 친구의 유혹으로 카바레를 출입하다가 C남과 정을 통해 자 D를 출산하였다. 부 A는 자 D의 출생을 알았지만 해외 근무

관계로 1년 6월 만에 귀국했다. 이때 친생자관계 부존재확인의 소를 제기할 수 있는가?

▶ 아내가 남편의 자를 포태할 수 없는 것이 명백한 경우에는 친생자로 추정할 수 없다. 제844조는 부부가 정상적인 동거생활을 하고 있는 경우에만 적용되어야 한다(판례, 다수설). 이 경우 친생자로 추정되지 않으므로 자의 출생기간과 관계없이 친생자관계 부존재 확인의 소를 제기할 수 있다(제846조).

2. B는 룸살롱에서 호스티스로 근무하는 여성으로서 A남과 오랫동안 동거하여 오던 중 C를 출산하였다. B는 C가 A의 자식이니 가족관계등록부에 등록시켜 줄 것을 요구했으나 A는 B가 이성관계가 복잡하다는 이유로 C의 인지를 거절하였다. B는 어떤 법적 수단을 취하여야 하는가?

▶ 이 사례처럼 친자관계가 존재함에도 불구하고 부(또는 모)가 임의로 인지하지 않을 때에는 재판으로 인지를 강제할 수 있다. 강제인지는 자와 그 직계비속 또는 그 법정대리인이 청구할 수 있으므로(제863조), C의 모인 B는 강제인지를 청구할 수 있다.

3. 양 자

(1) 양자제도

양자제도란 친생자라는 혈연관계가 없는 자를 입양에 의하여 법률상 혈연관계가 있는 것처럼 의제함으로써 친자관계를 인정하는 제도이다. 이 제도는 그 시대, 사회에 따라 변화해 왔는데, 가(家)를 위한 양자제도로부터 발달하여 노후를 대비한 어버이를 위한 양자제도로, 오늘날에는 아동의 복리와 자를 위한 양자제도로 변천해 가고 있다.

특히 2005년 개정민법 규정은 기존의 양자제도를 그대로 유지하면서 양자와 친생부모의 친족관계를 단절시키고 양부의 성과 본을 따르도록 하는 친양자제도를 도입하였다. 이에 종전의 양자규정은 제866조 내지 제908조에 두면서, 양자의 성과 본은 그대로 친생부모의 성과 본을 유지하게 하고 친부모와의 관계도 유지하게 하고 있다.

(2) 입양의 요건

㈎ **당사자 사이에 입양의 합의**(제883조 제1호) 입양이 성립되기 위해서는 먼저 양친이 되려는 사람과 양자가 될 사람 사이에 실질적으로 친자관계를 맺으려는 입양의사의 합치가 있어야 한다. 따라서 단순히 어떤 방편을 위해서 하는 가장(假裝)입양은 무효이다.[1] 또한 조건부나 기한부 입양도 인정되지 않으며 입양의사는 입양신고서를 작성할 때와 그 신고가 수리될 때에 모두 존속하여야 한다.

㈏ **가정법원의 허가**(제867조) 미성년자를 입양하는 경우에는 가정법원의 허가가 있어야 한다. 가정법원은 양자가 될 미성년자의 복리를 위하여 그 양육 상황, 입양의 동기, 양부모(養父母)의 양육능력, 그 밖의 사정을 고려하여 입양의 허가를 하지 않을 수 있다.

1) **의견청취**(가사소송법 제45조의8 제1항) : 가정법원은 입양허가 심판을 할 때 그 사람이 의식불명, 그 밖의 사유로 자신의 의사를 표명할 수 없는 경우를 제외하고는 (i) 양자가 될 사람(양자가 될 사람이 13세 이상인 경우, 제869조 제1항 참조), (ii) 양자가 될 사람의 법정대리인 및 후견인(양자가 될 사람이 13세 미만인 경우, 제869조 제2항 참조), (iii) 양자가 될 사람의 부모(제870조 참조), (iv) 양자가 될 사람의 부모의 후견인, (v) 양부모가 될 사람, (vi) 양부모가 될 사람의 성년후견인의 의견을 들어야 한다.

2) **자료제공의 요청**(가사소송법 제45조의8 제2항) : 가정법원은 양자가 될 사람의 복리를 위하여 필요하다고 인정하는 경우에 일정한 자료의 제공을 요청할 수 있으며, 자료제공요청을 받은 기관은 정당한 사유가 없이 자료제공을 거부할 수 없다.[2]

---

1) 대법원 2004.4.9. 선고 2003므2411 판결.

2) 이러한 자료로 양부모가 될 사람의 주소지 및 가족관계 등을 확인하기 위한 자료(시장・군수・구청장에 대하여 주민등록표 등본・초본 요청), 양부모가 될 사람의 소득을 확인하기 위한 자료(국세청장에 대하여 근로소득자료 및 사업소득자료 요청), 양부모가 될 사람의 범죄경력을 확인하기 위한 자료(경찰청장에 대하여 범죄경력자료 요청), 양부모가 될 사람이 양육능력과 관련된 질병이나 심신장애를 가지고 있는지 확인하기 위하여 특히 필요하다고 인정되는 자료(의료법에 따른 의료기관의 장 또는 국민건강보험법에 따른 국민건강보험공단의 장에 대하여 진료기록자료)이다.

㈐ **양부모의 자격요건**

1) **성년자**(제866조) : 양부모가 성년자이면 남녀, 기혼, 미혼, 자식의 유무를 불문하고 입양할 수 있으며, 부부가 입양하는 때에는 부부 모두가 성년에 달해야 한다.

2) **성년후견인의 동의**(제873조) : 양부모가 피성년후견인인 경우 성년후견인의 동의가 있어야 한다. 특히 피성년후견인이 미성년자를 입양하려는 경우에 가정법원의 허가가 있어야 한다. 또한 가정법원은 성년후견인이 정당한 이유 없이 피성년후견인이 입양하려는 것에 동의를 거부하거나, 피성년후견인의 부모가 정당한 이유 없이 입양의 동의(제871조 제1항)를 거부하는 경우에는 그 동의가 없어도 입양을 허가할 수 있다.

3) **배우자의 동의**(제874조 제1항) : 배우자가 있는 자는 배우자와 공동으로 양부모가 되어야 한다.

㈑ **양자의 자격요건**

1) **존속관계**(제877조) : 양자는 양부모와 존속관계에 있으면 안된다. 존속에는 직계(부모, 조부모 등)와 방계(숙부, 숙모 등)를 포함하며, 촌수가 같은 항렬에 있거나(형제 또는 자매) 손자항렬에 있는 사람도 연장자가 아닌 경우에는 양자가 될 수 있다.

2) **연령**(제877조) : 양자가 될 자는 성년자이든 미성년자이든 무관하나, 양친이 되려는 사람보다 연장자면 안된다. 따라서 양친이 되려는 사람과 동갑이라 할지라도 그 사람보다 하루라도 늦게 태어난 사람은 양자가 될 수 있다.

3) **법정대리인의 동의 또는 승낙**(제869조) : 양자가 될 사람이 13세 이상의 미성년자인 경우 법정대리인의 동의를 받아 입양을 승낙해야 하며, 13세 미만인 경우 법정대리인이 그를 갈음하여 입양을 승낙할 수 있다(대락입양).

4) **부모의 동의**(제871조) : 양자가 될 사람이 성년이라도 부모의 동의가 있어야 한다.

5) **성년후견인의 동의**(제873조) : 피성년후견인은 성년후견인의 동의를 받아 양자가 될 수 있다.

6) **배우자의 동의**(제874조 제2항) : 양자로 될 사람이 부부인 경우에는 다른 일방 배우자의 동의를 얻어야 한다. 물론 부부가 공동으로 양자가 될 필요는 없다.

㈐ **신고**(제878조 제1항) ㈎ 내지 ㈑의 실질적 요건 외에 형식적 요건으로 입양은 가족관계등록법이 정한 바에 따라 신고하여야 그 효력이 발생한다.

(3) 입양의 효과

입양한 때부터 혼인 중의 자로서의 신분을 취득하나, 친생부모와의 관계는 친권 이외는 유지된다. 즉 친생부모의 친자녀로서의 지위와 양부모의 양자로서의 지위를 모두 갖는다. 다만, 양자의 성과 본은 변경되지 않으므로 양부모의 성과 본을 따를 수 없다.

㈎ **법적 혈족관계의 형성** 양자는 입양된 때부터 양부모의 친생자와 같은 지위를 갖게 되며, 양부모의 혈족・인척과도 친족관계가 발생한다(제882조의2 제1항 및 제772조 제1항). 따라서 양자의 배우자, 직계비속과 그 배우자도 양자의 친계를 기준으로 촌수가 정해지며(제772조 제2항), 양자와 양부모 및 양부모의 혈족 사이에는 서로 부양관계와 상속관계가 인정된다(제974조).

미성년 양자는 양부모의 친권을 따르게 된다(제909조 제1항).

㈏ **친족관계의 유지** 양자의 입양 전의 친족관계는 존속된다(제882조의2 제2항). 따라서 양자는 친생부모와 양부모 모두의 상속인이 될 수 있다.

4. 친양자

(1) 친양자제도

2005년 개정민법에 따라 친양자제도는 제908조의2 내지 제908조의8의 규정으로 양자를 법률상 완전한 친생자로 인정하는 제도이다. 친양자로 확정되면 친생부모와의 친족관계 및 상속관계는 모두 종료되고, 양친과의 법률상 친생자관계를 새롭게 형성하며, 성과 본도 양부의 성과 본을 따르게 된다.

(2) 친양자의 요건(제908조의2)

㈎ **친양자의 자격요건** 친양자가 될 사람은 미성년자여야 한다.

㈏ **양부모의 자격요건** 친양자의 양부모가 되기 위해서는 (ⅰ) 3년 이상 혼인 중 부부로서 공동으로 입양하여야 하며, (ⅱ) 예외적으로 1년 이상 혼인 중인 부부의 일방이 그 배우자의 친생자를 친양자로 입양하는 경우에는 단독으로 할 수 있다.

㈐ **친생부모의 동의** 친양자로 될 사람의 친생부모가 친양자 입양에 동의해야 한다.

㈑ **친양자로 될 자의 법정대리인의 입양승낙** 친양자가 될 사람이 13세 이상인 경우에는 법정대리인의 동의를 받아 입양을 승낙해야 하며, 13세 미만인 경우에는 법정대리인이 그를 갈음하여 입양을 승낙해야 한다.

5. 파 양

파양(罷養)은 친자관계를 인위적으로 해소하는 것이다.

㈎ **협의상 파양** 입양 당사자가 그 원인을 불문하고 협의로써 파양할 수 있는 것을 말한다. 미성년자 또는 피성년후견인인 경우를 제외하고 의사능력만 있으면 누구의 동의도 필요 없이 단독으로 파양할 수 있다.

㈏ **재판상 파양** 법률에 정하여진 파양원인에 의하여 재판상 청구할 수 있는 파양을 말한다. 재판상 이혼과 마찬가지로 조정이 선행되어야 한다. 그 양자의 파양원인으로는(제905조) ① 양부모가 양자를 학대 또는 유기하거나 그 밖에 양자의 복리를 현저히 해친 경우, ② 양부모가 양자로부터 심히 부당한 대우를 받은 경우, ③ 양부모나 양자의 생사가 3년 이상 분명하지 아니한 경우, ④ 그 밖에 양친자관계를 계속하기 어려운 중대한 사유가 있는 경우이다. 그 청구권자는 (ⅰ) 양자가 13세 미만인 경우에는 양자승낙을 한 법정대리인, (ⅱ) 양자가 13세 이상의 미성년자인 경우에는 양자승낙을 한 부모, (ⅲ) 양부모나 양자가 피성년후견인인 경우에는 성년후견인, (ⅳ) 검사가 된다.

또한 친양자의 경우에는(제908조의5) ① 양친이 친양자를 학대 또는 유기(遺棄)하거나 그 밖에 친양자의 복리를 현저히 해하는 때, ② 친양자의 양친에 대한 패륜(悖倫)행위로 인하여 친양자관계를 유지시킬 수 없게 된 때 양친, 친양자, 친생의 부 또는 모나 검사는 가정법원에 파양을 청구할 수 있다.

㈐ **파양의 효과** 파양에 의하여 입양에 의한 친족관계의 효과는 소멸된다. 따라서 양자(친양자)의 신분에서 생겼던 양친과의 사이의 법률효과, 즉 부양·상속관계도 소멸하며, 원칙적으로 생가에 복적한다.

관련 사례

미망인 A는 남편이 사망한 후 자식도 없이 혼자 살아오다가 B를 양자로 삼기로 하면서 편의상 친생자로 출생신고를 하였다. 그 후 A가 사망하자 A의 오빠인 C는 B에 대한 친생자 출생신고는 허위이므로 B는 친생자도 아니고 양자도 아니기 때문에 B는 상속인이 될 수 없다고 주장하였다. C의 주장이 인용되겠는가?

▶ 가족법상 법률행위는 요식행위이므로 허위로 양자를 친생자로 출생신고를 한 경우에는 친자관계는 물론이고 양친자관계도 발생하지 않는다. 그러나 대판(1977.7.26. 77다492)은 당사자 사이에 양친자관계를 창설하려는 명백한 의사가 있고, 입양의 성립요건이 모두 구비된 경우에는 입양신고의 전환을 인정하고 있다. B는 허위로 친생자로 출생신고가 되었지만 양자로서 상속인이 된다.

6. 친 권

친권(親權)이란 부 또는 모가 미성년자인 자를 보호하고 교양할 권리·의무의 집합체이다. 즉, 부모가 미성년인 자녀에 대해 가지는 신분·재산상 권리와 의무라 할 것이다. 친권이 권리라고 하여도 자에 대한 지배권이 아니며 또 어버이의 개인적 이익을 위한 권리가 아니고, 부모가 자를 양육하는 것은 자에 대한 의무이므로 의무의 성격이 더욱 강한 권리이다.

(1) 친권자

친권은 부모가 혼인 중인 때에는 부모가 공동으로 행사한다(제909조 제2항 본문). 친권의 공동행사란 부모의 공동의사를 요구하는 것이며 부모 쌍방의 명의를 요구하는 것은 아니다. 부모의 일방이 공동명의로 자를 대리하거나, 자의 법률행위에 동의한 때에는 다른 일방의 의사에 반하는 때에도 그 효력이 있지만, 상대방이 악의인 때에는 효력이 생기지 않는다(제920조의2). 부모의 의견이 일치하지 아니하는 경우에는 당사자의 청구에 의하여 가정법원이 결정한다(제909조 제2항 단서). 또한 부모의 일방이 친권을 행사할 수 없다면 다른 일방이 행사할 수 있다(동조 제3항).

부가 인지하지 않은 혼인외의 자의 경우 모가 단독으로 친권을 행사하지만,[3] 부가 인지를 한 경우에 적모(嫡母)는 친권자가 되지 못하고 생부모가 협의로 친권을 행사할 자를 정한다. 협의를 할 수 없거나 협의가 이루어지지 아니하는 경우에는 당사자의 청구에 의하여 가정법원이 정한다. 다만, 부모의 협의가 자의 복리에 반하는 경우에 가정법원은 보정을 명하거나 직권으로 친권자를 정할 수 있다.

부모가 이혼한 때에는 부모의 협의로 친권을 행사할 자를 정하고 협의가 이루어지지 않는 경우에는 당사자의 청구에 의하여 가정법원이 직권으로 정하도록 하였다(제909조 제4항). 다만, 부모의 협의가 자의 복리에 반하는 경우에 가정법원은 보정을 명하거나 직권으로 친권자를 정할 수 있다. 특히 이혼의 형태에 따라 협의이혼의 경우에는 이혼신고서에 친권자를 기록하여야 하며(가족등록법 제74조 제3항) 그러나 재판상 이혼의 경우에는 가정법원이 자의 친권을 행사할 자에 관하여 부모에게 미리 협의하도록 권고하여야 한다(가사소송법 제25조).

양자(친양자)의 친권자는 양부모가 되나, 파양되는 경우에는 친생부모의 친권이 부활한다.

(2) 친권의 내용

친권은 부모가 자를 보호·교양하는 권리·의무(제913조)로서 그 친권의 행사에 있어서 자의 복리를 우선적으로 고려하여야 한다(제912조 제1항). 따라서 친권의 내용은 미성년자인 자를 충분히 보호·교양하기 위해 의사능력이 있는 자에 대하여 거소지정권(제914조)과 의사능력이 없는 자에 대하여 인도청구권을 갖는다.

친권자와 양육권자는 각기 다르게 결정될 수 있기 때문에 두 권리가 충돌될 수 있다. 양육권은 친권의 내용이므로 두 권리가 충돌할 때 양육권이 우선한다. 또한, 징계권(제915조)과 대락입양(代諾入養)(제869조)과 같은 신분상 행위에 대한 대리권과 동의권을 갖는다.

친권자는 자가 자기의 명의로 취득한 특유재산을 자기재산과 동일한 주의의무로써 관리하여야 한다(제916조). 그러나 무상으로 자에게 재산을 수여한

---

3) 따라서 만약 혼인외 출생자로서 생부로부터 인지되지 않은 경우에 그 자는 모의 친권에 따르게 되므로 공동친권을 전재로 하는 친권행사자 지정청구는 인정될 수 없다(가정법원 93드74635 판결).

제3자가 친권자의 관리에 반대하는 의사표시를 한 때에는 친권자는 그 재산을 관리하지 못한다(제918조 제1항).

친권자는 미성년자인 자의 재산에 관한 법률행위로 대리(제920조 본문)하거나 동의(제5조 제1항)할 수 있다. 그러나 친권자가 그 자와의 사이에 또는 그 친권에 따르는 수인의 자 사이에 이해상반되는 행위를 하는 경우에는 친권자의 대리권을 제한하고, 친권자가 특별대리인의 선임을 가정법원에 청구하여 특별대리인과 친권자 사이에 거래하도록 하고 있다(제921조).

(3) 친권의 소멸

친권이 소멸하는 경우에는 자가 성년자가 된 때, 자가 혼인한 때(성년의제), 친권자가 성년후견이나 한정후견의 개시 심판 또는 행방불명된 경우, 친권자가 친권상실의 선고를 받았을 때 등이다.

특히 친권의 상실은 부 또는 모가 친권을 남용하여 자녀의 복리를 현저히 해치거나 해칠 우려가 있는 경우에는 자녀, 자녀의 친족, 검사 또는 지방자치단체의 장의 청구에 의하여 가정법원이 이를 선고한다(제924조 제1항, 친권의 일시정지도 가능). 또한 가정법원이 친권의 일시 정지 선고는 자녀의 상태, 양육상황, 그 밖의 사정을 고려하여 2년의 기간을 넘길 수 없으며, 다만 자녀, 자녀의 친족, 검사, 지방자치단체의 장, 미성년후견인 또는 미성년후견감독인이 일시정지 기간의 연장이 필요하다고 인정하여 이를 청구하는 경우에 2년의 범위에서 한 차례 연장하는 것은 가능하다(제924조 제2항).

이 외에도 거소의 지정이나 징계, 그 밖의 신상에 관한 결정 등에 있어서 친권자가 친권을 행사하는 것이 곤란하거나 부적당한 사유로 인해 자녀의 복리를 해치거나 해칠 우려가 있다면 자녀, 자녀의 친족, 검사 또는 지방자치단체의 장의 청구에 의해 구체적인 범위를 정하고 친권의 일부 제한을 선고할 수 있다(제924조의2).

만약, 법정대리인인 친권자가 자녀의 재산을 부적당하게 관리하여 그 상태를 위태롭게 한 경우에 자녀의 친족, 검사 또는 지방자치단체의 장의 청구로 그 법률행위의 대리권과 재산관리권의 상실을 선고하는 것도 가능하다(제925조).

이러한 가정법원의 선고는 친권자가 자의 복리를 충분히 보호할 수 있는지의 여부에 따라 판단되어야 한다.

VI. 후 견

후견은 친권에 의한 보호를 받지 못하는 미성년자 또는 장애·질병·노령 등으로 인해 사무처리 능력에 도움이 필요한 성인의 권리를 폭넓게 보호하기 위한 제도로 2011년에 도입되었다. 이는 종전의 미성년자와 금치산자, 한정치산자로 구분하는 행위무능력자제도의 문제점을 해결하기 위한 것으로서 후견제도는 미성년후견제도와 성년후견제도로 구분한다.

1. 미성년후견제도

(1) 의의 및 개시

미성년후견제도는 미성년자에게 친권자가 없거나 친권자의 친권상실(일시 정지, 일부 제한 선고 포함), 대리권·재산관리권 상실선고 또는 대리권·재산관리권 사퇴에 따라 친권의 전부 또는 일부를 행사할 수 없는 경우에 미성년자를 법적으로 보호하기 위한 제도이다.

따라서 (ⅰ) 친권자가 사망하거나 친권의 상실(일시 정지, 일부 제한 포함) 선고에 따라 친권자가 친권의 전부 또는 일부를 행사할 수 없는 경우, 미성년자의 친권자가 부적당한 관리로 인해 자녀의 재산을 위태롭게 한 경우, (ⅲ) 친권자가 법원의 허가를 얻어 그 법률행위의 대리권과 재산관리권을 사퇴하는 경우에 미성년후견이 개시된다.

친권을 행사하는 부모는 유언으로 미성년후견인을 지정할 수 있으나, 가정법원은 이러한 경우라도 미성년자의 복리를 위해 필요하면 생존하는 부 또는 모, 미성년자의 청구에 따라 후견을 종료하고 생존하는 부 또는 모를 친권자로 지정할 수 있다(제931조). 또한 유언이 없는 경우에는 가정법원이 직권으로 미성년자, 친족, 이해관계인, 검사, 지방자치단체의 장의 청구에 따라 미성년후견인을 선임할 수 있다(제932조).

(2) 미성년후견의 결격사유

미성년후견인의 수는 한 명으로 제한된다(제930조 제1항), 법인, 미성년자, 피성년후견인·피한정후견인·피특정후견인·피임의후견인, 회생절차개시결정 또는 파산선고를 받은 자, 자격정지 이상의 형의 선고를 받고 그 형기(刑

期) 중에 있는 자, 법원에서 해임된 법정대리인, 법원에서 해임된 성년후견인·한정후견인·특정후견인·임의후견인과 그 감독인, 행방이 불분명한 사람, 피후견인(미성년후견을 받는 미성년자를 말함)을 상대로 소송을 하였거나 하고 있는 자 또는 그 배우자와 직계혈족은 미성년후견인이 될 수 없다.

(3) 미성년후견사무

미성년후견인은 미성년자의 재산조사 및 목록작성, 후견인과 피후견인(미성년자) 사이에 존재하는 채권·채무 제시, 피후견인의 재산관리 및 법률행위 대리 등의 사무를 수행해야 한다. 특히 미성년후견인은 후견인의 재산에 대해서는 선량한 관리자의 주의로써 후견사무를 처리해야 한다(제681조 및 제956조). 또한 (i) 피후견인의 보호·교양 등, (ii) 피후견인의 신분행위(혼인의 취소, 입양 및 파양, 상속 행위 등)에 대한 대리, (iii) 피후견인의 신분행위(약혼, 혼인 등)에 대한 동의, (iv) 미성년후견인의 친권의 대행(미성년자의 자녀에 대한 친권 행사) 등 미성년후견인의 신분상의 사무를 처리해야 한다.

(4) 미성년후견감독

미성년후견감독이란 미성년후견인의 권한남용을 방지하기 위한 것으로 가정법원이나 후견감독인이 이를 수행한다.

미성년자의 부모는 유언으로 미성년후견감독인을 지정할 수 있다. 만약 이러한 유언이 없거나 선임된 미성년후견감독인이 사망, 결격, 그 밖의 사유로 없게 된 경우에 가정법원은 직권으로 또는 미성년자, 친족, 미성년후견인, 검사, 지방자치단체의 장의 청구에 따라 미성년후견감독인을 선임할 수 있다. 후견감독인은 성년후견인과 달리 1인으로 제한되지 않으므로, 필요한 경우에는 추가선임도 가능하다.

(5) 후견의 종료

미성년후견은 피후견인의 사망, 피후견인의 성년도달(성년의제 포함), 친권의 부활, 입양 등으로 인한 친권의 신설 등과 같이 미성년인 후견인에게 피후견인의 보호 필요성이 소멸하는 경우에 종료된다. 또한 미성년후견인의 사망·실종선고·사임·변경·결격 등이 있는 경우에도 종료된다.

2. 성년후견

(1) 의 의

성년후견제도는 장애나 질병, 노령 등으로 인해 도움이 필요한 성인에게 가정법원의 결정 또는 후견계약으로 선임된 후견인이 재산관리 및 일상생활에 법적 보호와 지원을 위한 제도이다. 종전의 금치산제도나, 한정치산제도와 달리 당사자의 잔존능력을 최대한 존중하고, 경제적・비경제적 영역에 대한 지원(재산보호 외에 의료행위, 거주지 결정 등)이 가능하게 규정되었으며, 후견인에 대한 실질적인 감독이 가능하다는 점에서 장애인・고령자 등의 권리보호에 상당한 기여를 할 것으로 기대된다.

성년후견제도는 후견인 선임방법과 후견인의 권한범위에 따라 성년후견, 한정후견, 특정후견 및 임의후견제도로 구분된다. 다만 이러한 구분은 피후견인의 상태가 어떠한가에 따른 구분으로서 후견의 청구자, 후견행위의 특징, 후견감독기구, 후견의 종료 등에 관한 사항은 거의 동일하다.

㈎ **성년후견** 성년후견이란 질병, 장애, 노령, 그 밖의 사유로 인한 정신적 제약으로 사무를 처리할 능력이 지속적으로 결여된 성인에게 가정법원이 그에 대한 재산관리 및 일상생활에 관한 권리보호를 위해 후견인을 선임하는 것이다(제9조).

㈏ **한정후견** 한정후견은 질병, 장애, 노령, 그 밖의 사유로 인한 정신적 제약으로 사무를 처리할 능력이 부족한 성인에게 가정법원이 그에 대한 재산관리 및 일상생활에 관한 권리보호를 위해 후견인을 선임하는 것이다(제12조).

㈐ **특정후견** 특정후견은 질병, 장애, 노령, 그 밖의 사유로 인한 정신적 제약으로 일시적 후원 또는 특정한 사무에 관한 후원이 필요한 성인이 가정법원의 결정으로 선임된 후견인을 통해 재산관리 및 일상생활에 관한 특정사무에 대해 개별적・일회적으로 보호받는 것이다(제14조의2 제1항).

㈑ **임의후견** 임의후견은 후견계약에 의한 후견을 말하는 것으로, 일반성인이 질병, 장애, 노령, 그 밖의 사유로 인한 정신적 제약으로 사무를 처리할 능력이 부족한 상황에 있거나 부족하게 될 상황에 대비하여 자신의 재산관리 및 신상보호에 관한 사무의 전부 또는 일부를 미리 다른 자에게 스스로 위탁하고 그 위탁사무에 관해 대리권을 수여하는 계약을 체결하여 그 계약으로

선임한 후견인으로부터 재산관리 및 일상생활과 관련된 사무에 대해 보호받는 것이다(제959조의14).

(2) 후견의 청구 및 선임

성년후견 및 한정후견의 청구는 본인, 그의 배우자, 4촌 이내의 친족, 미성년후견인, 미성년후견감독인, 한정후견인, 한정후견감독인, 특정후견인, 특정후견감독인, 검사 또는 지방자치단체의 장이 행사할 수 있다(제9조, 제12조). 특정후견의 청구는 본인, 그의 배우자, 4촌 이내의 친족, 미성년후견인, 미성년후견감독인, 검사 또는 지방자치단체의 장이 행사할 수 있고(제14조의2), 임의후견은 판단능력을 가진 본인이 임의후견인과 공정증서로 체결된 후견계약으로 형성된다.

성년후견 또는 한정후견의 청구가 있으면 가정법원은 본인의 의사를 고려하여(제9조 제2항, 제12조 제2항), 후견심판을 개시하고 직권으로 후견인을 선임한다(제929조 및 제936조 제1항, 제959조의2 및 제959조의3 제1항). 그러나 특정후견의 청구는 본인의 의사에 반할 수 없으므로 반드시 피특정후견인의 진술을 들어야 하며, 가정법원은 피특정후견인의 후원을 위해 필요한 처분을 명할 수 있고, 이에 따른 처분으로써 피특정후견인을 후원하거나 대리하기 위한 특정후견인을 선임할 수 있다. 또한 임의후견의 경우 가정법원이 임의후견감독인을 선임한 때로부터 효력이 발생한다.

성년후견인, 한정후견인, 특정후견인은 피후견인의 신상과 재산에 관한 모든 사정을 고려하여 여러 명을 둘 수 있으며(제930조 제2항, 제959조의3 제2항, 제959조의9 제2항), 결격사유가 있는 자는 선임에서 제외된다(제937조, 제959조의3 제2항, 제959조의9 제2항). 임의후견의 경우 가정법원은 후견감독인에게 결격사유가 있으면 선임하지 않으므로, 임의후견의 효력이 발생하지 않게 된다(제956조의17 제1항).

(3) 후견의 범위

후견인은 원칙적으로 선량한 관리자의 주의로써 후견사무를 처리하여야 한다. 성년후견과 한정후견에 있어서 사무의 범위는 (ⅰ) 피후견인의 신분에 대한 사무(신상결정 및 신상보호 등), (ⅱ) 재산보호에 대한 사무로서 재산관리 및 법률행위 대리 행위 등을 포함한다.

특정후견의 경우에는 피후견인과 후견인 사이에 개별적으로 정한 특정 사무를 대리하되, 특정후견인이 다수인 경우 가정법원은 직권으로 여러 명의 특정후견인이 공동으로 또는 사무를 분장하여 그 권한을 행사하도록 정할 수 있고, 직권으로 이를 변경·취소할 수 있다.

임의후견의 경우에 임의후견인은 후견계약으로 위탁된 사무를 본인의 의사를 최대한 존중하여 수행해야 한다.

(4) 후견감독인의 선임

성년후견의 감독기구(가정법원, 성년후견감독인)을 두어야 하며, 복수의 감독인도 선임이 가능하다. 특히 임의후견의 경우에 가정법원의 후견감독인 선임이 없으면 후견계약의 효력이 발생하지 않는다.

(5) 후견의 종료

성년후견과 한정후견의 경우에 피후견인의 사망, 후견개시의 원인소멸(질병의 치유 등), 후견종료심판, 후견인의 사퇴·변경이 발생한 경우에 가정법원은 본인, 배우자, 4촌 이내의 친족, 후견인, 후견감독인, 검사 또는 지방자치단체의 장의 청구에 따라 성년후견종료의 심판을 통해 성년후견이 종료된다.

특정후견은 별도의 특정후견종료 심판 없이 특정후견인이 선임된 원인이 되는 사무처리의 종결, 기간의 경과로 종료되며, 임의후견은 후견계약의 철회, 후견계약의 해지, 임의후견인의 해임, 본인에 대한 성년후견 또는 한정후견 개시 심판, 사망·파산 등의 사유에 의해 종료된다.

Ⅶ. 부 양

사회에는 독립적으로 생활할 수 없는 사람이 있는데, 이러한 사람을 어느 누군가가 경제적으로 원조해 주는 것을 부양이라 한다. 민법이 인정하는 부양에는 이론상 두 가지로 생각할 수 있다. 그 하나는 부모와 자 사이 및 부부 사이의 부양이고, 다른 하나는 친족 사이의 부양이다. 전자는 제1차적 부양 또는 생활유지의 부양이며, 미성년자를 포함하는 부부공동생활에 필요한 것을 부부가 제공하는 것으로서 자기의 생활과 같은 정도로 보장하는 것이다. 후자는 제2차적 부양 또는 생활부조의 부양이며, 사회보장의 대체물로서 여유가 있으면 상대방의 최저생활을 보장하는, 즉 자기가 사는 권리가 우선하는 부양이다.

민법은 부부 사이의 부양에 관하여는 친족간의 부양과는 구별하여 부양·협조의무를 따로 규정하고 있기 때문에 부양에 관한 민법 제974조 내지 제979조의 규정은 제2차적 부양에 관한 규정이고, 제1차적 부양에 관해서는 적용되지 않는다.

1. 부양당사자

부양의무는 친족인 직계혈족 및 그 배우자 사이, 기타 생계를 같이 하는 친족 사이에 생긴다(제974조). 형제자매 사이라 하더라도 생계를 같이 하지 않는 경우에는 서로 부양의무가 없다.

어떤 사람에 대하여 부양의 의무가 있는 자가 여럿인 경우 우선 당사자의 협정으로써 부양의무자의 순위를 정하고, 협정이 성립되지 않거나 할 수 없을 때에는 당사자의 청구에 의하여 가정법원이 그 순위를 정한다. 부양을 받을 권리자가 여럿인 경우에도 위의 경우와 마찬가지로 결정된다.

2. 부양의 정도와 방법

민법은 부양의 정도 내지 방법에 관하여 명시하지 않고 우선 당사자 사이의 협정에 의해서 정하도록 하고, 협정이 이루어지지 않거나 할 수 없는 경우에는 당사자의 청구에 의하여 부양받은 자의 생활 정도와 부양의무자의 자력 기타 제반 사정을 참작하여 가정법원이 정하도록 하고 있다(제977조). 참작하여야 할 제반 사정에는 부양권리자와 의무자의 과거의 관계 또는 부양권리자가 생활이 곤궁하게 된 원인 등을 들 수 있다.

부양료는 매월 정기금의 형식으로 지급하는 것이 바람직하다. 그러나 경우에 따라서는 현물로 급여하거나 부양의무자가 권리자를 인수하여 부양하는 것도 인정되어야 할 것이다. 혼인외의 자를 혼자서 양육한 모가 부에게 과거의 양육비를 청구한 것과 관련하여, 생모가 자를 혼자서 양육했더라도 이는 자기의 고유의 의무를 이행한 것이므로 자의 부에게 과거의 부양료를 청구할 수 없다는 것이 판례의 태도였다. 그러나 1994년 판례에서는 그 전의 태도를 바꾸어 부모는 자녀의 출생과 동시에 양육의무가 발생하는 것이므로 과거의 양육비를 청구할 수 있다고 했다.

관련 사례

출가한 동생 A가 오빠 B와 사이가 나쁜 모 C를 모시고 사는 경우, A는 오빠 B에게 부양료를 청구할 수 있는가?

▶ 직계혈족간에는 부양의무가 있으므로(제974조) 자식인 A와 B는 생활능력이 없는 모 C를 부양할 의무가 있다. 자식이 여럿인 경우에 부양할 자의 순위는 당사자의 협정에 의하고, 협정이 없는 때에는 당사자의 청구에 의하여 법원이 정한다(제976조). A는 B가 부양할 능력이 있는 경우 부양료를 청구할 수 있다.

Ⅷ. 상 속

1. 상속제도

상속이란 피상속인의 사망에 의하여 피상속인이 가지고 있던 모든 재산상의 지위 내지 권리의무가 일정한 신분관계에 있는 자에게 포괄적으로 승계되는 것이다.

2. 상속의 개시

(1) 상속의 개시원인

재산상속은 사망만을 개시원인으로 하고 있고(제997조), 상속개시의 시기는 상속원인이 발생한 때, 즉 사망한 때이다. 상속개시의 장소는 피상속인의 주소지이고(제998조), 상속에 관한 비용은 상속재산 중에서 지급한다(제998조의2).

(2) 상속회복청구권

상속회복청구권이란 진실한 상속인이 참칭상속인 또는 그 전득자에 대하여 자기의 상속권에 기한 재산회복을 청구할 수 있는 권리이다(제999조). 상속회복청구권자는 진실상속인 또는 그 법정대리인이다. 공동상속인 경우에는 반드시 전원이 공동으로 하여야 할 필요는 없다. 회복청구의 상대방은 진정한 상속권이 없지만 상속인과 같은 외관을 갖거나 상속인이라고 사칭하는 참칭상속인, 다른 상속인의 상속분을 침해한 공동상속과 이들로부터 상속재산을 전득한 제3자이다.

3. 상속인

(1) 상속의 순위

㈎ **제1순위**　　제1순위의 상속인은 피상속인의 직계비속과 피상속인의 배우자이다(제1000조 제1항 제1호, 제1003조).

1) **피상속인의 직계비속** : 직계비속이 여럿인 경우는 최근친이 선순위가 되고, 동친 등의 직계비속이 여럿인 때에는 공동상속인이 된다. 직계비속이면 자연혈족이건 법정혈족이건 차별이 없고 혼인중의 자와 혼인외의 자, 남자와 여자, 기혼과 미혼, 동일호적 내의 여부는 상속순위에 있어 아무런 차별이 없고, 태아는 상속순위에 관하여는 이미 출생한 것으로 본다.

2) **피상속인의 배우자** : 배우자는 직계비속과 함께 제1순위의 공동상속인이 되고, 직계비속이 없는 경우에는 제2순위인 직계존속과 공동상속한다.

㈏ **제2순위**　　제2순위의 상속인은 피상속인의 직계존속과 피상속인의 배우자이다(제1000조 제1항 제2호, 제1003조).

1) **피상속인의 직계존속** : 직계존속이 여럿인 경우 최근친이 선순위이고 촌수가 같으면 공동상속인이 된다. 직계존속이면 부계이건 모계이건 양가이건 생가이건 묻지 않는다.

2) **피상속인의 배우자** : 피상속인의 배우자는 직계비속이 없는 경우 직계존속과 공동상속인이 되고, 직계존속도 없는 경우에 비로소 단독상속인이 된다.

㈐ **제3순위**　　제3순위 상속인은 피상속인의 형제자매이다(제1000조 제1항 제3호). 형제자매가 여럿인 경우에는 동순위의 상속인이 되고 남녀의 차이, 기혼・미혼의 차이, 가족관계등록부의 이동, 자연혈족・법정혈족의 차이는 묻지 않는다. 판례 역시 "민법 제1000조 제1항 제3호 소정의 '피상속인의 형제자매'라 함은, 민법 개정시 친족의 범위에서 부계와 모계의 차별을 없애고, 상속

의 순위나 상속분에 관하여도 남녀 간 또는 부계와 모계 간의 차별을 없앤 점 등에 비추어 볼 때, 부계 및 모계의 형제자매를 모두 포함하는 것으로 해석하는 것이 상당하다"고 판시하였다.[4)]

㈑ **제4순위**(제1000조 제1항 제4호) 제4순위의 상속인은 피상속인의 4촌 이내의 방계혈족이다. 4촌 이내의 방계혈족이 여럿인 경우 근친자가 선순위가 된다. 여기에서 말하는 방계혈족의 경우에도 차별이 없는 것은 앞의 경우와 같다.

㈒ **국가** 제4순위의 상속인도 없는 경우에는 재산상속인의 부존재 상태가 생긴다. 이와 같은 경우에 특별연고자는 재산분여를 청구할 수 있다(제1057조의2). 특별연고자의 분여청구가 없거나 분여하고 남은 재산이 있을 때에는 그 재산은 결국 국가에 귀속하게 된다(제1058조).

(2) 대습상속

대습상속이란 상속인이 될 직계비속 또는 형제자매가 상속개시 전에 사망하거나 결격자가 된 경우에, 그 직계비속이 있는 때에는 그 직계비속이 사망하거나 결격된 자의 순위에 갈음하여 상속인이 되며(제1001조), 상속개시 전에 사망 또는 결격된 자의 배우자도 그 직계비속과 함께 동순위로 공동상속인이 되며 그 상속인이 없을 때에는 단독상속인이 되는 것(제1003조 제2항)을 말한다.

(3) 상속인의 자격

㈎ **상속능력** 상속능력이란 상속인이 될 수 있는 자격을 말한다. 따라서 권리능력이 있는 자는 모두 상속능력이 있다. 그러나 태아는 상속에 관하여 이미 출생한 것으로 본다(제1000조 제1항).

㈏ **상속의 결격**(제1004조) 상속인에게 어떤 법정사유가 발생한 경우에 특별히 재판상의 선고를 기다리지 않고 법률상 당연히 그 상속인이 피상속인을 상속하는 자격을 잃는 것을 상속결격이라고 한다. 결격사유가 발생하면 상속인은 상속할 자격을 상실한다. 상속개시 후에 결격사유가 발생한 경우에는 일단 유효하게 개시된 상속도 그 개시시에 소급하여 무효가 된다.

---

4) 대법원 1997.11.28. 선고 96다5421 판결.

1) 고의로 직계존속, 피상속인, 그 배우자 또는 상속의 선순위자나 동순위자를 살해하거나 살해하려 한 자 : 고의의 살인인 경우에 한한다. 살인죄의 기수·미수, 예비·음모와 자살의 교사·방조도 이 요건을 충족한다. 태아가 선순위자나 동순위자인 경우에는 낙태죄도 이 요건을 충족시킬 수 있다.

2) 고의로 직계존속, 피상속인과 그 배우자에게 상해를 가하여 사망에 이르게 한 자 : 고의의 상해로 인한 치사에 한하고 상해만으로써는 결격사유가 되지 않는다. 상속의 선순위자나 동순위자는 여기서 제외된다.

3) 사기 또는 강박으로 피상속인의 상속에 관한 유언 또는 그 철회를 방해한 자

4) 사기 또는 강박으로 피상속인의 상속에 관한 유언을 하게 한 자

5) 피상속인의 상속에 관한 유언서를 위조·변조·파기 또는 은닉한 자 등이다.

4. 상속의 효과

(1) 일반적 효과

상속인은 상속이 개시된 때부터 피상속인의 재산에 관한 포괄적 권리·의무를 승계한다(제1005조 본문). 상속의 승계는 당연히 이루어지는 것이므로 특별한 의사표시나 등기를 해야 할 필요는 없다. 그러나 피상속인의 일신에 전속된 권리·의무는 상속의 대상이 되지 않는다(동조 단서). 상속인이 여럿인 경우에 상속재산은 그 공동상속의 공유가 되고(제1006조), 공동상속인은 각자의 상속분에 응하여 피상속인의 권리·의무를 승계한다(제1007조).

분묘에 속한 1정보 이내의 금양임야와 600평 이내의 분토인 농지, 족보와 제구의 소유권은 제사를 주재하는 자가 이를 승계한다(제1008조의3). 금양임야란 벌목을 금지하고 나무를 기르는 임야를 말한다. 분묘 등의 소유권은 상속재산이 아니므로, 상속분 또는 유류분 등의 산정에 있어서 상속재산 속에 산입되지 않으며, 상속을 포기한 자도 승계할 수 있다.

(2) 상속분

상속분은 여럿이 공동으로 상속을 하는 경우 상속재산에 대한 각자의 배당비율을 말한다.

㈎ **지정상속분** 피상속인은 유언에 의하여 상속분을 지정할 수 있다. 그러나 유류분에 반하는 지정을 할 수 없고, 만약 유류분에 반하는 지정을 하였을 경우에는 침해를 받은 유류분권리자는 반환을 청구할 수 있다(제1115조).

상속채무는 그것을 부담할 비율을 유언으로 지정할 수 없다. 만약 이것을 허용하면 자력 없는 상속인을 지정함으로써 상속채권자를 해할 염려가 있기 때문이다. 따라서 상속채무에 관하여 지정이 있더라도 공동상속인에 대하여 법정상속분에 따른 부담을 청구할 수 있다고 해석하여야 할 것이다.

㈏ **법정상속분** 피상속인이 상속분을 지정하지 않았을 때 그 상속분은 민법의 규정에 따른다. 실지로 피상속인이 상속분을 지정하는 경우가 많지 않으므로 대부분 법정상속분에 따른다.

1) **동순위상속인 사이의 상속분** : 동순위의 상속인이 여럿인 경우에는 그 상속분은 균분으로 한다(제1009조 제1항 본문). 혼인을 하였는지의 여부와 관계없이 여자도 다른 상속인과 동일한 상속분이 보장된다. 그리고 혼인중의 자와 혼인외의 자의 사이에도 차별을 두지 않는다.

2) **배우자의 상속분** : 피상속인의 배우자의 상속분은 직계비속과 공동으로 상속하는 때에는 직계비속의 상속분의 5할을 가산하고, 배우자의 직계존속과 공동으로 상속하는 때에는 직계존속의 상속분의 5할을 가산한다.

㈐ **특별수익자의 상속분** 공동상속인 중에 피상속인으로부터 재산의 증여 또는 유증을 받은 자가 있는 경우에 그 수증재산이 자기의 상속분에 달하지 못한 때에는 그 부족한 부분의 한도에서 상속분이 있다(제1008조).

이와 같이 상속분을 산정할 때 피상속인으로부터 받은 증여 또는 유증을 상속분의 선급으로 보고 참작하여야 분배상 공평을 기할 수 있다. 이것을 수증자 또는 유증을 받은 자의 반환의무라 한다. 반환의무를 지는 수증자 또는 유증을 받은 자는 상속을 승인한 공동상속인이다. 따라서 상속을 포기한 자는 반환의무를 지지 않는다.

㈑ **기여상속인의 상속분**(제1008조의2) 기여분이란 공동상속인 중에서 피상속인의 재산의 유지 또는 증가에 특별히 기여하였거나, 피상속인을 특별히 부양한 자가 있는 경우에는 이를 상속분을 산정할 때 고려하는 제도이다. 즉, 피상속인이 상속개시 당시에 가지고 있던 재산의 가액에서 기여상속인의 기여분을 공제한 것을 상속재산으로 보고 상속분을 산정하여, 이 산정된 상속

분에다 기여분을 합한 액을 기여상속인의 상속분으로 하는 것이다.

기여분권리자는 공동상속인에 한하므로 공동상속인이 아닌 사실혼의 배우자는 기여분을 청구할 수 없다. 상속을 포기한 자도 기여분의 권리를 주장할 수 없다.

기여분을 결정하기 위해서는 우선 전원공동상속인이 협의하여야 한다. 공동상속인이 기여분에 관하여 협의가 되지 않거나 협의할 수 없는 때에는 기여자의 청구에 의하여 가정법원은 기여의 시기·방법 및 정도와 상속재산의 액, 기타의 사정을 참작하여 기여분을 정한다. 그러나 기여분은 상속이 개시된 때의 피상속인의 재산가액에서 유증의 가액을 공제한 액을 넘지 못한다. 이 제한은 기여분보다는 유증을 우선시키기 위한 것이다.

(3) 상속재산의 분할

㈎ 상속개시로 인하여 생긴 공동상속인 사이에 있어서의 상속재산의 공유관계를 종료시키고 상속분에 따라 그 배분귀속을 확정시키는 것을 목적으로 하는 일종의 청산행위이다. 분할방법으로는 다음 세 가지가 있다.

1) **유언에 의한 분할** : 피상속인은 유언으로 상속재산의 분할방법을 정하거나 이를 정할 것을 제3자에게 위탁할 수 있다. 그러나 상속개시의 날로부터 5년을 경과하지 아니하는 기간 내의 그 분할을 금지할 수 있다(제1012조).

2) **협의에 의한 분할** : 민법 제1012조의 경우 외에는 공동상속인은 언제든지 그 협의에 의하여 상속재산을 분할할 수 있다(제1013조).

3) **조정 또는 심판에 의한 분할** : 공동상속인 사이에서 상속재산분할의 협의가 성립되지 않는 때에는 각 공동상속인은 가정법원에 분할을 청구할 수 있다. 이 경우에는 우선 조정을 신청하여야 한다.

㈏ 상속재산의 분할은 상속이 개시된 때에 소급하여 그 효력이 있다(제1015조 본문). 그러나 소급적 효력은 상속개시시부터 분할시까지의 사이에 상속재산에 관하여 생긴 거래안전을 해칠 염려가 있기 때문에 민법은 소급효는 인정하지만 제3자의 권리를 침해하지 못한다고 규정하고 있다(동조 단서).

5. 상속의 승인과 포기

상속은 효력이 발생함과 동시에 피상속인의 권리·의무가 상속인의 의사와는 관계없이 또 상속인이 알든 모르든 법률상 당연히 포괄적으로 상속인에게 이전된다. 그러나 당연히 귀속되는 권리·의무의 내용에 따라서 상속인에게 미치는 이해관계가 매우 크므로 상속의 효과를 확정적으로 할 것인가, 또는 부인할 것인가를 상속인에게 부여하는 제도가 상속의 승인과 포기이다.

(1) 승인과 포기의 성질

상속의 포기는 상속의 효력을 부인하는 의사표시이고, 상속의 승인은 상속을 포기하지 않겠다는 의사표시이다. 그러므로 승인 또는 포기를 하려면 행위능력자여야 하고, 상속인이 제한능력자인 경우에는 친권자 또는 후견인의 동의를 얻어야 승인 또는 포기할 수 있다. 또한 상속은 포괄적이므로 승인과 포기도 상속재산에 대하여 포괄적으로 하여야 하며 특정 재산에 대하여 선택적으로 할 수 없다. 한정승인과 포기는 이해관계인에게 미치는 영향이 크므로 가정법원에 신고를 하여야 한다. 승인과 포기를 할 수 있는 기간은 상속인이 상속개시 있음을 안 날로부터 3월 이내이다(제1019조 제1항). 단, 상속인이 상속채무가 상속재산을 초과하는 사실을 중과실 없이 제1항의 기간 내에 알지 못하고 단순승인을 한 경우에는, 상속채무가 상속재산을 초과하는 사실을 안 날로부터 3월내에 한정승인을 할 수 있다(제1019조 제3항). 상속의 승인과 포기를 일단 한 이상은 3개월의 기간 내에도 이것을 취소할 수 없다(제1024조 제1항).

(2) 단순승인

단순승인이란 피상속인의 권리·의무를 무조건·무제한으로 승계하는 상속형태 또는 이것을 승인하는 상속방법이다. 실제로는 단순승인의 의사표시를 하는 경우는 거의 없고 법정단순승인이 되는 경우가 많다.

일정한 사유가 있을 때에는 당연히 단순승인을 한 것으로 본다(제1026조). 이것을 법정단순승인 또는 의제단순승인이라고 한다. ① 상속인이 상속재산에 대한 처분행위를 한 때, ② 상속인이 한정승인 또는 포기를 하여야 할 기간 내에 이를 하지 않은 때, ③ 상속인이 한정승인 또는 포기를 한 후에 상속재산을 은닉하거나 부정소비하거나 고의로 재산목록에 기입하지 않은 때이다.

단순승인이 됨으로써 상속의 원칙적 효과가 확정되어 상속인은 권리도 승계받지만 상속의무에 대해서도 무한책임을 지게 된다. 공동상속의 경우에는 법정사유가 있는 상속인에 대해서만 단순승인의 효과가 생기며 다른 상속인에게는 영향을 주지 않는다고 해석하여야 한다.

(3) 한정승인

한정승인이란 상속인이 상속으로 인하여 취득할 재산의 한도에서 피상속인의 채무와 유증을 변제할 것을 조건으로 상속을 승인하는 것을 말한다(제1028조). 상속인을 보호할 목적으로 마련된 제도이지만, 한정승인도 상속승인의 하나의 방식이므로 피상속인의 채무와 유증을 변제한 후에 상속재산이 남아 있는 경우 그것을 상속인에게 귀속한다. 상속인이 한정승인하려면 3개월의 기간 내에 상속재산의 목록을 첨부하여 가정법원에 한정승인의 신고를 하여야 한다(제1030조). 한정승인을 한 상속인은 상속에 의하여 얻은 재산의 한도에서만 피상속인의 채무와 유증을 변제하면 된다. 그러나 이것을 자기의 고유재산으로써 변제할 책임이 없을 뿐이지 채무로서는 전액을 승계하는 것이다.

(4) 상속의 포기

상속의 포기는 상속인이 자기를 위하여 발생한 상속의 효력을 부인하고 처음부터 상속인이 아니었던 것으로 효과를 생기게 하는 의사표시이다. 이 의사표시는 포기하려는 자가 3개월의 기간 내에 가정법원에 포기의 신고를 하여야 한다(제1041조). 상속을 포기한 자는 처음부터 상속인이 아니었던 것으로 된다(제1042조). 상속인이 여럿인 경우에는 어느 상속인이 상속을 포기한 때에는 그 상속분은 다른 상속인의 비율로 그 상속인에게 귀속한다(제1043조).

6. 특별연고자에 대한 상속재산의 분여

종래 우리 민법은 상속인수색공고가 있은 후 공고기간 내에 상속권을 주장하는 자가 없는 경우에 국가에 귀속하도록 되어 있었다. 그러나 피상속인의 사실혼 배우자와 같이 실질적으로는 피상속인과 가까우면서도 법률상 상속권이 없는 경우까지 재산을 상속할 수 없다는 것은 부당하다. 그래서 1989년 개정민법에 의해 특별연고자에 대한 분여제도(제1057조의2)를 신설하였다.

(1) 특별연고자의 범위

특별연고자로서 피상속인과 생계를 같이하고 있던 자, 피상속인의 요양·간호를 한 자, 기타 피상속인과 특별한 연고가 있던 자를 규정하고 있다.

따라서 구체적으로 보면 사실혼의 배우자, 사실상의 양자, 장기간 피상속인의 요양・간호에 종사한 자, 양로원 등이 있을 수 있다. 그러나 형식적으로는 위와 같은 특별연고자에 해당되는 경우라고 하더라도 가정법원이 특별연고자라고 인정할 때 비로소 민법 제1057조의2의 특별연고자의 지위를 갖는다. 이 점에서 일정한 신분에 기인하여 당연히 권리로서 인정되는 상속권과 다르다.

(2) 재산분여청구

재산분여를 원하는 자는 제1057조의 기간이 만료된 후 2월 이내에 가정법원에 재산분여를 청구하여야 한다. 특별연고자가 재산분여청구를 하였을 때 어느 정도 분여할 것인가는 가정법원의 자유재량에 맡겨진다. 재산분여는 청구가 인용되면 상속재산의 전부 또는 일부가 분여된다. 그러나 특별연고자는 상속인이 아니므로 상속채무 등의 의무는 승계하지 않는다.

관련 사례

1. A에게는 형 B와 여동생 C가 있다. A는 어려서 자식이 없는 작은집의 양자가 되었고, 여동생 C는 현재 출가하였다. 친부가 사망했을 때 A, B, C의 상속은 어떻게 되겠는가?

   ▶ 상속순위의 제1순위인 피상속인의 직계비속은 혼인을 하였는지의 여부는 요하지 않으므로 상속에 있어서 A, B, C는 동순위이다. 문제는 A가 작은집에 양자가 되었다는 점인데, A가 일반입양되었다면 친생부모와 양부모 양쪽의 상속권을 모두 가질 수 있으나, 작은집의 친양자가 되었다면 친생부모와의 법률관계는 소멸하게 되므로 양부모에 대한 상속권만을 가지게 된다.

2. 임신 3개월인 B는 남편 A가 교통사고로 사망하자 혼자 살아갈 것이 막막하여 낙태를 시켰다. B는 남편 A의 재산을 상속받을 수 있는가?

   ▶ 태아는 상속순위에 관하여 이미 출생한 것으로 보므로(제1000조 제3항) 이 사례처럼 상속에 있어서 동순위에 있는 태아를 살해한 낙태는 상속결격사유(제1004조 제1호)에 해당되어 B는 A의 재산을 상속받을 수 없다. 제1004조 제1호의 요건으로서 살해의 고의 이외에 동순위의 상속인을 살해함으로써 상속에 유리하다는 인식을 요구하지 않는다.

IX. 유 언

유언이란 유언자의 사망과 동시에 일정한 법적 효과를 발생시킬 것을 목적으로 하는 상대방 없는 단독행위이다. 유언은 사후에 사자의 진의를 확인하기 곤란하고, 유언자에게 신중한 의사표시를 하게 하며, 또 타인의 위조·변조를 방지하기 위하여 요식행위로 되어 있다. 유언은 사망 후에 효력이 발생하므로, 무제한으로 유언의 자유를 인정한다면 폐해가 많기 때문에 법정사항에 한하여 유언할 수 있다.

유언은 사자의 최후의 의사를 존중하는 제도이고 유언의 효력은 사망시에 발생하므로, 행위자 자신을 보호하는 것을 목적으로 하는 제한능력자제도를 엄격하게 적용할 필요가 없으므로 의사능력만 있어도 충분하다. 만17세에 달한 자는 단독으로 유언할 수 있고, 피성년후견인도 의사능력을 회복하여 의사가 피성년후견인의 심신회복 상태를 유언서에 부기 및 서명날인한 경우에는 유언을 할 수 있다(제1063조).

민법은 유언의 방식으로 자필증서, 녹음, 공정증서, 비밀증서, 구수증서의 다섯 가지만을 인정하고 그 각각에 대하여 엄격한 형식을 요구하고 있다(제1066조~제1070조). 자필증서를 제외하고는 모두 증인이 필요하다. 그러나 제한능력자, 유언에 의하여 이익을 받을 자 및 그 배우자와 직계혈족은 증인자격이 없다.

X. 유류분

유류분(遺留分)이란 상속인이 상속에 있어서 법률상 취득이 보장되고 있는 상속재산상의 이익에 대한 일정액으로서, 피상속인의 증여 또는 유증으로도 침해할 수 없는 것을 말한다. 사유재산제도하에서는 원칙적으로 자기가 소유하는 재산은 자유롭게 처분할 수 있다. 이 원칙은 생전의 처분의 자유뿐만 아니라 사후처분의 자유도 인정되는 것이다. 그러나 유산처분의 자유를 관철하면 피상속인이 생존가족의 생활을 고려하지 않고 재산 전부를 처분하는 경우, 생존가족의 생활에 커다란 지장을 주고 또 상속재산은 대개 피상속인의 독자적인 노력에 의한 것이라기보다는 가족의 협력에 의한 산물이라고 할 수 있기 때문에 유산을 자기 마음대로 처분하는 것은 부당하다. 민법은 개인재산 처분의 자유는 인정하지만 가족생활의 안전과 가족재산의 공평한 분배를 위하여 재산처분의 자유를 제한하는 유류분제도를 두고 있다.

유류분을 가지는 자는 피상속인의 직계비속・배우자・직계존속・형제자매이다(제1112조). 태아도 살아서 출생하면 직계비속으로서 유류분을 가진다. 대습상속인도 피대습자의 상속분의 범위 내에서 유류분을 갖는다. 상속인의 유류분은, 피상속인의 직계비속은 그 법정상속분의 2분의 1, 피상속인의 배우자는 그 법정상속분의 2분의 1, 피상속인의 직계존속은 그 법정상속분의 3분의 1, 피상속인의 형제자매는 그 법정상속분의 3분의 1이다.

유류분의 액을 산출하기 위해서는 우선 산정의 기초가 되는 피상속인의 재산액을 확정하여야 한다. 민법은 피상속인의 상속개시시에 있어서 가진 재산의 가액에 증여재산의 가액을 가산하고 채무의 전액을 공제하여 이를 산정한다(제1113조)고 규정하고 있다. 상속인 각자의 유류분의 액은 유류분산정의 기초가 되는 재산액에 그 상속인의 유류분의 률을 곱한 것이다.

유류분권리자는 유류분에 부족한 한도에서 유증 또는 증여된 재산의 반환을 청구할 수 있다(제1115조 제1항). 반환청구는 유류분권리자가 유증 또는 증여받은 자에 대한 의사표시로 한다. 반환청구권이 재판상 행사되는 경우에도 상대방에 대한 의사표시를 하여야 한다. 반환청구권은 유류분권리자가 상속의 개시와 반환하여야 할 증여 또는 유류를 한 사실을 안 날로부터 1년 내에 하지 않으면 시효로 소멸한다(제1117조). 또한 상속이 개시한 때부터 10년을 경과하면 반환청구권은 소멸한다.

Chapter 04 상 법

제1절 총 론

Ⅰ. 상법의 의의

형식적 의의의 상법은 '상법'이라는 명칭 아래 제정된 성문법 곧 상법전(商法典)을 가리킨다. 현행 상법전은 1962년 1월 20일 법률 제1000호로 제정되어 1963년 1월 1일부터 시행되고 있다. 상법전은 총칙, 상행위, 회사, 보험 및 해상 그리고 항공운송의 6편으로 구성되어 있다. 1984년 4월에는 총칙의 상업장부와 회사법 특히 주식회사법, 1991년 12월에는 보험·해상법, 그리고 1995년 12월 29일에 총칙과 상행위, 회사법이 개정되었다. 또한, 1998년 12월 28일과 1999년 12월 31일, 2001년 7월 24일에 회사법이 연속하여 개정되었다. 그 후 2007년 8월 3일 해상법이 개정되었다. 이는 2005년 정부가 전반적인 해상법체계를 근대적인 해운기업에 적합하도록 시장정합성에 맞게 개정작업에 착수한 것에 기인했다. 2009년 1월 30일에는 「자본시장과 금융투자업에 관한 법률」이 제정[1]되는 것과 함께 폐지되는 「증권거래법」상 상장법인의 지배구조에 관한 특례규정을 상법 회사편에 포함시키는 것을 내용으로 하여 회사법이

1) 2007. 8. 3. 법률 제8635호, 2009. 2. 4. 시행.

개정되었다. 바로 연이은 2009년 5월 28일 소규모주식회사의 설립절차 간소화 및 지배구조의 개선・전자투표 등 회사경영의 정보기술(IT)화에 관한 규정의 일부인 회사법이 개정되었다. 2010년 5월 14일에는 상법총칙 및 상행위법이 개정되었다. 이는 지급결제 업무의 인수 등 새로운 상행위를 도입하고, 상법 제46조에 상행위로 규정되어 있던 금융리스, 프랜차이즈와 팩토링의 법률관계를 구체적으로 규정한 것이었다.

이후로도 국제적인 시장변화와 기업지배구조의 국제적 정합성 등을 이유로 회사법 분야에 대한 개정이 계속되었는데, 2009년에 두 차례 그리고 2011년에 한 차례 통과시켜 2011년 4월 14일에 공포하였다. 같은 해인 2011년 4월 29일 상법 제6편이 신설되었는데, 여기에는 항공운송에 관한 규정을 포함하는 것을 내용으로 한 것이었다. 2014년 3월 11일에 보험법이 23년만에 개정이 되었는데 선량한 보험계약자를 두텁게 보호하기 위하여 보험약관 설명의무 등의 내용을 강화하고 보험관련 소멸시효를 연장했으며, 보험대리상 권한에 관한 규정을 신설하였다. 더불어 몇몇의 신종 보험계약에 관한 규정을 신설하여 보험산업의 성장과 변화를 반영하였다. 거의 같은 시기인 2014년 5월 20일 회사법 분야가 개정이 되었는데, 공포와 동시 발효되어 무기명주식제도가 폐지되었다. 2015년 11월 12일에는 기업인수・합병 시장의 확대 및 경제활성화 도모를 위해 기업조직재편 등에 관한 여러 제도를 도입하고 개선한 취지로 회사법이 개정되었다. 이에 따라 삼각주식교환 및 삼각분할합병이 도입되고, 기업조직재편의 대가 관련이 개정되고, 기업인수 및 합병 관련 제도가 간소화되었고 분할 및 분할합병시 연대책임이 배제되는 채무의 범위가 명확하게 되었으며, 반대주주의 주식매수청구권 제도가 정비되었다.

실질적 의의의 상법은 이러한 형식적 의의의 상법의 존부 내지 내용 여하에 관계없이 통일적・체계적으로 파악할 수 있는 독자적인 법영역으로서의 상법을 말하는 것으로, 통상 기업법설의 처지에 따라 기업의 생활관계 그 중에서도 기업에 관한 각 경제주체 간의 사적・경제적 이익의 조정을 목적 내지 이념으로 한, 기업의 법률관계를 규율하는 법규의 전체로 이해되고 있다.

형식적 의의의 상법은 법률정책적인 견지에서 실제성・편의성을 본위로 하는 것이므로 내용의 비포괄성과 이론적인 비체계성을 면할 수 없으나, 실질적 의의의 상법은 학문적인 견지에서 통일성・체계성을 주안으로 하는 것이므로 존재형식에 제약이 없고 내용도 포괄적이라고 할 수 있다. 따라서 양자는 그 범위가 일치되지 않고, 형식적 의의의 상법은 실질적 의의의 상법의 존재형식 곧 상법의 법원의 일종이 될 뿐이다.

II. 상법의 지위

1. 상법의 자주성

상법은 기업을 규율대상으로 하는 법으로, 다른 법영역에서 분리·독립하여 독자적인 체계를 유지할 수 있는 자주성이 인정된다. 상법은 그 규율대상인 기업의 특성을 반영하고 그 특수한 수요를 충족시키기 위한 법으로서, 기업조직의 유지와 기업거래의 원활을 이념으로 하여 ① 영리성, ② 신속성, ③ 외관주의, ④ 공시주의, ⑤ 법률관계의 획일적 처리, ⑥ 법적 확실성, ⑦ 책임의 가중·경감 등의 특수성을 보이는 점에서 다른 법부문과 구별되고 있다.

2. 상법과 민법

상법은 기업에 관한 법으로, 그 규율대상의 면에서 일반 사생활을 규율대상으로 하는 민법에 대하여 자주성이 있고, 양자는 특별법과 일반법의 관계에 있다. 상법은 민법규정을 보충·변경하기도 하고(매매, 시효, 계약의 성립, 이율), 민법의 규정·제도를 기업관계에 적합하게 특수화하기도 하며(상업사용인, 회사), 민법에는 없는 특수한 제도(상업장부, 상호, 상호계산)를 두고 있기도 하다. 이와 같이 상법이 기업의 생활관계에 대하여 민법과 다른 법규제를 하는 것은 기업의 특별수요를 민법으로써는 만족시킬 수 없기 때문이다.

3. 상법과 기업관계법

근대법체계 중에서의 상법의 지위에 관하여는 종래 주로 민법과의 관계가 논의되어 왔지만, 19세기 이후에는 특히 제1차 세계대전을 계기로 발전하여 온 노동법 및 경제법과의 관계에서 그 지위를 명백히 할 필요가 있게 된다.

먼저 상법의 대상인 기업은 영리를 실현하는 경제·경영의 단위로서, 인적·물적 요소의 유기적 결합으로 이루어지는 이상 인적 요소로서의 노동자의 고용이 필요하고, 이에 따른 기업의 노사관계를 규율하는 노동법과 상법의 관계가 문제가 된다. 상법이 기업의 다른 경제주체(기업, 소비자)에 대한 상품 서비스 공급 측면(output)에서의 이해관계자간의 사적 이익의 조정을 목적으로 하는 법인데 대하여, 노동법은 종속적 노사관계에서의 근로조건의 유지·개선을 통한 노동자의 생존권 보장과 사회적 지위의 향상을 이념으로 하는 법인 점에서 차이가 있다.

한편 경제법과의 관계에 있어서는, 경제법이 자본주의의 고도화에 따른 자본주의 경제기구의 폐해를 제거하고 국민경제의 정상적인 운영, 특히 경제적 약자의 보호를 목적으로 경제에 대한 국가적 규제를 수단으로 하여 전개되어 온 법분야임에 비추어, 양 법이 다같이 기업에 의한 경제생활관계를 규율대상으로 한다는 공통점을 찾을 수 있다. 그러나 상법은 개개의 경제주체의 이익을 기초로 하여 수평적인 평등관계에서 권리·의무관계로 처리함으로써, 경제생활상의 사적 이익의 조정을 이념으로 하는 법이다. 이에 대하여, 경제법은 국민경제의 이익을 기초로 하여 국가와 기업 간의 수직적인 불평등관계에 의한 기업규제를 통하여 개개의 경제주체의 이익을 초월한 국민경제의 전체적인 조화를 이루고자 하는 법이라는 점에서 그 이념이 상위함을 알 수 있다. 그 결과 경제법은 이른바 사회법의 일종이고, 상법은 민법에 대한 특별사법인 점이 서로 다르며, 양자는 별개의 법역을 구성한다. 다만 상법이 이념으로 하는 개개 경제주체의 이익조정도 국민경제 전체의 이익과의 관련을 떠나 독립·무관계한 것으로 파악할 수 없으며, 상법과 경제법의 이중적 존재는 기업관계에 관한 양 법의 유기적인 관련에서의 법의 기능을 저해한다. 따라서 양 법이 현재로서는 과도기적으로 별개의 법역을 형성하고 있으나, 궁극적으로는 양 법이 종합되어야 하고 이는 앞으로 상법학의 중대한 과제라고 할 것이다.

III. 상법의 법원

상법의 법원에 관하여 상법 제1조는 「상사에 관하여 본법에 규정이 없으면 상관습법에 의하고 상관습법이 없으면 민법의 규정에 의한다」고 규정하고 있다. 이때의 '상사'는 상법전 또는 상사특별법에서 그 적용대상으로 하고 있는 생활사실을 의미하며, 상법의 법원 중 주요한 것으로는 상법전, 상사특별법령, 상사조약 등의 성문법과 상관습법, 상사자치법 등의 불문법이 있다. 법원 상호간의 적용순위는 ① 성문법우선의 원칙, ② 신법우선의 원칙, ③ 특별법우선의 원칙, ④ 국제법존중주의 등 법의 일반원칙에 의하여 결정되며, 이를 도시하면 다음의 표와 같다.

상사 자치법 ⇨ 상사 특별법 ⇨ 상관습법 ⇨ 민법[자(自) → 특(特) → 전(典) → 관(慣)] …… 조리

상사특별법 | 상사조약(商事條約)

민법 | 상사조리(商事條理)

Ⅳ. 상법의 체계구성

사법의 경우 규율대상인 법률관계가 권리·의무의 귀속주체 및 그 권리·의무의 변동원인인 법률요건으로 구성되어 있는 것에 좇아 상법의 체계를 파악해 보면, 상인법적 체계의 현행상법은 상인과 그 영업상의 법률관계를 규정의 구체적 내용으로 하고 있다. 즉 현행 상법은 영업의 주체인 상인에 관하여 개인상인과 법인상인 중 일반법인인 상인은 제1편 총칙에, 영리법인인 회사는 제3편 회사에, 그리고 상인의 인적·물적 조직과 공시제도를 총칙에 각각 규정하고 있으며, 영업상의 법률요건에 관한 상행위 일반은 제2편 상행위에, 보험계약은 제4편 보험에, 해상기업활동의 주체와 법률요건 및 그 적용기준인 선박에 관하여는 제5편에 규정하고 있다. 그리고 제6편에는 항공운송에 관한 규정을 두고 있다.

제2절 상 인

I. 총 설

1. 상인의 의의

상인이란 자기명의로 영업을 하는 자를 말한다. 자기명의로 영업을 하므로 상인은 영업상 권리·의무의 법률상의 귀속주체가 되며, 이때 영업이란 영리를 목적으로 하나 이상의 동종행위를 계속적으로 반복하는 것을 말한다. 상인은 목적으로 하는 영업행위의 종류에 따라 당연상인과 의제상인으로, 법규적용 관계에 따라 보통상인(완전상인)과 소상인으로, 법인격의 종별에 따라 개인상인과 법인상인으로 구분할 수 있다.

권리능력자로서 영업상의 권리·의무의 주체가 될 수 있는 자격을 상인자격이라고 하며, 이 상인자격의 취득과 상실시기의 확정 문제는 상법의 적용유무를 결정하는 중요한 기준이 된다. 상인자격의 취득시기는 회사의 경우 회사의 설립등기시, 기타의 상인의 경우 영업개시시이며, 상실시기는 회사의 경우 청산종결시, 설비상인은 설비의 폐지, 그 밖의 상인은 영업의 종결시이다.

2. 상인의 명칭(상호)

상인이 영업상 자기를 표시하기 위하여 사용하는 명칭을 상호라고 한다. 상호는 '상인'의 명칭이므로 ① 비상인이나 ② 소상인의 경우에는 그 적용이 없다(제9조). 또한 '영업상'의 명칭이므로 영업의 존재가 필요하고 또 영업관계에서 사용하는 것이라야 한다. 따라서 상품의 동일성을 나타내는 상표나 영업의 동일성을 표시하기 위한 기호·도형인 영업표와는 구별하여야 한다. 한편, 상호는 '명칭'이므로 구두로 발음할 수 있고 문자로 기록할 수 있어야 한다. 외국어는 상호로 사용할 수 없으며, 상호는 한글과 아라비아 숫자를 사용하여야 한다. 다만, 알파벳을 꼭 넣고 싶은 경우에는 한글과 아라비아 숫자로 상호를 기록한 다음 이를 음역하여 한글로 표기하여야 한다.

(1) 선 정

상호의 선정은 원칙적으로 자유이나(제18조) 몇 가지 제한이 있다(제19조 내지 제21조). 회사의 상호는 반드시 그 종류를 표시하여야 하며, 개인상인의 상호에는 회사임을 표시하는 문자를 사용할 수 없고, 부정목적의 상호는 사용할 수 없으며, 하나의 영업에는 하나의 상호만을 사용하여야 한다. 이는 일반인의 오인과 타인의 상호선정의 자유에 대한 제한을 막기 위한 것이다.

(2) 상호권

적법하게 선정한 상호에 대하여 상인이 가지는 법률상의 지위를 상호권이라고 한다. 상호권의 성질은 재산권과 인격권이 결합한 특수한 권리로서 일종의 무체재산권이다. 상호권에는 상호사용권과 상호전용권이 있다. 전자는 타인의 방해를 받지 않고 자유로이 상호를 사용할 수 있는 적극적인 권리로서 상호권의 최소한도의 효력이다. 따라서 상호사용에 대한 타인의 위법한 방해는 불법행위를 구성하게 된다. 후자는 타인이 자기의 상호와 동일·유사한 상호를 사용하는 경우 그 사용폐지와 손해배상을 청구할 수 있는 소극적인 권리이다.

상호에는 등기제도가 있는데, 이러한 상호권의 성질 내지 내용은 등기한다고 하여 달라지는 것은 아니다. 다만 상호전용권의 행사에 있어서 비등기상호의 상호권자는 상대방의 부정목적의 사용과 손해받을 염려가 있음을 아울러 증명해야만 하는 데 대하여, 등기상호의 상호권자는 상대방의 부정목적만 증명하면 되고 그것도 동일 행정구역 내에서는 부정목적이 추정되므로(제23조), 양자간에는 증명할 사실과 거증책임귀속자에 차이가 있다.

(3) 양 도

상호권은 재산권적 성질이 있으므로 양도성이 인정된다. 그러나 상호는 상인의 영업상의 명칭이기 때문에 동일상호의 배후에는 동일영업을 한다고 예상하는 일반인의 신뢰를 보호하기 위하여, 영업폐지의 경우를 제외하고 상호는 원칙적으로 영업과 함께 하는 경우에만 양도할 수 있게 되어 있다. 또 상호의 양도는 양도인과 양수인 간의 의사표시만으로 그 효력이 발생하고, 특별한 방식을 요하지 않으나 등기된 상호의 양도의 경우 이를 등기하지 않으면 제3자에 대항할 수 없도록 하였다(제25조).

영업과 함께 상호를 양도한 경우에는 영업의 외형에 변화가 없으므로 종전의 양도인의 채권자와 채무자를 특히 보호할 필요가 있다. 따라서 이 경우 종전의 양도인의 채권자에게 대하여는 양수인도 변제책임을 지며, 종전의 양도인의 채무자는 악의·중과실 없이 양수인에게 변제하면 유효한 변제가 된다(제42조, 제43조).

(4) 명의대여

타인에게 자기의 성명 또는 상호를 사용하여 영업을 할 것을 허락한 자를 명의대여자라 한다. 영업외관에 대한 신뢰보호와 상호진실주의의 요청에 따라 명의대여자는 그 영업에 관하여 차용자와 함께 제3자에 대한 연대변제책임을 진다(제24조).

명의대여자의 책임이 발생하기 위하여는 명의대여의 외관이 존재하여야 하고, 명의사용의 허락에 관한 명의대여자의 귀책사유가 있어야 하며, 제3자에 의한 영업주 오인의 사실이 있어야 한다.

3. 상인의 영업중심지(영업소)

상인의 영업활동의 중심인 일정한 장소를 영업소라고 한다. 영업소는 영업의 본거가 되는 장소로, 대외적 영업활동에 속하는 법률행위에 관한 독자적인 결정과 시행을 내부적으로 할 수 있고, 어느 정도 고정성 내지 계속성이 있는 대내적 관리와 대외적 거래의 중심지이다.

영업소는 영업의 내용에 따라 여러 개를 가질 수 있으며, 동일한 영업에도 여러 개의 영업소를 가질 수 있다. 영업소에는 본점과 지점의 구분이 있는바, 본점은 기업활동 전체의 지휘·명령의 중심지로서 한 기업에 하나만이 인정되는 반면에 지점은 본점의 지휘·명령을 받아 그 영업활동을 분담하는 영업소로서 여러 개가 있을 수 있다.

영업소에는 등기관할·재판적 결정기준, 서류송달 장소, 채무이행의 장소 등의 각종 법적 효과가 인정된다(제35조, 제56조 등).

II. 상인의 영업조직・설비

1. 상업사용인

기업자인 상인이 그 기업규모를 확대하여 보다 활발하게 영업활동을 하기 위하여는 많은 보조자가 필요하게 된다. 이때 특정 상인에(전속적) 종속되어(종속적) 그 상인의 영업에 관한 대외적인 거래에 종사하는(영업적 업무의 대리) 자를 상업사용인이라고 한다. 상법은 대리권의 범위의 광협을 표준으로 상업사용인을 지배인, 부분적 포괄대리권을 가진 사용인, 물건판매점포의 사용인으로 구분하고 있다.

(1) 지배인

지배인은 영업주에 의하여 선임되어 포괄적인 영업대리권이 부여된 상업사용인이다. 지배인제도의 취지는 상인이 지배인으로 하여금 자기 대신 영업활동을 하게 하여 그 효과를 자기에게 귀속시킴으로써 영업활동의 범위를 확대하고, 상대방으로서도 거래할 때마다 그 대리권의 유무・내용을 조사하지 않고 지배인이라는 것만 인식하고도 안심하고 거래할 수 있게 하여 신속・원활한 거래를 도모하고자 한 것이다.

지배인의 선임은 영업주(상인)가 하며, 고용관계의 종료로써 종임하지만 상사대리의 특칙상 영업주의 사망은 종임사유가 아니다. 지배인이 행사하는 대리권으로서의 지배권은 민법상의 대리권에 대하여 포괄・정형적이며 불가제한적이라는 특색을 갖는다. 지배인은 영업주의 영업활동 전반에 걸친 재판상・재판외의 모든 행위에 관하여 법정된 대리권을 갖는 점에서 포괄・정형적이며, 영업주는 지배권에 대한 제한을 들어 선의의 제3자에게 대항할 수 없다는 점에서 불가제한적이다(제11조). 본점 또는 지점의 지배인이라는 명칭이 부여되어 있으나 실제로는 지배권이 수여되어 있지 않은 자를 표현지배인이라 하며, 그 자는 재판외의 행위에 관하여는 지배인과 동일한 권한을 인정받는다(제14조).

(2) 부분적 포괄대리권을 가진 사용인

이는 영업의 '특정한 종류 또는 특정한 사항'에 관하여 위임을 받은 상업사용인을 말하며, 재판외의 행위에 관한 포괄적 대리권이 인정된다(제15조).

대리권의 범위가 부분적이고 재판상의 행위가 제한되며, 선임 및 대리권의 소멸이 등기사항이 아닌 점에서 지배인과 다르나, 대리권에 대한 제한을 선의의 제3자에게 대항하지 못하는 점은 같다.

(3) 물건판매점포의 사용인

물건을 판매하는 점포의 사용인은 그 물건의 판매에 관한 모든 권한이 있는 것으로 본다(제16조). 그리고 이러한 대리권의 의제 규정은 물건을 판매하는 점포뿐만 아니라 널리 임대 또는 교환 등의 거래를 취급하는 점포의 사용인 기타 공중접객업소(여관, 극장, 음식점 등)의 사용인, 은행창구직원에 대하여도 유추적용된다. 이 경우의 대리권의 의제도 선의의 거래자를 보호하기 위한 것이므로 악의의 제3자에 대해서는 적용되지 않는다.

(4) 상업사용인의 경업금지의무

상업사용인은 특정 상인의 종속적 기업보조자이므로 민법상으로도 위임 또는 고용계약의 취지에 따라 영업주에게 충실하여야 할 의무가 있으나, 특히 알고 있는 영업상의 기밀이나 고객관계 기타의 거래사정을 악용하여 자기 또는 제3자의 이익을 도모할 우려가 있어 상법은 경업금지의무라는 일정한 부작위의무를 규정하였다(제17조). 이 의무의 취지는 상업사용인의 정력분산을 방지하여 생산성을 확보하고, 부정경업을 방지하여 이해충돌을 배제하는 데 있으며, 의무의 내용으로는 경업행위금지와 특정지위취임금지의 두 가지가 있다.

상업사용인이 경업금지의무를 위반한 경우에도 당해 거래행위 자체는 유효하며, 영업주는 단지 손해배상을 청구하거나 그를 해임할 수 있고, 개입권을 행사할 수 있다. 개입권이란 상업사용인이 경업금지의무를 위반하여 행한 거래행위가 자기의 계산으로 한 것인 때에는 영업주의 계산으로 한 것으로 볼 수 있고, 제3자의 계산으로 한 것인 때에는 상업사용인이 얻은 보수 등 이득의 양도를 청구할 수 있는 권리를 말한다.

2. 상업장부

상인이 영업상의 재산 및 손익의 상황을 명확히 하기 위하여 상법상의 의무로 작성하는 장부를 상업장부라고 하며, 이 제도의 목적은 다음 세 가지로 볼 수 있다. 먼저 기업경영자로서는 상업장부에 의해 영업성과 내지 경과를 알고 장래의 경영계획을 세워 기업경영의 합리화를 도모하고, 채권자로서는 기업의 신용능력·파산원인 등을 파악할 수 있으며, 회사사원으로서도 이익배당의 기준을 파악하는 데 유용하다.

(1) 작성의 준칙(제29조)

상업장부의 작성원칙·방법에 관하여 상법은 회계처리의 중요 기준만 제시할 뿐이고, 그 외에는 일반적으로 공정·타당한 회계관행에 의하도록 함으로써 유동적인 기업회계와 고정적 상법규정의 조화를 꾀하고 있다.

(2) 작성·보존·제출

소상인을 제외한 모든 상인은 상업장부를 작성하여야 하며(제9조, 제29조), 상업장부와 영업에 관한 중요서류는 10년, 전표 기타 유사한 서류는 5년간 보존하여야 한다(제33조). 또 법원이 소송당사자에게 상업장부의 제출을 명하면 상인은 이에 응하여야 한다(제32조).

(3) 종 류

상업장부에는 회계장부와 대차대조표의 두 가지가 있다(제29조, 제30조). 회계장부는 영업상의 재산과 그 가격 및 거래 기타 영업상의 재산에 영향을 미치는 사항을 계속적·조직적으로 기재하는 동태적 장부로서, 대차대조표 작성의 기초가 되는 것이다. 거래가 생기는 순서에 따라 작성하는 일기장 및 전표적 부기에서의 각종 전표와 분개장, 원장이 이에 포함된다. 대차대조표는 개업시 및 매년 1회 이상 일정시기의 기업재산의 구성상태를 표시하기 위한 정태적 장부로서, 기업의 총재산을 차변/대변으로 나누어 기업이 현재 가지고 있는 재산(자산·부채)과 가지고 있어야 할 재산(자본)을 대조하여 기재한 기업재산의 개괄표이다. 이로써 상인의 재산상황 또는 손익계산이 일목요연해진다.

Ⅲ. 상인의 영업상의 공시(상업등기)

상업등기는 상인이 상법의 규정에 따라 상업등기부에 하는 등기를 말한다. 이는 기업공시제도의 일환으로서, 상인의 기업 내부사정이 가끔 거래의 효력에 영향을 미치는 일이 있기 때문에 이를 공시하여 상대방을 보호할 필요가 있고, 일면 그것을 공시함으로써 상인의 사회적 신용을 유지할 수 있다는 데서 인정되고 있는 제도이다.

1. 등기사항

등기사항은 기업에 관한 법률관계의 성립·변경 또는 소멸에 관한 사항으로서 특히 책임관계에 관한 사항이 주가 된다. 등기사항은 그 구별의 표준에 따라 ① 상인일반에 관한 사항(상호, 지배인), 개인상인에 관한 사항(무능력자, 법정대리인), 회사에 관한 사항(합명·합자·유한책임·주식·유한·외국회사), ② 반드시 등기하여야 하는 절대적 등기사항(대부분의 등기사항)과 등기할 수 있는 데 불과한 상대적 등기사항(개인상인의 상호), ③ 법률관계의 창설에 관한 설정적 등기사항(지배인의 선임, 회사의 설립 등)과 법률관계의 해소·면책에 관한 면책적 등기사항(지배인의 해임, 사원의 퇴사 등) 등으로 분류할 수 있다.

2. 등기절차

등기는 당사자신청주의에 따라 원칙적으로 당사자의 신청에 의하여야 한다(제34조). 등기공무원은 등기신청의 적법성에 관하여 심사를 하고, 만약 그 신청이 상법 또는 비송사건절차법의 규정에 적합하지 아니할 때에는 이유를 붙인 결정으로써 그 신청을 각하하여야 한다.

3. 상업등기의 효력

기업의 내부사정을 일반에게 공시시킨다는 상업등기제도의 취지에 따라, 등기할 사항을 등기하지 않으면 선의의 제3자에게 대항할 수 없다(제37조 제1항). 따라서 등기를 하면 선의자에게도 대항할 수 있지만(악의의 의제), 그가 정당한 사유로 선의인 경우에는 역시 대항할 수 없다(동조 제2항).

상업등기는 객관적 진실을 공시하여 그 효력을 확보하자는 데 그 목적이 있는 것이므로, 객관적 진실과 다른 사항을 등기하더라도 원칙적으로 아무런 효력이 없다. 이른바 상업등기의 절대적인 공신력은 부정된다. 다만, 부실등기의 원인이 상인 자신에게 있는 경우에는 이를 신뢰한 제3자를 보호하여 줄 필요에서 상법은 고의 또는 과실로 인하여 사실과 상위한 사항을 등기한 자는 그 상위를 선의의 제3자에게 대항하지 못한다고 규정하였다(제39조).

IV. 상인의 영업의 양도

영업에는 주관적 의의의 영업과 객관적 의의의 영업이 있다. 전자는 상인의 영업상 활동을 가리키며(제6조, 제15조 등), 후자는 일정한 영리의 목적을 위하여 조직된 유기적 일체로서의 영업재산(권리・물건・영업에 고유한 사실관계)을 말한다(제41조 내지 제45조). 객관적 의의의 영업은 인적 요소를 떠나 그 독자성을 가지고 영업주가 교체되어도 일체성・동일성이 유지되며, 각 구성재산의 총액 이상의 가치를 가지므로 이를 해체하지 않고 양도하는 것이 가능하고 필요하다. 영업양도란 이러한 객관적 의의의 영업의 양도 또는 영업재산의 포괄적 이전을 목적으로 하는 채권계약이다.

1. 절 차

영업양도의 당사자 중 매도인은 반드시 상인이어야 하지만, 매수인에게는 그러한 제한이 없다. 영업양도는 양도계약의 체결로써 이루어지며, 그 방식에 관하여는 특별한 규정이 없으므로 원칙적으로 당사자의 합의만으로 성립하나, 실제로는 계약의 중요성에 비추어 서면계약으로 행해지게 된다. 또한 회사의 경우에는 사원간의 합의를 이루는 특별한 내부적 절차가 필요하다(제179조, 제204조 등).

2. 효 력

(1) 당사자간의 효력

영업양도의 본래적 효과로서 영업양도인은 영업의 동일성을 유지하는 한도에서, 목적재단의 성격에 따른 개별적 이전방법을 통하여 영업재산을 이전할 의무를 진다. 또 영업양도의 실효성을 보장하기 위하여 영업양도인에게는 경업금지의무가 부과되어 있다. 즉 양도인은 양도후 일정기간 동안 동일한 행정구역 내에서 동종영업을 할 수 없다(제41조).

(2) 대외적 효력

영업양수인이 양도인의 상호를 계속 사용하는 경우에는, 양도인의 영업상 채권자에 대하여 책임 없음을 통지하거나 등기하지 않는 한 양수인도 연대변제책임을 지게 되며, 양도인의 채무자가 양수인에게 악의·중과실 없이 변제하면 효력이 있게 된다(제42조, 제43조). 또 상호를 계속 사용하지 않는 경우 양수인이 양도인의 영업상 채무의 인수를 광고한 때에는 양수인도 변제책임을 진다(제44조).

관련 사례

1. 다음은 상인이 될 수 있는가?
   ① A 슈퍼마켓 운영자 甲 ② 주식회사 B은행 ③ 대규모 감귤농장주 乙
   ④ 수산업을 하는 C회사 ⑤ D장학재단

2. 甲은 '서울양화점'이라는 상호를 사용하여 양화점을 경영해 오면서 주변으로부터 좋은 평판을 얻고 있는 상인이다. 그런데 동종 영업상인 乙은 이 상호가 등기되어 있지 않음을 기화로 동일상호를 먼저 등기하여 인근에서 영업 중이다. 이 경우 과연 누구의 상호권이 보호되는가? 또한 그 절차는 어떻게 되는가?

   ▶ 이는 甲의 미등기상호의 사용권과 乙의 등기상호의 전용권의 저촉 문제이다. 먼저 甲이 이제라도 상호를 등기하려 할 경우 동 상호는 乙에 의하여 이미 등기되어 있으므로, 동일한 특별시·광역시·시·군에서는 이를 등기할 수 없음은 분명하다. 그러나 甲은 乙이 상호를 등기하기 전부터 이미 동 상호를 사용하여 영업을 계속해 온 점이 인정되므로 상법 제23조에 의거하여 乙의 부정목적 사용과 손해받을 염려가 있음을 증명하여 乙의 상호사용폐지와 등기말소 및 손해배상을 아울러 청구할 수 있다. 甲은 乙의 상호등기말소 후 자신의 상호를 등기할 수 있을 것이다.

3. A회사의 부산지점장 甲은 유흥비를 마련하기 위하여 지점장 명의로 B은행에서 융자를 받았다. 이 융자에 대해 A회사는 변제책임을 지는가?

   ▶ 지배권의 범위 및 남용에 관한 문제: 금전차입행위는 객관적으로 보아 영업에 필요한 것이므로 지배권의 범위에 속하는 행위이며, 다만 甲의 개인적 의도 때문에 지배권남용에 해당한다. 이 경우에 영업주는 책임을 져야 하며, 그 상대방이 악의인 경우에만 예외이다.

제3절 상행위법

Ⅰ. 상행위의 의의와 분류

상행위란 기업의 주체인 상인이 다른 상인 내지 기업 또는 일반공중(소비자)과 하는 일체의 거래행위를 말한다.

(1) 영업적 상행위와 보조적 상행위

영업적 상행위란 상인이 영업의사를 가지고 계획적으로 계속·반복하는 동종 행위를 말하며, 당연상인이 하는 기본적 상행위(제46조)와 의제상인이 하는 준상행위(제66조)가 있다. 보조적 상행위란 상인이 영업적 상행위와 관련하여 하는 보조행위를 말하는데, 이에 대하여도 상법이 적용된다. 영업적 상행위가 아닌 상인의 행위는 객관적으로 보아 영업을 위한 것이면 보조적 상행위로 추정한다(제47조).

(2) 쌍방적 상행위와 일방적 상행위

당사자 쌍방에게 상행위가 되는가, 일방에게만 상행위가 되는가에 따른 구분이다. 일방적 상행위에도 상법이 원칙적으로 적용되며(제3조), 일방이 여럿인 경우 그 일부에 대해 상행위가 되는 경우도 마찬가지로 해석되고 있다.

(3) 공법인의 상행위

공법인의 상행위의 경우에도 상법이 원칙적으로 적용된다(제2조).

Ⅱ. 상행위의 원활화

1. 상사계약의 성립

상사계약의 성립에 있어서 청약의 효력은 승낙기간을 정한 경우에는 그 기간 내에 승낙의 통지를 받지 못하면 소멸한다. 대화자간의 계약의 청약은 상대방이 즉시 승낙하지 아니한 때에는 그 효력을 잃는다(제51조). 또한 상법은 상시거래관계에 있는 자 사이에는 상거래의 원활과 상인간의 신용존중을 고려하여, 청약을 받은 자에게 요부통지의무(제53조)와 물건보관의무(제60조)를 부여하고 있다.

2. 행위의 유상성

영리는 기업의 존립기반이며, 상행위는 영리실현의 수단이라고 할 수 있다. 따라서 상법은 상인이 영업범위 내에서의 타인을 위한 행위를 하였을 경우 그 보수청구권을 인정하고 있으며(제61조), 일정한 경우에 한하여 이자청구권을 인정하고(제55조 제1항, 제2항), 그 상사법정이율은 연 6%로 인정하고 있다.

3. 상사계약의 이행

상사계약의 이행장소는 특정물인도채무(민법 제467조 제1항)를 제외하고는 본점·지점의 영업소(제56조)가 되며, 이행시기는 민법과 마찬가지로 거래시간 내이다(제63조). 또한 상사거래의 신속한 해결의 요청에 따라 상사시효는 원칙적으로 5년으로 되어 있다(제64조).

4. 상행위의 보조

(1) 상사대리와 상사위임

상법은 계속적·반복적·집단적·정형적인 기업활동의 특수한 수요에 따르기 위해 개별적·구체적·일회적인 민법상의 대리제도를 보충·변경하여, 상행위의 대리에 관한 특칙을 두고 있다. 먼저 대리의 방식에 관하여는 간이·신속한 거래의 체결을 위해 비현명주의를 원칙으로 하고 있으며(제48조), 계속적 기업거래의 중단을 막기 위하여 본인이 사망한 경우에도 대리권은 본인의 상속인을 위하여 존속되도록 하였다(제50조).

수임자는 위임의 본지에 반하지 않는 범위 내에서 위임받지 않은 행위도 할 수 있다(제49조). 사정변경에 따른 임시조치를 수임자의 권한으로 인정한 것이다. 그 외 상법은 포괄정형적·불가제한적 대리권을 가진 보조자로서 상업사용인과 선박관리인, 선장 등의 특수대리제도를 두고 있다.

(2) 대리상·중개인 및 주선인(위탁매매인·운송주선인·준위탁매매인)

대리상이란 일정한 상인을 위하여 상업사용인이 아니면서 상시 그 영업

부류에 속하는 거래의 대리 또는 중개를 영업으로 하는 자이며(제87조), 중개인이란 타인간의 상행위의 중개를 영업으로 하는 자를 말한다(제93조). 이에 대하여 주선인이란 타인의 위탁을 받아 그 타인의 계산에서 자기의 명의로 법률행위를 하는 자를 지칭한다. 위탁매매인(제101조)과 운송주선인(제114조)은 물건 또는 유가증권의 판매 또는 매입과 물건운송을 각각 주선하는 자로서 대표적인 상법상의 주선인이다. 이 3자는 타인을 위하여 상거래의 성립에 보조적 기능을 담당하는 독립된 상인으로서, 빈번한 거래가 신속·원활하게 이루어지게 하여 상인의 활동범위를 확대하는 기능을 담당하고 있다.

5. 상사채권의 담보

상법에서는 계속·반복적인 기업거래상의 채무의 이행을 확실히 하고 거래의 원활·확실·안전을 확보하기 위하여 담보권자의 지위를 강화하고 있다. 우선 인적 담보로서 다수 채무자 간의 공동채무를 연대채무로 하고 있으며, 보증인에게도 연대책임을 지워 최고·검색의 항변권을 인정하지 않고 있다(제57조). 다음 물적 담보에 있어서도 상사유치권의 경우 민사유치권의 요건을 변경·완화하여 채권자보호를 강화하고 기업의 신용거래의 신속을 기하고 있으며, 같은 이유로 상사질권의 경우 유질계약을 허용하고 있다.

6. 상호계산

상호계산이란 상인간 또는 상인·비상인 사이에 상시거래관계가 있는 경우에, 일정한 기간 내의 거래에서 생기는 채권·채무의 총액을 상계하고 그 잔액을 지급할 것을 약정하는 계약이다(제72조). 상호계산의 법적 성질은 상거래, 특히 격지자 사이의 금전대차결제에 따른 현금의 사장 또는 송금의 수고·비용·위험 등을 막아 대차결제를 간이화하기 위한 상법상의 특수계약이라고 할 수 있다.

(1) 내 용

상호계산은 특약이 없는 한 계산기간 중의 모든 채권·채무에 미치나, 특정물채권 기타 개성이 강한 채권은 상호계산에 부적당하므로 계입대상은 개성이 없는 금전채권에 한한다. 계산기간은 특약이 없으면 6월로 되어 있다(제74조).

(2) 효 력

상호계산에 계입된 채권 · 채무는 상호계산기간 중에는 그 효력이 정지하고 독립성을 상실하여 불가분의 전체로 융합하게 된다. 따라서 당사자간에는 그 행사(청구 · 압류)와 처분(양도 · 질입)을 할 수 없고, 시효진행도 정지되며 채무의 이행지체도 되지 아니한다. 이를 상호계산불가분의 원칙 또는 상호계산의 소극적 효력이라고 한다. 상호계산기간이 만료되면 계산에 계입되었던 채권 · 채무의 총액을 일괄상계하고 잔액을 확정하며, 당사자 일방은 잔액의 지급청구권을 행사하게 된다. 이 계산기간 경과 후의 효력을 상호계산의 적극적 효력이라고 한다.

(3) 종 료

상호계산은 존속기간의 만료 등 계속적 계약의 일반적 종료원인에 의하여 종료하는 것은 물론이나, 당사자는 언제든지 임의로 계약을 해지할 수도 있다. 계약이 종료되면 계산기간과 관계없이 당사자는 즉시 계산을 폐쇄하고 잔액의 지급을 청구할 수 있다(제77조).

7. 익명조합

익명조합이란 당사자의 일방(익명조합원)이 상대방(영업자)의 영업을 위하여 출자를 하고, 상대방이 영업으로 인한 이익을 분배할 것을 약정하는 계약(제78조)으로서, 무기능자본가의 출자에 의한 공동기업의 형태이다. 익명조합의 법적 성질은 상법상의 특수한 계약이다.

(1) 효 과

익명조합계약의 효과는 대내관계와 대외관계로 나누어 볼 수 있는 바, 대내적으로는 ① 익명조합원의 출자의무(제78조, 제86조, 제272조)와 손실분담의무(제82조) 및 감시권(제86조, 제277조), ② 영업자의 선관주의의무와 이익분배의무(제78조) 및 계약종료시의 출자반환의무(제85조)가 발생한다. 대외적으로는 ① 영업자가 대외적 관리의무의 주체가 되고, ② 익명조합원은 대외적으로 영업과 무관하며(제80조) 업무집행 · 대표도 금지된다(제86조, 제278조).

(2) 종 료

익명조합은 계약의 일반적 종료원인 외에 당사자의 해지에 의하여 종료되며(제83조), 영업폐지 등 법정종료사유에 의하여도 종료된다(제84조). 익명조합계약이 종료되면 영업자는 출자가액을 익명조합원에게 반환하여야 한다(제85조).

8. 합자조합

합자조합이란 조합의 업무집행자이고 조합의 채무에 대하여 무한책임을 지는 무한책임조합원과 출자가액을 한도로 하여 유한책임을 지는 유한책임조합원이 상호출자하여 공동사업을 경영할 것을 약정하는 계약(제86조의2)이다. 합자조합은 당사자간의 계약만에 의하여 설립될 수 있는 점에서 민법상의 조합 및 상법상의 익명조합과 같다.

(1) 효 과

합자조합계약의 효과는 대내관계와 대외관계로 나누어 볼 수 있는 바, 대내적으로는 ① 조합원의 출자의무(제86조의3), ② 업무집행조합원의 선관주의의무와 업무집행권(제86조의5), 경업피지의무와 자기거래금지의무(제86조의8)가 발생하고 합자조합에서 조합원에 대한 손익분배에 관한 사항은 조합계약에서 정하는 바에 의한다(제86조의3). 대외적으로는 ① 조합을 대리할 권한은 다른 규정이 없으면 업무집행조합원이 가지며(제86조의5), ② 업무집행조합원에게 무한책임(제86조의2)이 부과되나 유한책임조합원에게는 그 책임이 출자가액을 한도로만 지는 유한책임(제86조의6)을 부과한다.

(2) 종 료

합자조합의 조합원의 탈퇴에 관하여 특별한 규정을 두고 있지 않으므로 민법에 관한 규정이 준용된다. 이 경우 합자조합의 경우는 임의탈퇴와 비임의 탈퇴로 조합원의 자격이 종료된다. 합자조합의 해산사유는 조합계약에서 정하게 되는데(제86조의3), 조합계약에 이를 정하지 않은 경우에도 업무집행조합원 또는 유한책임조합원의 전원이 퇴사한 때에는 해산사유가 된다(제86조의8). 합자조합에 해산사유가 발생하면 파산의 경우 외에는 청산절차가 개시된다.

9. 상사매매

상사매매란 상인간에 이루어지는 상행위인 매매를 말한다. 상인간의 매매에 있어서는 매매목적물의 가격이 하락하게 되면 매수인에 의한 투기가 우려되는 등 매도인의 보호와 거래의 신속한 결제 및 상거래의 신용이 특별히 요청된다. 이에 따라 상법은 민법의 매매규정에 대한 특칙을 두고 있다.

(1) 매도인의 공탁권 · 경매권

매수인의 수령지체의 경우 매도인은 상당한 기간을 정하여 매수인에게 최고한 후에 경매할 수 있고, 또 매수인에게 최고할 수 없거나 목적물이 멸실 · 훼손의 염려가 있는 때에는 최고 없이도 경매할 수 있다. 매도인이 목적물을 경매하였을 때에는 그 대금에서 경매비용을 공제한 잔액을 공탁하여야 하나, 그 전부 또는 일부를 매매대금에 충당하여도 상관없다(제67조).

(2) 매수인의 목적물 검사 · 통지의무와 보관 · 공탁 · 경매의무

매수인은 목적물을 수령한 때에는 지체없이 이를 검사하여야 하고, 하자 또는 수량부족을 발견한 때에는 즉시 매도인에게 통지를 발송하여야 한다. 만약 이 통지를 하지 아니하면 매도인이 악의인 경우를 제외하고 그로 인한 대금감액청구 · 계약해제 또는 손해배상청구를 하지 못하게 된다(제69조). 이는 매도인의 하자담보책임을 추궁하기 위한 전제요건이라고 할 수 있다.

(3) 확정기매매의 해제의제

확정기매매란 매매의 성질 또는 당사자간의 의사표시에 의하여 일정한 일시 또는 일정한 기간 내에 이행하지 않으면 계약의 목적을 달성할 수 없는 매매를 말하며, 정기행위의 일종이다. 상사매매에 있어서는 당사자의 일방이 이행을 지체한 경우 상대방이 즉시 이행을 청구하지 않으면 해제의 의사표시를 하지 않아도 계약이 해제된 것으로 본다(제68조).

III. 상행위의 중요유형

1. 운송업

운송인이란 육상 또는 호천 · 항만에서 물건 또는 여객의 운송을 영업으로 하는 자를 말한다. 육상이란 지면과 지하를 포함하며, 호천 · 항만의 범위는 평수구역에 의하고 평수구역은 선박안전법 시행령에 구체적으로 열거되어 있다. 운송계약은 운송인에 의한 운송의 인수를 목적으로 하는 계약으로서 법적 성질은 도급계약의 일종이다.

(1) 물건운송계약

물건운송계약은 육상에서의 물건운송의 인수를 목적으로 하는 계약으로서 불요식의 낙성·유상계약의 일종이다. 물건운송계약은 운송구간·목적물·운임·운송방법을 요소로 하여 당사자간의 합의로 성립한다. 물건운송계약이 체결되면 운송인은 운송급부의무, 송하인 등의 지시에 따를 의무(제139조), 화물상환증 교부의무(제128조) 및 손해배상책임(제135조 이하) 등을 지게 되며, 운송을 위한 운송물인도청구권, 운송장교부청구권(제126조), 운임청구권(제134조), 공탁·경매권(제142조 이하) 등의 권리를 갖게 된다. 운송계약은 일반채권 및 도급관계의 소멸사유로 소멸하며, 순차운송의 경우에는 순차운송인의 연대책임과 구상권 그리고 중간운송인의 대위가 인정된다(제138조).

(2) 여객운송계약

여객운송의 경우 운송인은 여객의 인적 손해와 수하물의 손해에 대하여 채무불이행책임을 진다(제148조 이하). 책임의 주체는 계약당사자인 운송인이며, 책임의 원인은 여객 자신의 손해와 휴대수하물의 경우 과실책임주의에 의하나, 탁송수하물의 경우에는 운임을 받지 아니한 때에도 물건운송인과 동일한 책임을 진다.

2. 공중접객업

공중접객업자란 자기명의로 객의 집래를 위한 시설(극장, 여관, 음식점)에 의한 거래를 영업으로 하는 자를 말한다(제46조 제9호, 제151조). 상법은 공중접객업자의 책임에 관하여 특별한 규제를 하고 있는 바, 이는 다수의 손님의 수요에 따르기 위한 인적·물적 설비를 갖추고, 그곳에 불특정 다수의 객이 출입하는 경우 객의 소지품의 분실·도난의 위험이 크므로 그 안전을 위해 특히 보관을 위탁받은 물건에 대한 영업주의 보관책임을 엄격히 하기 위함이다.

공중접객업자는 임치받은 물건에 대하여는 불가항력의 경우를 제외하고는 배상책임을 지며, 임치받지 않은 물건에 대하여는 과실책임을 진다(제152

조). 공중접객업자의 책임은 6월의 단기시효에 걸리며, 면책특약은 당사자간의 개별적 합의에 의한 것이 아닌 한 무효이다.

3. 창고업

창고업자란 타인을 위하여 창고에 물건을 보관함을 영업으로 하는 자를 말한다(제155조). 보관이란 창고설비를 갖추어 물건을 자기의 점유 아래 장치하여, 그 멸실·훼손을 막고 현상을 유지하는 것이다.

창고임치계약은 창고영업의 실현에 관한 법률요건으로서 창고업자에 의한 물건의 창고임치의 인수를 목적으로 하는 계약이며, 그 법적 성질은 불요식의 유상·낙성계약인 민법상의 임치이다(민법 제693조 이하). 창고임치계약이 체결되면 창고업자는 임치물보관·반환의무(제62조, 제163조 참조), 창고증권교부의무(제156조 이하), 임치물검사 등의 의무(제161조), 임치물하자 통지의무(제168조, 제108조) 및 손해배상책임(제160조, 제166조, 제168조)을 부담하는 반면, 보관료청구권(제162조, 제167조), 비용·체당금상환청구권(제162조), 임치물공탁·자조매각권(제165조), 임치물반환권(제163조, 제164조), 유치권(민법 제320조 이하) 및 손해배상청구권(민법 제387조 이하) 등의 권리를 갖게 된다.

관련 사례

甲은 공중목욕탕에서 목욕을 마친 후 옷장 안에 있던 현금 50만원과 손목시계, 옷가지 등이 모두 도난당한 사실을 발견하고 급히 경찰에 신고하는 한편, 목욕탕 주인 乙에게 손해를 배상하여 줄 것을 청구하였다. 그러나 乙은 주인에게 직접 맡기지 아니한 손님의 휴대품에 대하여는 책임이 없다고 적힌 게시문을 가리키며 손해배상을 거부하고 있다. 이 사례의 법적 해결은?

▶ 상법상 공중접객업자는 임치를 받은 물건의 멸실·훼손에 대하여는 불가항력으로 인한 것임을 증명하지 못하면 배상책임을 면할 수 없으나, 임치를 받지 않은 물건에 대하여는 과실책임을 진다. 그러나 화폐, 유가증권 기타의 고가물에 대하여는 객이 그 종류와 가액을 명시하여 임치하지 아니한 경우에는 공중접객업자의 배상책임이 부정된다(제153조). 이 사례의 경우 乙이 자신의 면책을 게시한 행위는 당사자간의 개별적 합의가 있었다고 볼 수 없어 무효이고, 乙의 지배하에 있는 영업장소에서의 도난사고에는

乙 또는 그 사용인의 과실이 있다고 하여야 할 것이므로, 乙은 甲의 손해를 배상할 책임이 있다고 보인다. 다만, 甲의 손해 중 현금 50만원은 고가물로서 이를 명시하여 임치하지 않은 한 乙의 책임을 인정할 수 없다.

제4절 회 사

Ⅰ. 회사제도와 회사법

회사란 공동기업 형태의 전형으로 여러 사람이 단결하여 공동으로 기업을 영위하기 위한 법인조직을 말한다. 회사는 다수인의 결합을 통해 노력을 보충하고 자본을 집중함은 물론 경영상의 위험과 손실을 분산시켜 기업의 적극적 유지·발전을 도모할 수 있는 등 개인기업에서는 찾아볼 수 없는 이점이 있다.

회사법은 기업의 주체인 상인에 관한 법으로서, 기업에 관한 법인 상법의 중요한 일부를 구성하며, 상법총칙의 상인에 관한 규정에 대하여 특별법적 지위를 차지한다. 회사법은 상법 중에서도 민법에 대한 의존도가 낮아 자족적·독립적 지위를 가지며, 회사라는 단체의 내부적인 조직 내지 구성을 규율하는 법규로서의 단체법성과 구성원의 경제적 이익을 달성하기 위한 단체에 관한 법규로서의 영리단체법성, 그리고 회사의 사회·경제적 중요성에 비추어 공익적 견지에서의 규율이 중시되는 공공성 등의 특성을 갖는다.

Ⅱ. 회사법 총론

1. 회사의 법률적 의의

회사란 상법상으로는 기업의 주체인 상인으로서(제4조, 제5조) 상행위 기타 영리를 목적으로 하는 법인을 말한다.

(1) 회사의 사단성 삭제 및 1인회사 인정

주식회사와 유한회사에서 1인회사가 허용됨으로써 굳이 사단성을 인정할 여지가 없다고 보아 2011년 개정상법에서 회사의 사단성이 삭제되었다. 1인회사란 사원이 1인인 경우의 회사를 말한다. 주식회사와 유한회사의 경우 설립시부터 사원이 1인이 경우가 허용된다. 1인회사라 할지라도 권리와 의무의 귀속주체는 회사이고, 회사채권자에 대한 책임재산은 회사재산에 한정된다.

(2) 회사의 법인성

회사의 법인성의 의미는 권리・의무의 귀속방식에 있다. 회사에 법인격이 부여되는 결과, 그 스스로 법률관계의 주체로서 활동할 수 있으며, 스스로 권리를 취득하고 의무를 부담하게 되는 외에 독자적인 재산소유도 할 수 있게 되는 것이다. 다만, 주식회사의 경우 회사의 법인격을 이용하여 법을 잠탈하거나 계약상의 의무를 회피하는 등 유한책임을 남용하는 사례가 있어 문제이다. 예컨대, 회사의 실질적 지배자가 회사채권자를 사해할 목적으로 회사재산을 부당하게 감소시킨다거나, 개인적 채무로 인한 재산의 압류를 면하고 재산을 보전하기 위한 회사설립 등의 경우이다.

이러한 회사법인격 남용에 대한 대책으로서는 사전적 예방조치로서 설립에 관한 엄격준칙주의와 최저자본액의 법정 등이 있고, 사후적 시정조치로서 법인격을 전면적・종국적으로 박탈하는 해산명령과 해산판결, 법인격을 부분적・일시적으로 박탈하는 법인격부인의 법이 등이 있다.

(3) 회사의 영리성

회사는 영리를 목적으로 하는 법인으로서, 이때 영리성이란 대외적 영리활동에 의한 경제적 이익의 획득과 획득한 이익의 사원에의 분배를 의미한다.

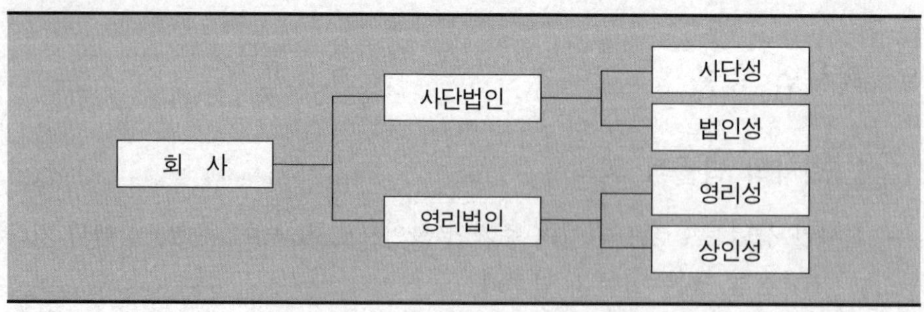

개인상인의 영리성이 대외적 거래에 의한 이익획득인 것과 달리 이익의 구성원에의 분배가 포함되는 것이다. 한편 상인성(商人性)이란 이러한 영리성의 효과라고 할 수 있다. 즉 모든 회사는 영리사업을 존재목적으로 하여 설립·존속하는 것이므로 회사는 이른바 생래적 상인이 되는 것이다.

2. 회사의 분류

회사의 종류구분에는 실정법상의 분류와 학설상의 분류가 있다. 이 중 실정법상의 분류에는 다시 상법전에 의한 기본적 분류와 목적에 의한 분류, 국적에 의한 분류, 적용법규에 의한 분류 등이 있다.

(1) 상법상의 회사

상법은 회사의 조직형태, 특히 그 중에서도 사원의 책임의 양태, 즉 회사의 제3자에 대한 채무를 전제로 하여 그 채무에 대한 사원의 변제책임이 직접책임이냐 간접책임이냐, 또 유한책임이냐 무한책임이냐에 따라 합명회사·합자회사·주식회사·유한회사의 네 종류만을 인정하고 있다. 이는 회사에 관한 법률관계의 안정성·예측가능성을 확보하고, 아울러 회사에 대한 행정적 규제와 감독을 용이하게 하고자 함이다.

㈎ **합명회사** 합명회사는 무한책임사원만으로 구성되는 일원적 조직의 회사로서, 사원의 책임은 직접·연대·무한의 종된 책임이다. 사원의 직접·무한책임으로 인하여 사원의 개성이 강하고, 회사의 업무집행에 대한 사원의 관여권한이 인정되며, 경제적으로 소수의 사원의 인적 결합에 의한 중소폐쇄기업의 경영에 적합한 회사형태이다. 기능자본의 결합과 회사지배의 대립적 요구를 기능자본가의 직접적·인적 지배의 형식으로 해결한 회사제도라고 할 수 있다.

㈏ **합자회사** 합자회사는 무한책임사원과 유한책임사원으로 구성되는 2원적 조직의 회사이다. 합자회사의 무한책임사원은 직접·연대·무한의 종된 책임을 지지만, 유한책임사원은 출자약속액 중의 미이행분 또는 출자미필액을 한도로 하여 직접·연대·유한의 종된 책임을 진다. 이 유한책임사원은 업무집행권은 없으나 감시권이 있으며, 그 지분의 양도도 무한책임사원의 동의만 있으면 되므로 무한책임사원에 비하여 자유롭다. 역시 소규모의 폐쇄기

업에 적합한 회사제도이다.

㈐ **유한책임회사** 유한책임회사는 대내관계에서는 조합의 요소를 가지고 있으나 대외관계에서는 주식회사의 요소를 가지는 혼합형 회사형태이다. 유한책임회사는 원칙적으로는 합명회사의 성격을 가지는데, 예외적인 경우에 주식회사의 성격을 띠는 것이 특징이다. 그러므로 자본금이 있고 이를 등기하여야 하며, 사원의 책임은 상법에 다른 규정이 없는 한 그 출자금액을 한도로 하고, 대표소송에 관한 규정이 있으며 1인회사의 설립 및 존속을 인정하고 있다.

㈑ **주식회사** 주식회사는 주식이라는 특수한 형태로 세분화된 권리·의무를 가지는 유한책임사원, 곧 주주만으로 구성되는 일원적 조직의 회사이다. 사원의 책임은 주식의 인수가액을 한도로 하는 출자의무를 지는 간접·유한책임이며, 다수의 무기능자본가의 결합에 의한 공개적 대기업의 경영에 적합한 형태이다.

주식회사의 특색은 사원의 간접·유한책임으로 인하여 사원의 개성이 희박하여 지분이전이 원칙적으로 자유롭고, 그 조직이 공개적이며, 회사의 업무집행에 대한 사원의 관여권한이 없어 소유와 경영이 분리되고 있다는 점이다. 또한 무기능자본의 결합과 경제적 이해타산의 요구를 회사기관을 통한 간접적·물적 지배의 형식으로 해결하고 있는 형태이다.

㈒ **유한회사** 유한회사는 사원수 2인 이상 50인 이하의 유한책임사원만으로 구성되는 일원적 조직의 회사로서 사원의 책임은 출자금액을 한도로 하는 간접·유한책임이다. 유한회사의 특색은 조직이 간략하고 운영이 탄력적이며, 법적 규제·단속이 완화되어 있어 사원유한책임의 이익을 누리면서 소수인에 의한 비공개적 중소기업 경영에 적합한 형태의 회사이다.

(2) 학설상의 회사

㈎ **인적회사와 물적회사** 회사의 학설상의 분류 중 사회학적 형태에 의한 구분으로서, 실정 회사법상의 제 제도와 제 원칙을 합리적으로 설명하는데 유용하다. 구별의 표준은 사원과 회사 간의 관계의 소밀 정도로서, 인적회사는 사원·회사 간의 관계가 밀접하고 사원의 개성이 중시되는 회사를 말하고, 물적회사는 사원·회사 간의 관계가 소원하고 사원의 개성이 경시되어 회

사의 경제활동이 회사재산에 의존하는 회사를 말한다. 합명·합자회사는 인적 회사이고 주식·유한회사는 물적회사이다.

㈏ **개인주의적 회사와 단체주의적 회사** 이는 기업의 소유와 경영의 분리라는 경제적 현실을 직시하여, 그 면에서 법률형태적으로 회사를 구분한 것이다. 개인주의적 회사는 사원이 사원의 자격에서 업무집행을 담당하는 회사를 말하며, 단체주의적 회사는 업무집행담당자가 사원자격과 관계가 없는 회사를 말한다. 대체로 인적회사와 물적회사의 분류와 일치하지만, 합자회사의 유한책임사원의 존재나 주식회사의 자격주제도 등 양자가 반드시 합치하는 것은 아니다.

3. 회사의 능력

회사는 법인으로서 자연인과 다르며, 또한 생래적 상인으로서 그 존재이유가 일반 법인의 그것과도 구별된다.

(1) 권리능력

회사는 모두 법인이고, 법인은 대외적 법률관계에서의 권리·의무의 통일적 귀속주체인 지위에 있기 때문에, 회사도 자연인과 같이 일반적으로 권리능력이 있다. 따라서 그 권리의 보호를 위한 민사소송법상의 당사자능력도 인정된다. 그러나 회사의 권리능력이 근본적으로는 자연인과 마찬가지라고 하더라도 구체적으로 취득하고 부담하는 권리·의무에는 약간의 한계가 있다.

㈎ **법률에 의한 제한** 회사의 법인격은 법률에 의해 부여된다(민법 제31조). 따라서 그 권리능력은 법률에 의하여 제한될 수 있다(제34조). 그 구체적 내용은 ① 회사는 다른 회사의 무한책임사원이 될 수 없고, ② 해산·파산회사는 청산·파산의 목적의 범위 내에서 권리능력을 가지며, ③ 공익사업회사에 대하여는 특별법상 권리능력을 제한하는 경우가 있다는 것 등이다.

㈏ **성질에 의한 제한** 회사는 유형의 육체가 없으므로 신체·생명에 관한 권리, 친족법상의 권리·의무 등 성질상 자연인에게만 인정되는 권리·의무는 가질 수 없다.

㈐ **목적에 의한 제한** 회사의 목적은 정관의 최우선적인 절대적 기재사항으로 되어 있다. 여기에서 회사는 정관 소정의 사업목적의 테두리 안에서

만 활동하여야 하는가의 문제가 제기된다. 그러나 목적에 의한 제한은 법인의 본질과는 무관한 것으로서, 사원은 회사의 사업목적보다도 기업의 수익력을 중시하여 투자하는 것이 보통이고, 회사와의 거래에서 회사의 목적 파악은 불가능하며, 또한 상업등기부를 열람하더라도 문제의 행위가 목적범위 내의 것인가의 판단이 곤란하므로, 널리 거래안전의 견지에서 회사의 권리능력은 목적에 의하여 제한될 수 없다고 본다. 따라서 회사의 목적 외의 행위가 있더라도 대외적으로는 유효하며, 다만 내부적으로 사원의 유지청구권행사와 회사에 대한 대표기관의 손해배상책임 문제가 발생할 뿐이다.

(2) 행위능력과 의사능력

회사의 권리능력이 인정되는 이상 그것의 향수를 위해 회사의 행위능력과 의사능력도 인정된다. 그 구체적 실현은 기관에 의한 대표관계를 통하여 이루어진다. 즉 법인의 조직의 일부를 구성하는 자를 기관이라 하고, 기관이 하는 행위는 법률상 당연히 회사의 행위가 되는 것이다. 이때 기관의 대표행위에 관하여는 특별한 규정이 없으므로 대리에 관한 규정이 유추적용된다.

(3) 불법행위능력

회사의 기관구성원이 그 직무집행상 타인에게 손해를 가한 경우에는 회사 자체의 불법행위가 된다는 것이 종래의 통설이다. 그러나 회사의 권리능력을 인정하고 일정한 활동범위를 긍정하는 것은 위법행위를 할 수 있는 능력까지 인정하려는 것은 아니며, 회사의 기관·대표관계 등의 관념은 회사의 적법한 활동을 합리적으로 설명하기 위한 것이지 위법한 불법행위능력의 긍정에까지 확장시킬 성질의 것이 아니라고 본다. 다만, 대표기관이 아닌 사용인의 직무집행상의 불법행위에 대하여 회사는 사용자로서 손해배상책임을 진다.

(4) 공법상의 능력

회사는 민사·형사·행정소송에 관한 각종 소송법상의 능력과 세법상의 능력 등이 있다.

Ⅲ. 회사의 생성

회사의 생성이란 기업의 주체로서의 영리법인인 회사가 그 존재를 사회적으로 인정받는 것을 말한다. 회사생성의 특징은 설립이라는 인위적인 절차에 의하여 실현되는 데 있으며, 회사의 설립은 준칙주의에 따라 회사라고 하는 하나의 단체를 형성시키고, 아울러 회사라고 하는 하나의 법인을 성립시키는 것이다.

1. 회사의 설립절차

(1) 설립절차의 내용

회사설립은 회사라는 단체의 형성과 회사로서의 법인격을 취득하는 것인데, 먼저 단체의 형성은 정관을 작성하고 사원을 확정하며 기관을 구비함으로써 이루어지고, 법인격의 취득은 설립등기를 함으로써 이루어진다.

(2) 각종 회사의 설립절차

인적회사의 설립절차는 간단・신속하며, 물적회사는 복잡하며 단계적이다. 특히 주식회사의 설립에는 발기설립과 모집설립의 두 가지 방법이 있다.

㈎ **정관의 작성** 정관작성에 있어서 작성자는 인적회사와 유한회사의 경우에는 사원이 될 자이며, 주식회사의 경우에는 발기인이 된다. 기재사항은 인적회사의 경우 사원에 관한 것이 중심이 되나(제179조, 제270조), 물적회사의 경우 재산에 관한 것이 중심이다(제289조, 제543조). 또한 물적회사의 경우에는 공증인의 인증이 필요하다.

㈏ **사원의 확정** 사원의 확정에 있어서도 인적회사와 유한회사의 경우 사원수가 적고 변동이 곤란하므로 설립 당초 정관의 기재로 확정되지만, 주식회사의 경우 사원수가 많고 변동이 용이하여 정관 외에서 발기인 또는 주식청약에 의한 주식인수로 확정된다. 또 인적회사의 경우 설립 당시 출자이행을 요하지 않으나, 물적회사의 경우에는 회사채권자 보호를 위하여 설립 당시에 반드시 출자가 이행되어야 한다.

㈐ **기관의 구비** 인적회사와 유한회사의 경우 기관은 정관에서 확정되지만, 주식회사의 경우 기관은 발기인조합, 창립총회에서 선임된다.

㈑ **설립경과의 조사** 인적회사와 유한회사의 경우 설립경과의 조사를 따로 할 필요가 없으나, 주식회사의 경우에는 설립경과의 적법성·정당성을 조사하여야 한다.

㈒ **설립등기** 설립등기를 함으로써 회사는 비로소 성립된다. 등기의 효력 중 본질적인 것은 회사의 성립이며, 이에 부수하여 회사상호권이 발생하고 설립무효(취소)의 주장이 제한되며, 주식·유한회사의 경우 설립관여자의 자본충실책임이 발생한다(제321조, 제551조). 그 외에 주식회사의 경우 권리주 양도제한이 해제되고(제319조) 주권발행이 허용되는(제355조) 것도 설립등기를 마침으로써 비로소 가능한 것이다.

2. 회사설립의 하자

회사설립의 하자란 회사가 성립은 되었으나 그 설립절차 내지 설립행위가 법정의 요건·준칙에 합치하지 아니하는 모든 경우를 말한다. 여기에는 설립절차가 법령에 정한 내용에 위반되는 객관적 하자와 사원의 개별적인 입사행위 내지 설립행위의 무효·취소사유가 되는 주관적 하자가 있다. 회사설립에 관한 법률관계를 획일적으로 확정하고 무효·취소의 주장에 일정한 제한을 가하며 무효·취소의 소급효를 저지함으로써 법률관계의 안정을 꾀하고자 하는 것이 회사설립하자 규제의 취지이다.

(1) 인적회사 및 유한회사의 경우

무효원인인 객관적 하자 또는 주관적 하자가 있을 때 회사설립은 무효가 되며, 이는 설립무효의 소로써만 다툴 수 있다. 설립의 취소는 취소원인인 주관적 하자가 있는 경우 역시 설립취소의 소로써만 다툴 수 있다(제184조, 제269조, 제552조). 설립무효·설립취소의 판결이 있게 되면 원고승소의 경우 대세적 효력이 인정되고 소급효는 부정되며, 원고패소의 경우 판결의 효력은 당사자에게만 미치고 악의인 원고에게는 손해배상책임이 인정된다.

(2) 주식회사의 경우

주식회사 설립의 하자로는 설립무효만이 인정된다. 즉 객관적이고 중대한 하자가 있을 때 이를 이유로 하여 설립무효의 소를 제기할 수 있다(제328조). 설립무효 판결의 효력은 인적회사의 경우와 마찬가지이다.

Ⅳ. 회사의 존속

1. 사 원

사원은 회사라는 단체의 구성원임과 동시에 출자자이다. 사원은 회사기업의 존재의 기초인 점에서 중요하며, 그 자격과 수는 원칙적으로 제한이 없고 2인 이상일 것이 요구된다. 다만 주식회사, 유한회사와 유한책임회사는 1인의 사원만으로도 설립이 가능하다.

(1) 사원의 지위

(가) 사원의 지위는 회사와의 권리·의무 내지 법률관계의 기초인 자격을 의미하며, 그 구체적 내용은 통상지분(주식회사의 경우에는 '주식')으로 나타난다.

(나) **주식회사의 주식**

1) **주식의 의의와 특징** : 주식은 자본의 측면에서 보면 자본의 구성단위인 금액이며, 주주의 측면에서 보면 주주권의 단위로서 자본과 주주를 연결시켜 주는 제도적 의의를 갖는다. 주식의 본질은 사원의 회사에 대한 법률적 지위 또는 사원과 회사 간의 법률관계로서의 사원권이다. 주주는 이 사원인 지위에 의하여 공익권·자익권을 갖는다. 주식의 특징은 첫째, 균등하게 세분된 비율적 단위의 형식을 취한다는 것, 둘째, 주권으로 증권화되어 쉽게 거래될 수 있다는 것이다.

2) **주식의 분류** : 과거에는 무기명주식이 허용되었으나 현재는 기명주식만 인정되고 있다. 기명주식은 주주의 명칭이 주권에 표시되고, 주주명부상의 주주가 회사에 대한 관계에서 주주로 인정되는 주식을 말한다. 주식의 양도에 있어서 명의개서를 하여야만 회사에 대항할 수 있다.

종류주식은 회사로부터의 재산적 급여의 내용이 다른 주식을 말하며, 특수주식은 종류주식의 발행을 전제로 하여 그것에 특수한 속성이 부가된 주식을 말한다(제344조 이하). 이는 다같이 회사 자금조달의 편의를 도모하고자 인정된 것으로, 전자에는 우선주·보통주·후배주·혼합주가 있으며, 후자에는 전환주식·상환주식·우선주식이 있다. 이러한 주식이 발행되면 정관변경·회사합병으로 인하여 특정 종류의 주주에게 손해가 생기게 될 경우, 그 변경

· 합병의 효력요건으로서 주주총회의 결의 외에 당해 종류의 주주만으로 구성된 종류주주총회의 결의가 필요하다(제435조, 제436조).

3) 주식의 처분 : 주식의 처분방법에는 양도와 담보화의 두 가지가 있다. 주식의 양도는 법률행위에 의하여 주주의 지위인 주식을 이전하는 것을 말하며, 주주의 투하자본회수를 위하여 원칙적으로 보장되고 있다(제335조). 그러나 다른 한편으로 주식의 양도를 제한할 필요성이 있는 바, 정관·계약 및 상법과 특별법에 의한 제한이 행하여지고 있다. 이와 관련하여 자기주식취득이 문제가 될 수 있는데, 2011년 4월 개정상법 이전에는 회사의 자기주식취득이 원천적으로 금지되었었다. 그러나 '자본시장과 금융투자업에 관한 법률'에서는 적대적 M&A에 대한 방어수단이나 주가관리수단 등의 기능을 중시하여 주권상장법인에 대하여 자기주식의 취득을 원칙적으로 인정하고 있다. 주식의 양도방법은 주권발행 전에는 당사자의 의사표시에 의하여, 주권발행 후에는 당사자의 의사표시와 주권의 교부로써 이루어진다.

주식의 담보화는 주식의 재산적 가치를 고려하여 원칙적으로 허용되며, 예외적으로 자기주식의 질취(質取)는 제한된다(제341조의3).

이상의 주식의 처분과 관련하여, 주식거래를 주권의 현실적인 수수에 의하지 않고 장부상의 계좌이체만으로 간편하게 처리할 수 있도록 한 주권대체결제제도가 인정되고 있다.

관련 사례

A주식회사의 주주 甲은 주식양도계약을 체결하고 대금까지 수령하였으나, 주권의 교부를 미루어 오다가 이후 丙과 다시 주식양도계약을 체결하면서 주권도 함께 교부하였다. 이 경우 乙과 丙 중 주주의 지위는 누가 갖게 되는가?

▶ 주식 양도에는 주권의 교부를 요하며, 주권의 교부란 주권의 점유를 이전하는 것을 말한다. 따라서 甲이 乙과 주식양도계약을 체결하였다 하더라도 주권을 교부하지 않은 이 사례에 있어서 乙은 주주가 될 수 없으며, 丙이 곧 주주가 된다. 다만, 乙은 甲에 대하여 채무불이행에 따른 책임을 물을 수 있을 뿐이다.

㈐ **사원의 권리 · 의무**

1) **총설** : 사원이 회사의 구성원으로서 회사에 대하여 가지는 권리 · 의무는 단체적 제약과 사원평등대우의 원칙에 따라 인정된다. 구체적으로 사원의 권리에는 이익배당청구권 · 잔여재산분배청구권 등의 자익권과 의결권 · 업무집행권 · 감시권 등의 공익권이 있고, 사원의 의무로는 출자의무 · 손실부담의무 · 업무집행의무 · 자본보전책임 등이 있다.

2) 주주의 권리 · 의무

a) 주주의 권리 : 주주의 권리는 주식을 기초로 하여 회사에 대하여 가지는 주주의 각종의 권리로서 주주유한책임으로 특징된다. 이는 권리행사의 목적을 기준으로 하면 자익권과 공익권으로, 권리행사의 방법을 기준으로 하면 단독주주권과 소수주주권으로, 당해 주주의 동의 없는 박탈의 가부를 기준으로 하면 고유권과 비고유권으로 각각 분류할 수 있다. 특히 소수주주권은 발행주식총수의 일정비율 이상을 보유한 주주만이 행사할 수 있는 권리로서, 주주제안권 · 주주총회소집청구권 · 이사와 감사 해임청구권 · 회사해산청구권 · 회계장부열람권 · 회사해산판결청구권 등이 대표적인 것이다.

1998년 개정상법에서는 주주의 적극적인 경영참여와 경영감시를 강화하기 위하여 발행주식총수의 100분의 3 이상의 주식을 보유한 주주에게 주주총회의 목적사항을 이사회에 제안할 수 있는 주주제안제도(개정상법 제363조의2)와 소수주주권의 행사요건을 100분의 5 이상에서 100분의 1 이상의 주식을 가진 주주로 완화하였다. 구체적으로 살펴보면 표와 같다.

b) 주주의 의무 : 주주는 인수주식에 대한 주식인수인으로서의 주식의 인수가액을 한도로 하는 출자의무 외에 아무 의무도 지지 않으며, 정관 · 총회의 결의로써도 그 밖의 의무를 부과할 수 없다.

c) 주주평등의 원칙 : 회사와 주주 간의 법률관계에서 각 주주가 평등한 지위를 가지고, 그 권리 · 의무에 관하여 평등하게 취급받아야 한다는 원칙이다. 회사의 의사결정 · 업무집행을 구속하여 주주의 지위를 보장하는 실익이 있다. 즉 다수결의 남용과 업무집행기관의 자의적 경영으로부터 일반주주를 보호하는 것이다. 그러나 평등대우의 표준은 주주의 두수가 아니고 각 주주의 보유주식수이며(주식평등의 원칙), 원칙의 목적은 절대적 평등의 실현이 아니고 차등취급으로부터의 보호라는 특색을 가진다. 이러한 이유로 주주평등의 원칙

은 강행적 성격을 띠며, 그 위반행위는 무효가 된다.

(2) 사원의 변동

(개) 변동의 내용

1) **지위의 취득** : 주식회사의 경우 사원지위의 취득은 원시취득으로서, 설립시의 주식인수와 신주발행시의 주식인수 그리고 주권의 선의취득이 있으며, 승계취득으로서 주식의 상속·회사의 합병 등 포괄승계와 주식의 양도·경매·공매 등 특정승계가 있다. 인적회사의 경우 원시취득으로는 설립행위와 입사가 있으며, 승계취득은 지분의 양도에 의한 특정승계 외에는 주식회사의 경우와 같다. 유한회사의 경우 원시취득은 설립시의 출자인수와 자본증가시의 출자인수가 있으며, 승계취득은 주식 대신 지분이라는 용어를 쓰는 외에는 주식회사의 경우와 같다.

2) **지위의 상실** : 주식회사의 경우에 사원지위의 상실은 절대적 상실로서 회사의 소멸과 주식의 소각, 상대적 상실로서 포괄승계 및 특정승계의 반사적 효과로서의 상실이 있다. 인적회사의 경우 절대적 상실로서 회사의 소멸과 퇴사, 상대적 상실로서 지분의 상속·회사의 합병·지분의 양도가 있다. 유한회사의 경우 절대적 상실은 회사의 소멸과 지분의 소각, 상대적 상실은 지분의 상속, 회사의 합병 및 지분의 양도·경매·공매 등이 있다.

(내) 변동의 표시 사원지위 변동의 표시는 주식회사의 경우 주주명부, 인적회사의 경우 정관, 유한회사의 경우 사원명부에 각각 하게 된다. 특히 주주명부는 주주 및 주권에 관한 사항을 명확히 하기 위하여 상법규정에 의하여 작성되는 장부를 말하는데, 여기에는 자격수여적 효력, 면책력, 대항력, 추정력 등이 인정된다.

2. 기 관

(1) 기관의 의의와 분류

회사는 다수의 사원으로 이루어진 유기적 실체인 법인으로서, 그 자체 독자적인 의사를 가지고 스스로 활동할 능력이 있다. 그러나 이러한 의사·활동은 회사의 조직상의 일정한 지위에 있는 자에 의하여 실현되는데, 이러한 회사의 조직상의 존재를 '기관'이라고 한다. 또한 이 기관의 지위 내지 힘을 '권한'이라고 하고, 이 기관의 지위에 있는 자의 행위, 즉 그 의사결정과 활동의 효과는 법률적으로 회사에 직접 귀속되는데, 이러한 기관과 회사 사이의 법률관계를 널리 '대표관계'라고 한다.

회사의 기관은 권한의 종별에 따라 의사결정기관·업무집행기관·감사기관으로, 권한행사 방법에 따라 단독기관과 회의체기관으로, 존재형식에 따라 상설기관과 임시기관으로, 또한 법정 여부에 따라 법정기관과 비법정기관으로 각각 나누어진다.

(2) 각종 회사의 기관의 구성

㈎ **합명회사** 합명회사의 의사결정은 1인 1의결권 원칙에 따라 원칙적으로 총사원의 과반수에 의하여 이루어지며, 중요사항의 경우 총사원의 전원일치에 의한다. 업무집행과 회사대표는 원칙적으로 각 사원의 권리·의무이나 정관에 의해 일부 사원을 업무집행사원으로 할 수 있고, 정관 또는 총사원의 동의로 일부의 업무집행사원에게 대표권을 부여할 수도 있다. 단, 전사원의 업무집행권을 박탈하는 것은 불가능하다. 그 외 사항은 회사 내부의 자치적 규율에 일임한다.

㈏ **합자회사** 합자회사의 의사결정은 원칙적으로 무한책임사원의 과반수에 의하지만 중요사항의 경우에는 합명회사와 같다. 업무집행과 회사대표는 원칙적으로 각 무한책임사원의 권리이자 의무이고 그 대신 유한책임사원은 감시권을 가진다.

㈐ **유한책임회사** 유한책임회사의 의사결정은 총사원의 과반수로써 결정하여야 하는데, 이때 의결권은 원칙적으로 두수에 의한다. 업무집행자가 원칙적으로 회사를 대표한다. 그에 대하여 업무집행자가 아닌 사원은 그에 대하여 업무감시권을 가진다.

㈑ **주식회사** 주식회사의 경우 다수인의 이해관계의 합리적 조정의 필요에 따른 자본주의적 민주주의의 실현과 근대 기업경영의 복잡화에 따라 기관구성이 기술적으로 분화되어 있다. 주식회사의 의사결정기관은 주주총회이며, 업무집행기관으로 이사회와 대표이사, 감사기관으로 감사 또는 감사위원회와 검사인이 있다. 또한 주식회사는 고도의 자본집중 형태로서 다수의 투자주주, 투기주주의 회사경영에 대한 무관심과 무지로 경영합리화의 요청에 따라

소유와 경영이 분리되고 있다. 다만 소유·경영의 일치를 금지하지는 않으며, 자격주제도 등에 의해 실제로는 소유·경영의 일치현상이 확대되고 있는 현실이다.

㈐ **유한회사** 유한회사도 근본적으로는 주식회사의 경우와 같지만, 인적회사의 요소가 가미되어 있다는 특성으로 인하여 주식회사의 경우에 비해 특색이 있다. 유한회사는 업무집행기관이 분화되어 있지 않고 감사도 필요적 상설기관이 아닌 임의기관이며, 사원총회 소집절차가 간략하고 서면결의도 인정되는 등 기관의 간소화와 운영의 탄력성이 그 특색이다.

(3) 주주총회

주주총회는 출자자인 주주에 의해 구성되고, 주주의 총의에 의하여 회사 내부적으로 중요사항에 관하여 회사의 의사를 결정하는 주식회사의 필요적 기관이다. 이는 법정의 회의체기관이며, 주식회사의 최고기관으로서의 지위를 가지므로 주주총회의 결정은 이사를 구속하고 다른 기관구성원인 이사·감사의 임면권을 가진다.

㈎ **권한** 주주총회는 회사 내부적으로 중요한 사항에 관한 회사의 의사결정기관이나, 그 권한은 법령과 정관에 규정된 것에 한정된다. 상법상 주주총회의 권한은 타 기관 구성원의 임면(任免)과 회사의 기본적 조직·구조의 변경에 관한 사항 또 회사의 기본적 운영과 주주의 이익보호에 관한 사항에 미치며, 정관에 규정이 있으면 법정권한 이외의 사항에까지 권한 확대가 가능하다.

㈏ **의사** 주주총회의 소집은 법령·정관에 규정된 일정한 절차를 준수하여야 하며, 그 위반은 결의취소사유가 된다. 총회의 소집은 이사회의 결정에 의하여 대표이사가 하며(제362조), 소집장소는 정관에 기재된 장소 또는 본점의 소재지·인접지가 된다. 소집의 통지는 기명주식의 경우 회일의 2주간 전에 하여야 한다(제363조 이하).

주주의 의결권은 1주 1의결권이 원칙이며, 주주명부에 기재된 자가 의결권을 행사할 수 있다. 그리고 주주의결권행사의 편의를 도모하기 위하여 대리인에 의한 의결권행사(제368조 제3항), 의결권의 불통일행사(제368조의2), 서면에 의한 의결권행사(제368조의3, ＊1999년 개정상법 신설) 등을 허용하고 있다.

주주총회의 결의방법에는 사안의 중요도에 따라 보통결의(제368조, 제371조), 특별결의(제434조), 특수결의(제324조, 제400조 등)가 있다. 총회결의의 하자에 대하여는 결의취소(제376조), 결의무효·결의부존재(제380조), 부당결의 취소·변경(제381조)의 소가 구제방법으로 마련되어 있다.

(4) 이사회와 대표이사

주식회사의 업무집행기관은 이사의 선임을 전제로 한 이사회와 대표이사로 분화되어 있다. 이는 소유와 경영의 분리에 따라 주주총회가 형식화하고 있는 현상을 반영하여 총회의 권한을 좁게, 업무집행기관의 권한을 넓게 정의하고, 그 광범한 권한을 신중하게 행사하도록 업무집행기관을 구분하고 있는 것이다. 그러나 대표이사가 자신의 감독기관인 이사회의 구성원이라는 점과 이사회에서 감독기능을 담당하는 평이사의 감독과 감사·검사인의 감독 간의 관계가 명확치 않다는 것이 문제이다.

㈎ 이사 이사는 주주총회에서 선임되는 주식회사의 임원으로서 회사의 업무집행에 관한 의사결정기관인 이사회의 구성원이고, 회사의 대표·업무집행기관인 대표이사의 기초자격을 가진 자를 말한다. 이사는 주주총회에서 선임되며, 원수는 3인 이상으로 임기는 3년이다(제383조). 다만, 1998년 개정상법에서는 소규모 중소기업(자본금 10억원 미만인 회사)에 대하여는 1인 또는 2인의 이사를 둘 수 있도록 하였다(제383조 단서).

이사는 이사회의 구성원으로서 업무집행에 관한 의사결정에 참가하고, 이사회를 통하여 다른 이사의 직무집행을 감독하는 등의 일반적 권한(제393조) 외에 각종의 제소권(제394조) 등 법정권한을 가지며, 선관주의의무 및 충실의무(제382조의3)와 경업피지의무(제397조), 비밀유지의무(제382조의4)를 부담한다.

㈏ 이사회 이사회는 이사들로 구성되는 주식회사의 업무집행에 관한 의사결정기관이며, 원칙적으로 대표이사의 선임·해임을 하고 또 그 업무집행을 감독하는 필요적 회의체기관이다. 특히 업무집행의 결의, 지배인의 선임·해임의 결의, 지점의 설치·이전·폐지의 결의, 이사의 직무집행의 감독 등은 이사회의 전권사항이며(제393조 제1항·제2항), 1999년 개정상법에서는 이사회 내에 2인 이상의 이사로 구성되는 각종 위원회를 설치하여 이사회로부터 위임

받은 권한을 행사할 수 있도록 하고 있다(제393조의2). 이사회의 의사는 각 이사 또는 이사회결의로 정한 이사가 소집하여, 이사 과반수의 출석과 출석이사 과반수의 찬성으로 의결하게 된다(제390조, 제391조). 역시 1인 1의결권의 원칙이 적용되며, 의결의 대리행사는 할 수 없다.

(다) **대표이사** 대표이사는 대외적으로 회사를 대표하고 대내적으로 업무집행을 하는 주식회사의 필요·상설기관이다. 대표이사의 자격·임기는 이사와 동일하며 원수는 1인 또는 여럿이 될 수 있다. 대표이사는 이사회에서 선임하나 정관의 규정에 의하여 주주총회에서의 선임도 가능하다(제389조).

대표이사는 회사의 영업에 관한 포괄정형적·불가제한적 대표권과 일상업무의 결정과 집행권을 갖는다. 이러한 권한의 행사는 대표이사 단독으로 행하며, 이는 복수의 대표이사가 있는 경우에도 원칙적으로 마찬가지이다(예외: 공동대표이사 제389조 제2항).

(라) **업무집행지시자** 이사가 아니면서 명예회장·회장·사장·부사장·기획조정실장·전무·상무 등 이사의 업무집행을 지시하거나 경영권을 사실상 행사하는 자를 회사 및 제3자에 대하여 이사와 연대하여 손해배상책임을 지도록 하는 업무집행지시자에 관한 것을 정하고 있다(제401조의2). 이러한 제도의 도입은 회사에 대한 영향력을 이용하여 이사의 업무집행을 지시하거나 경영권을 사실상 행사하는 지배주주 등을 이사로 보아 회사 및 제3자에 대하여 책임을 지도록 함으로써 주식회사의 건전한 경영을 도모하기 위함이다.

관련 사례

1. 1인회사인 A주식회사가 주주총회의 소집절차, 결의절차 전부를 밟지 않은 경우에 총회의 결의는 유효한가?

▶ 1인회사인 주식회사의 경우 소수주주의 이익보호에 대한 배려가 불필요하고, 단독주주의 동의가 명백한 이상 별도의 결의는 무의미하다고 보아야 할 것이므로, 소집절차·결의절차를 밟지 않은 경우에도 주주총회의 결의는 유효하다. 다만, 회사채권자의 이해에 관계되는 회사의 법률관계를 명백히 할 필요에서 의사록의 작성·비치는 필요하다는 것이 판례의 입장이다(대판 1966.9.20., 66다1187, 1188 참조).

2. 「본 회사의 이사는 한국 국적을 가진 자여야 한다」는 취지의 정관규정은 유효한가?

▶ 주식회사 정관에는 절대적·상대적 기재사항 외에 임의적 기재사항을 기재할 수 있는데, 강행법규·사회질서에 반하는 내용이면 무효이다. 성질상 감사·법인은 이사가 될 수 없는 외에, 회사는 사적자치의 원칙에 따라 정관으로 이사의 자격을 제한할 수 있으나 그 제한은 합리적인 것이어야 한다. 이사 자격을 국적자로 제한하는 것은 이사·회사 간의 관계가 위임으로서 신뢰관계를 기초로 하여 그 지위가 법적으로 중요하다는 점에 비추어 주주총회의 선임권한을 지나치게 제약하는 것으로 볼 수 없고, 최근의 자본자유화에 대한 기업방위의 필요성에 비추어 보더라도 불합리하다고 할 수 없을 것이다.

(5) 감사 및 감사위원회

(가) 주식회사의 감사제도 주식회사의 경우 실질적으로 회사의 공동소유자인 주주는 경영진에게 맡겨진 투하자본의 운용상태를 정확히 파악하고 감독할 필요가 있다. 따라서 주주 전원으로 구성되는 주주총회가 이사의 선임·해임을 기초로 하여, 계산서류 승인·의안심의를 통하여 회사업무 전체를 감독할 수 있게 되어 있으며, 개별적인 주주도 단독주주 또는 소주주로서 이사의 직무집행을 감독·시정할 권한을 부여받고 있다(제448조, 제466조).

그러나 이것만으로는 항상 회사의 업무집행을 감독하여 경영의 적정화를 확보한다는 것은 불가능하므로 주주총회에서 감사를 선임하거나 감사위원회를 설치하여 이사의 직무집행을 감독하도록 하는 한편, 임시적 감독기관으로서 검사인을 두어 설립절차·업무·재산상태를 조사할 수 있도록 하고 있다. 이 외에 대규모 회사의 경우 외부기관에 의한 회계감사가 의무화되어 있다(1998년 2월 15일 외부감사에 관한 법률의 개정으로 외부감사인선위원회의 설치가 의무화됨).

(나) 감사 감사는 주식회사의 업무 및 회계의 감사를 주된 임무로 하는 회사의 기관이다. 감사의 원수·자격에는 제한이 없으나 소속회사 및 자회사의 이사 또는 사용인의 직무를 겸하지 못하고(제411조), 임기는 취임후 3년 내의 최종결산기에 관한 정기총회의 종결시까지이다(제410조). 감사의 선임은 주

주총회에서 보통결의의 방법에 의한다. 감사는 이사의 직무집행을 감사한다. 따라서 감사는 언제든지 이사에게 영업에 관한 보고를 요구하거나 회사의 업무와 재산상태를 조사할 수 있다(제412조). 또한 감사는 이사회 출석권, 의견진술권, 이사회 회의록의 기명날인권, 이사의 위법행위유지청구권, 각종 제소권 등 이사의 위법한 처분의 저지를 위한 각종의 권한을 가진다. 감사의 의무로는 선관주의의무와 이사회에의 보고의무, 주주총회에의 보고의무, 감사록의 작성의무, 감사보고서의 작성·제출의무 등이 있다(제413조 내지 제415조).

㈐ **감사위원회** 1999년 개정상법에서는 감사위원회 제도를 도입하여 회사가 감사에 갈음하여 감사위원회를 설치할 수 있으며, 이 경우에는 3인 이상의 이사로 구성하되, 위원 3분의 2 이상의 사외이사가 참여하도록 하며, 감사위원회는 감사의 권한을 행사할 수 있도록 하였다(제415조의2).

3. 자금조달

(1) 자금조달의 필요성과 그 규제의 특색

자금조달은 회사재산의 충실을 통한 회사채권자 보호와 회사운영에 필요한 자금확보의 필요성에서 이루어지는 것으로, 주식회사의 경우에 특히 문제가 된다. 인적회사의 경우 채권자보호는 사원의 무한책임에 의하여 달성되며, 회사운영은 자금보다는 사원의 신용을 기초로 이루어지므로 자금조달에 관한 법적 규제는 별 의미가 없기 때문이다. 또한 유한회사의 경우에도 채권자보호의 면에서만 재산의 규제가 행해질 뿐, 기업운영의 경우 인적회사와 같이 인적 신용을 통하여도 해결이 가능하다.

(2) 자금조달의 방법과 규제

자금조달의 방법에는 자기자본의 조달방법과 타인자본의 조달방법이 있다. 사원의 출자, 이익의 사내유보 등은 전자에 속하고, 사채발행·은행차입 등은 후자의 경우에 속한다. 규제의 개요를 보면 인적회사의 경우 자금조달의 규제에 관한 특례는 없고, 사원의 출자 내지 이를 통한 자본증가는 정관변경사항으로 되어 있는 단순한 구조이지만, 주식회사의 경우에는 자금조달의 기동성과 다양성을 보장하면서 신주발행이나 사채발행 등 증권발행에 의한 자본조달도 인정하고 있다.

(3) 주식회사의 자금조달

주식회사의 자금조달 방법에는 자기자본의 조달방법과 타인자본의 조달방법이 있다. 이때 자기자본이란 회사의 존속 중에는 반환의 의무가 없는 회사 자체에 귀속되는 재산을 말하는 것으로, 그 조달은 주식발행과 자기금융의 방법으로 이루어진다.

설립시의 주식발행은 최초의 자본금을 형성하지만, 이후의 신주발행은 자기자본의 증가, 기업규모의 인적·물적인 확대를 의미하며, 주식인수인은 주주로서 회사내부의 구성원이 되고, 조달된 자금은 비교적 장기간 이용된다. 신주발행에는 통상의 신주발행(제416조 이하)과 특수한 신주발행(제349조, 제440조, 제461조 등)이 있다. 자기금융은 준비금·감가상각·충당금 등(제458조 이하, 제31조 등) 이익의 사내유보로서, 출자자는 당시의 금리에 상응하는 배당으로 충분하고 발행시장으로서의 증권시장을 요하지 않는다.

한편, 타인자본이란 변제기도래에 의한 회사의 반환의무가 있는 회사 외부의 채권자로부터 받은 모든 상품·금융·신용을 말하는 것으로, 이의 조달방법으로는 사채와 차입이 있다. 사채란 주식회사가 공중으로부터 자금을 모집할 목적으로 사채계약에 의하여 집단적·대량적으로 부담하는 채무에 대한 채권으로서, 그것에 대하여 유통성이 있는 증권이 발행되는 것이다(제469조 이하). 사채가 발행되면 주식회사의 타인자본이 증대되어 회사채무부담이 증가하게 되고, 사채권자는 채권자로서 회사와 대립관계에 서게 되며, 조달자금의 이용기간은 비교적 장기로서 집단적 거래관계가 형성된다. 사채에는 기명사채·무기명사채의 구별과 특수한 사채로서 전환사채(제513조 이하), 신주인수권부 사채(제516조의2 이하)가 인정된다. 차입은 금융기관으로부터의 소비대차와 기업 간의 신용공여, 재정투융자 등이 있는데, 대개 사채와 유사하지만 조달자금의 이용기간이 비교적 단기라는 점과 개인법적인 거래관계가 형성된다고 하는 점이 사채와 다르다.

4. 결 산

결산이란 회사운영에 따른 영업성과의 회계적 처리를 말한다. 회사는 영리기업으로서 대외적 영리활동에 의하여 얻은 이익을 구성원에게 분배하는 것이 목적이므로, 회사기업에 있어 결산이 갖는 중요성은 크다.

(1) 각종 회사의 결산 규제

인적회사의 경우에는 사원의 책임이 엄중하고 소유와 경영이 일치하므로 상인 일반에 관한 상업장부제도(제29조 이하)에 의한 규제뿐 특별한 규제가 없으나, 물적회사 특히 주식회사의 경우에는 직접의 이해관계자가 다수이며 자본의 집중, 소유·경영의 분리, 사원의 간접유한책임 등의 제도상의 특질로 인한 이해관계의 중대성에 비추어 기업실태의 개시가 필요하고 그 규제도 강행적일 필요가 있다. 규제의 내용은 회사의 재산상태와 손익상황을 명확히 하기 위하여, 상업장부제도와는 별도로 회사의 계산에 관한 규정을 통하여 결산절차, 재무제표의 내용, 이익의 분배 등에 관하여 상세히 규제하고 있다.

(2) 주식회사의 결산

(가) 결산절차 이사는 매 결산기에 재무제표, 부속명세서, 영업보고서를 작성하여 이사회의 승인을 얻어 정기총회의 회일의 6주간 전까지 감사에게 제출하여야 한다(제447조의3). 감사는 수령일로부터 4주간에 걸쳐 이를 감사하여 대표이사에게 감사보고서를 제출하되, 외부감사법인이나 상장회사의 경우에는 외부감사인의 감사를 거쳐야 한다. 대표이사는 재무제표를 정기총회에 제출하여 그 승인을 받고, 영업보고서를 제출하여 그 내용을 보고하여야 한다. 이사는 주주총회의 승인후 지체없이 정관에 정한 방법으로 재무제표 등을 공고하여야 한다(제449조).

정기총회에서 일단 재무제표를 승인하면, 재무제표에 기재되었거나 그로부터 알 수 있는 사항에 관하여 그 후 2년 이내에 임원의 책임을 추궁하거나 책임해제를 유보하는 결의가 없는 한, 이사와 감사의 책임은 부정행위가 없는 한 해제된 것으로 보게 된다(제450조).

(나) 이익배당 이익배당이란 회사가 영업연도의 손익을 확정하여 그 이익을 금전 또는 주식으로 주주에게 분배하는 것을 말한다. 주주의 이익배당청구권은 고유권으로서 이를 박탈하거나 제한할 수 없으나, 이익 없이 하는 배당은 자칫 회사의 부실화를 초래할 우려가 있으므로 상법은 이익배당에 관하여 엄격한 규제를 하고 있다. 적법한 이익배당이 되기 위하여는 실질적 요건으로서 배당 가능한 이익이 있어야 하고, 절차적 요건으로서 이익배당 의안에

대한 총회의 승인결의가 있어야 한다. 배당의 결정은 정기주주총회의 전속적 권한사항이며 승인결의로 이익배당은 확정된다. 이익배당은 각 주주의 지주수에 비례하여 행하나 종류주식의 경우 차별이 가능한 예외가 인정되며, 배당금의 지급은 금전배당(제462조)을 원칙으로 하고 예외적으로 주식배당(제462조의2)을 할 수 있다.

이익배당의 요건 · 기준 · 절차에 하자가 있는 위법배당의 경우에는 그 배당은 원칙적으로 무효이고, 이사와 감사는 회사 및 제3자에 대하여 손해배상 책임을 지고 과태료의 제재를 받는다.

(다) **주주의 경리검사권** 이사회제도의 채택과 함께 주주의 지위 보호를 위하여, 상법은 주주도 업무집행에 관여할 수 있는 길을 열어 줌과 동시에 경리감독권을 주주에게 부여하였다. 즉 주주는 회사의 업무와 재산상태를 정확하게 파악하기 위하여 이사가 본점 · 지점에 비치하는 재무제표 및 그 부속명세서와 감사보고서, 영업보고서의 열람 · 등사를 청구할 수 있다(제448조 제2항). 또한 3/100 이상 주식을 소유한 주주는 임원의 책임추궁을 위한 준비수단으로 회계장부 · 서류의 열람 · 등사를 청구할 수 있고, 업무 · 재산상태의 조사를 위해 법원에 검사인의 선임을 청구할 수 있다(제466조, 제467조).

(라) **사용인의 우선변제권** 회사와의 고용관계로 인한 채권을 가진 사용인은 회사의 총재산에 대한 우선변제권이 있다. 이는 사용인의 보호를 위한 사회정책적 고려에서 인정된 특별한 법정담보권으로서 일종의 우선특권이나 질권 · 저당권에는 우선하지 못한다.

관련 사례

A주식회사는 '이익배당은 전부 주식배당으로 하며 금전배당은 하지 않는다'는 취지의 정관규정을 두고 있다. 이는 유효한가?

▶ 주주의 경제적 이익보호와 과도한 주식발행의 방지를 위하여 주식배당의 범위는 이익배당 총액의 2분의 1을 초과하지 못한다(제462조의2 제1항 단서).

5. 구조의 변경

(1) 정관의 변경

정관변경은 회사의 근본규칙인 정관의 내용을 변경하는 것으로서 서면인 정관의 변경을 의미하는 것은 아니다. 변경의 범위는 절대적·상대적·임의적 기재사항의 전부를 대상으로 하나, 강행법규·사회질서·회사의 본질에 위반하는 변경은 불가하다는 한계가 있다. 변경절차는 인적회사의 경우 총사원의 동의를 원칙으로 하되 정관규정으로 완화할 수 있도록 하고 있으며(제204조, 제269조), 물적회사의 경우 총회의 특별결의에 의하도록 하는(제433조, 제584조) 등 사원의 의사결정을 엄격히 하고 있다. 또 변경사항이 등기사항인 경우에는 이를 등기하지 않으면 대항할 수 없다.

정관변경은 사원의 의사결정만으로 즉시 효력을 발생하는 것이 원칙이나, 사실의 변경으로 정관변경이 발생하는 경우에는 사원의 동의를 요함이 없이 즉시 효력이 발생한다(사원의 사망 등).

(2) 자본의 감소

자본의 감소는 상법이 정한 절차에 따라 회사의 자본액을 감소시키는 것이다. 자본감소는 회사와 회사채권자에 미치는 영향이 지대하므로 일정한 규제를 필요로 하나, 인적회사의 경우 자본에 관한 규정이 없고 정관에 정한 사원의 재산출자의 총액이 곧 자본에 상당하므로 특별한 규제를 하고 있지 않고, 다만 물적회사의 경우만을 엄격히 규제하고 있다. 주식회사에 대하여는 자본감소절차가 상세히 규정되어 있으며(제438조 이하), 유한회사도 자본감소를 정관변경사항으로 함과 동시에 주식회사의 자본감소절차 규정을 준용하도록 하고 있다(제597조).

자본감소에는 실질상의 자본감소와 명목상의 자본감소가 있는데, 실질상의 자본감소는 자본이 과대하게 되었기 때문에 그 불필요한 금액인 자본을 감소시키는 것으로서, 감소되는 자본에 상응하는 회사재산을 주주에게 환급하므로 회산재산도 실제로 감소되는 결과가 된다. 이에 대하여 명목상의 자본감소는 자본의 결손 때문에 회사의 순자산액이 자본액에 미달하여 종래의 자본액으로는 이익배당이 불가능한 경우에 자본액과 순자산액을 일치시킬 목적으로 하는 자본감소로서, 주주에 대한 회사재산의 환급이 없으므로 회사재산의 감소는 발생하지 않는다.

(3) 회사의 조직변경

회사의 조직변경이란 어느 종류의 회사가 그 법인격의 동일성을 유지하면서 다른 종류의 회사로 변경되는 것을 말한다. 이는 일단 성립한 기업의 해체를 방지한다고 하는 기업유지의 이념의 발현으로 볼 수 있다. 다만, 회사의 조직변경은 인적회사는 인적회사로, 물적회사는 물적회사로만 가능하다는 제한이 있다.

합명회사가 합자회사로 또는 합자회사가 합명회사로 조직을 변경하기 위해서는 총사원의 동의에 의한 변경의 결의와 사원의 변동 그리고 등기가 있어야 하며(제242조, 제286조), 주식회사가 유한회사로 또는 유한회사가 주식회사로 조직을 변경하기 위해서는 총주주 또는 총사원의 동의에 의한 주주총회 또는 사원총회의 결의와 공고, 채권자보호절차 및 등기가 있어야 한다(제604조, 제607조 등). 회사조직이 변경되면 그 효과로서 정관의 변경과 조직변경의 등기가 이루어진다.

(4) 회사의 합병

회사의 합병이란 2개 이상의 회사가 계약에 의하여 1개의 회사로 합동하는 것을 말한다. 합병은 기업결합의 법적 형식 중에서 복수기업이 경제적・법률적 양면으로 일체가 된다는 점에서 가장 유력한 기업집중 방식이다. 영리법인인 사원의 출자를 기초로 하는 회사재산으로 구성되므로, 합병에 의해 소멸되는 회사의 사원・재산 및 권리・의무 등은 존속하는 또는 신설되는 회사에 포괄적으로 승계 또는 포용된다. 합병의 방식으로는 합병당사회사 중 일방회사는 존속하고 다른 회사는 해산・소멸하여 존속회사에 흡수되는 흡수합병(제523조)과 합병당사회사 전부가 해산・소멸하는 동시에 신회사가 설립되는 신설합병(제524조)의 두 유형이 있다. 합병되는 회사의 종류에 관하여도 일정한 제한이 있다(제174조).

(5) 회사의 분할

회사의 분할이란 기존의 1개 회사를 2개 이상의 회사로 분리시키는 것을 말한다. 이는 자본주의의 고도화에 따른 기업・산업의 재편성이라는 의의를 가지며, 기업의 전문성 제고, 국제경쟁력 강화 등에 유용하다고 할 수 있다.

회사의 분할에는 소멸분할과 존속분할, 단순분할과 분할합병 등의 종류가 있다. 현행상법은 회사분할에 관한 명문의 규정은 없으나, 사실상 분할의 경우와 같은 효과를 초래하는 사례가 있다.

(6) 주식의 포괄적 교환 · 이전

2001년 개정상법에서는 현물출자나 주식매수방식 등에 의한 종래의 지주회사의 설립방법이 절차상의 비효율성과 막대한 자금소요 등의 문제점으로 인하여 그 기능을 제대로 발휘하지 못하자, 기업집단의 경영활동 효율성을 지원하기 위하여 주식의 포괄적 교환 · 이전제도를 신설하였다. 주식의 포괄적 교환이란 회사간에 완전모회사 및 완전자회사가 되기 위한 방법으로서, 완전자회사가 되는 회사(B)의 주식은 전부 완전모회사가 되는 회사(A)로 이전되고, B회사의 주주는 A회사의 신주를 배정받아 주식교환일에 A회사의 주주가 되는 절차이다(제360조의2). 그리고 주식의 포괄적 이전이란 특정 회사가 완전자회사가 되기 위하여 완전모회사를 설립하는 방법으로서, 완전자회사가 되는 회사(C)의 주식은 새로 설립하는 완전모회사가 되는 회사(D)에게 이전되고, C회사의 주주는 D회사의 신주를 배정받아 D회사의 주주가 되는 절차이다(제360조의15).

주식의 포괄적 교환 · 이전은 지주회사의 형성방법인 점에서 공통되지만, 전자는 기존 회사간에 완전모자관계를 신설하는 것이고, 후자는 기존회사가 완전모회사를 신설한다는 점에서 구조적 차이가 있다. 또한 양자는 완전자회사가 되는 회사가 존속함에 비해, 합병에서는 일방의 회사가 소멸한다는 점에서 차이가 있다.

V. 회사의 소멸

회사는 법률상의 일정한 절차에 의하여 그 사회적 존재가 소멸하게 된다. 회사로서의 법인격의 소멸은 원칙적으로 청산절차(파산의 경우에는 파산절차)의 종결에 의한 청산등기에 의하여 이루어지는데, 그 전제가 되는 소멸원인인 법률사실이 해산이다.

1. 회사의 해산

회사의 해산은 회사법인격의 소멸을 초래하는 원인이 되는 법률사실로서, 해산 후에도 청산·파산의 목적범위 내에서 존속하므로 해산이 곧 법인격의 소멸을 의미하는 것은 아니다. 회사의 해산원인으로는 존립기간의 만료 기타 정관으로 정한 사유의 발생, 합병, 파산, 법원의 명령 또는 판결 등이 공통적이며(제227조, 제269조, 제517조, 제609조), 그 외에 각종 회사에 특유한 해산사유가 있다. 회사의 해산이 있게 되면 이내 청산절차가 개시되며 회사의 해산은 등기하여야 한다.

2. 회사의 청산

회사의 청산은 해산한 회사의 법률관계를 정리·결제하고 그 재산을 처분하는 절차를 말하며, 회사의 법인격은 청산종결의 등기로 소멸한다. 회사의 청산에는 정관 또는 총사원의 동의로 정한 바에 따라 하는 임의청산과 청산인에 의하여 법정의 절차에 따라 하는 법정청산의 두 가지가 있다. 합명회사와 합자회사의 경우에는 임의청산을 원칙으로 하고 법정청산은 예외적으로 인정하는(제247조, 제250조, 제269조) 반면, 주식회사와 유한회사는 채권자보호의 요청에 따라 법정청산만 인정된다(제531조 이하, 제613조).

제5절 해 상

Ⅰ. 총 설

1. 해상법의 의의

해상법은 해상기업에 특유한 법으로서 기업을 대상으로 하는 상법의 체계에 속하고, 일반상법 또는 민법의 적용을 예정하면서도 상대적·가변적인 의미에서의 특이성과 그에 따른 독자성이 인정된다. 또한 해상법은 그 규율대상인 해상기업의 기술적 공통성으로 인하여 공통적인 내용의 법규제를 할 수 있으며, 해상기업활동의 고도의 국제적·섭외적 성격 때문에 각국 법의 실질적 내용의 통일이 요청되어, 연혁적으로 통일적 경향이 강한 법부문이라고 할 수 있다. 그 통일작업은 주로 CMI(국제해사위원회)와 UN의 전문기관들(UNCITRAL, UNCTAD, IMO)이 맡고 있다.

2. 해상법의 구성

상법 제5편은 해상기업의 서비스공급의 측면에서의 해상기업에 관한 법률관계를 중심으로 하여, 해상기업상의 권리·의무관계의 법률상 귀속주체인 선주 및 그 권리·의무관계의 형성·변동의 원인으로서의 법률요건인 해상운송계약과 공동해손, 선박충돌, 해난구조 등을 골격으로 하고 있다. 아울러 이 양자를 연결·매개하는 해상법 적용의 기준으로서의 선박을 내세우고, 이 선박에 관한 특유한 법률관계도 해상법의 규율대상으로 하고 있다.

II. 선박에 관한 법

해상법의 규율대상인 해상기업은 그 특유한 물적 설비인 선박을 수단으로 하여 전개되고 있기 때문에, 상법은 선박이라는 개념을 해상법 적용상의 기본개념으로 선택하여 실정해상법의 적용을 이 선박에 결부시키고 있다. 다시 말하면, 현행 해상법은 선박을 기준으로 삼아 이를 연결점으로 한 해상기업의 주체와 그 권리·의무관계의 형성원인, 곧 법률요건을 내용으로 하고 있다.

선박에 관한 구체적인 해상법의 구성은 선박의 의의와 관련하여 해상법의 적용기준으로서의 선박, 선박의 성질 내지 법률관계에서의 지위, 선박 그 자체를 대상으로 하는 권리와 그 변동, 특히 선박의 담보가치의 이용에 관한 권리 등으로 되어 있다.

1. 해상법 적용기준으로서의 선박

해상법의 적용기준인 선박은 단정과 노도선을 제외한 상행위 기타 영리를 목적으로 하는 선박이어야 하며(제740조, 제741조), 선박법은 국·공유선을 제외한 항해선에 대하여 해상법을 준용한다고 규정하고 있다(선박법 제29조). 여기서 항해선이라 함은 평수구역(내수 곧 호천, 항만)을 제외한 해양을 주로 항행하는 선박을 말하며, 상행위 기타 영리를 목적으로 하는 선박이므로 보조적 상행위를 위하여 사용되는 선박도 포함된다.

2. 선박의 법률적 성질

선박은 권리의 객체인 물건으로서의 동산이며, 선체와 기관으로 구성되는 합성물이다. 선박은 규모가 크고 경제적 가치가 높을 뿐만 아니라, 거래의 객체 또는 대상이 아닌 기업설비로 이용되고, 동일성의 인식이 가능하기 때문에 일반 동산 내지 물건의 경우와 다른 특별한 법률적 취급을 받는다.

(1) 부동산적 취급

총톤수 20톤 이상의 선박은 등기를 해야 하며, 저당제도가 인정되고(제871조), 민사집행에서 있어서도 등기선은 부동산 취급을 받는다.

(2) 권리주체적 취급

등기선박은 명칭을 가지며, 모든 선박은 국적이 있고, 활동중심 또는 등기·등록지로서 선적항을 갖는다.

3. 선박에 관한 권리

등기선의 경우 선박소유권의 이전은 당사자간의 합의에 의해 이루어지지만, 제3자에 대항하기 위하여는 등기이전과 선박국적증서의 명의개서가 있어야 한다(제743조). 그 외 선박임차권이나 선박저당권 등의 경우에도 당사자의 합의 외에 설정등기를 요하는 것이 특징이다(제765조, 제871조).

또한 고가의 해상기업 설비인 선박은 담보물로서도 적격이므로 그 담보가치의 이용관계가 문제되는 바, 해상법은 선박유치권·선박저당권·선박질권 외에 해상법에 특유한 담보물권으로서 선박우선특권을 인정하고 있다. 선박우선특권이란 일정한 법정채권의 채권자가 선박 또는 그 부속물로부터 다른 채권자에 우선하여 자기의 채권의 변제를 받을 수 있는 해상법상의 특수한 법정담보물권이다(제861조 이하). 그런데 이 선박우선특권은 법정담보물권으로서 선박의 점유를 요하지 않고 등기 기타 공시방법이 없으면서도 저당권·질권에 우선하는 효력이 인정되므로, 선박저당권에 대단히 위협적이며 해사금융을 저해할 소지가 있다.

관련 사례

항구내 운반용의 바지선과 군함의 충돌로 인하여 바지선이 침몰하였다. 군함측의 과실이 있었던 경우 바지선 선주의 손해배상청구권의 소멸시효기간은 얼마인가?

▶ 해상법은 항해선을 적용대상으로 하며, 선박충돌의 쌍방이 항해선인 경우뿐 아니라 일방만이 항해선인 경우에도 적용된다(제843조). 따라서 위 바지선과 군함 중 일방이라도 항해선이라고 인정될 경우 상법이 적용되어 소멸시효는 2년이다(제848조). 그런데 여기서 항해선이란 영리를 목적으로 해양을 항행하는 운반용 구조물을 말하는데, 바지선은 통념상의 해상을 항행하지만 항만은 평수구역으로서 상법상의 해양이 아니므로(상법 시행규칙 제3조) 항해선이 아니다. 또 해상법은 비영리선에도 준용되지만 국·공유선은 예외이며, 군함은 국유선이다. 따라서 이 사례의 경우 민법 제766조에 의하여 3년 또는 10년이다.

Ⅲ. 해상기업주체에 관한 법

해상기업의 주체란 자기의 명의로 선박을 상행위 기타 영리를 목적으로 항해에 사용하는 자, 즉 영리항해업에 관한 해상법 특유의 권리·의무의 법률상의 귀속주체를 말한다.

1. 해상기업주체의 분류

해상기업의 주체는 선박의 소유관계를 기준하여 자선의장자와 타선의장자로 분류할 수 있다. 자선의장자란 자기소유의 선박을 자기명의로 상행위 기타 영리를 목적으로 항해에 사용하는 선박소유자를 말하며, 이는 소유의 형태에 따라 다시 단독소유자와 선박공유자(제753조 이하)로 구분된다. 이에 대하여 타선의장자란 타인소유의 선박을 자기명의로 상행위 기타 영리를 목적으로 항해에 사용하는 자를 말하는데, 이는 다시 선박임차인(제765조, 제766조)과 정기용선자(제812조의2 이하)로 구분된다. 이 중 선박임차인은 타인소유의 선박을 임차하여 이를 자기명의로 영리를 목적으로 항해에 사용하는 자를 말하며, 정기용선자는 국제적으로 통용되는 전형약관에 의하여 선박소유자로부터 선원이 승무하고 항해장비를 갖춘 선박을 일정한 기간 동안 빌려 영리항해에 사용하는 자를 가리킨다.

2. 해상기업의 조직

해상기업 특유의 조직으로는 물적 조직으로서의 선박과 인적 조직으로서의 선장이 있다. 선장은 특정 선박에 승선하여 계속적으로 선박 항해의 노무에 종사하는 선원 중 항해지휘자의 지위에 있는 자이다. 해상으로 멀리 떠나 있는 선박에서는 이해관계인은 선박의 지휘자인 선장을 통하여 그 이익을 지킬 수밖에 없기 때문에 선장은 선박소유자를 위하여는 물론이고, 직접적인 계약관계가 없는 적하이해관계인 등을 위하여도 이익이 되는 행위를 할 것이 요구된다. 그래서 선장은 그에 따른 각종의 사법상의 권한과 의무가 인정되고(제773조 이하), 이는 다시 공법상의 권한과 의무(선원법 제6조 등)에 의하여 뒷받침되고 있다. 선장의 임면은 선박소유자와 선박임차인에 의하여 행해지며, 선장의 사법상의 지위는 선적항 내에서는 해원의 고용과 해고권(제773조 제2항)을, 선적항 외에서는 선박의 항해에 관한 재판상·재판외의 모든 행위를 할 포괄정형적·불가제한적 대리권(제773조 제1항, 제775조)을 갖는 선주의 임의대리인이라고 할 수 있다.

3. 선주책임제한제도

선주책임제한제도란 해상기업의 주체로서의 선주가 선박의 이용 또는 항해활동의 과정에서 부담하는 채무 내지 의무에 대한 책임이 일괄하여 일정한 범위 또는 한도로 제한되는 해상법상의 특유한 제도를 말한다. 이 제도는 본래 항해의 위험성, 선원에 대한 선주의 지휘·감독의 곤란 등 해상기업활동의 특수성에 의한 해상기업 보호의 요청에서 입법화된 것이라고 하지만, 현재로는 설득력이 없는 것으로 평가되며, 다만 연혁적 사정과 각국의 상호주의에 근거를 둘 수밖에 없다고 본다. 현재 이 제도는 피해자보호의 요청 내지 형평의 견지에서 책임제한의 대상과 방법 내지 한도액 등에 관한 제도의 합리적인 개선의 필요성이 강조되고 있다.

(1) 책임제한의 주체

선주책임제한의 주체는 선박소유자, 선박임차인, 정기용선자, 항해용선자, 선박관리인, 피용자 내지 이행보조자, 대표기관, 선박불사용의 구조자, 책임보험자 등이다(제750조 제1항, 제752조의2, 제724조 제2항).

(2) 책임제한의 대상과 배제

상법은 ① 선박에서 또는 선박의 운항이나 구조활동에서 직접 관련하여 발생한 사람의 사망, 신체의 상해 또는 선박 이외의 물건의 멸실 또는 훼손으로 인하여 생긴 손해에 관한 채권, ② 운송물·여객 또는 수하물의 운송의 지연으로 생긴 손해에 관한 채권, ③ 위 두 채권 이외에 선박의 운항 또는 구조활동에 직접 관련하여 발생한 계약상의 권리 이외의 타인의 권리의 침해로 인하여 생긴 손해에 관한 채권, ④ 이상 세 가지 유형의 채권의 원인이 된 손해를 방지 또는 경감하기 위한 조치에 관한 채권 또는 그 조치의 결과로 인하여 생긴 손해에 관한 채권을 책임제한의 대상으로 하고 있다(제746조, 제752조의2).

이러한 책임제한의 대상인 채권은 그 청구원인이 무엇인가를 따지지 않고 인정된다. 이와 관련하여 수인의 책임제한의 주체가, 예컨대 쌍방과실 선박충돌의 경우와 같이 동일한 사고에서 생긴 채무에 대하여 서로 반대채권을 가지는 경우에는, 상호간의 채권에 관한 상계를 한 후의 잔액의 채무를 부담하는 자가 법정의 책임제한을 주장할 수 있다(제749조).

이상의 채권이 발생하더라도 그것이 선원의 고용관계의 채권, 공동해손분담채권 또는 해난구조료채권, 원자력손해배상채권, 유류오염손해배상채권, 난파물제거채권인 경우 선주는 책임제한을 주장하지 못한다(제748조). 또한 책임제한채권이 책임제한권자의 고의 또는 중과실에 의하여 발생한 경우에는 책임제한권은 상실된다(제746조 단서).

(3) 책임제한의 방식과 한도액

여객의 인적 손해에 대한 책임의 한도액은 2,500만 SDR을 상한으로 하여, 여객의 법정정원에 46,666 SDR을 곱하여 얻은 금액이다. 여객의 인적 손해 이외의 손해에 대한 책임한도액은 ① 비여객의 인적 손해, ② 물적 손해 및

③ 양자 병발의 경우로 나누어진다. 먼저 비여객의 인적 손해의 경우 책임한도액을 보면 300~500톤의 선박은 500,000 SDR의 정액, 501톤 이상인 선박은 이 금액에 501~3,000톤은 매톤 667 SDR, 3,001~30,000톤은 매톤 500 SDR, 30,001~70,000톤은 매톤 375 SDR, 70,001톤 이상은 250 SDR의 총액을 단계적으로 더하여 얻은 금액(제1총액)으로 되어 있다.

물적 손해의 경우에는 300~500톤의 선박은 167,000 SDR의 정액, 500톤 이상의 선박은 이 금액에 501~30,000톤은 매톤 167 SDR, 30,001~70,000톤은 매톤 125 SDR, 70,001톤 이상은 매톤 83 SDR의 총액을 단계적으로 더하여 얻은 금액(제3총액)이 책임한도액이 된다. 다음, 양자 병발의 경우에는 먼저 300~500톤의 경우 333,000 SDR의 정액, 501톤 이상의 선박의 경우 이 금액에 501~3,000톤은 매톤 500 SDR, 3,001~30,000톤은 매톤 333 SDR, 30,001~70,000톤은 매톤 250 SDR, 70,001톤 이상은 매톤 167 SDR의 총액을 단계적으로 더하여 얻는 금액(제2총액)을 비여객의 인적 손해에 충당하고, '제1총액'에서 '제2총액'을 공제한 금액(제3총액)은 인적 손해의 부족분과 물적 손해의 비율에 따라 비례배분한다(제747조).

(4) 책임제한의 절차

상법 소정의 책임을 제한하고자 하는 자는 채권자로부터 책임한도액을 초과하는 청구금액을 명시한 서면에 의한 청구를 받은 날로부터 1년 내에 책임제한절차개시의 신청을 하여야 한다(제752조). 이 책임제한절차개시의 신청, 책임제한기금의 형성 · 공고 · 참가 · 배당 기타 필요한 사항은 따로 정하게 되어 있는 바, 이를 좇은 선박소유자 등의 책임제한절차에 관한 법률(1991.12.31. 법률 제4471호)이 있다.

(5) 해상유류오염손해의 경우

1969년 유류오염민사책임조약 및 1971년 유류오염국제보상기금조약을 채용한 유류오염손해배상보장법(1992.12.8. 법률 제4532호)에 의하면 등기선주만이 책임의 주체로 인정된다. 책임한도액은 2억 1,000만 프랑(1,400만 SDR)을 상한으로 한, 매적량톤 2,000프랑(134 SDR)의 총액이며, 2,000톤 이상의 유류를 화물로써 산적으로 운송하는 선박에 대하여는 책임보험계약 등의 유류오염손해배상책임의 이행담보조치를 취하여야 할 의무가 인정되고 있다.

IV. 해상기업상의 법률요건에 관한 법

해상기업상의 법률요건이란 해상기업주체에 대한 해상법 특유의 권리·의무의 귀속원인을 말하는 것이다. 여기에는 해상운송계약과 공동해손, 선박충돌, 해난구조 등이 있다.

1. 해상운송계약

(1) 해상물건운송계약

해상물건운송계약은 해상운송인으로서의 선주가 해상에서의 선박에 의한 물건의 운송을 인수하고, 상대방은 이에 대하여 일정한 보수를 지급하기로 약속하는 계약을 말하는 것으로 그 법적 성질은 도급이다. 해상물건운송계약의 성립은 당사자간의 합의로써 이루어지며, 계약이 체결되면 운송인은 운송급부의무와 채무불이행에 따른 손해배상책임을 부담하게 되는(제787조 이하) 한편, 운임청구권·체선료청구권·체당금 기타 비용청구권 등의 권리를 갖게 된다(제794조 등). 이러한 권리의 확보를 위하여 운송인에게는 유치권과 경매권, 우선변제권 등이 인정되고 있다. 해상물건운송계약은 일반적 종료원인 외에 운송위탁자의 임의해지와 불가항력으로 인한 당사자의 해약 등 해상법 특유의 사유로도 종료된다.

(2) 해상여객운송계약

해상여객운송계약은 해상에서 선박에 의하여 사람의 운송을 인수하는 계약이다. 역시 해상운송인과 여객 사이의 합의로써 계약이 성립되며, 계약의 효과로서 운송인의 급부의무와 손해배상책임이 발생하는 것과 해상법 특유의 종료사유 등은 물건운송계약의 경우와 같다.

(3) 복합운송계약

복합운송계약이란 각각 다른 운송구간(육상·해상·공중) 또는 운송수단(철도 또는 자동차·선박·항공기)의 결합에 의하여 이루어지는 복합운송에 관한 계약을 말한다. 복합운송은 운송계약체결절차의 단일·간명, 전운송구간의 확정운임의 사전파악 용이, 전운송구간에 관한 단일의 운송증권에 의한 운송물의 용이한 처분 등의 경제적 이점을 갖는다. 복합운송인의 책임은 손해발생구간이 판명된 경우에는 그 구간에 관한 운송인책임법규를, 손해발생구간이 판명되지 아니한 경우에는 육상운송인책임법규를 각각 적용하는 것이 원칙이다.

2. 해상위험 관련 법률요건

(1) 공동해손(제832조 이하)

공동해손은 선박과 그 적하의 공동위험을 면하기 위하여 선장이 선박 또는 적하에 대하여 행한 처분으로 생긴 손해에 관한 법률관계를 가져오는 해상법 특유의 제도이다. 상법은 요크 앤트워프규칙을 수용하여 입법하였으며, 공동해손이 성립하기 위하여는 선박과 적하를 공동의 위험으로부터 구출할 목적으로(위험요건), 선장에 의하여 선박 또는 적하에 대한 고의적이고 합리적인 비상처분이 이루어지고(처분요건), 또 그 처분 후에 적어도 선박 또는 적하의 일부가 보존되며(재산보존요건), 그 처분에 의하여 손해 또는 비용이 발생하여야 한다(손해비용발생요건). 공동해손의 분담청구권자는 공동해손처분으로 손해를 입거나 비용을 부담한 자이며, 분담의무자는 공동해손처분으로 보존된 재산의 소유자로서 공동해손인 손해를 입은 자이다.

(2) 선박충돌(제843조 이하)

선박충돌은 2척 이상의 선박이 접촉하여 손해를 일으키는 것을 말한다. 선박충돌이 성립하기 위하여는 항해선과 항해선 또는 항해선과 내수선 사이의 직접 또는 간접적인 접촉으로 손해가 발생하여야 한다. 이때 양측 모두에 과실이 없거나 불가항력적 충돌의 경우 그 손해는 피해자의 부담으로 되나, 과실충돌의 경우에는 약간의 특칙이 있다. 먼저 일방과실충돌의 경우에는 과실선박의 선주가 손해배상책임을 부담한다. 쌍방과실충돌의 경우에는 선박손해와 제3자의 손해를 구분하여 선박손해와 제3자의 손해 중 물적 손해는 과실비례에 의하여, 제3자의 손해 중 인적 손해는 양 선주가 연대책임(내부적으로는 과실비례의 분담)을 지는 것으로 하고 있다.

(3) 해난구조(제849조 이하)

해난구조는 사법상의 의무 없이 해난을 당한 선박, 적하 등의 재물을 구조하고 그 결과를 얻는 것이다. 해난구조가 성립하기 위하여는 선박 또는 그 적하 기타의 재물이 선박의 자력으로 극복할 수 없는 수면에서의 항해에 관련된 위험을 당하여 사법상의 의무 없는 자에 의해 구조되어야 한다. 주의할 것은 구조의 주효성으로서 구조가 성공하지 못하면 해난구조는 성립하지 않는다는 사실이다(불성공 무보수 원칙). 해난구조가 성립하면 구조자는 구조료 청구권을 취득하고, 피구조자인 재물소유자는 구조료지급의무를 부담하게 된다.

관련 사례

甲 소유 선박 70%, 乙 소유 선박 30%의 쌍방과실로 충돌하여, 양 선박은 각각 100만원씩 선체손상을 입었다. 양 선주 간의 손해배상 관계는?

▶ 총 200만원의 손해에 甲 140만원, 乙 60만원의 배상책임이 인정되고, 이는 구체적으로 甲 소유 선박의 손해에 대하여 甲 70만원, 乙 30만원의 책임과 乙 소유 선박의 손해에 대하여 甲 70만원, 乙 30만원의 책임을 의미하므로 甲은 乙에게 30만원을, 乙은 甲에게 70만원을 각각 청구할 수 있게 된다. 다만, 甲과 乙은 서로 상계를 할 수 있는 지위에 있으므로 이를 상계한다면 甲은 상계 후의 잔액 40만원을 乙에게 배상하여야 한다.

제6절 보 험

자본주의 경제사회에서 사람이 살아가거나 기업을 영위하면서 우연한 사고 또는 위험(자동차사고, 사람의 상해 등)이 발생할 때 당할 염려가 있는 경제생활의 불안(수입감소 내지 지출증가)을 극복하기 위하여, 여러 사람이 소액의 금전을 갹출하고 실제로 사고를 당한 사람이 그 갹출된 금전으로 형성된 자금에서 금전 등의 급부를 받도록 하는 사회경제제도를 보험이라고 한다. 이 제도는 경제적으로 '수지상등의 원칙' 또는 '보험단체의 자족성'에 의하여 뒷받침되고 있다. 즉 동종의 우연한 사고발생의 위험에 처한 다수인이 결합하여 사고 내지 그 결과 발생의 개연율에 의한 합리적인 계산을 함으로써, 전체적으로 다수인이 미리 갹출하는 '수입보험료 총액'과 실제로 사고를 당하여 지급되는 '지급보험금 총액'이 일치되도록 하는 것이다.

보험법은 이론적으로 말하면, 특히 좁은 의미로는 보험계약법을 가리키며, 그 기본적인 성문법으로 상법 제4편 '보험'의 규정이 있다. 보험계약법, 곧 좁은 의미의 보험법은 보험계약을 규율하는 법이다. 보험계약법은 사법의 체계상 본래 상행위법에 속하는 것이나 이론적으로는 일반 상행위법에 대한 독자적인 존재이며, 상법전 내에서도 별편으로 구성되어 있다. 또한 보험계약법은 보험계약의 기초인 보험제도의 특성과 보험제도의 공공성 내지 그 운영상의 가입자보호의 필요성이 법규제에 반영되어 단체성·기술성·사회성 등의 특색을 띤다.

Ⅰ. 보험계약의 의의

보험계약이란 당사자의 일방인 보험자가 약정한 기간(보험기간) 중 계약에서 정한 사고(보험사고)의 발생을 조건으로 일정한 금액(보험금액) 등의 급부를 할 것을 약속하고, 상대방이 이에 대하여 대가(보험료)를 지급할 것을 약속하는 합의이다. 보험계약은 사회경제제도로서의 보험제도의 기능을 실현하기 위하여 보험제도의 형성·운영자인 보험자와 보험가입자 사이의 법률관계(보험관계)를 형성시키는 법률요건이라고 하는 법률적 의의를 가진다.

1. 보험계약의 성질

보험계약은 법률상 당사자 쌍방의 보험관계의 내용 또는 보험조건에 관한 합의, 즉 청약과 승낙으로 성립하는 약성계약이고, 물건 또는 금전의 수수 내지 구체적인 급부의 실현이 계약성립의 조건이 되고 있지 않으므로 요물계약이 아니다. 그리고 당사자 쌍방의 합의에 서면작성 등의 법정의 방식을 구비하여야 하는 것도 아니므로 불요식계약이며 기타 유상·쌍무계약, 계속적 관계의 계약, 사행계약으로서의 성질을 가진다.

2. 보험계약의 분류

보험계약은 보험사고 발생의 객체 또는 보험보호의 대상에 따라 물건보험계약과 인보험계약으로 분류되며, 보험급부의 내용에 따라 정액보험계약과 손해보험계약으로 분류된다. 정액보험계약은 당사자의 일방이 사람의 생사, 상해, 질병 등에 관하여 손해의 유무 또는 액과 관계없이 약정한 금액을 일시에 또는 연금으로 지급할 것을 약속하고 상대방이 이에 대하여 보수를 지급할 것을 약속하는 보험계약이며, 손해보험계약은 당사자의 일방이 우연한 일정한 사고로 인하여 발생하는 손해를 보상할 것을 약속하고 상대방은 이에 대해 보수를 지급할 것을 약속하는 보험계약이다.

II. 보험계약의 성립

1. 보험계약 성립의 기본

(1) 기본원칙과 그 예외

보험계약도 일반계약과 마찬가지로 당사자간의 합의, 즉 청약에 대한 승낙으로 성립된다. 이 청약에 대한 승낙이 된 때가 보험계약의 성립시점이며, 원칙적으로 계약의 성립이 있어야만 계약의 효과로서 보험자와 보험가입자 사이의 권리·의무관계, 곧 보험관계가 형성된다.

보험계약 성립의 기본원칙에 관한 예외로서, 보험자는 보험계약자로부터 보험계약의 청약과 함께 보험료 상당액의 전부 또는 일부의 지급을 받은 경우에는 다른 약정이 없으면 30일 내에 승낙 여부의 통지를 발송해야 하며(제638조의2 제1항), 보험자가 이 기간 내에 승낙 여부의 통지를 발송하지 않으면 승낙한 것으로 본다(동조 제2항).

그리고 보험자가 보험계약자로부터 보험계약의 청약과 함께 보험료 상당액의 전부 또는 일부를 받은 경우에 그 청약을 승낙하기 전에 보험사고가 발생한 때에는 그 청약을 거절할 사유가 없는 한 보험자는 보상책임을 지며(제638조의2 제3항 본문), 다만 인보험계약의 피보험자가 신체검사를 받아야 하는, 이른바 진단계약의 경우에 그 검사를 받지 아니한 때에는 보험자는 책임이 없다(동조 단서).

(2) 당사자

보험계약의 당사자로는 보험자와 보험계약자가 있으며, 그 밖에 보험계약의 요소로서 보험관계자가 있다. 보험자는 보험계약자와 보험계약을 체결하고 보험사고가 발생한 경우에는 손해의 보상 또는 약정금액의 지급을 할 의무를 지는 자이다. 그 자격은 일정규모 이상의 자본을 가진 주식회사 또는 상호회사로서 재경원장관의 허가를 받은 자로 법정되어 있다. 보험계약자는 보험자와 보험계약을 체결하고 보험료를 지급할 의무를 지는 자이다. 보험계약관계자는 널리 보험가입자로서 계약당사자인 보험계약자와 법률상 구별되면서 보험계약상의 권리·의무관계를 가지는 자이다. 여기에는 보험금청구권자인 손해보험의 '피보험자'와 인보험의 '보험수익자' 및 인보험의 경우 보험사고의 대상 또는 객체가 되는 사람인 '피보험자'가 있다.

관련 사례

甲은 남편 乙의 건강진단서 등을 첨부하여 丙 보험회사와 乙의 생명보험계약을 체결하면서 보험금 수령자를 자녀 丁으로 하였다면 이 보험계약의 당사자 관계는?

▶ 먼저 甲이 보험계약자, 丙회사가 보험자임은 분명하다. 문제는 乙과 丁의 법적 지위라고 할 것인 바, 乙은 인보험의 보험사고의 객체로서 피보험자이고, 丁은 보험금청구권자로서 보험수익자이다.

(3) 합 의

보험계약은 불요식계약으로서 당사자간의 합의만 있으면 성립하지만, 이렇게 성립된 보험계약의 구체적인 합의의 내용 기타의 보험관계는 보험증권 및 그것과 결합된 보험약관에 기재·구체화된다. 보험증권은 보험계약의 성립과 그 내용을 증명하기 위한 증권으로, 보험자가 작성하고 기명날인 또는 서명을 하여 보험계약자에게 교부하는 증권의 이름이다.

2. 보험계약의 요소

보험계약의 요소란 보험계약의 성립에 불가결한 보험계약 특유의 사항이다. 손해보험과 인보험에 공통되는 요소로는 보험사고와 그 대상, 보험기간, 보험금액과 보험료 등이 있고, 손해보험계약에만 인정되는 요소로 피보험이익이 있다.

(1) 보험사고와 그 대상

보험사고란 보험계약상 보험자의 보험금지급의무를 구체화하는 일정한 사고를 말하는 것으로, 보험기간 중에 발생하여야 하며 보험자의 면책사유로 인한 사고가 아니라야 한다. 보험사고 발생의 대상은 물건보험의 경우 보험의 목적, 인보험의 경우 자연인인 피보험자이다.

(2) 보험기간

보험기간이란 보험자의 위험부담기간, 즉 보험자의 책임이 개시하여 종료할 때까지의 기간으로서 위험기간 또는 책임기간이라고도 한다. 보험기간의 시기는 보험계약의 성립시이며, 종기는 보험기간의 만료·생존보험의 만기의 도래시이다. 그러나 보험사고가 발생하거나 보험계약이 실효·해지되면 보험기간 중이라도 보험관계가 종료되며, 운송보험·해상보험의 경우는 운송물의 인도시 또는 양륙의 종료시가 종기가 된다.

(3) 보험금액과 보험료

보험자의 급부에 관한 보험계약상의 약정한도를 획정하는 금액, 즉 보험자가 보험계약상 부담하는 보상책임 또는 지급할 보험금의 최고한도액이 보험금액이며, 여기에 보험요율을 적용하여 보험료를 산출한다. 한편, 보험료는 보험자의 위험부담에 대한 대가로서 계약당사자인 보험계약자가 지급하여야 할 보수이다. 이른바 보험료불가분의 원칙이란 보험료기간의 중도에 보험계약이 장래에 대해 해지되거나 실효한 경우에도 보험자는 그 보험료기간에 대응하는 보험료 전액을 취득할 수 있다는 것이다.

3. 고지의무

고지의무란 보험계약자와 피보험자가 보험계약 당시에 보험자에 대하여 중요한 사항을 알려야 하고, 그에 관하여 부실하게 알려서는 안될 의무이며, 고의 또는 중과실로 이에 위반한 때에는 보험자는 계약을 해지할 수 있도록 하고 있는 보험법상의 특수제도이다(제651조, 제655조). 이 고지의무를 부담하는 자는 보험계약자와 피보험자로서, 보험자 또는 보험자를 위하여 고지를 수령할 권한이 있는 자가 상대방이 된다. 고지사항은 예컨대 화재보험의 경우 건물의 구조·용도, 생명보험의 경우 피보험자의 연령과 직업·기왕증 기타의 건강상태 · 생활환경 등과 같이, 보험자가 보험사고의 발생과 그로 인한 책임부담의 정도의 개연율을 측정하여 계약의 체결 여부 또는 보험료수준 · 보험조건 등의 보험계약의 내용을 결정하는 데 영향을 미치는 사항, 다시 말하면 보험자가 알았다면 계약을 체결하지 않았거나, 또는 적어도 그 조건으로는 계약을 체결하지 않았을 사실이다. 고지의무는 보험자와 보험가입자 사이에 이해가 상반하여 분쟁이 생기기 쉽기 때문에, 고지의무를 간명화 · 실효화하기 위하여 질문표 제도가 주로 이용되고 있다.

4. 보험계약의 무효

보험계약의 무효란 보험계약이 형식적으로 성립은 되었으나, 보험계약 본래의 효과인 보험관계의 형성이 처음부터 이루어지지 않는 것을 말한다. 무효의 원인은 보험사고의 주관적 확정(제644조)이나 손해보험의 경우 피보험이익의 부존재 · 불확정 · 부적법, 사기로 인한 초과보험 · 중복보험(제669조, 제672조) 그리고 인보험의 경우 15세 미만자 · 심신상실자 · 심신박약자를 피보험자로 한 사망보험(제732조), 타인의 생명의 보험인 경우 피보험자의 동의가 없을 때(제731조) 등이며, 보험계약이 무효로 되면 보험관계가 형성되지 않고, 당사자는 원상회복의무를 부담하게 된다. 다만 심신박약자가 보험계약을 체결하거나 단체보험의 피보험자가 될 때에 의사능력이 있는 경우에는 사망보험계약의 체결이 금지되지 아니한다.

Ⅲ. 보험계약의 효과

1. 보험자의 의무

(1) 보험금지급의무

보험자는 보험사고가 발생하면 면책사유(제659조, 제660조, 제678조 등)가 없는 한 사고발생의 통지를 받은 후 지체없이 지급할 보험금액을 정하고, 그 금액을 정한 날로부터 10일 이내에 피보험자 또는 보험수익자에게 보험금액을 지급하여야 한다(제658조). 타인을 위한 손해보험계약의 경우에는 보험계약자가 그 타인에게 손해를 배상한 때에는 그 타인의 권리를 해하지 않는 범위 내에서 보험자에게 보험금의 지급을 청구할 수 있다. 지급장소는 원칙적으로 보험금수령권자의 주소·영업소이며, 지급은 금전지급 또는 현물급부로써 한다. 보험자의 보험금지급의무는 3년의 시효로 인하여 소멸된다.

(2) 보험증권교부의무

보험자는 보험계약이 성립한 때에는 지체없이 보험증권을 작성하여 보험계약자에게 교부하여야 한다(제640조). 다만, 보험계약자가 보험료의 전부 또는 최초의 보험료를 지급하지 아니한 때에는 그러하지 아니하다. 기존의 보험계약을 연장하거나 변경한 경우에는 보험자는 보험증권에 그 사실을 기재함으로써 보험증권의 교부에 갈음할 수 있다.

(3) 보험료 등의 반환의무

보험자는 보험계약무효의 경우(제648조)와 보험사고 발생 전의 임의해지의 경우(제649조) 보험료를 반환하여야 한다. 또한 생명보험계약에서 보험계약의 해지, 전쟁위험, 도덕적 위험으로 인한 보험자의 면책의 경우에는 보험적립금 등도 반환하여야 한다.

2. 보험가입자의 의무

(1) 보험료지급의무

보험료지급의 제1차적 의무자는 보험계약자이며, 그 외에 피보험자 또는 보험수익자가 제2차적 의무자가 된다. 약정보험료는 원칙적으로 당사자의 일방적 의사로 변경될 수 없으나 특별위험 소멸의 경우, 초과보험의 경우, 위험의 객관적 변경·증가의 경우(제652조), 위험의 주관적 변경·증가의 경우(제653조)에는 예외적으로 증감될 수 있다. 지급장소는 지참채무의 원칙에 의하고 지급시기는 특약이 없는 한 보험계약의 성립과 동시에 이행기가 도래하며, 보험료지급지체의 경우에는 보험자의 책임이 개시되지 않거나 보험자에 의해 계약이 해지될 수 있다.

(2) 통지의무

보험사고가 발생하면 보험가입자는 이 사실을 보험자에게 통지하여야 하며, 위반시는 증가된 손해의 보상을 받을 수 없다(제657조). 위험의 객관적 변경

·증가도 통지사항이다. 위반시는 그 사실을 안 날로부터 1월 내에 보험자의 계약해지가 가능하다.

(3) 손해보험의 경우 손해방지의무

보험사고로 인하여 발생한 손해의 보상을 목적으로 하는 손해보험계약에서 보험가입자측은 보험사고가 발생한 때에 손해의 방지와 경감을 위하여 노력하여야 할 의무가 있다(제680조). 이를 손해방지의무라 하며 보험의 선의성 확보와 재물보호의 공익적 요청에 기하여 인정되는 의무이다. 손해방지와 경감을 위하여 필요 또는 유익하였던 비용과 보상액이 보험금액을 초과한 경우라도 보험자는 이를 부담하여야 한다. 손해방지의무를 위반의 경우에는 그로 인해 확대된 손해에 대한 보험자의 보상의무가 없다.

Ⅳ. 보험계약의 종료

(1) 당연종료

보험기간이 만료되면 보험계약은 당연히 종료된다. 물건보험의 경우 보험의 목적의 멸실 또는 인보험의 경우 피보험자의 사망 등과 같이 보험사고 발생의 객체가 소멸한 경우에도 역시 같다. 또한 물건보험의 경우 보험금액의 전액지급이나 피보험이익의 절대적 상실의 경우에도 보험계약은 당연히 종료한다.

(2) 실 효

보험계약의 실효란 법정 또는 약정의 사유에 의한 보험기간 만료 전의 보험관계 내지 보험계약의 효력의 자동적 소멸을 말하는 것으로서, 상법에 의한 경우와 약관에 의한 경우가 있다. 전자의 예로는 보험자의 파산, 선박보험의 경우 선박의 양도 등이 있으며, 후자의 예로는 계속보험료 부지급의 경우 유예기간의 경과가 있다.

(3) 해 약

보험자가 파산선고를 받은 때에는 보험계약자가 계약을 해지할 수 있다. 보험사고의 발생 전에 보험계약자가 임의로 해지하는 경우 당사자간에 다른 약정이 없으면 보험계약자는 미경과보험료 반환을 청구할 수 있다. 보험자도 계속보험료가 약정한 시기에 지급되지 아니한 때, 보험계약자가 고지의무를 위반한 때, 보험계약자 또는 피보험자가 위험의 변경·증가통지의무를 해태한 때에는 보험계약을 해지할 수 있다.

Ⅴ. 손해보험계약 특유의 문제

1. 피보험이익

(1) 의 의

피보험자가 보험의 목적에 대하여 일정한 관계에서 가지는 이익으로, 보험사고로 인하여 잃을 염려가 있는 이익을 피보험이익이라 한다. 손해보험에서 손해가 생길 수 있는 기초에는 특정한 이익이 없어서는 안되기 때문에 인정되는 개념이다. 피보험이익의 기능은 동일한 보험의 목적에 관해 여러 보험계약이 성립되어도 피보험이익이 다르면 중복보험이 되지 않는다는 데 있다.

(2) 보험가액

보험가액은 피보험이익의 금전적 평가액, 즉 보험계약의 목적의 가액이다. 보험가액은 보험자가 지급할 수 있는 보험금액의 법률상의 한도를 확정하는 동시에 보험금액과의 관계에서 초과보험, 중복보험 등을 판정하는 기준이 된다. 보험사고로 인하여 발생한 손해가 손해보험에서 보상되더라도 보험자로부터 실제로 지급을 받을 수 있는 것은 보험가액이 그 한도가 된다. 보험가액과 보험금액의 일치 여부에 따라 전부보험, 일부보험, 초과보험, 중복보험의 구분이 있다.

관련 사례

甲은 시가 1억원인 자기 소유의 가옥에 대하여 보험자 A와 보험금액을 9천만원으로 하여 화재보험계약을 체결한 후, 다시 보험자 B와 보험금액을 6천만원으로 하는 보험계약을 체결하였다. 甲은 A와 B로부터 얼마의 보험보상을 받는가?

▶ 각 보험계약상의 보험금액의 합계(1억 5천만원)가 보험가액을 초과하는 중복보험의 경우이다. 전손(全損)의 경우 甲은 A로부터 9천만원, B로부터 6천만원의 범위 내에서 동시에 또는 순차로 청구하여 1억원의 보상을 받는다. 그 다음 A와 B는 지급한 보험금 1억원을 보험금액 비례로 분담한다(A는 6천만원, B는 4천만원).

2. 보험대위와 보험위부

(1) 보험대위

보험자가 피보험자에게 보험금을 지급한 경우에, 보험자가 피보험자의 지위에 서서 피보험자가 손해가 생긴 피보험이익에 관하여 가지고 있던 권리 및 구제방법을 취득하는 것을 보험대위라고 한다. 그 취지는 이중이득의 방지에 있으며, 잔존물대위와 청구권대위의 두 유형이 있다. 잔존물대위는 보험사고로 인하여 보험의 목적에 관한 피보험이익이 전손이 된 경우, 보험자가 보험금액 전액을 지급한 때에 보험자는 피보험자가 그 보험의 목적에 대하여 가지는 권리를 취득하는 것이며(제681조), 청구권대위는 보험사고가 제3자의 행위로 인해 발생하여 손해가 생긴 경우, 보험자가 피보험자에 대하여 그 부담액을 지급한 때에는 그 지급금액의 한도에서 보험계약자 또는 피보험자가 제3자에 대하여 가지는 권리를 취득하는 것이다(제682조).

인보험은 사람의 생명이나 신체를 보험의 목적으로 하므로 손해보험적 성질을 가지고 있는 상해보험을 제외하고는 보험대위가 금지되고 있다.

(2) 보험위부

해상보험의 목적이 전부멸실한 것과 동일시할 수 있는 경우에, 피보험자가 보험의 목적에 대한 권리를 보험자에게 이전하고, 보험자로 하여금 보험금액의 전액을 지급하도록 하는 것을 보험위부라고 한다(제710조 이하). 이는 피보험자의 전손의 증명 및 그 손해액의 산정의 곤란을 덜어주고, 피보험자가 보험금을 신속하게 수령함으로써 그 손해의 조기보전을 할 수 있도록 하기 위하여 인정된 제도이다.

3. 보험목적의 양도와 보험관계

피보험자가 보험의 목적을 양도한 경우 양수인은 보험계약상 권리와 의무를 승계한 것으로 추정한다(제679조 제1항). 피보험자가 보험의 목적을 양도하면 피보험이익의 소멸로 보험계약은 실효할 것이지만, 이래서는 양도인이 이미 지급한 보험료가 보람이 없게 되고, 양수인으로서는 무보험의 상태가 되며, 보험자로서도 고객을 유지할 수 없게 되기 때문에 양도인·양수인·보험자 모두의 편익을 위하여 인정되는 것이다.

4. 책임보험계약

책임보험계약이란 보험기간 중에 발생한 사고로 인해 피보험자가 제3자에 대하여 배상할 책임을 지는 경우에 보험자가 이로 인하여 받을 피보험자의 손해를 보상할 것을 인수하는 손해보험계약이다(제719조). 책임보험계약은 가해자의 배상자력을 보충하여 피해자를 보호하는 한편, 일시의 거액배상에 의한 가해자의 파멸을 방지하는 기능을 한다. 보험의 목적은 피보험자의 일반재산 내지 책임재산으로서의 전 재산이며, 피보험이익은 피보험자와 그 전 재산의 관계가 되므로 보험가액이 없고, 따라서 일부·초과·중복보험의 문제는 원칙적으로 존재하지 않는다.

책임보험은 소극보험으로서 피보험자의 배상책임의 상대방, 곧 보험관계의 제3자인 피해자가 존재하게 된다. 그런데 이 제도의 취지는 가해자인 피보험자의 배상자력을 보충하여 피해자에 대한 배상책임의 구체적 이행의 확보에 있다고 할 수 있으므로, 자동차손해나 원자력손해 등 특히 위험성이 많은 사업의 경우에는 책임보험에의 가입이 강제되고 있다. 또한 책임보험의 경우 피해자는 피보험자가 책임을 질 사고로 입은 손해에 대하여, 보험금액의 한도 내에서 보험자에게 직접 보상을 청구할 수 있도록 피해자의 직접청구권이 보장되고 있는 것이 특색이다.

제7절 항공운송법

Ⅰ. 개 요

몬트리올협약 등 국제조약을 대부분 그대로 수용하여 상법내 육상운송 및 해상운송 규정과의 일관성을 유지하는 범위 내에서 제정된 항공운송편은 2011년 5월 23일 법률 제10969호로 상법 제6편에 신설된 후, 2014년 5월 20일에 개정된 바 있다. 이 개정은 국제협약에 맞추어 항공운송인의 책임한도액을 상향조정을 그 내용으로 하였다. 상법 제6편 항공운송편은 ① 국제조약과 주요 항공선진국의 입법례를 반영하여 국내 항공운송 법제를 국제기준에 맞게 선진화하고, ② 육상·해상운송과는 달리 법규정이 없어 그 동안 항공사가 일방적으로 만든 약관에만 의존하던 항공사의 책임 및 여객의 권리에 관한 사항을 법률로 규율함으로써, 여객과 화주의 권리를 보호하고 항공사의 책임을 합리적으로 조정하였다.

항공운송편은 통칙(제1장), 운송(제2장), 지상 제3자의 손해에 대한 책임(제3장)으로 두고, 제2장은 통칙(제1절), 여객운송(제2절), 물건운송(제3절), 운송증서(제4절)로 4개의 절을 두고 있다.

Ⅱ. 구체적 내용

1. 여객운송인의 책임 규정

여객이 사망하거나 상해를 입은 경우에는 피해자를 보호하기 위하여 항공사는 일정금액까지는 무과실책임을 부담하고, 그 초과부분은 항공사의 과실이 추정되고 무제한의 배상책임을 부담한다. 특히 사고후 배상청구가 있는 경우에는 지체없이 손해배상액의 일부를 선급금으로 지급하도록 하여 급작스런 사고를 당한 피해자와 유족의 경제적 곤란을 해소할 수 있도록 한다. 여객이 연착된 경우에도 항공사의 과실이 추정되어 일정금액의 범위 한도 내에서 배상책임을 부담한다.

2. 물건운송인의 책임 규정

화물이 멸실 또는 훼손된 경우에는 항공사의 과실을 추정하여 예외적인 면책사유가 없는 한 손해를 배상여야 한다. 일반적으로 그 한도가 정하여지지만, 화물의 소유자가 그 가격을 신고한 경우에는 신고가격을 배상하도록 한다. 이는 전반적으로 항공사의 배상책임을 손쉽게 인정하면서도 일정한도로만 배상하도록 하여 화주와 항공사의 이익을 적절히 조정하고자 하는 취지에서 비롯된 것이다.

3. 항공사고로 인해 피해를 입은 제3자에 대한 책임 규정

과거에는 항공기 추락사고로 인해 여객 이외에 지상(地上)에 있는 제3자가 손해를 입은 경우에도 항공사의 과실을 규명해야만 배상을 받을 수 있었으나, 조종학·기상학 등 전문지식 부족으로 실제 항공사의 배상을 받기가 매우 어려웠던 것을 감안하여 항공기 추락사고로 인해 제3자에게 뜻하지 않은 인적·물적 손해가 발생한 경우 항공사의 과실 유무와 관계없이 배상책임을 부과하되, 항공기 총중량에 따른 총체적 제한 범위와 피해자 1인당 일정금액의 범위 내에서 배상책임을 부담하도록 제한하고 있다.

제8절 어음·수표법

어음법과 수표법은 전형적인 유가증권법으로서, 그 법률관계 곧 어음·수표관계의 구조는 사법체계의 일반원칙을 좇아, 어음·수표관계의 주체 및 어음·수표관계 형성의 기초인 어음·수표법 특유의 법률행위 곧 어음·수표행위와 함께 이에 이은 어음·수표관계의 소멸로 나누어 파악할 수 있다.

이 중에서 어음·수표관계의 주체에 관하여는 실정 어음·수표법에 특별한 규정이 없고, 사법상의 권리·의무 내지 법률관계의 주체, 즉 민법상의 '인' 및 상법상의 '상인'의 문제에 맡겨져 있다. 따라서 어음·수표법은 어음·수표행위가 중심이 되어 있는 것이다.

Ⅰ. 유가증권과 어음·수표

1. 유가증권

유가증권이란 재산적 가치가 있는 사권을 표창하는 증권으로 권리의 행사 또는 이전에 증권을 필요로 하는 것을 말한다. 이는 무형의 재산권 내지 재산적 법률관계를 유형화하여 그 유통성을 증진시키고자 인정된 하나의 법기술상의 제도라고 할 수 있다. 유가증권은 여러 가지 표준에 따라 분류가 가능하지만 그 중에서 중요한 몇 가지를 들어보면 다음과 같다.

(1) 증권에 표창된 권리의 종류에 따른 분류

이 분류방법에 따르면 유가증권은 물권을 표창하는 물권증권, 채권을 표창하는 채권증권 및 법인의 사원인 지위를 표창하는 사원권증권으로 나누어진다.

(2) 증권상의 권리자 지정방법에 의한 분류

이는 증권상의 권리자가 누구인지, 또 증권상의 권리의 이전·양도 내지 처분의 방법이 무엇인지에 따른 분류로서 기명증권, 지시증권, 무기명증권 및 선택무기명증권의 네 종류가 있다. 기명증권은 증권에 특정인만이 권리자로 기재되어 있는 증권이며, 지시증권은 증권상 권리자로 특정인을 기재함과 아울러 그 특정인이 지시하는 자도 권리자가 될 수 있다는 취지의 문구를 기재한 증권이다. 무기명증권은 증권상 권리자에 관한 특정인의 기재가 없고 증권의 소지인이 권리자로 인정되는 증권이며, 선택무기명증권은 증권상 권리자로 특정인을 기재함과 아울러 증권의 소지인도 권리자라는 뜻을 부기한 증권이나 법률상 무기명증권과 동일시된다.

(3) 증권에 표창된 권리의 존립이 증권작성의 기초가 된 원인관계에 의하여 직접 영향을 받는가의 여부에 의한 분류

여기에는 증권작성의 기초가 된 원인관계에서 떠난 추상적인 권리를 표창하는 유가증권인 무인증권과 이미 성립하고 있는 권리를 증권에 표창하는 것에 불과한 유가증권인 유인증권의 두 종류가 있다.

(4) 증권상의 권리의 내용이 증권기재의 문언에 의하여만 결정되는가의 여부에 의한 분류

여기에는 증권의 기재와 원인관계의 내용이 다른 경우, 그것은 당사자간의 인적 항변이 될 뿐이고, 채무자는 선의의 증권취득자에 대하여 증권에 기재가 없는 사항으로 대항할 수 없는 문언증권과, 증권상의 권리가 증권상의 기재로 나타나지 않고 원인관계의 내용에 의하여 결정되는 비문언증권의 두 종류가 있다.

2. 어음과 수표

어음과 수표는 모두 일정액의 금전의 지급청구권을 표창하는 유가증권으로, 유가증권 중에서도 가장 전형적인 것이며, 권리와 증권이 원칙으로 그 시종을 같이하는 이른바 완전유가증권이다. 어음에는 약속어음과 환어음이 있으나, 그 법률적 성질의 면에서는 환어음과 수표가 지급위탁증권이고 약속어음은 지급약속증권인 점에서 차이가 있다. 이 점에 착안하여 영미법에서는 수표를 은행 앞으로 발행된 일람출급의 환어음으로 취급하여 '수표를 포함한 환어음'(bills)과 약속어음(notes)으로 나누기도 한다.

약속어음은 발행인이 수령인 기타의 정당한 증권소지인에 대하여 일정한 금액을 일정한 날에 스스로 지급할 것을 약속하는 증권을 말하며, 환어음은 발행인이 제3자인 지급인 앞으로 수령인 기타의 정당한 증권소지인에게 어음금액을 만기에 지급할 것을 위탁하는 증권을 말한다. 수표는 발행인이 지급인 앞으로 수령인 기타의 정당한 증권소지인에게 일정한 금액을 지급할 것을 위탁하는 증권이다.

(1) 어음 · 수표의 경제적 기능

어음은 중세 이탈리아에서 송금수단으로 탄생하였지만, 후에 배서제도의 발달과 함께 신용거래수단으로서의 역할을 굳히게 되었다. 오늘날 어음의 경제적 기능으로 ① 지급, ② 송금 또는 추심, ③ 신용의 수단 등 여러 가지 기능을 들 수 있는데, 앞의 ①·②는 ③의 신용기능과 결합하여 작용하는 것이 보통이므로 어음을 신용증권이라고 보아도 상관없다. 이에 대하여 수표는 처음부터 금전지급의 수단으로 발달하여 온 것이며, 현재에도 지급증권으로서의 경제적 기능에 변함이 없다.

(2) 어음 · 수표의 선의자 보호

어음 · 수표제도의 이념은 유통성의 강화, 지급의 확실 · 안정성의 확보에 있고, 이 이념의 실현을 위해서는 선의자 보호가 요청된다. 어음 · 수표 소지인은 선의취득제도와 인적 항변 · 백지보충권남용항변의 제한을 통하여 일정한 보호의 대상이 되며, 그 외 무권대리인책임 규정과 어음 · 수표행위독립의 원칙 등에 따른 어음 · 수표관계자의 책임에 의하여도 보호된다.

II. 어음 · 수표행위 총론

어음 · 수표행위란 어음법 · 수표법상의 특유한 법률행위로서 어음 · 수표상의 법률관계의 발생 내지 변동에 관한 것을 말한다. 여기에는 환어음 · 약속어음 · 수표 모두에 공통되는 발행 · 배서 · 보증이 있고, 환어음에만 인정되는 인수 · 참가인수, 수표에만 인정되는 지급보증이 있다.

어음 · 수표행위에는 서면성, 요식성, 무인성, 독립성, 문언성 및 책임성이라고 하는 공통적 특색이 있다. 서면성이라 함은 설권증권인 어음 · 수표에서는 어음행위의 실체로서의 의사표시는 어음이라는 서면상의 기재를 통하여 이루어진다는 것을 말하며, 요식성이라 함은 어음 · 수표행위는 모두 일정한 법정의 형식을 구비해야 한다는 것을 말한다. 무인성이란 실질관계의 무효 · 취소 등의 영향을 받지 않는다는 뜻이며, 독립성이란 각 어음 · 수표행위의 효력은 다른 어음 · 수표행위의 영향을 받지 않고 서로 독립성을 가진다는 의미이다. 한편, 문언성은 서면에 기재된 문언이 어음 · 수표행위의 내용 또는 그것에 의하여 생기는 법률관계의 내용을 확정하는 데 결정적인 의미를 갖는다는 뜻이며, 책임성은 원칙으로 행위자에게 책임이 발생한다는 뜻이다.

특히 어음 · 수표행위에 있어서는 한 통의 어음 · 수표증권 위에 중첩적으로 이루어진 어음행위의 효력이 각각 독립하여 결정된다는 어음 · 수표행위독립의 원칙이 인정된다. 이는 다른 어음 · 수표행위를 전제로 하여 이루어지는 어음 · 수표행위의 경우, 선행의 어음 · 수표행위가 위조 등의 실질적인 이유 내지 하자로 인하여 무효가 되더라도, 그것을 전제로 한 후속의 어음 · 수표행위는 영향을 받지 않고 유효하게 성립한다는 원칙으로서, 어음·수표의 취득자 또는 소지인의 지위를 강화하여 어음·수표의 유통성을 보장하기 위하여 인정된 제도이다.

1. 어음·수표행위의 성립

(1) 어음·수표행위의 일반적 성립요건

어음·수표행위가 유효하게 성립하기 위해서는 어음·수표증권에 일정한 사항을 기재하고 기명날인 또는 서명을 하여야 한다. 기명날인이란 행위자의 명칭을 직접 쓰거나 타이프·인쇄 등 일정한 방법으로 기재하고 행위자의 의사에 의하여 그의 인장을 찍는 것을 말한다. 자연인의 기명날인은 행위자의 의사에 의한 것인 한 타인에게 대행시킬 수 있으며, 행위자를 표시하는 명칭은 성명·상호·아호·통칭 등 거래계에서 누구인지 알 수 있는 것이면 상관없다. 법인의 기명날인은 법인의 명칭과 대표관계를 표시하고 대표자의 기명날인을 하여야 한다.

관련 사례

甲은 사업의 필요에 의하여 어음을 발행하고자 하였으나 마침 도장이 눈에 띄지 않아 무인을 찍는 것으로 이를 대신하였다. 이 어음은 효력이 있는가?

▶ 어음·수표행위는 기명날인·서명을 요건으로 하는 요식의 서면행위이므로 어음·수표행위가 유효하게 성립하기 위하여는 어음·수표증권에 일정한 사항을 기재하고 기명날인·서명하여야 한다. 따라서 도장 대신 무인에 의한 어음발행은 어음의 요건이 갖추어지지 않은 것으로 되어 어음행위로서의 효력이 생기지 아니한다.

(2) 특별한 경우의 어음·수표행위의 요건

타인에 의한 어음·수표행위는 대리방식에 의한 것과 대행방식에 의한 것이 있다. 이들 어음·수표행위가 유효하기 위해서는 전자의 경우 본인의 표시, 대리·대표관계의 표시, 대리인·대표자의 기명날인이 있어야 하고, 후자의 경우 본인의 기명날인의 대행이 있어야 한다. 이때 대리권·대표권 및 대행권이 있어야 함은 당연하다. 그러나 권한 없는 타인에 의하여 어음·수표행위가 이루어지는 경우에는 그것이 무권대리인지, 위조인지 아니면 변조인지에 따라 법적 효과가 상이하다.

무권대리는 대리권이 없는 자가 타인의 대리인으로서 어음·수표행위를 하는 것을 말하는데, 이때 본인은 표현책임이 성립되지 않는 한 책임이 없고, 무권대리인은 본인의 추인이 없는 한 본인이 부담하였을 책임과 동일한 책임을 부담한다. 위조는 권한 없는 자가 타인의 명의를 모용하여 마치 그 타인이 어음·수표행위를 한 것과 같은 외관을 만들어 내는 것으로서, 이때 본인은 어음·수표상의 책임이 없고, 위조자도 불법행위책임을 지는 것과는 별도로 어음·수표상의 책임을 지지 아니한다. 변조는 권한 없이 어음·수표의 기명날인 이외의 기재사항을 변경하는 것을 말하는데, 변조 전의 기명날인자는 변조 전의 문언에 따라, 변조 후의 기명날인자는 변조 후의 문언에 따라 책임을 지고, 변조자는 변조한 어음·수표에 기명날인을 한 경우 외에는 어음·수표상의 책임은 지지 아니한다. 물론 불법행위책임은 별개이다.

관련 사례

甲이 친구 乙의 명의로 약속어음을 발행한 경우, 甲·乙의 어음상의 책임은?

▶ 이는 경우를 나누어 살펴보아야 한다. 먼저 ① 甲이 乙의 기명날인의 대행권을 행사한 경우와 ② 甲이 乙의 허락을 얻어 어음을 발행한 경우, 그리고 ③ 甲이 乙의 명의를 함부로 사용한 경우이다. 특히 ③의 경우는 다시 ⓐ 甲이 乙의 명의를 자신의 표시로서 사용한 경우와 ⓑ 위조의 경우로 나누어진다. 갑은 ①의 경우 대행권의 행사로서 직접 어음상의 책임을 지지 않으나, ②의 경우는 명의차용자로서 乙과 연대책임을 지게 된다. ③-ⓐ의 경우에는 자기표시로 사용한데 대한 어음상의 책임을 지게 되며, ③-ⓑ의 경우에는 위조자로서 불법행위책임을 지는 것과는 별도로 어음상의 책임은 지지 아니한다. 다음 乙은 ①의 경우 어음행위의 본인으로서 어음상의 책임을 진다. ②의 경우 역시 상법 제24조 명의대여자로서의 책임을 진다. 그러나 ③-ⓐ의 경우 乙의 명칭은 곧 甲의 명의가 되므로 乙은 어음상의 책임을 지지 아니하며, ③-ⓑ의 경우에도 乙은 피위조자로서 어음상의 책임은 없다.

2. 어음 · 수표행위의 효과

어음 · 수표행위는 사법상의 법률요건인 법률행위이기 때문에 어음 · 수표행위가 성립되면 그 법률효과로서 어음 · 수표에 관한 법률관계 또는 권리 · 의무관계가 형성된다. 이러한 어음 · 수표행위의 효과는 권리를 중심으로 파악할 수 있는바, 이것이 어음 · 수표상의 권리이며, 이는 취득 · 행사 · 이전 · 소멸 등으로 나누어 살펴볼 수 있다.

(1) 어음 · 수표상의 권리의 취득

어음 · 수표상의 권리는 발행이라는 어음 · 수표행위에 의하여 최초로 성립하며, 어음 · 수표의 수령인 또는 소지인은 어음 · 수표상의 권리를 최초로 취득하게 된다.

(2) 어음 · 수표상의 권리의 행사

어음 · 수표는 완전유가증권으로서 어음상의 권리자는 권리를 행사할 때 반드시 증권을 제시하여야 하고, 지급이 거절된 경우에 소구권을 행사하려면 권리보전절차를 취해야만 하는 반면, 어음채무자는 채권자에 대한 항변이 일정한 경우로 제한되어 일반채권자보다 불리한 지위에 놓이게 된다. 즉 어음채무의 내용은 어음증권의 문언에 따라 결정되어야 하며, 그 해결 내지 보충을 위하여 어음 외의 사정, 곧 어음증권으로부터 알 수 없는 사정은 고려될 수 없도록 되어 있는 것이다. 이는 구체적으로 어음항변의 제한으로 나타나고 있다.

어음항변은 어음 · 수표상의 권리의 행사에 대하여 어음 · 수표채무자가 그것을 거절하기 위하여 주장할 수 있는 일체의 사유로서 여기에는 물적 항변과 인적 항변이 있다. 물적 항변은 만기의 미도래나 어음 · 수표요건의 흠결 등과 같이 어음 · 수표상의 권리의 청구를 받은 채무자가 모든 소지인에 대하여 그 선의 · 악의를 불문하고 대항할 수 있는 항변을 말하며, 인적 항변은 원인관계의 불법 · 무효나 어음 · 수표행위자의 의사표시의 하자 등과 같이 특정한 또는 모든 채무자가 어느 특정한 소지인에 대하여만 대항할 수 있는 항변을 말한다.

그러나 어음 · 수표행위 자체에는 채무부담의 면으로나 권리이전의 면으로도 하자가 없으나, 어음 · 수표 외의 법률관계에 의하여 항변이 인정되는 경우에는 선의의 양수인을 보호하기 위하여 그 주장을 제한하고 있다(어음법 제17조, 제19조, 제77조; 수표법 제22조). 이는 선의취득제도와 함께 어음・수표면에 나타나지 않는 사유의 대항을 받지 않음으로써 어음・수표의 외관을 신뢰한 자를 보호하여 어음・수표거래의 안전・원활을 도모, 그 유통성을 보장하기 위함이다.

(3) 어음・수표상의 권리의 이전

지시식이나 단순기명식 어음・수표의 경우는 배서에 의하여, 지시금지문구가 있는 기명식 어음・수표의 경우에는 지명채권양도 방법과 어음・수표의 교부에 의하여, 소지인출급식・선택무기명식・수령인표시 없는 수표의 경우에는 단순한 교부로써 어음・수표상의 권리는 양도된다.

(4) 어음・수표상의 권리의 소멸

어음・수표상의 권리는 채권일반의 소멸원인인 변제, 공탁, 대물변제, 상계, 경개, 면제 등으로 인하여 소멸하나, 환배서가 인정되므로 혼동에 의하여는 소멸하지 않는다. 어음・수표상의 권리는 증권화한 권리이므로 증권을 회수하거나 증권상에 기재하여 두지 않으면 위의 원인으로 소멸하더라도 그것은 인적 항변 사유가 될 뿐 선의의 취득자에 대하여는 책임을 면하지 못한다.

또한 어음・수표는 단기의 시효로써 소멸하며, 기타 권리보전절차를 해태한 경우에도 소멸한다. 정당한 원인 없이 증권이 소멸한 경우에 어음・수표상의 권리는 소멸하지 아니하며, 증권의 훼손・말소의 경우에도 권리자의 고의에 의한 것이 아닌 한 권리는 소멸하지 않는다. 이와 관련하여 어음・수표상의 권리가 시효 또는 권리보전절차의 흠결로 인하여 소멸한 경우에, 어음・수표의 소지인이 발행인・배서인 또는 인수인・지급보증인에 대하여 그 받은 이익의 한도 내에서 상환의 청구를 할 수 있는 이득상환청구권이 인정되고 있다(어음법 제79조; 수표법 제63조).

3. 어음・수표의 실질관계

어음・수표의 실질관계란 어음・수표행위에 의한 어음・수표 수수의 전제가 되는 배후의 법률관계를 말함이다. 법률상 어음・수표관계는 추상적인 법률관계로서 실질관계와는 분리되고 있는데, 이는 어음·수표 유통의 안전을 확보하기 위한 것이며, 경제적으로는 어음·수표관계는 실질관계에 대한 수단인 관계가 있기 때문에 양자간에는 밀접한 관계가 있다.

어음·수표의 실질관계로는 어음·수표예약과 자김관계·원인관계 등이 있으나, 이 중 중요한 것은 원인관계로서 어음·수표 수수의 당사자간에 그 수수의 원인이 되는 실질적인 법률관계를 말한다. 어음·수표관계와 원인관계는 원칙적으로 분리된다고는 하나, 원인관계는 인적 항변·소구권·이득상환청구권 등의 형태로 어음·수표관계에 영향을 미치고, 어음·수표관계에 의하여 원인관계상의 목적이 달성된다는 점에서 어음·수표관계도 원인관계에 영향을 미친다.

Ⅲ. 어음·수표행위 각론

1. 어음·수표의 발행

어음·수표의 발행이란 어음·수표(기본어음·수표)를 작성하여 수령인에게 교부하는 행위이다. 이 어음·수표의 작성에는 법정의 사항을 기재한 서면에 발행인의 기명날인 또는 서명이 필요하다(어음법 제1조; 수표법 제1조).

약속어음의 발행으로 발행인은 1차적·무조건적인 어음채무를 부담하게 되며, 환어음·수표의 발행은 수령인 기타 정당한 소지인의 어음·수표금액의 수령권한 및 지급인의 그 지급권한을 발생시키고, 환어음의 경우 지급인의 인수·지급거절에 대한, 수표의 경우 지급거절에 대한 소지인의 소구권이 인정된다.

2. 어음·수표의 배서

어음·수표의 배서란 어음·수표상의 권리의 양도를 목적으로 그 뜻을 증권에 기재하고 기명날인·서명하여 상대방에게 교부하는 어음·수표행위를 말한다(어음법 제2조; 수표법 제14조 이하). 이는 지시증권에 고유한 증권상의 권리의 간이·확실한 양도방식이다.

배서의 방식은 정식배서와 약식배서가 있는 바, 정식배서는 ① 피배서인의 명칭, ② 배서문구, ③ 배서인의 기명날인·서명을 모두 갖추어 하는 배서를 말하고, 약식배서는 이 중 ① 또는 ②가 흠결된 것이다. 특히 ①과 ② 모두 흠결된 배서를 간략백지식 배서라고 한다.

어음·수표상의 권리의 선의취득과 지급인의 면책이 인정되기 위하여는 배서인과 피배서인들 간의 간단 없는 배서의 연결이 있어야 하는데, 이를 배서의 연속이라고 한다. 배서의 연속은 어음·수표의 기재상 형식적으로 연속되어 있으면 충분하다.

배서의 효력에는 권리이전적 효력과 담보적 효력, 그리고 자격수여적 효력이 있다. 권리이전적 효력은 어음·수표상의 일체의 권리가 증권과 함께 배서인으로부터 피배서인에게 이전되는 효력으로서 배서의 본질적 효력이다. 담보적 효력은 배서에 의하여 피배서인과 후자 전원에 대하여 어음의 인수 및 지급을 담보할 의무를 부담하게 하는 효력으로서 어음·수표의 신용을 높이기 위하여 인정된 법정의 효력이다. 자격수여적 효력은 배서의 연속 있는 어음·수표의 소지인은 진정한 권리자라는 것을 증명하지 않아도 권리행사가 가능한 형식적 자격이 인정되는 효력이다. 이는 권리이전적 효력의 반면으로서 어음·수표 거래의 원활을 위한 취지에서 인정된 것이다.

3. 어음·수표의 보증

어음·수표의 보증이란 지급인·발행인·배서인의 채무와 같이 이미 어음·수표에 존재하는 채무를 담보하기 위하여 어음·수표에 새로 이루어지는 어음·수표행위를 이른다(어음법 제4장; 수표법 제3장). 보증은 ① 보증문구, ② 피보증인의 명칭·성명, ③ 보증인의 기명날인·서명으로 이루어지며, 이 모두를 갖춘 보증을 정식보증, ① 또는 ①·②를 흠결한 보증을 약식보증이라고 하는 것은 배서의 경우와 같다.

어음·수표보증의 효력은 보증인에게 일정한 권리·의무를 발생시키는 것으로서, 보증인은 보증의 종속성에 따라 ① 피보증채무가 소멸하면 보증채무도 소멸하고, ② 보증인은 피보증인의 채무와 동일내용의 채무를 부담할 의무를 지며, 보증의 독립성에 따라 피보증채무가 실질적 이유(무능력)로 무효가 된 때에도 보증은 유효하게 된다.

4. 환어음의 인수

환어음의 인수는 환어음의 지급인이 만기에 어음금액을 지급하겠다는 채무의 부담을 목적으로 하는 어음행위를 말한다(어음법 제3장). 환어음의 인수를 위하여는 인수제시가 있어야 하는데, 인수제시는 환어음의 소지인 또는 단순한 점유자가 지급의 인수, 즉 만기에 어음금액의 지급의 약속을 구하기 위하여 지급인에게 제시하는 행위이다.

환어음의 경우 인수로 어음의 신용과 유통을 증진시키지만, 인수 없어도 발행인의 신용·지급인의 지급에 대한 기대로 또는 소구의무자의 상환으로 어음의 기능을 할 수 있으므로, 원칙적으로 소지인의 인수제시는 자유이고, 제시하여 인수를 청구할 권리는 있어도 의무는 없다. 다만, 인수제시명령이 있는 경우와 일람후정기출급어음의 경우에는 인수제시가 필요하고(어음법 제21조, 제23조), 발행인이 인수제시금지를 기재한 경우에는 인수제시가 금지되는 예외(어음법 제22조)가 있다.

인수의 방식은 인수문구와 지급인의 기명날인·서명이며(어음법 제25조), 인수로써 지급인이 주채무자, 곧 인수인이 되어 만기에 어음금액 지급의 절대적인 의무를 부담하게 된다.

5. 환어음의 참가인수

환어음의 참가인수란 환어음에 있어서 만기 전에 소구원인이 생긴 때에, 그것을 이유로 하는 소구를 저지하기 위하여 지급인 이외의 제3자가 소구의무자 중의 어느 특정인을 위하여 그 사람과 동일한 의무를 부담하여 어음의 지급을 할 것을 약속하는 어음행위를 말한다(어음법 제56조). 참가인수는 어음 자체에 참가인수의 뜻과 피참가인을 표시하고 참가인의 기명날인 또는 서명을 함으로써 하며, 어음금액 전액에 대하여 하여야 한다.

6. 수표의 지급보증

수표의 지급보증이란 수표의 지급인이 수표금액에 대한 지급채무를 부담할 것을 목적으로 하는 수표행위를 말한다(수표법 제10장). 이는 지급의 확실성을 확보하기 위해 인정되는 것이나 실제로는 자기앞수표의 이용으로 대치되고 있다.

Ⅳ. 어음・수표의 지급

어음・수표의 지급이란 어음・수표상 제1차적으로 어음・수표금액을 지급할 사람으로 지정된 자, 곧 어음의 주채무자와 수표의 지급인에 의한 지급을 말하며, 이로써 어음・수표관계는 완전 소멸된다.

1. 어음・수표의 지급제시

어음・수표의 소지인이 어음・수표금액의 지급을 받기 위해서는 지급제시를 하여야 한다. 지급제시는 어음・수표 채무자에 대하여 누가 진정한 권리자인가를 명백히 하고 이중지급의 위험을 면하게 하는 기능을 한다. 또한 어음의 주채무자는 만기가 도래하여도, 수표의 지급보증인은 지급제시기간이 도래하여도 바로 이행지체에 빠지는 것이 아니라, 그 지급제시를 전제로 하여 지급이 없는 경우에 비로소 지체에 빠지게 되고 그때부터 지연이자가 발생하며, 어음・수표의 소지인이 소구권을 행사하기 위하여도 적법한 지급제시가 있어야 한다.

2. 어음・수표금액의 지급

(1) 지급시기

어음의 경우 만기 전에는 어음소지인은 지급을 청구할 권리도 지급받을 의무도 없다. 그러나 만기 이후 약속어음의 발행인, 인수한 환어음의 지급인은 소멸시효 완성까지 지급의무가 있고, 선의의 지급의 경우 면책적 효력이 인정된다. 그러나 인수하지 않은 환어음의 지급인은 지급의무가 없고, 선의의 지급에 대한 면책적 효력도 인정되지 않는다.

수표의 경우에는 지급제시기간 내(발행일로부터 10일간) 지급의무가 있고 면책적 효력도 인정된다.

(2) 지급인의 조사의무와 면책

사법의 일반원칙에 의하면, 어음・수표채무의 변제는 그 자의 수령에 의하여 채무가 소멸하는 자, 곧 어음・수표의 정당한 소지인에게 하지 않으면 변제로서의 효력이 없다. 그러나 이래서는 어음・수표법의 이념인 지급의 신속・확실성, 나아가 유통안전성의 요청에 반하여 소지인의 이익을 해할 우려가 있다. 따라서 어음・수표의 지급에 관하여는 민법의 일반원칙을 수정하여, 어음・수표 소지인의 자격에 관한 지급인의 조사의무를 경감하고 면책요건을 완화하여, 형식적 자격에 관한 조사만 하면 사기나 중과실이 없는 한 무권리자에 대한 지급으로도 면책되도록 하고 있다(어음법 제40조 제2항, 제77조 제1항; 수표법 제35조).

(3) 어음・수표 지급의 실행

어음・수표의 지급은 어음・수표의 환수와 동시에 이루어져야 한다. 어음・수표는 환수증권으로서 이중지급의 우려가 있기 때문이다. 어음・수표의 지급은 원칙적으로 금전의 현실적인 교부에 의한 변제로 이루어지나, 그 이외에 어음교환소를 통한 어음・수표의 교환, 어음의 공탁・상계・대물변제・경개 등도 지급의 경우와 같은 효과가 있다.

3. 어음・수표의 지급거절과 그 구제

어음・수표의 지급거절이란 어음・수표의 소지인이 적법한 지급제시를 하였음에도 불구하고 지급이 거절되는 것으로서, 실제에 있어서는 이를 널리 부도라고 한다. 어음・수표의 지급거절의 경우 소지인의 보호를 위하여 소구 또는 상환청구가 인정된다(어음법 제7장; 수표법 제6장).

어음・수표는 만기・지급제시기간에 지급되는 것을 전제로 하여 유통되는 것이지만, 만기・제시기간에 지급이 거절되거나 또는 어음의 경우 만기 전이라도 지급가능성이 현저하게 감소한 경우, 소지인이 그 전자(배서인 등)에 대하여 일정한 금액을 청구할 수 있게 하고 있으며, 이를 어음・수표의 소구라고 한다.

관련 사례

甲은 고속도로 휴게소에서 잠시 휴식을 취하는 사이에 차 안에 두었던 지갑에서 현금 50만원과 A은행 발행의 100만원권 자기앞수표 2장을 도난당하였다. 甲의 구제수단은?

▶ 현금의 경우 범인을 검거하기 전에는 별다른 구제수단이 없음은 분명하다. 그러나 수표의 경우에는 다음 절차를 밟음으로써 피해구제가 가능하다. 우선 가장 시급한 것은 당해 지역 관할경찰서에 수표도난신고를 하는 일이다. 그런 다음 도난수표의 발행은행에 사고계를 제출하여 지급정지를 의뢰한다. 이때 어음교환소 규칙에 따라 수표금 상당액을 예치하여야 하는 경우가 있다. 이 도난신고와 사고계 제출은 그 후 법원에 대한 제권판결절차의 신청에 필요하기 때문이다. 제권판결절차는 우선 도난당한 수표의 번호, 금액, 도난일시, 장소, 최후소지인의 성명 등을 신문에 공고한 후 위 도난신고와 사고계제출증명을 첨부하여 관할법원에 공시최고신청을 한다. 법원은 공고일로부터 3개월 안에 그 수표에 대한 권리신고가 없으면 신청인에게 제권판결을 해주게 된다. 제권판결의 선고로써 수표증권은 수표상의 권리와 분리되어 하나의 종이조각에 불과할 뿐, 무효인 수표가 된다. 그러나 고액수표의 경우에는 도난, 분실에 적극적으로 대처할 수 있도록 사전에 수표 사본을 작성해 둔다거나 수표번호와 발행은행 등을 별도로 기록해 두는 등의 주의가 요망된다.

Chapter 05 형 법

제1절 형법의 기초이론

Ⅰ. 형법과 친해지기

형법은 흥미로우면서도 어려운 법 분야라 할 수 있다. 그 이유는 우선 다른 법에 비하여 용어가 더욱 낯설고 추상적이고,[1] 기본서가 지나치게 이론적이면서도 외국의 교재를 번역한 번역투의 문장구조를 사용하여 더욱 이해하기 어렵고, 초심자들은 총론과 각론의 유기적인 관련성을 잘 이해하지 못하고 부분적인 지식을 습득하는 방법론적인 오류로 말미암은 것이 형법을 어렵게 공부하는 이유라 생각된다. 그리고 형법은 다른 법학보다도 더욱 치밀하고 논리적이기에 더욱 그렇다. 따라서 형법의 기능을 파악하고 그 용어를 이해하여 친숙해지는 것이 우선되어야 할 것이다.

형법은 모든 법학이 그러하듯이 범죄라는 사회적 사실에 대처하기 위한 형벌과 보안처분을 과하는 법규범으로서 사실관련적이고 실천적인 학문이다. 그러면서도 형법학은 엄격한 논리와 체계를 중시하는 학문이라고 할 수 있다.[2]

1) 예를 들면 구성요건해당성, 위법성조각, 불법영득의 의사, 부작위, 간접정범, 교사범, 방조범 등.

2) 그 이유에 대하여 구스타브 라드부르흐는 형사판결문은 종이에 쓰여지는 것이 아니라 사람

논리적인이고 체계적인 이해 없이 단편적이고 부분적으로 학설과 판례를 암기하여도 형법을 공부하는 데는 한계가 있다. 그러므로 형법학은 어떤 법학분야보다 기본서에 충실할 필요가 있고, 시간을 단축하기 위하여 서브노트를 바로 하는 습관은 형법학에서는 바람직한 방법은 아니라고 생각된다. 기본서를 충실하게 읽어 범죄에 대한 기본적인 이해를 하고 난 이후에 학설과 판례에 대한 심도 있는 이해와 사례집을 통한 심화학습을 해가는 것이 무난한 방법이 될 것으로 본다.

공부의 비법은 이미 알려진 바와 같이 예습과 복습을 철저하게 하는 것이다. 그러나 그러한 간단한 이치를 잘 실천하기는 쉽지 않다.[3] 학습효과가 가장 좋은 것은 알려진 바와 같이 '참여적 학습방법'이다. 그러나 실천가능성은 높지 않다. 보통은 강의를 듣고 교재를 읽는 방법으로 공부하게 되고 여기에 시간을 안배하여 그룹스터디 등을 조직하여 모자란 부분을 보충하는 것이 가장 바람직하지 않나 생각된다.

Ⅱ. 형법학의 기본적 이해

1. 형법의 의의

형법이란 인간의 행위 가운데 어떠한 행위가 범죄로 되고, 이에 대한 법적 효과로서 어떠한 형벌 및 보안처분을 과할 것인가를 규정하는 법규범의 총체이다. 종래에는 범죄란 형벌을 과하는 행위이고, 형벌도 범죄에 대하여 과하는 제재라는 점에서 범죄와 형벌은 완전히 대응관계를 이루어 왔다. 그러나 형사정책의 근대화에 따라 형벌 이외에 보안처분제도가 새로운 형사제재로 추가됨으로써 범죄와 형벌의 대응관계도 변화하게 되었고, 형법의 개념적 정의도

의 피부에 쓰여지는 것이기 때문에 더욱 복잡하고 엄격한 논리와 체계를 요구하는 것이라 설명한다.

3) 공부방법 중 효과적인 면에서 강의를 통하여 습득할 수 있는 것은 전체 공부의 20%를 넘지 않는 것이 실정이다. 그리고 교재를 읽는 방법은 30% 정도의 학습효과가 있다고 한다. 공부방법 중 가장 효과적인 것은 교수처럼 공부하는 것, 다시 말해서 강의를 하듯이 공부하는 '참여를 통한 학습법'이라고 한다. 그러나 시간적인 한계와 법학을 처음 공부하는 사람들에게 이러한 공부방법을 권하는 것은 적절하다고만 할 수 없을 것이다(김성돈, "형법공부, 무엇을 어떻게 할 것인가?,"『고시계』(2004.3), 30면 이하 참조).

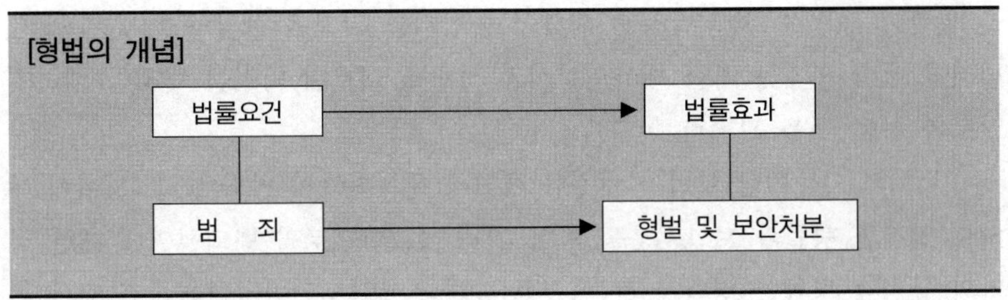

형벌 이외에 보안처분을 내용으로 담게 되었다.

형법은 협의로는 '형법'이라는 이름이 붙여진 형법전(刑法典)을 말하며, 광의로는 형법전을 포함하여 폭력행위등 처벌에 관한 법률, 국가보안법, 군형법 등의 단행법규(單行法規)와 도로교통법, 관세법 등 행정법규나 상법 등 민사법규 속에 규정되어 있는 형사제재규정들을 총칭하는 법이다.

형법전은 넓은 의미의 형법의 일반법이며, 범죄와 형벌에 관한 일반원리를 규정하고 있는 형법총칙과 개개의 범죄유형과 형벌을 규정하고 있는 형법각칙(刑法各則)으로 구성되어 있다. 일반법인 형법의 총칙규정은 그 법령에 특별한 규정이 없는 한 다른 형벌법령(刑罰法令)에 대해서도 적용된다(제8조).

이 밖에 형법과 더불어 그것을 구체적으로 실현하기 위한 절차에 관한 법인 형사소송법과 그 절차에 의해 확정된 형벌을 집행하기 위한 법인 행형법(行刑法)을 포함하여 형사법(刑事法)이라고 칭하며, 행형법의 범죄발생의 원인에 대한 연구(범죄학)를 가한 것을 형사정책학(刑事政策學)이라고 한다. 그리고 형법학에 형사소송법학과 형사정책학을 더하여 형사법학 내지 전형법학(全刑法學)이라고 부르며 오늘날 상호관련성이 중시되고 있다.

2. 형법의 기능

형벌은 분명 해악이다. 그럼에도 불구하고 왜 제도로서 존재할 수 있는가, 다시 말하여 형법은 어떠한 역할과 기능을 수행하기에 정당화될 수 있는가의 문제가 형법의 기능론이다. 이에 관하여는 견해가 다양하나 대체로 범죄방지기능, 규제적 기능, 보호적 기능, 보장적 기능을 들 수 있다.

범죄방지기능이란 형법이 사회의 최대 병폐인 범죄현상을 제거함으로써 사회질서를 안정시키고 국민이 보다 안전한 생활을 영위할 수 있도록 하는 것을 말한다. 이러한 범죄방지를 위하여는 범죄를 사전에 예방하는 것은 물론, 범죄를 이미 저지른 자를 재사회화시켜 사회로 내보내 다시는 범죄를 행하지 않도록 하는 것을 과제로 한다.

규제적 기능이란 형법이 일정한 행위를 유형화하여 범죄로 하고, 이에 대하여 일정한 형벌과 보안처분을 과할 것을 예고함으로써 범죄행위에 대한 국가의 규범적 평가를 명백히 하는 것을 말한다. 이는 일반국민에게 당해 행위가 법에 위반된다는 것을 제시하는 기능(평가적 기능)과 당해 행위를 행하지 않도록 내심적으로 의사결정을 명령하는 기능(의사결정기능)을 통하여 사회질서를 위한 사회통제를 가능하게 하는 기능이다.

보호적 기능이란 형법이 인간의 공동생활 영위에 있어서 필요불가결한 사회질서의 근본가치를 보호하는 기능을 말한다. 이러한 근본가치에는 법익(法益)뿐만 아니라 사회윤리적 행위가치도 포함된다. 여기서 주의하여야 하는 것은 형법은 부작용이 매우 강한 약품과 같은 것이므로, 사회생활상 보호할 가치가 형법 이외의 다른 수단으로는 그 보호가 불가능한 경우에 최후의 수단으로써 형법이 적용되어야 한다는 것이다. 이를 형법의 보충성의 원칙이라고 한다.

보장적 기능이란 국가에 대하여 형벌권 행사를 제한함으로써 자의적인 형벌권행사로부터 국민의 자유를 보장하는 기능을 말한다. 이는 일반국민에

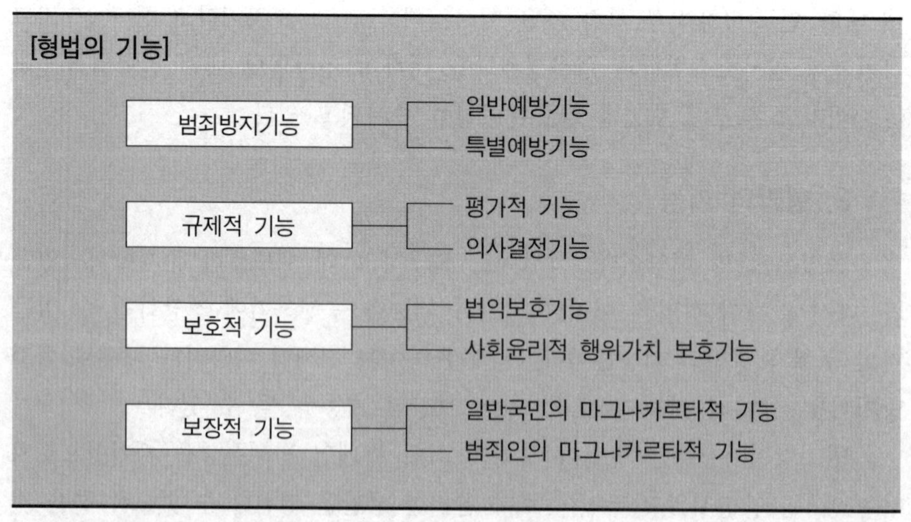

대해서는 형법에 규정되어 있는 범죄 이외에는 어떠한 행위를 할지라도 처벌하지 않는다는 것을 보장한다는 점에서, 국민의 자유와 권리를 보장해 주는 기능(일반국민의 '마그나카르타'적 기능)과, 범죄인에 대해서는 형법에서 정한 형벌의 범위 안에서만 처벌하고 그 외의 부당한 처벌은 받지 아니할 것을 보장해 주는 기능(범죄인의 '마그나카르타'적 기능)의 두 가지 측면을 가진다.

3. 형법학의 동향(형법이론의 실질화)

종래 형사법학은 법해석학으로서 형법학이 중심을 이루었고, 형사정책학은 어디까지나 보조적인 학문으로 취급되었던 것이 사실이다. 또한 전통적인 범죄론의 분야를 예로 들면 '범죄란 형법이 형벌을 예정하는 행위이다'라고 하는 형식적인 정의에 치우친 반면, 형사정책의 일부인 범죄원인론은 형법해석학으로서 범죄론과는 달리 범죄의 생물학적·사회학적 원인을 탐구해 왔다. 그러나 형벌론의 주요한 논점인 사형이나 보안처분 등의 문제는 역시 형사정책학에서도 주요한 테마를 이루고 있으므로 형법학과 형사정책학은 본래 일체화하고 있었으며, 최근의 '라벨링이론'(labelling theory)의 예를 보아도 그 관계가 상당히 밀접하다는 것을 알 수 있다.

라벨링이론은 "범죄란 일탈행위에 대한 사회적 반작용, 즉 형법이 당해 행위를 범죄라고 '정의'함으로써 생긴다"는 것이다. 이에는 첫째, 왜 그 행위에 범죄라는 라벨을 첨부하는가를 문제로 하고, 둘째로 형사법집행의 과정에서 행위의 선별이 행하여진다는 사실을 중시하고, 셋째로는 라벨이 첨부된 인간이 스스로를 범죄인으로서 규정해 나가는 것에 의해 범죄성이 높아질 수 있다는 점 등을 문제로 삼고 있다.

형법학 분야에서도 이러한 이론의 영향을 받아 형식적으로 형벌법규를 해석하면 충분하다든가, 형벌법규에 해당하는 이상 처벌해야 한다는 종래의 형법해석학의 기본적 방법에 의문을 제기한다. 그리고 형벌법규에 해당하는 행위 가운데 극히 일부밖에 처벌되지 않고 있고, 또한 형사처벌이 부정적 효과를 생기게 할 수 있는 현실을 인식함으로써 오늘날 형법해석학의 핵심은 실질적으로 처벌할 가치가 없는 행위를 처벌에서 배제시키는 점에 있게 된 것이다.

III. 죄형법정주의－형법의 기본원리

1. 의의 및 현대적 가치

죄형법정주의는 포이에르바흐(Feuerbach)의 "법률 없으면 범죄도 없고 형벌도 없다"(*nullum crime, nulla poena sine lege*)라는 표현에서 보듯이 어떠한 행위가 범죄로 되고, 이에 대하여 어떠한 형벌을 과할 것인가를 미리 성문의 법률에 규정하지 않는 한 어떠한 행위라도 범죄로서 처벌해서는 아니된다는 형법의 기본원리이다. 죄형법정주의는 비록 실체법적인 보장[4])을 선언한 것은 아니었지만 1215년 Magna Charta 제39조에서 유래하여 이후 1776년 버지니아 권리선언, 1789년 프랑스 인권선언 등을 거쳐 1810년 나폴레옹 형법 제4조에 규정된 이래 오늘날 세계 각국에 규정됨으로써 형법의 기본원리로 되었다.

이는 그 시대와 사회를 반영한 '이데올로기'적 성격을 띤 것으로서 무엇을 범죄로 하는가를 국민 스스로가 그 대표자인 국회를 통하여 결정하여야 한다는 민주주의의 원리와, 국민의 인권과 자유를 보장하기 위해 무엇을 범죄로 하는가를 미리 성문법에 명시하여야 한다는 자유주의의 원리를 그 기반으로 하고 있다. 특히 오늘날에 있어서는 실질적 법치국가 원리의 요청에 의하여 단순히 '법률 없으면 범죄 없고 형벌 없다'는 원리에 그치지 아니하고, '적정한 법률 없으면 범죄 없고 형벌 없다'는 원리에 의하여 법관의 자의뿐만 아니라 입법권의 자의로부터도 국민의 자유와 권리를 실질적으로 보장하는 기능을 수행하고 있다.

관련 사례

甲회사 사무실에 보관되고 있었던 약품제조에 관한 비밀서류를 우연한 기회에 사무실을 방문한 乙이 사진촬영하여 제3자인 丙에게 인도한 경우에 乙의 절도죄 성립 여부는?

▶ 현행형법 제329조에서 볼 때 기업의 비밀은 '재물'에 포함되지 않으며, 사진촬영의 경우도 '절취'에 해당하지 않으므로 비록 사회적으로 비난을 받을지라도 죄형법정주의 원칙상 절도죄로 처벌받지 아니한다.

---

4) 실체법적 보장의 기원은 1525년 독일농민전쟁 중 공표된 "농민의 12개 조항 제9조"에서 찾아야 한다는 견해가 있다(김일수 · 서보학, 『형법총론』, 59면).

2. 파생원칙

(1) 법률주의

범죄와 형벌은 국회의 형식적 절차를 거쳐 만들어진 성문의 법률에 의하여 규정되어야 한다는 원칙을 말한다. 다만, 사회현상의 복잡다기화와 국회의 전문적·기술적 능력의 한계 및 시간적 적응능력의 한계로 인하여 형사처벌에 관련된 모든 법규를 예외 없이 형식적 의미의 법률로 규정하는 것은 불가능하다. 따라서 범죄와 형벌의 주된 내용은 법률에 규정하고 구성요건의 세부사항을 명령이나 규칙 등 하위의 규범에 위임하거나, 벌칙의 제정을 명령이나 조례에 위임하는 것이 불가피하고 이에 위임입법의 한계가 주된 논의의 대상이 된다.[5]

(2) 소급효금지의 원칙

형벌법규는 그 시행 전의 행위에 대하여는 소급하여 적용되지 아니한다는 원칙이다(행위시법주의). 이는 만일 행위 전에 적법한 행위가 나중에 제정된 법규에 의해 처벌되거나, 행위자가 예측한 것보다 더 불이익한 처벌을 받게 된다면 국민의 행동의 자유가 보장될 수 없기 때문이다. 다만, 이 원칙도 행위자에게 불이익한 소급효를 금지하는 데에 그 가치를 두므로 형법 제1조 제2항은 「범죄후 법률의 변경에 의하여 그 행위가 범죄로 구성하지 않거나 형이 구법(舊法)보다 경(輕)한 때에는 신법에 의한다」고 규정하여 행위자에게 유리한 경우에는 경한 법 소급의 원칙을 적용하고 있다. 여기서 '범죄후'란 범죄구성요건에 해당하는 행위의 종료후(결과발생은 포함 안됨)를 의미한다. 또 '법률의 변경'이란 문구에서의 '법률'은 형식적 의의의 법률뿐만 아니라 명령·규칙·

---

5) 특히 긴급한 필요가 있거나 미리 법률로써 자세히 정할 수 없는 부득이한 사정이 있는 경우에 한하여 수권법률(위임법률)이 구성요건의 점에서는 처벌대상인 행위가 어떠한 것인지 이를 예측할 수 있을 정도로 구체적으로 정하고, 형벌의 점에서는 형벌의 종류 및 그 상한과 폭을 명확히 규정하는 것을 전제로 위임입법이 허용된다는 것이 판례의 입장이다. 예: 식품위생법 제11조 제2항이 과대광고 등의 범위 및 기타 필요한 사항을 보건복지부령에 위임하고 있는 것은 과대광고 등으로 인한 형사처벌에 관련된 법규의 내용을 빠짐없이 형식적 의미의 법률에 의하여 규정한다는 것은 사실상 불가능하다는 고려에서 비롯된 것이고, 또한 같은 법 시행규칙 제6조 제1항은 처벌대상인 행위가 어떠한 것인지 예측할 수 있도록 구체적으로 규정되어 있다고 할 것이므로 식품위생법 제11조 및 같은 법 시행규칙 제6조 제1항의 규정이 위임입법의 한계나 죄형법정주의에 위반하지 않는다(대법원 2002.11.26. 선고 2002도2998 판결).

조례, 백지형법에서의 보충규정 등을 포함하는 의미로 해석된다. 그리고 '형이 구법보다 경한 때'에서의 '형'은 법정형을 의미하며, 형의 '경중'은 형법 제50조에 의거한다.

소급효금지의 원칙은 형벌과 보안처분 모두에 대하여 적용되며 실체법인 형법에 대하여만 적용되므로 절차법인 형사소송법에는 적용되지 아니한다.

(3) 유추해석금지의 원칙

형법에 규정이 없는 사항을 그것과 유사한 성질을 가지는 사항에 관한 규정에 적용하는 것은 허용되지 아니한다는 원리이다. 만일, 유추해석을 허용한다면 형법이 명시하고 있지 않은 행위로 처벌받게 되어 개인의 자유와 권리가 위태롭게 될 수 있기 때문이다. 이 원칙은 피고인에게 유리한 유추해석까지 금지하는 것은 아니며, 실체법인 형법에만 적용되므로 절차법인 형사소송법의 규정에는 유추해석이 허용될 수 있다. 통설은 "유추해석은 금지되지만 확장해석은 허용된다"고 하는데, 유추해석과 확장해석의 구별기준을 '언어의 가능한 의미의 범위'를 넘어섰느냐의 여부에 두고 있다.

(4) 명확성의 원칙

형벌법규에 범죄와 형벌을 명확하게 명시하여 규정하지 아니하면 안된다는 원칙이다. 법규의 내용이 명확하지 않으면 행위자가 어떠한 행위가 처벌의 대상으로 되는지를 예측하기 곤란하고 법적 안정성이 침해될 가능성이 있으므로, 이 원칙은 입법단계에서의 구속원리와 법관의 자의적 판단의 방지원리로써 기능하고 있다. 이 원칙은 구성요건의 명확성, 형사제재의 명확성 그리고 절대적 부정기형의 금지 등을 내용으로 하고 있다.

(5) 적정성의 원칙

형벌법규의 내용이 인간의 존엄과 가치의 존중이라는 헌법의 근본규범이 요청하는 실질적 정의에 부합하여야 한다는 원칙이다. 형벌법규가 형식적으로 적법한 절차에 의해 존재하더라도 그 내용이 불합리하여 국민의 자유를 침해하는 경우에는 형벌법정주의의 실질적 가치가 상실되므로 법률내용의 적정성이 요청되는 것이다. 이 원칙은 형사처벌의 필요성과 형벌의 균형을 내용으로 한다.

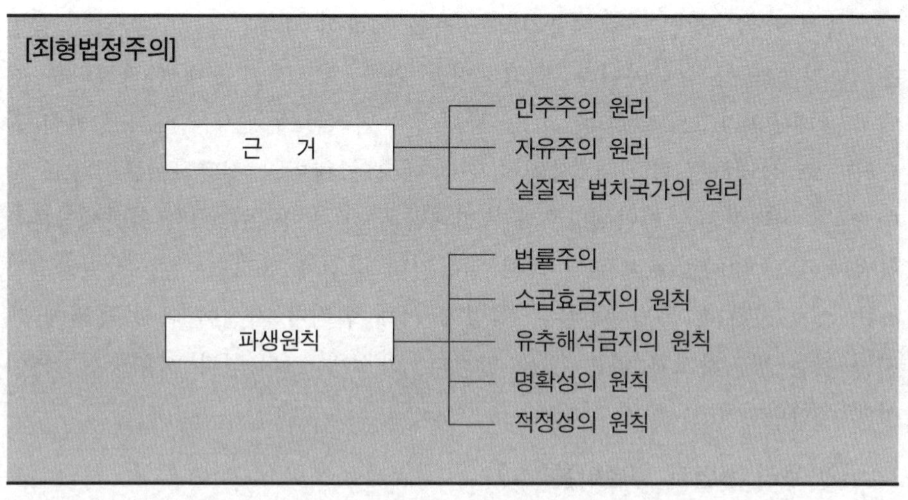

IV. 형법이론

형법이론은 범죄자에 대하여 생명·신체의 자유, 재산 등을 박탈·제재하는 중대한 해악인 형벌이 왜 허용되는가(형벌이론), 법률은 어떠한 행위를 범죄라고 정하여 이러한 형을 과하는 것일까(범죄이론)의 문제를 규명하고자 하는 이론이다. 이에 대하여는 범죄와 형벌에 관한 가치관과 나아가서는 인간관, 세계관의 차이에 따라 견해의 대립이 초래되고 있다.

1. 형벌이론

(1) 응보형론과 목적형론

응보형론은 형벌은 범죄에 대한 보복으로써 과해진다는 사상으로 형법의 본질은 응보에 있고, 따라서 형벌은 다른 어떤 목적을 가진 것이 아니라 그 자체가 목적이라고 한다. 이러한 의미에서 응보형론을 절대주의라고도 말하며, 이는 '그가 그만큼 죄를 저질렀으니 이 정도의 형벌은 부득이하다'라고 설명하는 점에서 개인적 측면에서 보는 형벌의 정당화이론이라고 할 수 있다. 오늘날 응보형론의 입장에서도 형벌이 응보라는 것만으로는 정당화되는 것이 아니고 형벌의 범죄억지 효과도 고려하여 일반예방론을 도입함으로써 상대적 응보형론을 주장한다.

목적형론은 형벌은 범죄방지의 목적을 위하여 과해진다는 사상으로 형벌은 그 자체가 목적이 아니라, 범죄방지를 위한 예방의 수단에 불과하다는 점에서 상대주의라고도 말한다. 이는 '사회에서 범죄를 없애기 위하여 형벌이 필요하다'고 설명하는 점에서 '사회적 관점'에서의 형벌의 정당화이론이라고 할 수 있다. 목적형론은 일반예방론과 특별예방론으로 나눌 수 있다. 일반예방론은 형벌이 갖는 위하력(威嚇力)에 의해 일반인이 범죄에 빠지는 것을 방지하고자 하는 것을 말하며, 특별예방론은 형벌에 의해 범죄자 자신이 다시 범죄에 빠지는 것을 방지하고자 하는 것을 말한다. 개선형·교육형과 사회방위이론이 이에 속한다.

(2) 우리 형법과 형벌이론

응보형론은 형벌의 본질을 해악으로 이해하고 동시에 동해보복(同害報復)의 범위 내에서의 형벌, 즉 책임의 범위 내에서의 형벌을 강조함으로써 형벌의 상한을 제한하는 기능을 가진다.

목적형론은 범죄방지 효과가 없는 형벌을 부정한다는 점에서 처벌범위를 한정하는 장점을 가지고 있다. 그러나 한편으로는 일반예방론의 경우 중대한 형벌을 과하여 위하를 하면 할수록 예방효과도 증대된다고 판단하기 쉽고, 특별예방론의 경우도 교육의 효과가 생길 때까지 계속하여 형벌을 가한다는 판단이

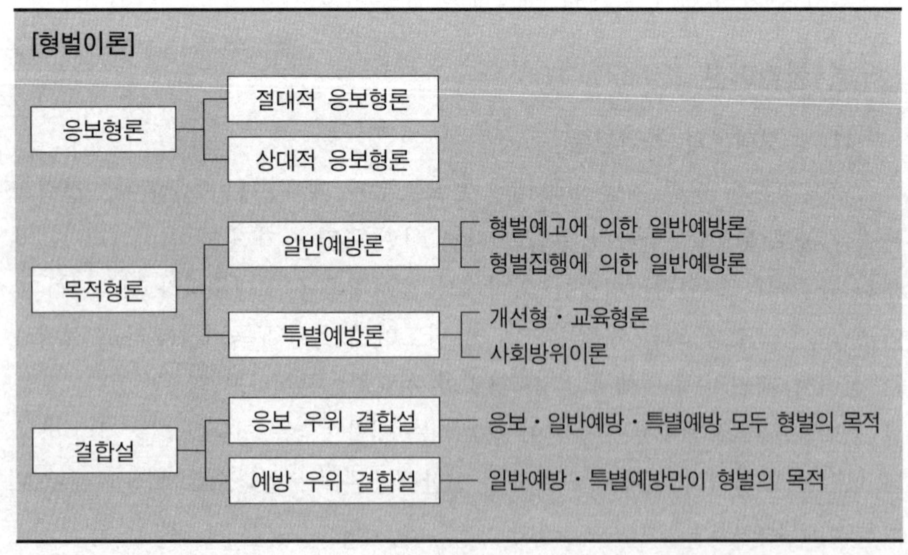

가능할 수 있으므로, 형의 상한을 제한하는 내부적 한정이 미약하다. 따라서 응보형론에 의해 형벌의 상한을 정하고, 일반예방과 특별예방을 고려하여 형벌의 하한을 정하는 것이 타당하다(결합설).

2. 범죄이론

(1) 객관주의와 주관주의

객관주의는 형사책임의 기초를 외부적으로 표현된 범인의 행위와 결과에 두고 형벌의 경중(輕重)도 객관적으로 나타난 범죄사실의 경중에 따라야 한다는 이론이며 범죄주의, 사실주의, 행위주의라고도 한다. 객관주의는 인간의 자유의사의 존재를 전제로 하는 18세기의 개인주의적 계몽사상을 배경으로 하여 성립한 이론으로서, 형사책임의 기초를 객관적 침해사실에 둠으로써 국가 형벌권행사의 제한을 통하여 개인의 자유와 권리를 보장하려고 하였다.

주관주의는 형사책임의 기초를 범죄사실이 아니라 범인의 반사회적 성격, 즉 범죄행위를 반복하는 범인의 악성(惡性) 내지 사회적 위험성에 두는 이론이며 범인주의(犯人主義), 성격주의, 행위자주의라고도 한다. 주관주의는 19세기 후반 산업혁명의 결과, 급속히 발달한 자연과학의 영향으로 자연과학적 결정론의 입장에서 범인을 소질과 환경에 의한 반사회적 성격의 소유자로 파악한다. 즉 범죄는 범인의 반사회성의 징표에 지나지 않는다고 하며(범죄징표주의), 범죄에 대한 사회방위의 차원에서 '위험한' 범죄자에 대하여 형벌을 과해야 한다고 한다.

(2) 우리 형법과 범죄이론

범죄이론은 살펴본 바와 같이 객관주의와 주관주의의 대립으로 나타나는데, 전자는 범죄를 객관적으로 발생한 결과로부터 소급하여 생각해 나가는 판단방법인 데 반하여, 후자는 범죄에서 범인의 내심이야말로 더 중요하다고 하여 주관적인 면을 중심으로 범죄이론을 구성해 나가는 판단방법을 사용한다. 양자는 이를테면 이념형과 같은 것이므로 어느 한쪽만을 철저화시키는 것은 불합리하다. 예컨대, 객관주의를 철저히 하면 처벌이 객관적으로 한정되어 인권보장에 기여한다고 착각하는 경우가 있다. 이에 의할 때 결과만 발생하면 주관적 측면을 고려하지 않고 처벌할 위험성도 있어 오히려 인권침해의 가능성도 있는 것이다. 따라서 객관면과 주관면을 어떻게 잘 조화시켜 합리적으로 처벌범위를 용이하게 한정할 것인가가 범죄이론의 문제가 된다.

우리 형법은 단순히 범죄의사만으로는 처벌하지 않고 일정한 행위를 한 자는 처벌한다는 점에서 객관주의적 입장을 기반으로 하고 있지만, 주관주의도 고려한 절충적 태도를 취하고 있다. 예컨대, 예비·음모를 예외적으로 처벌하는 점, 미수(未遂)와 기수(旣遂)의 구별로 일응 객관주의를 취했으나 미수의 처벌이 반드시 감경되어야 한다는 필요적 경감사유로 되어 있지 않고, 임의적 감경사유로 되어 있는 점 등은 주관주의 입장을 고려한 것이다. 이 밖에 주관주의의 입장에 근거한 것으로는 선고유예제도(제59조~제61조), 집행유예제도(제62조~제65조; 사면법 제7조), 누범가중제도(제56조), 가석방제도(제72조~제76조) 등을 들 수 있다.

제2절 범죄론

I. 범죄의 의의

1. 범죄의 실질적 의의

실질적 의의의 범죄란 그 시대 그 국민이 형벌이라는 해악을 사용하면서까지 수호하고자 하는 법익(法益)을 침해하는 반사회적 행위를 의미한다. 실질적 범죄 개념은 그 시대의 가치관이나 형벌의 종류·내용과 관련을 맺는 것이므로 시대를 초월한 절대적 범죄 개념은 존재할 수 없다. 범죄를 어떻게 설정하는 것이 시대의 가치관이나 국민의식에 타당할 것인가를 연구대상으로 하는 점에서 실질적 범죄 개념은 입법자에게 어떠한 행위를 범죄로 정할 것인가의 기준을 제시하고, 형사정책과 밀접한 관련을 맺고 있기 때문에 형사정책적 범죄 개념이라고도 한다.

2. 범죄의 형식적 의의

형식적 의의의 범죄란 형벌법규에 의하여 형벌이 과해지는 행위를 말하며, 범죄의 법률적 의의를 의미한다. 따라서 형법상 범죄가 성립하려면 행위가 어떠한 요건을 구비하여야 하는가가 과제로 된다. 이는 범죄의 성립요건의 문제로서 구성요건해당성·위법성·책임이 그 요건이 된다. 이 점에서 형식적 범죄 개념은 범죄를 구성요건에 해당하는 위법하고 책임 있는 행위를 의미하기도 한다. 형식적 범죄 개념은 그 성립요건의 구비 여부에 대한 판단 등을 통하여 자의적인 형벌권의 발동으로부터 국민의 인권이 침해되지 않도록 보장하는 기능과 형법해석의 기준이 되는 개념이다.

II. 범죄의 성립요건

범죄의 성립요건은 구성요건해당성·위법성·책임을 의미하는데, 책임은 위법성을, 위법성은 구성요건해당성을 각각 논리적 전제로 삼고 있다.

1. 구성요건해당성

구성요건해당성이란 구체적인 사실이 형벌법규에 과형(科刑)의 근거로서 추상적으로 규정해 놓은 행위유형(구성요건)에 해당하는 성질을 말한다. 구성요건은 처벌해야 할 행위와 그렇지 않은 행위를 명확하게 한계지우는 기능(죄형법정주의에 의한 자유보장기능), 개개의 범죄행위를 유형화하여 각각 다른 범죄와 구별하는 기능(범죄개별화 기능), 위법성을 추정하는 기능(위법성 추정기능) 등이 있다.

2. 위법성

위법성이란 구성요건에 해당하는 행위가 법적으로 허용되지 않는 것을 말한다. 구성요건은 위법행위를 유형화한 것으로, 구성요건에 해당하는 행위는 일단 위법행위로 추정할 수 있지만 예외적으로 정당방위나 긴급피난 등의 사유가 존재하는 경우에는 위법성은 조각(阻却)된다.

[범죄의 성립요건]

행위 ⇨	구성요건해당성 ⇨	위법성 ⇨	책임 ⇨	형벌
◦누구도 사상만으로 처벌받지 아니한다.	행위가 형법이 예정해 놓은 행위유형에 해당되어야 한다.	행위가 법적으로 허용되지 않아야 한다.	당해 행위자를 비난할 수 있어야 한다.	
◦근친상간	구성요건해당성 없음 → 범죄 불성립			
◦정당방위에 의한 살인	구성요건(살인죄)에는 해당하지만 위법하지 않다 → 범죄 불성립			
◦심신상실 상태에서의 살인	구성요건에 해당되고 위법하지만 책임이 없다 → 범죄 불성립			

3. 책 임

책임이란 구성요건에 해당하고 위법인 행위를 한 행위자에 대한 비난가능성을 말한다. 형벌도 이런 책임을 전제로 하여 부과된다. 따라서 구성요건에 해당하는 위법한 행위라도, 예컨대 정신병자·유아와 같이 책임능력이 없는 행위 또는 강요된 행위는 책임이 없기 때문에 범죄가 성립되지 아니한다.

III. 형법상 행위론

1. 행위론의 의의와 기능

범죄는 '행위'이다. 그리고 범죄란 구성요건에 해당하고 위법·유책한 행위를 의미한다. 따라서 범죄는 행위의 존재를 전제로 하므로 범죄성립요건의 첫 단계인 구성요건해당성을 판단하기에 앞서 형법상 행위 개념을 정립할 필요가 있다. 행위론은 이러한 이론적 의의 외에도 형법의 인권보장기능에 봉사한다는 사실적 의의도 가진다. '범죄는 행위이다'라는 명제는 인간의 의사·사상 자체는 처벌대상으로 하지 않는다는 점을 분명히 함으로써 입법자가 행위 이외의 단순한 의사·사상을 처벌대상으로 하여 구성요건을 정립하는 것을 방지할 수 있고, 이는 궁극적으로 법치국가원리와도 부합하는 것이다.

형법상 행위 개념은 다음의 세 가지 기능이 요구된다. 즉 형법상 행위가 될 수 없는 거동(예컨대 수면중의 동작, 생리적 반사운동 등)을 처음부터 형법적 평가에서 배제시키는 한계기능, 고의·과실행위, 작위·부작위를 하나의 통일된 행위 개념으로 포섭할 수 있는 분류기능, 구성요건해당성·위법성·책임으로 이어지는 규범적 평가를 결합시키면서도 그들로부터 중립성을 유지하는 결합기능을 말한다.

2. 행위론의 상황

형법상 행위의 본질을 어떻게 이해할 것인가 하는 문제와 관련하여 인과적 행위론, 목적적 행위론, 사회적 행위론 등이 대립하고 있다. 인과적 행위론은 모종의 의사와 동작 사이에 인과관계만 있으면 행위가 있다고 보는 전통적 행위론이다. 그런데 의사의 내용을 행위 개념의 성립에서 고려하지 않은 결과, 예컨대 타인을 향해 총을 쏘았으나 맞지 않은 경우에 그 행위가 살인미수에 해당하는지 상해미수에 해당하는지 판정할 수 없고(미수의 개념규정의 불가능), 하나의 동작으로 야기할 수 있는 결과는 무한정한 것이 되므로 내용적으로 충족된 사회적 행위개념에 도달할 수 없다는 등의 문제점이 지적되고 있다.

목적적 행위론은 행위를, 예컨대 결과를 실현하기 위하여 인과과정을 의식적으로 지배하고 조정하며 전개해 나가는 작용(행위의 목적적 활동)으로 이해하므로 의사의 내용은 당연히 행위요소로 되는데, 가장 큰 문제점으로는 행위의 목적성이 존재하지 않는 과실행위를 충분히 설명하지 못한다는 데에 있다.

사회적 행위론은 하나의 통일된 이론이라고 보기는 곤란할 정도로 그 내용이 학자에 따라 다양하다. 하지만 목적적 행위론을 보완하여 행위를 인간의 의사에 의하여 지배되거나 지배 가능한 사회적으로 의미 있는 인간의 행태로 이해함으로써 고의행위, 과실행위, 부작위를 행위개념에 포섭하는 Wessels과 Jescheck 등의 목적적·사회적 행위론이 타당한 견해라고 생각한다.

IV. 구성요건해당성

1. 구성요건이론

구성요건이란 형벌법규에 과형(科刑)의 근거로서 추상적으로 규정된 행위 유형이다. 구성요건은 법률상 정형적·추상적 개념이며, 이러한 개념에 구체적 사실이 들어맞는지에 관한 가치판단이 구성요건해당성의 판단이다.

구성요건은 위법한 행위 가운데 특히 형벌로써 처벌할 가치가 있다고 인정되는 것을 유형화한 것이므로 위법성과의 관계가 문제로 된다. 초기에는 Beling의 주장에서 나타난 것처럼 구성요건과 위법성이 엄격히 구별되었으나, 규범적 구성요건요소와 주관적 구성요건요소의 발견 등으로 오늘날은 구성요건해당성에 의해 위법성이 징표된다고 본다. 구성요건의 요소는 우선 주관적 요소와 객관적 요소로 나눌 수 있는데, 전자는 행위자의 심적 요인을 기술한 것으로 목적범에 있어서 목적, 고의범에서 고의, 과실범에서 과실 등을 들 수 있다. 후자는 행위의 외적 출현형태를 결정하는 상황을 의미하는데, 행위의 주체·객체·태양(態樣), 결과의 발생 및 결과범에서 행위와 결과 간의 인과관계 등을 예로 들 수 있다.

한편, 기술적(記述的) 요소와 규범적 요소로 나눌 수 있는데, 전자는 그 요소의 존부 판단이 법관의 인식적 활동만으로도 충분히 확정될 수 있는 것으로 사람, 건조물, '불을 놓아' 등을 예로 들 수 있다. 후자는 법관의 구체적 가치판단을 부가하지 않으면 그 의미를 확정할 수 없는 것으로 외설, 유가증권, 명예, 문서 등을 예로 들 수 있다. 다만, 양 요소의 한계가 항상 명확한 것은 아니다.

2. 결과반가치와 행위반가치

구성요건을 불법유형으로서 범죄의 불법내용을 결정하는 요소들로 구성되어 있다고 볼 때 불법의 실체를 어떻게 파악할 것인가가 문제로 된다. 형법의 제1차적 목적은 법익보호에 의한 질서유지라고 이해할 때, 불법의 실체는 '법익의 침해 또는 그 위험'에 있다고 할 수 있다. 이와 같이 불법의 본질이 결과가 무가치하다(악하다)는 데에 있다고 하고, 불법은 이러한 결과반가치로만

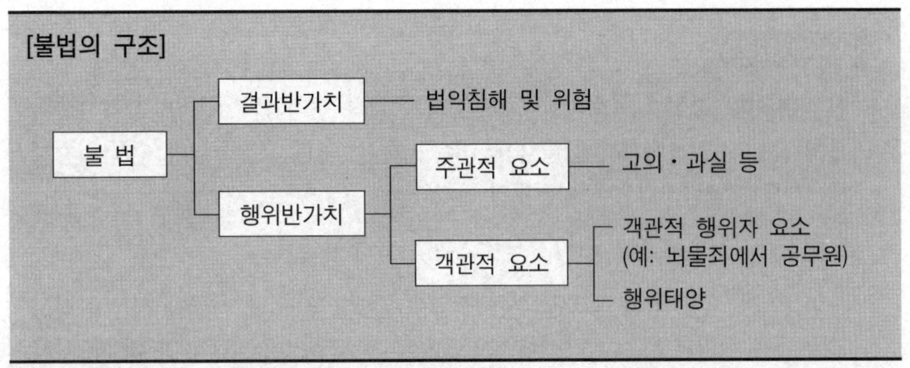

구성되어 있다는 입장을 결과반가치론이라고 한다.

한편, 형법은 법익을 보호할 뿐만 아니라 형법의 기능에서 본 바와 같이 사회윤리적 행위가치도 보호하고 있다. 이는 행위의 측면, 즉 일정한 행위자나 행위의사 그리고 행위태양 등도 고려하는 것이라면, 불법의 실체는 결과반가치뿐만 아니라 행위반가치 측면도 있는 것이다. 불법을 특히 행위반가치로만 구성되어 있다고 주장하는 입장을 행위반가치론이라고 한다. 예컨대, 똑같이 피해자의 재산을 침해하는 범죄라도(결과반가치는 동일하더라도) 침해행위의 태양에 따라 절도죄·사기죄·공갈죄 등이 구별되어 처벌되고 있고, 결과반가치가 동일한 살인죄·상해치사죄·과실치사죄가 행위의사에 따라 달리 처벌하고 있는 데서도 쉽게 알 수 있듯이, 불법에는 결과반가치나 행위반가치의 어느 한 측면만 있는 것이 아니라 결과반가치와 행위반가치의 모두가 고려되어야 한다고 할 것이다.

3. 부작위범

범죄는 부작위에 의해서도 가능하다. 부작위란 단순히 아무것도 하지 않는 것이 아니라, 법규범이 요구하는 무엇인가를 행하지 않는 것을 의미하며, 부작위범(不作爲犯)은 이러한 부작위에 의하여 범하는 범죄를 가리킨다. 법률에 부작위의 형식으로 규정된 구성요건을 부작위로써 실현한 진정부작위범(형법 제116조의 다중불해산죄, 제117조의 전시공수계약불이행죄 등)과, 법률에 행위범의 형식으로 규정된 구성요건을 부작위에 실현한 부진정부작위범(모가 영아에게 젖을 주지 않아 굶겨 죽여 살인죄를 범한 경우 등)이 있다.

관련 사례

1. 시정(市政)의 부정을 폭로하기 위해 집회가 열려 수백명의 시민이 참석하였다. 집회 도중 시민들이 시장실을 습격하려고 하자, 관할 경찰소장이 수회에 걸쳐 해산하도록 명령하였으나 시민들이 듣지 않은 경우에 그 처벌은?

   ▶ 진정부작위범으로서 형법 제116조의 다중불해산죄.

2. 사무실에서 혼자 작업 중이던 甲은 과실로 담뱃불에 의해 서류와 책상이 타고 있는 것을 발견하고도 자신의 실책이 발각될 것이 두려워 그대로 도주해버려 사무실이 불에 타버렸다. 甲은 방화죄로 처벌되는지 여부?

   ▶ 부진정부작위범으로서 형법 제164조의 현주건조물등의 방화죄: 진정부작위범은 형법에서 처벌하는 특별규정을 두고 있으나, 부진정부작위범은 '작위'의 형식으로 규정되어 있는 구성요건을 '부작위'로써 실현하는 것이므로 부작위가 작위와 같이 평가될 수 있어야 한다. 부작위(모가 젖을 아기에게 주지 않는 경우)가 작위(형법 제250조의 '살해')와 동가치성(同價値性)이 인정되기 위하여는 ① 부작위범이 결과를 방지해야 할 보증인적 지위에 있을 것, ② 부작위범의 부작위가 작위에 의한 구성요건의 실행과 같이 평가할 수 있는 요소, 즉 행위정형(行爲定型)의 동가성(同價性)이 인정되어야 할 것이 요구된다.

4. 인과관계와 객관적 귀속

(1) 인과관계론

범죄는 살인죄・상해죄 등과 같이 구성요건적 결과의 발생을 요건으로 하고 있는 결과범(실질범)과, 무고죄(誣告罪)・위증죄(僞證罪) 등과 같이 구성요건의 내용으로서 결과발생을 요하지 않고 단지 행위를 함으로써 충족되는 거동범(형식범)이 있다. 결과범에 있어서 일정한 결과가 일정한 행위를 통하여 발생했다고 주장하기 위해서는 그 결과와 행위 사이에 불가분의 관계가 있어야 한다. 이러한 관계를 인과관계라고 한다.

인과관계론은 만일 그 행위가 없었다면 그러한 결과도 없었으리라는 관계만 있으면 인과관계를 인정하는 조건설(條件說), 조건설의 무한정한 인과관계의 확대의 결함[6]을 해결하고자 조건들 가운데 구성요건적 결과를 발생시키는 것이 경험칙상 상당한 조건만으로 인과관계의 범위를 한정코자 하는 상당인과관계열(우리나라의 다수설), 그리고 상당인과관계설에서의 상당성의 불명확한 기준, 결과의 귀속과 인과관계의 관점을 함께 내포함으로써 판단의 혼란이 초래될 수 있다는 점에서 문제가 있으므로, 조건설의 결함을 시정하여 행위와 결과 사이에 일상적 경험법칙상 합법칙적 연관성이 있을 때 인과관계를 인정하고자 하는 합법칙적(合法則的) 조건설(條件說) 등이 있다.

합법칙적 조건설은 추월적 인과관계[7]나 부작위범의 인과관계를 해결할 수 있는 등 장점을 가지고 있다. 그러나 이는 어디까지나 인과관계의 확정에 관한 이론일 뿐이므로 다시 결과귀속을 위해 객관적 귀속여부의 판단이 요구된다.

(2) 객관적 귀속이론

객관적 귀속이론은 인과관계의 존재를 전제로 하여 인과관계가 인정된 결과를 형법적으로 행위자의 작품으로 객관적으로 귀속시킬 수 있는가를 확정하는 이론을 말한다.

어떠한 결과를 행위자에게 객관적으로 귀속시킬 수 있는가에 대한 기준으로는 우선 사전적(事前的)으로 보아 당해행위가 어느 정도 추상적으로 법익침해의 결과에 대한 위험성을 가져야 하고(위험창출성), 창출된 위험은 사후적으로 보아 결과에 대하여 실현되어야 한다(위험실현성).

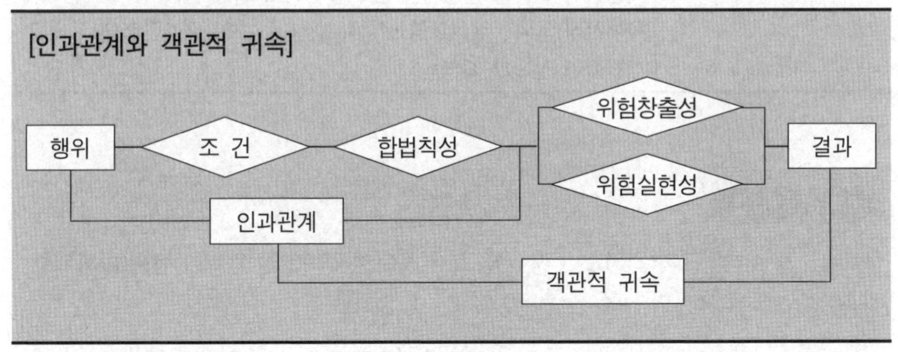

6) 예컨대, 살인자를 출생한 부모의 행위까지도 만약 부모가 그를 출산하지 않았더라면 범인에 의하여 살인행위는 없었을 것이기 때문에 살인행위와의 인과관계가 인정되는 등의 결함.

7) 예컨대, 甲이 乙을 살해하려고 독약을 먹였으나 약효가 발생하기 전에 丙이 乙을 살해한 경우.

〈인과관계의 유형〉

유 형	내 용
기본적 인과관계	다른 원인의 개입 없이 오직 행위자의 행위에 의해서 구성요건적 결과가 야기된 경우
중첩적 인과관계 (누적적 인과관계)	독자적으로 결과를 가져올 수 없는 둘 이상의 조건이 공동으로 작용하여 일정한 결과를 야기시킨 경우(수인이 치사량 미달의 독약을 투여하여 사망케 한 경우)
이중적 인과관계	단독으로 결과를 야기시킬 수 있는 수개의 조건이 결합하여 결과를 야기시킨 경우(수인이 각각 치사량의 독약을 투여하여 사망케 한 경우)
단절적 인과관계	원인행위가 개시되어 그 효력이 나타나기 전에 다른 조건이 개입하여 결과발생을 앞당긴 경우에 원인행위와 결과의 관계(독약의 효과가 나타나기 전에 사살한 경우—독약 투여행위 기준)
추월적 인과관계 (가설적 인과관계 I)	가정된 다른 조건의 착수 전에 원인행위가 먼저 개입하여 결과발생을 앞당긴 경우에 현실적 조건인 원인행위와 결과의 관계(사형집행 직전의 사형수를 피해자의 가족이 살해한 경우)
경합적 인과관계 (가설적 인과관계 II)	원인행위가 없어도 다른 조건에 의하여 동일한 시간에 동일한 결과가 야기되었을 경우에 현실적 조건인 원인행위와 결과의 관계(甲의 사살행위가 없었더라도 같은 시간에 乙의 총탄에 맞았을 것이 확실한 경우)
비유형적 인과관계	원인행위에 의한 인과관계의 진행과정에 비유형적인 다른 조건이 개입하여 결과를 발생시킨 경우(살인의 고의로 인한 경미한 상해에 피해자의 고의・과실・특이체질, 의사의 실수, 앰뷸런스 사고 등이 개입하여 사망한 경우)

관련 사례

甲이 乙을 살해하고자 하였으나 중상에 그쳐 乙이 치료하고자 입원한 병원의 화재로 사망한 경우에 객관적 귀속 여부는?

▶ 甲의 '행위의 위험성'의 존재로 행위의 '위험창출성'은 인정되지만 그 위험이 乙의 사망결과에 대하여 실현되지 않았으므로 '위험실현성'이 결여되어 객관적 귀속은 부정된다.

5. 고의론

(1) 고의의 의의와 요건

고의라 함은 구성요건적 사실의 인식과 의사를 말한다. 형법 제13조는「죄의 성립요소인 사실을 인식하지 못한 행위는 벌하지 아니한다」고 규정하여 고의 없는 행위는 처벌되지 않는 것이 원칙이고, 과실범은 특별한 규정이 있는 경우에 한하여 예외적으로 처벌된다고 하고 있다.

고의의 요건으로는 원칙적으로 구성요건에 해당하는 객관적 사실의 전부에 대한 인식이 필요하다. 따라서 구성요건에 규정되어 있는 행위의 주체·객체, 행위의 상황에 대한 인식뿐만 아니라 결과범의 경우에는 구성요건적 결과(예컨대 살해, 상해, 손괴 등)의 인식이나 침해결과에 이르는 인과관계의 인식도 필요하다. 다만, 결과적 가중범(예: 상해치사죄)에 있어서는 기본으로 되는 범죄사실(상해)에 대한 인식만으로 족하여 그로 인하여 야기된 중한 결과(사망)에 대한 인식은 요하지 않는다.

고의는 구성요건적 사실의 인식과 의사를 의미하므로 구성요건에 속하지 아니한 객관적 처벌조건, 위법성의 인식, 소추조건 등은 인식할 필요가 없다. 다만, 주의할 점은 예컨대 음화 등의 반포죄(제243조)에 있어서 '음란성'과 같은 규범적 구성요건 요소에 대하여는 단순히 사실의 인식만으로 족하지 아니하고, 그 사회적 의미의 인식까지도 요구된다.

구체적으로 구성요건적 결과의 실현을 인식하였거나 확실히 예견한 경우인 확정적 고의가 일반적이나, 구성요건적 결과에 대한 인식이나 예견이 불명확한 경우인 불확정적 고의도 있다. 불확정적 고의에는 결과발생은 확실하지만 객체의 개수 및 어느 객체인지가 불확실한 경우인 개괄적 고의, 결과발생은 확실하지만 객체가 택일적이라서 어느 객체에 대해 발생할지가 불확실한 경우인 택일적 고의, 결과발생 자체가 확실하지 않지만 결과발생의 가능성을 인식하고 나아가 결과가 발생해도 좋다고 인용하는 경우인 미필적 고의가 있다. 특히 미필적 고의와 인식 있는 과실의 구별기준이 문제되는데, 판례와 통설은 인용설(認容說)에 의해 해결하고 있다.[8)]

8) 자동차 운전 중 보행자 옆을 빠져 나가려다 치어 죽인 경우에 "지금은 급히 가야 하므로 치어 죽일지도 모르지만 그래도 좋다"라고 생각하였다면 결과발생의 인용이 있었으므로 미필적

(2) 사실의 착오

사실의 착오란 행위자가 인식한 사실과 실제로 발생한 사실 사이에 불일치가 생긴 것을 말한다. 그 형태로는 먼저 불일치가 동일한 구성요건의 범위 안에서 발생한 구체적 사실의 착오와, 상이한 구성요건 간에 발생한 추상적 사실의 착오로 구분할 수 있다. 다시 각각의 경우에 행위객체의 동일성에 대한 착오인 객체의 착오, 행위방법이 잘못되어 표적이 아닌 다른 객체에 결과가 발생하는 경우인 방법의 착오, 그리고 인식한 사실과 발생된 사실은 일치하지만 결과에 이르는 인과과정이 행위자가 인식했던 인과과정과 다른 경우인 인과관계의 착오가 있다. 이 경우에 인식과 발생사실이 어느 정도 일치하여야 고의범의 기수(旣遂)로 처벌할 수 있는가가 문제로 된다.

통설과 판례는 행위자의 인식과 발생사실이 동일한 구성요건 내지 죄질에 속하면 고의범의 기수를 인정하는 법정적(法定的) 부합설(符合說)을 따르고 있다. 즉 행위자의 인식과 발생사실이 동일한 구성요건의 범위 안에서 불일치한 경우인 구체적 사실의 착오인 경우에는 객체의 착오나 방법의 착오를 묻지 않고 모두 발생사실에 대한 고의범의 기수(旣遂)로 처벌한다. 그러나 인식과 발생사실이 다른 구성요건에 속하는 경우인 추상적 사실의 착오인 경우에는 인식사실의 미수와 발생사실의 과실범의 상상적 경합(想像的 競合)이 된다.

〈사실의 착오〉

		구체적 부합설	정적 부합설	추상적 부합설
구체적 사실의 착오	객체의 착오	기수	기수	기수
	방법의 착오	기수	기수	기수
공통	인과관계의 착오	기수	기수	기수
추상적 사실의 착오	객체의 착오	인식사실의 미수 + 발생사실의 과실 상상적 경합	인식사실의 미수 + 발생사실의 과실 상상적 경합	인식(경)·발생(중) 기수+과실의 상상적 경합
	방법의 착오			인식(중)·발생(경) 미수+기수의 상상적 경합

고의가 성립하나, 운전에 자신이 있어 "급히 가더라도 사람을 치지 않을 것이다"라고 신뢰한 때에는 결과발생의 인용이 없으므로 인식 있는 과실에 그친다.

관련 사례

A는 원수 B를 살해하고자 저격하였으나 탄환이 빗나가 지나가던 C가 맞아 숨졌다. 통설·판례에 의하면?

▶ 이 경우에는 동일한 구성요건(살인죄)의 범위 안에서의 불일치인 구체적 사실의 착오의 경우로서 A는 살인죄의 기수로 처벌된다.

6. 과실론

(1) 과실의 의의와 구조

과실이란 사회생활상 요구되는 주의의무를 위반함으로써 죄의 성립요소인 사실을 인식하지 못하는 것을 말한다. 이러한 과실로써 구성요건적 결과가 발생하여 형벌이 과해지는 범죄가 과실범이다. 과실은 법률에 특별한 규정이 있는 경우에 한하여 처벌한다.

구 과실론에 의하면 과실범은 구성요건과 위법성의 단계에서는 고의범의 그것과 차이가 없으며, 객관적으로 결과가 발생하고 행위와 결과 사이에 인과관계가 인정되면 책임의 단계에 가서야 예견가능성의 유무에 의하여 과실범의 성립이 문제되었다. 그러나 이는 고의범과 과실범이 구성요건과 위법성의 단계에서 엄격히 구별되어야 하고, 특히 그 불법의 내용면에서 상이하다는 점이 간과되고 있다. 과실범의 구성요건해당성이 인정되기 위해서는 고의범과 마찬가지로 행위반가치와 결과반가치가 구비되어야 한다. 그런데 결과발생이라는 면에서는 고의범의 결과반가치와 구별이 되지 않으나, 객관적 주의의무 위반이라는 면에서 고의범의 행위반가치(법익침해 또는 위험에 대한 인식·의사)와 분명히 구별된다. 따라서 과실범의 구성요건에 해당하기 위하여는 객관적 주의의무 위반과 결과의 발생, 결과에 대한 인과관계 및 객관적 귀속이 인정되어야 할 것이다.

(2) 허용된 위험의 법리와 신뢰의 원칙

허용된 위험의 법리는 사회생활상 불가피하게 존재하는 법익침해의 위험을 수반하는 광공업·고속교통·의료행위 등의 행위에 대해 법익침해의 결과가 발생한 경우라도 그 사회적 유용성을 근거로 일정한 범위에서 허용하고자 하는 이론이다.

신뢰의 원칙은 허용된 위험의 법리가 적용되는 특수한 경우로서, 주로 독일과 일본, 우리나라의 교통사고에 대한 판례를 통해 확립되었다. 이는 운전자가 피해자 내지 제3자가 적절한 행동을 취할 것을 신뢰하는 것이 상당한 경우에는 설사 피해자 등이 부적절한 행동에 의해 법익침해의 결과가 발생하더라도 이에 대하여 형사책임을 지지 않아도 된다는 이론이다.

V. 위법성론

1. 위법성의 의의와 본질

위법성이란 범죄성립요건의 두 번째 요건으로서, 구성요건에 해당하는 행위가 전체로서의 국가 법질서와 상치되어 부정적인 가치판단을 받는 것을 의미한다. 위법성과 구별되어야 하는 개념으로서 불법(Unrecht)이 있다. 불법은 위법한 행위 그 자체를 가리킨다. 위법성이 국가 법질서 전체에서 판단하는 단일개념인데 비추어, 불법은 형법상 불법, 민법상 불법 등 개별법에 따라 달리 평가될 수 있다.

(1) 형식적 위법성론과 실질적 위법성론

형식적 위법성론은 위법성의 본질을 행위가 실정적인 법질서 내지 법규범을 위반하는 데서 찾는다. 이는 법(규범)에 위반되는 것이 위법이라는 동어반복에 지나지 않으므로 위법성을 실질적으로 파악하여 어떻게 위법이 되는가를 규명해 보고자 하는 것이 실질적 위법성론이다. 위법성의 실질이 무엇인가에 대해서는 학설이 분분하며, 통설은 형법 제20조의 규정에 비추어 사회상규에 위반하는 것으로 이해하고 있다.

(2) 주관적 위법성론과 객관적 위법성론

위법의 평가방법에 관하여 주관적 위법성론은 법규범의 본질을 행위자에 대한 명령규범이라고 해석한다. 이에 의하면 위법성은 수명인(受命人)으로서 명령의 내용을 이해하고 이에 의하여 의사결정을 할 수 있는 자의 행위에 대

〈주관적 위법성론과 객관적 위법성론의 차이〉

	주관적 위법성론	객관적 위법성론
법규범의 본질	의사결정 규범	평가규범
책임무능력자에 대한 정당방위	부정	긍정

하여서만 인정된다고 한다. 따라서 위법성은 오직 책임능력자의 행위에 대하여서만 문제로 된다고 한다. 이는 위법성이 명령규범에 논리적으로 선행하는 평가규범의 문제라는 점을 이해하지 못함으로써 위법과 책임을 혼동하였다는 비판을 받고 있다.

객관적 위법성론은 법규범의 본질을 객관적인 평가규범이라고 해석하고 이에 위반하는 것이 위법이라고 하며, 통설의 입장이며 타당하다.

2. 위법성 조각사유

(1) 통일적 조각원리

형법은 제20조 내지 제24조 등에서 전형적인 위법성 조각사유를 규정하고 있는데, 이들 위법성 조각사유를 어떻게 통일적인 일반원리에 의하여 설명할 수 있는지가 문제된다. 여기에는 모든 위법성 조각사유를 하나의 통일적인 원리에 의해 해명하고자 하는 목적설, 이익교량설, 사회적 상당설 등의 일원론이 있다. 그러나 이질적인 다양한 조각사유를 단일기준에 의해 묶는다는 것은 불명확하고 추상적인 기준이 되어 실제문제를 해결할 수 없다.

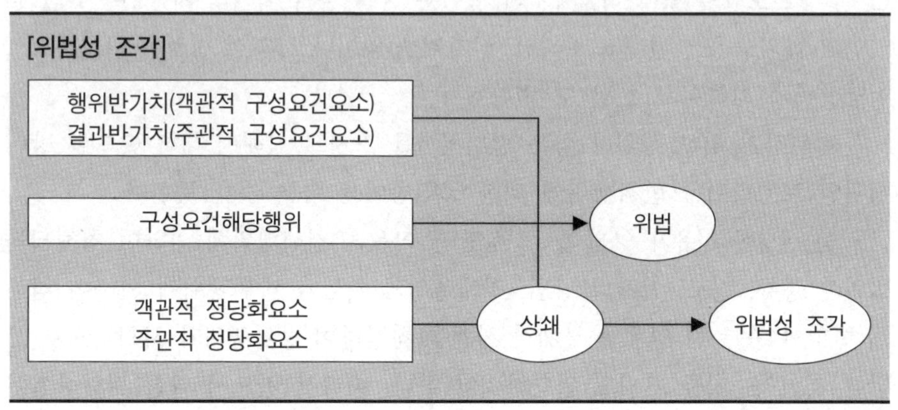

그러므로 피해자의 승낙과 추정적 승낙의 경우에는 이익흠결의 원칙, 그 이외의 조각사유에는 우월적 이익의 원리에 의하여 해결하는 다원론의 태도가 일응 타당하다고 하겠다. 다만, 이는 이익을 그 기준으로 삼는 까닭에 법익침해의 면만을 강조하는 결과불법(반가치)에 치중되어 있으므로 행위불법의 면을 고려하는 기준(예컨대 사회적 상당성설)도 구체적인 경우에 가미되어야 할 것이다.

(2) 주관적 정당화요소

위법성을 조각하기 위하여는 주관적 불법요소인 고의에 대응하는 주관적 요소가 필요하다고 할 것이므로, 예컨대 정당방위에서의 방위의사, 긴급피난에서의 피난의사 등 주관적 정당화요소가 그것이다.

(3) 정당방위

(가) 의의 정당방위란 자기 또는 타인의 법익에 대한 현재의 부당한 침해를 방위하기 위한 상당한 이유가 있는 행위를 말한다.

(나) 성립요건

1) **현재의 부당한 침해가 있을 것** : 현재의 침해란 법익에 대한 침해가 급박한 상태에 있거나 계속되고 있는 것을 말하며, 부당이라 함은 객관적 위법을 의미하므로 책임무능력자 또는 고의나 과실이 없는 자의 침해에 대하여도 정당방위가 허용될 수 있다.

2) **자기 또는 타인의 법익을 방위하기 위한 행위일 것** : 법익에는 생명・신체・재산 등 형법상의 법익은 물론, 이 밖에 법에 의하여 보호되는 것이면 모든 법익이 포함될 수 있다. 자기의 법익은 물론 자기 이외의 자연인・법인 등 타인의 법익도 포함된다고 보지만, 국가적 법익이나 사회적 법익은 원칙적으로 정당방위에 의하여 보호될 수 없다.

방위하기 위한 행위라 함은 방위의사를 가지고 침해에 대한 순수한 방어행위인 보호방위나 반격행위에 의한 공격방어를 하는 것을 뜻한다.

3) **상당한 이유가 있을 것** : 상당한 이유는 침해행위에 의하여 침해되는 법익의 종류, 정도, 침해의 방법, 침해행위의 완급과 방위행위에 의하여 침해될 법익의 종류 등 일체의 구체적 사정을 참작하여 방위행위가 사회적으로 상당한 것이었는지를 가지고 판단하여야 한다. 따라서 반드시 다른 피난방법이

없어야 하는 것(보충성의 원칙)도 아니며, 침해된 법익과 방위하고자 한 법익이 균형을 이루어야 하는 것(균형성의 원칙)도 아니다.

관련 사례

1. 甲은 어젯밤에 도둑을 맞은 가방을 다음날 우연히 그 도둑이 가지고 다니는 것을 보고 격분하여 폭행을 가하였다. 이 경우에 정당방위가 성립하는가?
   ▶ 이미 종료한 과거의 절도행위에 대하여는 현재의 긴박성의 요건이 흠결하기 때문에 정당방위가 성립할 수 없다.
2. 甲은 乙이 폭력을 가해 왔으므로 이에 분노한 나머지 증오심으로 반격을 가한 경우에 정당방위는 성립하는가?
   ▶ 정당방위에는 방위의사가 필요하지만 순수한 방위목적이나 동기만에 근거해야 하는 것은 아니며, 증오·분노·복수심 등과 함께 이루어진 반격행위의 경우에도 정당방위가 성립할 수 있다.
3. 甲은 乙과 사소한 승강이를 하던 중에 돌연히 乙이 갑의 팔을 심하게 비틀려고 하자 아픈 나머지 甲이 팔을 흔들어 뺄 생각으로 乙을 강하게 밀쳤다. 乙은 뒤로 넘어져 후두부에 전치 45일을 필요로 하는 상해를 입었다. 甲의 행위는 정당방위로 되는가?
   ▶ 이 경우 침해행위의 즉각적인 배제가 필요하고 방위된 법익과 침해자의 법익이 극단적으로 균형을 상실한 경우가 아닌 한 상당성의 한계를 벗어나지 않으므로 정당방위가 성립한다.

(4) 긴급피난

㈎ **의의** 긴급피난이란 자기 또는 타인의 법익에 대한 현재의 위난을 피하기 위한 상당한 이유 있는 행위를 말한다. 긴급피난은 정당방위가 위법한 침해(不正)에 대한 정당한 방어(正)의 관계인 데 대하여, 위법하지 않은 침해(正)에 대한 피난(正)의 관계라고 할 수 있다.

㈏ **성립요건**

1) **자기 또는 타인의 법익에 대한 현재의 위난이 있을 것 :** 여기의 법익에는 정당방위와는 달리 개인적 법익뿐만 아니라 국가적 법익에 대한 긴급피난

도 가능하다. 현재의 위난만 있으면 긴급피난은 가능하며, 위난의 원인이 사람의 행위에 의한 것이건 자연사실에 의한 것이건 불문한다.

2) **위난을 피하기 위한 것일 것** : 긴급피난은 정대정(正對正)의 관계이므로 상당한 이유에는 피해자의 입장을 고려하여 보충성의 원칙, 법익균형성의 원칙, 위난을 피하기 위한 적합한 수단의 사용을 요구하는 적합성의 원칙이 필요하다.

관련 사례

1. 甲은 시속 약 50㎞로 정상적으로 운전을 하고 있던 중 전방 약 40m에서 중앙선을 넘어오는 승용차를 발견, 충돌을 피하기 위해 급히 핸들을 좌측으로 꺾어 감속을 하였으나, 뒤따라오던 乙의 승용차와 부딪쳐 乙에게 상해를 입혔다. 甲은 긴급피난이 인정되는가?

▶ 甲의 행위는 현재의 위난을 피하기 위한 상당한 이유가 있는 행위이므로 긴급피난이 인정될 수 있다.

2. 남편의 외출 중에 아들이 심한 복통을 호소해 오자 甲녀는 구급차를 요청했지만, 도착이 지체되자 무면허임에도 불구하고 남편의 승용차를 운전하여 아들을 병원으로 데리고 갔다. 甲녀는 무면허 운전행위로 처벌되는가?

▶ 현재의 위난을 피하기 위한 행위였지만 무면허 운전행위는 위난을 피하기 위한 유일한 방법이라고 보기는 어려우므로 보충성의 원칙이 결여되어 긴급피난을 인정할 수 없다. 따라서 甲녀는 무면허 운전을 이유로 도로교통법에 의해 처벌될 수 있다.

(5) 자구행위

자구행위란 법정절차에 의하여 청구권을 보전하기 불가능한 경우에 그 청구권의 실행불능 또는 현저한 실행곤란을 피하기 위한 행위를 말하며, 상당한 이유가 있는 때에는 벌하지 아니한다. 예컨대, 숙박비나 음식비를 지불하지 않고 도주하는 손님을 붙잡아 그 대금을 받는 경우처럼 법적 절차에 의한 구제를 기다려서는 그 권리의 실현이 불가능하거나, 또는 현저하게 곤란한 경우에 권리자 스스로 실력을 사용하여 그 보전에 필요한 구제행위를 하는 것을 말한다. 사후적 긴급구조행위라고도 한다.

자구행위에 의하여 보호되는 청구권은 그 보전이 가능하면 권원(權源)이 물권이든 채권이든 가리지 아니하나, 원상회복이 불가능한 생명·신체·자유·정조 등의 권리는 포함될 수 없다. 자구행위는 법정절차에 의하여 청구권을 보전하는 것이 불가능한 때에만 허용된다는 의미에서 보충성이 요구된다 할 것이다.

(6) 피해자의 승낙

피해자가 가해자에 대하여 자신의 법익침해를 허락하는 것을 말하며, 법률에 특별한 규정이 없는 한 위법성이 조각된다. 따라서 피해자의 동의가 구성요건해당성 자체를 조각하는 경우[9]인 양해와 구별된다.

(7) 정당행위

사회상규에 위배되지 아니하는 행위를 정당행위라고 하며, 형법 제20조는 일반적 위법성 조각사유로서의 정당행위를 규정하고 있다.

㈎ **법령에 의한 행위** 공무원의 직무집행행위, 친권자 등의 징계행위, 현행범의 체포, 노동쟁의행위, 모자보건법에 의한 임신중절수술 등을 예로 들 수 있다.

㈏ **업무로 인한 행위** 의사의 치료행위, 안락사, 변호사 또는 성직자의 업무행위 등을 예로 들 수 있다.

㈐ **사회상규에 반하지 않는 행위** 사회상규는 위법성조각사유의 일반적 기준이 되는 것으로, 사회상규에 반하지 않는 행위란 법질서 전체의 정신에 비추어 용인될 수 있는 행위를 말한다. 예컨대, 교육의 목적으로 객관적인 징계의 범위를 벗어나지 않는 징계권이 있는 자의 징계행위를 들 수 있다.

---

9) 예: 부녀자가 간음에 동의하면 강간에 해당하지 않아 강간죄의 구성요건 자체가 조각된다.

관련 사례

甲은 부친이 불치의 병에 의한 의식불명 상태에서 인공호흡장치로 생명을 유지하는 것이 불쌍하다고 생각하여 인공호흡장치를 차단시켜 부친을 사망하게 하였다. 甲의 행위는 처벌되는가?

▶ 이 경우는 고통을 덜어 주기 위한 안락사가 위법성을 조각할 수 있느냐의 문제로서, 판례는 ① 환자가 불치의 병으로 사기(死期)가 임박하였을 것, ② 환자의 고통이 차마 볼 수 없을 정도로 극심할 것, ③ 오로지 환자의 고통을 완화하기 위한 목적에서 행해질 것, ④ 환자가 의식이 있는 경우에 본인의 진지한 부탁 또는 승낙이 있을 것, ⑤ 원칙적으로 의사에 의하여 시행되고 그 방법이 윤리적으로 타당할 것 등의 요건이 구비되면 안락사로서 위법성을 조각한다고 보고 있다.

VI. 책임론

1. 책임의 의의와 본질

범죄가 성립하기 위하여는 행위가 구성요건에 해당하고 위법성이 인정된 후 다시 제3의 단계로서 행위자에게 책임이 있는지의 여부가 판단되어야 한다. 아무리 객관적으로 위법한 행위라도 개인적으로 행위자를 비난할 수 없는 경우에는 처벌할 수 없다. 이것을 책임주의라고 한다. 따라서 형법상 책임 개념의 핵심은 비난가능성에 있다. 즉 행위자가 자유로운 의사에 의하여 적법하게 행위를 할 수 있었음에도 불구하고 불법을 결의하고 위법하게 행위를 하였다는 점에 비난이 가해지는 것이다. 형사책임은 도덕적 비난이 아니며 형벌이라는 중대한 효과를 정당화시킬 정도의 법적 기준이 요구된다. 여기서 형벌개념은 형사정책과 불가분의 관계에 놓이게 된다.

(1) 책임의 근거

행위자에게 책임을 물을 수 있어야만 비로소 행위자에게 형벌을 과할 수 있다. 책임의 근거에 대하여는 도의적 책임론과 사회적 책임론이 의사의 자유와 관련하여 대립하고 있다.

㈎ **도의적 책임론** 자유의사를 가진 행위자가 도의적 규범의식에 따라 행동하였어야 함에도 불구하고 그렇게 행동하지 않았다는 점에서 도의적 책임론은 행위자에 대한 비난의 근거를 찾는다. 따라서 자유의사를 가지지 못하는 자는 책임무능력자로서 그에 대하여 형벌을 과할 수 없다. 도의적 책임론은 고전학파의 책임이론이며, 행위자가 이미 행한 범죄에 대하여 비난을 가한다는 점에서 장래 범죄자의 개선이라는 사상과는 친근하기 어렵고, 응보형 사상과 합치되고 있다.

㈏ **사회적 책임론** 인간을 소질과 환경에 의해 결정되는 숙명적 존재로 보는 사회적 책임론은, 책임의 근거를 행위자의 자유의사에서 찾지 아니하고 반사회적 성격(성격책임)에서 구한다. 따라서 형벌은 사회방위의 차원에서 가해져야 하므로 책임무능력자에 대하여도 보안처분을 과할 수 있다. 사회적 책임론은 근대학파의 책임이론이며 행위자가 장래에 범죄를 저지르지 않도록 개선하는 데 형벌의 목적이 있다고 봄으로 목적형 사상과 결합이 용이하다.

㈐ 인간이 완전히 자유의사를 가지고 있다고는 볼 수 없을지라도 현실적인 행위에서 볼 때 소질과 환경의 인자에 의하여 제약을 받는다. 그러면서도 행위자의 의사활동은 충동을 통제하고 자신의 가치관념에 따라 상대적이나마 자유롭게 이루어지고 있으므로 도의적 책임론의 입장이 일응 타당하다고 하겠다(상대적 비결정론).

(2) 책임의 본질

㈎ **심리적 책임론** 책임을 행위자의 심리적 관계로 이해하여 심리적으로 사실을 인식한 고의와 이를 인식하지 않은 과실을 책임으로 본다.

㈏ **규범적 책임론** 책임을 행위자에 대한 비난이라는 평가적 가치관계로 이해하여 비난가능성을 그 중심개념으로 삼는다.

㈐ 심리적 책임론은 고의나 과실만 있으면 책임을 인정하게 되는데, 고의·과실은 있지만 책임능력이 없거나 책임조각사유에 의해 책임을 부정해야 하는 경우를 설명할 수 없는 등 많은 문제점을 안고 있어 오늘날 그 자취를 감추어가고 있다. 따라서 책임을 행위자의 불법에 대한 비난가능성으로 이해하는 규범적 책임론(통설)이 타당하다.

2. 책임능력

책임능력이란 책임의 전제로서 법규범에 따라 행위를 할 수 있는 능력을 말한다. 책임능력의 본질에 대하여 도의적 책임론은 행위의 시비·선악을 변별하여 이에 따라 의사를 결정할 수 있는 능력(범죄능력)으로 이해하고, 사회적 책임론은 사회방위처분으로서 형벌이 효과를 거둘 수 있는 능력(형벌능력)으로 이해하고 있다. 책임능력은 형벌집행시에 존재해야 하는 것이 아니라, 범죄성립요건인 책임의 전제로서 행위시에 존재해야 하므로 도의적 책임론의 입장이 타당하다.

책임능력에 대한 형법에서의 규정방법은 생물학적 방법과 심리적 또는 규범적 방법 및 생물학적·심리적 방법이 있다. 우리 형법은 제10조 제1항에서 보듯이 생물학적 요소로서 심신장애가 있을 것과 심리적 요소로서 사물을 변별할 능력 또는 의사를 결정할 능력이 없을 것을 요하므로 생물학적·심리적 방법의 혼합적 방법론을 택하고 있다.

(1) 책임무능력자와 한정책임능력자

현행형법은 책임능력이 무엇인가에 대하여 적극적으로 규정하지 아니하고 소극적으로 책임능력이 조각되거나 감경되는 경우만을 규정하고 있다.

㈎ **책임무능력자** 14세 미만의 형사미성년자(제9조), 심신상실자(제10조 제1항)가 해당되며 책임의 조각으로 벌하지 아니한다.

㈏ **한정책임능력자** 심신미약자(제10조 제2항)와 농아자(제11조)가 해당되며 책임의 감경으로 형을 감경한다. 농아자의 경우 농아교육의 발달로 오늘날 통상인과 사물변별능력에 있어 차이가 없으므로 입법상 문제가 없지 않다.

(2) 원인에 있어서 자유로운 행위

원인에 있어서 자유로운 행위란 행위자가 고의 또는 과실로 스스로를 심신장애의 상태로 빠뜨린 상태에서 범죄를 저지르는 것을 말한다. '행위와 책임의 동시존재의 원칙'과 관련하여 가벌성(可罰性) 여부에 대하여 논란이 많았으나 형법 제10조 제3항은 그 가벌성을 입법론적으로 해결하였다.

㈎ **가벌성의 근거** 다수설은 원인에 있어서 자유로운 행위가 자기의 책임무능력 상태를 도구로써 이용하여 범죄를 실행하는 것이므로 간접정범과 그 이론구성을 같이하고 있다.

㈏ **적용범위와 효과** 원인에 있어서 자유로운 행위에는 심신장애 상태(심신상실 또는 심신미약 상태)를 고의뿐만 아니라 과실에 의해 야기된 경우도 포함되며, 고의 또는 과실에 의해 심신장애 상태를 야기한 이상 책임무능력 상태에서의 행위라고 하여 그 형이 감경되지 아니한다.

관련 사례

甲은 다량의 음주를 하면 명정(酩酊)하여 타인에게 폭행을 가할 위험성이 있는 자라는 것을 스스로 깨닫고 있었다. 그럼에도 불구하고 다량의 음주로 심신상실의 상태를 초래하여 지나가던 乙에게 전치 8주의 상해를 입혔다. 甲의 형사책임은?

▶ 甲이 스스로의 의사에 의해 책임무능력을 초래하고 이러한 상태에서 상해를 입혔으므로 형법 제10조 제3항에 의해 상해죄로 처벌된다.

3. 위법성의 인식과 법률의 착오

(1) 위법성의 인식의 의의

위법성의 인식이란 행위자가 자신의 행위가 공동사회의 질서에 반하고 법적으로 금지되고 있다는 것을 인식하는 것을 말한다. 위법성의 인식이 있어야만 행위자를 비난할 수 있으므로 이는 책임비난의 핵심을 이룬다.

(2) 위법성의 인지의 체계적 지위와 법률의 착오

위법성의 인식을 책임요소로 보는 데는 이론(異論)이 없으나, 책임요소로서의 고의의 요소로 이해하는 입장(고의설)과 고의와 분리된 독립한 책임요소로 이해하는 입장(책임설)으로 나뉘고 있다.

전자의 입장은 책임요소로서의 고의성립에 현실적인 위법성의 인식을 요구하는 엄격고의설과, 현실적인 위법성의 인식은 필요치 않고 인식가능성만으로 족하다는 제한고의설(협의), 또 후자의 입장은 다시 위법성조각사유의 착오와 관련하여 모든 위법성조각사유의 착오를 금지착오로 보는 엄격책임설과, 위법성조각사유의 객관적 전제조건에 관한 착오는 구성요건적 착오와 같이 고의책임이 조각된다고 보고, 위법성조각사유의 존재 내지 한계에 관한 착오는 금지착오로 보는 제한책임설로 대분된다. 고의설은 현실적인 위법성의 인식이 없는 경우에는 고의를 조각하게 되므로 모두 과실범으로 처벌하거나 불가벌(不可罰)로 되어 형사정책상의 결함을 가지고 있다. 따라서 책임설에 따라 위법성의 인식을 고의와는 분리된 책임요소로 이해하여 법률의 착오(위법성의 착오)의 경우에는 고의를 조각하지 아니하고, 다만 그 불인식(不認識)에 정당한 이유가 있는 때에만 책임을 조각하는 것이라고 해석하는 것이 타당하다.

VII. 미수론

1. 개 관

(1) 범죄의 시간적 발전단계

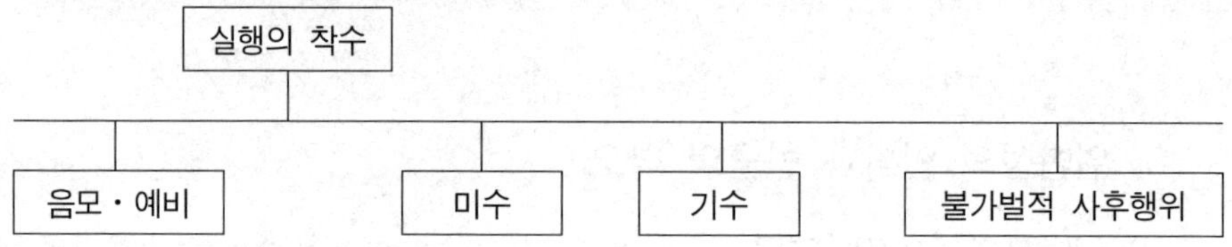

(2) 형법상 미수범의 체계

형법상 미수범에는 형법 제25조에서 '미수범'으로 규정하고 있는 장애미수(협의의 미수), 형법 제27조의 불능미수, 그리고 제26조의 중지미수 등 세 종류가 있다. 이들에 대한 처벌은 기수범에 대해 장애미수의 형은 임의적 감경, 불능미수의 형은 임의적 감면, 그리고 중지미수의 형은 필요적 감면으로 하고 있다.

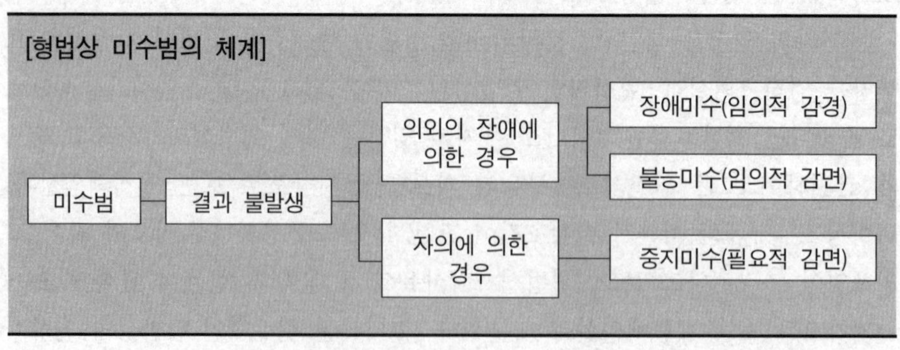

2. 미수범(장애미수)

(1) 의 의

형법 제25조에서 볼 때 미수란 범죄의 실행에 착수하여 행위를 종료하지 못하였거나 결과가 발생하지 아니한 것을 말한다. 미수는 특별히 형법각칙에서 처벌하는 규정이 있는 때에 한하여 예외적으로 처벌되고 그 형은 기수범(既遂犯)보다 감경할 수 있다.

(2) 요 건

㈎ **고의의 존재** 미수범의 경우에도 기수범과 마찬가지로 동일한 고의가 있어야 성립한다. 즉 미수의 고의가 아닌 기수의 고의가 있어야 하며 과실범의 미수는 있을 수 없다.

㈏ **실행의 착수** 미수가 성립하기 위하여는 실행의 착수가 있어야 하는데, 착수시기에 대하여는 객관설과 주관설의 대립이 있다. 객관설은 실행행위의 개념을 객관적 기준에 의해 정해야 한다는 전제에서 구성요건에 해당하는 행위의 직접적 전단계의 행위를 실행한 때(실질적 객관설)에 실행의 착수가 있다고 한다. 주관설은 실행행위의 개념을 범죄적 의사의 표동(表動)이라고 전제하고, 범죄적 의사가 수행적 행위에 의하여 확실히 인정될 때 실행의 착수가 있다고 한다. 형법상의 행위는 주관적인 의사와 객관적인 실현으로 구성되어 있으므로 실행행위의 착수시기도 주관적 요소와 객관적 요소를 결합하여 행위자의 범죄의사 내지 범죄계획을 고려하여 직접 구성요건적 행위가 개시되었다고 인정될 때를 기준으로 하는 절충설인 주관적 객관설(통설)이 타당하다.

㈐ **범죄의 미완성** 미수범은 행위를 종료하지 못하였거나 또는 결과가 발생하지 아니하여 범죄의 완성에 이르지 아니하여야 한다.

3. 중지미수

(1) 의 의

중지미수란 범죄의 실행에 착수한 자가 그 범죄가 완성되기 전에 자의로 이를 중지하거나 결과의 발생을 방지한 경우를 말한다. 장애미수와는 달리 필요적 감면으로 한 것은 범죄의 기수를 막아보려는 형사정책적 고려(황금의 다리 이론)와, 중지행위에서 나타난 행위자의 반성적 태도로 인한 책임감소(책임감소설) 요인의 결합에 의해 해명하고자 하는 것이 다수설(결합설)의 입장이다.

(2) 요 건

중지미수도 미수범의 일종이므로 객관적 요건으로서 우선 실행에 착수하였을 것이 요구된다. 실행의 착수 후에 결과발생에 필요한 행위를 다하지 아니한 때에는 실행행위를 중지하면 된다(착수중지). 실행행위는 종료하였으나 그 행위로 인한 결과가 아직 발생하지 아니한 때에는 결과발생을 방지하여(실행중지) 범죄를 완성시키지 말아야 한다.

중지미수는 '자의로' 범죄를 중지한 경우이므로 주관적 요건으로서 '자의성'이 요구된다. 자의성의 판단기준에 대하여는 학설이 복잡하게 대립하고 있다. 그러나 행위자가 인식한 외부적 사정을 판단의 자료로 하여 일반통상인의 관점에서 그것이 범죄수행에 '의외의 장애'가 될 만한 사유인 경우에는 장애미수에 해당한다. 하지만 그러한 사유가 없어서 범행의 속행이 가능한데도 자기의사에 의하여 중지한 경우에는 자의성을 인정하는 견해(절충설)가 타당하다.

4. 불능미수

불능미수(不能未遂)란 범죄의 실행에 착수하였으나 그 행위의 성질상 또는 행위의 대상인 객체의 성질상 결과의 발생이 불가능하더라도 위험성이 있어서 미수범으로 처벌되는 경우를 말한다. 따라서 위험성이 있으면 불능미수로 처벌되고 위험성이 없으면 불능범으로 불가벌로 되므로 위험성의 판단기준이 가장 중요한 문제로 되고 있다.

위험성의 판단기준에 관하여 우리나라의 다수설은 추상적 위험설을 취하여, 행위시에 행위자가 인식한 사실을 기초로 하여 행위자가 생각한 대로의 사정이 존재하였으면 일반인의 판단에서 추상적으로 결과발생의 위험성이 있는 경우를 불능미수로 하고 있다. 그러나 행위자가 경솔하게 잘못 판단한 경우라도 그 사실만을 기초로 위험성을 판단해야 한다는 점에서 이는 부당한 견해이다. 따라서 행위 당시에 행위자가 인식한 사실과 일반인이 인식할 수 있었던 사정을 기초로 일반적 경험법칙에 따라 구체적으로 결과발생의 위험성이 있는 경우라면 불능미수로 보는 구체적 위험설이 타당하다.

관련 사례

甲은 乙을 살해하고자 하여 과도로 찔렀으나 乙은 그 살해행위 이전에 이미 사망하였다. 甲의 형사책임은?

▶ 추상적 위험설(다수설)에 의하면 甲이 乙을 생존자라고 믿은 한, 설혹 일반인 쪽에서 보아 사체(死體)인 것이 명백한 경우라도 살인죄의 불능미수가 성립한다. 구체적 위험설에서는 일반인 쪽에서 甲의 행위시에 이미 사체로서 취급되고 있었다면 불능범이 되고, 행위 당시에 아직 생존체(生存體)로서 취급되고 있었을 때는 살인죄의 불능미수가 성립한다.

Ⅷ. 공범론

형법상 공범이란 2인 이상의 자가 협력가공하여 단독범으로서 규정되어 있는 범죄의 구성요건을 실현하는 경우를 말한다. 여기에는 공동정범(共同正犯), 간접정범(間接正犯), 교사범(敎唆犯), 종범(從犯)이 포함되는데, 이들을 넓은 의미의 공범이라고 한다. 그러나 이 가운데 공동정범과 간접정범은 2인 이상이 스스로의 범죄를 행한 자이므로 실질적으로 정범에 해당한다. 그리고 교사범과 종범만이 타인의 범죄에 가공하는 범죄형태를 취하므로 이들을 고유한 의미의 공범(좁은 의미의 공범)이라고 한다.

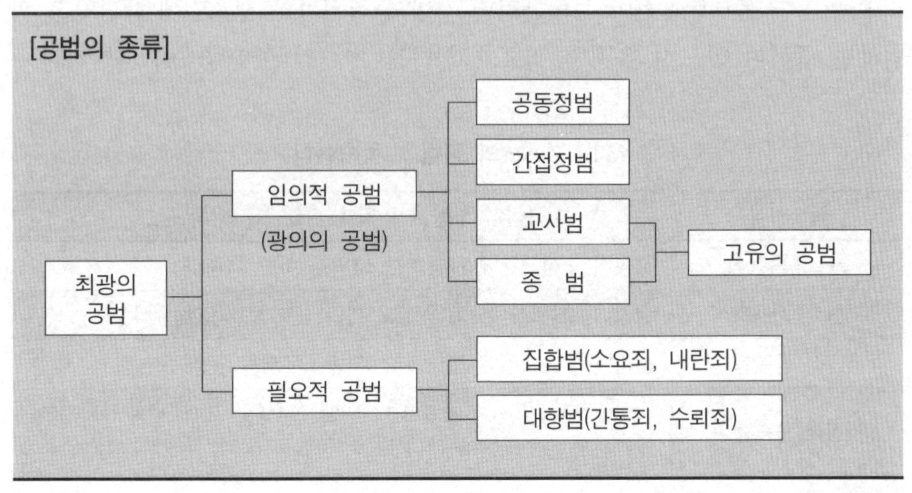

단독범으로서 규정되어 있는 범죄의 구성요건을 수인이 실현하는 경우를 임의적 공범이라고 하는 데 대하여, 구성요건 자체가 수인의 행위자를 예상하여 규정하고 있는 경우를 필요적 공범(예: 간통죄, 도박죄 등)이라고 한다.

1. 공범이론

(1) 정범과 공범의 구별기준

정범과 공범을 구별하는 기준에 대하여 객관설에 의하면 구성요건에 해당하는 행위를 직접적으로 실행한 자가 정범이고, 그 외의 방법으로 조건을 부여한 자가 공범이 된다. 정범자의 의사로 행위를 한 자가 정범, 가담자의 의사로 행위를 한 자가 공범이 된다는 주관설이 있다. 그러나 행위의 의미는 주관과 객관의 전체를 가지고 파악하여야 한다는 점에서 행위자의 의사와 그의 전체계획 아래서 구성요건에 해당하는 사건진행의 장악(행위지배)이 행위자에게 있었는가의 여부에 따라 정범과 공범을 구별하는 행위지배설이 타당하다.

(2) 공범의 종속성

형법 제31조 제4항은 공범의 하나인 교사범에 관하여 '타인을 교사하여 죄를 범하게 한 자'라고 하고 있으며, 제32조 제1항도 종범(방조죄)에 관하여서 '타인의 범죄를 방조한 자'라고 규정하고 있다. 따라서 공범은 정범의 존재를 전제로 하고 이에 종속하여 성립하고 있음을 알 수 있다. 다만, 공범의 정범에 대한 종속성의 범위에 대하여는 학설이 대립되고 있다. 그런데 개인책임의 원리에 비추어 볼 때 공범이 성립하려면 정범의 행위가 구성요건에 해당하고 위법하면 족하며 반드시 유책할 필요가 없다는 제한적 종속형식이 타당하다.

〈M.E. Mayer의 공범의 종속형식〉

종속형식	공범이 성립하기 위해 필요한 정범의 정도
최소종속형식	정범이 구성요건에 해당하는 행위를 하면 족하다
제한적 종속형식	정범이 구성요건에 해당하고, 위법하면 족하다(통설)
극단적 종속형식	정범이 구성요건에 해당하고, 위법・유책할 것을 요한다
확장적 종속형식	정범이 구성요건에 해당하고, 위법・유책할 것은 물론 가벌성의 조건까지 구비되어야 한다

2. 공동정범

공동정범이란 2인 이상이 공동하여 범죄를 실행하는 경우를 말하며, 이는 어디까지나 정범이다. 공동정범이 정범이 되기 위해서는 공동의 결의 아래 각자가 상호적인 이용관계를 가지면서 공동으로 범죄를 실행한다는 기능적 행위지배가 있을 것이 요구된다(행위지배설의 입장). 따라서 공동정범에 있어서 실행행위의 일부를 분담한 자라도 공동의 실행행위에 의해 발생한 결과의 전부에 대하여 정범으로서 그 책임을 부담한다(일부실행, 전부책임의 원칙).

(1) 성립요건

㈎ **주관적 요건**　공동정범이 성립하려면 공범자 상호간에 범죄를 공동으로 한다는 의사의 연락이 필요하다. 따라서 공동의 의사가 없이 우연히 동시에 범행을 하는 경우(제19조)인 동시범(同時犯)과 구별되며, 공동의 과실로 인하여 과실범의 구성요건적 결과를 발생시킨 경우에도 범죄를 공동으로 한다는 결의가 없으므로 과실의 공동정범은 인정할 수 없다.[10)]

이 밖에 또 2인 이상의 자가 상호 의사연락 없이 일방만이 공동으로 실행하고자 하는 의사를 가지고 범죄행위를 분담케 된 경우인 편면적(片面的) 공동정범도 의사의 상호연락이 없었으므로 인정될 수 없다.

한편, 공동(실행)의 의사가 일방의 실행행위의 일부가 종료된 후 범행이 종료되기 이전에 성립된 경우인 승계적(承繼的) 공동정범에 대해서는, 그 긍정여부와 관련하여 부정설(소수설)은 후에 가담한 자에게 개입 이후의 행위에 대해서만 그 공동책임을 진다고 보고 승계적 공동정범의 개념을 사실상 필요 없는 것으로 보고 있으나, 긍정설은 선행자의 행위를 포함한 행위 전체에 대하여 공동정범을 인정한다.

㈏ **객관적 요건**　공동정범이 성립하려면 객관적으로 공동실행의 사실이 존재할 것이 필요하다. 2인 이상의 자가 범죄실행을 모의하고 그 공모자 가운데 일부의 자가 공모에 따라 범죄를 실행하였을 때 실행행위를 담당하지 아니한 공모자에게도 공동정범이 성립할 수 있는지가 객관적 요건과 관련하여 문제가 되고 있다. 판례는 비록 공동실행의 사실이 없을지라도 범죄집단의 배

---

10) 다수설의 입장이나, 다만 판례는 과실의 공동정범을 긍정하고 있다.

후에서 범행을 지휘하거나 핵심적 역할을 수행하고 있는 두목이나 거물을 처벌할 필요성에서 공모공동정범(共謀共同正犯)을 인정하고 있다.[11]

(2) 처 벌

공동정범은 각자를 그 죄의 정범으로 처벌한다. 따라서 甲과 乙이 丙을 살해하기로 공모하고, 동시에 丙을 향해 발포하였지만, 甲이 쏜 탄환에 의하여만 丙이 사망하고 乙이 쏜 탄환은 명중되지 아니한 경우에도 일부실행, 전부책임의 원칙에 의하여 甲·乙은 다함께 살인기수(殺人旣遂)의 책임을 지게 된다.

관련 사례

甲은 살인의 의사, 乙은 상해의 의사를 가지고 공동으로 丙을 구타하여 상해를 입혔다. 甲과 乙은 공동정범이 되는가?

▶ 공범은 무엇을 공동으로 하는가에서 범죄를 공동으로 한다는 범죄공동설과 자연적 의미의 행위를 공동으로 한다는 행위공동설의 대립이 있으나, 오늘날 그 의의는 상실되어 가고 있다. 이 사례의 경우 구성요건이 중첩되어 있는 경우에는 중첩되어 있는 한도에서 공동정범의 성립을 인정하여야 하므로(부분적 범죄공동설), 甲과 乙은 상해죄의 공동정범이 될 수 있다(단, 甲의 살인미수의 성립은 별도).

3. 간접정범

간접정범(間接正犯)이란 타인을 도구로 이용하여 범죄를 실행하는 것을 말한다. 예컨대 甲이 자기의 것이라고 오신하게 하여 乙로 하여금 丙의 재물을 가져오게 하거나, 정신병자를 충동질하여 타인을 살해하게 하는 경우가 이에 해당한다. 간접정범에 있어서 피이용자의 행위는 이용자의 의사에 의해 조종된 도구에 지나지 아니하므로 이용자인 간접정범의 실체는 공범이 아니라 정범이 된다.

(1) 성립요건

(가) **피이용자의 범위** 형법 제34조 제1항은 피이용자의 범위를 어떤 행

11) 다만, 통설은 공모공동정범의 개념을 부정하고 있다.

위로 인하여 처벌되지 아니하는 자 또는 과실범으로 처벌되는 자로 한정하고 있다. 여기에는 ① 구성요건에 해당하지 않은 행위를 이용하는 경우, ② 구성요건에 해당하지만 위법하지 않은 행위를 이용하는 경우,[12] ③ 구성요건에 해당하고 위법한 행위이지만 책임 없는 행위를 이용하는 경우[13]가 있다.

㈏ **이용행위** 간접정범은 정범에 해당하므로 피이용자를 이용하여 구성요건을 실현하는 행위가 있어야 하는데, 형법 제34조 제1항은 「교사 또는 방조하여 범죄행위의 결과를 발생케 할 것을 요한다」고 규정하고 있다.

(2) 처 벌

형법 제34조 제1항은 「간접정범을 교사 또는 방조의 예에 의하여 처벌한다」고 규정하고 있다. 그러나 간접정범은 정범임에도 불구하고 공범의 예에 의하여 처벌한다고 규정한 것은 의문이다.

4. 교사범

교사범(教唆犯)이란 타인으로 하여금 범죄의사를 결의하여 실행케 한 자를 말한다. 교사범은 스스로는 실행행위에 가담하지 아니하는 점에서 공동정범과 구별되며, 범의(犯意) 없는 타인에게 범의를 결의케 한다는 점에서 이미 범의를 가지고 있는 타인을 돕는 데 지나지 않는 종범과도 구별된다.

(1) 성립요건

㈎ **교사자의 교사행위** 교사란 범죄실행을 결의케 하는 것이므로 이미 범죄를 결의하고 있는 자에 대하여는 교사란 있을 수 없다. 교사의 수단·방법에는 제한이 없으나, 부작위에 의한 교사나 과실에 의한 교사는 교사의 특성상 불가능하다.

교사자는 범죄완성을 실현할 고의를 가지고 교사를 행하여야 한다. 따라서 교사자가 처음부터 단순히 미수에 그치게 할 의사를 가지고 교사를 한 경우에는 교사범이 성립하지 않는다는 것이 통설의 입장이다.

㈏ **피교사자의 실행행위** 피교사자는 교사에 의하여 범행을 결의하고

---

12) 예: 甲이 乙을 살해하고자 乙에게 丙을 살해하라고 사주하여 丙을 공격하게 하고 이에 丙이 정당방위로 乙을 살해한 경우.

13) 예: 甲이 6세의 소아 乙에게 丙의 카메라를 절취하게 한 경우.

범죄의 실행행위로 나아가야 한다. 피교사자가 범행결의를 하지 아니한 경우에는 교사자는 제31조 제3항에 의하여 예비·음모에 준하여 처벌된다. 피교사자가 범행결의를 하고 실행행위로 나아가지 않은 경우에는 교사자와 피교사자는 예비·음모에 준하여 처벌될 뿐이다.

(2) 처 벌

교사범은 범죄를 실행한 자(정범)와 동일한 법정형으로 처벌한다. 단, 자기의 지휘·감독을 받은 자를 교사한 때에는 정범에 정한 형의 장기 또는 다액(多額)의 2분의 1까지 가중한다(제34조 제2항).

관련 사례

甲은 乙에게 丙에 대한 상해를 교사하였는데, 丙을 살해한 경우에 甲의 처벌은?

▶ 교사의 내용과 실행행위가 구성요건을 달리하지만 공통적 요소를 포함하는 경우에는 그 공통요소에 대해서만 교사의 책임을 부담한다. 따라서 甲은 상해죄의 교사범이 되며, 丙의 살해행위에 대하여 甲의 과실이 인정되는 경우에 한하여 상해치사죄의 교사범이 될 수도 있다.

5. 종범(방조범)

종범(從犯)이란 타인의 범죄행위를 가능하게 하거나 용이하게 하는 경우를 말하며, 교사범과 함께 협의의 공범에 속한다. 종범은 공동의사에 의한 기능적 행위지배가 없으므로 공동정범과 구별된다(행위지배설).

(1) 성립요건

㈎ **종범의 방조행위** 방조행위의 방법과 태양에는 제한이 없다. 정신적 방조이든 물질적 방조이든 묻지 아니하며, 행위에 의한 방조이든 부작위에 의한 방조이든 방조범의 성립이 가능하다. 종범은 방조의 고의가 있어야 하므로 과실에 의한 방조는 불가능하며, 이때의 고의는 범죄의 완성을 실현하려는 것이므로 미수의 방조는 방조행위가 될 수 없다.

㈏ **정범의 실행행위** 종범은 정범의 실행행위가 있어야 성립한다. 형법은 교사범과는 달리 효과 없는 방조나 실패한 방조의 경우에 처벌하는 규정을

두고 있지 않다.

(2) 처 벌

종범의 형은 정범의 법정형보다 감경한다(제32조 제2항). 단, 자기의 지휘·감독을 받는 자를 방조하여 결과를 발생하게 한 자는 정범의 형으로 처벌한다(제34조 제2항).

관련 사례

甲이 창고 안에 있는 물건을 훔치려는 것을 본 경비원 乙은 甲이 친구인 것을 알고 甲 몰래 창고 열쇠를 떨어뜨려 놓고 자리를 피해 주었던 바, 甲은 용이하게 절도에 성공할 수 있었다. 乙은 절도의 방조범이 되는가?

▶ 종범이 성립하려면 종범에게 방조의 고의와 정범의 고의가 있으면 충분하며, 종범과 정범 사이에 의사의 교환을 요건으로 하는 것이 아니다. 따라서 편면적(片面的) 종범의 성립도 가능하므로 乙은 절도죄의 방조범(종범)이 된다.

6. 공범과 신분

(1) 형법 제33조 본문의 해석

형법 제33조 본문은 「신분관계로 인하여 성립될 범죄에 가공한 행위는 신분관계가 없는 자에게도 전 3조의 규정을 적용한다」고 규정하고 있다. 여기에는 신분관계로 인하여 성립될 범죄가 진정신분범(眞正身分犯, 행위자에 일정한 신분이 있는 것을 구성요건의 성립으로 하는 경우)을 의미하는가 또는 부진정신분범(不眞正身分犯, 신분으로 형이 가감되는 경우)도 포함하느냐가 문제로 된다. 그런데 본문은 '신분관계로 인하여 성립될 범죄'라고 규정하고 있고, 비신분자도 신분범의 공범이 될 수 있다고 한 본조의 취지를 볼 때 본문은 진정신분범에만 적용된다고 보는 것이 타당하다(통설). '전 3조의 규정을 적용한다'는 것은 본문이 교사범, 종범 그리고 공동정범에만 적용된다는 것을 의미하며, 간접정범은 본 규정의 해석과 비신분자(非身分者)가 신분자를 이용하여 진정신분범의 간접정범이 될 수는 없다고 하는 통설에 비추어 보더라도 그 적용이 없다고 하겠다(통설).

〈공범과 신분〉

	제33조 본문	제33조 단서
통설	진정신분범의 공범성립 + 진정신분범의 공범의 과형	부진정신분범의 공범성립 + 부진정신분범의 공범의 과형
소수설(판례)	진정신분범의 공범성립 + 부진정신분범의 공범성립	부진정신분범의 공범의 과형

(2) 형법 제33조 단서의 해석

제33조 단서는 「신분관계로 인하여 형의 경중(輕重)이 있는 경우에는 중한 형으로 벌하지 아니한다」고 규정하고 있는데, 통설은 이를 부진정신분범의 공범성립과 그 과형(科刑)에 대한 규정으로 이해하고 있다. 또한 비신분자를 중한 형으로 벌하지 아니한다고 규정한 것은 책임개별화(責任個別化) 원칙을 선언한 것으로서 신분자와 비신분자가 공범관계에 있는 때에 비신분자에게는 보통의 법정형으로 처벌한다는 취지이다.

관련 사례

甲이 乙을 교사하여 자기의 아버지인 丙을 살해한 경우 甲과 乙의 형사처벌은?

▶ 형법 제33조 단서에 의해 甲은 존속살인죄의 교사범이지만 乙은 보통살인죄의 정범이 된다.

IX. 범죄의 종류(형법각론)

현행형법은 보호법익을 중심으로 하여 형법각칙의 내용을 규정하고 있는데, 첫째, 국가적 법익에 대한 죄(형법 제2편 제1장~제11장), 둘째, 사회적 법익에 대한 죄(제2편 제12장~제23장), 셋째, 개인적 법익에 대한 죄(제2편 제24장~제42장)의 편제로 구성되어 있다.

1. 개인적 법익에 대한 죄

(1) 생명 · 신체에 대한 죄

개인의 생명과 신체를 보호하기 위하여 살인죄(제250조~제256조), 상해와 폭행의 죄(제257조~제265조), 과실치사상죄(제266조~제268조), 낙태죄 및 유기죄(제269조~제275조)를 두고 있다.

관련 사례

1. 의사 甲은 임부(姙婦)로부터 생육이 가능한 미숙아가 출생하였는데도 죽어도 좋다고 하면서 '인큐베이터'에 넣지 않고 방치하여 죽게 한 경우에 의사 甲은 살인죄에 해당하는가?

   ▶ 살인죄는 살해의 고의로 타인의 생명을 자연적인 사기(死期)에 앞서 단절시키는 것이며, 살해의 수단 · 방법에는 제한이 없으므로 행위에 의하건 부작위에 의하건 가리지 않는다. 사람의 시기(始期)에 관하여는 형법상 생명보호 필요성의 견지에서 비록 영아가 아직 모체로부터 분리되기 전이라도 분만을 위한 규칙적인 진통이 개시된 때를 그 기준으로 하고 있다(통설, 판례). 따라서 이 사례에서 의사 甲은 살해의 고의를 가지고 사람의 생명을 부작위로써 단절시켰으므로 살인죄에 해당될 수 있다.

2. 甲은 그의 처 乙이 바람이 나서 돌아다니자 화가 난 끝에 乙의 두발을 모두 잘라 버렸다. 甲은 상해죄에 해당하는가?

   ▶ 상해와 폭력의 죄는 모두 사람의 신체에 대한 불가침성에 관한 침해를 내용으로 하는 범죄이다. 우리 형법은 상해와 폭행을 엄격히 구별하여 규정하고 있으므로 양 죄의 구별기준이 문제가 되고 있다. 통설은 상해는 신체의 생리적 기능을 훼손하는(피하출혈, 종창, 찰과상, 질병감염 등) 것으로 과실범과 미수범을 처벌하는 침해범이지만, 폭행은 신체의 완전성을 훼손하는(구타, 모발 및 수염의 절단, 일시적인 자유의 구속 등) 것으로 과실범과 미수범의 처벌규정이 없는 형식범으로 구별하고 있다. 따라서 이 사례는 비록 두발을 모두 잘라버렸다고 할지라도 신체의 완전성의 훼손에 불과하므로 甲은 폭행죄에 해당한다.

(2) 자유에 대한 죄

개인의 자유를 보호하기 위하여 체포・감금죄(제276조~제282조), 협박죄(제283조~제286조), 약취・유인죄(제287조~제296조) 및 강간과 추행의 죄(제297조~제305조의2)를 두고 있다.

관련 사례

1. 甲은 연구에 몰두한 나머지 전혀 외출의사가 없는 과학자 乙의 연구실을 3시간 정도 문을 잠그 두었다가 乙이 외출할 것 같아 乙이 모르는 사이에 문을 열어 놓았다. 甲의 죄책은?

   ▶ 체포・감금죄의 보호법익은 신체활동의 현실적인 자유가 아니라 피해자가 활동하려고 하였으면 할 수 있었느냐라는 잠재적 활동의 자유를 의미하며, 피해자가 자신의 자유침해 사실에 대한 인식이 있었는지의 여부는 문제가 되지 아니한다. 또한 계속범에 해당되므로 체포・감금행위는 다소 시간적 계속성이 유지되어야 기수가 성립된다. 따라서 甲은 감금죄의 기수범으로 처벌된다. 감금의 방법에 관하여 반드시 물리적・유형적 장애를 사용하는 경우뿐만 아니라 심리적・무형적 장애의 경우도 포함된다.

2. 甲은 만12세 소녀의 자유로운 승낙을 얻어 그녀의 음부를 만지작거렸다. 甲의 죄책은?

   ▶ 형법 제306조는 13세 미만의 자는 정신능력 등의 미숙으로 성적 자기결정의 자유를 가지지 않는다고 하여 승낙능력을 부정하고 있다. 따라서 비록 본인의 승낙을 받아 간음・추행을 하더라도 강간 또는 강제추행에 준하여 처벌되므로 甲은 강제추행죄에 준하여 처벌받게 된다.

3. 여성으로 성전환수술을 받은 자에 대한 성폭행에서 강간죄의 객체가 될 수 있는지의 여부?

   ▶ 형법 제297조의 부녀의 판단기준은 발생학적 성염색체의 구성을 기본으로 하여 사회통념상 판단해야 하며, 외형상 여성화되었다고 하여도 성염색체의 구성이나 본래 내외성기의 구조, 정상적인 남자로 생활한 기간, 성전환수술을 한 경위, 생식능력이 없는 점 등 사회일반인의 평가와 태도를 종합적으로 고려하여 보면 강간죄의 객체는 될 수 없고, 다만 강제추행죄의 객체가 될 수 있다.

(3) 명예 · 신용 및 업무에 대한 죄

개인의 사회생활상의 지위를 보호하기 위해 명예에 관한 죄(제307조~제312조), 신용 · 업무와 경매에 관한 죄(제313조~제315조)를 두고 있다.

관련 사례

甲은 많은 사람들이 있는 다방 안에서 乙을 가리키며 허위로 "어제 우리 집에 불을 지르고 도망친 놈이 바로 여기 있다. 두 눈으로 똑똑히 보았다"고 외친 경우에 甲의 죄책은? 여기서 甲이 막연히 "나쁜 놈"이라고 외친 경우에는?

▶ 우리 형법은 명예훼손죄와 모욕죄 모두 '불특정 또는 다수인이 인식할 수 있는 상태'라고 하는 공연성을 그 성립요건으로 규정하고 있으므로, 구체적인 사실의 적시가 있었는지 여부에 의하여 구별될 수 있다.

이 사례에서는 첫 번째의 물음의 경우 많은 사람들이 있는 다방 안이라는 점에서 공연성이 인정되고, 甲이 말한 내용으로 어느 정도 구체적인 사실의 적시가 인정되므로 명예훼손죄가 성립한다. 명예훼손죄가 성립하는 경우에 진실한 사실을 적시한 때에는 제307조 제1항에 의거 2년 이하의 징역, 허위의 사실을 적시한 때에는 형이 가중되어 동조 제2항에 의거 5년 이하의 징역에 처하게 되므로 첫 번째 물음에는 동조 제2항이 적용된다. 두 번째 물음의 경우에는 사실을 적시하지 아니하고 乙에 대하여 경멸의 의사표시를 한 것이므로 제311조의 모욕죄를 구성한다.

(4) 사생활의 평온에 대한 죄

오늘날과 같이 현대사회에서 인격발전을 위해 중요한 의의를 가지는 사생활의 평온을 보호하기 위해 비밀침해죄(제316조~제318조), 주거침입죄(제319조~제322조)를 두고 있다.

관련 사례

봉함된 신서(信書)를 투시하여 그 내용을 알게 된 경우에 형법상 죄책은?

▶ 종래 형법 제316조는 비밀침해죄의 행위태양을 '개피(開披)'에 한정하여 처벌하였으나 오늘날 과학의 발달에 의하여 개피 없이 투시기 같은 기술적 수단을 이용하여 비밀을 침해하는 것이 가능하게 되었으므로 1996년

개정형법에서는 제316조 제2항을 신설해 봉함 기타 비밀장치한 사람의 편지, 문서, 도화 또는 전자기록 등 특수매체기록을 '기술적 수단'을 이용하여 그 내용을 알아낸 자도 처벌하고 있다.

(5) 재산에 대한 죄

개인의 재산을 보호하기 위하여 형법은 침해방법에 따라 규정하고 있다. 타인의 재산을 그의 의사에 반하여 탈취함으로써 성립하는 절도와 강도의 죄(제329조~제346조), 타인의 재물이나 재산상의 이익을 그의 하자 있는 의사에 의하여 취득함으로써 성립하는 사기와 공갈의 죄(제347조~제354조), 타인의 재물을 신뢰관계에 위배하여 취득함으로써 성립하는 횡령과 배임의 죄(제355조~제361조), 장물에 관한 죄(제362조~제365조), 타인의 재물 또는 문서를 손괴 또는 은닉 등으로 그 효용을 해함으로써 성립하는 손괴의 죄(제366조~제372조) 등을 두고 있다.

관련 사례

1. 甲은 乙을 살해한 후 다음날 범행의 발각이 두려워 乙의 몸에 부착되어 있는 귀금속을 꺼내 사체(死體)가 있는 장소와 멀리 떨어져 있는 강물 속에 버렸다. 甲의 죄책은?

   ▶ 형법 제329조는 '타인의 재물을 절취한' 경우를 범죄성립의 요건으로 하여 행위자의 주관적 요소에 대하여 규정상 고의 이외에 특별한 의사를 요구하지 않고 있다. 그러나 통설과 판례는 절도죄의 성립에는 객관적 구성요건 요소에 인식(고의)뿐만 아니라 '권리자를 배제하고 타인의 물건을 자기의 소유물과 같이 이용하고 처분할 의사'인 불법영득의사가 필요하다고 하고, 이러한 의사가 없이 단순히 타인의 재물을 손괴 또는 은닉한 경우에는 손괴죄에 해당한다고 하고 있다. 따라서 이 사례의 경우에는 甲에게 살인죄와 손괴죄가 성립한다.

2. 물건을 사고 받은 거스름돈이 주인의 착오로 과다하게 지급된 경우에 이를 알고서도 그대로 가지고 온 때에는 어떠한 죄에 해당하는가?

   ▶ 사기죄가 성립하기 위하여는 행위자의 기망행위가 있어야 하는데, 이때의 기망작위에 의하건 부작위에 의하건 가리지 않는다. 그러므로 이 사례

에서와 같이, 즉석에서 거스름돈이 과다하게 지급된 것을 안 때에는 신의 성실의 원칙상 과다수령 사실에 대한 고지의무가 있다고 할 수 있다. 거스름돈을 그대로 수령하였으므로 부작위에 의한 기망이 인정되어 사기죄가 성립한다.

3. 노상에 주차되어 있는 타인의 승용차를 무단으로 1시간 가량 승차한 후에 주차장소에 정차시킨 경우에는 어떤 죄에 해당하는가?

▶ 본래의 소유자의 지위를 영구적으로 배제할 의사가 없는 사용절도는, 절도죄의 성립에는 소유자의 지위를 영구적으로 배제할 의사인 불법영득의사가 있어야 한다는 통설과 판례의 입장에서는 원칙적으로 절도죄가 되지 않는다. 그러나 개정형법은 자동차의 증가에 따른 자동차의 불법사용, 타범행에의 사용 가능성, 피해자의 감정 등을 고려하여 독일 형법 제248조의 b의 입법례에 따라 자동차 등 불법사용죄를 두어 절도죄보다는 낮은 법정형으로 처벌하고 있다.

4. 甲은 친구 乙의 하숙집에 놀러 갔다가 乙의 지갑 속에서 乙의 신용카드를 절취하여 왔다. 절취한 신용카드로 마침 갖고 싶었던 65,000컬러 휴대폰을 구입하였다. 甲은 무슨 죄에 해당하는가?

▶ 형법 제347조의 사기죄로 처벌받는다. 절취 또는 강취한 타인명의의 신용카드로 물품을 구입하는 경우에 대해서는 학설과 판례가 사기죄의 성립을 인정하고 있다. 다만, 피해자가 누구인가에 대해서는 학설이 대립하고 있다.

▶ 여신전문금융업법 제70조 제1항 제3호의 신용카드부정사용죄로 처벌받는다. 통설은 형법 제347조의 사기죄와 여신전문금융업법 제70조의 신용카드부정사용죄의 상상적 경합을 인정하지만 판례는 양자의 실체적 경합관계를 인정한다.

▶ 그 밖에 신용카드의 사용과 관련해서 사기죄의 성립을 인정하는 경우로는 ① 대금결제의 의사와 능력이 없는 자기명의 신용카드를 이용하여 물품을 구입하는 경우(대판 1996.4.9, 95도2466), ② 자기명의의 신용카드로 지불의사와 지불능력 없이 현금자동인출기에서 현금을 인출한 행위(대판 1996.5.28, 96도908), ③ 카드대금을 지불할 의사나 능력 없는 자가 자기명의로 카드발급을 받는 경우 또는 자신의 신용상태나 인적사항을 허위로 기재하여 자기명의로 카드를 발급받는 행위(대판 1996.4.9, 95도2466), ④ 카드가맹점이 허위의 매출전표를 제출하여 카드회사에 대금을 청구하는 경우(대판 1999.2.12, 98도3594).

2. 사회적 법익에 대한 죄

(1) 공공의 안전에 대한 죄

사회공공생활의 평온 및 안전을 유지하기 위하여 공안을 해하는 죄(제114조~제118조), 폭발물에 관한 죄(제119조~제121조), 방화와 실화에 관한 죄(제164조~제176조), 일수(溢水)와 수리(水利)에 관한 죄(제177조~제184조), 교통방해의 죄(제185조~제191조) 등을 규정하고 있다.

관련 사례

甲은 인가로부터 5백미터 이상 떨어진 산중턱에서 주위의 잡초를 베어내어 부근에 연소되지 않도록 조심스럽게 자기 소유의 헛간에 불을 질렀다. 甲의 죄책은?

▶ 형법 제166조 제2항은 자기의 소유에 속하는 물건을 방화함으로써 구체적으로 공공위험이 발생한 경우에 한하여 처벌하고 있다. 공공위험이 발생하였는지 여부는 구체적인 상황 아래서 일반인의 판단을 기준으로 하여 객관적인 판단에 의하여야 한다. 이 사례와 같은 경우에는 공공위험의 발생은 인정되지 않으므로 甲의 죄책은 부정된다고 하겠다.

(2) 공공의 신용에 대한 죄

통화・유가증권・문서・인장(印章) 등의 위조・변조 및 그 행사에 의한 공공의 신용훼손을 막기 위해 통화에 관한 죄(제207조~제213조), 유가증권・우표와 인지에 관한 죄(제214조~제224조), 문서에 관한 죄(제225조~제237조) 및 인장에 관한 죄(제238조~제240조)를 규정하고 있다.

관련 사례

甲은 乙의 자동차 운전면허증에 자신의 사진을 바꿔 첨부하여 소지하고 운전하던 중 경찰관에 의해 운전면허증의 제시를 요구받자 자신의 것인 것처럼 운전면허증을 내보여 주었다. 甲의 죄책은?

▶ 문서에는 작성명의인이 공무소 또는 공무원인 경우인 공문서와 사인의 경우인 사문서로 나눌 수 있는데, 여기서 자동차 운전면허증은 공문서에 속

한다. 형법 제229조의 위조등 공문서행사죄에서 '행사'란 위조·변조 등의 문서를 그 용법에 따라 진정·진실한 것으로 제시·교부·비치 등의 방법에 의해 사용하는 것을 말한다. 따라서 경찰관에 대한 甲의 면허증 제시는 '행사'에 해당하므로 제229조의 위조등 공문서행사죄로 처벌될 수 있다(다만, 위조나 변조된 운전면허증을 소지하고 운전한 것만으로는 '행사'에 해당되지 않으므로 제225조의 공문서변조죄에 의하게 된다).

(3) 공중위생에 대한 죄

공중의 건강생활을 보호하기 위하여 음용수에 관한 죄(제192조~제197조)와 아편에 관한 죄(제198조~제206조)를 규정하고 있다. 음용수에 관한 죄는 환경보전법과, 아편에 관한 죄는 마약법 및 국제조약과 같은 관련을 맺고 있다.

(4) 사회도덕에 대한 죄

사회일반인의 선량한 성풍속(性風俗), 건전한 근로의식, 종교생활의 안전을 보호하기 위하여 풍속을 해하는 죄(제241조~제245조), 도박과 복표에 관한 죄(제246조~제249조) 및 신앙에 관한 죄(제158조~제163조)를 규정하고 있다.

관련 사례

甲은 '고야'의 '나신(裸身)의 마야'를 성냥갑 속에 넣어 시판할 목적으로 그 카드 사진을 복사·제조한 경우에 어떠한 죄책에 해당하는가?

▶ 비록 예술작품일지라도 이것을 예술·문학·교육 등 공공의 이익을 위해서가 아니라 일반에게 반포하여 판매할 목적에서 복제하는 것이라면 형법 제243조의 음화 등의 제조죄로 처벌할 수 있다는 것이 대법원 판례의 입장(1970.10.30)이다. 그러나 예술작품이 경우에 따라 상대적으로 음란성을 가질 수 있다는 해석은 법적 안정성을 해칠 수 있으므로 문서나 작품 자체에 관해서 음란성의 유무를 객관적으로 판단하는 것이 타당하다고 생각한다.

3. 국가적 법익에 대한 죄

(1) 국가의 존립과 권위에 대한 죄

국가의 존립을 보존하기 위한 국가보호형법과 국가의 권위를 보호하기 위한 범죄로, 구체적으로는 국가의 대내적 또는 대외적인 존립을 보호하기 위한 내란의 죄(제87조~제91조)와 외환의 죄(제92조~제104조의2)가 국가보호형법의 내용으로, 국가권위를 상징하는 국기에 관한 죄(제105조~제106조)는 국가의 권익을 보호하기 위한 범죄가 된다.

(2) 국가의 기능에 대한 죄

국가의 법질서 유지에 필요한 국가기능이 원활・공정하게 행하여지도록 공무원의 직무에 관한 죄(제122조~제135조), 공무방해에 관한 죄(제136조~제144조), 도주와 범인은닉의 죄(제145조~제151조), 위증과 증거인멸의 죄 및 무고의 죄(제152조~제163조)를 규정하고 있다.

관련 사례

1. 외국과 통모하여 우리나라에 대하여 전단을 열게 하거나, 외국인과 통모하여 우리나라에 항적한 경우에는 무슨 죄로 처벌하는가?

   ▶ 형법 제92조의 외환유치죄(外患誘致罪)로 처벌받는다.

2. 공무원 공개채용시험에서 응시자가 부정한 방법으로 시험문제를 사전에 입수하여 그 문제의 내용을 알고 응시한 경우에 그 처벌은?

   ▶ 이 경우는 위계에 의하여 공무원의 직무집행을 방해함으로써 위계에 의한 공무집행방해죄로 처벌된다.

3. 甲은 허무인(虛無人) 乙이 절도하였다고 허위로 신고하였다. 甲의 처벌은?

   ▶ 경범죄처벌법상의 허위신고죄의 성립이 가능할 뿐 형법상의 무고죄의 성립은 실재인에 대한 무고에 한정되므로 부정된다.

4. 경찰관 甲은 절도범 乙을 추격・체포하려고 하던 중 乙로부터 20만원을 받고 도주를 묵인하였다. 甲의 처벌은?

   ▶ 甲이 직무행위와 관련하여 금품을 수수하였고 직무를 방임상태하에 두었으므로 직무유기죄와 수뢰죄가 성립한다.

4. 컴퓨터와 범죄

(1) 사회의 변화와 형법 개정

고도정보화사회인 현대사회는 computer technology의 출현으로 거의 모든 분야에서 컴퓨터시스템에 의한 정보처리가 이루어짐으로써 기존의 거래방식이나 사무처리의 형태를 급속도로 변화시키고 있다. 예컨대, 은행창구에서 이루어졌던 예금입출업무가 현금카드에 의해 현금자동지급기(ATM)에 행하여지고, 수기(手記)로 기입·보존되어 왔던 각종 등록서류가 컴퓨터 데이터베이스로 대체되기에 이르렀고 또한 범죄의 수단이나 객체도 변화시켰다. 언어를 교묘하게 사용하여 사람을 기망하는 대신에 컴퓨터 단말기를 조작하여 부정한 이익을 얻거나, 물리적 위력 대신에 컴퓨터에 허위의 데이터를 입력시켜 시스템을 '논리적으로' 파괴하는 경우가 가능하게 되었다. 이러한 컴퓨터 출현에 의하여 거래나 사무처리의 형태 변화는 전통적인 형법규정의 해석에 있어 새로운 문제를 야기시켰고, 이는 해석의 한계를 넘어 전자기록 등 특수매체기록과 관련된 범죄의 신설을 가져오게 했다.

개정형법이 범죄에 대처하기 위해 기존 형법규정에다가 전자기록 등 특수매체기록을 행위객체로 추가한 것으로는 총칙의 몰수대상과 추징(제48조), 각칙의 공무상 비밀표시무효죄(제140조), 공용서류 등의 무효, 공용물의 파괴죄(제141조), 공정증서원본 등의 부실기재죄(제228조), 위조 등 공문서행사죄(제229조) 등을 들 수가 있고, 신종범죄로서 새롭게 추가한 처벌규정으로는 공전자기록위작·변작죄(제227조의2), 사전자기록위작·변작죄(제232조의2), 전자기록 등 손괴 등에 의한 업무방해죄(제314조 제2항), 전자기록 등 특수매체기록의 비밀침해죄(제316조 제2항), 컴퓨터 등 사용사기죄(제347조의2) 등을 들 수가 있다.

(2) 문서에 관한 죄와 컴퓨터

개인 또는 공무원 및 공무소의 전자기록 등 특수매체기록을 사무처리를 그르치게 할 목적으로 위작 또는 변작하는 행위는 그 당벌성(當罰性)에 있어서 종래 문서위조죄 및 동행사죄에 해당하는 행위에 필적하는 것이었음에도 전자기록 등의 경우가 데이터 베이스에 입력·보존되어 가시성, 가독성이 결여되었다는 점에서 문서의 개념에 포함시키는 것은 유추해석이고 죄형법정주의의 관점에서 허용되지 않는다고 보았으므로, 개정형법은 문서 이외에도 전자기록도 문서에 관한 죄의 행위객체로 추가하여 처벌하고 있다.

관련 사례

컴퓨터시스템에 의해 회계처리를 행하고 있는 개인 점포에서 회계업무를 담당하고 있는 종업원 甲은 점포의 돈을 사적으로 사용한 사실을 은폐하려고 허위의 거래사실에 관한 데이터를 컴퓨터에 입력시켰다. 甲의 행위는 어떠한 죄책에 해당하는가?

▶ 컴퓨터시스템의 설치운용주체에 의해 전자기록의 작출권한을 부여받은 사무보조자 甲은 해당 설치운영주체의 의사에 반하여 회계사무처리를 그르치게 할 목적으로 전자기록을 위작하였으므로 개정형법 제232조의2에 의해 사전자기록위작죄로 처벌된다.

(3) 업무방해죄와 컴퓨터

컴퓨터시스템 발달과 소프트웨어 개발에 의해 각종 거래나 기업에서의 업무가 컴퓨터에 의한 정보처리에 기초하여 행하여지는 것이 일반화됨으로써 업무방해도 컴퓨터의 기계나 자기디스크 등의 하드웨어를 물리적으로 파손하는 경우뿐만 아니라, 컴퓨터 단말기를 통해 시스템에 허위의 지령을 부여하여 그 작동을 저해하는 것도 가능하게 되어 개정형법은 업무방해의 수단을 컴퓨터시스템의 논리적 파괴에 의한 경우까지 포함시키고 있다.

관련 사례

甲은 인사이동에 불만을 품고 컴퓨터 제어식 선반기의 공정프로그램을 소각 및 변경시켜 회사의 제조업무를 마비시켰다. 甲의 죄책은?

▶ 종래의 형법규정에 의하면 위계·위력에 의한 업무방해죄의 경우에 사람의 의사·행동에 영향을 미치는 수단·방법, 즉 사람에 대한 가해행위를 주요 처벌대상으로 하였기 때문에 전자계산기 등에 직접 행하여진 가해행위를 수단으로 하는 업무방해에 적절히 대처하지 못했으므로 개정형법 제314조 제2항을 신설하여 전자기록 등 손괴 등에 의한 업무방해죄로 처벌하고 있다.

(4) 컴퓨터에 대한 부정액세스 행위

개정형법은 이른바 해커(hacker)에 의해, 비밀장치한 공무상 및 개인의 전자기록 등 특수매체기록이 부정하게 액세스(access)되는 것을 처벌하기 위해 각각 제140조 제3항과 제316조 제2항을 신설하였다.

관련 사례

A대학 연구소 연구원이 통신회선을 통해 자택의 컴퓨터 단말기를 대학 컴퓨터의 데이터파일에 접속시켜 연구를 행하고 있었는데, 단말기의 화면에 돌연히 「Merry Christmas!」라는 메시지가 나타났다. 조사결과 그것은 외부로부터 甲이란 컴퓨터 연구가가 대학 컴퓨터의 데이터파일에 권한 없이 액세스하여 부정한 입력을 행하고 그 표시를 남긴 것으로 확인되었다. 甲의 죄책은?

▶ 타인의 컴퓨터시스템에 액세스하기 위해 암호(password)를 해독하고 그 데이터파일 안에 있는 정보를 권한 없이 엿보는 행위를 하거나, 자기가 액세스에 성공한 증거로서 그 데이터파일에 낙서 등을 남긴 甲의 경우, 개정형법 제140조 제2항의 비밀장치한 전자기록 등 특수매체기록을 기술적 수단에 의해 그 내용을 알아낸 자에 해당한다.

(5) 사기죄와 컴퓨터

인간을 기망하지 않고 전산처리장치 등을 이용해 재산상의 이익을 불법으로 얻은 경우에 사기죄로 처벌할 수 없었던 불합리한 점을 개선하여 개정형법은 컴퓨터 등 정보처리장치에 허위의 정보 또는 부정한 명령을 입력하여 정보처리를 하게 함으로써 재산상 이득을 취득하거나 제3자로 하여금 취득하게 한 경우를 컴퓨터 등 사용사기죄 등을 신설하였다(제347조의2).

또한 남의 신용카드 내지 현금카드의 비밀번호를 알아내어 입력하여 현금을 인출받은 경우는 본조의 부정한 명령의 입력에 포함되는지에 대해 논란이 있었으나, 개정을 통해(2002. 7. 1. 시행) 이 경우도 포함되어 본조에 의해 처벌된다.

관련 사례

甲은 우연히 습득한 타인의 현금카드를 부정하게 은행의 현금자동지급기에 넣어서 멋대로 타인의 예금계좌로부터 자기의 계좌에 예금의 이체를 시켰다. 甲의 죄책은?

▶ 습득한 타인의 현금카드를 사용하여 은행의 현금자동지급기에서 예금을 인출했을 때 절도죄가 성립하나, 타인의 현금카드를 사용하여 타인의 예금을 자기 계좌에 이체시킨 단계에서 실제로는 점유이전이 없으므로 금전의 점유이전을 이유로 절도죄를 인정하는 것은 곤란하다. 따라서 개정형법은 하등 이체할 권한이 없는데도 컴퓨터 등 정보처리장치에 허위의 정보 또는 부정한 명령을 입력하여 예금채권을 취득함으로써 재산상의 이득을 얻은 甲을 컴퓨터 등 사용사기죄를 신설, 처벌하고 있다.

제3절 죄수론(罪數論)

I. 의의와 죄수결정기준

죄수론은 1인이 범한 범죄의 수가 하나인가 또는 수개인가를 확정하는 것을 과제로 하고 있다. 죄수의 결정기준은 다음 도표와 같이 주장되고 있다.

도표에서 보는 바와 같이 ①, ②, ③설이 범죄성립요건의 하나인 구성요건의 요소를 이루는 행위·의사·결과를 각각 그 기준으로 하는 데 대하여, ④설은 이들을 포함한 종합적 판단이라는 점에서 일응 그 타당성이 보인다고도 할 수 있다. 그러나 ④설도 위에서 보듯이 문제점이 있으므로, 또한 구성요건은 단지 범죄성립요건의 하나에 불과하다는 점에서 볼 때 이것만으로는 범죄가 완전히 성립된 이후의 문제인 죄수결정문제를 해결할 수는 없다고 본다.

생각건대 범죄는 구성요건에 해당하는 위법·유책한 행위이며, 완전히 성립한 범죄의 개수가 죄수론에서 논의되어야 하므로 구성요건, 위법성, 유책성이라는 범죄성립요건을 종합적으로 고려하여 죄수를 판단하여야 한다고 할 것이다. 따라서 우선 죄수의 판단은 구성요건해당성으로 판단이 가능하면 그

〈죄수의 결정기준〉

	내 용	문 제 점
① 행위표준설	범죄행위의 수를 기준 (객관적)	수개의 행위로서 1개의 범죄실현시에도 수죄로 보게 된다.
② 법익표준설	침해된 법익의 수를 기준 (객관적)	수개의 법익침해가 1개의 범죄를 조성하는 경우도 수죄로 보게 된다.
③ 의사표준설	행위자의 의사의 수를 기준 (주관적)	수개의 범죄결과가 발생하더라도 의사가 단일하면 1죄로 된다.
④ 구성요건표준설 (다수설)	구성요건에 해당하는 수를 기준	연속범 등 포괄적 1죄 등을 설명하지 못한다.

것으로 처리하고, 그것이 곤란하면 위법성 그리고 다시 책임을 고려해 나가는 단계적 사고가 타당하다고 생각한다.

II. 죄수(罪數)의 체계

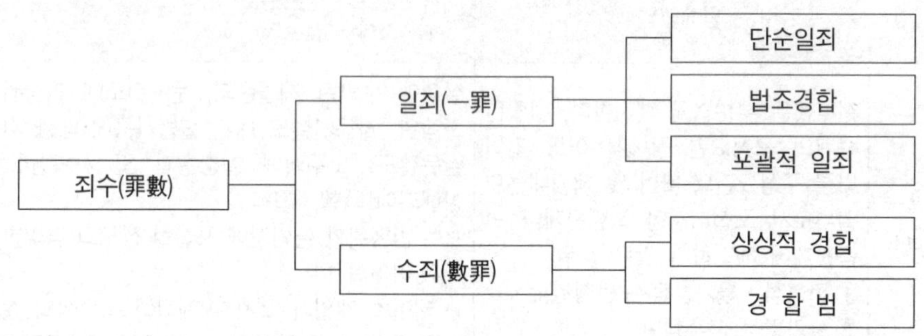

III. 일죄(一罪)와 수죄(數罪)

1. 일 죄

(1) 단순일죄(單純一罪)

1행위・1결과 ⇨ 1회의 구성요건적 평가 ⇨ 일죄(예: 상해죄, 폭행죄, 절도죄 등)

(2) 법조경합(法條競合)

1개 또는 수개의 행위가 외형상 수개의 법규에 해당하는 것같이 보이나 그 법규의 성질상 하나의 형벌법규만 적용되는 경우를 말한다.

(가) **특별관계** '특별법은 일반법에 우선한다'(예: 존속살인죄와 보통살인죄).

(나) **보충관계** '기본법은 보충법에 우선한다'(예: 기수와 미수).

(다) **흡수관계** 예컨대 살인에 수반된 의복손괴 등 불가벌적 수반행위와 절도범이 절취재물을 손괴하는 등 불가벌적 사후행위

〈법조경합〉

특별관계	특별법은 일반법에 우선한다. ① 가중적・감경적 구성요건 ↔ 기본적 구성요건 ② 결합범・결과적 가중범	① 존속살해죄・영아살해죄・촉탁승낙에 의한 살인죄 ↔ 살인죄 ② 강도죄 ↔ 폭행죄・절도죄 상해치사죄 ↔ 상해죄・과실치사죄
보충관계	기본법은 보충법에 우선한다. ① 명시적 보충관계 ② 묵시적 보충관계 – 불가벌적 사전행위(경과범죄) – 가벼운 침해방법	① 외환유치죄・이적죄・모병이적죄 ↔ 일반이적죄 ② 예비 ↔ 미수와 기수 종범 ↔ 교사범・정범(교사행위로 방조한 때) 부작위범 ↔ 작위범 과실범 ↔ 고의범
흡수관계	전부법은 부분법을 폐지한다. 성립된 수개의 구성요건 중에서 어느 것이 다른 구성요건의 불법 및 책임내용의 일부로서 포섭되지만 특별관계나 보충관계에 해당하지 않은 경우 ① 전형적・불가벌적 수반행위 ② 불가벌적 사후행위	살인에 수반된 재물손괴, 문서위조에 인장위조행위, 자동차절도 내지 불법사용에 대한 휘발유절도, 도주죄에 철창손괴 및 사복절취, 상해죄에 폭행・협박 ※ 수반행위가 본범죄에 포섭될 정도의 경미한 것이어야 함. ※ 대마초 매입과 소지-매매죄와 수수죄의 실체적 경합 인정(대판 1990.7.27, 90도543)
택일관계	양립될 수 없는 두 개의 구성요건 사이에 그 일방만이 적용되는 관계	절도죄 ↔ 횡령죄 강도죄 ↔ 공갈죄

(3) 포괄적 일죄(包括的 一罪)

수개의 구성요건에 해당하는 사실이 전체로서 일죄라고 인정되는 범죄를 말하는데, 이는 일응 수죄가 성립하는 것으로 보이나 불법 및 책임내용의 일체성이 인정되는 일죄가 된다.

㈎ **결합범** 수개의 실행행위가 결합하여 1죄로 된 경우(예: 강도죄는 폭행죄 또는 협박죄와 결합범이다).

㈏ **계속범** 일정시간 위법상태가 계속되어야 하는 범죄로서 1죄가 된다(예: 체포·감금죄).

㈐ **접속범** 동일한 법익에 대해 구성요건에 해당하는 수개의 행위가 시간·장소적으로 접속하여 행해지는 범죄(예: 절도범이 재물을 동일기회에 수차례 반출하는 경우에 절도죄의 포괄적 1죄가 된다)

㈑ **연속범** 시간적·장소적 접속성은 없으나 연속하여 행해진 수개의 행위가 동종의 범죄에 해당하는 경우(예: 1개월 사이에 10여회에 걸쳐 뇌물을 받는 경우에 뇌물죄의 포괄적 1죄가 된다)

㈒ **집합범** 구성요건의 내용상 다수의 행위의 동종의 행위가 동일한 의사경향에 따라 반복되는 것이 당연히 예상되는 범죄(예: 상습범, 무면허 의료행위 등의 영업범)

2. 수 죄

(1) 상상적 경합범

상상적 경합범이란 1인에 의한 1개의 행위가 수개의 죄에 해당하는 경우를 말하며 여기에는 동종의 상상적 경합(예: 1탄의 발사로 수인을 살해한 경우)과 이종의 상상적 경합(예: 1탄의 수류탄 발사로 수인을 살해하고 동시에 타인의 재물을 손괴하는 경우)이 있다. 상상적 경합의 경우에는 가장 중한 죄에 정한 형(법정형)으로 처벌하기 때문에 실질상 수죄에 해당하지만 '과형(科形)상으로는' 일죄로 취급된다.

(2) 경합범

경합범이란 1인에 의해 범하여진, 판결이 확정되지 아니한 수개의 죄 또는 판결이 확정된 죄와 그 판결이 확정되기 전에 범한 죄를 말한다. 경합범은 동일인에 의해 현실적으로 수개의 범죄가 행해졌다는 의미에서 상상적 경합과 구별되며 이를 실체적 경합범이라고 한다.

제4절 형벌론

I. 형벌의 의의와 종류

형벌은 국가가 범죄에 대한 법률상의 효과로서 범죄자에 대하여 과하는 법익의 박탈을 의미한다. 형벌은 예컨대 사형은 생명을, 자유형인 징역·금고·구류는 자유를, 자격형인 자격상실과 자격정지는 일정한 자격을, 재산형인 벌금·과료·몰수는 재산을 박탈하는 것으로서, 국민의 인권침해가 수반되는 국가의 가장 강력한 기능이다. 형벌은 부작용이 강한 극약과도 같은 것으로서 다른 수단으로는 사회질서 유지의 효과를 기할 수 없을 때 범죄방지와 범인의 재사회화를 위한 필요악으로써 사용되어야만 형벌제도의 정당성이 인정되는 것이다.

II. 형의 적용 및 집행

(1) 법정형

형벌법규의 각 조항에서 규정하고 있는 형을 말한다(예: 살인죄에서 사형, 무기 또는 5년 이상의 징역).

(2) 처단형

법정형에 대하여 우선 형종(刑種)의 선택을 인정할 경우에는 형종을 선택하고 여기에 법률상 및 재판상의 가중·감경사유를 거쳐 선고형의 기본이 될 형을 정하는 것이 처단형이다.

(3) 선고형

선고형이란 법원이 처단형의 범위 내에서 구체적으로 형을 양정(量定)하여 당해 피고인에게 선고하는 형을 말한다.

(4) 형의 집행

형의 집행과정에서는 유죄판결을 받는 피고인에게 용이하게 재사회화할 수 있도록 형의 선고유예(제59조 이하)·집행유예(제62조 이하) 제도를 두고 있으며, 자유형집행을 받고 있는 자가 개전의 정이 현저하다고 인정될 때 일정기간을 경과하면 형집행이 종료된 것으로 간주하는 가석방 제도를 두고 있다. 또한 개정형법은 선고유예, 집행유예 및 가석방의 경우에 법원이 보호관찰을 명할 수 있도록 하고(제59조의2, 제62조의2, 제73조의2), 특히 집행유예의 경우에는 사회봉사 또는 수강을 명할 수 있도록 하고 있다(제62조의2 제1항).

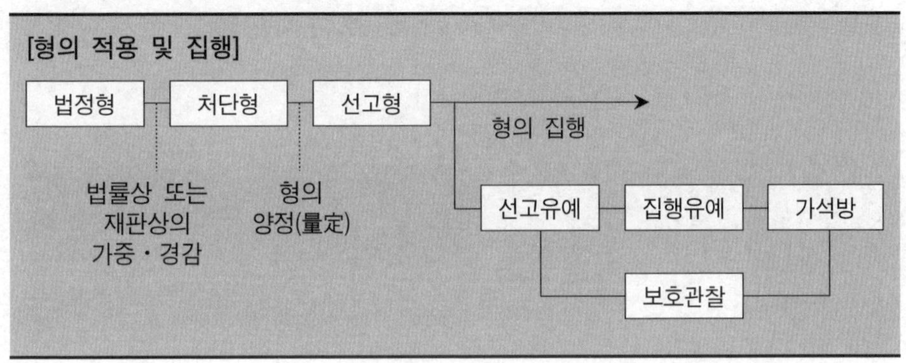

Chapter 06 민사소송법

제1절 총 론

Ⅰ. 민사소송의 이상

원시적 사회 형태가 존재하던 시대에 있어서의 권리의 침해에 대한 구제수단은 자력구제가 그 대표적인 것이라 할 수 있다. 법의 적용이 어떠한 절차에 의해 행하여지는가에 대한 검토가 없었던 시대에 있어서, 이와 같은 자력에 의한 권리구제는 결국 강자의 지배논리를 더욱 강화하였을 뿐만 아니라 끝없는 순환론적 모순에 빠지게 하였다.

시대적 · 역사적 변천에 따라 특히 사적인 분쟁에서의 원만한 해결을 위해서는 국가권력에 기한 분쟁해결이 가장 무난하다는 인식하에 국가는 사적생활관계를 보다 효율적으로 규율할 수 있는 사법법규를 완비함과 동시에 법에 의한 구제를 일상화하도록 하였다. 결국 법에 의한 구제는 소송제도를 더욱 가다듬는 계기가 되었고 이에 의한 분쟁해결은 오늘날 대부분의 문명국가에서 그 중심적 역할을 한다고 할 것이다.

민사소송은 권리의 침해에 대한 법적 구제 중에서 그 대상이 사적 분쟁관계에 관한 것이다. 이는 국가권력기관인 사법부가 이러한 결론에 대해 양당사자를 복종하게 함으로써 더 이상의 반복적 분쟁해결의 시도를 봉쇄하려는 데에 그 바탕을 두고 있다. 이를 통해 사인간의 권리구제뿐 아니라, 국가 법질서를 유지·확립하게 함으로써 법에 의한 지배가 가능하도록 하고 있다.

이러한 민사소송의 기본목적을 달성키 위해서 소송제도가 어떠한 방향으로 운영되어야 할 것인가는 흔히 민사소송의 나아가야 할 바 혹은 이상이라고 표현되는 것이다. 이는 소송에 관하여는 당사자나 법원이 기본적으로 유념하여야 하는 핵심적 내용이라 할 것이다.

첫째로, 재판의 내용이 바르고, 잘못이 없어야 하는 적정성의 추구이다. 이를 위해서는 사실의 인정이 진실에 부합하여야 하며, 법규의 해석·적용이 타당하여야 한다. 또한 당사자에게는 사실에 관한 주장과 입증이 가능토록 하여야 하며, 불합리한 재판에 대해서는 불복할 수 있는 제도를 마련하여야 한다.

둘째로, 재판관은 어느 한편에 치우침 없이 심리·판결을 하고 양 당사자에게 주장·입증할 수 있는 대등한 기회를 주어야 한다. 한쪽의 일방적인 진술만 듣고 섣불리 심리를 종결하는 오류를 범하여서는 안될 것이다.

셋째로, 가능한 한 빠른 시일에 소송을 매듭짓는 것이 필요하다. 아무리 공정한 재판이라 할지라도 그 시간이 오래 지체되면 당사자는 여러 면에서 불편을 겪게 된다. 이는 결국 소송에 대한 불신을 가져오게 되고 불합리한 방법에 호소하게 하는 편법을 동원하게 한다. 따라서 법원은 소송절차의 신속한 진행을 꾀함으로써 당사자의 권리구제에 만전을 기해야 할 것이다.

넷째로, 재판을 계속 진행함으로써 무용(無用)한 비용이 증가되는 것은 양 당사자에게뿐 아니라 사회적 측면에서도 바람직하지 않다. 따라서 꼭 필요한 비용에 대해서만 지출되도록 하는 경제성의 추구가 함께 행하여져야 한다.

그러나 이러한 민사소송이 추구해야 할 이상은 냉엄한 법 현실 속에서는 빈번한 상충관계를 가져온다. 특히 적정·공평의 요청과 신속·경제의 요청에 대하여 양자 중 어느 것에 그 비중을 두느냐 하는 것은 그 시대의 산물이라 하겠지만, 적절한 법적·제도적 장치의 보완을 통해 그 상호 충돌점을 시정해 나가는 것이 급선무일 것이다.

II. 민사소송법의 성격과 연혁

보통 민사소송법이라고 하면 형식적 의미에서의 민사소송법이라 불리는 법전(法典)을 의미한다. 이와는 달리 실질적 의미로는 민사소송제도를 규율하는 법규의 총체를 의미한다. 따라서 실질적 의미의 민사소송법은 사적 분쟁을 담당하는 법원의 조직·권한, 소송에 관여하는 자의 능력·자격, 재판이나 강제집행을 하기 위한 요건·절차·효과 등에 대한 일체의 소송관련 법규를 포함한다.

1. 성 격

민사소송법은 공·사법의 관점에 있어서는 공법에, 민사·형사법의 관점에서는 민사법에, 실체법과 절차법의 관점에서는 절차법에 속하게 된다.

(1) 공 법

민사소송법은 국가의 국민에 대한 권력작용, 즉 사법권과 이를 행사하는 법원의 조직·권한을 직접 규율한 것이므로 그 성질은 공법에 속한다.

(2) 민사법

민사소송법은 대등한 사인간의 생활관계상의 분쟁해결을 위한 법규로서, 이 점에서 민·상법 등의 사법과 그 대상을 같이 하므로 민사법에 속한다.

(3) 절차법

실체법은 권리관계의 변동에 관해 규율하는 법으로 재판내용의 기준으로서 작용함에 대해, 절차법은 실체적 권리관계의 구체화·현실화에 관한 법으로서의 기능을 담당한다. 민사소송법은 사법상의 실체적 권리의 확정·실현을 위한 절차적 측면을 규율한다는 점에서 절차법이라 할 것이다.

2. 연 혁

(1) 해방 이전

우리나라에서는 한·일합병 이후에 비로소 근대적 의미의 민사소송법이 나타나게 되었는데, 1912년 3월 18일 조선총독부 제령 제7호 조선민사령에 의해 구일본(舊日本) 민사소송법을 의용(擬用)·실시하였다.

(2) 해방 이후

1945년 해방 이후에도 이전의 의용 민사소송법이 미군정법령 제21호로서 그대로 유효한 법률로 확인되고 그 효력이 이후 계속되었다.

(3) 현행 민사소송법의 탄생

현행 민사소송법은 1948년 대한민국 수립 후에 법전편찬위원회가 구성되어 기초한 것을 제4대 국회에서 통과되어 1960년 4월 4일 법률 제547호로 성립·공포된 것으로, 1960년 7월 1일부터 시행되어 온 것이다. 그 후 수차례의 개정을 보게 되었고, 그 중에서도 1990년의 개정법은 내용에 있어 상당한 변화를 초래하였다.

III. 민사소송법규의 해석과 종류

1. 해 석

법해석은 법규의 의미내용을 확정하는 것을 의미하는데, 이는 입법자의 입법의도를 명백히 하는 것이다. 이러한 것은 민사소송법에 있어서도 같은 것이므로 법해석의 일반적 방법론에 의한다. 그러나 절차법인 민사소송법의 해석·적용에 있어서는 실체법에서와는 달리, 그것이 제도를 규율하고 절차의 획일성·안정성의 요청이 강한 것인 만큼 개개의 경우에 결과의 구체적 타당성만을 고려할 것이 아니라 나아가 결과의 당부(當否)를 일반화하여 검토하는 것이 타당할 것이다. 결국 해석은 다음의 기준에 의하여야 할 것이다.

첫째, 법규의 문언에 충실한 해석을 하여야 하며, 나아가 타 법규와의 관련 의미를 고려해야 한다.

둘째, 합목적적 해석을 하여야 한다. 이는 민사소송이 지향하는 바가 무엇인가를 분명히 하고, 이러한 목적에 부합하는 해석, 즉 적정·공평·신속·경제의 요청, 그리고 신의칙에 따르는 해석이어야 한다.

셋째, 소송심리(訴訟審理)에 관한 제 원칙, 즉 당사자처분주의, 변론주의, 쌍방심리주의, 공개심리주의, 직접심리주의, 구술심리주의 등의 제 원칙과 연관하여 고려하여야 한다.

넷째, 헌법의 정신에 부합하는 해석을 하여야 한다. 우리 헌법 제10조에서의 인간의 존엄과 가치, 제11조의 평등의 원칙, 제27조의 법관에 의한 재판과 신속한 재판을 받을 권리, 제109조의 공개재판의 원칙 등의 절차적 기본권이 고려되어야 할 것이다.

2. 종 류

소송법규는 소송주체인 법원 당사자에게 일방적으로 강제되는 것은 아니므로, 그러한 절차규정에 위배하였다 하여 일률적으로 그 효과를 부정할 수는 없을 것이다. 이러한 법규위배의 효력과 관련하여 몇 가지로 분류될 수 있다.

(1) 효력규정과 훈시규정

효력규정은 그에 위배하면 그 행위와 절차의 효력에 영향을 미치게 되는 종류의 규정이고, 훈시규정은 이에 위반하여도 소송법상의 효력에는 영향이 없는 종류의 규정을 의미한다.

(2) 강행규정과 임의규정

㈎ **강행규정** 강행규정은 반드시 준수될 것이 요구되고, 법원이나 당사자의 의사·태도에 의해 그 구속력을 배제할 수 없으며, 이에 위반된 행위·절차는 무효라 할 것이다. 법원은 이 무효를 직권으로 고려하지 않으면 안되는데, 이는 공정의 유지라는 강한 공익성에 근거한다(예: 법원의 구성, 전속관할, 당사자능력, 재판의 공개, 상소제기기간 등).

㈏ **임의규정** 당사자의 소송수행상의 편의와 이익을 보호할 목적으로 정해진 것이다. 당사자의 의사·태도에 의해 그 적용이 어느 한도까지는 배제·완화될 수 있는 규정이다.

그러나 소송법에서는 일반사법과는 달리 당사자가 임의로 소송절차를 변경하는 것은 소송절차의 획일성·안정성 확보의 견지에서 원칙적으로 허용되지 않고 있다. 또한 당사자가 임의법규에 위배했을 경우에는 그로 인해 불이익을 받은 당사자가 이에 이의를 제기하지 않는 경우에는 그 하자는 치유되도록 하고 있다.

IV. 민사소송법의 효력 범위

1. 시적(時的) 범위

민사소송법도 다른 성문법과 마찬가지로 시행일로부터 폐지일까지가 그 유효기간이다. 그러나 소송법은 실체법에서와는 달리 법규의 개정시 소급효를 인정하는 것이 원칙이다. 이는 소송법의 기술범위에 비추어 구법시(舊法時)의 사건에 대해서도 획일적으로 신법을 적용하는 것이 보다 합리적이라는 데 근거한다. 만약, 신법이 구법에 비해 소송관계자에게 유리한 것인가에 의문이 있는 경우에는 각각의 개별적 사항에 관해 구체적으로 경과규정을 두는 것이 보통이다.

2. 장소적 범위

소송은 국가권력에 기한 사법작용의 발동이므로 법정지법(法廷地法)의 지배를 받는 것이 원칙이다. 따라서 우리나라 법원에서 심리되는 사건은 당사자가 외국인이든, 소송물이 무엇이든, 준거법이 무엇이든 막론하고 우리나라 민사소송법의 규율을 받게 된다. 외국 사법기관의 촉탁을 받아 송달, 증거조사 등의 소송행위를 하는 경우에도 그 절차는 촉탁국의 소송법에 의하지 않고 우리 민사소송법에 의한다.

3. 인적 범위

민사소송법이 국내에 거주하는 우리 국민 모두에 미치는 것은 당연하다. 그러나 몇 가지 예외점을 발견할 수 있는데, 외국의 국가원수 · 수행원 · 외교사절 등의 경우에는 그 적용이 배제된다. 또한 대통령 · 국회의원 등의 경우에도 일정한 경우에는 면책특권의 향유로 인해 그 적용이 제한된다.

V. 민사소송 이외의 사적 분쟁해결제도

현대사회에서는 소송 이외에도 원만한 분쟁해결을 위해 다양한 방법이 모색되고 있다. 소송은 국가권력에 의한 강제적 해결방식으로 당사자의 자주적 의사에 기한 자주적 해결이 더 긴요한 경우도 있다. 최근들어 법원의 경우 과중한 재판 부담으로 인해 분쟁해결의 지연 내지 해결방법의 질적 저하를 초래할 뿐만 아니라, 법적 해결이 적합하지 않음에도 과다한 비용과 복잡한 절차가 요구되는 해결방법에 의하여야 할 것인가라는 문제가 대두되고 있을 정도이다. 따라서 분쟁해결을 위한 다양한 가능성의 제의가 현대사회에서의 복잡다기한 문제해결을 위해서 더욱 더 긴요하리라 생각된다.

1. 화 해

분쟁의 자주적 해결방식으로서의 화해는 재판외의 화해와 재판상의 화해로 구별된다.

(1) 재판외의 화해

이는 민법상의 화해계약을 뜻하는바, 당사자가 상호 양보하여 당사자간의 분쟁을 끝낼 것을 약정하는 것이다. 불법행위 등 사고의 발생시 이른바 합의라는 이름으로 많이 사용되고 있다.

(2) 재판상의 화해

㈎ **제소전 화해** 이는 분쟁당사자 중의 일방이 지방법원 단독판사에게 화해신청을 하여 단독판사의 주재하에 행하는 것으로, 화해가 이루어지면 소송상의 화해와 그 효력에 차이가 없다. 그러나 제소전의 화해가 제도외적 목적에 남용되는 사례를 쉽게 발견할 수 있다.

㈏ **소송상 화해** 이는 소송계속 중 소송물인 권리관계에 대하여 당사자 쌍방이 양보한 끝에 일치된 결과를 법원에 진술한 것으로 조서화(調書化)되면 소송은 판결에 의하지 않고 종료된다.

2. 조 정

(1) 의 의

조정이라 함은 법관이나 조정위원회가 분쟁관계에 개입하여 화해로 이끄는 절차를 말한다. 이는 관계인이 서로 양보한 끝에 조리에 따라 실정에 맞게 타협하는 분쟁해결로서 조정이 성립되어 조정조서가 작성되면 재판상의 화해와 동일한 효력을 가지며 준재심(準再審)의 절차에 의하여서만 다룰 수 있을 뿐이다. 소송에 비해 비용이 저렴하게 들고, 간단·신속하게 처리될 수 있는 이점이 있으며, 제3자의 관여가 필요적이라는 점에서 화해와 차이가 있다. 또 조정에는 민간인이 참여하는 조정위원회의 주도가 원칙이다.

(2) 민사조정법에 의한 민사조정

민사조정법은 소송물 가액을 불문하고, 집단분쟁까지 포함하여 모든 민사분쟁을 그 적용대상으로 하는 조정에 관한 통일법전이다. 민사조정법이 제정됨으로써 차지차가조정법(借地借家調停法), 소액사건심판법 및 간이절차에 의한 민사분쟁사건처리특례법상의 조정규정이 폐지되었다.

3. 중 재

(1) 의 의

중재라 함은 당사자의 합의에 의해 선출된 중재인의 중재판정에 의하여 당사자간의 분쟁을 해결하는 절차를 말한다. 분쟁의 강제적 해결방식이라는 점에서 화해나 조정과는 다르나, 당사자 사이에 중재계약의 존재를 필요로 한다는 점에서 자주적 분쟁해결방식이 된다. 중재제도는 원시사회의 자력구제제도로부터 국가의 사법재판제도의 확립에 이르기까지 중간적 역할을 하였다.

오늘날에 이르러서도 ① 절차가 탄력적이어서 국가적 재판제도와 결합되기 쉬우며 절차 지연이나 과다한 경비의 지출을 피할 수 있고, ② 판단기준이 법에 구속되지 아니하여 당사자의 실정에 맞는 해결을 꾀할 수 있고, ③ 상관습이 지배적인 상거래 분야에서는 상관습을 숙지하지 못한 법관의 재판보다도 상관습에 정통한 중재인의 판단이 적절한 경우가 많으며, ④ 국제거래 분야의 경우에 상대방 국가의 재판권에 복종해야 하는 타방 당사자는 외국의 재판에 대해 불신감을 갖기 쉬운데, 중재에 의하는 경우에는 스스로 중재인의 판정에 복종하기로 약정했으므로 그러한 사태를 피할 수 있게 되어 중재의 이용도가 늘고 있다.

(2) 효 력

중재판정은 확정판결과 동일한 효력이 있으며, 중재계약이 있는 사건에 대해 법원에 소를 제기하는 경우에는 그 소는 소의 이익이 없는 것으로 부적법각하하게 된다.

제2절 소송절차

Ⅰ. 소의 개념 및 종류

재판에 의해 권리를 보호받고자 하는 원고의 신청을 소(訴)라 하며, 소송은 이와 같은 소의 제기에 의해 개시된다. 소는 청구의 성립・내용에 따라서 확인의 소, 이행의 소, 형성의 소로 구분할 수 있다.

첫째, 확인의 소란 특정의 권리 또는 법률관계의 현재에 있어서의 존부(存否)의 확정을 구하는 소를 의미하는데, 다시 그 존재를 구하는 적극적 확인의 소와 그 부존재를 구하는 소극적 확인의 소로 나누어진다. 확인의 소의 목적이 되는 것은 원칙적으로 특정한 권리나 또는 법률관계의 존부에 국한되므로, 사실의 유무나 추상적인 법률문제와 같은 것은 그 목적으로 할 수 없다.

둘째, 이행의 소는 사법상 청구권의 존재와 이에 의한 피고의 현재나 장래에 있어서의 이행의무의 존재를 주장하는 소인데, 이에 대한 판결이 확정되는 경우에는 피고를 상대로 강제집행할 수 있는 집행력이 발생케 된다.

셋째, 형성의 소란 법률관계의 변경을 구하는 소로서 이혼・혼인의 무효・취소, 회사설립 무효, 주주총회 결의취소의 소 등이 그 예이다.

Ⅱ. 소송의 주체

1. 당사자

현재의 민사소송 구조는 이해관계가 대립되는 그 당사자를 참여시켜서 심리하는 것을 원칙으로 하고 있고, 그렇게 함으로써 재판의 적정・공평을 기할 수 있다고 본다. 대립되는 당사자의 한쪽 또는 양쪽이 여럿인 경우는 그 당사자주의의 복잡한 형태에 불과하다.

소송당사자라 함은 법원으로부터 판결이나 집행을 요구받는 자를 소극적 당사자, 요구하는 자를 적극적 당사자라고 한다. 민사소송의 당사자는 보통 소송물의 실체상의 주체가 되나, 제3자가 그 소송수행권에 의하여 당연히 소송당사자가 되는 경우도 있고, 자기의 소송수행권능을 타인에게 이전시키는 경우(선정당사자의 선정)도 있다.

(1) 당사자능력 · 당사자적격 · 소송능력 · 변론능력

민사소송에 있어 당사자가 되려면 일정한 능력, 즉 당사자능력을 갖추어야 한다. 당사자능력이라 함은 일반적으로 민사소송의 당사자, 즉 원고나 피고가 될 수 있는 소송법상의 지위를 말하는데, 이는 민법상의 권리능력에 해당한다. 위의 자가 소송행위를 하려면 소송상 자기의 이익을 스스로 충분히 주장·옹호할 만한 능력에 해당하는 소송능력을 갖추어야 한다.

당사자적격이란 구체적 소송을 전제로 하여 누가 정당한 당사자로서 유효한 본안판결을 받을 수 있는 정당한 당사자인가의 문제이다. 정당한 소송수행권이라고도 한다. 일반적으로는 실체법상의 권리·의무주체인 자가 당사자적격자가 되지만, 실체법상의 권리·의무주체가 아님에도 제3자가 당사자로서 소송을 수행하는 경우도 있는데, 이를 제3자의 소송담당이라고 한다. 법률의 규정에 의한 경우와 당사자의 의사에 의한 경우로 나뉘어지는데, 전자의 경우는 다시 권리·의무주체인 자와 함께 하는 경우(예: 채권자대위소송에서의 채권자의 경우)와 그에 갈음하는 경우(예: 파산관재인)로 나뉜다. 후자의 예로는 선정당사자를 들 수 있다.

소송능력은 민법상 행위능력에 해당되는데, 미성년자 등은 홀로 독립하여 소송행위를 할 수 없고 법정대리인을 통해서만 유효한 소송행위를 할 수 있다.

변론능력은 행위자 스스로 소송행위에 적법한 표현형식을 줄 수 있는 능력을 말한다. 소송절차를 신속·확실하게 진행시키려는 공익상 요구에서 비롯한 것으로 소송당사자가 현실로 법원에 대하여 적법한 민사소송행위를 할 수 있는가의 문제이다.

관련 사례

1. 甲이 乙을 상대로 하여 소유권이전등기말소청구의 소를 제기하였으나 乙은 甲의 소제기 이전에 이미 사망하였다. 이 경우의 법원의 처리는?

▶ 당사자능력에 관한 문제: 乙이 甲의 소제기 이전에 이미 사망하였다면 乙에게는 당사자능력이 없다고 할 것이므로, 사자(死者)인 乙을 상대로 한 본소는 부적법하다 하겠다. 따라서 법원은 이러한 소를 부적법 각하하여야 할 것이다.

2. 甲은 자신의 오토바이를 타고 주행하던 중 전방에서 길을 건너던 乙을 치게 되었다. 乙이 甲을 상대로 손해배상을 소구하려 하는데 乙은 현재 만18세이다. 乙의 독자적인 소구가 가능한가!

▶ 소송능력제도는 미성년자 등과 같은 불완전한 능력을 가진 자의 보호를 위한 것이므로 가급적 이러한 자들의 소송관여를 배제하여 불합리한 결과에 이르는 것을 방지함에 그 취지가 있다. 따라서 이러한 자들의 소송상의 행위는 원칙적으로 무효로 하고 있고, 따라서 이들의 법정대리인을 통해서 행하여야 할 것이나. 이 경우 乙은 그의 법정대리인 등에 의해 소송을 제기하여야 한다.

(2) 선정당사자제도

선정당사자(選定當事者)란 공동의 이해관계가 있는 다수자 중에서 총원을 위하여 소송을 수행할 당사자로 선정된 자를 말한다. 선정당사자제도는 다수의 자가 소송에 참가함으로써 발생되는 번잡과 경제적 비용 등을 고려하여 나타난 개념으로서, 자기의 이름으로 소송을 수행한다는 점에서 본인을 대리하는 소송대리인과는 구별된다.

(3) 공동소송제도

원고, 피고 또는 양자에 복수의 자가 개입하는 경우를 말한다. 공동소송의 경우 반드시 소송을 수인이 함께 하여야 하는 경우가 있는데, 이를 필수적 공동소송이라고 한다. 필수적 공동소송을 하는 이유는 그 결과가 합일확정되어야 하는 필요성에 기인한다. 필수적 공동소송은 소송개시 때부터 함께 소송을 하여야 하는 경우(고유필수적 공동소송; 실체법적 근거에 의한 필수적 공동소송)와 소송개시 시에는 함께 할 필요는 없으나 소송이 진행될 경우에는 함께 하지 않으면 안되는 경우(유사필수적 공동소송; 절차법적 근거에 의한 필수적 공동소송)으로 나뉜다.

(4) 소송참가제도

타인간의 소송계속 중에 제3자가 당사자로서 또는 참가인으로서 소송에 참가하는 경우를 말한다. 소송에 참가하는 이유의 정도에 따라 보조참가, 독립당사자참가, 공동소송참가, 공동소송보조참가를 하게 된다.

(5) 소송대리제도

오늘날과 같이 복잡다기한 사회에서는 사람이 만능일 수 없고 기타 여러 가지의 상황으로 직접 법률행위를 할 수 없는 경우가 허다하다. 이러한 현상은 소송법상에서도 제기되는데 이를 위하여 각종의 대리제도가 구비되어 있다.

소송법상 대리인이라 함은 당사자 등을 위해 본인의 이름으로 자기의 의사로써 소송행위를 하고, 상대방 또는 법원으로부터 본인에 대해 행하여지는 소송행위를 받는 제3자를 말한다. 이는 그 발생원인이 법률 등에 근거하는 소송행위를 받는 제3자를 말한다. 또한 그 발생원인이 법률 등에 근거하는가 또는 본인의 의사에 기인하는 것인가에 의해 크게 법정대리인과 임의대리인으로 구별되며, 소송수행상의 대리권의 범위와 관련하여서도 개별대리인과 포괄대리인 등으로 나뉜다.

2. 법 원

(1) 개 념

민사재판의 생명 또한 타 소송에서와 마찬가지로 공정성의 유지에 있다. 재판의 공정성을 위해서는 무엇보다도 재판기관의 합리적 구성과 공정한 자세에 그 근간이 있다 하겠다. 이를 위해 현행법은 민사사건의 경우, 특단의 사정이 없는 한 세 차례까지 서로 다른 계층의 법원에서 심판받을 수 있게 하고(3심제도), 재판부의 구성 또한 객관적이고 합리적인 조건에 따라 법정(法定)해 둠으로써 당사자의 일방적·자의적 권한행사를 제한하고 있다.

민사법원의 구성과 관련하여 재판기관으로서 우선 합의부와 단독판사를 생각해 볼 수 있다. 합의부는 재판장과 합의부원 판사로 구성되는데, 중요사항에 대한 재판은 구성원인 법관의 합의에 의해 그 과반수 의견으로 의결하고 기타 부수적 재판은 재판장 또는 수명법관(受命法官)이 하게 된다.

법원은 그 심급에 따라 지방법원, 고등법원, 대법원으로 나누어지게 된다. 이를 현행의 민사소송 구조와 관련하여 대체로 소가 2억원 이하의 사건은 지방 단독판사 → 지방본원 합의부 → 대법원, 소가 2억원을 초과하는 사건은 지방 합의부 → 고등법원 → 대법원의 순서로 심리하게 된다.

(2) 관 할

민사재판권을 행사하는 여러 종류, 다수의 법원 사이의 사무분할을 관할이라 한다. 관할제도는 재판의 공정성과 능률성을 담보하는 것을 그 기본취지로 하고 있다. 관할은 그 기준 여하에 따라서 토지・사물・직분・심급관할, 전속・임의관할, 법정・지정・합의의 각 관할로 나누어진다.

㈎ **직분관할(職分管轄)** 이는 각 법원 사이에 그 담당하는 직분을 정하는 관점에서 본 관할을 말한다. 이는 수소법원・집행법원의 직분관할, 지법단독판사의 직분관할, 심급관할 등으로 나누어 생각해 볼 수 있을 것이다.

㈏ **사물관할(事物管轄)** 이는 동일한 지방법원 및 그 지원의 단독판사와 합의부 사이의 사건분배 표준을 말한다. 그 사무분담 기준은 소송목적의 갑(2억원 이하 내지 초과)에 의해 결정되는데, 예외적으로 소송목적의 값에 관계없이 그 관할이 결정되는 경우도 있다.

㈐ **토지관할(土地管轄)** 이는 당해 사건과 인적 또는 물적으로 관련되는 지점이 그 법원의 관할구역 안에 있는지의 여부에 의해 결정되는데, 이 같은 인적 또는 물적으로 관련되는 지점을 재판적(裁判籍)이라고 한다. 이는 다시 보통재판적과 특별재판적으로 나누어진다.

㈑ **지정관할(指定管轄)** 이는 심급법원의 지정에 의해 결정되는 관할로서, 재정관할이라고도 한다. 이러한 지정관할은 관할법원이 법률상 또는 사실상 재판권을 행사할 수 없는 경우 또는 관할구역이 분명하지 않은 경우 행해지게 된다.

㈒ **합의관할(合意管轄)** 이는 당사자의 편의를 위한 것으로서 당사자 사이의 합의에 의해 정해지는 관할을 의미한다. 관할의 합의는 그 합의의 당사자가 소송능력자로서 일정한 법률관계에 관한 소송에 대하여 제1심의 토지・사물관할에 대해 법원을 특정하여서 하여야 하고, 당해 사건에 관해 전속관할의 규정이 없어야 하며 반드시 서면으로 행하여져야 한다.

(바) **변론관할**(辯論管轄) 이는 원고가 본래는 관할권이 없는 법원에 제소했음에도 불구하고 피고가 관할위반의 항변을 제출하지 아니하고, 본안에 관해 변론을 하거나 준비절차에서 진술을 하면 제소법원에 관할권이 생기는 것으로서 바로 이때의 관할을 의미한다.

III. 소(訴)의 제기

1. 소장(訴狀)의 제출과 관할법원의 선정

민사소송의 첫 단계는 원고가 제1심의 관할법원에 소장을 제출하는 것이다. 소장제출단계에서 바로 관할의 문제가 도출된다.

관할 중 가장 중요한 것은 토지관할이다. 사물관할은 원래는 법원 내부에서 정할 문제이고, 전속관할은 회사소송이나 인사소송에서 주로 문제될 따름이다. 즉 원고는 관할법원이 어디인가를 잘 살펴서 소장을 제출하여야 한다. 하나의 사건에 대하여 여러 개의 관할법원이 있을 수 있으므로 원고로서는 자기에게 가장 유리한 관할법원을 고르게 된다.

피고의 주소지법원이라는 보통재판적도 있지만, 이에 덧붙여 특별재판적이 있으므로 원고는 그 어느 쪽을 선택해도 된다. 실무상으로 보면 원고는 통상 특별재판적을 이용하려 할 때가 많다. 그러면 민사소송법은 왜 피고의 주소지법원을 보통재판적으로 정하였을까. 법은 피고가 공격을 당하는 입장임을 고려하여, '공격자는 마땅히 피공격자의 주소지에 가서 공격을 하여야 한다'는 것이다.

그러나 때에 따라서는 다른 곳에서도 공격할 여지를 남겨 두는 것이 상당한 경우도 있다. 이것이 특별재판적이다. 그러므로 원고는 되도록 피공격자의 본거지 이외의 곳을 찾으려 한다. 그것이 상대적으로 유리하기 때문이다. 즉 원고는 의무이행지, 불법행위지, 부동산소재지 등의 특별재판적을 골고루 살펴보아 가장 유리한 곳에 소송을 제기한다.

관련 사례

1. 甲이 乙에게 1,500만원을 빌려 주었으나 乙이 이행기가 도래하였음에도 변제하려 하지 않으므로 甲은 법원에 소를 제기하기로 하였다. 어느 곳에 소를 제기할 수 있는가?

▶ 보통재판적과 특별재판적: 甲이 소를 제기하는 경우 먼저 그 상대방인 피고의 주소지를 관할하는 법원에 소를 제기할 수 있다. 또한 원고와 피고 간의 법률관계에 근거하여 연결고리를 찾을 수 있는데, 이러한 경우는 소비대차계약에 따른 것으로 지참채무가 원칙이므로 원고의 주소지 관할법원에 대하여도 소를 제기할 수 있다.

2. 甲은 乙에게 1,500만원을 빌려 주었으나 乙이 이를 이행하지 않자 법원에 소를 제기하였다. 소송 계속 중에 甲은 乙이 자신에게 사간 물품의 대금을 지급하지 않은 것을 확인하고 乙에게 이것도 함께 소구하고자 한다. 현재의 계속 중인 소송을 이용할 수 있는가?

▶ 하나의 소송절차를 이용하여 수개의 청구를 함께 심판받는 것은 원고 입장에서 상당한 의미가 있다. 동일한 피고를 상대로 또다시 소를 제기함은 소송경제의 측면에서 불합리하다 할 것이다. 일정요건을 갖춘 경우 이러한 청구의 병합은 허용되고 있다(객관적 병합).

3. 甲과 乙은 甲의 乙에 대한 금 3,000만원의 대여금채권과 관련하여 甲이 법원에 제소하지 않겠다는 취지의 합의를 하였다. 그러나 甲이 이러한 합의를 무시하고 소를 제기하였다면 이는 적법한가?

▶ 이 경우 甲과 乙 간에는 소를 제기하지 않겠다는 무제소(無提訴)의 특약이 있다 할 것이다. 이러한 계약과 관련하여 이를 사법상의 계약으로 보는 것이 학설상 다수설이라 할 것이고, 판례는 이러한 합의에 반한 소는 소의 이익이 없는 것으로 부적법 각하한다는 입장이다.

2. 소장의 요건과 심사

소장제출에는 몇 가지 조치가 필요하다. 소장은 일정한 형식을 갖추어야 하는 서면이므로 소정의 사항을 기재하고, 원고 또는 대리인이 서명날인하며, 소송물 가액에 따라 인지를 붙이고, 피고의 수만큼의 부본(副本)을 첨부한다.

피고의 수만큼 부본을 첨부하도록 하는 이유는 각 피고마다 소장을 보내어 이를 받아보게 하여야 하기 때문이다. 전쟁에 비유하자면 선전포고문을 보내는 것이다.

소장을 접수받는 법원에서는 사무분담에 따라 사건을 특정 재판부에 배당한다. 사건을 배당받은 재판부의 재판장은 소장을 심사한다. 즉 부장판사나 단독판사가 소장이 제대로 되어 있는가의 여부를 살펴보는 것이다. 이것이 재판장의 소장심사권이다. 재판장은 필요적 기재사항이 적혀 있고 소정의 인지가 붙어 있는지를 살핀다. 또한 청구원인이 법률요건에 들어맞는지를 살핀다. 필요적 기재사항 중 가장 중요한 것은 당사자의 특정 및 청구원인과 청구취지의 기재이다. 이것은 결국 '누가 누구를 상대로 무엇을 요구하는가, 그리고 그 이유는 무엇인가'를 특정하는 것이다.

만약 필요적 기재사항이나 인지에 부족한 점이 있으면 재판장은 원고에게 보정명령(補正命令)을 내린다. 원고에게 잘못을 시정할 기회를 한 번쯤은 주어야 할 것이므로 당연한 일이다. 이를 고치지 않으면 소장을 각하(却下)한다. 즉 자격을 갖추지 못한데다가 보완 기회를 주었는데도 이를 무시했으므로 문전에서 내쫓고 마는 것이다. 그러나 이러한 경우는 드문 편이다.

3. 소장의 송달과 기일지정

통상의 경우에는 형식적 요건을 갖춘 소장이 제출된다. 이에 따라 재판장은 소장부본(訴狀副本)을 피고에게 송달하고, 변론기일을 지정하여 원고와 피고를 소환한다. 그런데 가끔 피고에게 소장이 송달되지 않는 경우가 있다. 이것을 송달불능이라고 부른다. 그러면 재판장은 원고에게 피고의 주소를 보정할 것을 명령한다. 이에 원고가 불응하면 역시 소장이 각하된다.

원고가 피고의 주소를 여러 방면으로 알아보았는데도 이를 알지 못하면 공시송달이라는 것을 하게 된다. 그러나 소송이 제기된 줄을 꿈에도 모르고 있는 피고가 법원 게시판에 와서 이를 들여다보거나 신문공고란을 매일 뒤적여 볼 리는 만무한 것이고, 법원도 실제로 피고가 이를 보리라고 생각하고 게시하지는 않는다. 그러므로 공시송달이라는 것은 형식적이고 연극적 요소가 있는 것이 사실이다.

여하튼 이러한 사정 때문에 실무상으로는 공시송달을 쉽게 명하지는 않으며, 그 사람의 주민등록도 조사하고 그 사람이 그곳에 살고 있지 않다는 사실 등을 조사한 후에야 비로소 공시송달을 명한다. 공시송달로 소송이 시작되었을 때에는 원고가 일방적으로 자기의 주장을 펴고 자기에게 유리한 증거만을 제출하게 되므로 거의 모든 소송에서 원고가 승소한다. 이에 따라 법률은 공시송달로 인하여 패소한 피고에게 구제의 길을 널리 열어 두고 있다. 소장을 송달받은 피고는 이때 비로소 자기에게 소송이 제기되었다는 사실을 알게 되는 것이 보통이며, 소장을 제출해 놓고 이제나 저제나 하고 기다리던 원고는 마음을 가다듬고 변론에 임하게 된다.

Ⅳ. 변론절차

1. 변론의 의의와 종류

소송의 심리를 위해 거쳐야 하는 과정으로서, 협의로는 수소법원에서 특정 기일에 당사자가 구술(口述)로써 신청 및 공격·방어 방법에 관해 진술하는 것을 의미하고, 광의로는 당사자의 소송행위 이외에 법원의 소송지휘, 증거조사 및 재판의 선고도 포함하는 절차를 말한다. 이는 다시 크게 변론과정을 반드시 거쳐야만 하는 필수적 변론과 변론 경유 여부가 법원의 자유재량에 속하는 임의적 변론의 둘로 나누어진다.

2. 변론과 관련한 제 원칙

(1) 공개심리주의

소송의 심판, 변론과 재판을 일반공중이 방청할 수 있는 상태에서 심리하는 것을 말한다.

(2) 쌍방심리주의

당사자 쌍방에게 평등한 진술기회를 부여하여 심리하는 것이다.

(3) 구술심리주의

청구의 신청, 소송자료의 제출, 심문 등 당사자와 법원의 행위를 모두 구술로 하는 주의이다.

(4) 직접심리주의

변론의 청취 및 증거조사를 수소법원이 스스로 직접 행하도록 하는 주의를 말한다.

(5) 당사자처분권주의

소송의 개시・종결 그리고 심판의 대상을 당사자의 의사에 맡기는 것을 말한다.

(6) 변론주의

소송자료(사실의 주장 및 증거의 제출)의 수집・제출책임이 당사자에게 일임되어 있는 것을 말한다. 따라서 주요 사실을 주장하여야 할 자가 제대로 주장하지 못하는 경우에는 그 자가 패소의 불이익을 부담하게 되는데, 이를 주장책임이라고 한다.

이와는 달리 소송자료의 수집・제출책임이 법원에 있는 경우를 직권탐지주의라 한다.

(7) 자유심증주의

법원이 당사자가 주장한 사실 등을 진실한 것으로 인정함에 있어 법률상 구속을 받지 않고 자유로이 판단할 수 있는 것을 말한다.

3. 변론기일과 당사자의 불출석

현재의 변론기일은 변론준비절차에 일정 부분 포커스를 맞추어 진행하고 있는데, 과거에 변론준비절차는 명문의 규정은 있었으나 거의 사문화된 제도였다. 현재에는 변론기일 전에 서면정리 그리고 쟁점정리, 기일 전 집중증거조사 등이 행하여지고 있다.

변론기일은 재판부 사정에 따라 다르지만 보통의 경우라면 소장(訴狀)이 제출되고 나서 1~2개월 정도가 지나서 열리게 된다. 변론기일은 사건과 당사자의 호명으로 시작된다. 즉 재판장이 사건번호를 부르고, 원고와 피고의 이름을 부르면 원고와 피고가 법대 앞에 나와 선다. 만약 원고는 출석했는데 피고가 적법한 송달을 받고서도 나오지 않으면 의제자백이 되어, 이것 자체로서 원고가 승소한다. 이때에는 사건이 간단히 종결되는 셈이다. 그러므로 의제자백 여부를 판단하는 데 있어서는, 과연 피고가 적법한 송달을 받았는지가 매우 중요하다. 피고에게 적법한 송달이 없었다면 피고는 소송이 제기되었다는 사실을 모르고 있는 셈이므로 원고의 일방적인 공격 모습만을 보고 피고에게 패소판결을 하는 것은 매우 부당하다. 그러므로 실무상으로는 송달의 적법 여부를 세밀히 따진다. 민사소송법이 자세한 송달규정을 두고 있는 것도 바로 이러한 이유 등에 기한 것이다.

그리고 원고・피고가 모두 송달을 받았는데도 출석하지 않는 경우가 있다. 또는 원고는 출석하지 않고 피고만 출석하는 때도 있다. 이것을 실무상으로는 '쌍불'이라고 하는데, '쌍방불출석'의 준말이다. 물론 피고가 출석하는 경우도 있지만, 위에서 본 바와 같이 피고가 변론할 이유가 없으므로 불출석한 것과 결과적으로 마찬가지가 된다.

이렇게 되면 재판장은 다시 기일을 정하여 원고와 피고를 소환한다. 이번에도 원고가 불출석하면 이른바 쌍불취하간주의 전제요건이 충족된다. 이때로부터 1개월 이내에 기일지정의 신청이 없거나 추후 지정된 기일에도 출석하지 않은 경우에는 소가 취소된 것으로 보게 된다.

4. 답변서의 제출 및 석명권의 행사

피고가 원고의 청구를 인정하지 않는 일반적인 사건에 있어서 변론은 어떻게 행해지는가? 우선 원고가 소장에 의하여 청구취지와 원인을 진술하고 피고가 답변서를 진술한다. 답변서란 피고가 제출하는 최초의 준비서면을 말한다. 진술이란 그 내용을 풀어서 말하는 것인데 실제의 재판에서는 이를 진술하지 않는다. 다만 "소장을 진술합니다"라는 형식적 이야기 한 마디로 끝낸다. 이것이 민사소송에 있어서의 구두변론의 형해화 현상으로 이는 어찌보면 당연한 일이다. 소장을 읽어보면 될 것을 법정에서 이를 일일이 큰소리로 낭독하는 것은 시간과 정력의 낭비이며, 하루에 많은 사건을 처리하는 관계상 이를 일일이 낭독할 수도 없다. 현대사회는 이미 서류의 사회이며, 구술의 사회가 아님에도 소송법만이 시대에 뒤떨어진 것을 고집하고 있다고 말할 수도 있다. 또한 구두변론이란 배심재판에나 알맞는 것인지 모른다. 여하튼 이 점에 관한 한, 실무의 실제와 소송법의 정신은 괴리현상을 보이고 있다. 앞으로 이 '진술을 필요로 하는 조항'을 없애고 서류송부만으로 대치시킨다면 당사자들이 법정에 오는 횟수를 현저히 줄일 것이다.

한편, 원고의 소장 중에는 불명확한 것이 있을 수 있고, 피고의 답변서에도 불명확한 것이 있을 수 있다. 예컨대, 원고가 피고에게 돈을 달라는 청구를 하였는데 이것이 채무불이행에 기한 손해배상청구인지, 불법행위에 기한 손해배상청구인지가 불명확하면 재판장은 이를 원고에게 물어서 분명히 한다. 이것이 이른바 석명권의 행사이다. 피고의 답변서 중에서도 원고주장의 어느 부분을 인정하고 어느 부분을 다투는 것인지가 불명확한 때가 많으므로 이것을 분명히 하기 위하여 피고에게 물을 수 있다. 이것 역시 석명권의 행사이다.

5. 원고와 피고의 소송상 태도

대부분의 소송에서는 원고와 피고가 모두 출석한다. 피고가 출석하더라도 원고의 청구를 그대로 인정하거나, 주장사실을 모두 인정하면 증거조사로 나아갈 필요 없이 소송은 이로써 종결한다. 원고의 청구를 그대로 인정하는 것이 이른바 청구의 인낙이다. 청구의 인낙이 있으면 판결을 할 필요도 없이 조서에다 청구를 인낙했다는 취지를 기재하고 그 사건을 끝낸다. 그런데 청구의 인낙은 통상의 소송에서 찾아보기가 극히 드물다. 그 대신에 원고의 주장사실만을 그대로 인정하면서 다른 법률상 주장을 펴는 예는 가끔 있다. 이 경우에도 증거조사를 할 필요가 없다. 증거조사란 사실관계에 대하여 쌍방 간에 다툼이 있을 때 비로소 하는 것이기 때문이다. 이때는 청구의 인낙과는 달리 판결을 하여야 한다. 물론 판결의 결론은 원고의 승소일 것이다. 예외가 있다면 원고의 주장사실이 그 자체로서 이유 없는 경우이다. 이때는 당연히 원고의 청구가 기각된다.

원고의 청구원인사실에 대하여 피고가 취할 수 있는 태도는 네 가지이다. 첫째는 그러한 사실이 없다고 주장하는 '부인(否認)'이다. 둘째는 그러한 사실의 존재 여부를 잘 모르겠다고 하는 '부지(不知)'이다. 셋째는 그러한 사실을 인정한다고 하는 '자백(自白)'이다. 넷째는 아무런 말도 하지 않는 '침묵(沈黙)'이다. 이때 피고가 어떠한 태도를 취하는가는 그 후의 심리전개에 결정적인 영향을 미친다. 자백이 있으면 그 점에 대하여는 증거에 의한 인정은 배제되므로 증거조사를 할 필요가 없다. 침묵의 태도를 취한 경우에도 여러 가지 사정을 종합하여 원고의 주장을 명백히 다투는 것이 아니라고 인정되면 이른바 '의제자백(擬制自白)'이 되어, 자백을 한 경우와 마찬가지의 효과가 미친다. 부인을 한 경우와 부지로 답한 경우는 원고가 증거자료를 제출하여 입증하게 된다. 그런데 여기서 특이한 것은 '항변'이다. 원칙적으로 항변은 상대방의 주장사실을 인정하면서도 다른 사유로써 그 주장을 무색하게 만드는 것이다.

Ⅴ. 증거조사절차

1. 일반론

입증의 책임은 당사자들이 부담한다. 엄격히 말하면 증명책임을 부담하고 있는 당사자가 진다. 법원은 원칙적으로 원고 또는 피고가 신청한 증거를 조사하면 족하다. 법원은 당사자가 신청한 모든 증거를 조사하여야 하는 것은 아니다. 그 중에서 불필요하다고 생각되는 것은 증거신청을 각하한다. 이를 실무상 '증거의 채부'라고 한다.

증거조사는 원칙적으로 법정에서 이루어진다. 그러나 때로는 법정 밖에서 이루어지기도 한다. 예컨대, 증인이 병원에 입원 중이면 병원에 출장가서 증거조사를 하는 수밖에 없을 것이고, 교통사고가 난 현장을 조사하는 경우에도 출장을 가야 할 것이다. 서증은 통상 이를 가지고 있는 당사자가 자기에게 유리한 증거라 하여 제출한다. 만약 그 서증을 법원에 제출하고 싶지만, 상대방이 이를 가지고 있는 경우라면 문서제출명령신청을 하게 된다.

서증으로도 밝혀지지 않은 사항의 증명을 위하여 또는 서증을 보충하기 위하여 증인신청을 하는 것이 통상의 소송의 예이다. 증인은 자기의 경험에 의하여 알게 된 사실에 관하여 진술을 한다. 증인은 소송의 제3자이므로 당사자나 법정대리인 등은 증인이 될 수 없다. 증인으로서 출석하여 진술하고 선서하는 의무는 국가의 재판권에 복종하는 자가 지는 일반적 의무이다. 증인의 심문은 당사자가 주역이 되어 원고와 피고가 한 번씩 순서대로 행한다. 법률학에서는 이를 '교호심문(상호심문)'이라고 부르는데, 이러한 교호심문 방식은 영미법계의 심문방식으로 당사자주의 이념의 산물이다. 이에 따라 그 증인을 신청한 당사자가 우선 증인을 심문하는데 이를 주심문이라 한다. 주심문이 끝난 뒤에 상대방 당사자가 하는 심문이 반대심문이다. 재판장은 당사자들의 주심문과 반대심문이 끝나면 보충적으로 심문할 수 있다(보충심문). 실무에서는 법관들이 소송대리인이 있는 증인심문에 대하여는 잘 개입하지 않는다. 변호사들이 능숙하게 증인심문을 할 수 있기도 하지만, 당사자들의 쓸데없는 반발을 초래하는 것을 원치 않기 때문이다. 그러나 일반인들이 직접 증인심문을 할 때에는 개입하여 심문내용을 정리해 주는 것이 불가피하다.

이와 같이 서류와 증인이 증거조사의 대종을 이루는 것이기는 해도 이것만으로 증거조사가 끝날 수는 없다. 교통사고로 인한 손해배상청구소송의 예를 들면, 현장검증을 할 수도 있고, 다친 사람이 얼마나 다쳐서 일을 할 수 없게 되었는가를 의사에게 감정하게 할 수도 있다. 이것이 검증이요, 감정이다. 즉 법관이 직접 시각・청각 등의 감각작용에 의하여 물체의 성상이나 사물의 현상을 검사하여 증거자료로 하는 증거조사가 검증이요, 특별한 학식・경험을 가지고 있는 제3자에게 전문적 지식과 의견을 제시토록 하는 증거조사가 감정이다. 또한 교통사고 사건의 형사기록이 검찰청에 있는 경우도 많다. 그러면 검찰청에 그 기록을 보내 달라고 하거나, 직접 검찰청으로 가서 그 기록을 보고 이를 복사해 와야 된다(이것을 서증조사라고 부른다).

그리고 때로는 당사자 본인 및 법정대리인들의 이야기를 듣기도 한다(당사자심문). 그들은 자신에게 유리하게 이야기할 것이 예상되어 그 신빙성이 약하므로 민사소송은 '당사자심문은 다른 증거조사에 의하여 심증을 얻지 못한 경우 예외적으로 하도록' 규정하고 있다. 이를 당사자심문의 보충성이라 부르며, 실무상으로 당사자심문을 행하는 예는 비교적 드문 편이다.

2. 자유로운 심증형성

증명의 대상이 되는 것은 대개는 사실이다. 사실에는 법률요건에 직접 해당하는 주요 사실뿐만이 아니라 주요 사실을 추인시키는 간접사실도 있고, 증거방법 등을 명백히 하기 위한 보조사실도 있다. 법규의 증명이 필요하게 되는 것은 외국법, 관습법 등의 경우이다. 이 증명을 위하여는 법률가 등의 감정을 요할 때도 있다. 그러나 자백, 의제자백, 공지의 사실, 법원에 현저한 사실에 대하여는 증명할 필요가 없을 것이다. 그리하여 이들을 불요증사실이라고 부른다.

이상과 같은 증거조사 결과 어떠한 사실인정을 할 것인가는 전적으로 법관에 달려 있다. 이를 자유심증주의라고 한다. 법률에 의하여 증거능력을 극도로 제한한다든지 증거가치판단의 준칙을 정해 두지 않고 법관의 식견을 존중하여 그 자유로운 판단에 따른다는 원칙이다.

3. 증명책임

당사자의 이러한 입증에도 불구하고 법관이 확신을 가질 수 없는 진위불명의 상황이 존재하게 된다. 이 경우에 진위불명으로 인한 불이익을 원고, 피고 누구에게 돌릴 것인가의 문제가 발생하게 되는데 이 때 발생하는 개념이 증명책임이다. 증명책임을 누가 부담할 것인가의 문제인, 증명책임의 분배는 법률에 의해 추상적으로 정해지게 된다.

"권리를 주장하는 자가 증명책임을 진다"
(Wer das Recht geltend macht, trifft die Beweislast)

VI. 심리의 종결과 판결

1. 심리종결 및 판결서의 작성

증거조사절차가 끝나면 심리를 종결하는데 이를 실무상에서는 '종심'이라고 줄여 부른다. 이에 앞서 당사자들은 최종변론을 하게 되는데, 이는 최종준비서면이라는 형태로 하는 때가 많다. 법정에서 변론을 행할 만한 시간적 여유가 없고 또 그동안 준비서면을 충분히 제출해 왔기 때문이다.

심리를 종결하면 법관들은 그동안 제출된 준비서면과 증거서류가 묶어져 있는 소송기록을 약 2~3주 읽게 된다. 그동안 여러 사건이 결심되었을 것이므로 여러 건을 한꺼번에 보게 된다. 그동안의 심리과정에서도 어느 정도의 심증이 형성되었겠지만, 이 단계에서 결정적으로 심증이 형성되게 되고 이를 토대로 판결을 하게 된다.

물론 합의부의 경우에는 합의부원간에 합의를 한다. 즉 법관 각자의 심증을 이야기하고, 상호간의 차이점과 의문점을 살펴본 다음에 최종결론에 이른다. 극히 드물기는 하지만 법관들 간에 의견차이가 생겨서 다수결에 따르는 때도 있다. 그러나 법관들 간에 의견차이가 생긴다고 하여도 통상은 표결을 하지 않고 토론의 과정에서 의견의 일치를 도모하며, 이 과정에서는 부장판사의 영향력이 배석판사들의 영향력보다 더욱 큰 것도 사실이다. 판결의 선고는 판결원본에 의하도록 되어 있으므로, 판결의 선고에 앞서 판결서를 작성하는 것이 필요하다.

그러나 종전에는 판결원본의 작성을 위해 타이핑을 시키면 판결내용이 미리 누설되므로 이를 막기 위하여 판결초고만에 의하여 판결을 선고하고, 판결원본은 판결선언 후에 작성하였다. 최근에는 컴퓨터의 발달로 판사들이 판결원본을 직접 작성하기 때문에 위 법규정을 준수하기가 용이해졌다.

2. 판 결

판결에는 소송판결과 본안판결이 있다. 소송판결이란 소송요건에 흠결이 있을 때 소를 부적법하다 하여 각하하는 종국판결이다. 즉 자격이 없다고 하여 그 내용을 살펴보지 않고 문전에서 쫓아내는 판결이다. 본안판결이란 그 내용을 살핀 판결로서 이행판결, 확인판결, 형성판결이 있다. 이행판결이란 "피고는 원고에게 금 ○○○원을 지급하라"라는 것이고, 확인판결이란 "… 는 원고의 소유임을 확인한다"라는 것이고, 형성판결은 "원고와 피고는 이혼한다", "… 임대차계약을 해지하라"라는 것이다.

판결이 내려진 다음에도 판결을 고치는 경우가 있는데, 판결에 기술적인 과오가 있는 경우 등이다. 즉 판결에 위산, 오기 기타 이와 유사한 명백한 과오가 있을 때에는 법원은 신청 또는 직권으로 언제라도 경정결정을 할 수 있다. 이것을 판결의 경정이라고 부른다. 실무상으로도 가끔 계산상의 착오나 타자의 실수가 나오기 때문에 경정결정을 하는 때가 있다.

이와 같이 판결이 내려지고 이것이 확정되면 기판력, 집행력, 형성력 등 판결의 여러 효과가 발생하게 된다. 당사자들뿐만 아니라 법원도 기속된다.

Ⅶ. 재판에 대한 불복절차

1. 상소심 절차

(1) 상소의 의의와 목적

상소는 당사자, 기타 소송관계인이 상급법원에 대하여 하급법원이 자기에게 불이익하게 내린 미확정재판의 취소나 변경을 구하는 불복신청 방법이다. 민사소송법상 상소에는 제1심 판결에 대한 불복신청인 항소, 제2심 판결에 대한 불복신청인 상고 및 결정·명령에 대한 상소인 항고와 항고법원의 판결에 대한 불복신청인 재항고가 있다. 이 외에 형식상 상소로 취급되는 특별항고가 있다.

당사자 등에 의하여 상소가 제기되면 사건은 하급심에서 상급심으로 옮겨지고 재판의 확정이 차단된다. 상소는 소송종료 후 새로운 절차에 의하여 구제를 하는 것이 아니고, 재판확정 전에 한번 더 재심리해 줄 것을 바라는 불복신청이다. 확정판결에 대한 불복신청인 재심, 준재심 또는 특별항고 및 별개의 절차에서의 심판을 구하는 제권판결에 대한 불복신청인 점에서 재판에 대한 불복이 동일법원에서 심판되는 지급명령에 대한 이의신청, 보전처분에 대한 이의 등과도 다르다. 상소제도는 가끔 일어날 수 있는 오판을 다른 법관의 재심사에 의하여 시정하도록 함으로써 첫째, 사법에 대한 국민의 신뢰와 당사자의 권리보호를 확보하고, 둘째, 법령의 해석과 적용에 있어서 전국적 통일을 기함을 목적으로 한다.

(2) 항소심절차

항소는 항소심법원에 대하여 제1심의 종국판결의 취소나 변경을 구하고자 심리의 속개를 요청하는 불복신청이다. 그리하여 지방법원 단독판사나 지방법원 합의부의 제1심 판결이 항소에 의하여 제2심의 사실심절차로 넘어간다. 불복이유에 관하여는 사실문제이거나 법률문제이거나 제한이 없고, 당사자의 권리를 보호하여 재판의 적정을 확보하는 데 주안점을 두는 절차이다. 불이익한 판결을 받은 제1심의 당사자나 독립당사자 참가인, 보조참가인 그리고 변론종결 후 중단된 항소절차에서 적법하게 수계한 자 또는 인사소송의 당사자로 된 제3자나 검사는 제1심 종국판결에 대하여 항소의 대상이 된다. 항소비용의 재판은 본안의 재판과 같이하지 않는 한 항소할 수 없으며, 비약상고의 합의나 일반적 불항소의 합의가 있는 경우에는 항소할 수 없다.

항소심의 구조에 관하여는 입법례에 따라서 세 가지 형태로 구별된다. 복심주의는 항소심이 제1심의 심리와 관계없이 새로이 재판하는 구조이고, 사후심주의는 제1심 판결의 절차 및 내용에 잘못이 없는지를 제1심에서 제출된 소송자료의 범위 내에서 재검토하는 입장이다. 이에 대하여 속심주의는 제1심의 변론・소송자료를 전제로 함과 동시에 다시 변론을 열어 변론의 갱신권이 부여된 당사자가 제출한 신자료를 종합하여 제1심 판결의 사실점 및 법률점의 잘못을 시정하는 주의이다. 변론의 갱신권이 무제한 인정되면 복심이고, 이를 제한하거나 인정하지 아니하면 사후심 또는 제한항소주의가 되며, 복심제와 사후심제의 절충형태이다.

우리나라의 항소심은 원판결의 당부를 사실의 면과 법률적인 면에서 심사하는 사실심이며, 제1심의 심리절차와 소송자료를 바탕으로 심사하는 사실심이고, 제1심의 심리절차와 소송자료를 바탕으로 하면서 다시 이에 새로운 자료를 추가하게 하며 제1심 판결의 당부를 판단하는 속심적 구조를 가지고 있다.

(3) 상고심절차

상고는 상고권자가 고등법원이 제2심 또는 제1심으로서 선고한 종국판결과 지방법원 본원합의부가 제2심으로 선고한 종국판결, 또는 비약상고의 경우에는 제1심의 종국판결에 대한 법률위반을 이유로 하여 그 취소・변경을 상고법원에 구하는 상소이다. 상고제도는 법령의 전국적 해석・적용의 통일과 적정재판을 통한 당사자의 권리구제에 그 목적이 있다. 그런데 우리나라에서는 법률의 위헌 여부에 대한 조사만이 헌법재판소에 속하고 그 외의 일체의 사건이 대법원에 최종적으로 귀일하도록 되어 있다는 점에서 당사자 보호의 목적과 함께 법령해석의 통일, 즉 재판권의 통일적 행사에 더 중점을 둔 듯한 감이 있다.

한편 각국은 대체로 판결에 영향을 미친 법령위반만을 상고이유로 삼으면서 최소상고이익액의 법정, 원법원에 의한 상고허가제, 상고법원에 의한 예심제, 상고법원의 재량수리제 등을 세워 최고법원의 사무경감을 도모하고 있다. 그러나 우리나라는 지금까지 소액사건의 경우에만 상고이유를 다소 제한하고 있을 뿐, 대법원의 재판권에 관한 법원조직법 제17조와 상고이유에 관한 법 제39조, 재항고이유에 관한 법 제412조 등을 종합해 보면 상고제한에 관하여 대륙식 포괄주의를 취하고 있었다.[1)]

(4) 항고절차

항고는 판결 이외의 재판인 결정과 명령이 위법임을 주장하고 그 취소나 변경을 구하는 독립한 불복신청 방법으로서의 상소이다. 따라서 항고는 특정한 결정·명령에 불복하는 이의와 다르다. 항고제도는 소송절차가 진행됨에 따라 생겨나는 절차상의 파생적 다툼을 종국판결의 상소시까지 기다리지 않고도 본안과 별도로 간이절차에 따라 신속히 처리함을 목적으로 한다.

즉 ① 종국판결에 이르지 아니하고 따라서 그에 대한 상소의 기회가 없는 결정·명령, ② 종국판결을 내린 뒤에 생긴 사항에 관한 결정·명령 및 ③ 판결의 명의인이 아닌 제3자에 대하여 부수적으로 내려진 결정·명령, ④ 본안재판과 더불어 병행할 수 있다 하더라도 그 사항이 절차적·파생적 사항에 관한 결정·명령 등에 대하여 독립한 불복의 길을 열기 위한 제도이다. 그렇게 함으로써 소송경제에도 합치하고 항소나 상고를 제기할 수 없는 제3자, 예컨대 증인 등에게 재판의 시정을 구할 길을 열어 줄 필요가 있기 때문이다.

관련 사례

甲은 乙을 상대로 3,000만원의 대금을 지급하라는 소를 제기하였는 바, 1심에서는 乙은 甲에게 2,000만원을 지급하라는 판결이 내려졌다. 이에 甲은 1심판결에 불복하여 항소하였다. 甲의 항소는 어떠한 의미를 갖는가?

▶ 항소로 인해 판결의 확정이 차단되며 또한 2심의 효력이 발생한다. 甲의 항소에 따른 항소심에서의 심판의 범위는 1심판결 불복 부분인 1,000만원에 한정되며 항소심법원은 이에 대해 판단하여야 한다.

---

1) 1981년 3월부터 시행된 소송촉진 등에 관한 특별법은 상고이유에 대해서 헌법위반과 대법원 판례 위반으로 한정하고, 중대한 법령 위반이 있는 경우에는 대법원의 허가를 받아서 상고할 수 있도록 하는 상고제한조치를 취하였다.

2. 재심절차

재심은 이미 확정된 종국판결에 대하여 기판력에 따른 효력을 유지할 수 없는 중대한 하자가 있을 때, 판결을 한 법원에 대하여 그 판결을 취소하고 소송을 판결 전의 상태로 회복시켜, 다시 변론절차에 돌아가서 재판할 것을 구하는 특별한 불복신청 방법이다. 재심의 소는 원판결의 취소와 본안에 관한 새로운 변론 및 재판이라는 두 가지 목적을 가지고 있다. 이는 확정판결이 담고 있는 하자가 너무도 중대한 경우에 법적 안정성보다 구체적 정의를 꾀하려는 제도이다.

재심은 확정된 종국판결의 효과를 제거함을 청구의 내용으로 하므로 미확정판결에 대한 불복방법인 상소와 다르고 소송법상 형성의 소이며, 원소송사건에 부수하는 불복의 소이다. 재심의 소는 판결확정 후 동일 심급에 의한 심사를 구하는 것으로서 확정차단 및 2심의 효력이 없다는 점에서 상소라기보다는 일종의 이의라고 하겠다. 그러나 재심은 확정판결의 소급적 취소를 구하는 점에서 확정판결을 취소하는 것이 아니며, 또한 사후의 사유에 의한 집행력의 소멸을 구하는 청구이의의 소와도 다르다. 재심은 판결 전의 절차와 자료의 하자를 그 이유로 삼는 것이므로 판결 후의 상소제기의 장애를 이유로 하는 상소의 추완(追完)과도 다르다.

3. 특수절차

(1) 소액사건심판절차

소액사건이란 지방법원 및 동 지원의 관할사건 중 대법원규칙으로 정하는 민사사건이다. 소액사건심판규칙은 현재 소송물 가액이 2,000만원을 초과하지 아니하는 금전 기타 대체물이나 유가증권의 일정한 수량의 지급을 목적으로 하는 민사사건이라고 규정하고 있다. 부동산 등 특정물에 관한 청구는 소송목적의 값이 2,000만원 이하라도 소액사건이 아니다. 소액사건심판절차는 제1심의 특별절차이나, 항소 이후에는 통상절차에 따른다.

(2) 독촉절차(지급명령절차)

독촉절차란 채권자가 강제집행을 통한 만족을 얻기 위하여 일일이 이행의 소를 제기하여 승소판결에 대한 채무명의를 얻는 대신, 채무자가 채권의 존부에 관하여 다투지 아니하는 경우에는 간이·신속한 절차에 따라 싼 비용으로 채무명의를 얻게 하는 것이다.

(3) 형사배상명령

형사배상명령은 제1심 또는 제2심의 형사공판절차에서 소송촉진 등 특별법의 제25조 제1항에 규정된 범죄에 관하여 유죄판결을 선고할 경우에 법원이 직권 또는 피해자나 그 상속인의 신청에 의하여 피고사건의 범죄행위로 인하여 발생한 직접적인 물적 피해와 치료비의 배상을 명하는 것을 말한다. 이 제도는 형사소송에 부대하여 인정되는 부대소송으로서 범죄와 그로 인한 손해에 관한 소송을 병합심리하여 민·형사재판 간의 모순·저촉을 피하면서 범죄로 인한 손해를 간이·신속하게 배상해 줌을 그 목적으로 한다.

Chapter 07 형사소송법

제1절 형사소송법의 본질

1. 의의 · 성격

형사소송법이란 형법을 적용 · 실현하기 위한 절차를 규정하는 법률체계를 말한다. 형사소송법에 의하여 국가형벌권을 실현하는 데 있어서 개인의 기본적 인권침해가 수반될 개연성이 높으므로 이를 방지 · 억제하기 위하여 형사절차를 법률에 미리 규정하고 그에 따라 절차가 행해질 것이 요청된다. 이를 형사절차법정주의라고 한다.

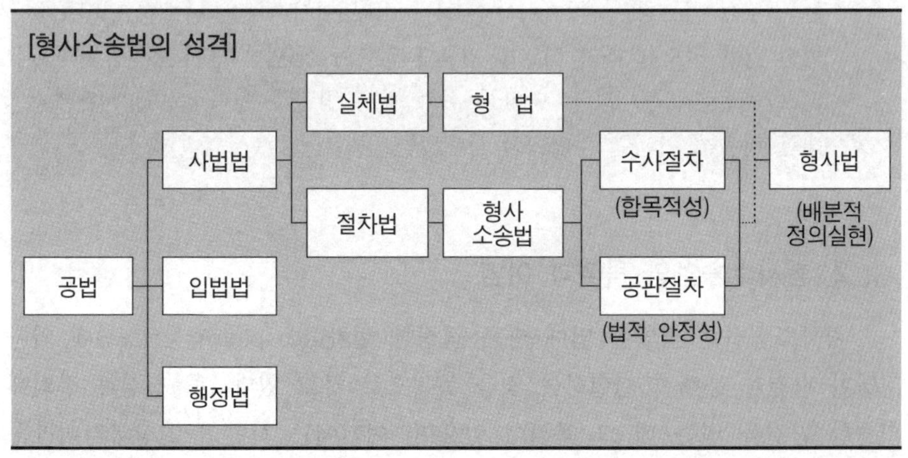

[형사절차의 흐름]

범죄예방활동 ⇨ 수사 ⇨ 공소 ⇨ 공판 ⇨ 상소 ⇨ 비상구제절차

범죄예방활동	수사	공소	공판	상소	비상구제절차
▶직무질문 소지품 검사	▶강제수사 ▶체포・구류 ▶수사・압수 ▶임의수사 ▶피의자신문 등	▶공판청구 ▶약식청구	▶모두절차 ▶증거조사절차 ▶변론 ▶재판선고	▶항소→상고 ▶항고→특별항고	▶재심 ▶비상상고

형사소송법은 공법이며 사법법이란 점에서는 형법과 그 성격을 같이 하나, 형법이 실체법인 데 반하여 형사소송법은 절차법이란 점에서 다르다. 사법법인 형사소송법은 법적 안정성을 제1원리로 하고 있고, 공판절차에서 그 원리가 엄격히 적용되고 있지만 수사절차나 형의 집행절차에서는 그 성격상 합목적성이 강조되지 않을 수 없다.

관련 사례

형법과 형사소송법의 관계가 '칼자루와 칼날' 또는 '수레의 양륜'의 관계에 비유되는데, 이는 어떠한 의미인가?

▶ 형법이 형사사법에 대한 정의, 형사소송법이 형사사법에 있어서 정의를 목적으로 한다는 점에서 모두 형사사법의 정의를 실현하는 데 기여하는 법률이다. 또한 형법과 형사소송법의 관계는 민법과 민사소송법의 관계와는 성질이 다르다. 사적자치의 원칙에 의해 민사분쟁은 반드시 민사소송법이 정한 절차에 따라 해결될 필요가 없으나, 형법은 형사절차에 의하지 않고는 실현될 수 없다. 따라서 위와 같은 형법과 형사소송법의 관계에 대한 비유는 이러한 의미에서 사용되는 것이다.

2. 형사소송법의 목적과 이념

형사소송법은 형법을 법에 따른 적정한 절차(due process of law)에 의한 정당한 판결을 통해서 실현하는 것을 목적으로 하고 있다. 즉 진실과 정의에 기초한 판결을 얻는 데 그 목적이 있으며, 여기에는 사안의 진상파악이라는

측면에서 실체진실주의와 인권보장적 측면에서 적정절차 및 신속한 재판의 원리가 그 목적원리 내지 이념으로서 작용하고 있다.

실체진실주의는 소송의 일체에 관하여 객관적 진실을 발견하여 사안의 진상을 명백히 함으로써 죄 있는 자와 죄 없는 자를 구별하여, 죄 있는 자는 처벌하고(적극적 진실주의) 죄 없는 자는 벌하지 않는 것(소극적 진실주의)을 말한다. 종래 형사소송에 있어서 실체적 진실주의라고 할 때 대륙법체계에서는 주로 전자의 면이 강조되었으나, 영미법체계에서는 인권존중의 면에서 후자의 면이 중시되었다. 그러나 실체진실만을 강조하다보면 수사기관의 고문 등에 의해 피의자의 인권침해가 행해지게 된다. 또한 피고인이 법원에서도 단순히 심리의 객체로 전락하게 될 뿐만 아니라 장기간의 구속은 피의자·피고인의 기본권의 중대한 침해를 수반하게 된다.

반면에 피의자·피고인의 인권을 보호하기 위해 적정절차와 신속한 재판만을 강조하게 되면 실체진실의 발견은 제한받게 된다. 이와 같이 형사소송에서 서로 모순되는 이념들을 어떻게 조화시킬 것인가의 문제가 형사소송법의 중요한 과제가 된다. 우리나라 현행 형사소송법은 영미법의 영향을 받아 소극적 진실주의의 면에 중점을 두고 있다(예컨대 자백, 전문증거 등의 증거의 증거능력을 제한하고 자백에 보강증거를 필요로 하고 있다).

3. 형사소송의 기본구조

(1) 규문주의와 탄핵주의

상술한 형사소송법의 제 이념을 달성하기 위하여 현행법은 재판기관과 소추기관을 분리하여 소추기관의 공소제기에 의해 법원이 소송절차를 개시하는 국가소추주의에 의한 탄핵주의 소송구조를 채택하고 있다. 한편 규문주의는 형사절차의 개시와 심리가 일정한 소추기관의 소추에 의하지 않고 법원의 직권에 의하여 행해지는 것을 말한다. 그러나 이에 의하면 공정한 재판을 기할 수 없고, 피고인의 인권보장에 불충분하게 되어 프랑스혁명 이후 자취를 감추게 되었다.

(2) 당사자주의와 직권주의

탄핵주의는 다시 소송의 주도적 지위를 누가 담당하느냐에 따라 당사자

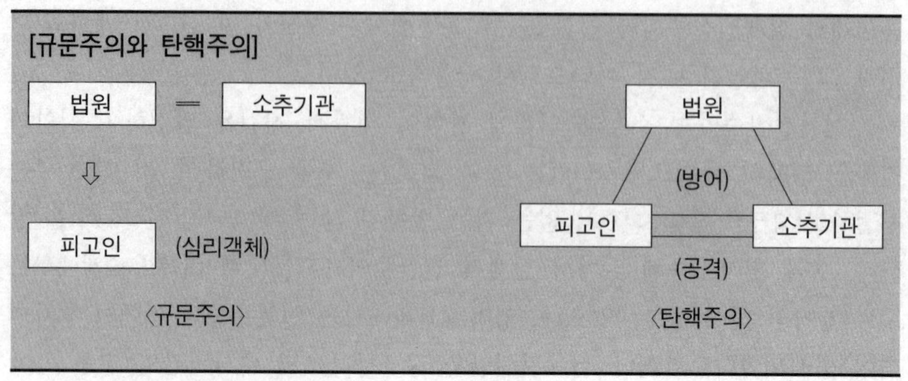

주의와 직권주의로 나눌 수 있다. 당사자주의란 대륙법체계에서 취하는 소송구조로서, 소송당사자인 검사와 피고인에게 소송의 주도적 지위를 인정하여 당사자간의 공격과 방어에 의해 심리가 진행되고, 법원은 단지 중립적 지위에서 양 당사자의 주장과 입증을 판단하는 소송구조를 말한다. 직권주의란 영미법체계에서 취하는 소송구조로서, 법원에 소송의 주도적 지위를 인정하여 법원이 사건의 심리에 적극적으로 관여하는 소송구조를 말한다.

당사자주의는 당사자 사이에 공격과 방어가 번잡하게 계속될 경우에 심리의 능률과 신속한 재판을 저해하게 됨으로써 당사자의 타협이나 거래에 의하여 사법의 스포츠화가 될 우려가 있다. 한편 직권주의는 사건의 심리가 법원의 독단에 빠질 염려가 있고, 피고인의 당사자로서의 주체성이 형식화되어 피고인의 방어권이 침해될 수 있는 등의 문제점이 나타날 수 있다. 그러므로 현행 형사소송법은 당사자주의와 직권주의를 조화시킨 소송구조를 채택하고 있다.

(3) 대한민국 형사소송법의 기본구조

1954년 제정 형사소송법(법률 제341호)은 직권주의를 기본으로 하면서 당사자주의를 가미하는 선에서 우리 형사소송법의 기본구조를 설정하였다. 이후 당사자주의를 더욱 추가하여 반영하는 방향에서 일련의 개정이 이루어졌으나, 법관에 의한 재판의 속성상 직권주의가 완전히 배제되지는 않는다. 또한 형사소송법이 제정된 이후 50여년만에 전면개정된 2007년 개정형사소송법은 피의자·피고인의 방어권 보장을 강화하고, 인신구속제도를 개선하며, 공판중심주의적 법정심리절차를 강화하였고, 조서의 증거능력 요건을 합리적으로 개선하는 등 증거법체계를 정비하는 내용을 담고 있다. 또한, 수사과정에서의 영상녹화제도를 도입하여 수사의 투명성을 확보하였고, 범죄피해자 보호를 위한 제도를 강화하는 등 형사절차에서 실체적 진실 발견과 인권보호의 두 가지 이념을 조화롭게 실현한 것으로 평가되고 있다.[1)]

(4) 국민참여재판과 당사자주의

국민참여재판이란 국민이 배심원으로 참여하는 형사재판을 의미하며, 2008년부터 국내에 도입되었다. 국민참여재판이 실시됨에 따라 공판절차는 당사자주의에 의해 진행되고 있으며, 따라서 배심원은 사건의 실체심리에 주도적으로 참여할 수 없고 객관적인 입장에서 제시되는 증거를 판단하게 된다.

제 2 절 소송주체

소송의 주체는 법원・검사・피고인이다. 피고인과 검사를 당사자라고 하며, 검사는 공소권의 주체로서 원고의 지위를 가진다.

Ⅰ. 법 원

1. 의의와 종류

법원의 의의는 국법상 의미와 소송법상 의미가 있다. 국법상의 의미는 사법행정상의 '관청'으로서의 법원과 사법행정상의 '관서'로서의 법원으로 구분된

1) 수사과정 영상녹화물의 본증 사용을 불허하되, 피의자신문조서뿐 아니라 참고인 진술조서의 진정성립을 증명하는 수단으로 활용할 수 있도록 하였다. 재정신청 전면 확대로 인한 부작용을 막기 위해 재정신청 기각 결정을 받은 자에게 비용을 부담하게 하는 등 여러 가지 보완장치를 도입하였다(형사소송법 제260조~제264조의2). 법원이 구속사유를 심사함에 있어서 범죄의 중대성, 재범의 위험성, 피해자・중요참고인 등에 대한 위해 우려 등을 고려하도록 하였다.

다. 전자는 사법행정권의 주체가 되는 법원을 말하고, 후자는 그 자체로서는 아무런 권한 없는 법관과 전 직원을 총괄한 사법행정상의 단위에 불과한 법원을 말한다. 법원조직법상의 법원은 통상 국법상의 의미를 뜻한다. 소송법상의 의미에서의 법원은 개개의 사건에 관하여 실제로 재판권을 행사하는 재판기관, 즉 법관의 합의체 또는 1인의 법관(단독판사)을 말하며, 형사소송법상의 법원은 통상 소송법상의 의미를 뜻한다.

법원에는 최고법원인 대법원과 하급법원인 고등법원과 특허법원, 지방법원, 가정법원, 행정법원이 있고, 지방법원과 가정법원의 사무의 일부를 처리하기 위하여 그 관할구역 내에 지방법원지원과 소년부지원, 시·군법원 및 등기소가 있다. 이상은 보통법원이고 이 밖에 특별법원으로서 군사법원이 있다. 군사법원의 종류로서는 고등군사법원과 보통군사법원이 있으며 그 상고심은 대법원에서 관할한다. 법원은 단독제와 합의제로 구성되는데, 단독제는 1인의 법관으로 구성되며 제1심법원에서 구성의 원칙이 되고 있으며, 합의제는 2인 이상의 법관으로 구성되고 고등법원과 대법원에서 그 구성의 원칙이 되고 있다.

2. 제척·기피·회피(공평한 법원구성)

재판이 공정하기 위해서는 우선 조직과 구성에 있어서 편파적인 재판을 할 우려가 없는 법원이 그 전제로 된다. 제척·기피·회피제도는 공평한 법원의 구성을 보장하기 위한 제도이다.

제척은 구체적인 사건의 심판에 있어서 법관이 불공정한 재판을 할 우려가 현저한 것으로 법률에 유형적으로 규정되어 있는 사유(형사소송법 제17조)에 해당하는 때에 그 법관을 직무집행에서 당연히 배제시키는 제도를 말한다. 기피는 법관이 제척사유가 있음에도 불구하고 재판에 관여하거나 기타 불공정한 재판을 할 염려가 있는 때에 당사자의 신청에 의하여 그 법관을 직무집행에서 탈퇴하게 하는 제도로서 제척을 보충하는 데 의미가 있다. 회피는 법관 스스로 기피의 원인이 있다고 판단한 때에 자발적으로 직무집행에서 탈퇴하는 제도이다.

관련 사례

항소심에서 피고인 甲에 대한 강도 피의사건의 심판에 관여한 법관이 그 후 대법원의 파기환송판결에 의해 환송된 甲에 대한 강도사건의 심판에 관여할 수 있는가?

▶ 형사소송법 제17조 제7호는 제척사유로 '전심재판(前審裁判)에 관여한 때'를 규정하고 있다. 전심이란, 구체적으로는 제2심에 대한 제1심, 제3심에 대한 제2심 또는 제1심을 말하므로 파기환송 전의 원심에 관여한 법관이 환송 후의 재판에 관여한 경우에는 전심에 해당되지 아니한다(대법원 1979.2.27. 선고 78도3204 판결; 대법원 1971.12.28. 선고 71도1208 판결). 따라서 이 경우에는 법관의 관여가 가능하다.

II. 검 사

1. 검사의 의의 · 성격

검사란 검찰권을 행사하는 국가기관으로서, 범죄수사기관이고 소추기관인 동시에 재판의 집행기관이다. 검사는 검찰사무를 처리하는 단독제의 관청이며, 자격과 신분보장은 법관과 같다.[2] 범죄수사와 공소제기 · 유지 및 재판의 집행을 내용으로 하는 검찰권은 사법권과 밀접한 관계를 맺고 있으므로 준사법기관으로서의 성격을 가지고 있다. 또한 공익의 대표자로서 피고인 · 피의자의 정당한 이익을 보호해야 할 공익적 입장에 있으며, 검사의 피고인 · 피의자를 위한 변호를 실질적 변호라고 한다.

2. 검사동일체의 원칙

전국의 검사는 검찰권을 행사함에 있어 검찰총장을 정점으로 하여 상명하복관계에 서서 일체불가분의 유기적 통일체로 활동하는데, 이를 검사동일체의 원칙이라고 한다. 이 원칙은 범죄의 수사와 공소의 제기 · 유지 및 재판의 집행을 내용으로 하는 검찰권의 행사가 전국적으로 균형을 이루게 하여 기동

2) 다만, 법관의 신분은 헌법상 보장되고 있으나 검사의 경우는 검찰청법에 의해 규정되고 있다.

성・신속성에 대처하고, 검찰권행사의 통일성・공정성을 기하려는 데 그 존재이유가 있다. 검찰청법 제7조에서 「검사는 검찰사무에 관하여 소속 상급자의 지휘・감독을 따라야 한다」고 규정하여 검사동일체의 기본 골격을 사실상 유지하고 있다. 다만 제2항에서 「구체적 사건과 관련된 제1항의 지휘・감독의 적법성 또는 정당성 여부에 대하여 이견이 있는 때에는 이의를 제기할 수 있다」고 하여 종래와는 조금 완화된 형태의 동일체원칙을 규정하고 있다.[3)]

관련 사례

검사 甲은 자신의 가족이 피의자인 횡령 피의사건의 수사 및 공소제기에서 그 직무수행이 가능한가?

▶ 검사에 대하여는 제척・기피의 제도가 없다. 이는 검사동일체의 원칙에 의하여 특정한 검사를 직무집행에서 배제하는 것은 아무런 의미가 없고, 검사의 교체가 언제든지 가능하므로 검사의 제척・기피제도가 인정될 수 없다고 하는 것이 통설의 입장이다. 따라서 검사 甲은 이 사례의 경우 직무수행이 가능하지만, 내부적으로 검사의 교체에 의해 해결하는 것이 검찰사무처리의 공정성, 검찰사무처리에 대한 이해관계인의 신뢰를 위해 타당할 것이다(단, 입법론에서 제척・기피제도를 주장하는 학자도 있다).

Ⅲ. 피고인

피고인이란 형사사건으로 국가기관에 의하여 형사소추를 당한 자 또는 형사소추를 당한 자로 의제되거나 취급되고 있는 자를 말한다. 피고인은 공소제기 이후의 개념이므로 피의자와 구별되며, 판결확정 이전의 개념으로서 수형자와도 구별된다. 피고인은 검사와 대립하는 수동적 당사자로서의 지위를 가지며, 검사와 대등한 지위에서 공격・방어를 할 수 있도록 진술거부권, 변호인의 선임권 등의 방어권과 소송절차참여권이 보장되고 있다.

3) 검찰청법의 개정으로 검사동일체의 원칙이 완화된 형태를 취하고 있지만, 여전히 직무승계권이나 직무이전의 권한이 인정되고 있기 때문에 검사동일체의 원칙은 사실상 존치되고 있다고 볼 수 있다.

IV. 변호인

변호인이란 피고인 또는 피의자의 방어력을 보충함을 임무로 하는 보조자를 말한다. 피고인은 법률에 대하여 문외한이며, 범죄의 혐의를 받고 있다는 불안과 공포로 인한 심리적 열등감에 빠지게 된다. 그러므로 검사와 대등한 당사자로서의 지위를 확보하기 위해 피고인과 신뢰관계에 있으면서 법률적 지식을 갖춘 변호사로 하여금 피고인을 보조하게 하려는 것이 변호인제도의 존재이유이다.

형사소송법은 변호권 확대의 역사라고 하듯이 형사사법의 민주화에 따라 필연적으로 변호권의 강화가 요청되고 있다. 그러나 우리 형사소송법은 구속적부심사의 경우를 제외하고는 피고인에 대하여만 국선변호를 인정하고 있으므로 피의자에 대한 국선변호권의 확대가 바람직하다고 할 것이다. 피의자 신문절차에 있어서도 변호인의 참여권을 한미행정협정 사건의 경우를 제외하고는 보장하고 있지 아니하므로, 피의자의 인권보장과 조서의 정확성 보장을 위하여 수사기관의 피의자신문에 대한 변호인의 참여권을 인정하는 것이 입법론적으로 타당하다.

관련 사례

검사 甲은 국가보안법위반 혐의로 구속된 피의자 乙이 피의사실을 계속 부인한다는 이유로 변호인과의 접견을 금지시킨 채, 신문을 계속하면서 번호인의 접견요청도 거부하였다. 그 동안에 甲은 乙에게 끈질긴 권유로 자백을 받아내고, 피의자신문조서를 작성한 경우에 이 피의자신문조서가 반국가단체의 구성 등에 관한 죄의 공소사실에 관한 유죄증거로서 사용될 수 있는가?

▶ 비록 乙의 자백이 임의성이 인정되고 피의자신문조서가 그 성립이 진정으로 인정된다고 할지라도, 검사의 접견금지 및 접견요청의 거부는 피고인의 접견교통권을 침해한 것으로서 위법한 것이고, 이러한 침해를 통해 얻은 증거는 그 증거능력이 부정되어야 한다. 따라서 乙의 피의자신문조서는 위법수집증거배제법칙에 의해 그 증거능력이 부정되어야 한다.

제3절 수사와 공소제기

I. 수 사

1. 수사의 의의와 조건

수사란 형사사건에 관하여 공소를 제기하고 이를 수행하기 위하여 범인을 발견·확보하고 증거를 수집·보전하는 수사기관의 활동을 말한다. 수사기관에는 검사와 사법경찰관리가 있는데, 검사는 수사의 주재자이고 사법경찰관리는 검사와는 상명하복의 관계에 있는 검사의 보조기관이다.

수사절차에는 인권제한적 처분이 있게 되므로 수사의 제한이 요청되며 수사를 제한하고자 하는 법리가 수사조건론이다. 수사의 조건으로 수사는 그 목적을 달성하기 위해 필요한 때에만 가능하다는 수사의 필요성과, 수사는 신의칙과 수사비례성의 원칙을 내용으로 하는 상당성이 요구된다.

관련 사례

사법경찰관 甲은 강간범인 乙을 현장에서 현행법으로 체포하였으나 피해자 丙녀가 수치심에서 고소하지 않겠다는 의사표시를 한 경우에 甲은 계속 수사를 할 수 있는가?

▶ 우리나라 다수설은 친고죄를 인정하는 입법취지와 수사의 필요성을 고려하여 피해자의 고소가 없는 경우에도 수사가 가능하지만, 고소의 가능성이 없는 때에는 수사가 제한되어야 한다고 한다(제한적 허용설). 따라서 甲이 현행범으로서 乙을 체포한 행위는 적법하다. 다만 丙녀가 고소를 하지 않겠다는 의사표시 이후에는 수사를 계속할 수 없다.

2. 수사의 개시

수사기관은 범죄의 혐의가 있다고 판단된 때에 한하여 수사를 개시할 수 있다(형사소송법 제195조, 제196조). 따라서 수사는 수사기관의 주관적 혐의에 의하여 개시할 수 있으며 객관적 혐의가 있음을 요하지 아니한다. 그러나 수사를 개시하기 위해서는 적어도 범죄혐의를 주관적으로 인정함에 대한 합리적 근거가 있어야 한다. 수사개시의 원인, 즉 수사의 단서에는 제한이 없다.

경찰관의 직무질문, 현행범인의 발견, 변사자의 검시, 소문·세평 등과 같이 수사기관 자신의 체험에 의한 경우와, 고소·고발·자수·진정·투서 등과 같이 타인의 체험에 의한 경우에 의해 수사가 개시된다. 특히 고소·고발·자수가 있는 때에는 즉시 수사가 개시되고, 그 이외의 수사의 단서의 경우에는 그러한 사유가 있다고 하여 바로 수사가 개시되는 것은 아니다. 범죄인지(犯罪認知) 또는 입건(立件)이란 수사기관이 고소·고발·자수 이외의 수사단서가 있는 경우에 범죄의 혐의가 있다고 판단하여 수사를 개시하는 것을 의미한다.

수사기관은 수사에 관하여 그 목적을 달성하기 위하여 필요한 조사를 할 수 있다(형사소송법 제199조 제1항 본문). 이때 필요한 조사란 수사의 목적을 달성함에 필요한 경우로 한정되는 조사를 의미한다(수사의 필요성). 또한 수사기관의 수사활동은 그 방법이 상당하다고 인정되는 방법으로만 해야 한다(수사의 상당성). 이와 관련하여 함정수사의 방법으로 수사를 행하는 것은 수사의 상당성이 결여된 것은 아닌지 여부가 문제가 된다. 함정수사란 수사기관이 특정인에게 범죄를 교사하거나 범죄를 범할 기회를 제공한 후 범죄의 실행을 기다렸다가 범인을 체포하는 수사방법이다. 함정수사는 이미 범죄의사를 가지고 있는 사람에 대하여 범죄를 범할 기회를 부여하는 기회제공형 함정수사와, 전혀 범죄의사가 없는 사람에게 새로운 범죄의사를 유발하는 범의유발형 함정수사로 나눌 수 있다. 판례는 기회제공형 함정수사의 경우에는 적법하다고 보고 있으나, 범의유발형 함정수사의 경우에는 위법한 것으로 보고 있다.[4)]

	행위자	범인에 대한 처벌의사
신고	누구든지	X
고소	피해자	O
고발	제3자	O
자수	범인	O

4) 대법원 2008.10.23. 선고 2008도7362 판결; 대법원 2007.7.12. 선고 2006도2339 판결.

관련 사례

피의자 甲은 乙녀에 대한 강간 피의사건으로 구속 중 乙녀가 고소를 취소하였다. 이 경우에 검사는 폭행의 사실을 강간에서 따로 떼어 폭력행위 등 처벌에 관한 법률 위반으로 공소를 제기할 수 있는가?

▶ 강간죄의 수단인 폭행만을 따로 떼어 폭력행위 등 처벌에 관한 법률 위반으로 공소제기를 한다는 것은 강간죄를 친고죄로 한 입법취지와 한 개의 범죄사실의 일부분에 대한 고소 또는 그 취소는 그 범죄사실 전부에 대하여 효력이 미친다는 고소의 객관적 불가분의 원칙에 의거하여 인정될 수 없다(대법원 1976.4.27. 선고 75도3365 판결).

3. 수사의 방법

수사의 방법에는 임의수사와 강제수사가 있다. 임의수사는 강제력을 행사하지 않고 수사를 받는 상대방의 승낙이나 동의를 받아서 하는 수사를 말하고, 강제수사란 상대방의 의사 여하를 불문하고 강제적으로 실시하는 수사를 말한다.

임의수사로서는 검사 또는 사법경찰관은 수사에 필요한 때에는 피의자 또는 참고인의 출석을 요구하여 진술을 들을 수 있고 감정, 통역 또는 번역을 위촉할 수 있다. 이 밖에도 거짓말탐지기에 의한 검사의 경우에도 피검자의 동의에 의한 검사는 임의수사로서 허용될 수 있다.

강제수사로서는 체포・구속・압수・수색 등의 강제처분이 있다. 이들은 물리력의 행사에 의하여 상대방의 의사를 제압하는 것이므로, 그 목적이야 어쨌든 상대방의 기본적 인권을 침해하지 않을 수 없으며 특히 그 남용 가능성이 크다. 따라서 헌법과 형사소송법에 수사기관이 강제처분을 함에는 원칙적으로 사전에 법관의 영장을 발부받아야 함을 요구하고 있다. 다만, 예외적으로 현행범 및 중대한 범죄를 범하였다고 의심할 만한 상당한 이유가 있을 때, 긴급성이 있을 경우에는 사후에 영장을 신청할 수 있음을 인정하고 있다.

형사소송법 제201조의2에서는 구속의 신중을 통해 피의자의 인권보장을 기하기 위하여 판사가 피의자를 심문 후 구속영장을 발부하도록 하는 구속전

피의자심문제도(영장실질심사제)를 규정하고 있다. 또 제200조의2에서 이제까지의 수사관행에서 나타난 임의동행 및 보호실유치 등 인권침해적 탈법행위를 막기 위해 체포제도를 도입하였는 바, 피의자가 죄를 범하였다고 의심할 만한 상당한 이유가 있는 경우에는 사전에 판사로부터 체포영장을 발부받아 체포하고, 48시간 이내 구속영장을 청구하지 아니한 경우에는 즉시 석방하도록 하여 인권보장을 꾀하고 있다.

수사기관의 도청은 상대방에 대하여 물리적인 강제력을 수반하는 것이 아니므로 임의수사에 속한다는 견해지만, 그러나 도청은 사생활의 프라이버시에 대한 중대한 침해이므로 상대방의 의사에 반한 도청은 강제처분의 일종이라고 보는 것이 타당하다. 피촬영자의 의사에 반한 수사기관의 사진촬영도 도청의 경우와 마찬가지로 강제처분의 일종이라고 보는 것이 타당하다.

관련 사례

검사 甲은 살인사건의 용의자로 乙의 범행을 추궁하였으나 그 혐의를 찾기 어려워지자 계속 살인사건에 대해 신문할 생각으로, 우선 乙을 경미한 상해사실로 구속한 후 乙의 범행을 계속 추궁하던 끝에 乙로부터 살인범행의 자백을 받아낸 경우에 甲의 행위는 적법한가?

▶ 이 경우는 이른바 별건구속의 적법 여부에 관한 문제이다. 별건구속은 별건을 기준으로 하면 구속이 일응 적법하나, 별건으로 인한 구속상태를 본건에 대한 수사에 이용할 목적으로 구속이 행하여지는 것이므로 영장주의에 정면으로 위반하는 행위로서 위법하다고 할 것이다. 또한 별건구속 중에 받은 피의자의 자백은 위법절차에 의해 수집된 증거이고, 그 위법의 정도가 중대한 바 위법수집증거 배제법칙에 의해 그 증거능력을 부정해야 한다.

4. 수사의 종결

수사의 종결은 범인의 발견과 증거수집이 완료되었을 때이며, 수사를 종결하였다고 하여 그 이후에는 절대로 수사를 할 수 없다는 것이 아니다. 수사의 종결은 검사만이 할 수 있으며 공소제기, 불기소처분, 타관송치 등과 같은 처분으로 수사는 종결된다.

II. 공소의 제기

검사가 수사를 종결하면 기소 또는 불기소를 하게 되는데, 검사가 형사사건에 관하여 법원의 재판을 요구하는 행위를 이를테면 기소, 즉 공소제기라고 한다. 형사소송법은 공소는 검사가 제기하여 수행한다(제246조)고 규정하여 국가소추주의를 택함과 동시에 공소권의 행사를 검사에게 독점시키는 기소독점주의를 채용하고 있다. 또한 수사결과 기소를 함에 충분한 범죄의 혐의가 있더라도 범인의 연령·성행·지능과 환경 등 여러 가지 사유를 참작하여 검사는 기소를 하지 아니할 수 있는데, 이를 기소편의주의(제247조 제1항)라고 한다.

기소독점주의와 기소편의주의는 공소권행사의 적정성을 기하고 형사사법의 탄력성 있는 운용을 통해 구체적 정의를 실현한다는 점에서 그 장점이 발견되지만, 한편으로는 공소권의 행사가 검사의 자의와 독선에 흐르거나 정치적 영향에 좌우될 위험성도 내포하고 있다.

관련 사례

검사는 강도상해죄의 혐의로 피의자 甲을 수사한 결과 강도상해의 범죄사실을 인정할 수 있는 증거가 충분함에도 불구하고, 甲이 초범이며 깊이 뉘우치고 있는 점을 감안하여 강도의 사실로만 공소를 제기하였다. 검사의 공소제기는 적법한가?

▶ 형사소송법이 기소독점주의와 기소편의주의를 채택하고 있는 이상 공소제기의 여부와 그 범위는 검사의 재량에 속한다고 할 것이므로, 1죄의 일부에 대한 공소제기는 적법하다고 볼 수 있고, 판례도 이를 긍정하고 있다(대법원 1999.11.26. 선고 99도1904 판결).

제4절 공판절차

공판절차는 협의에 있어서는 공판기일에서의 심판절차만을 의미하나, 광의에 있어서는 공소제기 이후 종국재판의 확정에 의하여 소송절차가 종결하기까지 공판법원에 의하여 행해진 모든 절차를 의미한다. 공판은 각 심급마다 존재하며 사건에 대한 법원의 심리는 모든 공판절차에서 행하여진다. 특히 형사소송법은 예심제도를 폐지하였을 뿐만 아니라 공소장일본주의(형사소송규칙 제118조 제2항)를 채택하여 피고사건에 대한 법원의 조사·심리를 공판기일의 심리절차에 집중시킴으로써 공판중심주의를 확립하고 있다. 따라서 공판중심주의는 공판기일 외에서 수집된 소송자료를 공판기일의 심리에 집중시킬 것을 요구함과 동시에 피고사건의 실체에 대한 심증형성도 원칙적으로 공판심리에 의할 것을 요구하고 있다.

Ⅰ. 공판절차의 기본원칙

공판절차에서 법률관계가 공정성을 유지하기 위해서는 공판절차의 여러 가지 기본원칙이 필요하게 되는데, 여기에는 공개주의(헌법 제109조 본문, 제27조 제3항 후단; 법원조직법 제57조), 구두변론주의(제37조 제1항), 직접주의, 집중심리주의(헌법 제27조 제3항 전단; 형사소송규칙 제146조)가 있다.

공개주의라 함은 일반국민에게 심리의 방청을 허용하는 것을 말하며, 구두변론주의는 법원이 당사자의 구두에 의한 공격·방어를 근거로 하여 심리·재판하는 주의이고, 직접주의라 함은 공판정에서 직접 조사한 증거에 한하여 재판의 기초로 할 수 있다는 주의를 말한다. 집중심리주의라 함은 심리에 2일 이상을 소요하는 사건은 연일 계속하여 심리해야 한다는 것으로 계속심리주의라고도 한다.

II. 공판의 절차

공판절차는 공판준비절차와 공판기일의 절차로 나뉜다. 우선 공판준비절차란 재판장은 효율적이고 집중적인 심리를 위하여 사건을 공판준비절차에 부칠 수 있고(형사소송법 제266조의5 제1항), 공판준비절차는 주장 및 입증계획 등을 서면으로 준비하게 하거나 공판준비기일을 열어 진행한다(동조 제2항). 그리고 공판준비기일 외 공판준비절차와 공판준비기일에서의 공판준비절차로 나눌 수 있으며, 이러한 공판준비절차는 법원이 필요하다고 인정하는 경우에 거칠 수 있는 임의적 절차로서, 그 회부 여부는 재판장의 재량에 달려 있다.

공판기일에서의 일반적 순서는 인정신문, 검사의 모두진술, 진술거부권 등의 고지, 피고인의 모두진술, 피고인신문, 증거조사, 최종변론, 판결의 선고로 진행된다.

(1) 인정신문

공판기일의 맨 처음에 행하는 절차로서 공소장에 기재된 피고인과 출정한 피고인이 동일인임을 확인하려는 데 그 목적이 있다(제284조).

(2) 검사의 모두진술

재판장의 인정신문이 끝나면 재판장은 검사로 하여금 공소장에 의하여 기소의 요지를 진술하게 할 수 있다(제285조).

(3) 진술거부권 등의 고지

검사의 모두진술이 끝나면 재판장은 피고인에게 각개의 신문에 대해 진술거부권을 행사할 수 있다는 취지를 고지하여야 한다(형사소송규칙 제127조).

(4) 피고인의 모두진술 및 피고인신문

재판장은 피고인에게 그 이익 되는 사실을 진술할 기회를 주어야 하고(제286조), 이후 검사와 변호인이 피고인에 대하여 순차로 공소사실과 정황에 대하여 신문할 수 있으며, 재판장은 검사와 변호인의 신문이 끝난 후에 신문할 수 있다(제287조).

(5) 증거조사

증거조사는 피고인신문이 끝난 후에 하는 것이 원칙이나 필요시에는 피고인 신문 중에도 가능하다(제290조). 증거조사란 법원이 피고사건의 사실인정과 형의 양정에 관한 심증을 얻기 위하여 인증(人證)·서증(書證)·물증(物證) 등 각종의 증거방법을 조사하여 그 내용을 감지하는 소송행위를 말한다. 증거조사의 신청은 검사가 먼저 한 후에 피고인 또는 변호인이 한다(제294조). 법원의 직권에 의한 증거조사는 검사, 피고인 또는 변호인의 신청에 의한 증거조사에 대하여 보충적·2차적인 것이다(제295조 후단).

(6) 최종변론

피고인신문과 증거조사가 끝난 후에 검사는 사실과 법률적용에 관하여 의견을 진술하여야 한다(논고와 구형)(제302조 본문). 검사의 의견진술이 끝나면 재판장은 변호인과 피고인에게 최종의 의견을 진술할 기회를 주어야 한다(제303조).

(7) 판결선고

공판절차의 최종단계이다. 판결의 선고는 재판장이 하며 주문(主文)을 낭독하고 이유의 요지를 설명해야 한다(제43조). 판결 선고를 하는 공판기일에는 원칙적으로 피고인이 출석하여야 한다.

관련 사례

폭행치상죄로 불구속 기소된 피고인 甲은 제1심에서 2차에 걸쳐 공판기일에 출석을 요구받았으나, 소환장을 받고도 정당한 이유 없이 출석하지 않았다. 계속하여 구인장을 발부했지만 甲이 외유 중이라 집행이 될 수 없어서 법원은 甲의 출석 없이 공판심리를 진행하였고 甲에 대하여 징역 1년에 2년간의 집행유예를 선고한 경우에 공판절차는 적법한 것인가?

▶ 피고인의 방어권 행사를 보장하기 위하여 피고인이 공판기일에 출석하지 않으면 특별한 규정이 없으면 공판은 개정하지 못한다. 예외적으로 피고인의 출석 없이 심판할 수 있는 경우가 있는데 다음과 같다.

① 다액 500만원 이하의 벌금 또는 과료에 해당하는 경미한 사건인 경우
② 피고사건이 공소기각 또는 면소의 재판을 할 경우 등의 피고인에게 유리한 재판을 하는 경우
③ 제1심 공판절차에서 피고인에 대한 송달불능보고서가 접수된 때로부터 6월이 경과하도록 피고인의 소재가 확인될 수 없는 경우(다만 사형, 무기

또는 장기 10년 이상의 징역이나 금고에 해당하는 사건의 경우에는 예외로 한다)

④ 피고사건이 반국가사건으로서 정당한 이유 없이 2회 이상 검사의 출석요구에 불응하여 검사가 궐석(闕席)재판을 청구하는 경우

원칙적으로 설문과 같이 폭행치상죄의 법정형은 7년 이하이므로 경미한 사건도 아니며, 재판장의 허가 없이 퇴정하거나 퇴청명령에 의하여 퇴정한 경우도 아님은 물론 반국가사범도 아니다. 그러므로 불출석이 구인사유로는 될 수 있어도, 甲의 출석 없이 행하여진 공판심리는 적법하다고 할 수 없다. 따라서 제1심 법원의 피고인 甲에 대한 유죄판결 선고는 형사소송법 제276조의 위반으로 위법을 면하지 못한다. 다만, 개정 형사소송법 제277조의2에서는 공판절차의 신속을 위하여 피고인이 출석하지 아니하면 개정하지 못하는 경우에도 구속된 피고인이 정당한 사유 없이 출석을 거부하고, 교도관에 의한 인치(引致)가 불가능 또는 현저히 곤란한 때에는 피고인의 출석 없이 공판절차를 진행할 수 있도록 하고 있다.

Ⅲ. 상 소

상소란 미확정의 재판에 대하여 상급법원에 구제를 구하는 불복신청제도를 말한다. 재판에 대한 불복신청이라는 점에서 불기소처분에 대한 항고나 재정신청과 같이 검사의 처분에 대한 불복신청과 구별되며, 미확정된 재판에 대한 불복신청이라는 점에서 확정판결에 대한 비상구제절차인 재심 또는 비상상고와도 구별된다.

상소제도는 오판(誤判)의 시정(是正)에서 그 존재이유를 찾을 수 있으며 여기에는 항소·상고·항고가 있다. 항소는 제1심 판결에 대한 상소(제357조)이며, 상고는 제2심 판결에 대한 상소(제371조)이다. 법원의 결정에 대한 상소는 항고라고 하며 이는 일반항고와 특별항고(재항고)가 있고, 일반항고에는 형사소송법에 특별한 규정이 있는 경우를 제외하고 법원의 결정에 대하여 불복하는 보통항고(제402조)와 형사소송법에 특별한 규정이 있는 경우(제328조 제2항, 제360조 제2항, 제376조 등)에 한해서 할 수 있는 즉시항고가 있다.

제5절 국민참여재판

우리나라 사법제도의 큰 특징 중 하나는 헌법상 신분과 독립이 보장되는 직업법관에 의하여 소송이 심리, 종결되는 것이다. 그러나 배심제 또는 참심제 등 형태는 다양하더라도 국민이 재판절차에 참여하는 것이 세계적 추세이고, 국민의 사법참여에 관한 열망이 높아짐에 따라 대법원에서는 국민의 사법참여에 관한 연구를 계속하였다. 그 결과 2004년 대법원 산하 사법개혁위원회에서는 "2012년부터 국민의 사법참여가 실질적으로 보장되는 완성된 제도를 시행하는 것을 목표로, 우선 1단계 국민사법참여제도를 고안·실시하여 그 시행성과를 실증적으로 분석한 후, 우리나라에 적합한 완성된 국민사법참여제도를 설계하여 2012년에 시행하고, 제1단계 국민사법참여제도의 시행에 있어서는 배심이나 참심과 같은 단일한 형태의 기본모델을 결정하지는 않고, 배심·참심 요소를 혼용한 제도를 모델로 한다"라고 건의하였다. 그 후 2005년 사법제도개혁추진위원회에서 '국민의 형사재판 참여에 관한 법률안'을 국회에 제출하였고, 국회 심의를 거쳐 법률이 제정되었다.

국민참여재판에 참가하는 배심원은 만20세 이상의 대한민국 국민으로 해당 지방법원 관할구역에 거주하는 주민 가운데 무작위로 선정된다. 배심원의 수는 법정형이 사형·무기징역 또는 무기금고에 해당하는 대상사건의 경우 9명, 그 밖의 대상사건은 7명으로 하되, 피고인 또는 변호인이 공판준비절차에서 공소사실의 주요 내용을 인정한 경우에는 5명으로 한다. 배심원의 결원 등에 대비하여 5명 이내의 예비배심원을 둘 수 있다.

배심원의 유죄·무죄에 대한 평결과 양형에 관한 의견은 권고적 효력을 지닐 뿐이며 법적인 구속력은 없다. 배심원들이 결정한 유죄·무죄 평결을 판사가 따르는 미국의 배심원제도와는 달리 국민참여재판은 판사가 독자적 결정을 내릴 수 있다. 다만, 판사가 배심원의 평결과 다른 선고를 할 경우에는 피고인에게 배심원의 평결 결과를 알리고 평결과 다른 선고를 한 이유를 판결문에 분명히 밝혀야 한다.

국민참여재판의 대상사건은 형법에 규정된 특수공무집행방해치사 등의 사건, 특정범죄가중처벌 등에 관한 법률(법률 제10210호)에 규정된 뇌물 등의 사건, 특정경제범죄 가중처벌 등에 관한 법률(법률 제9646호)에 규정된 배임수재(타인의 사무를 처리하면서 부정한 이득을 취함) 등의 사건, 성폭력범죄의 처벌 등에 관한 특례법에 규정된 특수강도강간 등의 사건이다.

다만, 국민의 형사재판 참여에 관한 법률 제5조에서 규정하고 있는 대상사건에 대해 피고인이 원하지 않거나 배제 결정이 있는 경우에는 국민참여재판을 하지 않는다.

Chapter 08 사회법

제1절 자본주의사회와 사회법의 생성

중세의 신분적인 사회 자체의 모순에 따라 붕괴된 봉건사회를 대신하여 성립된 근대시민사회는 그 기본이념을 자유와 평등에 두었다. 즉 중세의 모든 신분적인 구속과 사회적인 억압을 제거하여 모든 인간들에게 법적으로 자유와 평등을 부여하면 모든 인간은 행복하게 될 것으로 믿었다. 이러한 법적인 이념들은 근대시민사회를 성립시키는 데 결정적인 원동력이 되었던 산업혁명의 영향으로 사유재산제도를 경제적인 대원칙으로 하는 자본주의사회를 형성하게 된다. 그리고 자유와 평등이라는 이념은 사유재산제도와 결합하여 소유권 절대의 원칙, 계약자유의 원칙, 과실책임의 원칙이라는 근대시민사회의 법체계의 원칙을 형성하는 것이다.

이러한 원칙하에서 근대시민사회의 구성원은 누구나 자신의 책임하에 자유로이 영리를 추구할 수 있었다. 또한 국가는 개인의 자유로운 경제활동에 간섭할 수 없었고, 가능한 한 개인의 생활에 관여하지 않는 자유방임이 최고의 미덕으로 간주되었다. 따라서 개인생활의 자유주의·영리주의를 이상으로 하는 시민법체계에서는 자신의 생활자료를 스스로 구할 수밖에 없었다. 혼자서 생활자료를 구하지 못하는 경우에도 그 책임은 본인에게 있었으며 국가에 그 책임을 물을 수가 없었다. 그러나 사회구성원 모두가 충분한 생활자료를 구할 수는 없었다. 왜냐하면 각 개인의 능력에는 엄연한 차이가 존재하기 때문이다. 즉, 시민법체계에서 근간으로 삼았던 자유와 평등은 추상적인 인격자로서의 개인을 설정함으로써, 구체적인 인간이 가지고 있는 사실적인 자유와 평등의 차이가 아니었던 것이다. 이러한 시민법체계의 구조적인 결함 때문에 시민법질서는 수정될 수밖에 없었다.

뿐만 아니라 영리주의를 그 특징으로 하는 자본주의사회는 그 결과로 막대한 부를 축적하게 되었으며, 사회구성원들을 유산자와 무산자로 나누게 되었다. 재산을 소유하게 된 유산자, 즉 자본가들은 그 자본을 기반으로 생산과 시장을 독점하여 점점 더 많은 부를 축적하게 되었으나, 재산을 소유하지 못한 무산자들은 그들이 가지고 있는 것들을 다른 구성원, 즉 자본가들에게 팔아서 생활의 자료를 구할 수밖에 없었다.

무산자들이 팔 수 있었던 대표적인 것이 곧 노동력이었다. 무산자들의 노동력을 구입한 자본가들은 그 노동력에 생산설비를 결합하고 상품을 생산하여 많은 이득을 얻음으로써 더 많은 부를 축적하게 되었다. 반면 자본가에게 노동력을 제공하는 다수의 무산자들은 수요와 공급의 불균형으로 인하여 대자본가와의 관계에서 경제적으로 열등한 지위에 있었고, 일반적으로 이해가 상호 대립하는 관계에 있었던 자본가들은 노동력의 대가를 가능한 적게 지급함으로써 이윤의 극대화를 추구하였다. 따라서 무산자들은 점점 더 가난해질 수밖에 없었다. 또한 자본가들은 생산수단의 독점으로 생산력이 급격히 증대되고 상품의 공급과잉을 가져오나, 무산자들의 경제적 궁핍으로 구매력이 감소되고 그 결과 공황이라는 생산과 소비의 부조화를 초래하였다. 이 생산과 소비의 부조화는 상품가격의 폭락과 함께 대규모의 실업사태로 이어져 대다수 국민들의 생존을 위협하게 되었다.

시민법체계의 결함과 자본주의의 발달로 시민사회가 이상으로 삼았던 모든 국민의 자유와 평등은 실현되지 못하고, 혜택받은 소수의 자본가와 생존의 위협을 받는 대다수의 무산자만을 만들게 됨으로써 무산자의 불만이 고조되어 급기야 사회 전체의 존립을 위태롭게 할 지경에 이르렀다. 이러한 국민들의 불만에 직면한 국가와 인간들은 자본주의사회제도 자체에 대한 반성을 하게 되고, 이의 결함을 시정하려고 노력하게 되었다.

이러한 노력은 크게 보아 두 가지 형태로 나타나게 되었다. 하나는 자본주의사회에서 대다수의 국민들이 궁핍하고 고난에 빠진 것은 사유재산제도에 있다고 보고 사회구성원 개인의 재산소유를 금함으로써 모든 구성원이 평등하게 되고 자본주의의 결함을 해결할 수 있다는 공산주의가 그것이다. 다른 하나는 자본주의사회에서 많은 국민이 경제적인 곤란에 빠지게 되는 것은 사실상 불평등한 개인을 평등하게 보는 시민법체계에 있다고 보고 구체적인 개인의 차이를 직시함으로써 자본주의사회의 문제점을 해결하려는 수정자본주의가 그것이다. 즉 자본주의의 요소는 그대로 존속시키면서 국가가 각 개인의 생활에 적극적으로 개입함으로써 자본주의사회의 결함을 해결하려는 것이다. 이러한 노력의 결과로써 생성된 것이 개인의 사적인 생활에 국가가 적극적으로 관여하는 사회법인 것이다.

Ⅰ. 사회법의 개념

사회법(Social law, Sozialrecht, droit social)은 근대 자본주의사회에서 문제점으로 나타난 자유방임적 개인주의의 폐단을 시정하고 개인의 사회생활에 국가가 적극적으로 개입함으로써 국가나 경제의 불안요소를 제거하고 국민의 최저생활을 보장하려는 실정법질서(實定法秩序)를 말한다. 이러한 사회법은 배분적 정의라는 관념을 기초로 하여 시민법의 3대 기본원리를 수정하는 우선적 원리를 가지고 있다. 즉, 시민법상의 소유권절대의 원칙은 소유권공공의 원칙으로, 계약자유의 원칙은 계약공정의 원칙으로, 과실책임의 원칙은 무과실책임의 원칙으로 대치됨으로써, 사회법은 시민법상의 개인주의적인 법원리를 수정하려는 의미를 갖는 법이라고 할 수 있다.

Ⅱ. 사회법의 대상

사회법은 시민법상에서 형식적으로 추상화한 인격자라는 개념의 배후에 있는 구체적인 인간의 차이를 중시한다. 즉 생산수단을 소유하는 사회적 강자와 생산수단을 소유하지 못한 사회적 약자로 인간을 구별한다. 단순히 구별하는 것에서 그치는 것이 아니라, 형평의 사상을 기반으로 사회적 강자에게는 감독과 통제를 가하고, 사회적인 약자에게는 국가가 적극적으로 개입하여 보호함으로써 배분적 정의, 곧 실질적 형평을 실현하려는 것이다.

이러한 사회법이 그 대상으로 하는 것은 독점화・거대화하여 자유시장경제를 위협하는 독과점기업 및 이들 기업과 일반 소비자의 관계를 들 수 있다. 또한 계약자유에 의하여 사용자가 주는 임금에 의지할 수밖에 없음으로써, 항상 생존의 위협을 받을 수 있는 경제적 약자인 노동자의 보호뿐만 아니라 실업, 질병, 재해, 노령 등의 이유로 현실적으로 생존을 유지하기 어려운 사회적인 약자의 보호를 그 대상으로 한다.

III. 사회법의 특징

사회법은 근대시민법을 수정하는 원리를 갖는 법이므로 나름의 독특한 성질을 갖는데, 시민법질서하에서 공법의 영역은 시민법상의 법률관계를 담보하는 기능을 한다. 법률관계는 어디까지나 개인의 사적인 관계가 주가 되고 공법상의 법률관계는 종적인 지위에 있게 된다. 그러나 사회법상의 법률관계에서는 사적인 법률관계는 넓은 공법의 영역에서 사적자치(私的自治)라는 최소한의 범위만이 인정될 뿐이다. 그나마 국가 내지 공공의 이익을 위하여 언제든지 축소되고 규제될 수 있다는 전제하에서만 존재할 수 있다. 즉 종래의 공법과 사법의 관계는 사회법질서에서는 전도되는 것이다.

또한, 시민법상의 개인주의적인 법률질서하에서는 공법과 사법은 분명하게 구별될 수 있고, 그 한계도 명확하게 가릴 수 있다. 그러나 사회법질서하에서는 공법적인 특성을 갖기도 한다. 즉 사회법의 영역에서는 공법과 사법이 상호 교차되고 있는 것이다. 그래서 사회법을 가리켜 공법도 사법도 아닌 제3의 법이라고 하기도 하고, 공・사법의 경계선상에 있는 특질을 갖고 있다고 한다.

IV. 사회법의 형태

자본주의의 요소는 그대로 간직하면서 국가의 적극적인 개입과 간섭을 통하여 자본주의사회의 문제점을 수정하려는 법이 사회법이기 때문에 자본주의가 일찍 발달한 나라에서 먼저 제도화되었다. 이러한 나라들의 사회법을 세분화한다면 대체로 세 가지로 나눌 수 있다. 첫째, 자본주의사회에서 사용자와 근로자 간의 이해관계를 조절하고 대립을 완화시키며 근로자의 생존을 확보하기 위한 법이다. 근로자들의 생존을 확보하고 경제적·사회적 지위의 향상을 위하여 노동조건을 보호하고 민주적이고 자주적인 근로관계를 보장하는 것이다. 이와 같은 자본주의하의 근로관계를 규율하는 법체계를 노동법이라 한다.

둘째, 자유시장경제를 침해하는 독점화되고 거대화한 자본주의의 폐단을 시정하기 위하여 국가가 적극적으로 보호·간섭·통제·조정하는 법이다. 독과점을 방지하며, 고용의 창출과 유효수요를 확대시키기 위한 공공정책 및 중소기업의 보호·육성 그리고 비상시에 국가경제질서를 통제하는 법영역으로서 경제질서관계를 전반적으로 규율하는 법체계가 경제법이다.

셋째, 실업·질병·재해·노령·궁핍 등으로 생활의 위협을 받는 국민들에게 최저의 생활을 보장하여 이러한 생활의 위협을 제거하여 주는 법이다. 즉 국민들에게 사회적으로 국가의 책임으로 하는 최저한의 생활을 보장하려는 것이다. 이와 같이 주민들의 생활상의 위험요소를 제거함으로써 최저한의 생활을 보장하려는 법체계가 사회보장법이다.

일반적으로 사회법이라고 말할 때는 위와 같은 노동법, 경제법, 사회보장법을 포함한 것을 의미한다. 또한 자본주의사회가 발전함에 따라 새로운 문제점들이 대두될 것이며 그에 따른 새로운 형태의 사회법이 등장할 것으로 본다.

제2절 노동법

Ⅰ. 노동법의 생성과 의의

자본주의가 발전함에 따라서 여러 가지 사회문제가 발생되었다. 즉, 실제사회에 있어서 가진 자와 가지지 못한 자가 나타나 서로 대립하게 되었고, 능력에 있어서도 서로 차이가 있어 개개인은 자유롭고 평등할 수가 없었다. 이러한 모순은 특히 생산분야에서 더욱 심화되어 자본가와 노동자의 형태로 나타나 형식적인 계약의 자유는 실질적으로 근로자의 자유를 구속하게 되고, 현실적으로 자본가와 근로자의 불평등은 심각한 사회문제로 등장하게 되었다. 이러한 불합리를 시정하고 노동자의 생존과 자본가의 실질적인 자유와 평등을 보장해 주기 위하여 생성된 것이 노동법이다.

II. 노동법의 성격

노동법은 시민법하에서 불합리하게 발전되어 온 노사관계를 바로잡고 근로자의 최저생활을 확보할 것을 목적으로 탄생되었다. 이 때문에 그 성격면에 있어서 종래의 시민법적 성격인 관념적이고 형식적인 법원리와는 매우 다른 특이성을 지니고 있다. 첫째는 역사적·현실주의적 성격이다. 따라서 노동법규를 해석함에는 그 역사적 배경을 항상 고려해야 한다. 여기에서 노동법의 회고적·역사적 성격이 발견되며, 또한 노동법은 실재하는 자본가와 근로자의 관계를 합리적으로 해결하여야 하므로 항상 사회적 현실의 요구를 기초로 하여야 한다.

둘째는 진보적 성격이다. 노동법은 자본주의 경제질서를 수정하면서 대두된 것으로서 내재적으로 진보적인 성격을 보유하고 있다.

셋째는 보편적 성격이다. 노동법은 원래 일개국가에서 발생하고 발전되어 왔으나, 사회적 진보는 국제적 통일을 급속하게 재촉하고 있으며, 오늘날 노동력의 국제적 이동은 근로조건의 국제적 통일을 요청하고 있다. 특히 ILO(국제노동기구)의 활동에 의한 국제노동조약이나 권고(勸告)는 오늘날 각국의 노동입법에 대하여 그 기준을 제시하고 있다.

넷째는 자치법적 성격이다. 개개의 기업은 그 특수성과 실정이 다르기 때문에 국가는 노동조건의 최저선을 결정하는 데 그치고, 합리적인 근로조건 결정은 노사간의 공정한 교섭에 일임한다. 이때 근로자들은 노동조합을 통하여 단결권, 단체교섭권, 단체행동권 등을 행사한다. 이 점에서 노사관계에 대한 국가의 노동입법에는 한계가 있으며, 노사대등의 원칙에 입각한 자치법적 성격이 있다.

이 외에도 노동법은 공법과 사법이 서로 교차하고 있는 특성도 있다.

Ⅲ. 노동법의 법원 및 내용

1. 노동법의 법원

노동법의 법원(法源)은 실정법뿐만 아니라 실정법 외적인 사회규범도 있을 수 있는데, 이에 대한 중요한 법원으로는 성문노동법, 단체협약, 노동조합규약, 취업규칙, 노동계약사용자의 지시권, 노동관습법, 경영관행, 조리(條理) 등을 들 수 있다.

(1) 성문노동법

성문노동법으로는 헌법의 노동관련 조항을 비롯하여 근로관계에 관한 제법령이 있다. 우리 헌법은 제32조와 제33조에서 근로기본권을 규정하고 있는데, 이 규정은 노동법의 여러 가지 법원 가운데서 최상위에 위치하며 노동법의 적용·해석에 있어서 종국적인 기준으로서의 효력을 갖는다. 실정법률로서는 근로기준법, 선원법 등 개별적 근로관계법과 노동조합 및 노동관계조정법, 노동위원회법 등 집단적 노사관계법이 있다.

(2) 불문노동법

먼저 단체협약을 들 수 있다. 이는 사용자와 노동조합 간에 체결되는 것으로, 그 내용은 대개 개별적 근로관계에 기준적 효력을 미치는 규범적 부분과 협약체결 당사자인 노동조합과 사용자 간의 권리·의무를 규율하는 채무적 부분이 있다.

이 외에 불문법원으로서는 노동조합에서 설정한 노동조합규약과 일정한 사업장에서 근로관계와 경영질서를 규율하는 취업규칙, 근로자와 사용자 사이에 체결되는 근로계약, 사용자의 지시권에 의한 지시, 현실적인 노사관계로부터 생성된 경영관행 및 조리 등을 들 수 있다.

2. 노동법의 내용

노동법은 노동자와 사용자의 관계인 개별적 근로관계에 관한 법과, 사용자와 단체로서의 노동조합과의 관계인 집단적 노동관계에 관한 법으로 나누어 볼 수 있다. 전자는 주로 노동자와 사용자 간의 근로계약을 통하여 성립하는 근로관계에 관한 것으로, 근로관계의 당사자인 사용자의 행위를 규제함으로써 개개의 근로자를 개별적으로 보호하기 위한 것이다. 노동법 가운데 이에 관한 법을 개별적 근로관계법이라고 하며, 이에는 근로기준법 및 동법 시행령, 직업훈련법 및 동법 시행령, 산업재해보상법 및 동법 시행령 등이 있다.

후자는 근로자들이 단결체를 구성해 사용자와 실질적으로 대등한 지위에서 스스로 자조할 수 있도록 함으로써 근로자를 집단적으로 보호하고자 하는 것이다. 이러한 근로자들의 단결을 중심으로 하는 노사간의 집단적 관계에 관한 법을 집단적 노사관계법이라 하며 노동조합 및 노동관계조정법 등이 있다.

IV. 근로기본권

근로기본권의 사상적 배경은 경제적 민주화에 있다. 근로기본권은 다음의 두 가지 내용으로 나누어 볼 수 있다. 첫째는 국가에 대해 취업의 기회를 요구할 수 있는 권리이고, 둘째는 근로자가 사용자와의 관계에서 단체를 구성하여 자율적으로 생활을 향상시킬 수 있도록 국가의 보장을 요구할 수 있는 권리이다. 전자에 관한 것이 근로의 권리이고, 후자에 관한 것이 근로3권인 단결권, 단체교섭권, 단체행동권이다.

1. 근로의 권리

근로의 권리라 함은 헌법에 보장된 근로기본권의 일종으로서, 근로의 능력과 의사를 가진 자가 사회적으로 근로할 수 있는 기회의 보장을 요구할 수 있는 권리를 말한다. 우리 헌법 제32조 제1항 본문은 「모든 국민은 근로의 권리를 가진다」고 규정함으로써 근로권을 보장하고 있다. 그러나 이것은 구체적인 권리가 아니고 입법(立法)에 의하여 구체화되는 추상적인 권리로 해석하는 것이 다수의 견해이다. 또한 근로의 권리는 근로3권의 전제가 되는 것이므로 이들은 서로 통일적으로 파악되어야 한다. 왜냐하면 근로의 기회가 없는 근로3권이나 근로3권이 없는 근로의 기회는 사회권적 기본권으로서 불완전한 것이기 때문이다.

2. 근로3권

자본주의사회에 있어서 근로자가 경제적 노예상태의 지위에까지 떨어지게 된 까닭은 사용자와 근로자의 관계를 법형식적(法形式的) 관계, 즉 자유·평등한 개인 대 개인의 자유계약이라는 법률제도 때문이었다. 따라서 근로자는 이러한 예속관계에 대항하는 수단으로서 단결을 하게 되었는 바, 그것이 바로 노동조합이다. 그 후 노동조합은 법적으로 승인되어 노동자들의 단결활동은 합법화되었다.

우리 헌법도 제33조 제1항에서 「근로자는 근로조건의 향상을 위하여 자주적인 단결권, 단체교섭권 및 단체행동권을 가진다」고 규정하고 있다. 여기서 단결권은 근로자가 사용자와 대등한 지위에 서기 위하여 서로 단결하여 집단을 형성할 수 있는 권리이고, 단체교섭권은 근로자들이 집단으로서 사용자와 교섭할 수 있는 권리이며, 단체행동권은 근로자의 의사가 관철되지 않을 때 실력행사로써 집단행동을 할 수 있는 권리를 말한다.

이와 같은 권리를 헌법상 보장한다는 것은 두 가지의 의미가 있다. 적극적으로는 근로자에게 근로3권의 행사에 의한 민·형사상의 책임을 지우지 않는다는 의미이고, 소극적으로는 국가는 이 근로3권을 침해하여서는 안된다는 의미이다. 여기서 단결은 근로자집단의 근로조건의 향상을 추구하는 주체에 관한 것이며, 단체교섭은 그 주체의 구체적인 목적활동이다. 그러나 단결체가 단체교섭에 의하여 소기의 목적을 평화적으로 달성할 수 없을 때에는 근로자는 실력에 호소하여 그들의 주장을 관철할 수밖에 없다. 따라서 단체행동이라는 실력적 배경이 없을 때에는 단결권과 단체교섭권은 그 구체적 실현이 불가능하며 무의미하게 된다.

위와 같이 근로3권은 서로 밀접한 관계를 가지고 있기 때문에 통일적으로 파악해야 할 것이다.

관련 사례

현재 직업이 없는 근로자가 헌법 제32조 제1항을 근거로 국가에 대하여 직업을 요구할 수 있는가?(다수설에 입각하여)

▶ 헌법 제32조 제1항의 근로권은 그 내용이 취업권과 생활비청구권으로 구성되어 있다고 보나, 다수설의 입장은 근로권이 추상적 권리이기 때문에 국가에 대하여 헌법상의 규정을 근거로 직업을 요구할 수 없다고 한다.

V. 개별적 근로관계법

1. 근로관계의 개념

근로관계는 근로자가 사용자에게 근로를 제공하고 사용자는 이에 대하여 임금·기타 급료를 지급함을 목적으로 하는 계약에 의하여 성립하는 근로자와 사용자 간의 법률관계이다. 그러므로 채권적 계약관계의 유형으로서 민법의 고용관계에 속하는 것이지만, 근로자 보호를 위한 근로기준법과 기타 계약의 자유를 제약하는 법령의 적용을 받는다는 의미에서 특수한 법률관계라 할 것이다. 노동법의 특성도 이에 연유하는 것이다.

2. 근로기준법

근로기준법은 개별적 근로관계법 가운데 가장 중요한 법률이라고 할 수 있다. 이 법은 근로자의 근로조건과 기타 생활조건을 일정한 수준 이상으로 유지하기 위한 최저생활조건을 규정하여 사용자의 일방적인 힘의 남용을 규제하고 있다. 이와 같은 사항을 철저하게 시행하기 위해서 근로기준법의 기준에 미달하는 근로조건을 약정한 근로계약은 무효로 하며, 사용자의 위반행위에 대해서는 벌칙을 가하고, 사용자로 하여금 근로기준법을 준수하도록 감독하는 근로감독관제도를 두고 있다.

(1) 근로기준법상의 원칙

근로기준법은 근로기준의 최저한을 정하고 동시에 근로관계에 있어서 봉건적 잔재를 불식함으로써 근대적인 노사관계를 확립할 것을 목적으로 하며 다음과 같은 기본원칙을 정하고 있다.

㈎ **근로자의 생활보장의 원칙** 근로기준법은 근로자의 기본생활을 보장·향상시키기 위하여 헌법 제32조에 의거하여 근로기준을 정하였고, 또한 규정된 근로조건은 최저기준으로서 이에 위반할 수 없다.

㈏ **근로조건 대등결정의 원칙** 근로기준법 제4조에서는 「근로조건은 근로자와 사용자가 동등한 지위에서 자유의사에 의하여 결정하여야 한다」고 규정하고 있다. 따라서 이 규정은 근로자와 사용자가 형식적이든 실질적이든 대등한 입장에서 구체적 근로조건을 결정해야 된다는 이념을 표명한 것으로 볼 수 있다.

㈐ **균등대우의 원칙** 근로기준법 제6조는 「사용자는 근로자에 대하여 남녀의 성을 이유로 차별적 대우를 하지 못하며 국적, 신앙 또는 사회적 신분을 이유로 근로조건에 대한 차별적 대우를 하지 못한다」고 규정하고 있다. 이는 우리 헌법 전문과 제11조에서 천명한 국민평등주의에 따른 균등대우의 대원칙을 규정한 것이다.

㈑ **강제근로의 금지** 근로기준법 제7조는 「사용자는 폭행, 협박, 감금 그 밖에 정신상 또는 신체상의 자유를 부당하게 구속하는 수단으로써 근로자의 자유의사에 어긋나는 근로를 강요하지 못한다」고 규정하고 있다. 이 조항은 헌법 제12조에 근거하여 강제노동을 금지한 것이라고 볼 수 있다.

㈒ **중간착취의 배제** 근로기준법 제9조는 「누구든지 법률에 의하지 아니하고는 영리로 다른 사람의 취업에 개입하거나 또는 중간인으로서 이익을 취득하지 못한다」라고 규정하고 있다. 여기서 중간착취란 타인의 취업에 중간인으로 개입하여 이익을 취득하는 행위를 말한다.

㈓ **공민권 행사의 보장** 근로기준법 제10조는 「사용자는 근로자가 근로시간 중에 선거권 기타 공민권의 행사 또는 공의 직무를 집행하기 위하여 필요한 시간을 청구하는 경우에는 거부하지 못한다. 다만 그 권리행사 또는 공의 직무를 집행함에 지장이 없는 한 그 청구한 시각을 변경할 수 있다」고 규정하고 있다. 이 규정은 일정한 노동시간을 사용자의 지휘명령하에 구속되어 노동을 제공하는 근로자의 지위에서 공민으로서의 권리를 행사할 수 있도록 하기 위하여 설정한 것이라 볼 수 있다.

(2) 정리해고제 도입 등 최근의 법 개정

파견근로자 보호 등에 관한 법률의 개정(2012년 2월 1일)으로 제조업의 직접 생산공정업무를 제외하고 전문지식, 기술 또는 경험 등을 필요로 하는 업무를 대상으로 파견근로자제도를 도입할 수 있게 되었다. 근로자 파견기간은 원칙적으로 1년 이내로 하되, 1회에 한하여 연장할 수 있고 총파견기간은 2년을 초과하지 못한다.

또한, 근로기준법 개정(1998년 2월 20일)으로 정리해고제의 즉각적인 실시가 가능케 되었다. 해고요건으로는 긴박한 경영상의 필요가 있는 경우, 경영악화의 방지를 위한 사업의 양도·인수·합병의 경우 등으로 규정했다. 해고하고자 하는 날로부터 50일 전까지 근로자대표에게 해고기준 등을 통보하고 협의해야 하며, 해고대상 선정에서 남녀의 성이 기준이 되어서는 안된다. 일정규모 이상의 해고의 경우에는 고용노동부장관에게 신고해야 한다. 해고일로부터 2년 이내에 근로자를 채용하고자 할 때는 해고근로자를 우선 고용하도록 노력해야 한다. 한편, 고용불안을 보완하기 위하여 고용정책기본법을 개정(1998년 2월 15일)하여 실업자에 대한 재취업 촉진훈련과 생계비, 의료비 지원 등 실업대책사업을 실시할 수 있도록 하고, 그 재원은 차입, 채권발행 등을 통해 조성토록 하였다.

VI. 집단적 노사관계법

근대적인 의미의 근로자의 생활관계는 노동조합을 배경으로 하여 집단적 노사관계를 중심으로 하여 이루어진다고 하여도 과언이 아니다. 이러한 집단적 노사관계를 규율하는 것을 집단적 노사관계법이라고 한다. 단, 집단적 노사관계는 대개 노동조합이나 혹은 종업원대표와 사용자 사이에 이루어지지만, 이의 궁극적인 목적도 역시 개별적 노동자의 경제적 또는 사회적 지위향상에 있음은 더 말할 필요가 없다.

1. 노동조합 및 노동관계조정법

(1) 노동조합의 목적과 조직형태

노동조합이라 함은 근로자가 주체가 되어 자주적으로 단결하여 근로조건의 유지·개선 기타 경제적·사회적 지위의 향상을 도모함을 목적으로 하여 조직된 단체 또는 그 연합체를 말한다. 따라서 노동조합이 공제·상부상조 기타 복지사업만을 목적으로 하는 경우나 사용자의 이익을 대표하여 행동하는 자의 참가를 허용하는 경우, 근로자가 아닌 자의 가입을 허용한 경우 및 조직이 기존노동조합의 정상적인 운영을 방해할 목적으로 하는 경우에는 이를 노동조합이라고 볼 수 없다.

노동조합의 조직과 형태에 대하여는 노동조합 및 노동관계조정법 제5조에 「근로자는 자유로 노동조합을 조직하거나 이에 가입할 수 있다. 다만 공무원과 교원에 대하여는 따로 법률로 정한다」고 규정함으로써 헌법 제33조의 취지를 이어받고 있다. 노동조합은 그 조직형태에 따라서 직종별·산업별·기업별 노동조합으로 나눌 수 있다. 우리나라는 기업별 노동조합이 산업별로 연합체를 만들고 그의 전국조합이 집결되는 식으로 특수한 형태를 취하고 있어 실제로는 기업별 노동조합의 집적이라고 할 수 있다.

(2) 노동조합의 자주성과 민주성

노동조합은 근로자들이 근로조건의 개선을 목적으로 결성된 것이어야 하며 근로자가 주체가 되어 자주적으로 조직된 단체여야 하기 때문에 그 본질상 대외적으로 자주성을 가져야 한다. 또한 노동조합은 근로자들의 이익을 도모하기 위한 것이므로 그 조직과 운영에는 근로자의 균등한 참여가 보장되어야 하며, 총회는 중요한 사항을 의결하여야 하고, 노동조합의 운영상황은 공개되어야 한다. 즉 노동조합은 대내적으로 민주성을 갖추고 있어야 한다. 노동조합 및 노동관계조정법은 이러한 민주성을 확립하기 위하여 노동조합의 조직과 운영에 관한 많은 감독규정을 두고 있다. 이러한 자주성과 민주성은 밀접한 관계를 가지고 있다.

(3) 노동조합의 설립과 심사

노동조합 및 노동관계조정법은 행정관청에 설립신고를 하고 신고증을 교부받도록 하여 설립신고주의를 택하고 있다. 그러나 신고를 하도록 규정한 것은 노동조합의 대외적 자주성과 대내적 민주성을 확보하려는 노동행정상의 목적을 위하여 규정한 것이라고 보아야 한다. 따라서 노동조합의 자격은 노동조합이 현실적으로 자주성과 민주성을 갖추는 한 부여되어야 하는 것이므로 행정관청의 심사행위에 의하여 창설적으로 인정되는 것은 아니다. 왜냐하면 근로3권 행사의 적법성 여부가 행정관청의 심사행위에 의하여 좌우되는 것은 아니기 때문이다.

또한, 1998년의 개정이 노동조합의 활동을 보장하고 국제노동기준에 적합한 노동조합법의 입법을 목적으로 이루어졌다. 그 결과 노동조합의 정치활동을 금지했던 규정이 삭제되고, 노동조합비의 상한을 규정하고 있던 규정이 삭제되었다. 그리고 2010년 7월 1일부터 '노동조합 및 노동관계조정법' 개정안이 시행되어 복수노조 설립이 가능하게 됐고, 노조전임자에 대한 임금지급이 금지되고 있다.

2. 단체교섭과 단체협약

(1) 단체교섭

단체교섭이란 노동조합이 조합원의 노동력을 집단적으로 사용자와 교섭하는 교섭행위를 말한다. 근로자가 자기의 노동력의 급부에 대한 대가로서의 근로조건을 개별적으로 교섭하게 되면 그 위치가 너무 미약할 뿐만 아니라, 사용자도 이를 개별적으로 받아들이기가 곤란한 경우도 있게 되므로 노동조합이 집단적으로 이를 수행하기에 이른 것이다. 따라서 이 단체교섭이 노동조합의 가장 중요한 목적활동이라고 할 수 있으며, 우리 헌법도 근로자에게 단체교섭권을 보장하고 있다.

노동조합 및 노동관계조정법상 단체교섭의 당사자는 노동조합이며 개개의 근로자는 당사자가 되지 못한다. 그러나 노동조합 및 노동관계조정법에 의해 현실적으로 단체교섭을 하는 당사자는 원칙적으로 노동조합의 대표자이다. 예외적으로 특수한 경우에 행정관청의 승인을 얻어 그 연합단체에게 교섭을 위임할 수 있게 하고 있다.

단체교섭의 대상은 근로조건에 관한 사항과 단체협약의 체결 기타 이와 관련된 사항이며 단체교섭은 평화적인 교섭에 의해야 한다. 사용자는 평화적인 정당한 단체교섭인 한 정당한 이유 없이 단체교섭을 거부할 수 없다.

(2) 단체협약

단체협약이란 노동조합이 평화적인 단체교섭에 의하거나, 이것이 결렬된 경우에 쟁의행위를 거쳐 쟁취한 유리한 근로조건을 협약이라는 형태로 서면화한 것이다. 이 단체협약은 근로조건을 집단적으로 개선시키며, 약정된 일정기간 동안 근로자와 사용자 간에 이를 준수할 의무를 지게 함으로써 평화를 유지하게 하는 기능을 가지고 있다.

단체협약의 내용은 규범적 부분과 채무적 부분 그리고 조직적 부분으로 구성되어 있다. 이 중에서 가장 중요한 부분은 근로조건 기타 근로자의 대우에 관한 것으로, 이는 규범적 부분에 속한다. 채무적 부분은 근로자와 사용자 간의 권리・의무관계를 규정한 부분이다. 그리고 이와 같은 단체협약의 내용에 관한 체결능력을 가진 당사자는 노동조합법에 의하면 노동조합과 사용자 또는 사용자단체가 될 수 있다.

단체협약의 효력은 이를 행정관청에 신고함으로써 발생하며 유효기간은 2년을 초과하여 정할 수 없다. 따라서 유효기간을 정하지 아니하였거나 2년을 초과하여 정하였을 때에는 2년으로 단축된다. 단체협약 가운데 규범적 부분은 규범적 효력을 가지며, 이에 위반하는 취업규칙이나 근로계약은 무효이며 협약에 정하는 기준이 대신하여 그 내용이 된다.

노사자치주의의 확립의 일환으로 1998년에 노동법의 개정시에 단체교섭과 단체협약에 관한 부분이 일부 개정되었다. 그리고 2006년에는 단체교섭시 제3자의 개입을 금지하는 규정을 삭제하였다.

3. 쟁의행위와 노동쟁의의 조정

(1) 쟁의행위

노동쟁의와 쟁의행위에 대해서는 노동조합 및 노동관계조정법 제2조 제5호와 제6호에 법률상의 개념이 각각 정의되어 있다. 우선 노동쟁의라 함은 노동조합과 사용자 사이에 근로조건에 관한 주장의 불일치로 인하여 발생되는 분쟁상태를 말한다. 따라서 일반적으로 평화적인 단체교섭이 단체협약의 체결에 이르지 못하고 깨어진 경우에는 어떠한 형태의 실력행사를 하지 않더라도 노동쟁의는 발생한 것으로 보아야 한다.

하지만 쟁의행위라 함은 노동조합 또는 사용자가 이상과 같은 분쟁상태를 자기측에게 유리하게 전개하여 그 주장을 관철할 목적으로 행하는 투쟁행위로서, 업무의 정상적인 운영을 저해하는 것을 말한다. 그러므로 쟁의행위는 노동쟁의와는 달리 동맹파업·태업 또는 직장폐쇄와 같은 투쟁행위를 가리킨다. 이에 대해 헌법상의 단체행동권에 의한 단체행위는 다수근로자의 집단적 행위를 말하는 바, 이는 쟁의행위를 포함하여 완장착용·집회 등 근로자들이 근로조건에 관한 의사를 집단적으로 표현하는 일체의 행위를 말하는 것으로 쟁의행위보다 넓은 개념이다.

파업은 다수의 근로자가 근로조건의 유지 또는 개선이라는 목적을 쟁취하기 위하여 조직적인 방법으로 공동적으로 노무제공을 거부하는 행위이다. 태업은 근로자들이 단결해서 의식적으로 작업능률을 저하시키는 것으로서, 이론적으로는 작업을 하지만 실제적으로는 작업을 하지 않거나 또는 필요 이상의 완만한 작업 또는 조잡한 작업을 하는 것을 말한다. 사보타주(sabotage)는 태업에서 더 나아가 의식적으로 생산설비를 파괴하는 행위까지를 포함하는 것으로 이는 쟁의행위의 정당성을 벗어나는 위법행위이다. 피케팅(picketing)은 파업을 효과적으로 수행하기 위하여 근로희망자들의 사업장 또는 공장의 출입을 저지하고 파업참여에 협력할 것을 구하는 행위이다. 직장폐쇄는 사용자의 쟁의대항행위로서 근로자들을 취업상태에서 조직적으로 봉쇄하는 행위이다.

위와 같은 쟁의행위가 정당한 행위로서 효력을 발생하려면 결국 헌법상 보장한 근로3권의 취지와 요건에 합당하여야 할 것이며, 이러한 요건을 충족한 경우에는 근로자는 이로 인한 민·형사상의 모든 책임을 면한다.

(2) 노동쟁의의 조정

노사간의 단체교섭 결과 양 당사자의 주장의 불일치로 노동쟁의가 발생하는 경우에 국가는 이를 신속하게 조정·해결해야만 한다. 이에 노동조합 및 노동관계조정법이 있는데, 중요한 내용으로서 조정제도는 조정·중재·긴급조정 등이 있다.

조정은 노동쟁의 사건이 노동위원회에 이송된 때 동 위원회 내의 조정위원회가 행한다. 이 절차는 보통 조정안이 작성되어 관계당사자에게 제시되고 그 수락을 권고받음으로써 행해진다. 중재는 당사자 일방 또는 쌍방이 협약규정에 따라 중재신청을 한 때에 노동위원회에 의하여 행하여진다. 이 중재는 당사자를 구속하지만 임의중재가 원칙이다. 긴급조정은 고용노동부장관이 쟁의행위가 공익산업에 관한 것이거나 그 규모가 크거나 그 성질이 특별한 것으로서 현저히 국민경제를 해하거나 국민의 일상생활을 위태롭게 할 위험이 현존하는 때에 긴급조정 결정을 할 수 있다.

4. 부당노동행위

노동조합운동에 의한 집단적 노사관계의 전개를 사용자가 꺼려한다는 것은 오늘날 일반적인 현상이라고 할 수 있다. 따라서 사용자는 노동조합의 힘이 강화되는 것에 대처하여 조합운동의 약화를 꾀하려고 한다. 이때 사용자의 침해행위에 대하여 근로3권의 제3자적 효력에 의해 사법적 구제가 가능하지만 현행 노동조합법은 보다 간편한 행정구제절차를 두고 있다.

부당노동행위제도는 법규의 취지상 근로3권을 보장하기 위한 노사관계질서에 반하는 사용자의 행위에 대한 구제제도로 보아야 한다. 따라서 부당노동행위의 여부도 노사관계제도의 질서에 따라서 고찰하여야 한다. ① 근로자가 노동조합에 가입하거나 기타 정당한 조합활동을 한 것을 이유로 하여 불이익을 주는 행위, ② 근로자가 노동조합에 가입하지 않거나 또는 노동조합으로부터 탈퇴할 것을 고용조건으로 하는 이른바 황견계약(黃犬契約, Yellow dog contract)을 체결하는 행위, ③ 노동조합과의 단체협약체결 또는 단체교섭을 정당한 이유 없이 거부 또는 해태하는 행위, ④ 노동조합의 조직 또는 운영에 지배·개입하거나 운영비를 원조하는 행위, ⑤ 근로자가 정당한 쟁의행위에 참가하거나 사용자의 부당노동행위를 신고한 것을 이유로 불이익을 주는 행위가 그것이다.

부당노동행위제도에 있어서 심사는 원칙적으로 2심제인데, 초심은 지방노동위원회가, 재심은 중앙노동위원회가 그 관할권을 가진다.

산업의 국제경쟁력의 강화의 일환으로 노동쟁의와 관련된 규정이 1996년 12월의 노동법 개정에서 변경되었다. 근로자들의 쟁의행위의 장소제한규정을 삭제하는 대신에 생산시설 및 이에 준하는 시설의 점거, 보안작업에 대한 쟁의행위, 출입 및 조업을 방해하는 형태의 쟁의행위는 금지되었다.[1] 뿐만 아니라 쟁의기간 중의 임금을 지급할 수 없도록 하였으며, 노동조합의 쟁의기간 중에 대체근로를 일정부분 허용하였다.

관련 사례

통근버스가 교통사고를 일으킨 경우 그 버스에 타고 있는 근로자는 산업재해보상보험법의 보호를 받을 수 있는가?

▶ 통설과 행정해석에 의하면 사업자의 지배의 연장선상에 있으므로 산업재해보상보험법의 적용을 받을 수 있다고 한다.

제3절 경제법

경제법(Economic law, Wirschaftsrecht)이란 국가가 국민경제를 보호・조정하고 규제하기 위한 법규범의 총체를 말한다. 자본주의의 발전은 상업자본주의와 독점자본주의의 단계를 거쳐 거대한 독점자본주의를 형성함으로써 국민전체의 복리와 건전한 국가경제 발전을 저해하게 되고 국가가 사경제(私經濟)에 대한 자유방임의 태도에서 벗어나 보다 적극적으로 개입할 필요성이 대두되었다. 즉 국민경제에 보다 적극적으로 개입함으로써 독과점기업에 의한 횡포와 경제적 폐해를 막고 건전한 국가경제의 발전을 추구함과 아울러 국민복리를 증진시킬 방법이 요청되었다.

1) 잦은 쟁의행위로 인한 산업의 경쟁력 저하를 막는다는 명분으로 이러한 내용의 개정입법이 이루어졌으나, 헌법에서 보장하고 있는 근로자들의 근로3권을 실질적으로 상당부분 제한하는 결과를 초래하여 근로자들의 단체행동권의 행사를 사실상 제한하고 있다는 비판이 제기되었다.

Ⅰ. 경제법의 규제

경제에 대한 국가의 간섭을 '통제'라고 표현하였으나 오늘날은 '규제'라는 표현을 사용하고 있는데, 경제법에서 국가의 간섭은 권력적・비권력적인 것을 비롯하여 적극적・소극적인 모든 것도 포함하는 보다 광범위한 것이기 때문이다. 경제법에서 규제의 주체는 국가이며 객체는 기업과 개인이다. 때로는 개인이 조합 등 단체를 구성하여 단체가 단체구성원을 규제하는 자율적 규제의 경우도 있다.

규제의 대상은 경제생활 및 그에 관한 사실관계이다. 규제의 방법은 크게 나누어 권력적 규제와 비권력적 규제로 나눌 수 있다. 권력적 규제에는 법률에 의한 직접적 강제와 행정권에 의한 규제, 그리고 입법에 의한 사법관계(司法關係)에 대한 간접적 강제가 있다. 법률에 의한 직접적 강제는 규제가 법률에 의거한 형벌에 의하여 직접적으로 강제되는 경우이고, 행정권에 의한 규제는 법률에 기초한 행정권의 발동으로 행해지는 경우로서 명령적 행위와 형성적 행위로 나누어 볼 수 있다. 전자에는 작위・부작위・급부・수인 등의 의무를 명하거나 또는 의무를 면제하는 것이 있다. 후자에는 특허나 인가와 같이 법률관계를 형성하는 형식적 행위가 있다.

입법에 의한 간접적 강제에는 조세입법에 의하여 간접적으로 경제를 규제하는 경우를 들 수 있다. 비권력적 규제에는 국가가 경제활동의 주체가 되는 경우와 국가가 사경제(私經濟)에 경제적 지원을 하는 경우, 그리고 비권력적 행정지도인 권고・지시・조언・요망 등이 있다.

Ⅱ. 경제조직법

1. 기업의 존립・자본의 규제에 관한 법

(1) 기업의 존립에 관한 규제

이는 국민 전체의 이익을 위하여 기업의 성립과 폐지에 관한 규제를 말한다. 기업의 성립을 규제하는 것은 영업허가, 인가 및 면허 등 세 가지 방법에 의하며 이 규제의 목적은 다음의 네 가지를 들 수 있다. 첫째는 국민경제규모의 계획적 규제로서 허가나 인가를 통하여 어떠한 기업이 성립하는가를 파악하고, 국민경제상 필요한 기업은 자금면에서 보조해 주고 불요불급한 사업은 이를 억제하려는 것이다.

둘째는 은행과 같이 사회적·경제적으로 신뢰할 수 있는 공신력을 갖춘 기업만을 존속하게 하려는 것이다.

셋째는 영업을 하는 데는 전문적 지식과 능력을 갖추어야 하는 경우를 위한 것이다.

마지막으로 경찰상의 목적으로 풍속상·위생상 또는 사회적으로 위해가 있는가에 따라 허가 또는 인가하지 않음으로써 공안의 유지를 목적으로 하는 것이다.

(2) 기업의 자본에 관한 규제

기업의 자본구성에 대한 규제방법에는 여러 가지가 있겠지만 대별해 보면 자본충실의 조장과 이익배당의 제한을 들 수 있다. 전자에 관한 법으로서는 자산재평가법(資産再評價法)이 있다. 이는 1965년에 공포된 것으로, 이 법의 목적은 법인 또는 개인의 사업용 자산을 현실에 적합하도록 재평가하여 적정한 감가상각을 가능하게 하려는 것이다.

이 법에 의하면 법인 또는 개인의 영업용 고정자산의 취득가액과 현실의 재산가치의 차이를 고려하여 이 고정자산에 대하여 자산재평가법에 의하여 자산을 재평가할 수 있도록 함으로써 적정한 감가상각을 가능하게 하여 기업경영의 합리화를 도모하고 있다. 또한 회사의 자본유지를 위하여 이익배당을 금지하고 이익을 배당하는 경우에도 일정액에 한하도록 하고 있으며, 기타 공익성이 있는 기업에 대하여는 이익배당 내지는 이익금 처분에 관하여 더욱 엄격한 규제를 가하고 있다.

2. 독점금지법

자본주의경제는 원래 자유경쟁을 바탕으로 한다. 그러나 자본주의경제가 고도화됨에 따라 대기업이 소기업을 흡수·합병하게 되고, 대기업 상호간에 경쟁제한 혹은 결합함으로써 독과점 현상이 나타나게 되었다. 이러한 상황하에서 대기업은 가격을 자의로 조작할 수 있을 뿐만 아니라, 품질이 저하되고 소비자에게는 상대적으로 기업의 수가 줄어 경제적인 면에서 민주주의에 반하게 된다. 이렇게 되면 대내적으로 기업의 구조 및 경영도 불합리하게 되어 여러 측면에서 폐해가 생긴다. 따라서 독점을 규제할 필요가 생기는데, 현대의 자본주의체제에서는 원칙적으로 독점을 규제하고 있다.

그러나 자본형성의 필요가 있는, 특히 개발도상국에서는 기업이 영세하여 산업자본을 형성할 필요가 있으므로, 일정한 경우에 예외적으로 독점을 허용하고 있다. 그리고 어느 정도의 발전을 이룩한 나라에서는 대기업을 육성함으로써 기업의 국제경쟁력을 강화하기 위하여 오히려 독점을 조장하는 정책을 취하기도 한다. 우리나라는 독점규제 및 공정거래에 관한 법률에서 사업자의 시장지배적 지위의 남용과 과도한 경제력의 집중을 방지하고, 부당한 공동행위 및 불공정거래행위를 규제하여 공정하고 자유로운 경쟁을 촉진함으로써 창의적인 기업활동을 조장하고 소비자를 보호함과 아울러 국민경제의 균형 있는 발전을 도모하고 있다.

(1) 기업결합의 형태

기업결합의 형태는 일반적으로 카르텔(Kartell), 트러스트(Trust), 콘체른(Konzern)이 있다. 카르텔이라 함은 기업이 독립성을 잃지 않고 가격이나 지역에 관한 경쟁제한협정을 체결하는 것을 말한다. 예컨대, 자동차회사끼리 일정한 판매가격을 협정하여 파는 것과 같다. 이 카르텔이 기업결합의 형태 중 가장 완전하다.

트러스트는 기업이 독립성을 상실하여 동종산업의 여러 회사가 단일기업으로 합병하는 것을 말하는데, 흡수합병・신설합병 등으로 합병한 합병형 트러스트와 자본참가의 방법으로 여러 기업이 연결되는 참가형 트러스트가 있다. 콘체른이라 함은 법률상 독립하고 있는 여러 경영체가 자본에 의하여 연결되는 것을 말한다. 예컨대, 은행이 장기대부를 하거나 또는 지주회사(持株會社)가 타 회사의 주식을 소유하여 지배하는 소위 자회사(子會社)를 갖는 경우이다. 콘체른은 참가형 트러스트와 유사하나, 트러스트는 시장독점적 경영집합체인 데 반하여 콘체른은 상대적 독립성을 유지한다. 트러스트는 대 시장관계에서 외부지배를 지향하는 데 반하여 콘체른은 내부지배를 지향하는 점에서 다르다.

(2) 독점금지법의 기본원칙

독점금지법의 기본원칙에는 원칙적 금지주의와 남용방지주의가 있다. 전자의 입장은 독점은 원칙적으로 광범위하게 금지되고, 모든 거래제한행위를 당연히 위법한 것으로 본다. 절차에서 위법한 거래제한에 해당되는가를 판정하는 권한은 법원에 있고 따라서 사법절차가 중심이 된다. 남용방지주의는 독점이 공공이익을 해칠 경우에 한하여 규제하는 경우이며, 절차에서 행정관 및 경제전문가가 주도적 역할을 하고 행정절차 및 행정처분에 의한 규제가 중심이 된다. 이러한 주의를 취하는 국가는 영국, 프랑스, 스웨덴, 노르웨이 등이 있다. 이 밖에 자유방임주의가 있는데, 이는 독점에 대하여 국가가 방임하는 주의로서 현재 이를 택하고 있는 나라는 없다.

(3) 우리나라의 독점규제 · 방지

'독점규제 및 공정거래에 관한 법률'에서는 공정하고 자유로운 경쟁을 촉진하기 위하여 다음과 같이 사업자의 부당한 경쟁제한행위를 규제하고 있으며, 이를 위한 독립규제기관으로서 공정거래위원회를 두고 있다. ① 시장지배적 지위의 남용 금지, ② 기업결합의 제한, ③ 경제력집중의 억제, ④ 부당한 공동행위의 제한, ⑤ 불공정거래행위의 금지, ⑥ 사업자단체에 대한 관리 · 감독, ⑦ 재판매가격유지행위의 제한, ⑧ 규제계약의 체결 제한 등이 그 내용으로 되어 있다.

이른바 IMF사태 이후 산업구조조정과 관련하여 1998년 2월 15일 개정된 독점규제 및 공정거래에 관한 법은 30대 그룹에 대해 계열사간 출자를 제한하고 있는 출자총액제한(순자산의 25% 이내) 제도를 폐지하였다. 이들 그룹은 앞으로 소속 회사간의 신규채무보증(상호지급보증)을 할 수 없게 되었다. 이후 출자총액제한제도는 부활과 폐지를 거듭하다가 2009년 7월 6일부터 공정거래위원회는 출자총액제한제도의 폐지에 따른 보완책으로 '기업집단 현황 공시제도'를 시행하고 있다.

Ⅲ. 경제활동법

1. 금융규제법

자본주의 경제에서 금융은 금융시장에서 자본의 수요·공급에 따라 자동적으로 조절되는 것이 원칙이지만 그 한계가 있다. 따라서 경제에 대한 작용의 강화에 의해 금융에 대한 국가의 간섭이 증가하게 되었다. 금융규제에는 중앙은행에 의한 관리통화제도와 금융시장조작 및 이에 대한 규제가 있다.

(1) 관리통화제도

하등의 실질가치가 없는 지폐에 국가가 강제통용력을 부여하여 유통하게 하고 그 양을 국가의 재정상 또는 경제상의 필요에 따라 공급을 조절하는 제도를 말한다. 우리나라에서는 1957년부터 매년 재정안정계획을 전 금융기관을 대상으로 통화량 및 부분별 통화증발한도를 설정하고 규제하고 있다. 1970년부터는 통화량규제지표로서 국내여신규제 방식을 채택하고 있다.

(2) 국내여신한도제

국내여신한도제는 국내통화관리를 위하여 일정기간 동안 금융기간의 여신의 최고한도액을 정하는 것이다. 이것은 통화를 관리하는 것이 효과적이며, 금융기관의 대출은 물가와 상관관계에 있으므로 통화면의 수요규제를 금융기간의 여신한도의 규제로 해결하려는 것이다.

2. 물가규제법

자본주의적 자유주의경제하에서 가격은 수요와 공급의 관계를 기초로 하여 자유로이 결정되는 것을 원칙으로 하지만, 현실에서는 수급의 불균형으로 인위적인 방법에 의하여 균형안정을 도모할 필요가 생긴다. 물가규제는 이러한 경우에 가격의 폭등 혹은 하락에 대하여 그 안정을 도모하기 위하여 행해진다. 우리나라의 물가규제에 대하여는 물가안정법 및 특별법으로 무역거래법, 자동차운수사업법 등이 있다.

물가규제의 방법에는 간접규제와 직접규제가 있다. 간접규제에는 통화량·여신규제 기타 유동성의 흡수방법과 비수요기에 저가로 물자를 비축하여 필요한 시기에 공급함으로써 물가안정을 기하는 물자수급규제의 방법, 그리고 물가안정법 제2조의 최고가격제도, 제6조의 긴급수급조정조치, 제7조 매점매석의 금지 등으로 유통질서를 조절하는 방법을 들 수 있다.

직접규제의 방법에는 가격형성에 의한 것과 가격감독에 의한 것이 있다. 가격형성에는 추곡수매가격의 결정이나 공공요금과 같이 국가가 스스로 가격의 한도를 정하거나 가격을 형성하는 공정가격제와, 일정한 기간을 억제하는 정지가격제가 있다. 일반적으로 가격규제의 방법으로 가장 강력한 것은 공정가격제라 할 수 있다. 가격감독이란 행정당국이 일정한 기간 동안 적정한 가격이 형성되도록 거래당사자에게 신고 등의 조치를 취하는 제도인데, 기획재정부 또는 주무관청에서 가격을 해당 업체에 통고하는 인정가격제와 협정가격에 대한 승인 및 행정지도 그리고 정찰제 등이 있다.

제4절 사회보장법

자본주의의 발달은 빈부의 격차를 낳고, 생산수단의 독점화와 거대화는 생산수단을 소유하지 못한 국민으로 하여금 자신의 힘만으로는 인간다운 생활을 할 수 없게 하고 있다. 뿐만 아니라 현재 인간적인 생활을 영위하고 있는 국민이라도 실업, 질병, 재해, 노령 등의 사유로 그 생존에 위협을 받을 가능성은 항상 존재하고 있다. 이러한 생활상의 위험을 제거하고 국민들에게 생존권을 확보하여 줌으로써 인간다운 생활을 할 수 있도록 보장하기 위하여 사회정책적으로 제정한 법규의 총체를 사회보장법이라 한다.

우리 헌법은 제34조 제1항에서 「모든 국민은 인간다운 생활을 할 권리를 가진다」고 규정하여 국민의 생존권을 보장하고 있다. 이러한 생존권을 실현하기 위한 사회보장에 관하여 제34조 제2항에는 「국가는 사회보장·사회복지의 증진에 노력할 의무를 진다」고 규정하고 있다. 뿐만 아니라 제34조 제3항·제4항·제5항에서는 여자·노인·청소년·신체장애자·질병·노령 및 기타의 사유로 생활능력이 없는 국민을 보호하여야 할 국가의 의무를 규정하고 있다.

헌법에서 규정하고 있는 생존권의 실현은 여러 가지 사회입법제정을 통하여 구체화되고 사회정책·경제능력 등을 통하여 실현될 수 있는 것이며, 사회보장만을 그 실현수단으로 할 수 없는 것이다. 사회법체계 내의 다른 법들도 궁극적으로는 국민들의 생존권 확보에 목적이 있다. 노동법의 영역에서는 근로관계를 매개로 하여 국가가 적극적으로 계약내용이나 근로조건 등에 개입함으로써 생존권을 확보하려고 한다. 경제법의 영역에서는 재산거래관계를 매개로 하여 생존권의 확보를 도모한다. 그에 반하여 사회보장법의 영역에서는 생존권의 실현이 국가가 보호를 필요로 하는 국민에게 직접적으로 생활보장급여를 함으로써 보다 구체적이고 직접적인 형태로 이행된다.

I. 사회보장법의 영역

국민의 생존권을 확보하기 위하여 국가가 생활의 위협에 직면한 국민에게 직접적으로 급여를 지급하는 형태의 법규의 총체가 사회보장법이다. 이에는 급여의 요건과 급여의 내용으로 보아서 생활을 위협하는 위험에 대하여 보험의 방식으로 생활보장급여를 지급하는 사회보험법, 국민들에게 인간다운 생활의 최저수준을 설정하고 그 기준에 미달하는 국민에 대하여 일정한 소득을 확보시켜 주는 공적부조법, 경제능력이 없는 국민을 대상으로 금전적 급여에 의하지 않는 공적 서비스를 제공하는 사회복지법, 국민대중의 질병예방을 목적으로 하는 공중위생에 관한 법 등이 있다.

II. 우리나라의 사회보장법

현재 헌법 제34조 이하의 규정에 의하여 여러 가지 사회보장법이 제정되어 있다.[2] 그러나 헌법이 추구하고 있는 복지국가의 실현을 위해서는, 실업에 대한 생활부조 등 심각한 생활상의 위험에 직면한 국민의 생활보호를 위하여 사회복지에 관한 법이 더욱 많이 그리고 다양하게 입법되어야 하리라고 본다.

---

2) 국민기초생활보장법, 공무원연금법, 군인보험법, 재해구호법, 국민건강보험법, 국민복지연금법, 아동복지법, 군사원호보상법, 공중위생법, 전염병예방법, 식품위생법, 노인복지법 등.

관련 사례

생활보호법에 따라 지급한 보호비를 후에 행정행위 자체에 하자 있음을 안 행정기관이 임의로 취소할 수 있는가?(다수설과 판례의 입장에서)

▶ 일단 행정행위가 행하여지면 이것을 신뢰하여 사람들의 생활이 형성되므로 행정행위에 하자가 있다는 것만을 이유로 무조건 행정청이 행정행위를 취소할 수는 없다.

Chapter 09 국제사법

제1절 국제사법의 의의와 법원

Ⅰ. 국제사법의 의의

'국제사법'(Private International Law)이란 외국적 요소가 있는 사법관계(私法關係)에 대한민국 법원이 재판관할권(Jurisdiction)을 갖는지 여부를 판단하고, 만약 재판관할권이 있는 경우 적용될 사법(私法)이 어느 나라의 것인지를 지정하는 것을 목적으로 하는 법이다. 국내에 거주하는 내국인 사이에서 형성된 사법관계에서 법적 분쟁이 발생하면 그 문제를 해결하기 위해 분쟁당사자들은 의심 없이 대한민국 법원에 소송을 제기할 수 있다. 또한 소송개시가 결정되면 분쟁을 해결하기 위해 적용되는 법률이 대한민국 법률임을 그 역시 의심하지 않는다. 하지만 해외에서 내국인들 사이에서, 해외에서 내국인과 외국인 사이에서, 국내에서 외국인들 사이에서, 그리고 국내에서 내국인과 외국인 사이에서 발생한 사법관계까지 항상 그리고 의심 없이 우리나라 법원이 재판관할권을 행사할 수 있는 것은 아니며, 설사 우리나라 법원에서 소송이 진행되더라도 우리나라 법률이 당연히 적용되는 것은 아니다.

외국적 요소가 있는 법률관계란 사법관계를 구성하고 있는 요소의 일부가 대한민국이 아닌 외국과 관련을 가지는 법률관계를 말한다. 예컨대, 한국인과 중국인이 결혼하는 경우 또는 한국인이 미국인으로부터 일본에 있는 부동산을 매수하는 경우와 같이 당사자간 법률관계를 구성하고 있는 요소 중 일부가 대한민국이 아닌 외국이 존재하는 경우이다. 이와 같은 법률관계에서 분쟁이 발생하는 경우 대한민국 법원이 재판관할권을 행사할 수 있는 여부를 판단할 수 있는 근거를 국제사법이 제공한다. 만약 대한민국 법원이 재판관할권을 행사할 수 있다고 판단되면, 이 법적 분쟁을 해결하기 위해 적용될 법률이 대한민국의 사법인지, 아니면 외국의 사법인지를 판단할 수 있는 근거, 소위 준거법(Choice of Law)을 국제사법이 제공한다.

이러한 법률관계를 규율하는 국제사법은 각국에 따라 그 내용이 상이하며, 준거법, 즉 대한민국과 외국법 중 어느 법을 선택・적용하느냐에 따라 전혀 다른 결과가 발생하기도 한다. 각국의 국제사법이 전 세계적으로 공통인 내용으로 구성되어 있으면 재판관할권과 준거법을 결정하는 기준이 같아지므로 법률관계의 당사자는 어느 나라의 법정에서도 동일하게 재판관할권과 준거법이 지정될 것이다. 만약 세계 각각의 사법의 내용이 통일되어 있다면 어느 나라의 법원에서도 동일한 재판의 결과를 기대할 수 있게 된다. 후자인 전 세계 사법통일보다는 전자의 국제사법의 통일이 보다 현실적인 대안이다. 아직 완전한 국제사법이 세계국제사법으로 통일되어 있지 않으나 내용적으로 유사한 원칙을 바탕으로 통일화하는 경향을 띠고 있다.

II. 국제사법의 법원(法源)

(1) 성문법

국제사법의 성문법에는 '국제사법'이 있으며, 이는 9개 장, 62개 조문과 부칙으로 되어 있다. 그 내용은 총칙(제1장), 사람의 능력에 관한 규정(제2장), 법률행위(제3장), 물권(제4장), 채권(제5장), 친족(제6장), 상속(제7장), 어음・수표(제8장), 해상(제9장)으로 되어 있다. 한편, '국제사법' 조문들에는 우리나라가 가입한 국제협약과 그렇지 않은 국제협약 중 준거법 결정원칙을 정한 내용들을 담고 있기도 하다.

(2) 판례, 조리, 그리고 학설

국제사법(國際私法)은 내용이 불완전하기 때문에 여러 방법을 통한 보충이 필요하다. 우리나라의 국제사법도 미비한 점이 있기 때문에 판례와 조리를 통해 성문국제사법을 보충하지 않으면 안된다. 또한, 학설 역시 이러한 부족한 점들을 보충하는 중요한 역할을 한다. 하지만 이들은 형식적으로 법원이라고 부르기에는 한계가 있다.

제 2 절 재판관할권

국제사법이 적용되기 위해서는 먼저 (1) 해당 사안이 '외국적 요소가 있는 사법관계(私法關係)'인지를 사실적으로 판단하여야 하며, (2) 대한민국이 재판에 관한 관할권을 갖는지를 재판관할권 규정을 통해 결정되어야 한다. 마지막으로 (3) 해당 사안에 적용될 법률이 어느 국가의 법률인지는 국제사법의 준거법 규정을 적용함으로써 결정된다. 만약에 이러한 '외국적 요소'가 없거나 '사법관계'가 아닌 경우는 국제사법의 대상이 아니며, 대한민국이 재판관할권을 행사할 수 없으면 국제사법의 준거법이 적용될 수 없다. 분쟁의 대상이 되는 사법관계의 사실관계에서 외국적 요소가 있는 것이 판단되면 법원은 국제사법 제2조, 제27조, 그리고 제28조를 중심으로 대한민국의 법원이 재판관할권을 행사할 수 있는지를 판단하게 된다. 재판관할권에 관한 단계를 통과하면 사법관계에서 발생하는 분쟁 쟁점을 구분하여 준거법과 관련한 국제사법 제3조-제62조까지의 규정을 통해 적용될 국가의 법률을 결정하게 된다.

재판관할권은 경우에 따라서는 복수의 국가가 행사할 수 있는 경우 소송당사자는 재판관할권을 선택할 수 있다. 재판결과가 자신에게 좀 더 유리한 법정지를 조사하여 해당 법정지에서 소송을 시작할 수 있는데, 이를 '법정지 쇼핑'(forum shopping)이라고 한다. 지나친 '법정지 쇼핑'을 제어하기 위해 '부적절한 법정지'(forum non conveniens)라는 원리가 출현하기도 하였다. 경우에 따라서는 정책적으로 법정지의 준거법 대신 피법정지의 준거법으로 재판을 진행하여 이러한 '법정지 쇼핑'을 간접적으로 제한하기도 한다.

마지막으로 '외국적 요소가 있는 사법관계'에 대한민국이 재판관할권을 행사할 수 없으면 재판관할권이 있는 다른 국가에서 소송이 개시된다. 마찬가지로 해당 국가의 국제사법에 따라 준거법이 결정되어 적용되면 최종 판결이 내려지게 된다. 이러한 외국판결은 해당 국가에서만 집행할 수 있으나 일정한 요건을 갖추면 대한민국에서도 그 효력이 인정될 수 있는데, 이를 외국판결의 승인과 집행이라고 한다. 이에 관한 내용은 민사소송법 제217조 '외국판결의 효력'에 규정되어 있다.

제3절 준거법의 결정과정

국제사법의 대부분을 구성하는 조문은 준거법(準據法)과 관련한 것들이다. 외국적 요소가 있는 법률관계에 관하여 국제사법을 적용하여 준거법을 지정할 때까지는 국제사법 규정의 특수성으로 인하여 몇 가지 일정한 단계를 거쳐 준거법이 지정된다. 준거법의 지정의 첫째 단계는 법률관계의 성질결정이고, 둘째 단계는 연결점(連結點)의 결정이다. 이를 바탕으로 국제사법에 의하여 준거법이 지정된 후 당해 법률관계에 준거법을 적용하게 된다. 결국 외국적 요소가 있는 법률관계를 해결하기 위해서는 법률관계의 성질결정, 연결점의 결정, 준거법의 적용이라는 세 단계를 밟게 된다. 한편, 준거법이 외국법인 경우 선결문제와 적응문제, 외국법 적용의 제한이 발생한다.

I. 법률관계의 성질결정

법률관계의 성질결정이란 문제된 외국적 요소가 있는 법률관계가 국제사법상 어떤 성질을 가지는가를 결정하는 것이다. 법률관계의 성질결정의 문제는 어느 법에 의하여 법률관계의 성질을 결정할 것인가에 대한 문제이다. 예를 들면, 한국인이 한국에서 미국인의 불법행위로 인해 상해를 입은 경우 미국에서 불법행위를 원인으로 한 손해배상청구소송을 하였다. 이 사건은 불법행위가 한국에서 발생하였으므로 미국 국제사법이 적용되어 대한민국법이 준거법으로써 미국 법원에서 적용되었다. 하지만 본 사건은 불법행위채권의 소멸시효가 문제가 되었는데, 소멸시효는 미국법에서는 절차법인 반면 한국법에서는 실체법으로 규정되어 있다. 만약 소멸시효를 절차법으로 보면, 법정지인 미국의 민사소송법이 적용되어 채권이 소멸되는 반면 이를 실체법으로 보면 준거법인 한국 민법이 적용되어 채권이 소멸되지 않을 수 있다. 이렇듯 소멸시효를 모든 국가에서 실체법으로 보는 것은 아니므로 어느 국가의 법률 개념으로 소멸시효를 정할 것인가의 문제가 법률관계의 성질결정의 문제이다. 그러므로 법률관계의 성질을 결정하는 문제는 국제사법 규정의 이론적 전제가 된다. 즉, 이 문제가 해결되어야 국제사법 규정의 적용이 있게 된다. 이와 같은 것이 문제가 되는 것은 법률관계의 성질결정에 대해서 국제사법은 침묵하고 있기 때문이다.

이러한 문제를 해결하기 위해서 여러 학설이 대립되고 있다. 법률관계의 성질은 법정지(法廷地)의 실질법에 의해서 결정되어야 한다는 법정지설(法廷地說)과, 그 법률관계에 적용될 법, 즉 준거법에 의해 결정되어야 한다는 준거법설(準據法說), 그리고 법정지설을 바탕으로 저촉규범의 체계 개념은 국제사법이 봉사하는 이익의 분석을 통하여 밝혀지는 저촉규범의 목적에 따라 해석되어야 한다는 국제사법자체설(國際私法自體說) 등 다양한 견해가 있다.

II. 연결점의 결정

국제사법결정이 법률관계의 준거법을 지정하는 때에는 국내법을 지정하는 경우 이외에는 특정한 나라의 법률을 구체적으로 지정하지 않고, 본국법 또는 주소지법의 식으로 국적이나 주소 등의 법률관계를 구성하는 어떤 요소를 매개로 해서 지정한다. 이와 같이 국제사법상 준거법을 결정함에 있어서 그 표지가 되는 요소를 연결점(連結點) 또는 연결소(連結素)라 한다. 예컨대, 「동산 및 부동산에 관한 물권 기타 등기하여야 할 권리는 목적물의 소재지법에 의한다」(국제사법 제19조 제1항)는 규정을 적용하는 경우 일정한 목적물이 독일에 소재할 때 독일법이 곧 소재지법이 된다. 이러한 경우에 소재지는 소재지법으로서의 독일법을 연결시키는 거점이 되므로 이것을 연결점이라고 한다.

이와 같은 연결점은 법률관계의 종류에 따라서 다르겠지만 우리 국제사법상 명시적으로 예상되는 것으로서는 국적, 주소, 행위지, 물건소재지, 사실발생지, 법정지(法廷地), 당사자의사(當事者意思), 서명지(署名地), 발행지, 지급지, 선적지(船籍地) 등이 있다. 연결점 가운데 단순한 사실관계가 아니고 국적·주소·불법행위지·행위지와 같이 법률상의 개념에 속하는 연결점을 특히 연결 개념이라 한다.

법률상의 연결점인 연결 개념의 결정에는 각국마다 연결 개념이 동일하지 않으므로 이를 어떤 나라의 어떤 법에 의하여 결정할 것인가의 문제가 연결 개념의 결정 문제이다. 예컨대, "사람의 행위능력은 그의 본국법에 의한다"라는 규정에서 본국의 개념을 어느 나라의 법으로 결정하여야 할 것인가의 문제이다. 연결 개념의 결정 문제는 법정지의 국제사법을 적용하기 위하여 그 국제사법의 규정을 해석하는 문제이므로 법정지의 국제사법 자체에 의하여 결정하여야 한다. 그러나 연결 개념이 여러 국가에 존재하거나 또는 전혀 어느 국가에도 존재하지 않는 경우가 있는데, 이러한 경우 연결 개념을 어떻게 결정할 것인가의 문제를 연결점의 결정 문제라고 한다.

연결점의 결정은 주로 국적 또는 주소의 적극적 저촉(이중국적의 경우) 또는 소극적 저촉(무국적의 경우)의 해결을 위한 문제로서 논의되는 것이다. 예컨대, "사람의 행위능력은 그의 본국법에 의한다"라는 규정에서 '본국'이 다수인 이중국적자 또는 본국이 없는 무국적자의 경우 본국법을 어떻게 결정할 것인가의 문제이다. 연결점의 결정 문제도 법정지의 국제사법 규정의 해석문제이므로 법정지의 국제사법의 입장에서 결정되어야 한다.

III. 준거법의 적용

1. 준거법의 의의

법률관계의 성질결정과 연결점이 결정되면 국제사법 규정에 의하여 일정한 외국적 요소가 있는 법률관계에 적용되는 준거법이 결정된다. 준거법은 각 실제문제에 대하여 법률효과의 존부(存否)를 판정하는 법률이기 때문에 이것을 효과법(效果法)이라고도 한다. 준거법으로는 본국법, 주소지법, 거소지법,

행위지법, 소재지법, 사실발생지법, 계약지법, 혼인거행지법, 이행지법, 법정지법 등이 있다. 또한 준거법이 법정지를 표준으로 할 때 국내법과 외국법으로 분류된다. 하나의 외국적 요소가 있는 법률관계에 하나의 연결점만 존재하는 않는 경우도 있으므로 수개의 준거법이 적용될 수 있다. 다양한 준거법이 발생하는 경우, 선택적 연결, 단계적 연결, 종속적 연결, 배분적 연결, 그리고 보정적 연결 등을 통해 수개의 준거법이 적용되기도 하다. 예컨대, 혼인의 성립요건은 각 당사자의 본국법이 적용된다고(국제사법 제36조 제1항)하여 배분적 연결에 의해 두 개의 준거법이 적용될 수 있다.

외국법이 준거법인 경우, 경우에 따라서는 외국법의 적용으로 인하여 우리나라의 본질적 법원칙에 반하거나 그 수인한도의 범위를 초과하는 경우에는 외국법의 적용을 배제할 수 있도록 하고 있다. 외국법은 국내법으로 적용되는 것이 아니라 외국법으로 적용되는 것이므로, 그 외국법질서 전체와 관련하여 법원은 외국법원의 입장에서 외국법을 해석하여야 한다. 그러나 외국법이 국제법에 위반되는 경우 이를 적용할 의무가 없다.

2. 선결문제

선결문제(先決問題)란 본문제에 앞서서 먼저 해결해야 할 문제를 말한다. 예컨대, 대한민국 법원에서 상속과 관련한 외국적 요소가 있는 법률관계에서 준거법으로 국제사법 제49조를 적용하였다. 이에 따르면 「상속은 사망 당시 피상속인의 본국법에 의한다」라고 하는데 일반적으로 배우자는 상속인이 된다. 그러나 배우자가 상속인이 되기 위해서는 유효한 혼인이 전제되어야 한다. 유효한 혼인은 배우자 상속과 관련한 선결문제이며 유효한 혼인과 관련한 준거법이 존재한다면 선결문제에 대한 준거법적 쟁점이 발생하지 않는다. 만약 그렇지 않다면 준거법으로 계속해서 피상속인의 본국법을 적용할 것인지, 법정지법을 적용할 것인지, 아니면 제3의 선택을 하여야 하는지 논란이 발생할 수 있다.

제4절 준거법의 특수적용

1. 배제조항

국제사법이 외국법을 준거법으로 적용한 결과 내국의 공서양속(公序良俗)을 해칠 염려가 있는 경우 그 외국법의 적용을 배척하는 국내법을 공서법(公序法) 또는 금지법(禁止法)이라 하고, 외국법의 적용을 배척한다는 국제사법의 규정을 유보조항(留保條項) 또는 배척조항(排斥條項)이라 한다. 국제사법 제10조는「외국법에 의하여야 할 경우에 있어서 그 규정이 선량한 풍속 기타 사회질서에 명백히 위반되는 때에는 이를 적용하지 아니한다」고 규정하여 이 원칙을 채택하고 있다.

2. 반 정

어떤 법률관계에 관하여 법정지(法廷地)의 국제사법 규정에 의하면 외국법을 적용할 것을 규정하고 있으나, 그 외국의 국제사법 규정에 의하면 법정지법 또는 제3국법을 적용하는 것을 반정(反定)이라고 한다. 반정의 유형에는 여러 가지가 있다. 직접적으로 법정지법에 반정하는 경우를 직접반정 또는 협의의 반정이라고 하며, 이는 반정의 가장 일반적인 형태이다. 피지정지법(被指定地法)에 의하여 다시 제3국법에 반정하는 경우를 전정(轉定) 또는 재정(再定)이라 한다. 직접 반정이 아닌 여러 번의 반정을 통해 결국 법정지법에 반정하는 경우를 간접반정이라 한다. 간접반정은 전정과 함께 광의의 반정에 속한다. 마지막으로 직접반정이 있으나 법정지의 실질법이 적용되어야 하나 다른 사항을 고려하여 다시 반정을 일으키는 것을 이중반정(二重反定)이라고 한다. 국제사법 제9조는 형식적으로 직접반정만을 인정하고 있다.

3. 법률의 회피

법률의 회피란 국제사법 규정에 의해 본래 적용될 법률적용을 회피하기 위하여 국적·주소 등의 연결점을 변경하거나, 새롭게 창출하여 새로운 법률에 의하여 외국적 요소가 있는 법률관계의 법률요건을 실현하는 것을 말한다.

준거법의 적용은 객관적으로 행하여야 하며 당사자의 의사는 고려할 필요가 없기 때문에 기본적으로 유효하다고 보고 있다. 그러나 법률의 회피로 인해 그 결과가 공서법(公序法)에 위반되면 그 적용이 배제될 수 있다.

Chapter 10 국제법

제1절 서 론

Ⅰ. 국제법의 개념

국제법(International Law)은 국내법에 대비되는 개념으로서, 국내법이 국내사회의 법질서인 것처럼 국제사회의 법질서를 총칭하는 것이다. '국제사회의 법'으로서 국제법은 국제사회의 양적 · 질적 변화에 따라 그 개념 역시 변화해 왔다.

국제법은 역사적으로 근대주권국가의 출현과 함께 성립되었다고 할 수 있는데, 그 성립의 기초가 된 주권이론은 국제법 개념에 큰 영향을 주었다. 왜냐하면 근대주권국가의 최고 · 독립의 권력, 즉 주권(主權)은 대내적으로는 개개의 국민이 국가의 개입 없이 국제사회의 구성원이 되거나 국제사회의 법, 즉 국제법에 의해 직접 권리 · 의무를 취득하는 것을 방해하며, 대외적으로는 국가 상위의 존재를 거부하는 것을 의미하였기 때문이다. 따라서 이 시기의 국제사회는 국가만이 유일한 구성원이었으며, 국가관계가 정치 · 외교 · 전쟁 등의 권력관계에 치중된 것으로서 국제법은 '국가간의 관계를 규율하는 법', '국가 상호간의 권력관계에 관한 국가행위를 규율하는 규칙 및 원칙의 총체'로서 정의되었다.

그러나 20세기 이후 국제사회는 국제연맹(League of Nations), 국제연합(United Nations) 등의 국제기구가 중요한 역할을 수행하고, 국가 이상의 경제적 힘을 발휘하는 다국적기업이 출현하였으며, 개인에 대해서도 인권의 국제적 보호와 전범처벌 등의 필요성이 대두되었고, 국가관계 역시 정치・외교분야뿐만 아니라, 경제・사회・환경분야 등에서의 협력으로 확대되었다. 이와 같은 국제사회 구성원 및 국제관계의 확대는 전통적인 국제법 개념의 수정을 필요로 하였다. 이 점에서 오늘날 국제법학자들은 일반적으로 국제법을 '국가 및 국제기구와 개인을 제한적 구성원으로 하는 국제사회의 법' 또는 '국제공동체의 법으로서 국제관계 일반에 관한 국가행위와 국제기구의 조직과 기능, 그들 상호간의 관계 및 국제공동체에 관련된 개인의 권리・의무에 관한 규칙과 원칙의 총체'로서 정의하고 있다. 그러나 오늘날 국제법의 개념을 이와 같이 정의하더라도 국가가 일반적으로 국제법관계를 유지할 수 있는 완전한 국제법 주체인데 반해 국제기구와 개인은 국가가 인정하는 범위 내에서만 국제법의 권리・의무를 갖는 제한적 주체라는 점을 유의하여야 한다.

1. 분 류

그 성립형식에 따라 국가간의 명시적 합의에 의해 성립되는 조약(treaty)과 묵시적 합의에 의해 성립되는 국제관습법(customary international law)으로 구별할 수 있다. 또한 그 효력범위에 따라 세계 거의 모든 국가를 구속하는 보통국제법(universal international law), 대다수 국가를 구속하는 일반국제법(general international law), 지역국가를 효력범위로 하는 지역국제법(regional international law)으로 구별할 수 있다.

2. 법적 성질

국제법은 과연 법인가? 오늘날 국제법의 존재 자체를 부정하는 학자는 없다. 그러나 국제법이 법으로서의 성질을 갖고 있느냐 하는 문제는 그 성립 이래 지속적으로 논란의 대상이 되어 오고 있다.

국제법의 법적 성질을 부정하는 입장의 주요 논거는 법이란 주권자의 명령인데, 국제법은 국가간의 합의로 성립되며 그 위반이 빈번하고 이에 대한 제재의 실효성이 확보되지 못하고 있으며, 그 정립·적용·집행을 위한 통일적 기관이 없다는 것이다. 또한 한편으로 절대주권이론에 입각하여 국가 상위의 어떠한 존재도 부정한다.

그러나 법이 주권자의 명령이라는 것과 제재의 실효성의 미비에 따른 효력의 문제는 법의 본질과 효력에 관한 인식을 어떻게 하느냐에 따라 달라질 수 있는 것이고, 통일적인 입법·적용·집행기관의 미비는 초기의 미발달된 법체계에 있어서는 항상 존재하는 문제인 것이다. 비록 국제법이 실효성의 미약이라는 문제를 갖고 있지만, 현실적으로 국제법이 법으로서 존재하고 기능하며 국가들이 이를 준수하려는 의사를 갖고 있는 사실로 미루어 봐서 국제법은 분명 법적 성질을 갖고 있는 것이다.

II. 국제법의 법원

국제법의 법원(法源)에 대한 논의에 있어서 국제사법재판소(International Court of Justice) 규정 제38조 제1항은 국제법의 법원들을 가장 합리적으로 추론하고 해석할 수 있는 근거가 되고 있다. 이 조항에서는 조약, 국제관습법, 법의 일반원칙, 학설과 판례를 규정하고 있다. 이 중 조약과 국제관습법이 국제법의 법원이라는 점은 이론이 없으나 법의 일반원칙에 대해서는 찬반이 대립되고 있으며, 학설과 판례는 법원이 아니라 국제법규범의 확인을 위한 보조수단으로 인정되고 있다. 이 외에도 UN 총회의 결의와 같은 대다수의 국가가 참여하는 국제기구 총회의 결의도 법원으로 인정하자는 주장이 있다. 여기에서는 국제법 법원으로 일반적으로 승인된 조약과 국제관습법에 대해 살펴보기로 한다.

1. 조 약

조약이란 협약(協約), 협정(協定), 규약(規約), 규정(規程), 의정서(議定書) 등 명칭에 관계없이 문서에 의한 국제법주체간의 합의를 말한다. 조약은 국가간뿐만 아니라 국가와 국제기구 사이에도 체결할 수 있기 때문이다. 국가간의 조약체결은 1969년 5월 23일 체결된 '조약법에 관한 비엔나협약'(1980년 1월 27

일 발효)에 따른다. 국가와 국제기구, 국제기구 상호간에 조약체결을 규율하기 위해 UN의 주도로 1986년 3월 21일 비엔나에서 '국가와 국제기구, 국제기구 상호간의 조약에 관한 조약법 협약'이 체결되었다.

(1) 조약의 분류

조약은 그 효력범위에 따라 보편조약, 일반조약, 특별조약으로 구분되고, 그 내용에 따라 입법조약(law-making treaty)과 계약조약(contract treaty)으로 구분되며, 당사자의 수에 따라 양자조약(bilateral treaty)과 다자조약(multilateral treaty)으로, 개방 여부에 따라 폐쇄조약(closed treaty)과 개방조약(open treaty)으로 구분된다. 이러한 조약은 그 내용과 효력범위, 개방 여부에 관계없이 모두 국제법의 법원이다.

(2) 조약의 성립요건과 성립절차

조약이 유효하게 성립하기 위해서는 다음의 요건을 충족하여야 한다.

(개) 조약당사자가 조약체결능력을 갖고 있어야 한다. 주권국가는 완전한 의미에 있어서 조약체결능력자이다(1969년 조약법에 관한 비엔나협약 제6조). 그러나 보호국 또는 종속국은 조약에 의해 그 권리가 박탈될 수 있다. UN과 같은 국제기구는 설립조약에 의해 인정되는 범위 내에서 조약체결권이 인정된다.

(내) 조약당사자를 대표하는 조약체결권자는 조약체결을 위한 합법적인 권한을 갖고 있어야 한다. 조약체결권자는 일반적으로 국가원수이며, 전권대표(全權代表)의 임명에 의해 이를 위임할 수 있다(동 협약 제7조).

(대) 조약체결에 임하는 대표자의 의사표시가 하자 없이 이루어져야 한다. 착오, 사기, 대표자의 부패에 의한 조약체결은 그 무효를 주장할 수 있으며(동 협약 제48조 내지 제50조), 대표자 또는 국가 자체에 의한 강박 또는 무력을 사용하여 체결한 조약과 국제강행규범에 위배되는 조약은 당연무효이다(동 협약 제51조 내지 제53조).

(래) 조약의 객체가 가능하고 적법하여야 한다.

(매) 국제법상 요구되는 조약체결절차를 완료하여야 한다.

(배) 조약이 당사자간에 구속력 있는 법으로서 기능하려면 당사자 상호간에 당해 조약을 통하여 법적 권리·의무를 성립시키려는 주관적 의사가 필요하다.

조약은 위와 같은 요건을 충족하고 교섭 및 조약문 채택, 서명, 비준, 기탁, 등록의 절차를 거쳐 성립하게 된다.

관련 사례

인도는 독립 전인 1919년 베르사이유강화조약 이후 여러 국제조약의 당사국이었고, 필리핀도 독립 이전에 많은 조약의 당사국이 된 예가 있다. 반면 '모로코에서의 미국인 권리에 관한 사건'에서 법원은 모로코를 대신하여 프랑스가 체결한 조약의 효력을 모로코에 대해 인정한 예도 있다.

(3) 조약의 효력

조약은 그 조약이 규정하거나 또는 교섭국이 협의하는 방법으로 그 일자에 발효한다. 그러한 규정 또는 합의가 없는 경우에는 조약에 대한 기속적 동의가 모든 교섭국에 대해 확정되는 대로 발효한다(동 협약 제24조).

조약의 효력은 별도의 합의나 규정이 없는 한 원칙적으로 소급하지 못하며, 각 당사국의 모든 영역에 적용된다(동 협약 제28조). 조약은 제3국에 대하여 그 동의 없이는 의무 또는 권리를 창설하지 못한다(동 협약 제34조).

(4) 조약의 유보

조약의 유보(留保)란 조약의 서명·비준·수락·승인 또는 가입시에 그 조약의 일부 규정에 대한 법적 효과를 배제하거나 변경시키는 일방적 성명을 말한다(동 협약 제2조 제1항 d). 유보는 서면에 의하여야 하고 당사국에게 통고하여야 하며, 유보가 유효하기 위해서는 타 당사국의 동의가 필요하다. 이러한 유보에는 조항의 유보, 적용지역의 유보, 해석의 유보가 있다.

(5) 조약의 종료

조약은 당사국의 합의, 유효기간의 만료, 해제조건의 성취, 목적의 달성과 같은 합의에 의한 종료사유에 의하거나 조약규정에 의한 폐기, 권리의 포기, 중대한 조약위반, 사정변경의 원칙, 후발적 이행불능과 같은 일방적 종료사유 또는 국가의 소멸, 새로운 강행규범과의 저촉, 전쟁과 무력충돌 등의 당사국의 의사에 의하지 않는 사유에 의해 종료된다.

2. 국제관습법

국제관습법은 국제관행(practice)이 반복되어 국제사회가 이를 준수하는 것이 법적 의무라는 확신을 획득한 국제관습이다.

(1) 국제관습법의 성립요건

국제관행이 법으로서 인정받기 위해서는 첫째, 객관적 요소로서 일정한 사항에 관하여 국가간에 동일한 내용의 행위가 반복되어야 한다. 이것은 관행의 획일성(uniformity)과 일관성(consistency)의 요청을 의미한다. 그러나 완전한 획일성은 요구되지 않으며 실질적인 획일성이 존재하는 것만으로 족하다. 또한 관행은 시간적으로 장기간을 요구하는 것은 아니다.

둘째, 주관적 요소로서 관행에 대한 국가들의 법적 확신(*opinio juris*)을 얻어야 한다. 국제사법재판소 규정 제38조 제1항 b의 '법으로서 승인된'이란 바로 법적 확신의 획득을 의미하는 것이다. 이러한 경우 관습법의 확립에 대한 입증책임은 관습법의 확립을 부정하는 측이 지게 된다.

(2) 국제관습법의 법전화

국제관습법은 국제법에 있어 중요한 지위에 있으나 신생국가들은 법 정립과정에 참여하지 못한 채 준수만을 강요받는 데 대한 불만을 해소하고, 그 내용을 명확히 함으로써 국제법 준수의 강화와 국제법의 발전을 촉진하기 위해 법전화가 필요하다. UN헌장 제13조는 총회의 임무로서 국제법의 점진적 발전과 법전화를 규정하고 있다. 이에 따라 1949년 총회의 결의로 국제법위원회(International Law Commission)가 설치되어 국제법 법전화 사업이 적극적으로 추진되고 있으며, 1958년에 체결된 4개의 해양법협약, 1982년 제3차 해양법협약, 외교관계 및 영사관계에 관한 협약, 조약법에 관한 비엔나협약 등이 그 대표적 결과이다.

III. 국제법의 주체

국제법의 주체란 국제법 운영상의 한 단위로서 국제법상의 법률행위를 할 수 있는 자격을 가진 자이다. 현대국제법에 있어 국가와 국제기구 및 개인이 그 주체로 인정되지만, 국가만이 국제법상 권리능력과 행위능력을 모두 가지며 권리·의무를 직접 갖는다. 물론 국제기구와 개인도 권리능력을 갖고 있으나 행위능력을 제한적으로 향유하는 조약의 규정에 따라 그 주체성이 인정될 뿐이다.

1. 국 가

국제법상 국가는 주권·영토·국민을 갖고 있으며, 국제법을 준수하여 타국과 법적 관계를 맺을 의사와 능력을 갖고 있을 것이 요구된다. 국제법상 국가는 그 능력에 따라 주권국·종속국·피보호국으로 구분되며, 국가결합 형태에 따라 단일국·연방국가·국가연합으로 구분된다.

주권국은 국제법상 완전한 권리·의무를 갖는다. 종속국은 종주국의 국내법에 의해 국가로서의 지위가 인정된 것으로, 국제법상의 능력은 종주국의 국내법에 의해 제한된다. 피보호국은 보호국과의 조약에 의해 보호관계가 성립되는 것으로서, 국제법상의 지위는 보호조약 또는 관계국가들의 다변조약에 의해 결정된다. 연방국가는 연방국가 자체에 주권이 있으므로 그 자신만이 국제법의 주체이고, 연방을 구성하는 주(州)는 국제법상의 능력을 갖지 못한다. 국가연합은 주권국가간의 조약에 의한 결합으로서 구성국가가 국제법의 주체이다.

국제법의 주체로서 국가는 독립권·평등권·교섭권·자위권 등의 기본적 권리와 국내문제 불간섭의 의무, 국제법 준수의무, 국가책임의무, 국제협력의무 등의 의무를 갖는다. 또한 국가만이 국제사법재판소에 제소할 권리를 갖는다.

2. 국제기구

국제기구는 공동목적을 달성하기 위해 국가간의 조약에 의해 창설되고 그 설립조약에 따라 행동하는 독립된 법인격체이다. 이를 정부간 국제기구(Intergovernmental Organization)라고도 하며, 민간인에 의해 결성되는 비정부간 기구(Non-Governmental Organizations)와는 구별되는 것이다. 국제연합(UN), 국제전기통신연합(ITU), 국제노동기구(ILO) 및 세계무역기구(WTO) 등이 그 대표적인 것들이다.

국제기구는 그 목적수행을 위해 필요한 한도 내에서 설립조약의 규정에 따라 국제법의 주체성을 갖는다. 이 점에서 국제기구의 설립조약이나 결의 등에 의해 설립되는 보조기관과 구별된다.

국제기구는 설립조약이 명시적 또는 묵시적으로 인정하고 있는 권한의 범위 내에서 조약체결권, 외교사절의 접수권, 출소권 및 청구권, 특권과 면제, 국제사법재판소에 권고적 의견(advisory opinion)을 물을 수 있는 권리를 갖는다.

관련 사례

국제기구의 국제법 주체성 인정의 시금석이 된 사건은 Bernadotte 백작 사건으로 유명한 'Reperation for Injuries Suffered in Service of UN Case'이다. 이 사건은 UN이 팔레스타인 분쟁의 중개자로 파견하였던 수웨덴의 Bernadotte 백작이 살해되자 UN 요원의 보호문제를 확실히 하기 위하여 총회가 국제사법재판소에 UN의 요원이 임무수행 중에 국가책임을 수반하는 손해를 당한 경우 UN이 국제기구로서 책임 있는 법률상 또는 사실상 정부에 대해 UN이 당한 손해와 희생자가 당한 손해를 보상받기 위해 국제적 청구를 할 수 있는가 등에 관해 권고적 의견을 부탁한 사건이다. 이에 대해 국제사법재판소는 UN은 국제법상 하나의 주체이므로 국제법상의 권리와 의무를 보유할 수 있으며, 국제청구를 제기함으로써 자신의 권리를 유지할 권리를 갖는다고 하였다.

3. 개 인

국제법상 개인은 원칙적으로 권리·의무의 직접적인 귀속주체는 아니다. 개인의 국제법 주체성은 국가간의 개별적 조약에 의해 그 규정의 범위 내에서 인정된다. 따라서 개인의 국제법 주체성은 제한적인 것이다. 또한 개인은 조약에 그 권리가 규정되어 있다고 해도 국가의 조약위반에 대해 국제법원에 소(訴)를 제기할 수 없으며, 다만 본국 정부의 재량에 따른 외교적 보호권(diplomatic protection)의 행사에 의할 수밖에 없다. 즉 개인은 수동적 국제법 주체인 것이다.

관련 사례

그런데 조약의 규정에 따라 개인에게도 국가를 상대로 제소권이 인정된 몇 가지 예가 있다. 1907년 중미사법재판소의 설립을 위한 협정, 1907년 국제포획재판소, 1922년 Upper-Silesian 중재재판소, '베르사이유강화조약 제297조'에 의해 설립된 혼합중재재판소, 유럽인권협약에 따른 유럽인권재판소, 유럽연합 사법법원 등이 그 예이다.

그러나 이들 예의 경우에도 대부분이 국내구제절차의 완료를 요건으로 하거나, 의견진술의 기회만을 제공하는 것으로서 진정한 의미의 제소권을 부여하고 있다고 할 수 없는 것들이다. 다만, 유럽연합 사법법원의 경우에는 본국 정부의 개입을 필요로 하지 않고 소송당사자로 직접 참여하고 있다. 그러나 이것 역시 회원국 국민의 지위에서가 아니라 유럽연합 시민의 지위에 기초한 권리로서 해석함이 보다 타당할 것이다.

Ⅳ. 국제법과 국내법의 관계

국제법과 국내법의 관계에 관해 전통적으로 일원론과 이원론의 입장대립이 있다. 일원론은 국제법과 국내법은 동일한 법질서에 속한 것이며, 다만 그 우위의 여부가 문제된다고 주장한다. 이에 대해 이원론은 국제법과 국내법은 서로 별개의 법질서이며 국제법이 국내적으로 타당하려면 국가가 수용 또는 변형하여 국내법화하여야 한다고 주장한다. 그러나 이 다툼은 영국의 국제법학자 Ian Brownlie의 말처럼 조금도 논의의 실익이 없는 것이다. 보다 중요한 것은 실제에 있어 국가가 어떤 태도를 취하고 있는가이다.

국제법의 국내적 적용에 관한 이론에는 변형이론, 수용이론, 집행이론이 있다. 변형이론은 국제법이 국내적 차원에서 적용되기 위해서는 그 규범성격이 변형되어야 한다는 이론으로, 국가의 특별한 행위를 통해서 국제법이 국내법질서로 전환되어야 한다는 특별변형과, 일반적으로 그리고 일괄하여 전환되는 일반변형의 두 가지가 있다. 수용이론은 국제법이 그 규범적 성질을 유지한 채 그 자체로서 국내적으로 효력을 발생한다는 이론이다. 독일 국제법학회에 의해 정립된 집행이론은, 변형이론에 의하면 국제법이 국내적으로 집행되기 위해서는 항상 국가행위를 필요로 하지만 이 국가행위는 국제법규범의 효력근거, 수범자, 체계관련성을 변경하지 않고 그 자체로서 적용을 국내적으로 열어주기 위한 집행명령의 의미만을 갖는다는 것이다.

일반적으로 각 국가들의 국제법에 대한 구체적 입장은 헌법규정에 표현되어 있다. 실제에 있어 국제관습법은 대체로 국내법으로 수용되며, 조약의 경우에는 그 내용(영국의 경우)이나 성질(미국의 경우)에 따라 일반변형 또는 특별변형의 방법을 통해 국내법으로 전환되고 있다고 할 수 있다. 국제법에 대한 우리 헌법 규정은 제6조 제1항과 제60조 제1항이다. 이에 따르면 해석론상 국제관습법은 제6조 제1항의 일반적으로 승인된 국제법규로서 국내법으로 그대로 수용된다고 해석할 수 있다. 조약은 제6조 제1항의 헌법에 의한 체결·공포라는 일반변형에 의해 국내법으로 전환되는 것과, 제60조 제1항에서 규정하는 것과 같이 상호원조 또는 안전보장에 관한 조약, 중요한 국제기구에 관한 조약, 우호통상항해조약, 주권의 제한에 관한 조약, 국민에게 중대한 재정적 부담을 지우는 조약의 경우 의회의 동의를 요하는 것과 같이 특별변형에 의해 국내법으로 전환되는 것이다.

제2절 국 가

I. 국가 및 정부의 승인

1. 국가승인

국가승인이란 기존의 국가가 사실상 존재하고 있는 정치적 통일체에 대해 국제법상의 국가자격을 취득하였음을 선언하거나 인정하는 일방적 행위이다. 승인은 사실상의 정치적 통일체가 국가의 성립요건을 갖추고(객관적 요건) 국제법 준수의사와 능력(주관적 요건)이 있다고 판단될 때 행해지는 것이지만, 기존의 국가는 승인의 의무를 갖지 않는다. 승인이란 정치행위의 일종으로서 정치적 동기와 목적에서 행해지는 재량행위이기 때문이다. 그러나 일단 승인이 행해지면 법적 효과를 갖게 되며 승인국과 피승인국의 상호관계를 규율하는 기본이 된다. 여기에 승인의 국제법적 의미가 있다.

(1) 승인의 시기 및 방법

일반적으로 승인은 그 요건이 충족되었을 때 행하여진다. 이러한 요건이 충족되기 전에 행해지는 승인은 상조승인(尙早承認)이라 하여 법이론적으로 무효이다. 실제 그 요건의 충족을 객관적으로 판정할 권위가 없으며 또한 승인은 국가의 일방적 재량행위이기 때문에 결국 이를 각국의 의사에 맡길 수밖에 없다.

승인의 방법에는 의사표시의 여부에 따라 명시적 승인과 묵시적 승인, 승인효과의 범위에 따라 사실상 승인과 법적 승인, 승인국가의 수에 따라 개별적 승인과 공동적 승인, 조건부가 여부에 따라 조건부승인과 무조건승인이 있다.

(2) 승인의 효과

승인의 효과에 대해 종래 창설적 효과설과 선언적 효과설이 대립하고 있다. 창설적 효과설은 승인에 의해 비로소 국제법의 주체성을 취득한다는 주장이며, 선언적 효과설은 정치적 통일체가 그 요건을 구비하면 이미 주체성을 취득한 것이며, 승인은 다만 이를 확인·선언한 것이라는 주장이다. 현재 대다수의 학자들은 선언적 효과설을 주장하고 있으며, 국제법학회(International Law Association)도 1936년 승인에 관해 채택한 결의안에서 "승인은 선언적 효과를 가진다"라고 한 바 있다.

2. 정부승인

정부승인이란 어떤 정부를 그 국가의 국제적 대표기관으로 승인하는 것으로서, 신정부가 그 국가일반에 대한 실효적 지배를 확립하고 국가를 대표할 의사와 능력을 가질 것을 그 요건으로 한다. 정부승인과 국가승인의 차이는 국가승인이 국가의 국제법적 주체성의 승인인데 반해, 정부승인은 이미 승인한 국가의 대표성의 승인이라는 점이다. 따라서 정부가 변경되더라도 국가승인의 효과는 유지된다.

실제 정부승인의 문제는 정부가 비합헌적 방법에 의해 변경되었을 경우나, 한 국가 내에 2개 이상의 세력이 국가의 대표권을 주장하는 경우에 발생한다. 이 경우 승인국은 일반적으로 그 정부의 실효적 지배 여부, 적법성, 자국의 이익을 고려하여 승인 여부를 결정한다.

관련 사례

정부승인에 대해 1907년 에콰도르 외상 Tobar는 비합법적으로 집권한 정부를 승인해서는 안된다는 원칙을 제시하였다. 이를 Tobar주의라고 하는데, 1907년과 1927년 중남미 5개국이 체결한 조약들에서 채택되었다.

한편 1930년 멕시코 외상 Estrada는 정부승인에 대한 관행을 거부하면서 정부승인이 타국의 주권에 대한 모독적 행위이며 타국의 국내문제에 간섭하는 것이라고 주장하고 장차 멕시코는 타국 정부의 교체・지속 등에 대해 평가하지 않을 것이라고 선언했다. 이를 Estrada주의라고 하는데, 정부승인에 명시적・묵시적 동의는 필요하지 않다는 것으로 해석되고 있다. 현재 많은 국가들이 이 원칙을 외교정책으로 채택하고 있는데, 미국은 1977년에, 영국은 1980년에 이 원칙을 채택하였다. 그러나 정치적 이유에서 이 원칙이 일관되게 적용되지는 못하고 있다.

3. 교전단체의 승인

정부에 대해 반란을 일으킨 단체가 그 국가영역의 일부를 점령하여 사실상의 정부를 수립하고 중앙정부의 통제가 그 지역에 전혀 미치지 못할 경우, 중앙정부는 반란지역 내에서 발생한 외국인의 신체・재산상의 손해에 대해 국가책임을 면하기를 바라며, 제3국은 자국 및 자국민의 이익을 보호하기 위해 반란단체와 직접 교섭할 필요가 발생하게 된다. 이러한 필요에서 중앙정부와 제3국은 반란단체에 대해 일정한 제한된 범위의 국제법 주체성을 부여하는 경우, 이것이 교전단체의 승인이다.

반란단체가 교전단체로 승인받기 위해서는 중앙정부와 반란단체 간의 단순한 지방적 성격의 무력충돌과 구별되는 일반적 성격의 무력충돌이 있어야 하며, 반란단체가 영토의 일부분을 실효적으로 지배하는 정치조직을 가지며, 전쟁법규를 준수하고, 승인을 행하는 제3국은 이 지역에서 보호해야 할 권익을 갖고 있을 것이 요구된다. 만약, 이들 요건이 충족되기 전에 제3국이 교전단체로 승인하는 것은 국내문제에 대한 간섭으로 국제법 위반이 된다.

이러한 승인의 효과는 제3국 승인의 경우 제3국은 중립국의 권리·의무를 가지며, 교전단체 점령지역 내에서 중앙정부의 책임이 해제되고 교전단체가 책임을 지게 된다. 중앙정부의 승인의 경우에는 양자간에 전쟁법이 적용되고, 제3국은 양자에 대해 중립국의 권리·의무를 갖게 되며, 중앙정부는 교전단체의 점령지역 내에 있는 외국의 권익에 대해 그 책임이 해제된다.

II. 국가의 권리·의무

국제사회의 모든 국가는 독립권·평등권·교섭권·자위권 등의 기본적 권리와 국내문제 불간섭의 의무, 국제법 준수의무, 국가책임의무, 국제협력의무 등의 의무를 갖는다. 한편 1960년대 말 이후 국제사회에서 개발도상국 및 후진국들의 목소리가 커지면서 국가의 권리 개념은 경제분야에 있어 국제협력이 강조되었다. 1974년 UN 총회 결의로 채택된 '신국제경제질서의 창설에 관한 선언'(Declaration on the Establishment of New International Economic Order)과 '국가의 경제적 권리와 의무에 관한 헌장'(Charter of Economic Rights and Duties of States)의 채택은 그 산물이다. 그러나 이들 총회 결의의 법적 구속력에 대해서는 선진국과 개발도상국 사이에 견해의 차이가 있기 때문에 국가의 경제적 권리와 의무가 국제사회에서 확립되었다고 할 수 없다.

1. 생존권

생존권은 국가가 존립을 계속할 권리로서 다른 권리에 대한 기본 전제라고 할 수 있다. 이러한 의미에서 생존권은 1차적으로 자위권의 개념과 불가분의 관계에 있다고 할 수 있다. 왜냐하면 생존을 계속하기 위해서는 자위 또는 그 밖의 방법으로서 국가보존이 필요하기 때문이다. 오늘날 무력사용의 금지가 국제법의 기본원칙으로 확립되어 있지만(UN헌장 제2조 제3항·제4항), 자위권행사를 위한 무력사용은 예외적으로 인정하고 있다(UN헌장 제51조).

2. 독립권

국제법상 국가가 독립권을 향유한다는 것은 대내적으로 국가가 간섭을 받지 않고 자신의 국내문제를 처리할 자유가 있다는 것이며, 대외적으로 다른 국가의 감독적 통제를 받지 않고 원하는 바에 따라 대외관계를 수행할 수 있다는 것이다. 논리적으로 대내적 독립은 국내문제 불간섭의 의무와 연결되고, 대외적 의무는 자결권과 연결된다.

3. 평등권

국제법상 모든 국가는 법적으로 평등하다. 주권평등은 국제법상 확립된 원칙이며, UN헌장도 전문과 제1조 제2항 및 제2조 제1항에서 기본원칙으로 규정하고 있다. 국제법상 모든 국가가 평등하다는 것은 ① 모든 국가는 동등한 권리와 의무를 향유하며(법 앞에서의 평등), ② 국가의 실질적 권리 보호를 위해 평등하게 국제법의 보호를 받으며(법 안에서의 평등), ③ 국제법의 정립과정에 평등하게 참여한다는 것을 말한다.

4. 국내문제 불간섭의 의무

모든 국가는 국제법에 반하지 않는 한 그 영역 내에서 독립적이고 완전한 관할권을 행사한다. 국가의 이러한 국내관할권은 반면에 다른 나라의 국내관할권을 존중하고 침해하지 않아야 한다는 국내문제 불간섭의 의무로 나타난다. 즉 국내관할권 및 이에 대응하는 국내문제 불간섭의 의무는 주권의 대내적 측면에서 확립된 국가의 기본적 권리와 의무인 것이다. UN헌장은 제2조 제7항에서 국내문제 불간섭 의무를 기본원칙으로 규정하고 있다.

국내문제가 무엇인가에 대해 UN헌장 제2조 제7항은 '본질적으로 국내관할권 내에 있는 문제'라고 표현하고 있을 뿐 구체적으로 열거하지 않고 있다. 일반적으로 헌법상의 권력구조의 결정, 군비·관세·이민·국적 등이 본질적인 국내관할권 내의 문제로서 취급되었다. 그러나 국내관할권의 개념 자체가 상대적일 뿐만 아니라 주관적인 것이어서 확정적인 정의는 불가능하다.

Ⅲ. 국가책임

1. 국가책임의 개념

국가의 국가책임 또는 국제책임이란 국가의 국제위법행위에 대한 국제법상의 책임을 말한다. 그러나 국가책임은 외국인 재산의 국유화의 경우처럼 적법행위로부터 발생하기도 한다. 국가책임은 구체적으로 다른 국가의 권리를 침해하는 경우와 작위나 부작위로 인해 외국인에게 손해를 입힌 경우로 대별할 수 있다. 종래 국가책임의 기본원칙으로 개별적 책임추구의 원칙, 민사책임의 원칙, 책임능력의 원칙이 있다. 그런데 현재 국제법위원회가 작업 중인 '국가책임에 관한 협약 초안' 제19조는 국제위법행위를 국가 자체의 국제범죄와 국제불법행위로 구분하고 있는 바, 이것은 국가책임이 민사책임에 국한된다는 원칙의 일대 수정이라고 하겠다.

2. 국가책임의 성립요건

(1) 국가기관의 작위・부작위에 의한 국제법상 의무위반이 발생하였을 것

국가기관이란 국가의 모든 기관을 총칭하는 것이다. 따라서 입법・행정・사법기관뿐만 아니라 연방국가의 구성주도 국내법상 정부기관이 일부를 행사하도록 권한을 부여받은 국가기관으로서 국가책임이 귀속된다. 사인(私人)의 행위에 대해서는 원칙적으로 국가가 국가책임을 지지 않지만, 사실상 국가를 위해 행위하는 경우나 타국 국가원수 또는 외교사절에 대한 범죄행위 등의 경우에는 국가책임이 발생한다. 국가는 이 경우 사전방지 또는 사후구제를 위하여 상당한 주의(due diligence)를 하지 않았다는 국가 자신의 부작위에 대하여 직접책임을 지는 것이다.

(2) 국가기관의 행위에 고의 또는 과실이 있을 것

전통적으로 국가책임이 성립하기 위해서는 주관적 요건으로서 국가기관의 고의 또는 과실이 있어야 한다. 그러나 1952년의 '외국항공기가 지표의 제3자에게 끼친 손해에 관한 로마협약', 1960년의 '원자력분야에 있어 제3자 책임에 관한 파리협약', 1962년의 '원자력선의 운영・관리자의 책임에 관한 브뤼셀협약'에서 활동 자체는 적법하지만 사고위험이 막대하다는 위험책임이론을 근거로 무과실책임이 예외적으로 인정되고 있다.

(3) 의무위반행위로부터 손해가 발생하였을 것

발생한 손해는 물질적·금전적일 뿐만 아니라 정신적 손해도 포함한다. 그러나 이러한 책임요건을 외견상 갖추었더라도 피해자의 동의가 있거나, 자위권의 행사, 복구, UN의 강제조치 또는 불가피성이 인정되는 경우에는 예외적으로 국가책임이 성립하지 않는다.

3. 국가책임의 해제

국제법상의 의무위반이 확인되는 경우 가해국은 피해국에 대해 배상할 의무를 진다. 배상에는 원상회복(restitution), 금전배상(indemnity), 진사(陳謝, satisfaction) 등의 방법이 있다.

4. 외국인의 손해에 대한 국가책임

외국인의 손해에 대한 국가책임은 손해발생에 대해 국가가 사전예방과 사후구제에 상당한 주의를 하지 못한 데에 따른 책임이다. '상당한 주의'의 판단기준에는 국제표준주의와 국내표준주의가 있다. 손해를 입은 외국인은 국제법위반을 근거로 가해국에 대해 배상을 요구하지 못하며, 가해국의 국내구제절차(local remedy)를 완료한 후 본국 정부의 외교적 보호권을 통해 배상을 받을 수밖에 없다. 본국 정부가 외교적 보호권을 행사할 것인지의 여부는 본국 정부의 재량사항이다. 또한 본국 정부가 외교적 보호권을 행사하기 위해서는 손해발생시부터 최종판결시까지 그 국적을 계속적으로 보유해야 한다.

제3절 국가의 영역과 공해

Ⅰ. 국가의 영역

국가의 영역이란 국가의 공간적 관할권이 미치는 범위이다. 국가의 영역은 영토, 영해, 영공으로 구성된다. 영해와 영공은 영토와 불가분적으로 결합되어 있고, 영토의 변경에 따라 영해와 영공도 변경되게 된다. 영역은 선점·첨부·할양·정복·시효 등의 방법에 의해 취득된다.

1. 영 토

영토는 육지로써 구성된 국가영역이다. 영토 내의 하천·호소·운하는 영토의 부분으로 취급된다. 타국 영토와의 한계를 국경이라 하는데, 영토에 대한 국가의 지배권은 국경 내의 토지의 지표와 지하에 이른다. 영해와 영공에 대한 관할권이 특별한 제한을 받는데 반해 국가는 영토에 대해 배타적 관할권을 갖는다.

2. 영 해

영토에 인접한 일정한 범위의 해역을 영해라 한다. 영해의 폭은 영해의 기선(基線)으로부터 일정한 거리로 표시된다. 영해의 폭의 기선을 산정하는 방식에는 통상기선과 직선기선이 있다. 통상기선은 연안국에 의해 공인된 대축척 해도상에 표시된 연안저조선(沿岸低潮線)을 기선으로 하는 것이고, 직접기선은 연안이 리아시스식 지형이나 많은 섬이 산재한 경우에 이용되는 방법으로서, 그러한 섬과 연안의 첨단을 직선으로 연결하여 이를 기선으로 하는 것이다. 영해의 폭에 대해서는 종래 3해리, 4해리 또는 12해리가 주장되었으나 1982년 제3차 해양법협약(1994년 11월 16일 발효)에서 12해리를 넘지 않는 범위 내에서 연안국이 결정하도록 하고 있다(1982년 해양법협약 제3조).

연안국은 영해의 해저와 하층부 및 상공에 있어 주권을 행사하나 국제법에 따라 일정한 제한을 받는다. 즉 연안국은 영해에서 연안어업 및 자원개발권,

경찰권, 연안무역권, 재판관할권, 추적권 등의 권리를 향유한다. 그러나 국제교통의 편리를 위해 외국선박에게 무해통항권이 인정되며, 범죄의 결과가 연안국에 미치거나 연안국의 평화를 침해하는 경우, 마약범죄 이외에는 외국선박상의 범죄에 대한 형사재판관할권이 원칙적으로 기국(旗國)에 있다.

3. 영 공

영공은 영토와 영해의 상부공간으로서 국가의 배타적 관할권이 미치는 영역이다. 영공은 영해와 달리 외국항공기의 무해통항권이 인정되지 않는다. 영공의 범위는 우주공간과의 접촉면에서 한계를 갖게 된다. 그러나 이에 대해서는 아직까지 확립된 정의가 없다. 과학기술의 발달에 따라 우주공간의 이용에 각국의 이해가 첨예하게 대립되어 있는 현실에서 이 문제는 국제법이 해결해야 할 과제이다.

II. 공 해

1. 공해자유의 원칙

공해란 영해를 제외한 해양으로서 어느 나라의 영역에도 속하지 않는 해역을 말한다. 공해를 연안국이나 내륙국을 막론하고 각국이 공동으로 이용할 수 있는 것을 '공해자유의 원칙'이라 한다. 공해자유의 원칙은 국제교통을 위해 해양자유를 확보하려는 노력과 인류공동유산(common heritage of mankinds)으로서 공해상의 해양자원에 대한 공동이용을 위해 확립된 것이다. 이 원칙에 따라 모든 국가는 공해에서 항행 및 상공비행의 자유, 어업의 자유, 해저전선 및 송유관 부설의 자유, 과학적 조사의 자유 등을 향유한다.

2. 공해상 외국선박에 대한 관할권

공해에 있어 국가관할권은 원칙적으로 자국 선박에 한정된다. 그러나 예외적으로 해적행위, 노예무역행위, 공해에서의 무허가방송, 해저전선의 파괴나 훼손, 마약범죄, 어업규칙의 위반에 대해서는 외국선박에 대해서도 관할권을 행사할 수 있다.

3. 공해에 대한 국가관할권의 확장

근래에 와서 연안국들이 인접해역에 대하여 국가관할권 주장을 강화하고, 해양 강대국들의 해양자원 독점을 방지하기 위한 노력에서 공해의 범위가 점점 축소되고 있다. 즉 접속수역, 배타적 경제수역, 대륙붕 등의 인정을 통해 종전 공해였던 해역에 대해 국가관할권이 미치게 되었다.

(1) 접속수역

영해에 접속한 공해상의 일정수역으로서, 연안국이 그 영토 또는 영해 내에서의 관세, 재정, 출입국 관리 또는 위생법령의 위반 방지와 그 처벌을 위해 필요한 통제를 하기 위해 예외적으로 관할권이 인정된 수역이다. 접속수역의 폭은 1958년 '영해 및 접속수역에 관한 협약'에서 영해기선으로부터 12해리까지로 하였으나, 제3차 해양법협약에서 24해리로 확대되었다.

(2) 배타적 경제수역

제3차 해양법협약에서 처음 인정된 것으로, 연안국이 영해기선으로부터 200해리 내의 인접수역의 지하・해상・해저에 있어서의 생물・비생물자원의 이용・보존・탐사・관리의 목적에서 주권적 권리를 향유하고, 인공도서・해양과학조사・해양환경 등을 위해 관할권을 향유하는 수역이다. 연안국은 배타적 경제수역(EEZ)에서 천연자원을 경제적으로 이용하는 권리에 한정되며, 연안국이 아닌 국가는 공해에서 인정되는 항행, 상공비행, 해저전선 부설의 자유를 배타적 경제수역에서도 그대로 유지한다.

(3) 대륙붕

육지의 자연적 연장으로 지리적 개념이다. 영해수역 밖의 수심 200미터에 이르는 해저 및 하층토로 구성되며 자원개발이 가능한 해저지역을 말한다. 대륙붕은 지형적 조건상 많은 광물자원이 매장되어 있다고 한다. 과학기술의 발달로 해저지역에서의 자원개발이 가능해짐에 따라 육지의 자연적 연장분이라는 이유에서 국가관할권이 인정된 것이다. 대륙붕에 대한 연안국의 권리는 해상과 하층토의 천연자원을 개발하는데 그치며, 공해로서의 법적 지위를 갖는 수역이나 상공의 법적 지위에는 아무런 영향을 주지 않는다.

4. 심해저

심해저는 국가관할권의 한계를 넘는 해저지역을 말한다. 심해저는 대륙붕과 같이 천연자원이 풍부한 반면에 개발이 어려운 것이었다. 그러나 해저탐사·개발 기술이 급속하게 발달함에 따라 심해저의 사용과 개발에 대한 법제도의 정비가 필요하게 되었다. 이에 따라 제3차 해양법회의에서 이 문제가 집중 논의되었다. 그러나 선진국과 개발도상국 간에 이해가 첨예하게 대립되었고, 이것은 협약 서명과 비준 거부의 원인이 되었으나 UN 사무총장이 주도하는 비공식협상을 통하여 양측의 이해관계를 조정하여 해양법협약 제11장에 규정되어 있는 심해저 개발제도의 내용을 실질적으로 수정하는 형태인 'UN해양법협약의 제11부 이행에 관한 협정'을 체결하여 해결하였다.

제3차 해양법협약에 나타난 주요 결과는 ① 심해저는 인류의 공동유산이다. ② 어느 국가도 심해저와 그 자원에 대해 주권적 권리의 행사 또는 독점은 인정되지 아니한다. ③ 심해저는 모든 국가가 차별 없이 오로지 평화적 목적을 위해서 이용하도록 개방된다. ④ 국제심해저기구를 설립하여 이에 관한 제반 사항을 관장한다. ⑤ 개발주체는 개발청 및 국제심해저기구와 제휴한 협약당사국 및 국제기업 기타 협약에 규정된 요건을 충족하는 자로 한다.

제4절 국제교섭에 있어 국가기관

Ⅰ. 국가원수와 정부수반

국제사회에서 국가원수와 정부수반은 자국을 대표하는 완전한 권한을 갖는 자로 간주된다. 국가원수는 자신이 직접 국제교섭에 참여하거나, 외국에 자국의 대표를 파견하여 국제교섭을 행하게 할 수 있다. 외교사절을 파견하는 경우 신임장(信任狀)을 제정하여야 한다. 국가원수가 변경될 경우에는 외교경로를 통해 외국정부에 정식으로 통고하는 것이 국제사회의 일반적 관행이며 이 경우 외교사절의 신임장도 갱신하여야 한다.

국제법상 외국을 방문하는 국가원수나 정부수반에게는 일반적으로 그 방문의 성격에 관계없이 방문국의 민사 및 형사관할권으로부터 면제되는 것이 국제관행이다.

II. 외교부장관

국제문제에 있어 정부간 교섭은 외교부를 통하여 행하는 것이 일반적이며, 따라서 외교부장관은 국제문제에 있어 국가의 제1차적인 대변자로 간주되고 있다. 외국을 방문하는 외교부장관은 국제법과 국제예양(國際禮讓)에 의해 외교직원에게 인정되는 특권과 면제가 그대로 인정된다.

III. 외교사절

외교사절은 국가를 대표하여 외교교섭을 하기 위하여 외국에 파견되는 국가기관이다. 국제교섭은 일반적으로 외교사절을 통해 행해진다.

(1) 외교사절의 종류와 계급

외교사절에는 외국에 계속적으로 주재하는 상주외교사절과 특정한 목적을 위하여 일시적으로 파견되는 임시 또는 특별외교사절이 있다. '외교관계에 관한 비엔나협약'에 따르면 외교사절의 등급은 대사, 공사, 대리공사 순이다. 그러나 외교사절의 계급은 석차와 예의상의 문제이며 그 직권과 특권에 영향을 주지 않는다.

(2) 외교사절의 파견과 접수

외교사절을 파견하는 데 있어 파견국은 파견할 자의 인적 사항을 미리 접수국에 통고하여 동의, 즉 아그레망(agrement)을 얻는 것이 국제관례이다. 접수국은 아그레망이 요청된 특정인물에 대해 '비우호적 인물'(*persona non grata*)이라는 이유에서 아그레망을 거부할 수 있다.

(3) 외교사절의 직무

외교사절은 접수국에서 파견국의 대표, 파견국 및 파견국 국민의 이익보호, 외교교섭, 관찰과 보고, 우호관계의 증진, 영사업무 등의 직무를 수행한다.

(4) 특권과 면제

외교사절은 외교업무의 효과적인 수행을 위해 광범위한 특권과 면제를 향유한다. 즉 접수국의 형사재판관할권, 경찰권, 과세권 등으로부터 면제되고, 신체·명예·문서·통신 및 공관이 그의 의사에 반하여 침해되지 않는 권리를 갖는다. 외교사절을 수행하는 직원도 접수국의 국민이 아니거나 접수국에 영주하지 않는 한 원칙적으로 외교사절과 같은 특권을 갖는다.

IV. 영 사

영사는 외국에 주재하여 자국의 통상촉진과 자국민의 보호를 담당하는 국가기관이다. 그러나 영사는 파견국을 대표하지 않는다.

(1) 영사의 종류와 계급

영사에는 전적으로 영사업무에 종사하는 전임영사(career consular)와 명예직으로 위탁받은 명예영사(honorary consular)가 있다. '영사관계에 관한 비엔나 협약'에 따르면 영사의 계급은 총영사, 영사, 부영사, 영사대리로 구분된다.

(2) 영사의 파견과 접수

국제관행과 각종 국제협약에 따르면 파견국으로부터 위임장(commission, patent) 또는 이와 유사한 문서에 의해 그 권한을 위임받고, 또한 접수국으로부터 인가장(exequatur)을 부여받음으로써 그 권한을 승인받은 자만이 영사관장으로 인정된다. 영사관장은 접수국으로부터 인가장을 받을 때까지 그 직무를 개시할 수 없다. 인가장 부여권한은 일반적으로 외무부장관에게 있다.

(3) 영사의 직무

영사의 본래의 기능은 비정치적·상업적 기능에 국한된다. 이러한 영사의 주요 기능은 본국과 이해관계가 있는 통상과 항해에 관한 관찰과 보고 및 자국민의 보호·감독이다.

(4) 특권과 면제

영사는 외교사절에 비해 특권이 제한되어 있다. 영사는 직무상의 공적 행위의 경우에만 재판관할권과 경찰권으로부터 면제되며, 그 밖의 경우에는 그 적용을 받는 것이 원칙이다. 그러나 과세권은 원칙적으로 면제된다. 공문서와 통신은 절대적으로 불가침이지만 공관의 경우에는 긴급하고 불가피한 사유에서는 예외적으로 침해될 수 있다.

제5절 국제연합

국제연합(UN: United Nations)은 제2차 세계대전 중에 국제연맹이 그 결함으로 전쟁을 막지 못했다는 반성에서 세계평화와 안전을 유지하기 위한 새로운 국제질서의 모색으로서 전쟁종식과 함께 설립되었다. UN의 창설작업은 대서양헌장의 '더욱 광범위하고 영구적인 일반적 안전보장체제의 설립' 구상에서 비롯된 것이다. 그 후 일련의 회의를 거쳐 1944년 미·영·중·소 4개국이 참석한 덤바턴 오크스회의에서 설립초안이 작성되고, 1945년 샌프란시스코에서 채택되어 1945년 10월 24일 설립되었다.

Ⅰ. UN의 목적과 원칙

UN헌장은 전문과 제1조에서 UN의 네 가지 목적을 명시하고 있다. 즉 국제평화와 안전의 유지, 국가간의 우호관계 촉진, 경제·사회·문화·인도 등제 문제에 관한 국제협력의 달성, 이상의 공동목적을 달성하기 위하여 UN은 각국의 행동을 조화시키는 구심점이 된다는 것이다.

UN의 목적달성을 위해 회원국들이 준수하여야 할 기본원칙은 헌장 제2조에 규정되어 있다. 즉 주권평등, 헌장의무의 충실한 이행, 분쟁의 평화적 해결, 무력사용의 금지, UN의 활동에 대한 원조제공, 비가맹국의 협력확보, 국내문제 불간섭이다.

II. UN의 주요기관

1. 총 회

UN의 최고기관이며 전체 회원국의 대표로 구성된다. 총회는 매년 1회 정기총회를 개최하며 매년 9월 셋째 화요일에 개최된다. 이 밖에 안전보장이사회의 요청 또는 회원국 과반수의 요청으로 사무총장이 소집할 수 있다.

총회의 기능은 크게 법적 기능과 정치적 기능으로 구분할 수 있는데, 안전보장이사회가 심의하고 있는 문제를 제외하고 헌장의 범위 내에 있는 모든 문제에 관하여 토의하여 가맹국과 안전보장이사회에 권고할 수 있다. 총회의 의무와 권한은 헌장 제10조 내지 제16조에 규정되어 있다.

총회의 표결방법은 모든 회원국은 1개의 의결권을 가지며, 중요문제에 관한 결정은 출석하여 투표한 회원국의 3분의 2의 다수결에 의해, 기타 문제는 출석투표국의 과반수에 의한다.

2. 안전보장이사회

안전보장이사회는 미국・영국・프랑스・중국・러시아의 5개 상임이사국과 10개의 비상임이사국의 15개국으로 구성된다. 비상임이사국은 지역배분을 고려하여 총회에서 선출하며 임기는 2년이고 매년 5개국씩 개선된다.

안전보장이사회의 가장 기본적인 임무는 국제평화와 안전을 유지하는 데 1차적 책임을 지는 것이다. 안전보장이사회는 그 임무를 수행함에 있어 연합의 목적과 원칙에 따라야 하며, 회원국은 이사회의 결정을 승인하고 이행하여야 한다. 그 임무의 효과적인 수행을 위하여 헌장이 안전보장이사회에 부여하고 있는 주요 권한으로는 평화적 해결을 위하여 권고를 할 수 있는 권한(헌장 제6장)과 평화에 대한 위협 및 파괴, 침략행위에 대응하여 강제조치를 취할 수 있는 권한(헌장 제7장)을 들 수 있다. 이 밖에도 안전보장이사회는 총회에 대해 신규 회원국의 가입과 사무총장 선임의 권고권한을 갖고 있다.

안전보장이사회의 결의방법은 절차문제에 관해서는 9개 이사국의 찬성으로, 실질문제에 관해서는 5개 상임이사국을 포함한 9개국의 찬성으로 이루어지는데, 상임이사국 중 1개국이라도 거부한다면 결의가 성립할 수 없다. 이것이 강대국의 거부권(veto)이다.

3. 경제사회이사회

국제적인 경제・사회・문화・교육・보건 등의 국제협력에 관한 문제를 처리하는 기관이다. 총회에서 선출된 54개 회원국 대표로 구성되며 임기는 3년이다. 결의는 출석하고 투표하는 이사국 과반수의 찬성으로 일단 성립하나 최종적인 결의는 총회가 한다.

4. 신탁통치이사회

신탁통치이사회는 신탁통치국, 안전보장이사회의 상임이사국 중 신탁통치국이 아닌 이사국, 총회에서 임기 3년으로 선출된 국가로 구성된다. 주요 기능은 비전략적 신탁통치지역에 대하여 총회의 권위하에서 UN의 기능을 수행하며, 안전보장이사회가 전략적 신탁통치지역에 대하여 그 기능을 수행하도록 원조를 제공한다. 결의방법은 출석이사국 과반수의 찬성에 의한다.

5. 국제사법법원

국제사법법원은 UN의 주요 기관으로서 헌장과 불가분의 관계에 있으나, 독자적인 국제사법법원 규정에 따라 그 기능을 수행하는 사법기관이다.

6. 사무국

사무국은 사무총장 1인과 직원으로 구성된다. 사무총장은 안전보장이사회의 권고에 기하여 총회에 의하여 임명된다(헌장 제97조). 사무총장은 UN 행정직원의 장이며, 총회・안전보장이사회・경제사회이사회 및 신탁통치이사회로부터 위탁된 임무를 수행한다(헌장 제97조, 제98조). 또한 사무총장은 자신의 견해에 비추어 보아 국제평화와 안전유지를 위협하는 모든 문제에 대하여 안전보장이사회의 주의를 환기할 수 있다.

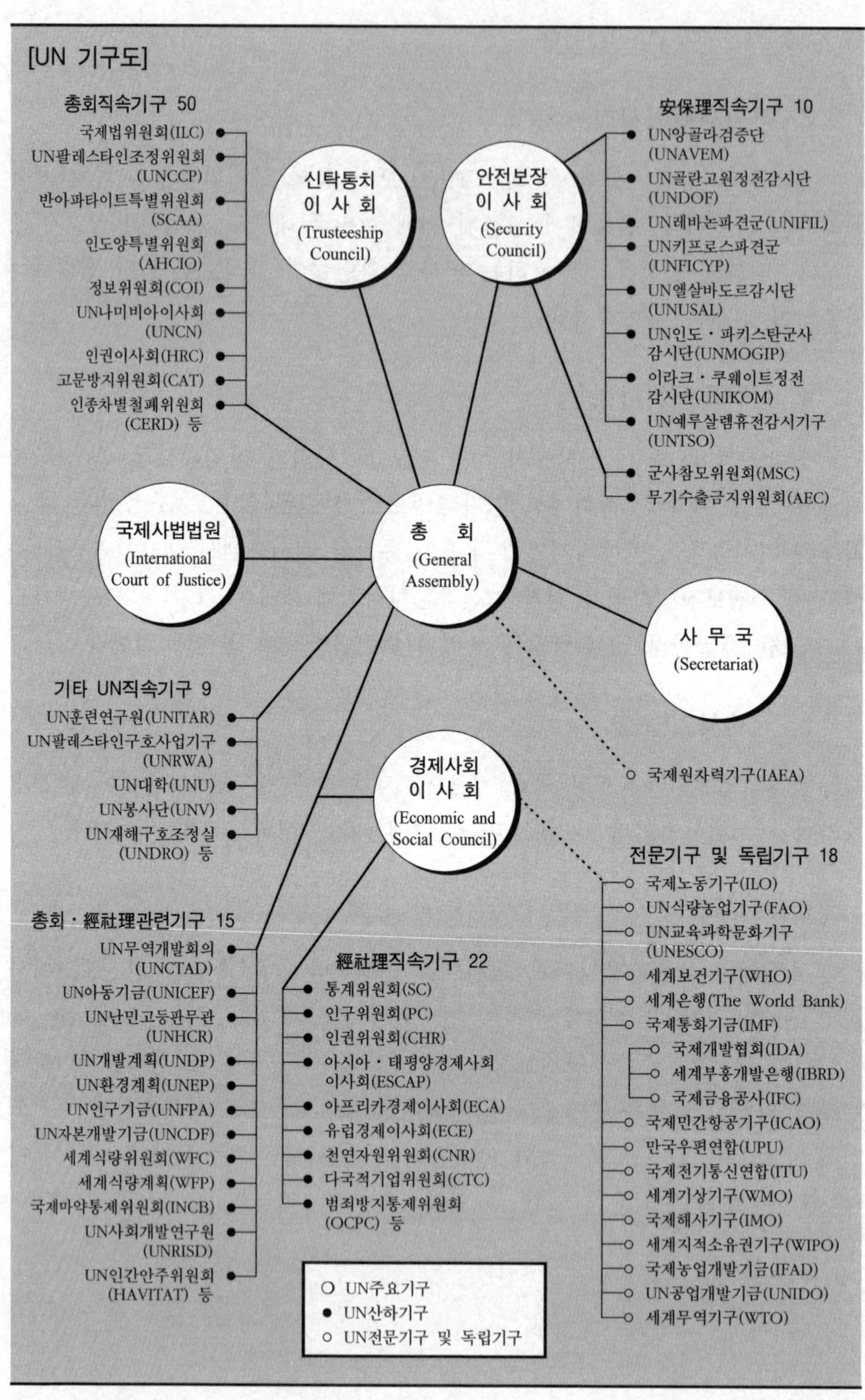
[UN 기구도]
총회직속기구 50
국제법위원회(ILC)
UN팔레스타인조정위원회(UNCCP)
반아파타이트특별위원회(SCAA)
인도양특별위원회(AHCIO)
정보위원회(COI)
UN나미비아이사회(UNCN)
인권이사회(HRC)
고문방지위원회(CAT)
인종차별철폐위원회(CERD) 등
신탁통치 이사회 (Trusteeship Council)
안전보장 이사회 (Security Council)
安保理직속기구 10
UN앙골라검증단(UNAVEM)
UN골란고원정전감시단(UNDOF)
UN레바논파견군(UNIFIL)
UN키프로스파견군(UNFICYP)
UN엘살바도르감시단(UNUSAL)
UN인도・파키스탄군사감시단(UNMOGIP)
이라크・쿠웨이트정전감시단(UNIKOM)
UN예루살렘휴전감시기구(UNTSO)
군사참모위원회(MSC)
무기수출금지위원회(AEC)
국제사법법원 (International Court of Justice)
총 회 (General Assembly)
사 무 국 (Secretariat)
기타 UN직속기구 9
UN훈련연구원(UNITAR)
UN팔레스타인구호사업기구(UNRWA)
UN대학(UNU)
UN봉사단(UNV)
UN재해구호조정실(UNDRO) 등
경제사회 이 사 회 (Economic and Social Council)
국제원자력기구(IAEA)
전문기구 및 독립기구 18
국제노동기구(ILO)
UN식량농업기구(FAO)
UN교육과학문화기구(UNESCO)
세계보건기구(WHO)
세계은행(The World Bank)
국제통화기금(IMF)
국제개발협회(IDA)
세계부흥개발은행(IBRD)
국제금융공사(IFC)
국제민간항공기구(ICAO)
만국우편연합(UPU)
국제전기통신연합(ITU)
세계기상기구(WMO)
국제해사기구(IMO)
세계지적소유권기구(WIPO)
국제농업개발기금(IFAD)
UN공업개발기금(UNIDO)
세계무역기구(WTO)
총회・經社理관련기구 15
UN무역개발회의(UNCTAD)
UN아동기금(UNICEF)
UN난민고등판무관(UNHCR)
UN개발계획(UNDP)
UN환경계획(UNEP)
UN인구기금(UNFPA)
UN자본개발기금(UNCDF)
세계식량위원회(WFC)
세계식량계획(WFP)
국제마약통제위원회(INCB)
UN사회개발연구원(UNRISD)
UN인간안주위원회(HAVITAT) 등
經社理직속기구 22
통계위원회(SC)
인구위원회(PC)
인권위원회(CHR)
아시아・태평양경제사회이사회(ESCAP)
아프리카경제이사회(ECA)
유럽경제이사회(ECE)
천연자원위원회(CNR)
다국적기업위원회(CTC)
범죄방지통제위원회(OCPC) 등
UN주요기구
UN산하기구
UN전문기구 및 독립기구

제6절 국제분쟁의 평화적 해결

오늘날 보편적 국제질서인 UN체제하에서 국제분쟁의 해결을 위한 무력사용은 금지되고, 평화적 방법에 의하여야 하는 것이 국제법의 확립된 원칙이다(UN헌장 제1조 제1항, 제2조 제3항). 국제분쟁의 평화적 해결방안에는 외교적 수단에 의한 해결방법, 국제기구에 의한 정치적 해결방법, 국제재판에 의한 방법이 있다.

Ⅰ. 외교적 수단에 의한 해결

(1) 교 섭

교섭(negotiation)이란 분쟁당사국이 분쟁의 해결을 위하여 제3자의 도움없이 직접 접촉하는 것을 말한다. 이 방법은 가장 원초적이며 최선의 방법이지만, 강대국과 약소국의 교섭인 경우에 객관성과 공평성의 문제가 제기된다.

(2) 주선과 중개

주선(周旋, good office)이란 당사국이 교섭을 진행하도록 편의를 제공하는 것이다. 그러므로 주선은 직접 분쟁당사국의 교섭에 참여하거나 해결책을 제시하는 것이 아니다. 이에 대해 중개(仲介, mediation)는 제3자가 주선의 임무를 넘어서 분쟁당사국의 교섭에 개입하고 해결책까지 제의하는 것을 말한다.

(3) 심 사

심사(inquiry)는 제3자가 분쟁의 원인이 된 사실을 명확히 함으로써 분쟁의 해결을 용이하게 하는 것이다. 심사를 위하여 통상 심사위원회가 구성되는데, 심사위원은 분쟁당사국의 합의에 의해 선정된다. 심사위원회의 심사보고서는 당사국에 대해 구속력을 갖지 않지만, 분쟁당사국은 보고서의 객관적 공평성을 일방적으로 배척하기는 어려울 것이다.

(4) 조 정

독립적 지위에 있는 제3자(조정위원회, 1인의 조정위원 또는 국제기구)가 분쟁을 심사하여 분쟁당사국에 대하여 해결조건을 제시하는 것으로, 조정(conciliation)은 심사와 중개의 결합형태이다. 분쟁당사국은 조정인의 해결조건을 수락할 의무는 없다.

II. 국제기구에 의한 정치적 해결

국제기구에 의한 국제분쟁의 해결방법은 크게 두 가지로 나눌 수 있다. 하나는 평화적 해결방법이고, 다른 하나는 평화의 위협을 제거하고 회복하기 위해 무력사용을 포함한 강제조치를 취하는 것이다. 분쟁해결을 위한 무력사용을 원칙적으로 금지하고 있는 오늘날에도 UN헌장 제7장에서 무력사용을 포함한 강제조치를 인정하고 있다.

국제분쟁을 해결하는 국제기구에는 UN과 같은 보편기구와 OAU(Organization of Africa), OAS(Organization of American States)와 같은 지역기구가 있다. UN에 있어 분쟁해결에 대한 1차적 권한은 안전보장이사회에 있으며, 총회와 사무총장도 분쟁의 해결을 위한 임무를 수행한다(헌장 제12조, 제14조, 제98조, 제99조). 안전보장이사회가 국제분쟁을 해결하는 절차와 방법은 헌장 제6장에 규정되어 있다.

III. 국제재판에 의한 해결

1. 중재재판

중재재판(仲裁裁判)이란 분쟁당사국들이 선정한 법관에 의해 당사국들이 합의한 재판준칙과 재판절차로 구속력을 갖는 판결을 내림으로써 분쟁을 해결하는 제도이다. 중재재판의 종류에는 분쟁이 발생한 후 당사국들의 합의에 의해 그 분쟁에 대해서만 성립하는 임의적 중재재판과, 분쟁발생 전에 일정한 형식에 따라 일반적으로 중재재판에 제기하도록 미리 합의한 강제적 중재재판이 있다. 이러한 중재재판은 재판의 성립, 구성, 준칙, 절차가 당사자의 합의에 기초하여 당사자의 의사가 존중되므로 분쟁의 성질에 따라서는 사법재판보다 적절한 해결을 가져올 수 있는 것이다.

2. 사법재판

사법재판이란 국제사법법원과 같이 미리 선임된 재판관에 의해 국제법을 재판준칙으로 하여 분쟁을 해결하는 것이다. 국제사회에 있어 본격적인 상설사법법원이 설립된 것은 1920년 국제연맹의 상설국제사법법원(Permanent Court of International Justice)이다. 2차 세계대전 후 UN의 주요 기관으로 설립된 국제사법법원은 법적으로는 별개의 기관이나 그 규약을 거의 그대로 하고 있고, 판례를 존중하고 있다는 점에서 실제로는 그 계속성이 인정된다.

상설사법법원에는 일반적 관할권을 갖는 국제사법법원 외에도 ILO행정법원, 유럽연합사법법원, 유럽인권법원, 미주인권법원 등이 있다.

Chapter 11 지식재산권법

제 1 절 지식재산권법의 의의

Ⅰ. 지식재산권의 중요성

법적 권리의 대상이 되는 재산이라 하면, 눈에 보이는 유형의 재산(건물, 자동차, 선박, 토지, 시계 등)과 눈에 보이지 않는 무형의 재산(특허권, 상표권, 의장권, 저작권, 컴퓨터프로그램보호권 등)으로 나누어진다. 과거에는 유형의 재산을 중심으로 경제활동이 이루어졌으나, 지금은 무형의 재산이 더욱 중요하게 되었다. 특히 WTO체제 출범으로 상품, 자본, 기술, 서비스 등 무형의 재산이 자유롭게 이동하고 국제적으로 보호받게 되어 필연적으로 국가경쟁력의 중요 원천으로서 무체재산의 중요성이 강조되고 있다.

지식기반가치 창출 활동이 중심이 되는 현대경제에 있어서 연구·개발을 통해 창출되는 지식재산은 기업이나 국가 차원에서 성장을 위한 핵심적 동력으로서 인식되고 있다. 미국의 특허관리전문회사인 Ocean Tomo가 S&P 500 기업을 대상으로 무형자산 가치를 조사한 연례보고서에 의하면, 1975년의 경우 유형자산의 가치가 기업가치의 83%를 차지한 반면 무형자산의 비중은 17%에 불과하였다. 그러나 2015년의 경우 무형자산의 비중이 84%를 차지하고 있는데 비해 유형자산의 비중은 16%에 불과하여, 기업가치에서 차지하는 유형자산과 무형자산의 비중이 완전히 역전되었음을 보여주고 있다.[1] 이와 같이 지식재산권을 중심으로 한 무형자산의 중요성이 높아진 상황에서 글로벌 기업들은 시장에서 경쟁우위 확보를 위한 중요한 전략으로서 지식재산권을 확보하여 후발기업에 대한 진입장벽을 구축하고 시장접근을 봉쇄하는 전략을 펴고 있다.

국가정책 차원에서도 지식재산의 확보는 경제성장과 가치창출의 원천으로 인식되고 있으며 지식재산권을 국가 경쟁전략의 주요 도구로 사용하고 있다. 선진국이 후발 추격국을 견제하는 전략적 수단도 과거 반덤핑 제소 등 무역규제에서 IP에 기초한 진입장벽 구축과 견제로 전환되어 가고 있는 양상을 보여주고 있다.

II. 지식재산권의 정의

지식재산(Intellectual Property: IP)이란 인간의 창조적 활동 또는 경험 등에 의하여 창출되거나 발견된 지식·정보·기술, 사상이나 감정의 표현, 영업이나 물건의 표시, 생물의 품종이나 유전자원(遺傳資源), 그 밖에 무형적인 것으로서 재산적 가치가 실현될 수 있는 것을 말한다.[2] 지식재산권(Intellectual Property Right: IPR)은 법령 또는 조약 등에 따라 인정되거나 보호되는 지식재산에 관한 권리로서, 특허 실용신안권, 디자인권, 상표권 및 저작권 등 정신적 창작물 및 상품·서비스에 대한 표식 등에 대하여 인정되는 독점·배타적 권리인 무체재산권을 의미한다.

세계지식재산권기구(World Intellectual Property Organization: WIPO)는 설립조약 제2조 제8항에서 지식재산권을 어문, 예술 및 과학 저작물, 공연예술가의 공연, 음반 및 방송, 발명, 과학적 발견, 산업의장, 상표, 서비스표 및 상업적 명칭 및 호칭 등에 관한 권리, 불공정 경쟁에 대한 보호, 그리고 그 밖에 산업, 과학, 어문 또는 예술 분야의 지식활동에서 발생하는 모든 권리를 포함하는 것으로 정의하고 있다. 지식재산권에 관한 포괄적 개념을 통일적으로 정의하

1) Ocean Tomo's Annual Study of Intangible Asset Market Value, Press Release, Jan 2015.
2) 지식재산기본법 제3조 제1호.

기보다는 예시조항과 일반조항을 혼합하여 규정하고 있다.

지식재산권은 크게 산업재산권, 저작권(저작인접권 포함), 신지식재산권으로 나눌 수 있다. 산업분야의 지적 창작물과 관련된 산업재산권(특허권, 실용신안권, 상표권, 디자인권 등)과 문화예술 분야의 정신적 창작물과 관련된 저작권으로 구분하기도 하는데,[3] 지식재산권이라는 용어는 권리대상이나 권리 성립과정에 차이가 있는 다양한 형태의 권리를 포괄하는 개념이다. 대표적으로 특허는 자연법칙을 이용한 기술적 사상의 창작으로서 고도한 발명에 대한 권리로서 기술적 사상, 즉 '아이디어'를 보호하는 권리임에 비하여, 저작권은 인간의 사상 또는 감정을 '표현'한 창작물인 저작물에 대한 권리이다. 이 밖에도 반도체 배치설계, 유전자원, 전통지식 등 기존의 지식재산권 범주에 속하지 않고 경제·사회·문화의 변화나 과학기술 발달에 따라 새로운 분야에서 출현하는 지식재산권을 대상으로 신지식재산권이라고도 한다.

제2절 산업재산권

Ⅰ. 특허법

1. 특허제도의 의의

특허법 제1조에 「발명을 보호·장려하고 그 이용을 도모함으로써 기술의 발전을 촉진하여 산업발전에 이바지함을 목적으로 한다」고 규정하고 있다. 특허제도는 고도한 기술적 사상의 창작물인 발명에 대해 발명자가 일정기간 독점적으로 이용할 수 있도록 허용함으로써, 발명자에게 재산권행사를 통한 수익창출 기회를 제공하고 혁신활동을 지속할 수 있는 유인(incentive)을 제공한다. 이를 통하여 국가는 기술개발 및 산업발전을 촉진하는 정책적 목표를 실현하고자 한다. 이런 관점에서 특허제도를 신기술보호제도, 발명장려제도 또는 사적독점보장제도라고 지칭되기도 한다. 우리 특허법은 특허 부여를 인간의

3) 산업과 문화영역의 융복합 추세에 따라 이러한 구분의 의미가 희석화되는 경향이 있다.

정신적 창작을 한 발명자의 권리로 보는 권리주의를 채택하고, 특허권을 부여하기 전에 국가에서 특허요건을 심사하는 심사주의를 취하고 있다. 특허권은 설정등록에 의하여 발명을 독점적으로 실시할 수 있는 특허권이 발생하게 된다. 따라서 특허권이 부여되기 위해서는 발명의 내용을 상세히 기재한 특허출원명세서를 제출하는 출원과 심사절차를 거치게 된다. 우리 특허법은 동일 발명에 대하여 둘 이상의 출원이 경합하는 경우에 먼저 출원한 자에게 특허권을 부여하는 선출원주의를 채택하고 있다. 선출원주의는 가장 먼저 발명을 한 발명자에게 특허권을 부여하는 선발명주의와는 대비되는 개념이다.

2. 특허법상 발명

(1) 발명의 의의

특허법에서 발명이라 함은 자연법칙을 이용한 기술적 사상의 창작으로서 고도(高度)한 것(제2조 제1호)으로 규정하고 있다.

(2) 발명의 요건

따라서 특허법상 발명이 되기 위해서는 ① 자연법칙을 이용할 것, ② 기술적 사상일 것, ③ 창작일 것, ④ 발명의 고도성이 인정될 것 등이 있다.

(3) 특허요건

㈎ **주체적 요건** 주체적 요건이란 발명자(출원자)가 갖추어야 할 요건이다. 특허출원인은 발명자 또는 그 승계인이어야 한다. 타인의 발명을 모인(冒認)한 자는 정당한 발명자가 아니다. 발명자는 실제로 발명을 완성한 자이다. 발명은 법률행위가 아니라 사실행위이기 때문에 대리인에 의한 대리발명은 인정되지 않으나, 행위능력이 없는 미성년자, 한정치산자, 금치산자도 발명자가 될 수 있다.

㈏ **객체적 요건**

1) 적극적 특허요건

① 산업상 이용 가능성이 있을 것

특허법 제1조에 규정된 특허법의 목적에서 적시한 바와 같이 특허권의 부여는 발명을 보호·장려하고 그 이용을 도모함으로써 기술의 발전을 촉진하여 산업발전에 이바지하는 데 있으므로 산업상 이용 가능성은 기본적 요건이 된다. 따라서 발명은 실시 가능성·유용성이 있어야 하고, 영구운동과 같이 실시 가능성이 없는 발명이나 '학술적'으로만 이용될 수 있는 발명은 특허를 받을 수 없다. 여기서 산업의 범위는 공업소유권의 보호를 위한 파리조약 제1조 제3항의 「공업소유권은 최광의로 해석되며, 본래의 공업 및 상업뿐만 아니라 농업 및 채취산업과 포도주·곡물·가축·광물 등과 같은 모든 제조 또는 천연제품에 대해서도 적용된다」라는 규정에 따라 널리 해석하는 것이 바람직하다. 즉, '산업'은 공업·임업·목축업 등 생산업 분야뿐만 아니라, 운수업·교통업 등 보조적 산업분야도 포함하는 것이 타당하다. 의료업의 경우가 문제되는데 인간의 질병을 진단하고 치료하는 방법 그 자체는 순수한 의료적 행위로서 산업상 이용 가능성이 부정되어 특허등록이 거절된다. 그러나 이러한 의료적 행위에 사용하도록 제공되는 의료기구, 인체로부터 분리·배출된 물건에 대한 발명은 산업상 이용 가능성이 인정되어 특허의 대상이 된다.

② 발명일 것

인간의 기술적 사상의 창작활동이 특허를 받기 위해서는 그 창작은 특허법상 발명의 개념에 해당되어야 한다. 특허법상 발명은 자연법칙을 이용한 기술적 사상의 창작으로서 고도성이 있는 것을 의미한다. 단순한 인간의 정신적 활동으로 산출된 법칙은 자연법칙이므로 발명이 아니다(예: 계산법, 수학공식법, 작도법, 암호작성방법 등은 발명이 아니다).

③ 신규성이 있을 것

특허제도는 새로운 기술을 공개한 자에게 그 보상으로 특허권을 부여하는 것이므로, 발명의 특허를 받기 위해서는 신규성이 있어야 한다. 즉, 특허출원 전에 그 발명이 속하는 기술분야에서 알려져 있지 않은 새로운 발명이어야 한다.

a) 신규성이 없는 사유(제29조 제1항) : 특허법 제29조 제1항 제1호·제2호에서 신규성이 인정되기 위해서는 출원발명이 기존에 알려졌거나 사용된 발명과 동일하지 않아야 한다는 취지로 「㉠ 특허출원 전에 국내 또는 국외에서 공지(公知)되었거나 공연(公然)히 실시된 발명, ㉡ 특허출원 전에 국내 또는 국외에서 반포된 간행물에 게재되었거나 전기통신회선을 통하여 공중이 이용할 수 있는 발명」인 경우는 신규성이 인정되지 않는다고 규정하고 있다.

b) 공지 등이 되지 아니한 발명으로 보는 경우(신규성 상실의 예외) : 특

허를 받을 수 있는 권리를 가진 자의 발명이 특허법 제30조 제1항 각호에 해당하는 경우에는 어떤 발명이 공지의 상태로 된 경우라도 그 날로부터 12개월 이내에 특허출원을 하면 그 특허출원된 발명에 대하여 제29조 제1항(신규성) 또는 제2항(진보성)의 규정을 적용함에 있어서는 그 발명은 같은 조 제1항 각 호의 어느 하나에 해당하지 아니한 것으로 본다.

i) 특허를 받을 수 있는 권리를 가진 자에 의하여 그 발명이 제29조 제1항 각 호의 어느 하나에 해당하게 된 경우. 다만, 조약 또는 법률에 따라 국내 또는 국외에서 출원 공개되거나 등록 공고된 경우는 제외한다.

ii) 특허를 받을 수 있는 권리를 가진 자의 의사에 반하여 그 발명이 제29조 제1항 각 호의 어느 하나에 해당하게 된 경우. 자기의사에 반하여 신규성이 상실된 발명은 발명자의 자발적 의사가 아니라 발명자의 고용인의 고의·과실이나 타인으로부터 사기·강박·산업스파이 행위 등으로 본인의 자발적 의사에 반하여 발생한 것이므로 신규성의 의제를 인정한다. 그러나 법률상의 부지(不知)에 의하여 스스로 공개하는 경우에는 자기의사에 반한 것이라고 할 수 없다.

제30조 제1항 제1호를 적용받으려는 자는 특허출원서에 그 취지를 적어 출원하여야 하고, 이를 증명할 수 있는 서류를 산업통상자원부령으로 정하는 방법에 따라 특허출원일부터 30일 이내에 특허청장에게 제출하여야 한다.

④ 진보성이 있을 것

진보성이란 발명의 창작수준의 난이도를 말한다. 산업상 이용 가능하고 신규성을 갖춘 발명이라 하더라도 발명의 내용이 자명(obvious)하거나 쉽게 추고가 가능한 발명은 특허를 받기위한 창조성이 없다고 보아 진보성이 부인된다.

a) 진보성의 판단기준과 방법 : 진보성의 판단은 선행기술에 비추어 발명의 내용이 그 발명이 속하는 기술분야에서 통상의 지식을 가진자('당업자')의 관점에서 이루어지며, 진보성 판단의 시간적 기준은 신규성 판단의 경우와 같이 출원시를 기준으로 한다. 진보성 판단에 있어 당해 발명의 내용이 되는 기술적 해결을 인지한 상태에서 사후적 고찰이 되어서는 안된다.

b) 신규성과 진보성의 관계 : 발명의 신규성과 진보성은 양자 모두 특허요건의 하나로서 구분되어야 할 개념이고 판단방법도 다르다. 신규성은 출원

발명이 공지 또는 공용의 선행기술과 동일하지 않을 것을 요하며, 동일 여부를 판단하기 위해서 공개된 선행기술을 조사한다. 이에 비해 진보성을 판단하기 위해서는 신규성 판단과 같이 선행기술을 조사하지만 그 판단은 출원발명의 목적·구성·효과에 비추어 선행기술로부터 용이하게 발명될 수 있는지 여부를 판단하는 것이다.

2) 소극적 특허요건(특허를 받을 수 없는 발명)

발명이 특허를 받기 위한 요건(발명의 성립성, 산업상 이용 가능성, 신규성, 진보성)을 갖추어도 국가의 산업정책적 또는 공익적인 면에서 적합하지 않은 경우에 특허를 부여하지 않을 수 있다. 특허법 제32조는 공공의 질서 또는 선량한 풍속에 어긋나거나 공중의 위생을 해칠 우려가 있는 발명에 대해서는 제29조 제1항에도 불구하고 특허를 받을 수 없다고 규정하고 있다.

II. 실용신안법

1. 실용신안법의 의의

실용신안법은 실용적인 고안을 보호·장려하고 그 이용을 도모함으로써 기술의 발전을 촉진하여 산업발전에 이바지함을 목적으로 입법되었다(제1조). 여기서 '고안'이란 자연법칙을 이용한 기술적 사상의 창작을 말하며(제2조 제1호) 고도성을 요하지 않는다. 고도한 기술적 사상의 창작을 특허법으로 보호하는 이외에 한국, 독일, 프랑스, 이탈리아, 스페인, 일본, 중국, 호주 등 일부 국가는 별도의 실용신안법을 제정하여 산업재산권을 이원적으로 보호한다. 이는 산업정책상 중소기업이나 개인발명가의 소발명(개량발명)을 보호·장려하기 위한 정책적 목적을 구현하기 위함이다.

2. 실용신안등록 제도

(1) 보호대상

위에서 언급한 것처럼 특허법과의 구별은 기술적 사상의 창작으로서 고도(高度)한 것 여부이다. 실용신안법상 고안은 발명과 달리 고도성을 요하지 않는다. 따라서 실용신안법의 보호대상인 고안(考案)은 단지 기술적 사상의 창작이면 족하다. 실용신안법은 물품의 형상, 구조, 조합에 관한 실용적 고안만을 인정하므로 방법에 관한 고안은 인정하고 있지 않다.

(2) 등록요건

실용신안등록요건과 특허요건은 각각 산업상 이용 가능성, 신규성은 동일하지만 진보성의 등록요건에서 서로 차이가 있다. 특허법에서 진보성 판단기준은 특허출원 전에 그 발명이 속하는 기술분야에서 통상의 지식을 가진 자가 용이하게 발명할 수 없는 '고도성'이 있어야 한다. 이에 비하여 실용신안법 제4조 제2항은 실용신안등록출원 전에 그 고안이 속하는 기술분야에서 통상의 지식을 가진 사람이 제1항 각 호의 어느 하나에 해당하는 고안에 의하여 '극히' 쉽게 고안할 수 있으면 그 고안에 대해서는 제1항에도 불구하고 실용신안등록을 받을 수 없다고 규정하고 있다. 따라서 특허청의 심사관이 등록요건을 심사할 때 특허출원발명에 대한 진보성의 판단기준과 실용신안출원 고안에 대한 진보성 판단기준은 상당한 차이가 있게 된다.

(3) 심사절차

과거 실용신안제도하에서는 실체적 요건을 심사하지 않고 실용신안의 조기 등록이 가능하도록 하여 특허출원에 대한 엄격한 심사제도로 인한 등록 지연을 해소하고자 하였다. 이와 같이 실제적 요건 심사가 없는 상황에서 등록된 실용신안 권리자가 권리를 행사하기 위해서는 기술평가 청구를 하여 유지결정 등본을 제시하고 경고한 후가 아니면 자기의 실용신안권을 행사할 수 없도록 하였다.

실용신안법은 2006년 전면개정을 거쳐 수차례의 개정을 거쳐 왔는데, 현행 실용신안제도에서는 특허출원에 대한 심사처리기간이 대폭 단축이 전망됨에 따라, 신속한 권리설정을 목적으로 도입된 심사전 등록제도인 실용신안 선등록제도의 장점이 감소되고, 심사 없이 등록된 권리의 오·남용, 복잡한 심사절차로 인한 출원인의 부담 증가 및 심사업무의 효율성 저하 등 심사전 등록제도의 문제점이 상대적으로 부각된 점을 감안하여 실용신안제도를 심사후 등록제도로 전환하였다.

개정된 주요 내용은 ① 형식적인 요건만을 심사하여 등록하던 실용신안 선등록제도를 폐지하는 대신 실체심사를 거쳐 실용신안등록 여부를 결정하도록 하는 심사후 등록제도를 도입하였으며, ② 실용신안 심사전 등록제도 운영을 위해 도입되었던 기초적 요건 심사제도, 등록후 기술평가제도 및 정정청구제도 등을 폐지하고 특허제도와 마찬가지로 심사청구제도, 거절이유통지제도 및 보정제도 등의 심사절차를 도입하였다.

Ⅲ. 디자인보호법

1. 디자인의 의의

과거에는 물건의 가격과 성능이 중요시되었기에, 제품이 싼 가격이냐, 성능이 우수하냐 등에 사람들이 관심을 가졌으나, 오늘날은 가격과 성능뿐만 아니라 물건 외관의 미적 형태(디자인)에 더 관심을 갖는다. 이러한 추세에 따라 우리나라도 디자인을 법적으로 보호하는 디자인보호법을 두고 있다.

디자인보호법 제1조에서 「디자인의 보호와 이용을 도모함으로써 디자인의 창작을 장려하여 산업발전에 이바지함을 목적으로 한다」고 규정하고 있다. 디자인보호법 제2조 제1호는 '디자인'이란 물품[물품의 부분 및 글자체를 포함]의 형상・모양・색채 또는 이들을 결합한 것으로서 시각을 통하여 미감(美感)을 일으키게 하는 것으로 정의하고 있다. 여기서 말하는 '디자인'은 독립적으로 거래대상이 될 수 있는 유체동산인 물품에 구현되어 시각을 통해 파악되어 미감을 일으키는 '물품의 미적 외관'을 의미한다.

2. 법률상 디자인등록을 받을 수 있는 요건

우리 디자인보호법은 디자인심사등록제도와 디자인무심사등록제도의 2원적 체계를 취하여 운영되어 왔다. 심사등록제도란 등록에 필요한 요건 전부를 심사하여 디자인등록의 허여 여부를 결정하는 제도이고, 무심사등록제도란 등록요건의 일부만 심사하여 등록허여 여부를 결정하는 제도이다. 2013년 전면개정 법률은 '디자인등록'을 디자인심사등록 및 디자인일부심사등록을 말한다고 규정하고 있는데(제2조 제4호), '디자인심사등록'이란 디자인등록출원이 디자인등록요건을 모두 갖추고 있는지를 심사하여 등록하는 것(동조 제5호), '디자인일부심사등록'이란 디자인등록출원이 디자인등록요건 중 일부만을 갖추고 있는지를 심사하여 등록하는 것(동조 제5호)으로 규정하고 있다. 심사등록 대상 또는 일부심사등록 대상의 구분은 산업통상자원부령에 의하여 정하여진다.

디자인보호법은 디자인등록의 요건으로 제33조 제1항에서 공업상 이용할 수 있는 디자인으로서 다음 각 호의 어느 하나에 해당하는 것을 제외하고는 그 디자인에 대하여 디자인등록을 받을 수 있다고 규정하고 있다.

i) 디자인등록출원 전에 국내 또는 국외에서 공지(公知)되었거나 공연(公然)히 실시된 디자인

ii) 디자인등록출원 전에 국내 또는 국외에서 반포된 간행물에 게재되었거나 전기통신회선을 통하여 공중(公衆)이 이용할 수 있게 된 디자인

iii) 제1호 또는 제2호에 해당하는 디자인과 유사한 디자인

또한 제2항에서 디자인등록출원 전에 그 디자인이 속하는 분야에서 통상의 지식을 가진 사람이 다음 각 호의 어느 하나에 따라 쉽게 창작할 수 있는 디자인(제1항 각 호의 어느 하나에 해당하는 디자인은 제외한다)은 제1항에도 불구하고 디자인등록을 받을 수 없다고 규정하고 있다.

i) 제1항 제1호·제2호에 해당하는 디자인 또는 이들의 결합

ii) 국내 또는 국외에서 널리 알려진 형상·모양·색채 또는 이들의 결합

따라서 디자인 등록을 위해서는 디자인 성립요건의 충족과 함께 공업상 이용 가능성(공업성), 신규성, 창작성의 요건을 요구하고 있다.

3. 법률상 등록을 받을 수 없는 디자인(소극적 요건)

디자인보호법 제34조에 의하면 다음 각 호의 어느 하나에 해당하는 디자인에 대하여는 제33조에도 불구하고 디자인등록을 받을 수 없다고 규정하고 있다.

① 국기, 국장(國章), 군기(軍旗), 훈장, 포장, 기장(記章), 그 밖의 공공기관 등의 표장과 외국의 국기, 국장 또는 국제기관 등의 문자나 표지와 동일하거나 유사한 디자인

② 디자인이 주는 의미나 내용 등이 일반인의 통상적인 도덕관념이나 선량한 풍속에 어긋나거나 공공질서를 해칠 우려가 있는 디자인

③ 타인의 업무와 관련된 물품과 혼동을 가져올 우려가 있는 디자인

④ 물품의 기능을 확보하는 데에 불가결한 형상만으로 된 디자인

출원된 디자인이 그 물품의 기능을 확보하는데 불가결한 형상만으로 된 디자인(조형적 임의성이 없는 디자인)은 디자인보호법상 등록의 대상에서 제외되며 이 경우 특허나 실용신안의 보호 요건을 갖추는 경우 특허 또는 실용신안으로 보호된다.

Ⅳ. 상표법

1. 상표의 의의

(1) 상표의 의의

상표는 상품의 표지(標識)로서, 상표라 함은 상품을 생산·가공 또는 판매하는 것을 업으로 영위하는 자가 자기의 업무에 관련된 상품을 타인의 상품과 식별되도록 하기 위하여 사용하는 표장을 말한다. 이러한 표장은 i) 기호·문자·도형, 입체적 형상 또는 이들을 결합하거나 이들에 색채를 결합한 것, ii) 다른 것과 결합하지 아니한 색채 또는 색채의 조합, 홀로그램, 동작 또는 그 밖에 시각적으로 인식할 수 있는 것, iii) 소리·냄새 등 시각적으로 인식할 수 없는 것 중 기호·문자·도형 또는 그 밖의 시각적인 방법으로 사실적(寫實的)으로 표현한 것의 형태를 포함한다(상표법 제2조).

(2) 상표와 상호의 구분

상표는 자타상품을 식별하기 위하여 상품에 부착하는 표장으로서 상품의 동일성을 표시하는 기능을 가지는 것이나, 상호는 상인(법인·개인)이 영업상 자기를 표시하는 명칭으로서 영업의 동일성을 표시하는 기능을 한다. 즉, 상호는 상인이 영업에 관하여 자기를 표시하는 명칭으로서 인적 표지의 일종이며 문자로 표현되고 호칭된다. 회사기업의 경우 상호의 사용은 강제적이지만, 상표는 자타상품을 식별하는 기호로서 문자뿐만이 아니라 기호, 문자, 도형 등과 이들의 결합 또는 이들과 색채의 결합으로 구성될 수 있으며, 상표의 사용에 있어서는 강제성이 없다는 점이 상호와 구별된다.[4]

---

4) http://www.kipo.go.kr/kpo.

2. 상표등록의 요건

다음과 같이 상표법 제6조 제1항에서 열거한 제1호부터 제7호까지의 내용에 해당되지 않는 상표에 한하여 상표등록을 받을 수 있다.

(1) 보통명칭

상품의 보통명칭을 보통으로 사용하는 방법으로 표시한 표장만으로 된 상표는 등록할 수 없다(제6조 제1항 제1호). 예를 들면 나일론, 아스피린, 청바지 등의 보통명칭을 상표로 쓰면 자타상품식별력이 없어지기 때문에 상품에 보통명칭화된 상표를 표시할 수 없다. 그러나 보통명칭 앞에 회사명이나 별도의 이름을 덧붙이는 것은 상표로 등록받을 수 있다(동양나일론, 바이엘 아스피린, 리바이스 청바지 등).

(2) 관용상표

상품에 대하여 관용하는 상표는 등록할 수 없다(제6조 제1항 제2호). 여기서 관용상표(慣用商標)는 청주에 관하여 정종, 직물에 TEX・LON, 콜드크림에 VASELINE, 유산균 음료에 요구르트 등으로 처음에는 등록상표로서 자타상품식별력이 있었지만, 그 상표와 동일 또는 유사한 상표를 타인이 사용하는 것을 그대로 방치함으로써 동업계의 동업자들이 사용하게 되어 자타상품 식별력과 출처표시기능이 없어져서 관용상표화가 된다.

(3) 기술적 상표

당해 상품의 산지・품질・원재료・효능・용도・수량・형상(포장의 형상을 포함함)・가격・생산방법・가공방법・사용방법 또는 시기를 보통으로 사용하는 방법으로 표시한 표장만으로 된 상표는 등록할 수 없다(제6조 제1항 제3호). 여기서 기술적 상표(記述的 商標)는 상품의 특성을 기술하거나 품질이나 효능 등의 내용을 설명할 목적으로 표시된 상표를 의미한다. 예를 들면 상품의 산지(영양-고추, 대구-사과 등), 상품의 품질(KS품, 우수, 디럭스 등), 상품의 원재료(두부-콩, 양복-wool 등) 등이다.

(4) 현저한 지리적 명칭 등

현저한 지리적 명칭・그 약어 또는 지도만으로 된 상표는 등록할 수 없다(제6조 제1항 제4호).

(5) 흔히 있는 성 또는 명칭

흔히 있는 성 또는 명칭을 보통으로 사용하는 방법으로 표시한 표장만으로 된 상표는 등록할 수 없다(제6조 제1항 제5호).

(6) 간단하고 흔히 있는 표장

간단하고 흔히 있는 표장(標章)만으로 된 상표는 자타식별력이 없으므로 등록될 수 없다(제6조 제1항 제6호).

(7) 기타 상표의 식별력이 없는 상표

상표법 제6조 제1항 제1호 내지 제6호 외에 수요자가 누구의 업무에 관련된 상품을 표시하는 것인가를 식별할 수 없는 상표는 자타식별력이 없으므로 등록될 수 없다(제6조 제1항 제7호).

(8) 사용에 의한 식별력의 취득

상표법 「제6조 제1항 제3호부터 제6호까지에 해당하는 상표라도 제9조에 따른 상표등록출원 전부터 그 상표를 사용한 결과 수요자 간에 특정인의 상품에 관한 출처를 표시하는 것으로 식별할 수 있게 된 경우에는 그 상표를 사용한 상품에 한정하여 상표등록을 받을 수 있다」라고 규정하고 있다(제6조 제2항). 이는 초기에는 상표의 식별력이 없더라도 특정인이 상표를 특정 상품과 관련하여 오랫동안 사용하면 일반 수요자가 그 상표가 특정인의 상품에 관한 출처를 나타내는 것으로서 인식되게 된 경우에는 그 상표는 등록될 수 있도록 규정한 것이다.

제 3 절 저작권법

Ⅰ. 저작권의 의의

저작권이란 시, 소설, 음악, 미술, 영화 등과 같은 저작물에 대하여 창작자가 가지는 배타적이고 독점적인 권리로서 지식재산권의 일종이다. 이러한 저작권을 규정하고 있는 법률을 저작권법이라고 한다.

II. 저작권의 주체

저작물이란 인간의 사상 또는 감정을 표현한 창작물을 말한다(제2조 제1호). 과거에는 문학, 학술 또는 예술의 범위에 속하는 창작물을 저작권의 대상으로 하였으나 법 개정으로 저작물은 인간의 사상과 감정을 표현한 창작물이면 저작권의 대상이 된다. 저작자란 이러한 저작물을 창작한 자를 말한다(제2조 제2호), 원저작물을 창작한 저작자뿐만 아니라 원저작물을 번역·편곡·변형·각색·영상제작 그 밖의 방법으로 작성한 저작물(2차적 저작물)의 창작자도 2차적 저작물에 대한 저작자로서 보호된다.

저작권은 저작물을 창작한 때부터 발생하며 어떠한 절차나 형식의 이행을 필요로 하지 아니한다. 저작자로서 저작권법의 보호를 받기 위해서는 저작물을 창작한 사실만 있으면 된다. 그러나 창작에 힌트나 아이디어와 같은 동기나 원인을 제공자에 불과한 자는 저작자로서 인정되지 않는다.

저작물의 창작행위는 법률행위가 아닌 사실행위이므로, 저작자가 되기 위해서는 권리능력이 있으면 되고 행위능력까지 요하는 것은 아니다. 따라서 미성년자 등도 저작자가 될 수 있다.

III. 저작권의 객체

1. 저작물의 성립요건

(1) 사상 또는 감정을 표현할 것

저작권은 사상 또는 감정의 '표현'(expression)을 보호하는 제도로서 특허가 기술적 '사상'(idea)을 보호하는 것과 대비된다.

(2) 표현에 창작성이 있을 것

창작성은 특허제도의 신규성과는 달리 상대적인 개념으로서, '실질적으로 모방되지 않고 독자적으로 창작된 것'을 요구하는 개념이다.

2. 저작물의 종류

저작권법 제4조에 저작물의 예시 등 규정을 나열하고 있다. 주의할 것은 이 내용은 어디까지나 예시규정이므로 이 규정이 없더라도 저작물의 성립요건을 갖추면 저작물이 될 수 있다.

(1) 저작물

저작권법 제4조에서 예시적으로 규정한 저작물은 ① 어문 저작물, ② 음악 저작물, ③ 연극 저작물, ④ 미술 저작물, ⑤ 건축 저작물, ⑥ 사진 저작물, ⑦ 영상 저작물, ⑧ 도형 저작물, ⑨ 컴퓨터프로그램 저작물이다.

(2) 2차적 저작물

2차적 저작물이란 원저작물을 토대로 이것에 새로운 창작성을 가하여서 새로운 작성된 저작물을 말한다. 제5조 제1항에서 「원저작물을 번역·편곡·변형·각색·영상제작 그 밖의 방법으로 작성한 창작물은 독자적인 저작물로 보호된다」고 2차적 저작물을 규정하고 있다. 2차적 저작물은 독자적인 저작물로서 보호된다. 단, 제2항에서 2차적 저작물의 보호는 그 원저작물의 저작자의 권리에 영향을 미치지 아니한다고 규정하고 있어, 2차적 저작물의 이용에 있어 원저작물의 저작자의 동의가 필요하다.

(3) 편집저작물

편집저작물이란 편집물로서 그 소재의 선택 또는 배열에 창작성이 있는 것을 말한다(제2조 제17호). 여기서 편집물이라 함은 저작물이나 부호·문자·음·영상 그 밖의 형태의 자료(이하 '소재'라 함)의 집합물을 말하며, 데이터베이스를 포함한다(제2조 제16호). 2차적 저작물은 원저작물에 변형을 가하는 것이지만, 편집저작물은 원저작물에 변형을 가하지 않고 집합적으로 수록하거나 부호·문자·음·영상 그 밖의 형태의 자료를 수록한 것으로서, 그 소재의 선택과 배열 자체에 창작성이 있는 저작물이다.

편집저작물의 소재는 반드시 저작물이어야 하는 것은 아니고 전화번호나 인명과 같이 단순한 사실이나 자료라도 소재의 선택 또는 배열에 창작성이 있으면 된다.

(4) 공동저작물

공동저작물은 2인 이상이 공동으로 창작한 저작물로서 각자의 이바지한 부분을 분리하여 이용할 수 없는 것을 말한다(제2조 제21호).

(5) 업무상 저작물

업무상 저작물은 법인·단체 그 밖의 사용자(이하 '법인 등'이라 한다)의 기획하에 법인 등의 업무에 종사하는 자가 업무상 작성하는 저작물을 말한다(제2조 제31호). 법인 등의 명의로 공표되는 업무상 저작물의 저작자는 계약 또는 근무규칙 등에 다른 정함이 없는 때에는 그 법인 등이 된다. 다만, 컴퓨터프로그램저작물의 경우는 공표될 것을 요하지 아니한다(제9조).

(6) 저작물성이 문제로 되는 창작물

㈎ 저작물의 제호 저작권법에 의하여 보호되는 저작물이 되기 위해서는 사상 또는 감정을 표현하여야 하는데, 저작물의 제호 또는 제명은 저작물의 일부가 아니고 그 저작물의 내용을 나타내는 것으로서, 저작자의 사상 또는 감정을 표현한 것으로 볼 수 없다는 것이 학설과 판례의 입장이다. 그러나 소설이나 가요 등과 같은 저작물을 그대로 이용하면서 제호만을 바꿔 붙인 경우에는 저작인격권 중 동일성유지권 침해가 될 수 있다.

㈏ 캐릭터

1) **캐릭터의 의의 :** 캐릭터(character)란 만화, 영화, 소설, TV 등 대중이 접하는 매체를 통하여 등장하는 인물들이 외모나 매체 속의 이야기 내용에 의하여 가지고 있는 독특한 개성이나 이미지와 그러한 것들이 합쳐진 총체적인 것이다.

2) **캐릭터의 저작물성 :** 캐릭터가 독자적인 저작물로 성립되기 위해서는 다른 저작물과 마찬가지로 저작권법이 요구하는 성립요건을 갖추어야 한다. '아기공룡 둘리'나 '뽀로로'와 같이 만화 또는 만화영화 등에 등장하는 가공적으로 창작된 캐릭터이다. 일반적으로 캐릭터의 특징이 명확하게 드러나고 이미지의 전달이 강하기 때문에 어문적 캐릭터보다는 저작권법의 보호를 받기 쉽다. 시각적 캐릭터는 저작권법뿐만 아니라 일정한 요건을 갖추면 상표법, 디자인보호법 또는 부정경쟁방지 및 영업비밀보호에 관한 법률에 의하여서도 보호를 받을 수 있다.

㈐ **타이프 페이스** 타이프 페이스(type face)란 '한 벌의 문자 · 서체 등에 대하여 독특한 형태의 디자인을 한 것'을 말하며, 글자 하나하나를 가리키는 것이 아니라 글자들 간에 통일과 조화를 이루도록 만들어진 한 벌의 글자들을 의미한다. 용어상으로는 '디자인서체', '인쇄용 서체' 또는 '글꼴' 등으로 불린다.

우리 대법원은 실용적인 기능을 주된 목적으로 하여 창작된 응용미술작품에 대한 판례와 마찬가지로, 서체도안은 그 자체가 실용적인 기능과 별도로 하나의 독립적인 예술적 특성과 가치를 가지고 있어야만 저작물로 보호된다고 한다. 단, 컴퓨터에서 폰트를 표현하기 위한 폰트파일은 컴퓨터프로그램저작물로서 보호될 수 있다.

Ⅳ. 저작자의 권리

1. 의 의

저작권이란 저작자가 그 자신이 창작한 저작물에 대해서 갖는 권리이며, 저작인격권과 저작재산권으로 구성된다(제10조 제1항). 저작인격권은 공표권 · 성명표시권 · 동일성유지권으로, 저작재산권은 복제권 · 공연권 · 공중송신권 · 전시권 · 배포권 · 대여권 · 2차적 저작물작성권으로 나누어진다.

2. 저작권의 발생(무방식주의의 채택)

저작권은 저작한 때부터 발생하며 어떠한 절차나 형식의 이행을 필요로 하지 아니한다(제10조 제2항). 따라서 저작자가 창작물을 완성한 시점으로부터 저작권이 자동적으로 발생하며 권리형성을 위한 별도의 절차가 요구되지 않는다. 이러한 점은 출원 및 엄격한 심사절차를 거쳐 권리가 부여되는 특허제도와 차이가 있다.

3. 저작재산권

저작재산권이란 저작자가 자기의 저작물에 대하여 갖는 재산적 이익의 보호를 목적으로 하는 권리이며, 성질상 저작인격권과 달리 양도가 가능하며 물권과 유사한 배타적 지배권을 갖는다. 그 내용은 ① 복제권, ② 공연권, ③ 공중송신권, ④ 전시권, ⑤ 배포권, ⑥ 대여권, ⑦ 2차적 저작물 작성권이다.

4. 저작인격권

저작인격권이란 저작자가 자기의 저작물에 대해서 갖는 인격적 이익의 보호를 목적으로 하는 권리이다. 저작인격권은 저작재산권과 달리 일신전속성이 있어 양도가 불가능하다(제14조 제1항). 그 내용은 ① 공표권, ② 성명표시권, ③ 동일성유지권, ④ 저작자 사후의 저작인격권 보호이다.

5. 저작권의 보호기간

(1) 기산주의(起算主義)

㈎ **사망시 기산주의** 저작자가 사망한 때를 기준으로 하여 보호기간을 계산하는 원칙이다. 사망시 기산이라 하여 사망한 이후부터 저작권이 보호된다는 것이 아니고, 저작물을 창작한 때부터 그 이후의 저작자 생존기간과 저작자 사망후 일정한 기간 동안 보호된다는 의미이다.

㈏ **공표시 기산주의** 저작물의 공표된 때를 기준으로 하여 보호기간을 계산하는 원칙이다. 사망시 기산주의를 적용할 수 없거나 적당하지 않은 경우에 채택된다. 우리나라는 사망시 기산주의를 원칙으로 하고 공표시 기산주의를 특례로 규정하고 있다.

(2) 저작재산권의 보호기간의 원칙

저작권법에서 저작권은 저작물을 창작한 때부터 발생하며(제10조 제2항), 저작재산권은 특별한 규정이 있는 경우를 제외하고는 저작자가 생존하는 동안과 사망한 후 70년간 존속한다(제39조 제1항). 공동저작물의 저작재산권은 맨 마지막으로 사망한 저작자가 사망한 후 70년간 존속한다(제39조 제2항).

무명 또는 널리 알려지지 아니한 이명이 표시된 저작물의 저작재산권은 공표된 때부터 70년간 존속한다. 다만, 이 기간 내에 저작자가 사망한지 70년이 지났다고 인정할 만한 정당한 사유가 발생한 경우에는 그 저작재산권은 저작자가 사망한 후 70년이 지났다고 인정되는 때에 소멸한 것으로 본다(제40조 제1항).

업무상 저작물의 저작재산권은 공표한 때부터 70년간 존속한다. 다만, 창작한 때부터 50년 이내에 공표되지 아니한 경우에는 창작한 때부터 70년간 존속한다(제41조).

찾아보기

공저자 약력

변해철
한국외국어대학교 법학전문대학원 교수
〈주요 저서 · 논문〉
『1789년 인간과 시민의 권리선언(역)』
南北韓統合과 統治構造
民營化와 公共利益 외 다수

김동훈
한국외국어대학교 법학전문대학원 교수
〈주요 논문〉
定期傭船契約의 법리에 관한 연구
議決權 不通一行使에 관한 연구
개정상법상 船主責任制限의 排除事由 외 다수

이훈동
한국외국어대학교 법학전문대학원 교수
〈주요 논문〉
正當化事情의 錯誤에 관한 연구
偶然防衛에 관한 소고
共犯의 처벌근거에 관한 연구 외 다수

이동훈
세명대학교 법학과 교수
〈주요 저서 · 논문〉
『헌법원론』
『지식재산권법』
언론자유의 현대적 기능에 관한 연구 외 다수

저자협의
인지생략

[제9판] 신법학입문

1996년 2월 10일 초판 발행
1997년 3월 5일 수정판 발행
1998년 3월 5일 개정판 발행
1999년 3월 5일 제2개정판 발행
2000년 3월 10일 제3개정판 발행
2002년 3월 5일 개정증보판 발행
2006년 3월 10일 신판 발행
2009년 3월 10일 신판 2판 발행
2016년 5월 20일 제9판 발행

공저자 변해철 · 김동훈 · 이훈동 · 이동훈
발행인 조 병 철
발행처 **三 宇 社**
경기도 고양시 일산동구 장백로 20, 102-426
전화 (02) 718-8553 Fax (02) 718-8554
등록 1994. 9. 23. 제396-2001-000025호

정가 24,000원 ISBN 978-89-91083-75-2